近世 東아시아의 國家와 社會

서울大學校 東洋史學研究室 編

지식산업사

近世 東아시아의 國家와 社會

초   판 제 1 쇄 인쇄 1998. 12. 25
초   판 제 1 쇄 발행 1998. 12. 30
엮 은 이 **서울大學校 東洋史學硏究室**
펴 낸 이 **김   경   희**
펴 낸 곳 **(주)지식산업사**
등록번호 1-363
등록날짜 1969. 5. 8
주   소 서울시 종로구 통의동 35 -18
전   화 (734)1978·1958 (735)1216 팩스 (720)7900
천리안 ID jisikco
책   값 **25,000원**

ISBN 89-423-2029-5   93910

* 이 책을 읽고 필자에게 문의하고자 하는 이는
  지식산업사 편집부로 연락 바랍니다.

발 간 사

— 紀念 閔斗基 先生 停年 —

   한국은 고대부터 중국문화를 수용하여 왔고, 조선시대에 이르면 사대부가 중국의 경전과 사서를 이해하는 수준이 중국의 신사와 비교해도 결코 손색이 없을 정도였다. 이러한 좋은 여건을 전승했음에도 중국사연구에 근대사학의 방법을 도입한 것은 겨우 8·15 해방 이후의 일이었다. 더구나 냉전체제 아래에서는 중국사 본령보다도 한·중 관계사 연구가 주류를 이루었다. 이러한 연구풍토 속에서도, 恩師이신 閔斗基 선생님만은 홀로 1950년대 말부터 중국사 자체에 대한 연구를 시작하였다.

   민 선생님은 학부 졸업논문으로 〈義和團亂의 形成에 대하여〉(1955. 3)를 썼다. 그러나 대학원에서는 〈前漢의 陵邑徙民策〉(《歷史學報》 9, 1957)을 시작으로 주로 한대사의 연구에 주력하다가, 〈漢代의 任俠的 習俗에 대하여〉(《史學硏究》 9, 1960)를 끝으로 일단 한대사에 대한 관심을 접고, 연구의 관심을 청대사로 이동하였다. 그 후로 민 선생님의 연구영역은 청대사에서 다시 중국근대사와 현대사로 점차 넓어졌다. 따라서 한국에서 본격적이고 수준 높은 중국사를 연구하기 시작한 분은 바로 민두기 선생님이라고 할 수 있다.

   한국에서 中國近世史 연구의 선구자도 민 선생님이다. 민 선생님은 1962년에 〈淸代의 幕友에 대하여〉(《歷史學報》 17·18合, 金庠基先生回甲

紀念論文集)를 시작으로 먼저 청대사 연구에 착수하였다. 그 후 〈熱河日記의 一研究〉(《歷史學報》 20, 1963), 〈大義覺迷錄에 대하여〉(《震檀學報》 25·26合, 1964), 〈清代 生監層의 性格 — 그 社會的 固定性을 中心으로 — 〉(《亞細亞研究》 8-4, 1965), 〈清代 封建論의 近代的 變貌 — 清末地方自治論으로의 傾斜를 中心으로 — 〉(《亞細亞研究》 10-1, 1967), 〈清末 紳士의 危機意識 — 戊戌變法 前夜의 湖南省의 경우 — 〉(《金載元博士回甲紀念論叢》, 1969), 〈清末 諮議局의 開設과 그 性格〉(《歷史學報》 45, 1970), 〈清末 江浙鐵路紛糾와 辛亥革命 前夜의 紳士層 向方〉(《東亞文化》 11, 1972) 등의 연구로 이어졌고, 이 논문들을 계기로 하여 청대 신사층 연구가 신해혁명 연구로 전이되었다. 1973년 2월에는, 〈清代封建論〉〈清末 諮議局의 開設〉〈清末 江浙鐵路紛糾〉 3편을 모아, 《清代 紳士層의 研究》란 주제로 서울大學校에서 文學博士學位를 받았다. 또한 4월에는 이상의 모든 논문을 수정 보완하면서 제목을 바꾸고, 〈中國의 傳統的 政治像 — 封建郡縣論議를 通해 본 — 〉(《震檀學報》 29·30合, 1966), 〈梁啓超思想의 構造의 理解〉, 〈五四運動의 歷史的 性格〉 및 9편의 서평을 모아 《中國近代史研究 — 紳士層의 思想과 行動 — 》 (一潮閣, 1973)을 출판하였다.

《中國近代史研究》는 종래 한·중관계사에 중점을 두었던 중국사연구 풍토를 극복하고, 중국사의 내면적인 문제를 본격적으로 연구한 한국 최초의 전문 연구서였다. 뿐만 아니라 본서는 그 문제의식·연구방법·연구내용 등에서 한국의 중국사연구의 발전가능성을 예시하는 확고한 기반이 되었다. 본서의 내용 가운데 5편과 그 후에 집필된 논문 1편을 모아 하버드대학교에서 출간한 것이 *National Polity and Local Power ; The Transformation of Late Imperial China*(eds. by Philip Kuhn and Thomas Brook, Harvard University Press, 1989)이다. 또한 〈清代 生監層의 性格〉이 일본의 《明代史研究》(4, 5, 1976~1977)에 역재된 후로, 한국 학계의 '신사' 개념이 일본 동양사학계에 역수입되어, 종전의 '향신' 개념 대신 '신사' 개념이 정착되는 계기가 되었다.

그 후로 중국 근·현대사 분야에서 민 선생님이 보여준 학문적 업적과 영향은 이루 헤아릴 수 없이 많지만, 일일이 적는 것이 오히려 쑥스러울 듯하여 생략한다. 앞으로 모든 연구분야에 골고루 퍼진 제자들이 성장하고 다시 제자를 양성하는 일이 영원히 반복되는 과정에서 자연스럽게 선생님의 학문적 업적이 계승 발전될 것이다.

1969년에는 서울대학교에 동양사학과가 설립되고 마침 민 선생님도 전근해 오면서 본격적으로 제자들이 성장하기 시작하였다. 그 결실은 1989년에 서울대학교 동양사학과 창립 20주년을 기념하기 위하여 준비한 《講座中國史》(전7책)의 간행으로 나타났다. 일종의 체계적인 중국사인 이 책은 동문 31명이 해당 주제에 대하여 개괄적인 지식과 연구사를 정리하고 필자들의 견해를 첨가한 글 36편을 모은 것인데, 단일학과 동문 연구자만의 것으로는 세계 최초일 것이다. 그러나 당시로서는 아직 모든 연구 영역이 고르게 안배되지도 못하였고 내용상 부족한 점도 많았으므로, 오는 30주년을 기해 증보판을 간행하려고 준비 중이다.

민 선생님은 흔히 있는 回甲紀念論文集을 극구 사양해서, 이를 위해 준비해 온 제자들의 글은 다른 학술잡지에 실을 수밖에 없었다. 그런데 이번에는 停年紀念論文集마저 사양하는 것이었다. 그러나 선생님의 학은을 입으며 자라온 제자들로서는 두번째로 준비한 글마저 유산시키는 것이 너무도 안타까웠기에, 선생님의 뜻과는 무관하게 하나로 묶어 학은의 일단을 표현하기로 하였다. 이러한 일이 민 선생님의 깊은 뜻을 오히려 욕되게 하지나 않을까 저어하면서도 진행해 온 것은, 현재까지 우리의 적나라한 학문적 수준을 재점검함으로써 깊은 반성과 재도약의 계기를 마련하기 위함이다.

이 논문집은 중국을 중심으로 하는 동아시아의 근세사를 전공하는 제자와 서울대 동양사학과의 현직 교수가 민두기 선생님의 학은을 기리기 위하여 당신의 정년을 계기로 모은 것이다. 우리로서는 최선을 다한 글이지만, 선생님이 보시기에 흡족하지 못한 부분이 많을 것이다. 그러나 선생님께서는 學問의 巨木으로서 묵묵히 지켜보며, 동양사학과와 제자들의 앞으로의 무궁한 성장과 발전을 축복하리라 믿는다.

선생님의 여생이 主 안에서 기리 평안하신 가운데, 이제는 '樂學'으로 제자들에게 학문적 영감을 주시기를 기원하며, 이 부끄러운 글을 선생님께 바치고자 한다.

1998년 8월 15일 관악산 일우에서

吳 金 成 識

차 례

제 1 편

國家權力

王安石政權의 成立과 制置三司條例司

李 瑾 明*

Ⅰ. 머리말

北宋의 開國으로부터 대략 100여 년, 11세기 중반의 神宗 시대에 접어들면서 송대사는 급격한 굴절을 맞이하게 된다. 이른바 新法 또는 變法이라 불리는 대개혁으로 말미암아, 宋朝의 지배체제가 換骨奪胎라 할 정도로 변모하기 때문이다. 당시의 개혁은, 靑苗法과 募役法을 비롯한 농촌 관계의 법령, 均輸法과 市易法·免行法 등의 상업관계, 保甲法 및 將兵法·保馬法 등의 국방관계, 그리고 과거제와 서리제의 혁신 등에 이르기까지, 실로 국정전반에 걸쳐 있었다고 하여도 과언이 아닐 정도였다. 史家들이 이 개혁을 두고, 당송간 변혁의 총결산이라든가,[1] 또는 이후 북송의 역사전개를 규정지은 일대사건이었

---

* 한국외국어대학교 사학과 교수.

1) 梅原郁, 〈王安石の新法〉, 《岩波講座 世界歷史》 9(東京 : 岩波書店, 1970), p. 225. 이하 동일한 논저의 두번째 인용부터는 '梅原郁(1970)'과 같이 표시함.

다고 평가하는 것[2] 등은, 新法으로 말미암은 역사적 굴곡을 보여주는 단적인 사례라 하겠다.

잘 알려져 있듯 新法을 주도한 인물은 王安石(1021~1086)이다. 그는 神宗 熙寧 2년(1069) 副재상격인 參知政事로 임명된 이후 熙寧 9년(1076) 재상의 직위에서 물러나기까지 거의 8년 동안 신법정치를 이끌었다. 이 개혁을 두고 흔히 '王安石의 新法'이라 일컫는 것도 바로 이러한 이유에서이다.

그런데 왕안석은 熙寧 2년 2월 參知政事로 임명되자마자, 황제인 神宗의 재가를 얻어 개혁정치를 주관할 수 있는 임시기관을 설립한다. 制置三司條例司란 명칭을 지닌 기구가 바로 그것이다. 이 명칭 가운데 三司란 물론 송대 財政을 관장하는 중앙 정부기관을 일컫는다. 따라서 制置三司條例司란 기구의 의미는, 三司의 정책이나 운영 방식(條例)을 검토하기 위해 황제의 명령(制)으로 설치한 관서라는 뜻일 터이다. 이 制置三司條例司(이하 條例司라 略稱)[3]는 이후 신법정치

---

2) 白壽彝 主編, 《中國通史綱要》(上海人民出版社, 1980/1983), p. 243.

3) 制置三司條例司는 本稿의 行論 과정에서 자주 인용되듯 당시 통상 條例司라 불리었다. 이 밖에, ① "臣看詳制置司疏駁 卽將臣元奏要切之語 多從刪去 唯擧其大槪 用偏辭曲爲沮難"(《宋會要輯稿》,〈食貨 四〉〈靑苗〉, 神宗 熙寧 3年 4月 4日, 食貨 4之26, 北京:中華書局 影印本, 이하 《宋會要》라 약칭함)이라든가 "制置司言 諸路科買上供羊 民費錢幾倍"(《宋史》 권179,〈食貨 下一〉〈會計〉, 제13책, p. 4355, 北京:中華書局, 1985/1990)라 하듯, '制置司'라 일컬어지기도 했으며, ② "初 熙寧二年 置制置條例司 立常平斂散法 遣諸路提擧官推行之"(《宋史》 권165,〈職官 五〉〈司農寺〉, 제12책, p. 3904)라든가 "所有制置條例司如有可行事件 欲乞只歸三司相度施行"(李燾, 《續資治通鑑長編》 권210, 神宗 熙寧 3年 4월 癸未(北京:中華書局, 1985), 제15책, p. 5109, 이하 《長編》이라 약칭함)이라 하듯 '制置條例司'라 일컬어지기도 했다. 또 ③ "王子韶 昔在三司條例司 諸事王安石 創立靑苗助役之法 臣時與之共事 實所親見"(《長編》 권454, 哲宗 元祐 6년 正月 丁卯, 제31책, p. 10880)이란 蘇轍의 奏請이라든가 또는 "熙寧初 王安石說導先帝置三司條例司 始議新法"(司馬光,〈辭門下侍郎第二箚子〉, 《溫國文正司馬公文集》 권47, 《全宋文》, 제28책, 권1202, p. 217)이라는 司馬光의 발언에서 보이듯 '三司條例司'라 약칭되기도 했다. 이 밖에 드물게는, ④ "上卽問王安石 制置條司如何 安石曰 已檢討文字 略無倫叙"(《續資治通鑑長編拾補》(上海古籍出版社 影印本, 1986), 권4, 神宗 熙寧 2년 3월 戊子, 이하 《長編拾補》라 약칭함)라 하듯 '制置條司'라든가, ⑤ "陛下誠能昭然覺悟聽納臣言 罷制置三司及追還使者"(《太平治迹統類》, 四庫全書本, 권14,〈神宗朝臣議論新法〉, p. 13뒤)라 하듯 '制置三司'라고도 불리었다. 또한 制置三司條例司나 條例司라는 명칭에 이어서는, ⑥ "竊見本司近日奏遣使者八人分行天下"[蘇轍, 《蘇轍集》,〈欒

의 시행을 총괄하게 된다. 이 해 7월의 均輸法을 시작으로, 9월의 靑苗法, 11월의 農田水利條約 등 속속 여러 신법조항들이 條例司의 건의 및 입안을 토대로 하여 반포되었다. 따라서 오늘날의 宋代史 연구자들에게는 물론 당시인들에게도 條例司의 설치는 바로 신법정치의 개시를 알리는 것으로 이해되었다.[4] 神宗이 여러 차례의 타진을 거쳐 王安石의 개혁이념을 채용하고, 그 개혁정치를 뒷받침하기 위한 임시기구로 설치한 것이 바로 條例司였다는 것이다.

하지만 이렇게 출범한 條例司는 불과 1년 3개월 후인 이듬해 5월에 폐지된다. 더욱이 그 업무는 三司가 아니라 民政을 관할하는 기구인 中書에 귀속되었다. 이것은 어찌된 영문일까? 神宗과 王安石은 개혁을 지향하면서 왜 재정기구인 三司의 업무와 관련한 관서를 설치했던 것일까? 개혁의 추진을 위해 설립되었다는 條例司가 어떠한 이유에서 겨우 1년여 만에 해체되는 것일까? 이 기간 동안에 神宗과 王安石을 둘러싼 정계에 무슨 중대한 변화가 발생했던 것일까? 아니면 神宗이나 王安石의 생각에 변화가 있었던 것일까? 그리고 條例司는 왜 본래의 설치의도와는 상관이 없는 中書로 통합되었

城集〉권35,〈制置三司條例司論事狀〉, p.608(北京 : 中華書局, 1990)]라든가 "十月八日 條例司言 乞預差本司相度利害"(《宋會要》,〈職官 五〉〈制置三司條例司〉, 神宗 熙寧 2年 10月 6日, 職官 5之5)이라 하듯 '本司'라고 칭해지기도 했다. 그리고 "熙寧初 輔臣陳升之王安石領制三司條例"(《宋史》권167,〈職官 7〉〈發運 使〉, 제12책, p.3963)이라든가, "惟是制置條例 實繫國家安危 生民休戚 而宰相不得與聞"(《長編》권210, 神宗 熙寧 3년 4월 戊辰, 제15책, p.5096), 또는 "甲子 陳升之王安石創置三司條例"(《宋史》권14,〈神宗紀 1〉, 熙寧 2년 2월, 제2책, p.270) 등의 예에서 보듯, ⑦'制置三司條例' ⑧'制置條例' ⑨'三司條例' 등으로 불리기도 했다. 또한 "詔立制置司條例司 甲子命知樞密院事陳升之及王安石領其事"(《太平治迹統類》권13,〈神宗任用安石〉, p.8의 앞)이라 하듯, ⑩'制置司條例司'라 칭하는 예도 있으나 이는 誤寫가 아닐까 생각된다. 이러한 여러 略稱 가운데 本稿에서는 가장 일반적인 용례였다고 생각되는 '條例司'란 지칭을 사용하기로 한다.
4) 邵伯溫이 《邵氏聞見錄》에서 '置三司條例司 相與議論者以經綸天下爲己任 始變祖宗舊法 專務聚斂 私立條目 頒於四方'(권10, 北京 : 中華書局, 唐宋史料筆記叢刊, p.106)이라 하는 것이나, 《宋史》에서 '於是設制置三司條例司 命與知樞密院事陳升之同領之. 安石令其黨呂惠卿任其事. 而農田水利靑苗均輸保甲免役市易保馬方田諸役相繼並興 號爲新法 遣提擧官四十餘輩 頒行天下'(권327,〈王安石傳〉, 제30책, p.10544)라 적고 있는 것이 그것을 잘 보여 준다.

던 것일까?[5]

그러나 아쉽게도 이러한 의문점들에 대해 명확하게 해명해 주는 논고는 아직 나오지 않았다. 아니 條例司에 대한 연구성과조차 20여 년 전 한 日本人 학자가 두어 편의 논문[6]을 발표한 것 외에는 전무한 실정이다. 그나마 그 일본인 학자의 논고는 條例司에 참여하여 이후 신법당의 중추를 구성하는 중요인물들 사이의 인간관계 및 그들에 대한 인물평가에 지나지 않는 것이었으며, 논증과정에서도 많은 오류가 산견된다.[7] 결국 조례사에 대한 연구는 거의 공백상태를 드러내고 있다고 하여도 지나치지 않을 정도이다.

그렇다면 이처럼 條例司에 대한 논자들의 관심이 없었던 것은, 條例司 자체가 연구자들의 관심을 끌 만큼 史的인 비중이 그다지 크지 않았기 때문일까? 아니 결코 그렇지 않다. 조례사는 神宗과 王安石이 개혁정치를 시작하면서 설립한 개혁의 중심기구였다. 본론에서 언급되듯, 조례사는 당시 개혁정치의 본산과 같이 인식되고 있었으며 모든 新法條項을 심의하고 입안·집행하는 기관이었다. 신법에 대한 논

---

5) 당시 北宋의 중앙정부는 민정기관인 中書, 재정기관인 三司, 兵務를 담당하는 樞密院이 엄격히 분립되어, '中書主民 樞密院主兵 三司主財 各不相知. 故財已匱而樞密院益兵不已 民已困而三司取財不已. 中書視民之困 而不知使樞密減兵三司寬財以救民困者'(《長編》 권179, 仁宗 至和 2년 4월 乙卯, 제13책, p. 4332)라고 일컬어 질 정도였다.

6) 東一夫,《王安石新法の硏究》(東京 : 風間書房, 1970), 第2編 第1章〈制置三司條例司の硏究〉, pp. 261~393.

7) 앞의 주 4에서 인용했던《宋史》의 '於是設制置三司條例司 命與知樞密院事陳升之同領之'라는 자료에 의거하여 王安石과 陳升之의 직함이 首領이었다고 단정하는 것이라든가(p. 276), 條例司가 首領 → 檢詳文字官 → 相度利害官 → 提擧常平倉農田水利差役官으로 이어지는 상하통속적 구조를 지닌 기관이었다고 논하는 것 등이 그 대표적인 사례라 하겠다. 필자는 학부를 마치면서 制置三司條例司에 관한 졸업논문을 작성하였던 적이 있다.《서울大東洋史學科論集》8(1984)에〈宋代 制置三司條例司의 設立과 그 意義〉란 제목으로 게재된 것이 바로 그것이다. 그런데 부끄럽게도 당시 條例司의 制度의 構成에 관한 부분은 거의 東一夫의 立論을 그대로 답습했다. 뿐만 아니라 나머지 다른 부분에서도 그의 입장을 그대로 따른 곳이 적지 않았다. 이후 宋代의 典籍을 다소간 접하면서 東一夫의 立論에 많은 문제점이 있음을 깨닫고, 그것에 의거했던 필자의 前稿를 전면적으로 수정해야겠다는 생각을 지니게 되었다. 本稿는 그러한 반성에 입각한 前稿에 대한 改稿이다.

란에 대처하는 역할을 하기도 했다. 나아가 훗날 이른바 신법당의 중추를 구성하는 呂惠卿과 曾布, 韓絳 등이 이 기구에 배속되어 있거나 또는 밀접한 관련을 맺으며 활동하기도 했다. 요컨대 조례사는 개혁정치의 초기 면모를 이해하는 데뿐만 아니라, 신법의 전반적인 성격, 그리고 신법의 추진과정 및 굴곡 등을 추적하는 데에도 매우 중요한 고려의 대상이 된다 하겠다.

本稿에서 條例司를 검토의 대상으로 삼으면서 논의의 주안점을 두고자 하는 바는, 신법의 시행을 둘러싼 神宗과 王安石의 역할이나 견해차에 대한 것이다. 신법정치 전반에서 神宗이 점유한 지위는 어떠하였으며, 그와 왕안석의 관계는 어떠하였는가? 신법의 양대 기축이라 할 수 있는 신종과 왕안석은 개혁의 실시를 두고 전연 마찰이나 갈등이 없었던 것일까? 만일 있었다면 그 이유는 무엇이었고, 또 그 갈등은 무엇을 의미하는 것이었을까? 이러한 점들을 制置三司條例司의 설립과 활동양태, 그리고 그 폐지 및 中書로 귀속되기까지의 전후 과정을 통해 살피고자 하는 것이다. 이와 같은 검토는, 신법과 관련한 종래의 연구가 왕안석 개인의 전기로부터 그의 사상, 나아가 여러 신법조항에 이르기까지 다양한 성과를 나타내 보이고 있음에도 불구하고, 신법의 초기 집행기구였던 조례사의 성격을 규명하는 것에 소홀하였던 점을 보완하는 데 다소간 기여할 수 있을 것으로 기대한다. 아울러 이를 통해 신법정치내에서 신종의 위상을 再考하는 데에도 약간의 시사점을 제공할 수 있지 않을까 생각한다.

Ⅱ. 神宗의 卽位와 王安石 拔擢

治平 4년(1067) 정월, 북송 제5대 황제 英宗이 붕어하고 이어 새로운 황제가 즉위했다. 그가 바로 神宗이다. 당시 神宗은 약관 20세의 청년이었다. 그는 이후 元豊 8년(1085) 38세의 나이로 죽기까지 20년

가까이 帝位에 있으면서 王安石(1021~1086)을 발탁하여 이른바 新法
또는 變法이라 불리는 대개혁을 단행하게 된다.

이 무렵 건국한 지 100여 년을 넘긴 宋朝는 안팎으로 여러 가지
모순에 직면해 있었다. 대외적으로는 거란의 압박과 서하의 발흥으로
인해 변경의 위기가 지속되고 있었다. 특히 對西夏 전쟁은 仁宗 慶曆
4년(1044)의 강화조약으로 일단 종식되었으나, 陝西 일대의 접경지역
에서는 여전히 단속적으로 전투가 벌어지고 있었다. 대외 위기는 대
내문제로 연결되어, 지속된 전쟁과 군비의 증가로 재정이 파탄지경으
로 몰려 있는 상태였다. 예컨대 그가 즉위하기 2년 전인 英宗 治平 2
년(1065)의 재정적자는 1500만 緡에 달했다고 한다.[8] 이러한 적자규모
는 총세입의 13퍼센트에 달하는 것이었으며, 당시의 兩稅 수입 거의
전체와 맞먹는 것이었다.[9] 농민층의 동요와 반란도 심상치 않은 움직
임을 보였다. 仁宗 嘉祐 4년(1059)의 刑部 보고에 의하면 이 해 전국
에서 발생한 劫盜가 무려 9백여 차례에 달했다고 한다.[10] 그리하여
仁宗 慶曆 3년(1043) 富弼(1004~1083)과 같은 臣僚는, "盜賊이 일어나
천하에 가득 차려 하고 있으며, 이에 생각이 미칠 때마다 춥지 않은
데도 두려워 떨린다"[11]고까지 말하는 형국이었다. 요컨대 신종의 즉위
당시는 이른바 송대의 사서에서 말하는 三冗의 체제위기[12]가 정점을

---

8) 汪聖鐸, 《兩宋財政史》(北京 : 中華書局, 1995), p. 682 참조.
9) 英宗 治平 2년(1065)의 총세입은 1억 1,613만 緡, 총세출은 1억 2,034만 緡이었
　　으며, 당해연도의 兩稅 수입은 2,040만 石이었다(위와 같음). 그런데 全漢昇의 연
　　구에 의하면 북송 중엽 당시 米價는 대략 石當 1貫 이하였다고 한다(全漢昇, 〈北
　　宋物價的變動〉, 《中國經濟史論叢》 第1冊(香港 : 中文大學新亞書院, 1972), pp. 43~
　　44 참조.
10) 葉坦, 《大變法》(北京 : 三聯書店, 1996), p. 36 참조.
11) 富弼은 이러한 도적 叢生의 정황에 대해, "然今盜賊已起 乃是徧滿天下之漸……若
　　四方各有大盜 朝廷力不能制 漸逼都城 不知何以爲計. 臣每念及此 不寒而戰"(《長編》
　　권143, 仁宗 慶曆 3年 9月 丁丑, 제11책. p. 3452)이라 말하고 있다.
12) 三冗이란 당시인들 사이에서는 "何謂三冗? 天下有定官 無限員 一冗也. 天下廂軍
　　不任戰而耗衣食 二冗也. 僧道日益多而無定數 三冗也"(《長篇》 권125, 仁宗 寶元 2
　　年 11月 癸卯, 제9책, p. 2942)라 하듯 官員·廂軍·僧侶 및 道士의 과다를 일컫거나,
　　또는 "故臣謹爲陛下言事之害財者三 一曰冗吏 二曰冗兵 三曰冗費"(《蘇轍集》, 〈欒
　　城集〉 권21, 〈上皇帝書〉, p. 369)라 하듯 관리·병사·재정지출의 과다를 일컫기도

향해 치닫고 있던 시기였다. 남송시대의 인물인 陳亮(1143~1194)이 이
시기를 평하면서, "(仁宗末의) 慶曆·嘉祐 시기를 당해서는 當世의 名
士들이 늘 제도가 바뀌지 않는 것을 근심했다"[13]고 말하고 있는 것은,
당시의 위기상황 및 지식인 사이의 위기감이 어떠한 정도에 이르렀
는지를 단적으로 전하는 것이라 하겠다.

이와 같은 체제위기의 국면에 당하여 神宗 이전의 황제들도 나름
대로 국면의 전환을 모색했다. 仁宗이 經曆연간(1041~1048) 范仲淹
(989~1052)을 등용하여 이른바 慶曆新政이라 불리는 개혁을 추진했으
나 미완에 그쳤던 것은 잘 알려진 사실이다. 仁宗의 뒤를 이어 즉위
한 英宗 또한 그 治世 3년여의 시기를 통해 재정고갈을 핵심으로 하
는 체제 위기에 대한 개혁을 꾸준히 시도했던 것으로 알려져 있다.[14]
다만 그 자신 仁宗의 親子가 아니라 系出이었던 관계로 파생된 皇親
에 대한 典禮의 문제, 즉 이른바 濮議로 말미암아 조정이 분열되어
개혁에 진력할 수 없었다. 뿐만 아니라 그는 病弱하여 그 治世 3년 8
개월 가운데 처음 1년 1개월여는 황태후인 曹后가 聽政했다.[15] 英宗
은 '性氣가 있고 改作의 의욕'[16]이 넘치는 인물이었으되, 이러한 제약
때문에 개혁을 실천에 옮길 수 없었다. 이러한 상황에서 先帝의 뒤를
이어 청년황제 神宗이 즉위하고, 그는 마침내 王安石을 발탁하여 대
대적인 국정개혁을 실행했던 것이다

새로이 황제로 즉위한 神宗은 의욕적으로 국정에 임했나. 이때의
神宗에 대해 《宋史》의 贊에서는, "直言을 구하고 民情을 깊이 살폈으

하는 등 여러 견해가 있었으나, 근자의 연구자들 사이에서는 官員(冗官)·병사(冗
兵)·재정지출(冗費)의 과다를 드는 것이 일반적이다.
13) 《陳亮集》(增訂本, 北京 : 中華書局, 1987) 권12, 〈策〉〈銓選資格〉, p. 134.
14) 英宗의 개혁 시도에 대해서는, 漆俠, 《王安石變法》(上海人民出版社, 1979), p. 36
을 참조.
15) 皇太后 曹氏의 聽政 기간은, 英宗이 즉위한 지 8일 후인 嘉祐 8년(1063) 4월 8
일에 시작하여 이듬해인 治平 元年 5월 13일까지 지속되었다. 《宋史》 권13, 〈英宗
本紀〉, 제2책, pp. 254~255 참조.
16) 黎靖德 編, 《朱子語類》(理學叢書, 北京 : 中華書局, 1986) 권130, 〈本朝 4〉〈自熙
寧至靖康用人〉, 제8책, p. 3095.

며……宮室을 다스리지 않고 遊幸을 돌보지 않았다. 힘써 政事에 임하고 커다란 이룸을 도모했다"[17]고 기록하고 있다. 남송시대의 朱熹(1130~1200)는 "神宗이 뒤를 이었는데 기백이 넘치고 크게 혁신을 이루려 했다"[18]고 말하고 있다.

그런데 한 가지 주목할 사실은 이러한 神宗의 포부 내지 개혁지향의 배후에는, 이를 통해 거란과 서하에 대한 굴욕적인 관계를 청산하고자 하는 염원이 담겨 있었다는 사실이다. 이는 신종의 즉위 직후에 있었다고 하는 다음과 같은 일화에서 잘 드러난다. 북송말의 기록인 《鐵圍山叢談》에는,

　神宗은 즉위한 이후 커다란 이룸을 남기려 하는 뜻을 慨然히 일으켜 西와 北 두 방향의 罪를 묻고자 했다. 하루는 金甲을 입고 慈壽宮에 나아가 太皇太后를 보고 말하기를, "할머니, 臣이 이것을 입었는데 잘 어울리나요?"라고 물었다. 曹后는 웃으며, "너(汝)는 갑옷이 매우 잘 어울리는구나. 하지만 너까지 이러한 것을 입게 된다면 국가가 어떻게 되겠느냐?"라고 말했다. 神宗은 가만히 마음 속으로 그렇다고 생각하고 마침내 金甲을 벗었다[19]

는 일화가 적혀 있다. 여기서 《鐵圍山叢談》의 撰者인 蔡絛는 神宗의 군사적인 功業心을 적은 다음, 그 정도가 어떠하였는가 하는 것을 보이기 위해, 이어 갑옷을 입은 차림새를 太皇太后에게 비추어 보였다는 일화를 전하고 있다. 황제가 비록 즉위한 직후의 일이기는 하지만 이처럼 태황태후에게 스스로를 臣이라 칭하고 또 태황태후는 그러한 황제를 너라고 호칭하고 있는 위의 일화는 매우 이례적인 것임에 틀림없다. 그만큼 이 상황이 사적인 친밀함을 배경으로 하고 있었음을 보여주는 것이라 하겠다. 신종은 스스로 갑주를 차리고 친정하여 군사적인 공업을 이루려는 강한 열망을 지니고 있었으며, 그러한 열망

---

17) 《宋史》 권18, 〈神宗本紀〉의 贊, 제2책, p. 314.
18) 《朱子語類》 권130, 〈本朝 4〉 〈自熙寧之靖康用人〉, 제8책, p. 3095.
19) 蔡絛, 《鐵圍山叢談》(四庫全書本) 권1, p. 8의 앞·뒤.

은 위와 같이 태황태후에 대한 치기 어린 허세로 나타날 정도였던 것이다. 이처럼 신종에게 국정의 성취 내지 개혁은 바로 서와 북, 즉 서하와 거란에 대한 공업의 달성과 직결된 문제였다.

신종에게 이처럼 강력한 군사적 성취의욕이 있었다는 사실을 보여 주는 기록은 허다하다. 잘 알려진 사례이지만 다음과 같은 일화[20]는 그 가운데 대표적인 것이라 할 수 있다. 熙寧연간(1068~1077)의 어느 때인지 불분명하지만, 신종은 대신들과 협의하여 거란에 대한 원정을 결의하고 이를 太皇太后 曹氏에게 알렸다. 이에 曹后는, "이 일은 보통 일이 아닙니다. 수많은 사람들의 목숨이 걸린 문제입니다. 가볍게 처리해서는 안됩니다. 만일 거란 정벌이 가능했으면, 太祖나 太宗 때에 벌써 해냈을 것이지 어찌 지금까지 방치했겠습니까"라고 말했다. 그러자 신종은, "감히 그 말씀은 받아들일 수 없습니다"라고 대답했다고 한다. 太皇太后 曹氏는 신종의 父皇인 英宗을 양자로 들여 손수 양육[21]한 인물로서, 앞서 언급한 바와 같이 英宗의 등극 후에는 한동안 수렴청정을 했었다. 神宗은 이러한 曹后에게 지극한 효성을 바쳐서, 그녀를 기쁘게 하기 위해서는 무슨 일이라도 했으며 정무의 처리에서도 늘 그녀의 자문을 구하고 있었다고 한다.[22] 그럼에도 신종은 거란에 대한 정벌문제에서만은, 이처럼 결연히 曹后의 제지를 뿌리치고 있는 것이다.

神宗의 대외정벌에 대한 의지는 그것을 위해 특별히 물자를 비축하는 別儲를 두는 정도였다고 한다. 그러한 창고가 그의 治世 말엽이 되면 20개에 이르렀다. 나아가 그는, "매일 저녁마다 삼가 두려워 반성하노라 / 遺業을 망령되이 저버리지나 않았나 하고 돌아보니 / 나는 호반된 모습이 없구나 / 언제나 오랑캐를 쳐부술 수 있을까"라는 시를

---

20) 《宋史》 권242, 〈慈聖光獻曹皇后列傳〉, 제25책, p. 8622.
21) 같은 글, p. 8621.
22) 위와 같음. 神宗의 曹后에 대한 태도는, "帝致極誠孝 所以承迎娛悅 無所不盡 從行登歊 每先後策披"하는 정도였다고 한다.

친히 지어 이곳에 걸어두었다고 한다.[23] 神宗에게 군사적인 성취는
평생의 염원이었던 것이다.

신종은 황제로 즉위한 이후 국정의 대대적인 쇄신을 이루고자 했
다. 그는 황제 등극 직후인 治平 4년 윤3월에 內外의 文武 群臣들에
게 下命하여 內政과 邊防을 비롯한 국정전반에 대한 숨김 없는 직언
을 구했다.[24] 이어 같은 해 6월에는 당시 커다란 사회문제가 되어 있
었던 役法의 개선방향에 대해 모든 지방관으로 하여금 견해를 제출
케 하고 있다.[25] 그의 이러한 內外臣僚에 대한 개혁의 자문은, 나아가
재정수지의 절감방안과 재정책의 개선방향,[26] 전반적인 治道의 방향
과 변경의 군사문제[27] 등에 이르기까지 다양한 사안들을 대상으로 수
시로 행해졌다. 하지만 이러한 神宗의 적극적인 모색에도 불구하고
당시의 유력한 대신들은 그의 개혁의지에 부응하지 못하거나, 아니면
그들이 제시한 方略이 전연 신종의 의도에 부합하지 않았다. 이러한
정황에 대해 蘇轍(1039~1112)은 훗날,

　　(신종황제는) 처음 즉위한 때 萬事를 經營하여 海內를 바로잡고 四夷를
　　제압하려는 뜻을 지녔습니다. (하지만) 老臣과 宿將들은 팔을 끼고 서로
　　바라만 보았습니다[28]

라고 회고하고 있다. 신종은 국정의 개혁과 이를 바탕으로 거란과 서

---

23) 《宋史》 권179, 〈食貨 下一〉〈會計〉, 제13책, pp. 4371~4372.
24) 《長編》 권209, 英宗 治平 4年 閏3月 庚子, 제15책, p. 5086.
25) 《長編拾補》 권1, 英宗 治平 4년 6월 辛未, p. 18뒤. 이러한 役法 利害에 대한 上
　　聞 명령은, 같은 해 7월에는 "詔中外臣庶限一月條陳差役利害以聞"(《長編拾補》 권1,
　　英宗 治平 4년 7월 戊寅, p. 26의 앞)이라 하여 관료뿐만 아니라 일반민까지 대상
　　으로 하여 재차 下命된다.
26) 《長編拾補》 권3上, 神宗 熙寧 元年 6월 丙寅, p. 14뒤. 이때 神宗은 司馬光과 滕
　　甫에게 명하여, "看詳裁減國用制度"하도록 했다.
27) 예컨대 熙寧 元年(1068) 神宗은 富弼에게 治道와 邊事에 대한 자문을 구하고 있
　　으며(《宋史》 권313,〈富弼傳〉, 제29책, p. 10255), 이듬 해 7월에는 文彦博에게 邊
　　防久遠備禦之策을 묻고 있다(《長編拾補》 권5, 神宗 熙寧 2년 7월 乙丑, p. 1뒤).
28) 《蘇轍集》,〈欒城集〉 권47,〈進御集表〉, p. 823.

하를 제압하고자 하는 강렬한 열의를 지녔으나, 주변의 신료들로부터 전혀 도움을 받지 못하는 상황이 한동안 지속되었던 것이다.

그렇다면 당시의 大臣들은 신종의 개혁을 위한 자문에 대해 과연 어떻게 응답하였던 것일까? 韓維(1017~1098)가 제시한 방향은, "天下의 大事는 급작스럽게 해서는 안됩니다. 人君의 조치는 앞뒤가 있으니 신중하고 진중하게 해야 합니다"[29]라는 것이었다. 신종의 적극적인 태도를 견제하며 개혁에 대한 반대의 입장을 분명히 했던 것이다. 사실 그는 신종이 태자로 세워지기 전부터 신임하여 매사에 자문을 구하던 인물이었으며,[30] 그렇기 때문에 신종의 의도를 잘 파악하고 있었다. 재정수지의 적자에 대해 자문을 받은 司馬光(1019~1086)의 태도 역시 韓維의 신중론과 크게 다르지 않은 것이었다.[31] 신종은 司馬光에 상당한 재량권을 부여하여, 裁減局이란 명칭의 관서를 설치하고 재정 전반에 걸친 개혁을 모색하도록 명했다. 하지만 사마광의 응답은 신중일변도의 것이었다. 즉 "國用의 부족은 우선 節儉으로 대처해야 하며, 장구한 시간을 두고 면밀히 검토해야 되는 것이지 臣이 一朝一夕에 방안을 강구할 수 없습니다"라는 내용이었다. 이러한 사마광의 태도에 신종은 실망하고 裁減局의 설치를 포기했다고 한다. 仁宗 이래의 老臣이었던 富弼(1004~1083)의 신종에 대한 제언도, 마찬가지로 그 급속한 개혁지향을 버려야 한다는 것이었다. 잘 알려진 대로 그는 신종이 자신의 주된 관심사인 邊事에 대해 자문하자, "폐하께서는 즉위한 지 얼마 되지 않으니 마땅히 德과 은혜를 베푸셔야 합니다. 원컨대 20년 동안 兵을 입에 올리지 마소서"라고 대답할 정도였다.[32]

29) 《長編》권209, 英宗 治平 4년 2월 乙酉, 제15책, p.5077.

30) 《宋史》권315, 〈韓維傳〉, 제29책, p.10305. 당시 神宗은, "神宗封淮陽郡王穎王 維 皆爲記室參軍 王每事咨訪 維悉心以對"하는 정도로 韓維를 신임했다고 한다.

31) 이하 國用 裁減과 관련한 司馬光의 응답 및 神宗의 조치에 대해서는, 《宋史》권 179, 〈食貨 下一〉〈會計〉, 제13책, p.4354를 참조.

32) 《宋史》권313, 〈富弼傳〉, 제29책, p.10255. 남송시대의 인물인 葉適(1150~1223) 이, "弼初執政 更張之意過于范韓 至作相 乃以一切堅守無所施爲爲是 雖如琦之微有

이러한 상황에서 神宗이 국정개혁을 추진할 대안으로서 선택한 인물이, 당시 朝野에 명망을 얻고 있었던 王安石이었다.[33] 이렇게 신종이 王安石을 발탁하는 저간의 사정에 대해, 明末淸初의 인물 王夫之는,

　神宗에게는 暢言할 수 없는 비밀이 있었는데, 國政을 맡은 大臣들은 그 뜻을 헤아려 더불어 도모할 수 있는 인물이 없었다. 그리하여 王安石이 이를 타고 나아갔다. 神宗은 처음 즉위했을 때 文彦博에게 이르기를, "兵을 길러 邊境을 막기 위해서는 府庫가 충실해야만 한다"고 했다. 이는 安石이 이끈 것이 아니다. 그 뜻이 정해진 것이 오래였다[34]

고 지적하고 있다. 신종은 개혁을 위한 모색 끝에, 당시 정계를 주도하던 대신들의 지나친 신중함이나 무사안일에 실망하고, 그때까지 거의 지방관으로만 일관하고 있던 참신한 인물 王安石을 발탁하기에 이르렀던 것이다. 다만 위 인용문 가운데, 王夫之가 神宗에게 외정의 욕구라는 비밀이 있었다고 말하고 있으나, 앞서 살펴본 대로 사실 신종의 그러한 의도는 당시 누구에게나 이미 명확하게 감지되고 있었다. 神宗은 여러 타진을 거쳐 바로 이 외정을 위한 국정쇄신의 의도에 王安石이 부응할 수 있다고 판단했던 것이다.

　神宗의 즉위 당시 王安石은 모친의 居喪을 막 마친 상태였다.[35] 신종은 이러한 그를 중앙관으로 부르려 했으나 병을 이유로 固辭하자, 일단 현재의 南京인 江寧의 知府로 삼았다가[36] 6개월 후 마침내 翰林

改作　亦不能從也"[《習學記言序目》 권48,〈皇朝文鑑 2〉〈奏疏〉(北京 : 中華書局, 1977), p. 718]라고 평하듯, 富弼은 본시 時弊에 대한 개혁의지가 강한 인물이었으나 神宗 무렵이 되면 철저한 무사안일론자가 되어 있었다.

33) 司馬光을 비롯한 조정대신들의 이와 같은 태도에 대해 李範鶴,〈王安石(1021~1086)의 對外經略政策과 新法〉, 高炳翊先生回甲紀念史學論叢,《歷史와 人間의 對應》, 한울, 1984)에서는 이들이 이전 시대 對外用兵으로 말미암은 피해를 직접적으로 받은 中原의 西北方 내지 北方地域 출신이라는 사실이 크게 작용했다고 지적하고 있다(pp. 708~709).

34) 王夫之,《宋論》(臺北 : 里仁書局, 1985) 권6,〈神宗〉 2, p. 118.

35)《長編》 권209, 英宗 治平 4년 윤3월 庚子, 제15책, p. 5088.

學士에 임명하였다.[37] 신종이 즉위한 지 9개월여 만인 治平 4년(1067) 9월의 일이었으며 당시 왕안석의 나이는 47세였다. 翰林學士란 직위 는 황제의 詔勅을 기초하며 한편으로 황제의 지근거리에서 자문에 응하는 것으로서, 이를 경유하여 宰執 등의 요직으로 진출하는 것이 일반적인 예였다.[38]

그런데 王安石은 그때까지 20대 초반 과거에 급제한 이래 25년여 동안 지방관으로만 전전하는 상태였다.[39] 물론 잘 알려진 대로 仁宗 말엽의 대략 2년여 동안 중앙관직을 맡으며 유명한 萬言書를 올리기 도 했다. 하지만 그 직후 母喪을 당하여 英宗 治平연간(1064~1067)을 통해 服喪을 지속했다. 이렇게 중앙정계에서의 경력이 거의 전무하다 시피 했음에도 이 무렵 王安石의 名望은 朝野에 널리 퍼져 있었다. 당시 그러한 衆望에 대해 司馬光은,

    지난 번 介甫(왕안석의 字, 인용자)와 朝廷의 일을 논할 때 생각이 서로 어긋났는데 介甫가 (너그러이) 헤아려 주었는지 모르겠습니다. 하지만 저 의 (그대에 대한) 仰慕의 마음은 전혀 변하지 않았습니다. 삼가 보건대 介 甫는 30여 년 동안 홀로 天下의 大名을 져왔습니다. 才學이 높고 풍부하 며, 높이 오르는 데 신중하고 미련없이 물러났습니다. 遠近의 선비들이 (介 甫를) 알든 모르든 모두 이르기를, 介甫가 몸을 일으키지 않으면 어쩔 수 없지만 일으킨즉 太平이 가히 곧 이르러 生民들이 모두 그 은택을 입을 것이라 했습니다[40]

라고 술회하고 있다. 왕안석이 중앙의 발탁에 固辭해서 그렇지, 중앙

---

36) 같은 책, pp. 5088~5089.

37) 《長編拾補》 권2, 英宗 治平 4년 9월 戊戌, p. 4의 앞.

38) 송대 翰林學士의 역할 및 지위에 대해서는, 宮崎市定, 〈宋代官制序說 — 宋史職 官志を如何に讀むべきか —〉, 佐伯富 編, 《宋史職官志索引》(京都 : 同朋舍, 1963/ 1974), pp. 7~8 참조.

39) 이하 王安石의 行蹟 내지 傳記와 관련된 사항은 특별한 註記가 없는 한, 《宋史 紀事本末》(北京 : 中華書局, 1977)을 참조.

40) 司馬光, 〈與介甫書〉(《溫國文正司馬公文集》 권60), 《全宋文》 제28책(成都 : 巴蜀 書社, 1992) 권1211, p. 371.

정부의 책임 있는 지위에 오르기만 하면 국정을 훌륭히 다스려갈 것 이란 평판이 광범위하게 확산되어 있었다는 것이다. 劉安世(1048~ 1125)와 같은 인물은 이러한 분위기를 "당시 天下의 여론은 金陵(治平 연간 江寧에서 服喪하던 왕안석을 지칭 — 필자)을 執政으로 삼지 않는 것 에 대해 이상히 여겼다"[41]고 전하고 있으며, 王嚴叟(1043~1093)는 "天 下가 왕안석을 널리 추앙하여 가히 太平을 이룰 것이라 여겼다"[42]고 말하고 있다.

그렇다면 당시 왕안석에 대한 그와 같은 衆望은 어떠한 연유로 말 미암은 것이었을까? 위 인용문에서 司馬光은, 높고 풍부한 才學과 관 직에 대한 無慾을 들고 있다. 이 가운데서도 후자, 즉 중앙의 발탁에 대한 固辭는 왕안석의 평판을 높이는 데 결정적인 요소로 작용했다. 그는 이미 26세 되던 해인 仁宗 慶曆 6년(1046), 淮南判官을 마친 후 중앙관으로의 진출을 마다하고 다시 지방관인 浙東 鄞縣의 知縣으로 나아갔다. 당시 지방관의 임기를 무사히 마치면 보고서를 올려 일정 의 시험을 치른 다음 중앙관인 館職으로 진출하는 것이 관례였다. 그 럼에도 왕안석은 이를 사양했던 것이다.[43] 이어 31세 때인 仁宗 皇祐 3년(1051)에는 당시 재상이었던 文彦博이 조정에 그를 추천했으나 사 양하고 지방관을 다시 역임했다. 이러한 중앙정계의 발탁에 대한 사 양은, 仁宗 때에도 몇 차례나 지속되었으며 다음 황제인 英宗 때에도 두 차례나 거듭되었다. 그러한 결과 世間의 士大夫들 사이에서는, '출 세에 無慾함을 칭찬하며 그와 만나지 못하는 것을 한탄'할 정도가 되 었다 한다.[44] 한편으로 지방관 재직시 상당한 업적을 쌓았던 것이나, 그의 학문이나 문학적 재능 등도 그러한 世評을 만드는 데 상당한

---

41) 馬永卿 編, 《元城語錄》(四庫全書本) 권上, p. 16뒤.
42) 韓琦, 《韓魏公集》(叢書集成初編) 권20에 附載된, 王嚴叟, 〈別錄〉, p. 271.
43) 《宋史紀事本末》에서는 이러한 관례에도 불구하고 王安石이 사양하고 다시 지방 관으로 나아간 것에 대해, "故事 秩滿 許獻文求試館職 安石獨不求試 調知鄞縣"(권 37, 〈王安石變法〉, p. 321)이라 적고 있다.
44) 《宋史紀事本末》에서는 이러한 정황을, "先是 館閣之命屢下 安石輒辭不起 士大夫 謂其無意於世 恨不識其面"(권37, p. 321)이라 적고 있다.

역할을 했다.[45) 그리하여 神宗 또한 황태자 시절, 여러 경로로 왕안석의 名望을 접하고 있었다고 한다.[46)

熙寧 元年(1068) 4월 王安石은 翰林學土로 임명된 지 7개월 만에 입경했다. 神宗은 즉시 그를 불렀다. 史書에서는 이러한 신종의 신속한 왕안석 호출을 '越次'라 적고 있다. 순서를 건너뛰었다는 것이다. 그의 새 인물 내지 새로운 정책제안에 대한 기대를 잘 보여주는 것이라 하겠다. 신종은 처음 대면하자 대뜸, "朕은 卿의 聲望을 들은 지 오래오. 지금 정치에서 무엇이 가장 시급하오"라고 물었다. 이에 왕안석은, "정책을 택하는 것입니다"라고 대답했다. 이어 왕안석은 신종에게, 堯舜을 본받아 簡要하고 번잡하지 않은 정책의 실시를 주된 내용으로 하는 개혁의 방향을 제안했다. 이때의 대화는 신종에게 큰 인상을 주었으며, 왕안석에 대한 신뢰를 굳히는 계기가 되었던 듯하다. 신종은 왕안석을 면담하고 나서, 자신에게 능력이 없어 왕안석의 의도에 부응하지 못할까 우려된다는 뜻을 피력하고, 그에게 "진력하여 朕을 보필하여 주시오, 卿의 제안을 따라 같이 나가기를 바라오"라고 당부했다고 한다.[47)

신종은 첫 대면을 마치기 전 왕안석에게, 宋朝가 創業한 이래 100여 년 동안 큰 변고 없이 태평이라면 태평이라 할 만한 통치를 구가

---

45) 仁宗末인 至和年間(1054~1056) 歐陽修가 王安石의 발탁을 주청하며, "太常博土群牧判官王安石 學問文章 知名當世 守道不苟 自重其身 論議通明 兼有時才之用 所謂無施不可者"[《歐陽修全集》,〈奏議集〉권4,〈翰苑〉〈再論水災狀〉(北京:中國書店, 影印 世界書局 1936年版) p. 865]라든가, "安石 久更吏事 兼有時才"(《歐陽修全集》,〈奏議集〉권4,〈翰苑〉〈薦王安石呂公著箚子〉, p. 871)라고 말하고 있는 것이 그러한 정황을 잘 전해 준다. 이와 관련하여 또한 黃庭堅(1045~1105)과 같은 인물은, "余嘗熟觀其風度 眞視富貴如浮雲 不溺於財利酒色 一世之偉人也. 莫年小詩 雅麗精絶 脫去流俗 不可以常理待之也"(《豫章黃先生文集》, 四部叢刊本, 권30,〈題跋〉〈跋王荊公禪簡〉, p. 9뒤)라 말하고 있다.

46) 神宗이 太子로 세워지기 전인 潁王 시절, "神宗在潁邸 維爲記室 每講說見稱. 輒曰 此非維之說 維友王安石之說也. 維遷庶子 又薦安石自代 帝由是想見其人"(《宋史紀事本末》권37,〈王安石變法〉, p. 324)이라 하는 일화는 그러한 단적인 예라 할 것이다.

47) 이상 神宗과 王安石의 첫 대면 및 그 대화에 대해서는,《長編拾補》권3上, p. 5 앞을 참조.

할 수 있었던 요인에 대해 물었다. 왕안석이 이에 대한 답변으로 올
린 것이 유명한 〈本朝百年無事箚子〉이다. 여기서 그는, 백년 동안 천
하가 무사했던 것은 天佑神助라고 단언한다. 즉 다행히 夷狄이 興旺
하지도 않았으며 커다란 자연재해도 없었기 때문이라는 것이다. 오히
려 국정을 살펴보면 理財의 법도를 그르쳐서 백성은 가난하고 국가
의 재정은 큰 어려움에 직면해 있다고 진언했다. 이 상주문을 접하고
나서 신종은 구체적인 정책대안에 대해 물었다. 그래서 왕안석이 자
신의 견해를 개략적으로 밝히자, 신종은 일찍이 들어본 적이 없는 것
이라며 매우 기뻐했다고 한다.[48]

   이러한 접촉과 대화를 거치며 신종은 왕안석이 주장하는 바대로의
개혁을 결심하게 되었던 것이지만, 왕안석이 제시한 개혁의 방향이란
구체적으로 과연 어떠한 것이었을까? 왕안석이 입경한 지 4개월 후
인 熙寧 元年(1068) 8월 신종의 면전에서 司馬光(1019~1086)과 벌였던
다음과 같은 논쟁[49]은, 그같은 왕안석의 理財觀 내지 개혁의 구상을
단적으로 보여주는 사건이었다고 할 수 있다. 이때 南郊의 禮[50]를 마
치고 前例에 따라 朝臣들에게 賞賜를 내릴 것인가 하는 문제가 쟁론
대상이 되었다. 대부분의 臣僚들은, 재정이 궁박한 데다가 河北에 水
災도 있으니 賞賜를 이번에 한해 생략하자고 주장했다. 그러나 왕안
석은, "賞賜 자체가 큰 액수도 아니니 생략한다 해서 재정에 큰 도움
이 되지 않을 뿐더러 오히려 조정에서 大臣을 처우하는 禮를 해친
다"고 하며 賞賜의 실시를 주장했다. 그러자 司馬光이 나서서, "이 어

---

48) 같은 책, pp. 5앞~7뒤.
49) 司馬光은 治平 4년 9월, 王安石보다 5일 후 동일하게 翰林學士로 임명되었다.
    葉坦, 앞서 든 《大變法》, pp. 56~57 참조.
50) 《宋會要輯稿》에서, "國朝以來 大率三歲一親郊 並祭天地宗廟 因行赦有於天下 及
    賜諸軍賞給 遂以爲常 亦不可廢"(〈禮〉3, 〈郊祀議論〉, 哲宗 元祐 7년 9월 12일, 禮
    3之5, 北京, 中華書局 影印本, 이하 《宋會要》라 약칭)라 하듯, 송대 天에 제사를
    지내는 郊祀는 3년에 1회씩 행해졌다. 송대의 郊壇은 國都 東京의 남쪽에 설치되
    어 있었으므로 郊祀를 南郊라고도 불렀는데, 매번 郊祀가 끝날 때마다 百官에게
    막대한 賞賜가 행해져서 이것이 국가 재정에 상당한 부담으로 작용했다.

려운 때에 조정의 대신들이 마땅히 절약의 모범을 보여야 한다. 관료들이 솔선수범하지 않으면 백성들이 어찌 조정을 따르겠는가"라고 반박했다. 이에 왕안석이 "재정이 부족한 것은 훌륭한 理財家가 없었기 때문"이라고 말하자, 사마광은 "훌륭한 理財家란 백성들을 수탈해서 도적이 되게 할 따름"이라고 맞섰다. 이러한 사마광의 주장에, 왕안석은 "그렇게 한다면 훌륭한 理財家가 아니다. 진정 훌륭한 理財家란 백성에게 賦稅를 더하지 않으면서 재정을 풍족하게 하는 사람이다"라고 답하고 있다. '백성의 부담을 늘리지 않으면서 재정을 확보하는 것,' 이것이 바로 왕안석의 지향이었던 것이다. 이후 논쟁은, 사마광이 다시 漢武帝 때의 桑弘羊 등을 예로 들면서 반박하는 등 오랫동안 지속되었다. 그러다가 신종이, "朕은 사마광의 입장에 동조하나 賞賜는 전례대로 시행하겠다"고 결정함으로써 종료되었다.[51]

이 논쟁에서는 외관상 신종이 사마광의 주장에 동조한 듯이 보인다. 하지만 이후의 상황전개는 전혀 달랐다. 이튿날 講讀이 끝난 후, 황제는 왕안석만을 따로 불러 해질 무렵까지 담론했다. 조정의 여타 대신들은 감히 먼저 나가지 못하고 계속 기다리는 상태였다.[52] 이로부터 10여 일 후 다시 신종은 왕안석을 불러 대화를 나누었다.[53] 신종이 왕안석과 처음 대면하여 그의 정책주장을 접한 지 4개월여, 이 단계가 되면 신종은 왕안석 중심의 국정개혁을 거의 굳혀가고 있었던 것이다.

이처럼 神宗의 왕안석 重用 방침은 매우 신속히 결정되었다. 당시 신종이 얼마나 왕안석 중심의 국정운영을 서둘렀나 하는 것은 다음과 같은 일화[54]에서 잘 드러난다. 위에서 언급한 司馬光과의 南郊 賞賜를 둘러싼 爭論이 있은 후 얼마되지 않아, 신종과 왕안석이 만나

---

51) 《長編拾補》 권3下, 神宗 熙寧 元年 8월 癸丑, pp. 1앞~4뒤.
52) 같은 책, 神宗 熙寧 元年 8월 甲寅, p. 4뒤.
53) 같은 책, 神宗 熙寧 元年 8월 癸亥, p. 4뒤.
54) 같은 책, 권4, 神宗 熙寧 2년 2월 庚子, p. 3앞뒤.

天下事에 대해 견해를 주고받았다. 그러다 신종이, "卿이 아니면 朕을 위해 이러한 일을 해줄 사람이 없소. 朕은 장차 政事를 卿에게 맡기고자 하니 사양하지 않기를 바라오"라고 말했다. 하지만 왕안석은 신종의 조급함을 만류하며, "폐하께서 진실로 臣을 임용하고자 한다면 너무 서두르지 마십시오"라고 대답했다. 그러나 신종은 듣지 않았다. 오히려, "朕이 卿을 안 것은 비단 어제 오늘의 일이 아니오"라고 대답할 정도였다고 한다. 이처럼 신종은 왕안석의 중용에 대해 조바심을 내고 있었다. 이러한 과정을 거쳐 神宗은 이듬해인 熙寧 2년 (1069) 2월 마침내 王安石을 부재상인 參知政事로 기용했다.[55] 왕안석의 개혁주장을 중심으로 한 정국운영의 의지를 분명히 한 것이다. 왕안석이 翰林學士로 임용되어 수도 동경에 들어온 지 불과 10개월 만의 일이었다. 왕안석 정권의 구성과정을 살펴보면, 이처럼 神宗의 국정개혁에 대한 강력한 의지, 그리고 그 개혁에 대한 초조감이 분명하게 감지되는 것이다.

지금까지 神宗이 즉위하여 王安石을 발탁하기까지의 과정에 대해 살펴보았다. 이를 통해 즉위 당시 청년의 나이였던 신종은 국정개혁에 대한 강렬한 의지를 지니고 있었던 것, 그리고 그 배후에는 거란과 서하에 대한 굴욕적인 관계를 청산하고자 하는 군사적 성취의욕이 있었던 사실을 밝혀 보았다. 그리고 王安石의 발탁 및 그 신속함은, 바로 이러한 신종의 정서로 말미암은 것이었음도 알 수 있었다. 神宗의 군사적인 공업에 대한 욕구는 국정개혁과 내적으로 긴밀히 연결되어 있었던 것이며, 나아가 그는 王安石의 개혁주장이 이러한 자신의 의도에 잘 부응하는 것이라고 판단했던 것이다. 이제 다음 章에서는 왕안석 정권이 구성된 후 制置三司條例司가 설립되어 본격적인 활동에 나서는 것에 대해 살펴보기로 한다.

---

55) 같은 책, p. 3앞.

Ⅲ. 條例司의 設立과 機構 構成

制置三司條例司는 熙寧 2년(1069) 2월 왕안석이 參知政事로 발탁된
직후 설립된다. 왕안석을 중심으로 한 정권이 구성되면서 곧바로 발
족했던 것이다. 그런데 條例司는 과연 어떠한 전후 맥락에서 설치되
었던 것일까? 다시 말하여 神宗과 왕안석은 어떠한 배경에서 조례사
라는 임시기관의 설립에 동의하였던 것이고, 두 사람의 조례사에 대
한 구상 내지 기대는 어떠하였을까? 나아가 조례사는 구체적으로 어
떠한 제도적 구조를 지니고 있었고, 또 어떠한 활동양태를 보이는 것
일까? 이제 本章에서는 이러한 점들에 대해 검토하기로 한다.

조례사 설치의 직접적인 계기는 신종의 邊防에 대한 자문이었다.
신종은 새로이 執政이 된 왕안석에게 무엇보다도 먼저, 섬서일대의
軍需 문제에 대한 처리방안을 물어 보았다. 이러한 자문이 制置三司
條例司의 설치로 이어지게 되는 것인데, 이 전후의 사정에 대해《續
資治通鑑長編拾補》에서는,

> 이에 앞서 神宗은, "어떻게 하면 陝西의 錢價를 무겁게 하고 가히 邊穀
> 을 축적할 수 있겠소?" 하고 물었다. 安石은 대답하여 가로되, "錢價를 무
> 겁게 하려면 마땅히 天下의 開闔하고 斂散하는 法을 개선해야 합니다"라
> 고 했다. 그리고 덧붙여서, "泉府의 一官은 先王이 바로 이를 통해 兼併을
> 통제하고 貧弱者를 지원하며 天下의 재물을 變通하고 이익이 한 군데에서
> 나오도록 하던 것입니다"라고 말했다. ……故로 條例司를 두어 理財의 術
> 을 講求하도록 했다[56]

고 기록하고 있다. 왕안석은 섬서의 錢價를 유지하면서도 무리 없이
군수물자를 확보할 수 있는 방안을 묻는 신종에게, 천하의 開闔하고
斂散하는 법, 즉 유통체계의 개선을 주장했던 것이다. 그 바람직스러

---

56)《長編拾補》권4, 神宗 熙寧 2년 2월 甲子, p. 5앞뒤.

운 방안은, 다름아닌 先王의 泉府[57]인 바, 泉府의 정신을 본받은 기관을 통해서 물가통제력과 財源을 국가가 장악하고 이를 통해 兼倂을 통제해야 한다고 말했다. 신종은 이러한 왕안석의 제언을 받아들여, '三司의 전반적인 체제와 제도를 검토하여 개선하는 권한'을 지닌 조례사를 설립했다.[58] 制置三司條例司란, 바로 이와 같이 신종의 변방문제에 대한 관심과 왕안석의 財政觀이 합치된 산물이었다.

그런데 이렇게 설립된 조례사란 기구의 조직상 통속관계는 어떠하였던 것일까? 즉 북송 관제내에서 조례사는 어떠한 기구에 배속되었을까? 前述한 바와 같이 조례사의 임무는 재정정책, 즉 三司의 관장업무를 점검하는 것이었다. 그렇지만 조례사는 결코 三司의 예속기관이 아니었다. 그것은 熙寧 2년 8월 司馬光이 조례사라는 임시기구의 설치에 반대하며, "재정과 관련한 문제는 三司의 업무로되 文士 몇 사람을 모아 별도로 一局을 만들어 정책을 바꾸고 있으며 三司는 간여하지 못한다"[59]고 지적하고 있는 것에서 단적으로 드러난다. 뿐만 아니라 조례사를 지휘하는 최상위 직위에는 後述하는 것처럼 中書와 樞密院의 고위 관원이 임용되었을 뿐 三司 출신은 철저히 배제되었다. 조례사의 중추 직위인 檢詳文字官에도 마찬가지로 三司 출신은 전혀 임용되지 않았다.[60]

이처럼 조례사는 三司의 정책을 점검한다는 의미를 지닌 기관이었지만 官制上으로는 三司와 완전히 별개의 관서였다. 熙寧 2년 11월 조정에서 조례사의 존치여부를 둘러싼 논쟁이 일어났을 때 王安石이,

---

57) 泉府란 《周禮》에 등장하는 官名으로서 地官에 속하며, 市稅를 징수하는 한편 시장의 滯貨 내지 잉여물자를 매입하였다가 민간의 수요가 있을 때 매각하는 역할을 하는 것이었다. 東一夫(1970), p. 584 및 pp. 615~616의 주 28을 참조.

58) 《長編拾補》 권4, 神宗 熙寧 2년 2월 甲子, p. 4의 앞. 取索三司於條例文字 看詳行具合行事件聞奏 別爲司 名曰制置三司條例.

59) 司馬光, 〈體要疏〉(《溫國文正司馬公文集》 권40), 《全宋文》제28책, 권1196, p. 138. 至於錢穀之不充 條例之不當 此三司之事也……今乃使兩府大臣 悉取三司條例 別置一局 聚文士數人 與之謀議 改更制置 三司皆不與聞.

60) 東一夫(1970), pp. 283~298을 참조.

이것이 陛下께서 理財에 특별히 一司를 설치하시어 陳升之와 臣으로 하여금 통솔하게 한 뜻입니다. 時事에 따라 특별히 一司를 설치했으므로 마땅히 倂合해서는 안됩니다[61]

라고 말하는 것은 그러한 조례사의 관제상 지위를 잘 보여준다. 당시 재상의 직위에 올랐던 陳升之(1011~1077)는 조례사의 中書 병합을 주장하고 있었다. 재상인 자신이 조례사라는 작은 부서의 수장을 겸임하는 것은 어울리지 않는다는 이유에서였다.[62] 이에 대해 王安石은 위 인용문에서 보듯, 황제인 神宗이 理財라는 중대한 현안문제를 긴급히 처리하기 위해 조례사를 특별히 설립한 것이니 만큼 재상이 겸직한다 해서 문제될 것이 없다는 논리를 폈다. 조례사는 비록 규모는 크지 아니하나 당시 중앙정부의 여타 기구와는 별도의 기관이었던 것이다. 때문에 그 설치의 詔令에서도, "별도로 官司를 두어 制置三司條例司라 이름하였다"[63]고 했던 것이다.

이처럼 조례사는 기존 관료기구와는 아무런 형식적 통속관계를 지니지 않은 독립기관이었으나, 중앙정부의 정책방향을 결정하는 역할을 수행했기 때문에 업무상 당시 최고의 민정기관이었던 中書와는 중합되는 면이 많았다. "制置司의 奏請하는 바는 모두 中書와 관련된다"[64]는 王安石의 발언이라든가, 앞서 살핀 것처럼 陳升之가 조례사의 폐지를 주장하며 그 이후의 처리와 관련하여 中書로 병합시켜야 한다고 말하는 것 등이, 그러한 조례사와 중서 사이의 업무상 중합을 여실히 보여준다. 이러한 까닭에 당시의 지식인들 가운데에는, 制置三司條例司가 中書 휘하에 두어졌다고 인식한 이조차 있었다.[65] 바로

---

61) 《長編拾補》권6, 神宗 熙寧 2년 11월 乙丑, p. 2앞.
62) 당시 陳升之는, "陳升之旣拜相 遂言. 制置三司條例司難以簽書……若制置百司條例則可 今旦制置三司一官條例 則不可"(《長編拾補》권6, 神宗 熙寧 11월 乙丑. p. 1 앞뒤)라고 주장하고 있었다.
63) 《長編拾補》권4, 神宗 熙寧 2년 2월 甲子, p. 4뒤.
64) 같은 책, 권6, 神宗 熙寧 2년 11월 乙丑, p. 2앞.
65) 邵伯溫(1056~1134)이 《邵氏聞見錄》에서, "未幾 中書省置三司條例司 相與議論者 以經綸天下爲己任 始變祖宗舊法 專務聚斂 私立條目 頒於四方 妄引周官 以實誅

이러한 성격으로 해서 훗날 조례사가 마침내 폐지될 때, 그 업무는
中書로 귀속되기에 이른다.

조례사 창설의 직접적인 계기는 앞서 살핀 것처럼 신종의 섬서일
대 군수문제에 대한 자문이었다. 그렇다면 신종은 염원해 마지 않던
왕안석 등용을 실천에 옮긴 후, 어찌하여 다름아닌 섬서일대의 군수
문제를 제기하였던 것일까? 그리고 이러한 신종의 문제제기에 대해
왕안석은 어떠한 이유에서 유통체계의 개혁을 문제의 핵심으로 지목
하였고, 또 신종은 이에 동조하여 마침내 조례사라는 理財 기관의
설립에 이르게 되는 것일까? 물론 이러한 자문의 遠因으로는 앞 章
에서 논급한 바 있는 신종의 군사적인 功業 성취에 대한 욕구 및 이
와 관련한 군사문제에 대한 관심을 들어야만 할 것이다. 하지만 신
종의 자문으로부터 유통체계에 대한 전반적인 개혁으로 이어지는 논
의의 귀결을 이해하기 위해서는 당시의 入中法 상황을 살펴볼 필요
가 있다.

북송시대를 통해 서북일대에는 거란 및 서하의 침공에 대비하기
위해 수많은 군사가 배치되어 있었다. 그리하여 북송정부는 하북과
섬서의 군수조달을 위해, 각처의 상인들로 하여금 군량과 馬草를 납
입시키고 이들에게 鹽引과 茶引 및 現錢 등을 대가로 지불하고 있었
다. 이러한 군수조달의 체계를 入中法이라 불렀던 사실은 주지하는
바와 같다. 그런데 이러한 入中法이 11세기에 접어들며 여러 가지 문
제점을 드러내기 시작했다.[66] 대상인들의 농간과 관리들의 作奸으로
말미암아 물가가 폭등하고, 또한 入中 상인에 대한 적절한 이윤이 보
장되지 않는 관계로 군수물자의 조달에 막심한 지장을 초래하게 된

賞"(권10, 北京 : 中華書局, 1983, 唐宋史料筆記叢刊本, p. 106)이라 적고 있는 것이
그러한 예이다.

66) 이하 북송중엽 西北일대의 入中法 상황 및 제도변화에 대해서는, 宋晞, 〈北宋商
人的入中邊糧〉, 《宋史研究論叢》, 第1冊(臺北 : 國防研究院, 1962) 및 金永眞, 〈北宋
前期 京師米行商의 入中邊糧活動 ― 商業資本形成에 關한 一考察 ―〉, 《歷史學報》
101(1984)를 참조.

것이다. 더욱이 섬서지역의 경우 철전과 동전이 병용되었던 사실은
이러한 入中체계의 혼란을 가중시키고 있었다. 이들 지역에서 입중제
도를 둘러싸고 眞宗·仁宗 연간을 통해 이른바 三稅法과 四稅法, 그리
고 見錢法 등의 변천이 거듭되고 있었던 것 역시, 그러한 여러 폐단
때문이었다. 이러한 상황을 타개하기 위해, 王安石은 神宗이 서하와
접경지역인 섬서일대 邊糧문제의 해결을 자문하자, 상인의 통제 및
국가권력에 의한 유통기능의 회수를 역설했던 것이다. 이러한 왕안석
의 주장에 신종이 동조하여 조례사의 설립에 이르렀던 것은 前記한
바와 같다. 결국 條例司 설립의 의도는, 훗날 均輸法이라 불리는 정
책의 시행을 위한 것이었다.

　이렇게 조례사가 최초 均輸法의 시행을 위해 설립되었다는 사실은
다음과 같은 여러 자료를 통해서도 확인된다. 우선 神宗은 條例司가
설립된 지 채 1개월이 안된 熙寧 2년 3월 18일 詔令을 내려, "天下의
財貨가 留積하여 不通하는 까닭에 특별히 輔臣에게 명하여 條例司를
설치하게 했다"[67]고 밝히고 있다. 이 詔令에서는 또한, "장차 물자의
유통과 관련한 여러 폐단을 시정할 터이므로 이와 관련하여 좋은 견
해가 있으면 制置三司條例司에 건의하라"고 下命하고 있다.[68] 神宗
자신이 조례사의 설립은 바로 천하의 유통체계를 개혁하기 위한 것
이리고 明言하고 있는 것이다. 王安石의 〈乞制置三司條例〉라는 上奏
文[69] 역시 조례사의 설립취지가 무엇이었는지를 단적으로 보여 준다.

67) 《宋會要》, 〈職官 五〉 〈制置三司條例司〉, 神宗 熙寧 2년 3월 18일, 職官 5之1.

68) 위와 같음. 又詔曰. 朕惟 理財之臣 失於因循 其法遂至於大壞. 而天下之貨 留積而
　　不通. 故特詔輔臣 俾之置司 講求利病 將捄宿弊 而更張之……內外臣僚 有能知財用
　　利害者 詳具事狀聞奏. 其諸色人 亦具事理 於制置三司條例司陳狀. 在外者 卽隨所屬
　　州軍投狀 繳申條例司.

69) 왕안석의 《臨川先生文集》 권70에 실려 있는 이 문장을 두고 《王荊公年譜考略》
　　을 찬술한 蔡上翔은 神宗 熙寧 2년 2월에 작성되었다고 하고 있으나[《王荊公年
　　譜考略》 권14, 《王安石年譜三種》(北京 : 中華書局, 1994), p. 427], 《宋會要》에 의하
　　면 熙寧 2년 7월에 올려진 것으로 되어 있다(〈職官 五〉 〈制置三司條例司〉, 職官
　　5之2). 또한 이 문장은 물론 王安石에 의해 작성된 것이지만 《宋會要》에서는 '制
　　置三司條例司言'이라 적고 있다.

이 上奏文은 제목에서 밝히고 있듯 조례사 설립 후 그 운영과 활동
의 방향에 대한 전반적인 지침을 건의하는 성격을 띤 것이었다. 또한
그 서두는, "三司의 전반적인 체제 및 제도를 검토하여 개선하라는
詔令을 받들어 그 검토 결과를 보고합니다"라는 문장으로 시작하고
있다.[70] '三司의 전반적인 체제 및 제도의 검토'란 바로 本章의 冒頭
에서 살핀 것처럼, 조례사 설립 당시 부여된 직무였다. 그런데 그 내
용을 살펴보면 發運司를 통한 上供 구조의 개선, 대상인에 의한 물가
유통권한의 장악 및 그로 말미암은 폐해의 개혁, 국가권력의 유통권
확보와 이를 통한 財源의 창출 등, 사실상 均輸法의 개요를 밝히고
있다. 애초 神宗과 王安石의 의도는 制置三司條例司를 설립하여 다만
훗날 均輸法이라 지칭되는 개혁에 국한되어 있었던 것이다.

조례사는 이처럼 국가의 전반적인 재정구조 및 유통체계 전반에
대한 개혁의 임무를 부여받고 있었던 만큼, 그 정부기구내 지위와 권
한은 파격적이라 할 정도였다. 韓琦(1008~1075)가 青苗法을 비판하며
조례사에 대해,

> 또한 制置司는 비록 大臣이 主領하나……일찍이 보지 못했던 定奪의 관
> 서입니다. 업무는 中書 및 樞密院과 논의하지도 않고 폐하의 뜻(聖旨)을
> 받들지도 않은 채 곧바로 시행합니다. 이러한 즉 中書 바깥의 또다른 中書
> 인 셈입니다[71]

라고 말하고 있는 것은 그것을 여실히 보여준다고 하겠다. 韓琦에 의
하면 조례사라는 기구는, 당시 兩府 또는 二府라 불리었던 최고의 정
부기관인 中書나 樞密院과도 업무를 논의하지 않고 정책을 결정하였
다고 한다. 따라서 이러한 독자적 정책 결정권을 지니고 있는 '定奪
의 관서'인 만큼, 조례사는 또다른 中書와 다를 바 없다는 것이다. 그

---

70) 《宋會要》, 〈職官 五〉 〈制置三司條例司〉, 神宗 熙寧 2년 7월 17일. 職官 5之2. 制
置三司條例司言. 奉詔取索三司條例 看詳具合行制置事件以聞.
71) 《宋會要》, 〈食貨 四〉 〈青苗 上〉, 神宗 熙寧 3년 3월 4일, 食貨 4之29.

런데 위 인용문에서 그가 조례사를 두고 황제의 재가도 없이 업무를
추진했다고 말하는 것에 대해서는 다소간 부가 설명이 필요하다. 韓
琦의 판단으로는 조례사가 靑苗法을 강행하며 지방에서 여러 가지
물의를 일으키고 있으며, 심지어 청묘법의 몇 가지 구체적인 시행규
정과 관련하여서는 황제에 대한 보고도 생략한 채 발포했다는 것이
다.[72] 사실 조례사는 그 설립 당초부터 갖가지 업무의 추진하는 데
황제에 대해 보고만 한 채 독자적인 판단에 따라 행할 수 있는 어느
정도의 권한이 부여되어 있었다. 왕안석의 주도로 조례사란 기구의
운영지침을 정할 때 황제의 윤허를 받아 그러한 편의적인 업무추진
권한을 확보했던 것이다.[73] "條例司에서는 업무를 上奏만 한 채 곧바
로 시행하였다"[74]는 《長編》의 記事는 그러한 편의적인 정책추진을 잘
보여준다. 이러한 권한에 의거하여 조례사는, 韓琦가 위 인용문에서
말하는 바와 같이 반대파의 입장에서 볼 경우, '定奪의 관서'라 할 정
도로 파격적인 지위를 확보하고 있었던 것이다.

　그리하여 조례사는 그 존속기간을 통하여 가위 절대적인 권한을
행사했다. 예컨대 御史中丞의 직위에 있던 呂公著(1018~1085)는 조례
사의 관료기구내 비정상적인 지위를 비판하며,

　　다만 制置條例司는 실로 國家의 安危와 生民의 休戚과 관계됨에도 宰相
　이 디불이 논의할 수 없습니다. 宰相이 可하다 여기면 함께 共論하나 不可
　하다 여기면 또한 앉아서 成敗를 論할 수 없으며 다만 끝에 서명할 따름
　입니다[75]

---

72) 韓琦가 구체적인 사례로 들고 있는 것은, "今直指揮 許散絹與鄕村戶 依靑苗法納
　　錢 及令方郭戶 願請者亦聽"(위와 같음)이라는 조례사의 편의적인 지침이었다.
73) "應有合行事件 令具條例以聞 乞下制置司 參酌施行"(《宋會要》,〈職官 5〉〈制置
　　三司條例司〉, 神宗 熙寧 2년 7월 17일, 職官 5之11)라는 熙寧 2년 7월의 詔令이
　　바로 그것이다.
74) 《長編拾補》 권6, 神宗 熙寧 2년 11월 乙丑, p. 2뒤. 奏設制置條例司 引之共事 凡
　　所欲爲 自條例司直奏行之 無復齟齬.
75) 《長編》 권210, 神宗 熙寧 3년 4월 戊辰, 제15책, p. 5096.

라고 말하고 있다. 당시 조례사는 국가의 安危나 민중생활에 관련된 중대업무를 처리함에도 불구하고 재상의 반대를 도외시한 채 정책을 결정할 수 있었다는 것이다. 이러한 실태에 대해 그는, "條例司가 위로는 정부체계를 벗어나 있으며 아래로는 관련된 관리조차 배제하고 업무를 처리한다"[76]고까지 비판하고 있다. 뿐만 아니라 조례사에게 그 업무 전반을 점검받는 위치에 있었던 三司는, 조례사의 지휘에 가위 절대적으로 예속되는 모습을 보였다. 북송 전반 재정을 총괄하는 기관이었던 三司의 정부조직내 비중 내지 지위가 얼마나 막강하였는가 하는 점에 대해서는 췌언을 요치 않을 것이다. 그것은 神宗연간 三司의 업무를 개혁하고자 했던 왕안석 자신이, "三司가 관할하는 업무는 극히 포괄적이다"[77]라고 밝히고 있는 바와 같다. 이러한 三司에 대해 조례사는, 만일 삼사측에서 조례사의 관할 업무인 均輸法에 대해 이견이 있을 경우, 삼사의 장관인 三司使로 하여금 均輸法을 현지에서 집행하는 기관인 發運司가 위치한 淮南에까지 찾아가도록 규정할 정도였다.[78] 이만큼 조례사는 정부조직내 절대적인 권한과 지위를 확보하고 있었다.

　왕안석 자신도 조례사의 권위를 확보하기 위해 상당한 노력을 기울였다. 그것은 熙寧 3년(1070) 정월 開封府 일대에서 靑苗錢을 민간에 강제 할당하여 물의를 일으켰던 提擧官들에 대한 처리에서 잘 드러난다.[79] 이들에 대해 神宗은 우선 中書로 불러 문책하려 했으나, 왕안석은 그럴 경우 민간에서 新法 자체에 대해 회의를 품을 소지가

---

76) 위와 같음. 今制置一司 上旣不關政府 下又不委有司.

77) 王安石,《臨川先生文集》(中華書局 香港分局, 1971) 권49,〈翰林學士除三司使制〉. 三司使天下之盛選也. 自尙書六官 名存實去 而三司之職事所總居多.

78)《宋會要》,〈職官 5〉〈制置三司條例司〉, 神宗 熙寧 2년 9월 2일, 職官 5之3. 구체적으로는, "詔. 三司如有與制置條例司商量公事 令吳充往彼淮南制置發運司"라고 규정하고 있었다. 이 詔令에서 淮南發運司에 가도록 규정되어 있는 吳充은 당시 三司의 장관인 權三司使였다. 이에 관해서는《宋史》권312,〈吳充傳〉을 참조(제29책, p. 10239).

79) 이하 開封府 提擧官의 처리와 관련하여서는,《長編拾補》권7, 神宗 熙寧 3년 正月 庚申, p. 3의 앞·뒤를 참조.

있다고 주장하며 반대했다. 신법에 문제를 일으킨 관료는 신법을 입안한 조례사로 하여금 처리토록 해야 한다는 것이었다. 왕안석은 신법과 관련한 조례사의 권위가 중서로 인해 손상되어서는 안된다고 판단했던 것이다. 또한 그는 다음 章에서 서술할 바와 같이 熙寧 2년 11월 이후 수차에 걸쳐 조례사 폐지 및 중서에의 병합이 제기될 때마다, 이를 반대하고 조례사의 독립을 강력히 주장하여 관철시켰다.

이제 다음으로는 이러한 조례사의 제도적 구성에 대해 살펴보기로 한다. 이것과 관련하여 일본인 학자 東一夫는 조례사가 首領, 檢詳文字官, 相度利害官, 提擧常平倉農田水利差役官의 네 계층으로 구성되어 있었으며 이들 사이에는 상하 통속관계가 존재했다고 立論한 바 있다.[80] 그에 따르면, "首領은 조례사의 전반적 운영을 지휘·감독하는 직위로서 인원은 2인이었으며, 檢詳文字官은 新政策의 기획과 법제화를 담당하는 중추적 기획기관이었고, 相度利害官은 8인으로 구성되었는데 각 지방에 파견되어 현지조사를 통해 檢詳文字官의 기획법제화를 위한 자료를 제공하는 임무를 띠고 있었으며, 마지막으로 提擧常平倉農田水利差役官은 각 지방에서 실제로 諸政策을 집행하는 역할을 했다"[81]고 한다. 앞서 머리말에서도 언급한 바 있듯이, 현재까지도 制置三司條例司에 대한 專論은 東一夫의 연구가 유일한 것이다. 그리고 그외 연구를 통해 조례사의 전반적인 개요가 적지않이 밝혀진 것도 사실이다. 하지만 그의 조례사에 관한 연구는 당시 정치인들에 대한 是非論斷的 인물평가가 전체의 주조를 이루고 있으며, 그 구체적인 논증과정에서도 적지않은 문제점이 곳곳에 보인다. 조례사의 제도적 구성에 대해 언급하고 있는 부분 역시 마찬가지이다. 여기서는 東一夫가 인물평가를 내리는 것에 대해서는 그렇다치고, 그가 밝히는 네 계층의 기구구성 가운데 주로 첫번째의 이른바 '首領'이란

---

80) 東一夫(1970), pp. 265~266 및 334 등을 참조. 동일한 견해는 《王安石事典》(東京 : 國書刊行會, 1980), p. 78에도 그대로 요약되어 있다.

81) 위와 같음.

존재와 네번째의 提擧常平倉農田水利差役官을 중심으로 논급하려
한다.

우선 조례사의 조직 가운데 최상층부를 구성하는 직위에 대해 살
펴보기로 하자. 그런데 이에 대한 호칭은 宋代 史籍에서 매우 다양하
게 등장한다. 그것을 종류에 따라 원문대로 나열하면 다음과 같다.

① 熙寧元年 徙許 中道改大命府 過闕 留知樞密院. ……帝以升之三輔政
　欲稍異其禮 故特命之. 明年 **同制置三司條例司** 與王安石共事.[82]
② 熙寧二年 十一月 乙丑 命樞密副使韓絳**同制置三司條例**.[83]
③ 十一月 乙丑 命韓絳**制置三司條例**.[84]
④ 熙寧中 以知樞密院陳升之參知政事王安石**制置條例** 建官設屬 取三司條
　例看詳.[85]
⑤ 十一月 二日 命樞密副使韓絳**同制置司**.[86]
⑥ 熙寧初 輔臣陳升之王安石**領制置三司條例**.[87]
⑦ 此陛下之所以理財特置一司 使升之與臣**領**之之意也.[88]
⑧ 乃立制置三司條例司 掌經畫邦計 議變舊法 以通天下之利 命陳升之王
　安石**領其事**.[89]
⑨ 且制置司 雖大臣**主領** 然終是定奪之所.[90]
⑩ 於是設制置三司條例司 命與知樞密院事陳升之**同領**之.[91]
⑪ 熙寧二年置 以知樞密院陳升之參知政事王安石**爲**之.[92]
⑫ 三年 判大名府韓琦言 條例司雖大臣**所領** 然止是定奪之所.[93]
⑬ 升之既相 遂請免**條例司** 其說以爲宰相 無所不統 所領職事 豈可稱司.[94]

---

82) 《宋史》 권312, 〈陳升之傳〉, 제29책, p. 10238.
83) 《長編拾補》 권6, 神宗 熙寧 2년 11월 乙丑, p. 1앞.
84) 《宋史》 권14, 〈神宗本紀 1〉, 熙寧 2년 11월 乙丑, 제2책, p. 272.
85) 같은 책, 권163, 〈職官志 3〉〈戶部〉, 제12책, p. 3847.
86) 《宋會要》, 〈職官 五〉〈制置三司條例司〉, 神宗 熙寧 2년 11월 2일, 職官 5之5, 6.
87) 《宋史》 권167, 〈職官志 7〉〈發運使〉, 제12책, p. 3963.
88) 《長編拾補》 권6, 神宗 熙寧 2년 11월 乙丑, p. 2앞.
89) 《宋史紀事本末》(北京 : 中華書局, 1977) 권37, 〈王安石變法〉, 제1책, p. 327.
90) 《宋會要》, 〈食貨 4〉〈靑苗 上〉, 神宗 熙寧 3년 3월 4일, 食貨 4之29.
91) 《宋史》 권327, 〈王安石傳〉, 제30책, p. 10544.
92) 같은 책, 권161, 〈職官志 1〉〈制置三司條例司〉, 제12책, p. 3792.
93) 위와 같음.
94) 같은 책, 권312, 〈陳升之傳〉, 제29책, p. 10238.

앞의 예들을 보면 조례사의 최상층을 구성하는 직위에 대한 지칭이 극히 多岐함을 알 수 있다. 가위 기록자에 따라, 또는 기록할 때마다 그 지칭이 달라지고 있다고 해도 과언이 아닐 정도이다. 물론 위에 든 사례가 모두 호칭이었다고 하기는 힘들겠지만, 어찌되었든 동일한 직위에 대한 표현이 무려 13개에 달하고 있는 것이다. 그중에는 ②, ③, ⑤와 같이 熙寧 2년(1069) 11월 樞密副使 韓絳(1012~1088)이 이 직위에 임용되는 것을 두고 각각 同制置三司條例, 制置三司條例, 同制置司라고 서로 다르게 기록하는 예도 있다. ④, ⑥, ⑧, ⑪의 경우도 마찬가지이다. 이들 자료는 모두 熙寧 2년 2월 조례사가 발족할 당시 陳升之와 王安石을 이 직위에 임용했던 사실을 전하는 것들이다. 그런데 각각 制置條例, 領制置三司條例, 領其事, 爲之 등으로 기록하고 있는 것이다. ⑨, ⑫ 또한 韓琦가 靑苗法을 비판하며 조례사가 막강한 권한을 지니고 있음을 비판하는 대목인데, 각각 主領과 所領이라 적고 있다. 하지만 그 어느 것도 東一夫가 말하듯 '首領'이라 기록하는 자료는 없다.[95]

그렇다면 그 명칭은 과연 어떠한 것이었을까? 위의 사례들에서 보듯 그때그때 편의에 따라 적당히 지칭될 따름이었을까? 물론 당시 공식적인 관직의 명칭이 존재하지 않은 채, 경우에 따라 편의적으로 불리었을 리는 없다. 그렇다면 위의 인용문들에서 니디니듯 그 호칭이 극히 다양하게 기록되었던 것은 어찌된 연유일까?

이러한 의문들에 대해, 熙寧 2년 11월에 있었던 陳升之와 王安石 사이의 다음과 같은 대화는 어느 정도 그 이해의 실마리를 전해 준다. 이때 宰相의 직위에 오른 陳升之는 前述했듯 條例司의 中書 병합을 주장하며, "宰相은 統轄하지 않는 바가 없는데 領率하는 職事에

---

95) 東一夫 역시 이 직위의 호칭이 首領이었다는 증거는 전혀 제시하지 못하고 있다. 다만 그는 위의 자료 '⑨ 且制置司 雖大臣主領 然終是定奪之所'를, 혹 오식인지도 알 수 없으나 '且制置司 雖大臣首領 然終是定奪之所'라고 잘못 인용하는 부분이 있다[東一夫(1970), p.383]. 그가 이처럼 이 직위를 首領으로 칭하는 것이 혹시 이 誤讀에서 연유하는 것인지도 모르겠다.

어찌 가히 司를 稱할 수 있겠는가"라고 말했다. 재상인 자신이 조례
사라는 일개 기관을 칭하는 것은 어울리지 않는다는 것이었다. 이에
대해 왕안석은, "경전에도 反后爲司라는 말이 있는 바 여기서 后는
君道이고 司는 臣道이니 臣이 마땅히 司를 칭할 수 있다"고 응답했
다. 그러자 陳升之는, "오늘날의 司들은 一職의 名이며 執政이 칭할
바는 아니다. 만일 制置百司條例라면 可하나, 지금은 단지 制置三司
라는 一官의 條例이니 不可하다"라는 논리를 펴고 있다.[96)]

이 논쟁에서, 문제의 초점은 재상이 條例司의 首長을 겸임할 수 있
는가 하는 것이다. 그런데 위 대화를 보면 재상인 陳升之가 조례사라
는 一司의 명칭을 그대로 칭하고 있다는 사실이 확인된다. 즉 制置三
司條例司라는 명칭은, 그대로 이 기관의 수장을 칭하는 것으로 사용
되기도 했던 것이다. 진승지가, "制置百司條例라면 可하나 制置三司
條例는 不可하다"라고 말하는 것은 그러한 사실을 단적으로 보여준
다. 熙寧 2년 11월 당시까지 진승지와 왕안석이 공동으로 담당하고
있었던 조례사내 최상층 직위의 직함은, 그 기구의 명칭 자체를 그대
로 원용하고 있었던 것이다. 즉 이 직위의 지칭은 '制置三司條例' 또
는 '制置三司條例司'였으며, 경우에 따라 그 앞에 '同' '令' 등이 부가
되기도 했다. 이러한 사실은 韓琦가 王安石을 지칭하며, "한 制置司
가 말하기를(一制置司云)……" 이라고 하는 것[97)]이나, 왕안석의 上奏文
을 두고 《宋會要》에서 "制置三司條例司言"이라 登載하고 있는 것[98)]에
서도 확인된다. 앞서 살핀 것처럼 이 직위의 명칭이 기록에 따라 극
히 다기한 것은, 바로 기구의 명칭 자체가 동시에 직함이기도 했기
때문인 것으로 생각된다. 따라서 앞서 든 인용문 가운데 ①~⑥이나

---

96) 《長編拾補》 권6, p.1의 앞·뒤. 初陳升之旣拜相. 遂言 制置三司條例司 難以簽書
欲以孫覺呂惠卿領局 而升之與王安石提擧. 安石曰 臣熟思此事 但可如故無可改者.
升之曰 臣待罪宰相 無所不統 所領職事 豈可稱司. 安石曰 於文反后爲司 后者君道
也 司者臣道也 臣固宜稱司. 升之曰 今之有司曹司 豈一職之名 非執政之所宜稱. …
…升之曰 若制置百司條例則可 今但制置三司一官條例 則不可.

97) 《宋會要》,〈食貨 4〉〈靑苗 上〉, 神宗 熙寧 3년 3월 4일, 食貨 4之26~4之28.

98) 주 68을 참조.

⑬에서는 制置三司條例司, 또는 制置三司條例로써 그 직함을 표시하고 있지만, 나머지의 예들은 그 직전에 기구의 명칭을 이미 제시하고 있으므로 번잡 내지 중복을 피하기 위해, 다만 '領之' '領其事' '主領' '同領之' '爲之' '所領' 등으로 기록했던 것이 아닌가 생각된다.

이 직위(이하 '制置三司條例'라 칭함)에는 樞密院과 中書의 관료가 각각 1인씩 임용되었다. 설립 당초에는 樞密院의 知樞密院事 진승지와 中書의 參知政事 왕안석으로 구성되었으나, 熙寧 2년 11월 前記한 논란의 끝에 진승지가 사임하자 이어 樞密副使인 韓絳이 보임되었다. "폐하께서는 본디 此司를 두며 中書와 樞密로 하여금 각각 1인씩 내게 했습니다"[99]라는 왕안석의 발언은, 그러한 임용의 원칙을 잘 전해주는 것이라 하겠다.

다음으로 制置三司條例司의 首長인 "制置三司條例'의 휘하에서 실질적으로 개혁관련 업무을 담당한 직위는 檢詳文字官이었다. 이들은, "王安石과 陳升之가 制置三司條例司를 설치한 다음 文士 數人을 모아 이들과 더불어 謀議하여 제도를 改變시켰다"[100]고 司馬光이 지적하고 있는 바와 같이, 실로 조례사내 핵심적인 지위를 점하고 있었다. 이러한 檢詳文字官에 熙寧 2년 2월 條例司의 설립과 더불어 呂惠卿(1032~1111)이 임명되고 3월에는 蘇轍(1039~1112)이 임명되었으며, 그 뒤를 이어 李常(1027~1090)과 王汝翼, 李承之 등이 임용되었던 것, 아울러 특별한 정원은 없으나 대략 2인 내지 4인으로 구성되었던 것 등은 東一夫가 밝히고 있는 바와 같다.[101]

그런데 이처럼 檢詳文字官에 임용되었던 인물들은 수인에 이르나, 이들 가운데 가장 중요한 역할을 담당한 인물은 역시 呂惠卿이었다. 왕안석이 가장 신임한 인물도 마찬가지로 呂惠卿이었다. 그것은 《宋史》에,

---

99) 《長編拾補》 권6, p. 6의 앞·뒤.

100) 司馬光, 〈體要疏〉(《溫國文正司馬公文集》 권40), 《全宋文》 제28책, 권1196, p. 138. 今乃使兩府大臣悉取三司條例別置一局 聚文士數人 與之謀議 改更制置 三司 皆不與聞.

101) 東一夫(1970), pp. 283~298 참조.

制置三司條例司를 설립함에 미쳐 (王安石은 呂惠卿을) 檢詳文字로 삼아 크든 작든 모든 일을 반드시 (呂惠卿과) 의논했다. 무릇 建請하는 章奏도 모두 그가 작성한 것이었다[102]

고 기록되어 있는 것을 통해 알 수 있다. 왕안석은 呂惠卿을 두고, "다만 오늘날의 인물들뿐만 아니라 前世의 儒者들 가운데에서도 대비할 만한 사람을 쉽게 찾을 수 없을 만큼 현명하다"[103]고까지 극찬하고 있었다. 이러한 신임을 바탕으로 呂惠卿은 위 인용문에서 보듯 당시 조례사내에서 중추적 역할을 하고 있었던 것이다. 《宋史》의 撰者는 또다른 부분에서, "王安石이 條例司를 창설하고 난 후 그 黨 呂惠卿에게 조례사의 업무를 맡겼다"[104]고 기록하고 있다. 실로 檢詳文字官이란 직위는 왕안석이 여혜경에게 포인트를 맞추고 설정하였다 하여도 과언이 아닐 정도였던 것이다. 이러한 사실은 다음 章에서 서술하듯 여혜경의 뒤를 이어 檢詳文字官이 되었던 蘇轍과 李常 등이, 조례사내에 있으면서도 新法의 시행에 대해 매우 비판적인 입장을 취하고 있었던 것을 감안하면 더욱 그러하다. 檢詳文字官은 왕안석이 주도하는 개혁을 검토하고 심의하는 역할을 수행하는 조례사내 가위 중추적인 직위[105]였으나, 왕안석은 그 가운데에서도 특히 여혜경을 중심으로 하여 업무를 추진하고 있었던 것이다.[106]

---

102) 《宋史》 권471, 〈呂惠卿傳〉, 제39책, p. 13706.
103) 위와 같음. 熙寧初 安石爲政 惠卿方編校集賢書籍. 安石言於帝曰 惠卿之賢 豈特今人 雖前世儒者未易比也. 學先王之道而能用者 獨惠卿而已.
104) 《宋史》 권329, 〈王安石傳〉, 제30책, p. 10544. 於是設制置三司條例司 命與知樞密院事陳升之同領之. 安石令其黨呂惠卿任其事.
105) 《太平治迹統類》의, "置條例檢詳文字官 命呂惠卿蘇轍同爲之. 安石多於惠卿謀 轍議事多牾. 一日介甫出一卷書曰. 此靑苗法也 諸君熟議之 不便以告"(권14, 〈神宗朝臣議論新法〉, 四庫全書本, p. 3뒤)라는 記事는 條例司內 檢詳文字官을 중심으로 한 新法의 심의 및 검토 과정을 단적으로 전하여 주는 것이라 하겠다.
106) 呂惠卿은, "上謂王安石韓絳曰 呂公著言 條例司近轉疏脫所學官 皆是奴事呂惠卿得之 並非韓絳王安石所識. 安石曰 自外學者 誠或非臣等所識. 然取於衆議 若謂奴事呂惠卿 則惠卿在條例司用事 已來幾年? 在外人如何奴事得?"(《長編拾補》 권6, 神宗熙寧 2년 12월 癸未, p. 18뒤)라 할 정도로 조례사내에서 상당한 재량권을 지니고 있었으며 왕안석은 또 그러한 그에게 전폭적인 신뢰를 보내고 있었다.

制置三司條例司에는 '制置三司條例' 및 檢詳文字官 외에, 각 지방에
파견되어 현지의 재정관련 실태를 조사하는 존재인 相度利害官이라
불리는 또다른 屬官이 있었다. 《宋會要輯稿》에서는 이들의 파견에 대
해, "熙寧 2년 4월에 條例司의 請에 따라 劉彝·謝卿材·王廣廉·侯叔獻
·程顥·盧秉·王汝翼·曾伉 등 8인을 諸路에 파견하여 農田·水利·稅賦·
科率·徭役 등의 利害를 파악하게 했다"고 기록하고 있다.[107] 이들이
각 지방에 파견된 지 5개월 후인 熙寧 2년 9월에는 다시 張復禮와
李取之 두 사람이 추가로 相度利害官에 임명되었다.[108] 相度利害官이
란 존재는 조례사의 請에 따라 각 지방에 파견되었을 뿐만 아니라
官制上으로도 조례사에 배속되어 있었다. 그것은 前記했듯 相度利害
官의 한 사람이었던 劉彝를 두고 《宋史》에서 制置三司條例司의 官屬
이었다고 기록하고 있는 것[109]이나, 마찬가지로 程顥를 두고 《宋史》에
서 조례사의 屬官이었다고 明記하고 있는 것[110]에서 분명히 드러난다.
이들의 활동 내지 관할 업무는,

　　(熙寧 2년 11월) 制置三司條例司가 農田利害條約을 보고하여 詔勅으로
　　諸路에 頒布했다. ……처음에 條例司가 奏請하여 劉彝 등 8인을 천하에 파
　　견하여 農田水利를 파악하게 했다. 또 諸路 轉運司에게 下命하여 각각 그
　　利害를 갖추어 보고하게 했으며, 또 詔勅을 내려 諸路에 각각 相度農田水
　　利官을 둔 바 있다. 이에 이르러 條約으로서 반포한 것이다[111]

---

107) 《宋會要》, 〈食貨 65〉 〈免役 1〉, 神宗 熙寧 2년 4월 21일, 食貨 65之3. 그 구체적
　　인 내용은, "命權荊湖北路轉運判官劉彝 通判府州謝卿材 河北轉運司勾當公事王廣
　　廉 知安遠縣侯叔獻 著作郎程顥 知開封府倉曹參軍盧秉 許州司理參軍王汝翼 權興化
　　軍判官監建州買納茶場曾伉 八人 於諸路相度農田水利稅賦科率徭役利害. 從制置條
　　例司請也"라 하는 것이었다.
108) 《長編拾補》 권5, 神宗 熙寧 2년 9월 辛未, pp. 21뒤~22앞. 殿中丞知免句縣張復禮
　　前明州司法參軍李取之爲相度利害官.
109) 《宋史》 권334, 〈劉彝傳〉에서는 이와 관련하여, "熙寧初 爲制置三司條例司官屬
　　以言新法非便罷"(제31책, p. 10729)라 기록하고 있다.
110) 《宋史》에서는 이러한 사실을, "制置三司條例司 掌經畫邦計 議變舊法以通天下之
　　利. 熙寧二年置 以知樞密院陳升之參知政事王安石爲之 而蘇轍程顥等亦皆爲屬官"(권
　　161, 〈職官 1〉 〈制置三司條例司〉, 제12책, p. 3792)이라 기록하고 있다.
111) 《宋史》 권95, 〈河渠志 5〉 〈河北諸水〉, 神宗 熙寧 2년 11월, 제7책, p. 2367.

라는 記述에서 잘 나타난다. 위 인용문 가운데 諸路의 轉運司에 下
命하여 利害를 보고하게 했다는 것은, 조례사가 설치된 직후인 熙寧
2년 3월 18일 조례사의 '制置三司條例'인 陳升之와 王安石의 奏請에
따라, 發運使 및 轉運使를 비롯한 內外의 臣僚로 하여금 국가의 재
정과 관련한 각종 의견을 조례사에 제출토록 한 것[112]을 가리키는 것
으로 보인다. 이렇게 결집된 의견에다가 相度利害官을 파견하여 수
집한 보고서를 덧붙여 마침내 農田水利條約이 발포되었다는 것이다.
위 인용문은, 相度利害官들의 활동이 農田水利條約이라는 新法의 발
포에 중요한 밑바탕이 되었음을 여실히 전하고 있다. 그런데 相度利
害官들의 임무는 전술했듯 農田水利 이외에도 稅賦·科率·徭役 등 거
의 모든 재정 영역에 걸쳐 있었다. 요컨대 制置三司條例司의 屬官인
相度利害官들의 활동은 新法의 제정에 중요한 토대가 되고 있었던
것이다.

　이상의 '制置三司條例'와 檢詳文字官, 그리고 相度利害官을 제외하
고, 東一夫에 따르면 조례사내에 또다른 屬官이 있었다고 말한다. 그
것이 바로 提擧常平倉農田水利差役官으로서, 각 지방에 파견되어 조
례사가 시행하는 諸新法을 실제로 집행하였다는 것이다.[113] 하지만 提
擧常平使, 提擧常平等事, 提擧常平倉, 提擧常平倉農田水利差役事, 提
擧官, 提擧常平官 등 다양한 호칭으로 불리었던 이 직위는, 필자가
살핀 바로는 당시의 史籍에서 결코 東一夫가 말하는 바와 같이 提擧
常平倉農田水利差役官이라 지칭되는 예가 없었다. 오히려 그 공식명
칭은《續資治通鑑長編拾補》나《宋史》 등에서 나타나는 것처럼 提擧
常平廣惠倉兼管勾農田水利差役事라 불리었다.[114] 이 직위(이하 提擧常平

---

112) 神宗은 熙寧 2년 3월, "於是詔三司判官及發運轉運使副判官及提擧輦運使權糶市舶
　　權場提點鑄錢制置解鹽等臣僚 限受詔後兩月 各具所知本職及職外財用利害聞奏"라는
　　詔令을 내리고 있다(《長編拾補》 권4, 神宗 熙寧 2년 3월 乙酉, p. 14뒤).
113) 東一夫(1970), pp. 315~321 참조.
114) 그것은 이 관직이 최초로 개설될 때를 전하면서,《長編拾補》에서 "條例司奏 差
　　官提擧諸路常平廣惠倉兼管勾農田水利差役事……諸路各置提擧二員 以朝官爲之 管
　　勾一員 京官爲之 或共置二員 開封府界一員 凡四十一人"(권6, 神宗 熙寧 2년 윤11

等事라 略稱함)는 그 명칭에서 알 수 있듯이, 각 지방에 배치되어 靑苗法과 農田水利, 그리고 免役法 등 제신법 정책을 담당하는 존재였다. 그러므로 조례사가 설립되어 제신법들이 발포되고 난 연후에 비로소 출현한 관직이다. 구체적으로는 熙寧 2년 2월 조례사가 설치되어 같은 해 7월에 均輸法을, 이어 9월에 靑苗法을, 그리고 11월에 農田水利條約을 반포한 이후인 윤11월에 조례사의 주청으로 전국 각 지방에 41명이 파견되었다.[115]

이렇게 提擧常平等事는 기실 조례사와 긴밀한 연관을 지닌 존재였으나, 그렇다고 해서 東一夫가 말하는 것처럼 조례사에 직접 配屬되어 있는 것은 결코 아니었다. 오히려 提擧常平等事는 잘 알려진 대로 漕司라 불리는 轉運使, 帥司라 불리는 經略安撫使, 憲司라 불리는 提點刑獄과 더불어 各路마다 배치되었던 路의 監司 가운데 하나로서 당시 통상 倉司라 불리고 있었다.[116] 提擧常平等事는 비록 신법 시행과 관련한 재정정책을 관장하지만 어디까지나 조례사로부터는 독립적인 지방관의 하나였던 것이다. 그것은 마치 轉運使가 신법과는 별도의 재정, 즉 三司에 의해 총괄되는 재정부분을 관할하였으되 三司의 속관이 아니라 독립적인 지방관이었던 것과 마찬가지이다.

그리고 사실 조례사는 本章의 冒頭에서 언급한 것처럼, '재정과 관련한 전반적인 제도를 검토하여 개선하는 기구'일 뿐이었다. 다시 말하여 조례사는 신정책을 검토하여 성안하는 심의기구이었을 따름이지 각 지방에서의 집행까지 직접 관할하는 행정기관은 아니었다.[117]

월 壬子, p. 13뒤·14앞)이라고 적고 있는 것이라든가, 또는 《宋史》에서 "是月(閏十一月) 差官提擧諸路常平廣惠倉兼管勾農田水利差役事"(권14, 〈神宗紀 1〉, 神宗 熙寧 2년 閏11월, 제2책, p. 272)라 기록하는 것에서 단적으로 드러난다.

115) 위와 같음.

116) 송대 지방관의 구성에 대해서는, 宮崎市定, 〈宋代官制序說 ― 宋史職官志を如何に讀むべきか ―〉[佐伯富 編, 《宋史職官志索引》(京都 : 同朋舍, 1974)], pp. 32~36에 잘 정리되어 있다.

117) 조례사의 업무에 대해, "掌經畫邦計 議變舊法以通天下之利"(《宋史》 권161, 〈職官 1〉 〈制置三司條例司〉, 제12책, p. 3791)라든가, "取索三司於條例文字 看祥行具合行事件聞奏"(《長編拾補》 권4, 神宗 熙寧 2년 2월 甲子, p. 4뒤)라 규정하고 있

이처럼 조례사와 提擧常平等事는 관제상 별개의 존재였기 때문에 熙寧 3년(1070) 5월 조례사가 폐지되고 난 이후에도, 提擧常平等事는 지방에서 아무런 변동 없이 종래의 업무를 관장했다. 뿐만 아니라 조례사 폐지 당시에도 그 詔令 가운데에는 提擧常平等事와 관련한 언급이 전혀 없었다. 만일 東一夫가 말하는 바와 같이 提擧常平等事가 조례사의 속관이었다면, 이렇게 조례사 폐지 이후에도 여전히 존속하여 남송시대까지 그 활동을 계속하는 점이라든가, 또는 이러한 존속에도 불구하고 그 폐지의 詔令에 提擧常平等事와 관련한 아무런 규정이 존재하지 않았다는 사실 등은 도저히 이해하기가 불가능할 것이다. 司馬光이, "조례사란 中書와 樞密院의 大臣을 중심으로 하여 文士 몇 사람을 모아 제도개혁을 모의하는 기관이다"[118]라고 말하고 있는 것은, 그처럼 提擧常平等事가 조례사와 전연 무관한 존재였다는 사실을 단적으로 보여준다. 만일 조례사가 신법의 입안뿐만 아니라 그 현지에서의 집행까지 직접 관할하고 있었고 따라서 提擧常平等事가 조례사의 官屬이었다면, 司馬光이 이처럼 40여 인에 달하는 提擧常平等事를 도외시한 채 조례사가 文士 몇 사람으로 구성되어 있다고 말할 리 만무하기 때문이다.

지금까지 條例司가 설치되는 전후의 배경, 그리고 그 기구 구성에 대해 살펴보았다. 조례사란 직접적으로는 神宗의 군사적인 관심 내지 功業心과 왕안석의 理財觀이 합치된 산물이었다. 즉 神宗의 邊防에 대한 자문을 계기로, 왕안석이 均輸法이라는 개혁 구상을 실천에 옮길 수 있는 임시기구로 설립한 것이 바로 조례사였던 것이다. 또한 이 조례사는 설립 이후 점차 정부조직 안에서 절대적인 지위를 확보해 갔는데, 그 기구 구성은, '制置三司條例' 및 檢詳文字官, 그리고 相度利害官이라는 3계층으로 이루어져 있었다. 이제 다음 章에서는 이

는 것이 그것을 잘 말해 준다.

118) 司馬光, 〈體要疏〉(《溫國文正司馬公文集》 권40), 《全宋文》 제28책, 권1196, p. 138.
今乃使兩府大臣 悉取三司條例 別置一局 聚文士數人 與之謀議 改更制置.

러한 조례사가 구체적으로 어떠한 활동을 하다가 어떠한 과정을 거쳐 폐지되었는지를 살펴보도록 한다.

Ⅳ. 條例司의 廢止와 神宗의 役割

條例司는 그 설립 이후 宋朝의 재정정책을 주도하며 적극적인 역할을 수행하기 시작했다. 그러한 활동은 특히 前章에서 살핀 바와 같이 조례사 설립의 일차적인 취지이기도 했던 재정구조의 변화와 재정수지의 개선, 즉 均輸法 분야에서 두드러졌다. 조례사는 설립 직후부터 수차에 걸쳐 內外臣僚들을 중심으로 전국적인 재정 내지 유통체계의 개선과 관련한 의견을 수렴한 사실에 대해서는 前述한 바 있거니와, 그러한 과정을 거쳐 개혁의 방향을 확정한 후 熙寧 2년(1069) 7월 마침내 정식으로 均輸法을 발포하였다. 이 균수법을 현지에서 실제로 집행하는 역할을 수행한 것은 江淮等路發運使 薛向이었다.[119] 薛向은 균수법을 실행하면서 여러 업적을 남겼다. 上供 대상이었으나 실제로는 누락되어 있던 재원을 확보한 것이라든가, 漕運의 부정을 바로잡아 그 효율을 높인 것, 해외무역의 이익 확보, 그리고 정부예산의 합리적인 편성으로 冗費를 절감했던 것[120] 등이 그것이다. 이러한 공로로 말미암아 制置三司條例司가 폐지된 직후인 熙寧 3년 6월, 그는 天章閣待制로 발탁되기에 이른다.[121] 당시 神宗이 그를 승진시키며, "卿에게 정치의 중심이라 할 수 있는 理財문제를 의뢰하였던바 심히 적절히 처리하여 훌륭한 성적을 올렸도다"라고 최상의 찬사를 보내고 있는 것[122]은, 그러한 균수법의 성과를 잘 전해주는 것이라 할

---

119) 《宋會要》, 〈職官 5〉 〈制置三司條例司〉, 神宗 熙寧 2년 7월 17일, 職官 5之2. 從制置三司條例司言 立淮浙江湖六路均輸法 令薛向領之.

120) 東一夫(1970), pp. 522~525 참조.

121) 《長編》 권212, 神宗 熙寧 3년 6월 辛巳, 제15책, p. 5155.

122) 같은 글, p. 5157. 手詔賜向曰 政事之先 理財爲急. 故朕託卿以東南賦入 皆得消息

것이다.

비단 균수법뿐만이 아니다. 예컨대 조례사의 주관 아래 시행된 農田水利法과 같은 정책 역시 커다란 실적을 올렸다. 農田水利法이 시행된 神宗 熙寧연간이야말로 북송시대를 통해 수리사업이 가장 활발하게 진행된 시대였다는 평가[123]가 그러한 사실을 여실히 대변한다. 또한 御膳이라든가 祭祀用, 그리고 기타의 용도로 사용되는 上供羊과 관련된 제반 경비에 대해서도 조례사가 갖가지 적절한 조치를 취한 결과 전체 경비의 40퍼센트를 절감하였다고 한다.[124] 이러한 사례는 당시 조례사의 활동이 얼마나 세밀한 부분에까지 미치고 있었으며, 나아가 宋朝의 재정 및 예산구조 개선에 어느 정도의 성과를 올리고 있었는가 하는 점을 단적으로 보여주는 것이라 하겠다. 그러기에 神宗은 조례사의 활동과 그 업적에 대해, "制置三司條例司는 본디 天下의 財利를 均通하기 위해 설립했는데 이제 그 큰 줄기는 이루었다"[125]고 말하고 있는 것이다.

이와 같은 자못 주목할 만한 업적 내지 활동에도 불구하고 조례사는 설립된 지 불과 1년 3개월 만인 熙寧 3년 5월에 해체되기에 이른다. 어떠한 이유에서 이처럼 단기간에 폐지되었던 것일까? 이에 대해 日本 學界에서는, 王安石이 宰相으로 승진하면서 정권을 장악하여 그 존재의의가 사라졌기 때문이라는 이해가 거의 통설로 자리잡고 있다. 왕안석은 參知政事로서 개혁정책을 시도할 당시 자신에 반대하는 보수파들이 여전히 정계의 대세를 이루고 있었던 관계로, 그 보수파들의 비난을 피하여 효과적으로 개혁을 시행하기 위해 조례사를 설립했다고 한다. 그러므로 그 자신 재상으로 승진하면서 정도를 벗어난

盈虛 翕張斂散之. 而卿忠識內固 能倡擧職業 導揚朕意 底于成績 朕甚嘉之.

123) 漆俠,〈宋代的人口和墾田〉, 漆俠,《宋代經濟史》上冊(上海人民出版社, 1987), p. 65 및 漆俠,《王安石變法》(上海人民出版社, 1979), p. 150 ; 梅原郁,〈王安石の變法〉,《岩波講座世界歷史》9(東京 : 岩波書店, 1970), p. 203 등을 참조.

124)《宋史》권179,〈食貨 下一〉〈會計〉, 제13책, p. 4355.

125)《長編》권211, 神宗 熙寧 3년 5월 甲辰, 제15책, p. 5128. 近設制置三司條例司 本以均通天下財利 今大端已擧.

임시기구인 조례사의 존립 필요성이 사라져 마침내 폐지하게 되었다
는 것이다.[126]

하지만 조례사가 존속했던 1년 3개월여 만에 왕안석이 취약했던
정권의 입지를 확충하여 그 권력기반을 확고히 할 수 있었으리라고
는 생각되지 않는다. 실제로 조례사가 폐지될 당시인 熙寧 3년(1070)
5월, 왕안석은 아직 재상의 직위에 오르지 않은 상태였다. 그는 조례
사가 설립될 당시와 마찬가지로 여전히 부재상인 參知政事에 머물러
있었으며, 그가 재상인 同平章事에 오르는 것은 조례사가 폐지되고 7
개월여가 지난 후인 熙寧 3년 12월의 일이다.[127] 오히려 조례사의 폐
지 시점인 3년 5월에는 왕안석 신법에 대한 반대파인 陳升之(1011~
1079)와 曾公亮(999~1078)이 재상의 직위를 점하고 있었다.[128] 뿐만 아
니라 왕안석에 대한 가장 격렬한 반대론자였던 司馬光(1019~1086)
역시 翰林學士兼侍讀學士라는 유력한 지위를 유지하고 있었다.[129] 熙
寧 3년 5월 당시의 정부 구성은 결코 왕안석에게 유리한 상태가 아
니었다.

그리고 앞서 논급한 바와 같이 조례사는 일본 학계에서 이해하는
것처럼 소수파인 왕안석이 다수파의 비난을 피하여 개혁을 추진하기
위해 정략적으로 설립한 기구도 아니었다. 그것은 神宗의 일관된 지
향점이었던 군사적인 관심 내지 功業心과 왕안석의 理財觀이 합치되
어, 邊防 내지 外征을 위한 理財를 목적으로 설립된 것이었다. 또한
그 설립의 구체적인 계기 역시 西夏와의 변경지대인 섬서일대 군수
문제의 문란상황이었다. 조례사의 설립과 폐지를 결코 왕안석을 둘러
싼 정계내 세력 변화로 이해할 수는 없는 것이다.

---

126) 宮崎市定, 〈北宋史槪說〉, 《アジア史硏究》 第1(京都 : 同朋舍, 1957/1975), p. 255
   및 梅原郁(1970), p. 199 ; 周藤吉之·中嶋敏, 《中國の歷史》 5, 五代·宋(東京 : 講談
   社, 1974/1977), p. 186 등을 참조.
127) 《宋史》 권327, 〈王安石傳〉, 제30책, p. 10546.
128) 《宋史》 권211, 〈宰輔表 2〉, 熙寧 3년 庚戌, 제16책, p. 5486.
129) 馬欒·顧棟高 編著, 《司馬光年譜》(北京 : 中華書局, 1990) 권5, p. 158. 그가 翰林學
   士의 지위에서 면직되는 것은 熙寧 3년(1070) 9월의 일이다.

그렇다면 조례사가 그렇게 단기간에 폐지될 수밖에 없었던 요인은 어떠한 것이었을까? 이를 헤아려볼 수 있는 유력한 단서는, 조례사의 存置 여부를 둘러싼 神宗과 王安石 사이의 거듭된 의견 불일치에 있다고 생각한다. 神宗은 조례사가 설립된 지 불과 9개월 만인 熙寧 2년 11월, 최초 조례사가 설립될 때 中書의 參知政事 왕안석과 더불어 최상층부인 '制置三司條例'의 직위에 임용되었던 知樞密院事 陳升之가 재상으로 승진한 직후에도 조례사의 폐지를 주장한 바 있었다.[130] 陳升之가 재상으로서 조례사라는 특수 관아의 首長을 겸직하는 것이 부자연스럽다는 의견을 피력하자 이에 적극 동조했던 것이다. 神宗은 여기에 그치지 않고,

> 전에는 陳升之가 樞密院에 있었지만 지금은 (中書의 재상이 되어 부재상인 王安石과) 같이 中書에 있으니 (조례사를 파하여) 같이 中書로 되돌리는 것이 어떻겠소[131]

라며 왕안석에게 조례사의 해체를 종용했다. 이에 대해 왕안석은 《주역》 《맹자》 등을 예로 들며, 理財야말로 善政의 토대이며 理財 관련 제도의 개선이 바로 조례사를 설립한 근본취지가 아니냐며 반박했다.[132] 이때의 의견 대립은 결국 樞密副使 韓絳(1012~1088)을 '制置三司條例'에 임용함[133]으로써, 전과 마찬가지로 中書와 樞密院의 고위 관료로 하여금 조례사를 지휘하게 하는 체계를 유지하는 것으로 일단 결착되었다.

神宗의 조례사 폐지 종용은 그 후에도 지속되었다. 조례사가 최종적으로 폐지되는 것은 熙寧 3년 5월 15일의 일이었는데,[134] 그 직전인

---

130) 《長編拾補》 권6, 神宗 熙寧 2년 11월 乙丑, pp. 1앞~2뒤.
131) 같은 글, p. 2앞.
132) 위와 같음. 今天下財用困急 尤當先理財. 易曰 理財正辭 先理財然後正辭 先正辭然後禁民 爲非事之序也. 孔子曰 旣庶矣富之 旣富矣敎之. 孟子亦喪死無憾 王道之始也. 此陛下之所以理財 特置一司 使升之與臣領之之意也.
133) 위와 같음.

5월 9일에도 신종은 왕안석에게 조례사의 해체를 권유하고 있다.[135]
또한《續資治通鑑長編》에 의하면, 신종은 조례사의 폐지를 확정하기
전 文彦博(1006~1097) 등 新法 반대파들이 조례사의 폐지를 奏請하자,
"王安石의 반대를 무마시킨 후 반드시 해체시키겠다"고 응답했다고
한다.[136] 이렇게 볼 때 왕안석과 신종은 조례사를 보는 관점이 서로
달랐으며, 그 폐지는 결국 신종의 종용에 왕안석이 자신의 뜻을 굽힌
것이라 보아야 할 것이다.

그렇다면 조례사의 존속기를 통해 신종은 그 활동에 대해 어떠한
자세를 견지했던 것일까? 우선 신종은 왕안석을 參知政事로 임명하
고 나아가 조례사를 설립할 때조차 그에게 전폭적인 신뢰를 보인다
는 자세는 취하지 않았다. 신종의 人事方式은 그러한 사정을 단적으
로 보여주는 것이라 할 수 있다. 예컨대 왕안석이 부재상인 參知政事
로 임명되는 것은 熙寧 2년 2월 庚子의 일이었는데, 바로 그 하루 전
인 己亥에는 富弼(1004~1083)이 재상인 同平章事에 임명되고 있다.[137]
그것으로 미루어 보건대 富弼의 재상 등용과 왕안석의 부재상 등용
사이에는 긴밀한 내적 연관이 있는 것임이 분명하다. 신종은 제1장에
서 살핀 것처럼 왕안석을 翰林學士에 임명하고 이후 수차에 걸친 대
화와 탐색을 거친 연후에 그를 중용하기로 결심했다. 하지만 왕안석
의 발탁과 때를 같이하여 富弼을 재상으로 임명함으로써 왕안석을
견제하고 있는 것이다.

富弼은 잘 알려져 있듯 范仲淹 중심의 이른바 慶曆新政에 참여한
인물로서 당시에는 적극적인 개혁론자였다. 그러나 英宗연간 이후가
되면 철저한 보수주의자로 변모하여 사소한 제도 개선에도 반대하는

134)《宋會要》,〈職官 5〉〈制置三司條例司〉, 神宗 熙寧 3년 5월 15일, 職官 5之7.
135)《長編》권211, 神宗 熙寧 3년 5월 庚戌, 제15책, p.5122. 是日 上問王安石曰 條
　　例司可倂入中書否? 安石曰 待修中書條例有端及已置屬 則自可倂爲一 今尙有合與韓
　　絳請間奏事 恐未可.
136) 같은 책, 神宗 熙寧 3년 5월 甲辰, 제15책, p.5128. 先是 文彦博等皆請罷制置條
　　例司 上謂彦博曰 俟群言稍息 當罷之. 不欲亟罷 恐傷王安石意故也.
137)《宋史》권14,〈神宗紀 1〉, 熙寧 2년 2월, 제2책, p.270.

인물로 널리 인식되고 있었다.[138] 왕안석의 개혁정책에 대해서도 마찬
가지였다. 그는 시종일관 新法에 반대하는 입장을 분명히 하여 매 신
법정책이 발포될 때마다 그에 대해 적극적인 반대의사를 표명했다.[139]
이러한 富弼의 王安石에 대한 반대는 이미 그들이 각각 재상과 부재
상으로 등용되기 전부터 분명히 드러나 있었으며, 더욱이 神宗 자신
그러한 사실을 잘 알고 있는 상태였다.[140] 그럼에도 불구하고 신종은
왕안석의 발탁과 동시에 왕안석과는 완전히 다른 정치성향을 지닌
富弼을 재상으로 임용했던 것이다. 더욱이 富弼은 이미 인종연간부터
재상을 역임한 바 있는 명망 있는 노신이었다.[141] 이로 인해 신종은
그에게 극진한 예의를 갖추고 있었다.[142] 또한 前述한 바 있듯 신종이
즉위 이후 자신을 보좌하여 정국을 이끌어줄 적임자로 지목하여 우
선적으로 그 가능성을 타진했던 인물도 바로 그였다. 신종은 이렇듯
비중 있는 老臣이면서 동시에 왕안석과는 판이한 정치적 자세를 지
니고 있던 富弼을 통해 왕안석을 견제하고자 했던 것이다.

　뿐만 아니라 정부 구성 역시 왕안석이 자신의 개혁구상을 실천에
옮기기에는 너무도 불리한 상황이었다. 왕안석이 參知政事로 임명되

---

138) 英宗 治平 元年(1064), "上問執政 積弊甚衆 何以裁救. 富弼對曰 恐須以漸釐改"라
　　는 《長編》의 記事라든가(권201, 英宗 治平 元年 5월 辛亥, 제15책, p. 4868), "按
　　歐陽修言弼明敏而果銳 此初執政時也 作相後則不然矣. 弼初執政 更張之意過于范
　　韓 至作相 乃以一切堅守無所施爲爲是 雖如琦之微有改作 亦不能從也"(《習學記言
　　序目》 권48, 〈皇朝文鑑 2〉〈奏疏〉, 1977, p. 718)라고 하는 葉適의 논평이 그것을
　　잘 보여 준다.
139) "王安石用事 雅不與弼合……靑苗法出 弼以謂 如是則財聚於上 人散於下 持不行"
　　(《宋史》 권313, 〈富弼傳〉, 제29책, p. 10256) 이라든가, "方神宗以首相命弼 弼心安
　　石不可用"(《習學記言序目》 권48, 〈皇朝文鑑 2〉〈奏疏〉, 1977, p. 718)이라는 당시
　　의 기록들은 그러한 富弼의 태도를 보여주는 단적인 사례라 하겠다.
140) "王安石參知政事. 上召對曰 富弼曾公亮與卿不協 聞卿肯任事 亦大喜 然須勿爲嫌
　　疑 朕亦欲從容除拜"라고 하는 《長編拾補》의 記事(권4, 神宗 熙寧 2년 2월 庚子條
　　의 注, p. 4앞)는 그러한 사정을 여실히 전해 준다.
141) 그가 최초로 재상인 同平章事의 직위에 오르는 것은 仁宗 至和 2년(1055)의 일
　　이다. 《宋史》 권211, 〈宰輔表 2〉, 제16책, p. 5476을 참조.
142) "熙寧元年 徙判汝州 詔入覲. 許肩興至殿門. 神宗御內東門小殿 令其子扶以進 且命
　　母拜 坐語 從容訪以治道"(《宋史》 권313, 〈富弼傳, 제29책, p. 10254)라는 일화는
　　그러한 관계의 단적인 예라 하겠다.

고 나아가 條例司가 설립되는 熙寧 2년 2월 당시, 中書의 宰執은 재
상 2인과 부재상 3인으로 구성되어 있었다. 同平章事인 曾公亮과 富
弼, 그리고 參知政事인 趙抃(1008~1084)과 唐介(1010~1069), 王安石이
그들이다. 이들 가운데 曾公亮과 趙抃은 신종이 즉위한 해인 治平 4
년(1067) 9월에 각각 임용되었으며, 唐介는 이듬해인 熙寧 元年 正月
에 임용된 상태였다.[143] 즉 신종은 이전의 정부구성을 거의 그대로 온
존시킨 채, 왕안석을 발탁하여 參知政事로 임용하고 또 개혁정책을
수행할 임시기구인 조례사를 설치하고 있는 것이다.

  그런데 이들 宰執들은 예외 없이 모두 왕안석의 개혁에 대한 반대
론자들이었다. 富弼에 대해서는 前述한 바 있거니와, 曾公亮 또한 신
법 및 왕안석에 대해 반대하고 있었다.[144] 조례사에 대해서도 마찬가
지였다. 예컨대 熙寧 3년 5월 神宗은 왕안석에게 조례사의 폐지를 종
용하며, "어떻게 曾公亮의 이의를 막을 수 있겠소?"라고 말하고 있
다.[145] 曾公亮의 왕안석 신법 내지 조례사에 대한 반대의 정도를 여실
히 보여주는 것이라 할 것이다.

  唐介의 반대는 더욱 거세었다. 그는 왕안석이 參知政事의 물망에
오를 때부터 강력히 반발하여, 왕안석이 執政에 오를 그릇이 못 된다
고 주장했다. 왕안석이 好學이지만 古事에 젖어 있어 議論이 迂闊하
기 때문에, 만일 정치를 좌우하게 되면 천하가 소란해지리라는 것이
었다.[146] 唐介의 왕안석에 대한 반대는, 자신의 격렬한 반론에도 불구

143)《宋史》권211,〈宰輔表 2〉, 제16책, pp. 5483~5485를 참조.

144) 이러한 사실은, "王安石參知政事. 上召對曰 富弼曾公亮與卿不協"(《長編拾補》권
    4, 神宗 熙寧 2년 2월 庚子條의 注, p. 4앞)이라 하듯 神宗 스스로도 잘 알고 있었
    다. 曾公亮은 熙寧 3년초 青苗法이 한창 논란의 대상이 될 무렵 中書內에서 주도
    적으로 그 파기를 획책하기도 한다. 이에 대해서는 《長編拾補》권7, 神宗 熙寧 3
    년 2월 辛巳條, p. 13뒤를 참조.

145)《長編》권211, 熙寧 3년 5월 戊戌, 제15책, p. 5122. 是日 上問王安石曰 條例司可
    倂入中書否? 安石曰 待修中書條例有端及已置屬 則自可倂爲一 今尙有會與韓絳請間
    奏事 恐未可. 上曰 豈防曾公亮異議乎?

146)《長編拾補》권4, 神宗 熙寧 2년 4월 丁未, p. 17뒤~18앞. 上初欲用王安石爲參知
    政事 曾公亮因薦之. 參知政事唐介 安石恐難大任. 上曰 卿謂文學爲不可任耶? 經
    術不可任耶? 吏事不可任耶? 介曰 非謂此也 安石好學而泥古 議論迂闊 若使爲政 恐

하고 왕안석이 執政에 등용되어 政務를 주도해가자 급기야 이러한
정황에 울분을 참지 못한 나머지 憤死했을 정도였다.[147] 趙抃 역시 왕
안석에 대해 시종일관 반대 입장을 취하고 있었다.[148]

이렇듯 당시의 宰執 5인 가운데 나머지 네 사람이 왕안석에 대한
반대의 입장을 분명히 취하고 있음에도 불구하고, 神宗은 아무런 조
치를 취하지 않은 채 왕안석을 參知政事로 임용했던 것이다. 신종은
왕안석에게 동조하여 그의 개혁구상을 중심으로 한 정치를 지향한다
하면서도, 이처럼 그는 결코 왕안석의 입지를 포괄적으로 확보해 주
는 인사방식을 취하지는 않았다. 오히려 왕안석의 독주가 철저히 견
제될 수 있는 구도를 만들어갔던 것이다.[149]

그렇다면 日人 학자들이 주장하듯, 이처럼 中書內 宰執들이 철저히
왕안석에 반대하는 성향을 지니고 있었기 때문에 왕안석은 자신의
개혁구상을 실행에 옮길 수 있는 임시기구를 필요로 했고, 그것이 바
로 條例司였던 것은 아닐까? 그러나 조례사는 前述했듯 섬서의 邊糧
문제라는 극히 구체적인 사안을 계기로 설치된 기구였다. 결코 당시
의 정계 구성을 염두에 두고 향후의 정국 운영을 위해 정책적인 차
원에서 설립된 것이 아니었다. 조례사를 일본 학계와 같이 정계내 반

多所變更 必擾天下. 退至中書謂公亮等曰 今日安石之言果用 天下困擾 諸公當自知
之耳.

147) 같은 글, p. 18뒤~19앞. 介數與安石論爭于上前……安石强辨 上主其語 介不勝憤
悶 居頃之 疽發背而卒.

148) 熙寧 3년초 靑苗法으로 말미암은 朝夜의 논란이 극심할 때, "抃大悔恨 卽上言.
制置條例司建使者四十輩 騷動天下. 安石强辨自用 詆天下公論以爲流俗 違衆罔民
順非文過"(《宋史》 권316, 〈趙抃傳〉, 제30책, p. 10324)라고 주장하는 것은, 그러한
왕안석 및 조례사에 대한 반대의 자세를 잘 보여주는 것이라 할 것이다.

149) 이러한 中書의 宰執 구성을 두고 당시인들은 中書에 '生老病死苦'가 있다고 稱
했다고 한다. 즉 '生'이란 당시 49세의 비교적 年富力强한 나이로서 神宗의 신임
을 받으며 개혁을 주도하는 王安石을 가리키며, '老'란 曾公亮으로 이미 古稀를
넘겨 神宗에 대해 閒職을 奏請하고 있던 것을 가리켰으며, '病'이란 왕안석에 반
대하여 병을 稱하며 政務를 피하려 했던 富弼을 가리키고, '死'란 왕안석에 격렬
히 반대하다 이윽고 死去한 唐介를 가리키며, '苦'란 왕안석 중심의 개혁 정책이
시행될 때마다 이에 반대하며 매양 '고통스럽다'고 말했던 趙抃을 가리켰다. 이에
대해서는 葉坦, 앞서 든,《大變法》, pp. 62·63 및 《長編拾補》 권4, 神宗 熙寧 2년
4월 丁未條의 注, p. 19앞을 참조.

대파를 피하기 위한 임시 기구로 볼 수 없다는 사실은, 다음과 같은 조례사의 人的構成을 살펴보면 더욱 극명히 드러난다.

熙寧 2년(1069) 2월 制置三司條例司가 설립될 당시, 王安石과 더불어 '制置三司條例'에 임용된 인물은 앞서 언급한 대로 陳升之(1011~1079)였다. 그런데 그는 神宗으로부터 몇 차례 파격적인 처우를 받은 바 있는 인물이었다. 즉 神宗은 熙寧 元年 당시 知許州로 재직하고 있던 그를 임기가 채 만료되지도 않은 상태에서 知大命府로 榮轉시켰으며, 다시 知大名府로 재직하고 있는 중도에 중앙으로 불러들여 知樞密院事에 발탁한 바 있었다. 더욱이 知樞密院事로의 발탁은, 樞密使와 知樞密院事가 倂置되는 예가 없었음에도 불구하고, 이미 文彦博(1006~1097)과 呂公弼(998~1073)이 樞密使로 임명되어 있는 상태에서 전례까지 어겨가며 파격적으로 단행된 것이었다.[150] 陳升之의 '制置三司條例' 임용 역시 神宗의 의지에 의한 것이었다.[151] 요컨대 신종은 條例司를 설립하며 그 최고 책임자인 '制置三司條例'에 왕안석과 함께 자신으로부터 특별한 知遇를 입은 陳升之를 임용했던 것이다.

그런데 陳升之는 왕안석의 개혁정책이나 조례사의 업무에 결코 협조적이지 않았다. 앞서 몇 차례 언급한 바 있지만, 熙寧 2년 11월 재상으로 승진하고 난 다음 '制置三司條例' 직위의 겸직을 거부했던 것이 그 단적인 사례이다. 진승지의 이러한 주장으로 말미암아 조례사의 업무 추진이 상당한 지장을 받고 나아가 조정에서도 조례사의 손폐문제가 논란의 대상이 되었던 것은 前述한 바와 같다. 당시 진승지가 '制置三司條例'의 겸직을 거부한 것은 왕안석의 개혁정책에 대한 불만 때문이었다.[152] 재상으로 승진한 이후에도 新法에 대한 반대의

---

150) 《宋史》 권312, 〈陳升之傳〉, 제29책, p. 10238 참조. 熙寧元年 徙許 中道改大名府 過闕 留知樞密院. 故事 樞密使與知院事不倂置. 時文彦博呂公弼旣爲使 帝以升之三 輔政 欲梢異其禮 故特命之.

151) 陳升之가 재상이 되고난 후 '制置三司條例'와 겸직하는 것의 불가함을 말했을 때, "陛下本置此司 令中書樞密各差一人"(《長編拾補》 권6, 神宗 熙寧 2년 11월 乙丑, p. 2뒤)라고 하는 왕안석의 지적이 그러한 사정을 강력히 시사해 준다.

152) "升之旣登相位 於條例司事 遂不復肯"이라는 《長編拾補》의 記事(권6, 神宗 熙寧

태도는 지속되었다.[153] 이렇듯 神宗 자신과 특별한 관계에 있었으되 왕안석에 대해서는 결코 호의적이지 않았던 陳升之를, 조례사를 지휘 하는 직위인 '制置三司條例'에 임명하고 다시 宰相으로 발탁하고 있 다는 사실은, 당시 신종이 왕안석에 대해 어떠한 자세를 견지하고 있 었는가 하는 사실을 단적으로 보여주는 것이라 할 것이다. 神宗은 왕 안석을 重用하면서도 결코 그의 독주나 정국 주도는 용인하지 않았 으며, 오히려 끊임없이 그에 대한 견제를 지속하고 있었던 것이다.

조례사가 설치되며 呂惠卿(1032~1111)과 함께 蘇轍(1039~1112)이 檢詳文字官에 임용된 사실 역시 그러한 神宗의 인사방침을 반영하는 것이었다고 판단된다. 당시 呂惠卿은 王安石의 특별한 추천에 의해 檢詳文字官에 임용되었음[154]에 반해, 蘇轍의 임용은 철저히 신종의 의 지에 따른 것이었다.[155] 그렇다면 이 당시 蘇轍의 정치적 입장은 어떠 했을까? 아쉽게도 현재의 시점에서 熙寧 2년 2월 당시 왕안석에 대 한 소철의 태도를 확인할 자료는 존재하지 않는다. 하지만 주지하듯 그의 부친인 蘇洵(1009~1066)이 〈辨姦論〉을 저술하여 왕안석에 대한 극단적인 인신공격을 가할 정도로 적대감을 표출하고 있었다든가,[156] 또는 그의 형인 蘇軾(1036~1101) 역시 이 무렵 왕안석에 대해 반감을 지니고 있었던 점[157]으로부터 판단하건대, 적어도 그가 왕안석을 호의

2년 11월 乙丑, p. 2뒤)는 그러한 사정을 단적으로 전하여 준다.
153) 熙寧 3년초 靑苗法의 존폐 여부를 둘러싼 爭論으로 왕안석이 辭意를 밝히고 있 을 때, 曾公亮과 더불어 靑苗法의 파기를 획책했던 사실은 그 단적인 사례이다. 이에 대해서는 《長編拾補》 권7, 神宗 熙寧 3년 2월 辛巳條, p. 13뒤를 참조.
154) 《長編拾補》 권4, 神宗 熙寧 2년 2월 甲子, p. 5뒤. 故置條例司 以講求理財之術焉. 安石固請以呂惠卿爲制置司檢詳文字 從之.
155) 같은 책, 神宗 熙寧 2년 3월 癸未, pp. 7앞~14앞. 癸未 前權大名府留守推官蘇轍 爲制置三司條例檢詳文字. 先是轍奏疏曰……召對而有是命.
156) 〈辨姦論〉이 蘇洵의 著作인가 하는 점은 蔡上翔이 《王荊公年譜考略》에서 의문을 제기한 이래로 자주 논란의 대상이 되어왔다. 하지만 이 문제는 근년 曾棗莊의 저서 《蘇洵評傳》(成都:四川人民出版社, 1983)에 의해 비교적 명확히 논증되었다 고 생각한다. 曾棗莊은 이 저술에서 여러 증좌를 제시하며 〈辨姦論〉의 작자가 蘇 洵일 것임을 다각도로 논증하고 있다. pp. 98~115를 참조.
157) 《宋史》에서는 이러한 사실을, "熙寧二年 還朝. 王安石執政 素惡其議論異己 以判 官告院"(권338, 〈蘇軾傳〉, 제31책, p. 10802)이라 기록하고 있다.

적으로 평가했을 것으로는 생각되지 않는다.[158]

실제로 그는 檢詳文字官으로 근무하던 당초부터 사사건건 王安石 및 呂惠卿과 대립했다.[159] 전술한 바와 같이 조례사의 설립 취지이기도 했던 均輸法의 실시에도 반대의 입장을 취했으며,[160] 相度利害官의 파견이라든가,[161] 나아가 靑苗法의 실시에도 반대했다.[162] 이러한 蘇轍의 활동으로 말미암아 왕안석은 新法의 추진에 상당한 지장을 받을 정도였다.[163]

그런데 주목되는 사실은, 이렇듯 蘇轍이 시종일관 조례사 업무에 대해 부정적인 자세를 견지했음에도 불구하고 神宗은 熙寧 2년 9월에야 檢詳文字官에서 해임시키고 있다는 점이다.[164] 같은 해 4월에 相度利害官이 전국 각처에 파견되고, 이어 7월에 均輸法이 시행되었으며, 9월에 靑苗法이 실시된 이후의 일이었다. 이렇듯 그가 임용 당초부터 왕안석 및 조례사의 업무 추진에 대해 지속적으로 반대했다는 점, 그리고 그가 최초 신종에 의해 임용되었다는 사실에 비추어, 그의 檢詳文字官 직위 유지는 왕안석의 의사와는 무관한 것이었다고 판단된다. 요컨대 이러한 사정들을 종합해 볼 때 蘇轍의 檢詳文字官

---

158) 이와 관련하여 蘇轍은 훗날〈潁濱遺老傳〉이라는 自傳을 기록하며 仁宗 嘉祐 7년(1062) 上奏文을 올려 仁宗을 비교적 辛辣하게 비판했을 때, 司馬光이나 韓琦 등은 直言했다 하여 臣僚를 降等시킬 수 없다고 변론했음에 반해, 당시 知制誥의 식위에 있던 王安石은 "意其右宰相專攻人主 比之谷永 不肯撰詞"했다나니 그 不善함을 特記하고 있다. 또한 檢詳文字官에 임용되는 전후의 사정에 대해서도, "時王介甫新得幸 以執政領三司條例 上以轍爲之屬. 不敢辭. 介甫急於財利而不知本 呂惠卿爲之謀主 轍議事多牾"라 술회하고 있다. 그는 檢詳文字官으로 임용되기 전부터 왕안석에 대해 온당치 않다고 여기고 있음을 술회하고 있는 것이다[《欒城集》(上海古籍出版社, 1987),〈欒城後集〉권12,〈潁濱遺老傳 上〉, pp. 1281~1282].

159) 이에 대해서는,《欒城集》,〈欒城後集〉권12,〈潁濱遺老傳 上〉, pp. 1282~1283을 참조. 여기서 그는 당시 자신이 왕안석 및 여혜경의 정책 주도에 대해 여하히 반대했는가를 소상히 술회하고 있다.

160) 東一夫(1970), pp. 528~529 참조.

161) 같은 책, p. 291 참조.

162) 위와 같음.

163) 蘇轍,《欒城集》,〈欒城後集〉권12,〈潁濱遺老傳 上〉, pp. 1281~1282를 참조.

164)《長編拾補》권5, 神宗 熙寧 2년 9월 辛末, p. 21뒤.

職 유지는 陳升之의 '制置三司條例' 임용과 마찬가지로, 신종이 조례
사 및 中書를 포함한 정무의 일체를 자신의 통제 아래 두어 관할하
려 했던 일관된 지향의 표현이었다고 판단되는 것이다.

한편 熙寧 2년 2월 설립 이후 조례사의 업무 실태는 어떠한 양상
을 보이고 있었던 것일까? 위에서 살핀 바와 같은 神宗의 자못 면밀
한 노력에도 불구하고, 일단 조례사라는 정규 관료기관 이외의 임시
관서가 설치되고, 또 제3장에서 언급한 바와 같이 여기에 파격적인
권한이 부여되자, 그 활동은 점차 황제인 신종의 통제를 벗어나기
시작했던 것으로 보인다. 조례사가 최초의 설립의도와는 달리 熙寧
2년 7월 均輸法을 실행한 이후 9월에는 靑苗法을, 이어 11월에는 農
田水利條約을 반포하는 등 지속적으로 그 활동영역을 넓혀갔던 것이
그것을 단적으로 보여준다. 조례사는 처음 설립될 때에는 단지 邊防
을 위해 원활한 조달체계를 수립한다는 제한된 목표만을 지녔으나,
점차 활동영역을 넓혀가 개혁정책 전반을 관할하는 權府로 발전해간
것이다.

그리하여 조례사의 임의적인 정책시행으로 말미암아 당시 황제의
명령도 파급되지 않는 또다른 정부라는 비판까지 제기되고 있었다.
"조례사가 업무를 추진하면서 中書나 樞密院과도 의논하지 않고 황
제의 뜻조차 받들지 않는다"[165]든가, "위로는 정부체계를 벗어나 있으
며 아래로는 유관 관리조차 배제한 채 업무를 처리한다"[166]는 비판
등은 그러한 실태를 여실히 보여주는 것이라고 하겠다. 王安石 또한
효율적인 개혁의 추진을 위해서는 편의적으로 황제를 배제하는 것
또한 무방하다는 태도를 공개적으로 취하기조차 했다.[167] 요컨대 조례

---

165) 《宋會要》, 〈食貨 四〉 〈靑苗 上〉, 神宗 熙寧 3년 3월 4일, 食貨 4之29. 事不關中
　　書樞密院 不奉聖旨 直可施行者.
166) 《長編》 권210, 神宗 熙寧 3년 4월 戊辰, 제15책, p. 5096. 今制置一司 上旣不關政
　　府 下又不委有司.
167) 唐介에 의하면 당시 王安石은, "安石旣執政 奏以中書處分事用箚子 皆言奉旨不中
　　理者尙十八九 不若令中書自出牒 不必稱聖旨"라는 태도를 취하고 있었다고 한다.
　　그러므로, "今安石不欲稱聖旨 則是政不自天子出也"라고까지 말하고 있다(《長編拾

사는 神宗의 外征을 위한 개혁의도에서 비롯된 것이었지만, 점차 그 존속기간을 통해 성격이 변질되어 왕안석의 주도하에 전반적인 개혁을 주관하는 기관으로 변모되어 갔던 것이다.

앞서 살핀 것처럼 조례사의 존폐여부를 두고 신종과 왕안석이 수차에 걸쳐 의견 대립을 보였던 것은 이상과 같은 정황 때문이었다고 판단된다. 신종은 조례사의 성격 변화를 목도하고 《長編》에서 말하는 바와 같이, '오래 전부터 그 폐지를 희망하다가'[168] 마침내 그 설립 1년 3개월 만인 熙寧 3년 5월에 이르러 왕안석의 반대를 꺾고 자신의 의지를 관철시켰던 것이다. 결국 制置三司條例司의 폐지는 왕안석과 신종 사이의 新法을 둘러싼 관점의 차이가, 신종의 우위로 귀착되는 것을 보여주는 것이었다.

V. 맺음말

治平 4년(1067) 정월 神宗이 20세의 나이로 즉위했을 때, 북송은 여러 가지 모순에 직면해 있었다. 이와 같은 정황에서 神宗은 즉위 이후 의욕적으로 국정에 임하며 개혁을 지향했다. 그런데 주목할 사실은 이러한 개혁지향의 배후에는, 거란과 서하에 대한 굴욕적인 관계를 청산하고자 하는 염원이 담겨 있었다는 사실이다. 하지만 신종의 적극적인 개혁의 모색에도 불구하고, 司馬光이나 富弼 및 韓維 등 당시의 대신들은 그의 개혁의지에 부응하지 못했다. 그들이 제시하는 방책이란 節減을 위주로 하는 소극책 일변도였다. 때로는 신종의 중심된 관심사인 군사문제를 당분간 거론하지 말아야 한다고 주장하는 인물조차 있었다.

이러한 상황에서 개혁을 추진해 갈 대안으로 주목한 인물이 王安

補》 권4, 神宗 熙寧 2년 4월 丁未, p. 18앞·뒤).

168) 《長編》 권211, 神宗 熙寧 3년 5월 甲辰의 注. 上久欲罷之.

石이었다. 당시 왕안석은 거의 지방관으로만 근무하며, 중앙의 발탁에 대해 거듭하여 사양하고 있었다. 하지만 중앙정계에서의 경력이 거의 전무했음에도 불구하고, 이 무렵 왕안석의 명망은 朝野에 널리 퍼져 있었다. 신종 또한 즉위 이전부터 이러한 왕안석의 명망을 접하고 있었다.

왕안석은 熙寧 元年(1068) 4월 입경하여 신종과 대면했다. 그는 신종에게, 요순을 본받아 簡要하고 번잡하지 않은 정책을 펼 것을 제안했다. 그 구체적인 방향은, '백성의 부담은 늘리지 않으면서도 재정을 확보하는 것'이었다. 신종은 왕안석과 담론을 거듭하면서 그를 중용할 의사를 굳혀 갔다. 하지만 왕안석은 신종이 자신의 중용방침을 너무 급속히 추진하자 그것을 만류했다. 자신의 견해를 충분히 이해한 후에 실행에 옮길 것을 주장하였다. 그러나 신종은 듣지 않고 마침내 그를 만난 지 불과 10개월 만인 熙寧 2년(1069) 2월 參知政事에 임용하였다. 왕안석의 개혁주장을 중심으로 한 정국운영의 의지를 명확히 한 것이다.

制置三司條例司가 설립되는 것은 熙寧 2년(1069) 2월 왕안석이 參知政事로 발탁된 직후의 일이었다. 왕안석을 중심으로 한 정권이 구성되면서 곧바로 개혁을 위한 임시기구로 발족한 것이다. 그런데 條例司 창설의 직접적인 계기는, 신종이 왕안석에게 서하전쟁에 대한 대비책을 자문했던 일이다. 이에 대해 왕안석은 물자통제력을 국가권력이 장악하여 그 유통과정에서 재정을 확보할 수 있는 기관의 설치를 주장했다. 그 결과 制置三司條例司가 설립되기에 이른다. 條例司는 三司의 전반적인 정책을 점검한다는 의미를 지닌 기관이었으나, 형식상 中書에 배속되어 있었다. 결국 條例司의 설치는 민정기관인 中書에서 재정을 통솔한다는 의미를 내포하고 있었던 것이다.

그런데 神宗의 변방책 자문과 條例司라는 이재기관의 설치 사이에는 어떠한 연관이 있는 것일까? 북송정부는 당시 하북과 섬서의 군수조달을 위해, 각처의 상인들로 하여금 군량과 馬草를 납입시키고 이들에게 茶引과 現錢 등을 대가로 지불하고 있었다. 그런데 상인들의 농간으로 서북변 일대에서는 물가와 군수의 불안이 일상화된 상태였다. 이러한 상황을 타개하기 위해 상인의 통제 및 국가권력에 의한 유통기능의 회수를 지향하는 정책이 추진되었던 것이다. 결국 條例司 설립의 의도는 훗날 均輸法이라 불리는 정책의 시행을 위한 것이었다.

그리고 條例司는 그 효과적인 활동을 위해 벽거 및 통상적인 결재과정을 생략한 임시 활동권한을 부여받았다. 또한 각종 이재관련 의견을 수렴하여 정책으로 입안하는 권한도 주어졌다. 이러한 파격적인 특권은 실제 均輸法을 집행하는 기관이었던 東南六路發運司에도 그대로 적용되었다.

이러한 임시 전권기구였던 條例司는 3계층으로 구성되어 있었다. 그 최상층부에는 中書 및 樞密院의 執政이 위치했다. 이들의 구체적인 명칭은 '制置三司條例'였다. 물론 그 가운데 한 사람은 王安石이었다. 다음은 檢詳文字 또는 檢詳文字官이라 불리는 존재가 있었다. 條例司가 설치된 직후 이들 직위가 개설되었다. 呂惠卿과 蘇轍 등이 바로 檢詳文字官으로 활동한 인물들이다. 檢詳文字官들은 중앙에서 활동하며 條例司의 중추를 구성했다. 이 밖에 각처에 파견되어 현지의 재정관련 실태를 조사하는 직위인 相度利害官이 존재했다

條例司는 熙寧 2년 7월 균수법을 시행한 후, 그 활동영역을 지속적으로 넓혀 갔다. 2년 9월에는 靑苗法을 실시하고, 11월에는 農田水利條約을 발포하는 등의 활동이 그것이다. 條例司는 처음 설립될 때에는 단지 邊防을 위해 원활한 조달체계를 수립한다는 제한된 목표만을 지녔으나, 점차 활동영역을 넓혀가 개혁정책 전반을 관할하는 權府로 발전해 간 것이다. 그리하여 條例司의 임의적인 정책시행으로 말미암아 당시 황제의 명령도 파급되지 않는 또다른 정부라는 비판까지 제기되었다. 왕안석은 이러한 條例司 안에서 절대적인 지위를 지니고 있었다. 때로는 條例司 자체가 왕안석의 의사와 동일하게 간

주되기도 했다. 條例司는 신종의 외정을 위한 개혁의도에서 비롯된 것이었지만, 점차 그 존속기간을 통해 성격이 변질되어 왕안석의 주도하에 전반적인 개혁을 주관하는 기관으로 변모해 갔던 것이다.

그런데 條例司는 설립된 지 불과 1년 3개월 만인 熙寧 3년 5월에 폐지되어 中書로 귀속된다. 어떠한 이유에서 이처럼 단기간에 폐지되었던 것일까? 이를 헤아려볼 수 있는 유력한 단서는 條例司의 존치 여부를 둘러싼 신종과 왕안석 사이의 거듭된 의견 불일치이다. 신종은 熙寧 2년 11월, 최초 條例司가 설립될 당시 中書의 參知政事 왕안석과 더불어 최상층부의 '制置三司條例' 직위에 임용되었던 知樞密院事 陳升之가 재상으로 발탁될 때에도 條例司의 폐지를 종용한 바 있었다. 재상으로서 條例司라는 일개 관아를 겸직하는 것이 부자연스럽다는 陳升之의 견해를 따른 결과였다. 이어 3년 5월 條例司의 폐지를 결정하기 직전에도, 신종은 왕안석에게 그 폐지를 강력히 권유한 바 있다. 이렇게 볼 때 왕안석과 신종은 條例司를 보는 관점이 서로 달랐고, 그 폐지는 결국 신종의 종용에 왕안석이 뜻을 굽힌 것이라 보아야 할 것이다.

그렇다면 왕안석에 의해 설립된 條例司가 최초의 설립의도와는 달리 전반적인 개혁의 중추기관으로 변질되어 가는 것을 신종은 어떻게 바라보았던 것일까? 신종은 왕안석 중심의 정국을 구성한다는 결심을 확고히 할 때에조차 왕안석을 전폭적으로 신뢰한다는 태도는 보이지 않았다. 왕안석을 參知政事로 임용할 때에도 마찬가지로 반대파인 富弼·趙抃·唐介 등을 宰執으로 삼고 있었다. 條例司에 대해서도 이러한 태도는 동일하였다. 왕안석과 더불어 條例司의 '制置三司條例'에 임용된 陳升之는 왕안석에게 결코 동조하는 입장에 있지 않았다. 神宗에 의해 檢詳文字官에 임명된 蘇轍의 경우 역시 신종의 왕안석에 대한 견제를 보여주는 좋은 예이다. 이러한 소철의 존재로 말미암아 신법 시행 자체가 상당한 지장을 받을 정도였다. 왕안석은 이러한 내외의 제약에 직면하여, 개혁의 추진을 위해 條例司를 자신의 의

도에 충실히 따르는 기관으로 변모시켜 갔던 것이며, 신종은 일관되게 條例司를 포함한 왕안석의 활동을 자신의 통제 아래 두고자 했던 것이다. 결국 制置三司條例司의 폐지는 왕안석과 신종 사이의 新法을 둘러싼 관점의 차이가, 신종의 우위로 귀착되는 것을 보여주는 것이라고 판단된다.

神宗에게 개혁의 필요성은 본론에서 누차 論及한 바 있듯 무엇보다 군사적인 성취를 뒷받침하는 데 있었다. 均輸法으로 말미암은 재정확보를 賞讚하는 것[169]이나, 王韶의 熙河經略이 성공을 거두었을 때 신법의 功效를 稱揚하는 것[170] 등이 그것을 단적으로 보여준다. 하지만 왕안석의 개혁론은 어디까지나 국가중심의 재정 재건, 그리고 겸병억제 및 사회 중하층민 보호라는 요소가 표리관계에 있는 것이었다.[171] 당시인들에게도 이러한 王安石의 태도는 분명히 인지되고 있었다.[172]

신종은 전술했듯 條例司의 설립과 활동을 통해 재정이 신속히 재건되어 가자 매우 만족했다. 특히 條例司의 설립목적이기도 했던 均輸法이 어느 정도 실적을 올림에 따라, 더이상 條例司의 존립 필요성이 없다고 판단하였다. 條例司의 폐지 詔令에서 나타나는, '큰 줄기가 이미 잡혔다(大端已擧)'는 표현[173]은 바로 그러한 신종의 판단을 집

---

169) 熙寧 3년(1070) 6월 均輸法을 현지에서 관장하는 인물이었던 江淮等路發運使 薛向을 天章閣待制로 승진시키며, "手詔賜向曰 政事之先 理財爲急. 故朕託卿以東南賦入 皆得消息盈虛 翕張斂散之. 而卿忠識內固 能倡擧職業 導揚朕意 底于成績 朕甚嘉之"(《長編》 권212, 神宗 熙寧 3년 6월 辛巳, 제15책, p. 5157)라 말하는 것이 그러한 단적인 예이다.

170) 이에 대해서는 葉坦(1996), p. 123을 참조.

171) 이 점에 대해서는, 鄧廣銘,《王安石》(北京：人民出版社, 1975/1979), pp. 52~69 ; 漆俠,《王安石變法》(上海人民出版社, 1959/1979), pp. 83~93 ; 呂調陽,〈王安石的理財思想〉,《管仲荀況桑弘羊劉晏王安石的理財思想》(北京：中國財政經濟出版社, 1983), pp. 206~221 ; 胡寄窗,《中國經濟思想史》下冊(上海人民出版社, 1981), pp. 77~90 ; 吳慧,《中國古代六大經濟改革家》(上海人民出版社, 1984), pp. 410~416 등 참조.

172) 洪邁가《容齋隨筆》에서, "後安石當國……又不忍貧民 而深疾富民 志欲破富以惠貧"(〈容齋四筆〉 권4,〈王荊公上書幷詩〉, 上海古籍出版社, 1978, p. 657)이라 적고 있는 것이 그러한 단적인 예라 하겠다.

173)《宋會要》,〈職官 5〉〈制置三司條例司〉, 神宗 熙寧 3년 5월 15일, 職官 5之7.

약한 것이었다. 신종에게 條例司는 대외정책을 위한 재정의 확보를
지향하는 것이었고, 그것을 넘어 왕안석이 자신을 중심으로 하는 개
혁추진의 중심기구로 변질시켜 가려는 기도를 보이자 이에 단호히
제지하고 나섰던 것이다.

中國의 城隍信仰과 國家權力
— 宋·明代의 경우를 중심으로 —

I. 머리말
II. 城隍信仰의 기원
III. 城隍神의 성격과 擬人化
IV. 城隍神과 國家權力

1. 城隍神과 封號
2. 城隍神과 관료조직
V. 맺음말

I. 머리말

중국의 역사를 살펴보면 두드러진 현상 가운데 하나가 바로 다양한 종교와 신앙 활동의 전개이다. 시대에 따라 다르긴 하지만 단일한 종교가 정치·사회·문화를 종합적으로 지배하는 경우가 드물고, 여러 가지 사상적·종교적 흐름이 혼재하는 모습을 보여주고 있다. 그리고 크게 보아 중국의 종교는 다른 여러 나라의 경우와 마찬가지로 정제된 교리와 교단 조직을 갖춘 불교나 도교와 같은 기성 종교와, 祈福的이고 잡다한 종교적 요소에 의해 형성되는 民間宗敎로 구분할 수 있다. 그러나 한편에서는 체계적인 종교로 발전하지 않은 채 민중의 생활 속에 뿌리 박고 깊은 정서적 공감대를 형성하고 있는 잡다한 민간신앙 역시 중요한 부분을 차지하고 있다. 중국인의 의식속에 작

* 한국외국어대학교 사학과 교수.

용했던 민간의 신과 신앙체계는 수없이 많다. 경우에 따라서는 일시
적으로 큰 영향력을 지니다가 스러진 神도 있지만 상당한 일체성을
지니면서 지속적인 영향력을 지닌 신들이 매우 많다. 시간적·공간적
한계를 지닌 것과 아닌 것 등 다양하게 발전해 왔다. 그러한 민간신
앙들 가운데 가장 중요한 것의 하나가 城隍神에 대한 신앙이다.

중국의 성황신앙은 일찍부터 출현해서 역사의 전개와 더불어 발전
해 오면서 민간의 일상에 중요한 영향을 끼쳤다. 그런데 성황신이 특
히 주목을 끄는 것은 중국인의 생활 속에 함께 했던 다른 신들과는
달리 국가에서 상당히 관심을 기울였고, 통치에 이용하려고 했다는
점이다. 이는 황제에 의한 강력한 관료적 지배가 자리잡는 것과 표리
를 이루어 진행되었다. 그리고 앞으로 살피겠지만, 宋代 이후부터 국
가권력과 밀접한 관계를 맺었다. 이 점에서 성황신앙은 단순히 민속
학적인 연구대상에 그치지 않고 역사적인 추적의 필요성을 지니게
되는 것이다.

이 글은 우선 중국의 성황신앙이 어떻게 기원해서 발전해 왔는가
하는 기초적인 의문에서 출발하되, 특히 국가권력이 민간의 성황신앙
에 대해 어떻게 대응했는가에 주목하고자 한다. 그리고 본격적이고
세부적인 추적보다는 개괄적인 이해를 우선하고자 한다. 왜냐하면 거
시적 이해가 심층적인 접근의 전제가 되기 때문이다. 성황신앙은 원
래 포괄적 성격을 띠고 있어서 지역적 특수성이 있을 가능성이 적기
때문에 이 글에서는 사례연구의 방법은 배제하기로 한다.

Ⅱ. 城隍信仰의 기원

중국 대부분의 민간신앙의 경우와 마찬가지로 성황신앙의 기원은
불확실하다. 성황신은 중국 고대의 八蠟神 가운데 水墉神이 발전한
것이라는 주장이 있다. 唐 文宗 開成연간에 睦州 자사를 지낸 呂述은

성황신은 八蜡 가운데 坊과 水墉을 제사한 데에서 나왔다고 기록하
고 있다(宋 趙與時,《賓退錄》권8).[1] 이에서 坊은 제방을 말하고 水墉은
수로를 뜻한다. 말하자면 수리시설, 배수시설을 뜻한다고 할 수 있다.
다른 한편으로 坊은 성벽을 의미하고, 隍은 성벽을 둘러싸고 있는 垓
字를 의미하기도 했다. 실제로 신앙의 대상이 되기 이전의 초기의 용
례는 모두 그러한 뜻으로 쓰였다. 농토에 물을 대고, 수해를 막기 위
한 이러한 坊과 水墉이 자연숭배의 일환으로 제사의 대상이 될 수
있음은 자연스러운 일인 것이다. 그리고 도시나 마을을 재해와 도적·
적군의 침입으로부터 막기 위한 방어시설인 城과 隍이 자연 숭배의
대상이 되었음도 쉽게 추론할 수 있다. 그러한 신앙이 차츰 발전해서
城隍神을 낳게 되었을 가능성은 매우 높다.

그러나 이는 어디까지나 가능성일 뿐 명확한 근거를 제시할 수 있
는 것은 아니다. 기록에 보이는바 성황신 신앙의 최초 사례는 吳 赤
烏 2년(239)에 蕪湖에 건립된 城隍神祠이다.[2] 그러나 이는 廟宇의 건
축을 말해 주는 것일 뿐 신앙 활동의 기원을 설명해 주지는 않는다.
오히려 성황신앙은 이보다 앞서 성립했다고 보아야 할 것이다. 그러
나 史書에 구체적인 기록이 처음 보이는 것은 北齊 때이다.《北齊書》
의 慕容嚴列傳에는 다음과 같은 기록이 보인다.

　　天保 6년(555)에……嚴이 郢城을 鎭守하게 되어, 저음 성에 늘어갔을 때
　에 梁의 대도독인 侯瑱과 任約이 水陸 兩軍을 거느리고 성 아래로 쳐들어
　왔다. 상류의 鸚鵡洲 위에 數里에 걸쳐 갈대를 묶어 놓아 밖으로 통하는
　뱃길을 막았다. ……성 안에는 앞서부터 神祠가 있었는데 사람들이 城隍
　神이라고 불렀다. 公私간에 일이 있으면 기원을 올렸다. 이에 사졸들의 마
　음을 진정시키기 위해서 무리를 이끌고 가서 기도를 올려서 冥佑를 얻기
　를 기원했다. 갑자기 돌풍이 불어 파도가 솟구쳐서 갈대묶음을 쓸어내 버
　렸다.[3]

　1) 趙杏根,《民間神靈源流》(南海出版公司, 1993), p. 193. 이하 동일한 논저의 두번째
　　인용부터는 '趙杏根(1993)'과 같이 필자명과 간행연도만을 표시함.
　2) 趙杏根(1993), p. 195.

그리고 《南史》에는 "大寶 元年에 綸이 郢州에 이르렀다. ……자주
변괴가 일어나자 城隍神에게 제사를 올렸다"는 기록이 보인다.[4] 언제
부터 성황신이 출현했는지 정확히 알 수는 없지만, 늦어도 梁의 大寶
元年(550)에는 성황신이 이미 도시의 방비와 안녕을 책임지는 神으로
정착되었음을 알 수 있다. 그리고 단순히 민간차원에서만 기능했던
신앙이 아니라 관리들에게도 상당히 익숙했음을 말해 주고 있다. 적
어도 '사졸들의 마음을 진정시키기 위해서나,' '변괴를 막기 위해서'
성황신에 대한 믿음을 이용하려 했음을 보여준다. 이를 바꾸어 보면
성황신앙이 이미 민간에 상당히 뿌리를 내리고 있음을 짐작케 한다.
그리고 성황신이 이미 선악을 가리는 존재로 인식되고 있었음을 보
여주는 기록이 보이기도 한다.[5] 그러나 당대 이전에는 성황신에 관한
기록은 그렇게 많지 않다. 이는 唐 肅宗 乾元연간(758~760)에 縉雲令
을 지낸 李陽冰이 〈縉雲縣城隍記〉에서 "성황신은 국가의 공식 제사
대상에는 들어 있지 않다. 오직 吳·越 지방에만 있다"고 한 데서도
미루어 짐작할 수 있다.[6] 물론 실제로는 성황신에 관한 기록들이 唐
初에 이미 많이 보이므로 李陽冰의 언급은 그 이전의 상황을 지적한
것이라 할 수 있다. 오히려 그 당시에는 상당히 보편화되어 가고 있
음을 반증하는 것이기도 하다. 당대에 들어서면 성황신과 관련한 기
록이 많이 보이기 시작한다. 張九齡은 〈祭洪州城隍文〉을 남기고 있
고, 李白은 〈鄂州刺史韋公德政碑〉에서 성황신을 언급하고 있고,[7] 杜
甫도 詩(送許拾遺省覲)에 언급하고 있고, 羊士愕은 〈城隍廟賽雨〉라는
絶句 2수를 남기고 있고, 韓愈는 袁州·潮州 등지에서 관직을 지내면
서 當地의 城隍文을 짓고 있고, 李德裕는 成都의 성황묘를 수축했고,

3) 《北齊書》 권20, 慕容嚴傳.
4) 《南史》 권53, 邵陵王綸傳.
5) 《隋書》, 五行志 上에는 梁 武陵王 紀가 성황신에게 제사를 올리려고 소를 잡으
   려 하자 붉은 뱀이 소의 입을 감았다고 기록하고, 이는 반역을 노리는 그의 뜻을
   알아차린 성황신이 제물을 물리친 것으로 이해되고 있다.
6) 宗力·劉群, 《中國民間諸神》(河南人民出版社, 1987), p. 200.
7) 《李太白全集》(四部備要本) 권29.

李商隱은 〈祭袞州城隍文〉〈爲懷州李使君祭城隍文〉〈祭桂州城隍神祝文〉, 〈賽城隍文〉등 많은 글을 남기고 있다.[8] 그리고 安史의 亂 당시에 許遠이라는 인물은 〈祭睢陽城隍文〉을, 杜牧은 〈祭城隍神祈雨文〉2편을 남기고 있다. 그리고 戴孚의 《廣異記》《金石萃編》《太平廣記》등에는 성황신과 관련한 기사가 많이 실려 있다. 문인들이 성황신에 대한 제문을 짓고, 관리로서 城隍廟를 수축하고, 시를 짓기도 했다. 이미 성황신 내지 그에 대한 신앙이 낯설거나 특이하지 않았음을 보여주는 것이다.

송대에 들어서자 성황신은 정식으로 국가의 祀典에 포함되어 각府·州·縣의 관리들은 매년 성황신에 대한 공식적인 제사를 지내게 되었다.[9] 그리고 성황신은 지방 행정단위와 동일한 영역을 관할구역으로 하게 되었다. 이는 국가권력이 성황신앙에 대해 본격적인 관심을 기울이게 되었음을 말해주거니와, 그 배경은 성황신의 신비한 능력과 권능에 대한 믿음이 민간에 광범하게 퍼지게 되었다는 점이라 하겠다. 실제로 洪邁의 《夷堅志》에는 성황신과 인간이 구체적인 문제와 관련해서 직접 관계를 맺는 이야기들이 많이 실려 있다. 뒤에 살펴보겠거니와 성황신은 적의 침탈로부터 주민들을 보호해 주고, 재난을 예고하거나 막아주고, 사람들의 선행을 도와주고, 악행을 징벌하고, 수명을 연장시켜 주는 존재로 인식되게 되었다.

Ⅲ. 城隍神의 성격과 擬人化

이처럼 광범하게 퍼진 성황신앙이 과연 어떠한 내용을 지니고 있었는지 살펴볼 차례이다. 앞에서 보았듯이 성황신은 원래 성벽과 도시를 보호하는 기능을 지닌 것으로 여겨졌다. 그러나 慕容嚴列傳에서

---

8) 宗力·劉群(1987), pp. 200~201.
9) 趙翼, 《陔餘叢考》 권35, 城隍神.

"公私간에 일이 있으면 기원을 했다"고 하고 있는 데서도 알 수 있듯이 일찍부터 다양한 요구를 들어줄 수 있는 신으로 여겨진 듯하다. 특히 당대에 들어오면 성황신이나 城隍祠에 대한 기록이 많이 나타나기 시작하면서 그러한 현상은 두드러진다. 수재와 화재를 막아 주고 가뭄이 들면 비를 내려주며, 死者의 혼령, 도시민의 도덕률과 상벌에 관여하는 등 도시와 주민에 대한 全方位的인 보호와 관리를 하는 것으로 여겨졌다. 張九齡의 〈祭洪州城隍文〉에 "성황신은 도시를 보호해 주고, 백성들은 그에 의존한다(城隍是保 氓庶是依)"고 하고 있음에서도 주민들의 성황신에 대한 신앙의 내용은 포괄적이었음을 알 수 있다. 위에서 보았듯이 당대 이후 많은 관리와 문인들은 성황신에 대한 제문을 남기고 있는데, 張說의 〈祭荊州城隍文〉, 杜牧의 〈祭城隍神祈雨文〉, 許遠의 〈祭睢陽城隍文〉 등이 대표적인 예이다. 杜牧의 제문은 성황신이 祈雨의 대상이었음을 보여준다.

이처럼 성황신의 기능이 변화하게 된 데에는 정치적 상황이 크게 작용했다고도 보인다. 당이 통일을 이루고 정치적 안정이 정착되자 도시의 성격이 바뀌게 되었던 것이다. 정치적 불안정과 전란의 와중에서 성벽으로 둘러싸인 도시는 생명의 보호라는 의미가 일차적이었던 데 비해 평화시기에는 정치와 경제의 중심으로 본질적 기능이 바뀌게 되었던 것이다. 특히 사회가 발전하면서 국가권력은 민간에 널리 퍼져 있던 성황신에 대한 신앙을 이용할 필요를 느끼게 되었다고 볼 수 있다. 원래 도시마다 공식적으로 설치되었던 가장 중요한 신사는 社稷神의 사당이었다. 그러나 社稷神은 국가의 공식 전례에서 가장 중요한 신의 하나임에도 불구하고 성황신과는 달리 그 역할이 제한적이었다. 그에 비해 성황신은 도시와 성벽의 보호라는 일차적인 기능이 극히 중요했던 데에 더해서 매우 포괄적인 기능을 지니고 있었던 것이다. 성황신이 당시에 윤리와 규범의 보호자였음을 보여주는 예를 보자.

〈華州城隍神新廟記〉에 따르면, 唐 昭宗 乾寧 2년에 李茂貞이 京師

를 치범하자 華州刺史 韓建이 昭宗으로 하여금 華州로 피난할 것을 청했다. 밤에 한건이 칼을 지니고 궁에 들어가 昭宗을 죽이려 했다. 소종의 거실 부근에 이르자 홀연히 한 神人이 그에게 소리쳤다. "너는 본래 일개 병졸이었다가 천자의 은혜를 입어 오늘에 이르렀는데 어째서 감히 弒逆을 하려는가?" 韓建이 놀라서 황급히 나갔다. 다음 날 그 신이 華州의 성황신임을 알게 되었다고 한다.[10] 충성과 의리라는 규범의 수호자 역할을 하고 있는 것이다.

또한 성황신은 인간의 수명을 관장해서 閻羅大王의 대역을 하는 것으로 비치도 했다.

唐代 洪州 司馬였던 王簡易은 갑자기 병이 들었다. 꿈속에서 한 鬼使를 만났는데 스스로 丁郢이라고 했는데, 손에 문서를 들고 있었다. 그리고 말하기를 성황신의 명을 받아 그를 잡으러 왔다고 했다. 그는 사자를 따라서 성황신에게 갔다. 성황신은 좌우에 명해서 문서를 가져와 확인토록 한 다음에 그에게 말하기를 "너는 아직 5년의 수명이 남았으니 석방해 돌려보낸다"고 했다.[11]

결국 사람들의 수명도 성황신이 관장하는 셈이다. 이러한 설화는 송대에 들어서면서 점점 늘어난다. 이처럼 성황신의 역할이 확대되는 추세는 송대 이후 국가권력이 본격적으로 성황신앙을 관리하게 되면서 한층 심해져서 성황신의 위상은 靈的인 영역을 넘어서 지방관의 위상과 그 성격이 매우 유사하게 된다. 우선 주목하게 되는 것은 사람들의 고통을 풀어 준다는 것이다. 몇 가지 예를 보자.

朱琮의 첩은 주종의 처 王氏의 학대를 견디지 못하고 자살해서 악귀가 되었다. 주종은 道師를 불러 그를 물리치도록 했다. 도사는 성황묘에 부적을 붙여서 주종의 첩을 구금했다.[12]

---

10) 張瑀,〈華州城隍神新廟記〉,《金石萃編》권156.
11)《太平廣記》권124. 趙杏根(1993), p. 219에서 재인용.
12) 洪邁,〈朱司法妾〉,《夷堅支志》乙, 권7.

張通判의 次子가 악귀에 걸려 고통을 받았다. 장통판은 법술을 하는 路
當이라는 사람에게 부탁을 했다. 路當이 부적을 놓았다. 즉시 금자색 옷을
입은 커다란 사람이 오자 路當이 그를 꾸짖어 "그대는 성황신인데 장씨네
에 악귀가 들었는데도 왜 잡지 않는가" 하고 묻자, 신이 말하기를 "여기
잡아왔다"고 했다.[13]

그리고 질병을 막아주는 역할을 하는 것으로 여겨지기도 했다.

趙士溫은 사람들의 괴질을 치료해 주었는데 부적을 城隍神에 붙여서, 東
嶽神을 통해서 上帝에게 상주했다.[14]

이 밖에 宣州 등 지방의 성황신은 모두 자신의 관할지역에 전염병
이 퍼지는 것을 막아주는 역할을 하는 것으로 여겨지기도 했다.[15] 또
평소에 선행을 한 사람에게는 재앙을 면하게 해서 보답을 하는 것으
로 여겨지기도 했다.

滑世昌은 어느날 꿈에 손님을 맞았다. 그 손님은 城隍神王이었는데, 말하
기를 "내일 아주 심한 재앙이 있어 사람들이 죽을 것이다. 그대 역시 이
액을 당하게 되어 있지만 평시에 인자한 마음을 써서 사람들을 많이 구제
한 공이 많으므로 上帝께서 나를 보내어 너의 일가를 구제토록 했다. 그러
나 財貨는 구할 수 없을 것이다"고 했다. 다음날 그 지방에 큰 화재가 일
어났다. 滑世昌의 식구는 모두 안전했지만, 재산은 모두 불타 버렸다.[16]

이에서 볼 수 있는 것은 성황신이 도시나 지역의 방위와 안정이라
는 막연한 역할에서 한걸음 더 나아가 주민들의 구체적이고 개별적
인 문제에도 접근하는 것으로 이해되기 시작했다는 것이다. 이러한
추세가 진행되자 성황신은 사람들에게 한층 가까워지는 한편 멀리서

---

13) 洪邁, 〈南京張通判子〉, 《夷堅三志》 乙, 권8.
14) 洪邁, 〈趙士諤〉, 《夷堅志》 丙, 권8.
15) 洪邁, 〈宣州孟郎中〉, 《夷堅志》 乙, 권17.
16) 洪邁, 〈滑世昌〉, 《夷堅支志》 癸, 권2.

도시와 사람들을 내려다보는 신에서 인간에 가까운 요소를 지니게
되기도 했다. 위에서 보았듯이 성황신이 역할을 게을리했다 해서 도
사한테 꾸지람을 듣기도 했던 것이다. 그리고 다음의 예는 성황신이
현실의 관료와 다름없는 모습으로 비쳤음을 보여준다.

　　鄭某는 官馬를 운송하고 있었는데, 漢陽에 이르러 강을 건너게 되었다.
부하가 말하기를 "예전에는 반드시 제물을 마련해서 성황신에게 제사를
올렸습니다. 그러면 도중에 말에 탈이 없습니다"고 했다. 鄭이 노해서 말
하기를 "나는 官馬를 운송하는데 신과 무슨 관계가 있는가?"하고 제사를
지내지 않았다. 밤이 되자 말이 절반이나 죽었다. 사람들은 성황신을 소홀
히 대접한 보복이라고 여겼다.[17]

　　贛州 石城縣에서 城隍神祠를 중수하게 되었는데 원래 사당 문 앞에 있
던 말 두 필의 조각을 빠뜨렸다. 성황신이 知縣 呂大年의 꿈에 나타나서
말을 찾았다. 여대년은 이에 돈을 내서 말의 조각을 만들고 비단옷을 입힌
마졸도 조각했다.[18]

　　饒州의 세 소년이 성황묘에 들어가서 참새 둥지를 뒤졌다. 둥지가 높아
서 성황신 부인의 神像에 올라갔다. 신이 크게 노해서 세 소년은 모두 병
이 들었다. 집안 사람들이 香과 紙錢을 가지고 묘에 가서 사죄했으나 효험
이 없었다. 세 소년과 그들의 아버지가 모두 죽었다.[19]

이상의 예는 성황신이 마치 인간처럼 자신에 대한 대접이 마음에
들지 않으면 분노하고 보복하는 것으로 인식되었음을 보여준다. 전체
적으로 보아 마치 현세의 관료와 유사한 모습을 지니고 있는 것이다.
경우에 따라서는 사람들이 잘못을 뉘우치고 사죄했음에도 불구하고
재앙을 내리고 있는 것이다. 이는 권위에 대한 도전은 결코 용납하지
않는 국가권력이나 관료의 모습과 매우 유사하다. 단순한 보호자,질

---

17) 洪邁, 〈鄂州綱馬〉, 《夷堅支志》庚, 권7.
18) 洪邁, 〈石城廟神〉, 《夷堅支志》丁, 권3.
19) 洪邁, 〈城隍廟探雀〉, 《夷堅支志》癸, 권6.

서 유지자가 아니라 지배자가 되어가고 있었던 것이다. 한걸음 더 나
아가 성황신은 완전한 관료의 모습을 띠기도 했다.

　建康의 士人 陳堯道는 죽은 뒤에 성황신의 門客이 되어서 문서를 담당
했는데, 매우 고생을 했고 같은 동리의 黃森은 죽은 뒤에 진요도의 추천으
로 성황신의 判官이 되어 생시보다 형편이 더 좋았다고 한다. 그들은 모두
그곳 사람들이 과거에 응시할 때에 그 결과를 미리 알 수 있었다고 한다.[20]

　이렇게 인식된 성황신은 당연히 현세적 이익을 추구하는 사람들의
생활을 지배하게 되었던 것이다. 다른 한편 성황신과 그의 屬僚들은
현세의 관료처럼 단순히 부패하기도 했다.

　肇慶의 성황묘에는 土偶가 있었는데, 그 토우가 官庫의 돈을 훔쳤다가
사람들에게 들켰다. 토우 속을 조사하자 은과 돈이 발견되었는데 모두 관
고에서 훔쳐 온 것이었다.[21]

　이러한 성황신의 모습은 민간신앙에서 보이는 일반적인 현상으로
설명될 수 있다. 생활의 주변에서 일어나는 다양한 현상들이 그대로
투영되고 있는 것이다. 흔히 제사를 게을리하거나 무시하면 분노해서
재앙을 내리는 것은 민간의 신들이 지니는 공통된 모습이다. 마치 사
람과 동일한 욕구와 감정을 지닌 존재로 인식되는 것이다. 이는 신격
의 저하를 의미하기도 하지만 다른 한편에서는 인간에 한층 가깝게
접근해서 대화를 하는 친근한 존재가 되어감을 뜻하기도 한다.

　이렇게 인간에 접근하면서 성황신은 추상적인 神格에 더해서 현실
의 인간이 신격화된 것으로 인식되는 모습을 보였다. 이런 현상은 일
찍부터 나타나기 시작했는데, 다음의 예를 보자.

---

20) 洪邁, 〈城隍門客〉, 《夷堅乙志》 권20.
21) 洪邁, 〈肇慶土偶〉, 《夷堅乙志》 권12.

開元末에 宣州에 司戶를 맡았던 관리가 죽어서 성황신 앞으로 끌려갔다. 성황신의 처소는 매우 컸고 시위가 삼엄했다. 들어가자 성황신이 그의 평생 행적을 물었다. 司戶는 자기는 죄가 없어 일찍 죽는 것은 부당하다고 말했다. 성황신이 듣고 나서 "정말 그렇다. 너를 세상으로 돌려 보낸다. 너는 내가 누구인지 알겠는가"라고 했다. 司戶가 "저는 천한 사람으로 알 수 없습니다"고 말하자, 성황신이 말하기를 "나는 晉의 宣城內史였던 桓彛이다, 죽은 뒤에 신이 되어 郡을 관할하고 있다"고 했다. 司戶는 돌아와서 그 일을 사람들에게 말했다.[22]

이는 桓彛가 宣州의 內史일 때에 선정을 베풀어 백성들의 존경을 받았기에 그의 사후 사람들이 그를 기념해서 宣城지역의 死後世界를 관할하면서 그 지역을 도와줄 것을 기원했음을 보여준다. 이처럼 생시에 존경을 받거나 특이한 능력을 지녔다는 인물이 성황신으로 자리하게 되는 일이 차츰 늘어나게 된다. 紹興의 성황신은 龐玉이라는 인물인데 일찍부터 성황신으로 자리했었다. 그는 隋·唐을 거쳐 고위 관직을 지냈다. 특히 越州[소흥]의 總管을 지낼 때에 선정을 베풀어 사후에 백성들이 그를 성황신으로 모시게 되었다고 한다.[23] 天台의 성황신은 屈坦이라는 인물이었다. 그는 삼국시대에 東吳의 尙書伏射였던 屈晃의 아들이었는데 특별한 재주를 지니고 있어서 雲雨를 일으킬 수 있었다. 나중에 어미와 함께 산중에 은거했다고 한다. 당대에 屈氏의 집터에 州의 衙門이 들어서면서 굴단을 성황신으로 받들게 되었다고 한다. 그 성황신은 매우 영험해서 수재나 한발이 있을 때에 기원을 올리면 효과가 있었다고 했다.[24]

모두 생시에 훌륭한 자취를 남긴 관리나 사람들을 도운 업적을 쌓은 인물이 성황신이 되고 있는 것이다. 그러한 인물이 죽은 다음에도 생시와 마찬가지로 사람들을 돕고 보호해 주기를 바라는 사람들의 기원이 그들을 성황신으로 삼게 했다고 하겠다.

---

22) 《太平廣記》 권303. 趙杏根(1993), p. 206에서 재인용.
23) 陸游, 《嘉泰會稽志》; 趙杏根(1993), p. 206.
24) 陳耆卿, 《嘉定赤城志》; 趙杏根(1993), p. 207.

이처럼 실존했던 인물을 성황신으로 하는 현상은 송대에 들어서면서 일반화 한다. 鎭江·慶元·寧國·太平·襄陽·興元·復州·南安·華亭·蕪湖 등 지방의 성황신은 紀信이라는 인물이었다.[25] 그는 漢 高祖인 劉邦의 부하로서 유방이 榮陽에서 項羽에게 포위되었을 때에 유방의 전차를 몰아 楚兵을 유인하자 유방이 그 틈을 타서 탈출했다고 한다. 항우는 속은 것을 알고 기신을 불태워 죽였다.[26] 기신은 목숨을 버려 주군을 구했기 때문에 사람들이 그의 충절을 기려서 성황신으로 모셨다고 한다. 隆興·贛州·袁州·江州·吉州·建昌·臨江·南康 등에서는 灌嬰을 성황신으로 삼았다. 관영은 한 고조의 개국공신이었다. 고조가 죽은 뒤에 呂后가 집권했다가, 呂后가 죽은 뒤에 呂祿 등이 난을 일으키려 하자 관영은 周勃·陳平 등과 함께 진압하고 文帝를 즉위시켰다. 이후 관영은 太尉·丞相 등을 지냈다.[27] 福州·江陰에서는 周苛를 성황신으로 했다. 周苛 역시 유방의 장수였다. 유방이 주가에게 榮陽을 지키게 했는데 楚軍이 함락시키고 주가를 생포했다. 항우는 주가에게 말하기를 "내 장수가 되면 上將軍에 임명하고 萬戶侯에 봉하겠다"고 했는데 주가는 따르지 않았다. 항우가 노해서 그를 삶아 죽였다.[28] 眞州·六合은 英布를 성황신으로 했는데, 영포는 항우의 부장으로서 공을 세워 九江王이 되었다. 뒤에 한에 귀순해서 유방을 도와 천하를 통일하고, 淮南王에 봉해졌다. 유방이 공신을 제거하려 하자 영포는 반란을 일으켰다. 유방이 직접 토벌에 나서게 되었고 영포는 패하여 피살되었다.[29] 和州의 성황신은 范增이었다. 그는 項羽의 謀士로서 이른바 鴻門宴에서 劉邦을 살해하려다 실패한 인물이었다.[30] 襄陽 谷城의 성황신은 蕭何였다. 소하는 한 고조의 개국공신이다.

---

25) 宗力·劉群(1987), p. 200 ;《茶香室四鈔》권20.
26)《史記》권7, 項羽本紀 ; 권8, 高祖本紀.
27)《漢書》권41, 灌嬰傳.
28)《史記》권8, 高祖本紀.
29)《漢書》권34, 黥布傳.
30)《史記》권8, 高祖本紀.

이상에서 본바 擬人化한 성황신은 모두 楚·漢의 쟁패기 내지 漢初의 인물들이다. 그들이 왜 집중적으로 송대에 들어와서 성황신으로 모셔졌는지는 정확히 알 수 없다. 그러나 그들은 모두 자신의 主君이나 社稷에 충성을 다했던 충신이라는 공통점을 지니고 있다. 그리고 어느 정도의 예외는 있지만 대체로 충성스런 자세에도 불구하고 뜻을 펴지 못하고 아쉬운 생을 마친 인물들이었다. 이에서 우리는 송조가 성황신을 관리하면서 왕실에 대한 충성심을 고취하기 위해 의도적으로 추진한 것이 아닌가 추론해 볼 수도 있다.

물론 송대의 성황신이 모두 한초의 인물은 아니었다. 예컨대 蘇州의 성황신은 전국시대의 인물인 春申君이었는데 그는 越로부터 吳지방을 방어한 일이 있었기에 성황신이 되고 있는 것이다.[31] 그리고 興國의 성황신은 弋仲이었다. 그는 後秦의 대장으로서 右丞相을 지냈다. 鄂州의 성황신은 焦明이었는데, 南齊 사람으로 군공을 세운 그의 아들 焦度의 덕으로 성황신이 되었다. 그리고 筠州의 성황신은 智頊이었는데, 唐初에 그 지역 刺史를 지내면서 선정을 베풀고 백성들을 사랑했기에 죽은 뒤에 성황신이 되었다. 그리고 南豊의 游茂洪, 溧水의 白季康, 新昌의 盧某 등도 모두 唐代에 그 지역의 縣令을 지냈던 인물이었다. 안휘 舒城의 성황신은 송대 관료였던 龍舒였는데 그는 그 지방의 관리로서 선정을 베풀었다고 한다. 그리고 邕州의 성황신은 蘇緘이었는데 그는 옹주에 외적이 침입하자 성을 끝까지 지키다가 자살한 인물이었다. 順昌의 성황신은 巡檢司 軍校을 지낸 范旺이라는 인물이었다. 그는 반란을 막다가 처자와 함께 죽었다.[32] 이러한 경우는 대부분 지방관으로서 그 지방을 방위하는 데에 공을 세우거나 선정을 베푼 경우로서 성황신 본래의 성격에 부합한다 하겠다.

이처럼 광범하게 실존했던 인물이 성황신으로 받들어지는 전통은 명대에 들어서면서 억제된다. 뒤에 볼 바처럼 성황신像을 모두 철거

---

31) 《史記》 권78, 春申君列傳.
32) 趙杏根(1993), pp. 218~220.

하고 단순히 "某府某州某縣城隍之神"이라고 쓴 木主로 대신하게 한
다.[33] 그러나 擬人化의 전통은 명·청대에 걸쳐 완전히 사라지지는 않
는다. 국가가 본격적으로 관리하기 시작한 이후에도 뿌리 깊은 민간
의 전통은 그대로 이어져 왔던 것이다. 예컨대 항주의 성황신은 명
太祖·成祖에 걸쳐 고위 관직을 지낸 周新이라는 인물로서 강직한 관
리였는데 모함을 받아 죽은 뒤에 성황신이 되었고, 丁紹周는 항주의
또다른 성황신인바 그는 淸 同治연간에 浙江省의 學政을 지낸 인물
이었다.[34] 陝西省 褒城縣의 성황신은 秀才 출신인 錢桂芳이었고, 廉州
의 성황신은 知府를 지낸 蔣昊였고, 嘉定縣의 성황신은 知縣을 지낸
陸隴其였다. 청말 복건성의 경우 浙江水師提督을 지낸 余步雲이 성황
신이 되고 있다.[35] 명·청대 이후의 성황신의 경우 대부분 먼 역사 시
대의 인물보다는 가까운 시기에 공로를 세운 경우가 대부분이다. 이
런 추세는 蘇州府의 성황신이 상징적으로 보여준다. 처음에는 康熙연
간에 江蘇巡撫를 지낸 湯斌이 성황신이 되었다가 巡撫를 지낸 陳宏
謀와 昊壇繼가 차례로 뒤를 잇다가 나중에는 道台를 지낸 顧光旭이,
그리고 陳鶴이 성황신이 되었다. 진학은 嘉慶연간에 진사가 되어 工
部主事를 지낸 인물이니 짧은 기간 동안에 성황신이 네 번씩이나 바
뀌고 있는 것이다.[36]

Ⅳ. 城隍神과 國家權力

성황신은 다른 여타의 민간신과는 달리 국가권력과 밀접한 관계를
맺어 왔다. 위에서 보았듯이 성황신은 원래 고을이나 도시의 수호신

33) 《明史》 권49, 禮志 3, 城隍.
34) 兪越, 《右台仙館筆記》 권16 ; 趙杏根(1993), p. 219.
35) 施鴻保, 《閩雜記補遺》 권5 ; 徐曉望, 《福建民間信仰源流》(福建教育出版社, 1993),
    p. 399.
36) 趙杏根(1993), pp. 219.

으로 민간의 신앙 대상이 되어 왔다. 외적의 침입이나 자연재해로부터 고을을 수호하고 안녕을 보장하는 기능을 수행하는 것으로 믿어왔기 때문에 지방관들은 일찍부터 성황신앙에 관심을 기울여 왔다. 그리고 주민들의 의식세계에서 중요한 몫을 차지하는 성황신앙은 국가권력이나 관료로서는 통치의 수단으로 이용할 수도 있었다. 특히 성황신의 관할 영역이 도시를 중심으로 했기 때문에 행정단위와 일치했던 점이 중요하게 작용하기도 했다.

1. 城隍神과 封號

성황신과 국가권력의 관계를 가장 잘 보여주는 것은 성황신이 일찍부터 국가로부터 封號를 받아 왔다는 점이다. 華州의 성황신은 濟安侯였는데, 唐 昭宗 光化 元年에 암살을 모면케 한 공로가 있다 해서 봉호를 받게 되었던 것이다. 이런 전통은 五代 이후 전국에 걸쳐 광범하게 실시되어, 王·公·侯·將軍·使者·神 등으로 광범하게 봉호를 받게 되었다. 예컨대 杭州의 城隍神은 後唐 淸泰 元年 11월에 順義保寧王으로 開封되고 있는데, 이는 앞서서 이미 王에 봉해져 있었음을 뜻한다. 湖州의 城隍神은 阜俗安成王에 봉해졌다. 越州의 성황신은 後梁 開平초에 崇福侯에 봉해졌고, 湖州의 성황신이 阜俗安成王에 봉해짐과 동시에 興德保闉王에 봉해섰나. 그리고 蒙州의 성황신은 後漢 乾祐 3년 8월에 靈感王에 봉해졌다. 이 밖에 왕호를 지닌 성황신은 鄂州의 城隍王 또는 萬勝鎭安王, 昭州 立山縣의 靈感王, 臨安縣의 覇國侯·王, 興國縣의 高陵王, 筠州의 新昌鹽城王, 潭州의 定湘王, 泉州의 明烈王, 隆興·安慶·益陽·蕪湖 등의 輔德王, 그리고 撫州·黃州·復州·南安·臨江 등의 顯忠輔德王 등이 있다. 그리고 公·侯에 봉해진 경우는 襄陽의 保漢公, 處州의 仙都侯, 處州 龍泉縣의 廣順侯, 越州 蕭山縣의 崇福侯, 溫州의 富俗侯, 錢塘縣의 安邑侯가 있고, 장군의 봉호를 받은 경우는 潼州의 興元安平將軍, 漢州의 彭州安福將軍을 들 수 있고, 廣州의 성황신은 羊城使者, 邛州 大邑縣의 성황신은 安靜神으

로 불리었다.[37]

이처럼 성황신에 봉호를 내리는 전통은 송대에 그대로 이어져 한 층 강화되었다. 예컨대 首都인 開封의 성황신은 처음에는 廣祐公에 봉해졌다가 나중에는 祐聖王이 되었으며, 궁중의 성황신은 昭旣侯에 봉해졌다가 나중에 公으로 進封되었다. 臨安府의 성황신은 南宋 紹興 30년에 保順通惠侯에 봉해졌다가, 남송 말에 다시 顯正康濟王에 봉해 졌고, 紹興府의 성황신은 昭順靈濟孚祐忠應王이라는 장황한 봉호를 지녔다. 이 밖에 왕호를 받은 경우를 보면, 臺州府의 順利顯應王, 筠 州의 靈佑順應顯正王이 있고, 侯에 봉해진 경우는 吉州의 威顯英烈 侯, 袁州의 靈惠侯, 濠州의 靈助侯, 建寧의 福應惠寧侯가 있고, 溧水 (廣惠侯), 惠安(靈安昭祐侯), 邵武(순제순순후), 泰寧(靖惠孚濟侯), 韶州(善 祐侯), 成州(英祐侯), 開德(感聖侯), 解州(鎭寶侯) 등의 성황신이 모두 侯 에 봉해졌다. 그리고 拱州의 성황신은 惠烈夫人에 봉해져서 그 성황 신이 여성신임을 보여주고 있다.[38]

元代에는 국도에 성황묘를 건축하고 성황신을 모셔 국가의 수호신 으로 삼았다. 世祖 至元 5년 5월에 上都에 성황묘를 세웠다. 7년에 大都에 비로소 사당을 세우고 성황신을 祐聖王에 봉했다. 文宗 天歷 2년 8월에 (성황)왕과 부인에게 '護國保靈'이라는 봉호를 더했다.[39]

이는 국가 단위의 성황신이 출현했음을 말한다. 송대에는 북송의 東京, 남송의 臨安에 모두 城隍祠가 있기는 했지만 모두 그 도시의 성황신을 모시는 것이었을 뿐 국가의 성황신은 출현하지 않았던 것 이다.[40]

그리고 명대에 들어서면 뒤에 볼 바처럼, 일부 왕호가 내려진 것을 제외하고는 전국의 府·州·縣에 각각 '鑒察司民城隍威靈公' '鑒察司民

---

37) 趙杏根(1993), pp. 204~205.
38) 趙杏根(1993), pp. 205~206.
39) 《續文獻通考》, 群祀考 3.
40) Gernet, Jacqes, *Daily life in China on the Eve of the Mongol Invation, 1250 ~1276*(Stanford Univ. Press, 1962), p. 203.

城隍靈佑公'‘鑒察司民城隍顯佑伯'등의 봉호가 일괄적으로 내려지기
도 했다. 나아가서 ‘某府某州某縣城隍之神'의 형식으로 바뀌게 된다.

　물론 황제가 성황신에게 봉호를 내리는 것은 오랜 전통이거니와
그 내용을 살펴보면 성황신에 대한 국가권력의 자세와 인식이 시간
이 감에 따라 바뀌어 왔음을 엿볼 수 있다. 처음에는 마치 군공을 세
운 신하에게 내려진 봉호처럼 城市의 보위를 뜻하는 내용이 주류를
이루다가 송대에 이르러서는 신비적이고 포괄적인 보호와 도움을 뜻
하는 내용으로 바뀌고 있다. 그리고 명대에 이르러서는 백성들을 지
배·감찰하는 성격의 칭호로 바뀌고, 마침내는 지방행정 단위가 명시
된 뚜렷한 칭호를 지니게 되어 마치 지방관과 유사한 위치를 점하게
되는 것이다. 성황신 원래의 성격대로라면 ‘忠佑'‘靈護'등의 봉호가
주류를 이루는 것이 당연한 것인데 모두 사라지고 이제 지금까지 없
던 ‘鑒察司民'이 대신하게 된 것이다.

　이처럼 봉호가 내려짐과 아울러 성황신의 사당에는 扁額이 하사되
었다. 편액의 하사는 일찍부터 시작되었지만, 본격적으로 이루어진
것은 성황신앙이 차츰 국가의 관리하에 놓이게 된 송대부터이다. 紹
興府의 사당에 ‘顯寧,' 開封과 吉州의 사당에는 ‘靈護,' 袁州의 사당에
는 ‘顯忠,' 泰寧의 사당에는 ‘廣惠'라는 편액이 하사되었다. 이 밖에
모든 사당에 편액이 하사되었는데, 대부분 해당 지역의 안녕과 국가
에 대한 충성, 백성들에 대한 加護를 기원하는 내용이었다. 이는 당
연한 것이지만 성황신에 내려진 봉호와 동일한 의미의 편액이 내려
졌음을 뜻한다.

2. 城隍神과 관료조직

　위에서 보았듯이 성황신은 城市의 보호, 재해 방지, 도덕과 정의의
수호, 인간의 壽命을 담당하는 것으로 여겨졌던 바, 이 가운데 수명
을 담당하는 역할을 제외하면 지방관료들의 업무와 거의 일치한다.
물론 천연재해의 경우 불가항력적인 것이 대부분이지만, 그래도 전국

적으로는 천자나 중앙관료가, 그리고 지역적으로는 해당 지역의 지방
관이 책임을 져야 하는 문제였다. 결국 각 지방 성황신의 역할은 그
지방의 모든 문제에 걸쳐 있어서 이른바 父母官인 지방관의 그것과
동일했던 것이다.

송대 이후 성황신에 대한 제사가 국가의 공식 제사가 되었음은 위
에서 보았거니와 특히 명대에는 국가에서 본격적으로 성황신앙을 관
리하게 되었고, 성황신앙을 통치 내지 행정의 수단으로 이용코자 하
였다. 명대의 관리들은 지방에 부임하게 되면 성황신에게 제사를 올
리고 서약을 해서 성황신과 약속을 하는 의식을 치렀다.

이 사람은 명을 받아 관직에 임하여 人間事를 담당하고 神에 대한 제사
를 주관하게 되었다. 이제 신을 뵈옵고 특별히 서약을 하는 바이니 신께서
는 冥界를 맡으셔서 음양이 표리를 이루도록 하여 만일 내가 政事에 미비
한 점이 있으면 신께서 도와주기를 바란다. 그리하여 나의 행정과 업무가
잘 되어 백성들이 평안토록 해 줄 것을 바란다. 내가 만일 政事를 게을리
하거나 탐학을 행하여 부하들을 해치고 백성들을 괴롭힌다면 신께서는 재
앙을 내리시라. 삼가 제사를 올리는바 신께서는 굽어 살피시라.[41]

제도에 따르면 관리들은 부임하는 날에 반드시 먼저 제사를 올려 성황
신과 맹세를 한 다음에 비로소 업무를 보기 시작한다. 백성들이 관리가 특
히 거짓과 나쁜 짓을 저지르는 것을 보게 되면 모두 성황신 묘우에 가서
속 마음을 마구 털어놓는다. 그러면 관리들이 참회하게 된다.[42]

이에서 알 수 있는 것은 성황신은 지방관이 업무를 잘 수행할 수
있도록 도와주는 보호자·후원자이면서 동시에 관리들을 감시하는 존
재로 인식되고 있었다는 것이다. 성황신에게 봉호가 내려지고 사당에
편액이 하사되는 것은 성황신앙이 국가의 관리 아래 놓이게 되었음
을 뜻하고, 아울러 성황신이 천자의 신하처럼 간주되기도 했음을 보
여 준다.

---

41) 乾隆《龍岩州志》권4, 壇廟.
42) 陳兆聲, 〈新建南平城隍祠碑銘〉, 《南平縣志》권21. 徐曉望(1993), p. 398에서 재인용.

물론 성황신은 어디까지나 신일 뿐 관리는 아니었다. 그리고 성황신에게 명령을 내릴 수 있는 것은 上帝이지 天子는 아니었던 것이다. 그러나 성황신의 관할 지역은 지방관의 관할 지역과 일치하며 그 지역의 神靈세계를 주관하여 질서와 안녕을 보장하는 역할을 하는 것으로 인식되었다. 그들의 직책은 그 지역 지방관과 마찬가지로 상급자의 명령을 수행하고, 지방민의 생명과 이익이 침해당하지 않도록 노력하는 것이었다. 송대 洪邁의 《夷堅志》에는 성황신과 관련한 설화가 많이 수록되어 있는데, 대체로 어느 지역의 사악한 귀신이나 도깨비가 사람들을 해치면 성황신이 그 귀신을 내쫓고 처벌하고 있다. 또 평시에 착하게 처신한 사람을 화재 등 재앙으로부터 구해 주기도 한다. 이러한 성황신의 역할은 모두 上帝의 지휘 아래 이루어지고 있고, 관리들이 담당하는 일반적인 업무와는 다른 초자연적이고 신비적인 영역에 책임을 진다. 따라서 대부분의 사람들이 영적인 영역의 존재와 초자연적인 현상을 믿고 있는 환경 아래서 성황신은 뚜렷한 위상을 차지할 수 있었던 것이다. 관리들은 자신들의 능력으로 해결할 수 없다고 믿어지는 현상에 대해서 성황신의 도움을 필요로 했던 것이고, 경우에 따라서는 성황신에 대한 사람들의 믿음을 이용하기도 했던 것이다. 이 점은 明初에 각 지역의 성황신에 내린 봉호에서도 확인된다. 새로이 왕조를 창건한 이후 다양한 제도 개혁을 실시하는 과정에서 오랜 기간을 거쳐 전국의 성황신에게 내려진 기존의 봉작을 모두 폐지하고 전국의 성황신에 대해 일괄적으로 봉호를 내리게 되는데, 수도의 성황신은 '承天鑑國司民升福明靈王'에 봉하고, 開封·臨濠·太平·和州·滁州의 성황신에도 왕호를 내렸다. 그리고 전국 府의 성황신은 正2品의 '鑑察司民城隍威靈公'에 봉하고, 州의 성황신은 3品의 '鑑察司民城隍靈佑公'에, 縣의 성황신에 대해서는 4품의 '鑑察司民城隍顯佑伯'에 봉했다. 이에서 보이는 '鑑察司民'은 관리들의 역할과 동일한 것이다. 이 조치는 洪武 2년에 이루어졌거니와, 홍무 3년에는 성황신의 위상을 지방관의 그것에 한층 접근시키는 조치가 이루어졌다. 모든 성황신의 봉호를 일괄 폐지하고, '某府某州某縣城隍之神'이라고 부르도록 한 것이다.[43] 그리고 성황신묘의 규모는 당해 지방 관청의 관아에 맞추도록 했다. '公座' '机案' '筆硯' 등도 수령의 것에 맞추어서 비치토록 하고 매년 춘추에 제사를 올리도록 했다.[44]

그때까지 각지의 성황신에게 내려진 '威靈公' '靈佑公' '顯佑伯' 등의 봉호를 폐지한 것은 神格을 저하시킨 것으로도 보이지만, 실은 신비적·포괄적 성격을 배제하고 한층 더 성격을 명확히 한 것이라고 보아야 할 것이다. 실제로 성황신의 기능은 이미 '鑑察司民'에 있었고, 祈願的 의미가 강한 '靈佑' 따위의 작호는 별로 큰 의미를 갖지 못하게 되었던 것이다. 바꾸어 말하면 성황신의 역할이 지방관의 역할과 동일한 성격을 지니게 된 것이다. 그리고 관할 지역을 확실히 하고, 祠堂의 구조와 배치를 관아의 그것과 동일하게 함으로써 현실세계에 한층 더 가까이 접근시키고 있는 셈이다. 전국의 모든 府·州·縣에 知府·知州·知縣이라는 행정 책임자가 있듯이 모든 행정단위마다 성황신이 있게 되었고, 행정구역이 늘어나거나 줄어들거나 하면 그에 따라 새로이 성황신이 늘어나거나 줄어들었다. 마치 황제가 지방행정과 지방관을 통괄하는 것과 동일한 논리로 성황신 내지 성황신앙을 관리하게 되었음을 뜻하는 것이다. 그러한 의도는 홍무 20년에 北京의 성황묘를 개축하면서 太祖가 내린 조서에서도 확인된다. "백성들의 善惡을 감찰해서 禍와 福을 내림으로써 (악행을 범한 사람은) 幽明의 영역 어디에서도 요행스레 모면하는 일이 없도록 한다"고 한 것이 바로 그것인데, 국가권력이 민간에 광범하게 퍼져 있는 신앙을 이용해서 백성들을 통제하고자 하는 의도를 잘 보여준다고 하겠다.[45] 실제로 명·청대의 성황신은 본래의 기능인 한발·수재·질병을 막아주는 역할을 수행함은 물론 지방관의 재판 업무를 도와주는 것

---

43) 《明史》 권49, 禮志 3, 城隍.
44) 乾隆 《德化縣志》 권8, 廟祀.
45) 趙杏根(1993), p. 212.

으로 인식되었다.

縣民인 陳福이 원한을 지니고 田主인 王益讓을 죽였다. 심문을 했으나 자백을 하지 않았다. 邑令 庄成이 목욕재계를 하고 성황신에게 고했다. 다음날 범인을 데리고 묘에 가서 다시 심문하자, 冤鬼가 범인의 처인 황씨에게 붙어서 그의 남편에 대해 증언하고 凶器도 가리켰다. 진복이 머리를 숙이고 말을 못했다. 사건이 마침내 매듭지어졌다.[46]

이런 설화는 地方志에 흔히 보인다. 특히 선정을 베푼 관리를 칭송하는 과정에서 성황신의 도움을 받았다고 기록함으로써, 이른바 ‘天人相應’ ‘天佑神助’의 관념을 이용해서 성황신이 차지하는 위치를 확인해 주고 있는 것이다.

V. 맺음말

이상에서 중국 성황신의 기원과 성황신앙의 몇 가지 모습에 대해서 개관하였다. 원래 성황신은 도시의 안녕과 사람들의 생명을 보호해 주는 신이었으나 시간이 가면서 그 역할의 범위가 넓어졌다. 중국에서는 일찍부터 국가운영과 관련해서 왕권이 직접 관리하는 신앙을 포함해서 수많은 민간신앙이 발전해 왔다. 그러나 보통의 자연신의 경우 극히 애매한 祈願의 대상이었고, 竈神·財神·門神·文昌神처럼 대부분의 신이 특정한 관할 분야를 지니고 있었던 데 비해 성황신은 인간생활의 거의 모든 분야를 포괄적으로 관장하는 것으로 여겨졌던 것이다. 자연재해와 질병을 막아주고, 인간의 수명을 관장하고, 인간의 禍福, 나아가서는 勸善懲惡의 역할을 하는 것으로 인식되게 되었다. 이러한 성황신의 모습은 마치 관할구역 안의 모든 문제에 대해

---

46) 乾隆 《安溪縣志》 권10. 徐曉望(1993), p. 400에서 재인용.

전면적인 권한과 책임을 지닌 지방의 수령과 동일하였다.

　이러한 점이 송대 이후 국가에서 성황신앙을 공식적으로 관리하게 되고, 명대에 이르러서는 전국에 걸쳐 일괄적으로 城隍神의 祠堂을 설치한 배경이라 하겠다. 수도에 있는 성황신은 전국의 府·州·縣의 성황신을 통괄하는 지위에 있게 된다. 명시적이지는 않지만 마치 황제가 전국의 관리들을 지휘하는 것과 동일한 구조를 지니게 되었던 것이다. 그리고 국가는 민간에 광범한 영향력을 지녔던 성황신앙을 국가의 통치에 이용코자 한 것이다. 이렇게 볼 때, 성황신이 전통시대 중국 민중에게 가장 친근한 신이면서 동시에 국가권력에게도 가장 중요한 신의 하나였음은 자연스럽다 하겠다.

　청대 이후 국가관리가 느슨해졌고, 근대 이후에는 모든 민간신앙이 국가권력과 관계를 맺지 않게 되었지만, 오랜 전통을 지닌 성황신앙은 오늘에도 소멸되지 않고 이어지고 있음은 현지에서도 쉽게 확인된다. 이 점에서 성황신앙에 대한 심층적인 이해는 전통시대 민중의 인식세계는 물론 오늘의 중국사회를 이해하는 데에도 필요한 것이다. 그리고 이 글은 원래 우리의 성황신앙과 중국의 그것에 대한 비교사적 관심에서 출발했다. 우리의 성황신앙과 성황당이 중국의 성황신앙과 어떤 관계에 있는지는 불분명하다. 중국의 성황신앙이 전래되어 토착화한 것인지, 아니면 우리 고유의 민간신앙이 한자를 매개로 해서 城隍神, 城隍堂 등으로 표기된 것인지는 단언하기 어렵다. 이에 우선 중국의 성황신앙에 대한 기초적 이해가 필요함을 느껴서 기초적 정리를 시도하게 된 것이다. 앞으로 민속학적인 시각이 가미된 세밀한 추적이 이루어진다면 성황신앙 연구와 관련해서도 유용할 것이라 생각된다.

구육(定宗)과 그의 時代*

金 浩 東**

Ⅰ. 問題의 所在 ─ 구육의 歷史像

1241년 冬11月 몽골제국의 제2대 군주인 우구데이(Ögödei)가 죽은 뒤 거의 4년 반에 이르는 皇后 투레게네(Töregene)의 監國期를 거쳐 1246년 秋7月 그의 長子인 구육(Güyük)이 즉위하였다. 그러나 그는 1248년 春3月 쿰 셍기르(Qum Senggir, 橫相乙兒)[1]라는 곳에서 41세의 나이로 急死함으로써, 그의 在位는 1년 반 남짓한 짧은 기간으로 마감해 버렸다. 따라서 그의 치세가 우구데이에서 뭉케(Möngke)의 치세로 넘어가는 도중에 존재한 해프닝 정도로 여겨져 왔던 것도 그다지 이상한 일은 아니다. 일찍이 魏源은 《元史新編》을 찬술함에 참고할

---

* 이 연구는 서울대학교 발전기금 학술연구비 지원으로 이루어진 것임.
** 서울대학교 동양사학과 교수.

1) 준가르분지의 동북부에 위치한 우룽구(Urunggu)강 상류역. P. Pelliot & L. Hambis, *Histoire des Campagnes de Gengis Khan*, tome 1(Leiden : E. J. Brill, 1951), pp. 315~316 참조.

문헌이 부족하다는 이유로 定宗紀를 별도로 설정하지 않고 구육의 事蹟을 太宗紀 말미에 덧붙인 뒤, "元 성립 이전에는 三宗이 있을 뿐"이라고 斷言했을 정도이다.[2] 蒙元帝國史를 연구하는 학자들도 관심을 두지 않기는 마찬가지여서, 필자의 寡聞인지는 모르겠지만 구육에 대한 專論은 단 1편에 불과할 뿐이다.[3]

그러나 문제는 구육의 治世의 단명함이나 자료의 소략함에서 비롯된 단순한 무관심에 그치는 것이 아니라는 데에 있다. 다시 말해 그는 '중요하지 않을' 뿐 아니라 '무능하고' '못된' 군주라는 평가까지 받고 있다는 사실이다. 구육에 대한 이러한 否定的 歷史像은 몽골제국 시대의 문헌으로까지 그 근원이 소급된다. 구육이 죽은 지 15년도 채 지나지 않아 인도의 한 무슬림 역사가는 그에 대한 詛呪의 言辭를 아끼지 않았고,[4] 이집트의 맘룩(Mamluk)朝 치하에서 1330~1331년 경 씌어진 저술에서도 구육은 "사악하고 독단적이며 전제적이고 포학한 사람이고, 칭기스 일족에게 위압적이고 전제적인 통치를 행한 사람"으로 묘사되어 있다.[5] 저 유명한 《集史》(*Jâmi' al-tavârîkh*)의 저자 라시드 웃 딘(Rashîd al-Dîn)은 구육을 다른 세 명의 카안과는 달리 거만과 허세로 가득찼고 아침부터 저녁까지 술과 여자에 빠져 있으며 불치의 질병에 시달리는 병약한 인간으로 묘사하였고,[6] 주베이

---

2) 《元史新編》(湖南邵陽魏氏愼初堂刊本, 江蘇廣陵古籍刻印社影印, 1990), 권3, 15r.

3) 白拉都格其, 〈貴由汗卽位前前後後〉, 《元史論叢》(元史硏究會編) 第三輯(北京 : 中華書局, 1986), pp. 47~55.

4) Juzjânî, *Ṭabaqât-i nâṣirî*(H. G. Raverty tr., Calcutta, 1881 ; 1970 repr.), vol. 2, p. 1106, p. 1158. 1259~1260년 경 인도의 델리에서 이 책을 저술한 주즈자니가 몽골군주들을 평가한 기준은 오로지 무슬림에 대한 태도 여하였기 때문에, 칭기스 칸이나 뭉케도 그의 저주를 면하지 못한 것은 마찬가지였다. 반면 그는 무슬림에 대해 호의적인 태도를 보였던 우구데이에 대해서는 '극도로 관용스러웠고 훌륭한 성격을 지닌 무슬림의 벗'이라고 칭찬을 아끼지 않았다.

5) Al-'Umarî의 *Masâlik al-abṣâr fî mamâlik al-amṣâr*(K.Lech의 역주본, *Das mongolische Weltreich*, Wiesbaden : Otto Harrassowitz, 1968), p. 100.

6) J. A. Boyle의 번역본(*The Successors of Genghis Khan*, New York, 1971), pp. 187~188. Boyle의 번역은 E.Blochet의 刊本을 底本으로 삼은 것인데, 현재까지 最良의 寫本으로 알려진 Istanbul의 *Topkapi Saray*(Revan Köşkü 1518) 筆寫本(이하 Rashîd/RK로 略稱)에는 이 부분이 缺落되어 있다. V. V. Barthold가 *Turkestan*

니(Juvaynî)도 《世界征服者의 歷史》(이하 《征服者史》로 略稱)에서 구육 개인을 지목하지는 않았으나, 우구데이 사후 政事가 正道에서 벗어나 暴政이 자리잡게 되었다고 하였다.[7]

明初의 史家들이 구육을 元朝의 皇帝의 班列에서 제외할 정도는 아니었지만 구육을 貶下하는 데에서는 무슬림들에 뒤지지 않았다. 《元史》의 撰者들은 카안들의 事蹟을 기술한 本紀의 말미에 간략한 人物評을 덧붙였는데, 太祖 칭기스칸에 대해서는 "깊고도 웅대한 전략을 갖고 군대를 부리는 것이 마치 神과 같았다"고 하였고, 太宗 우구데이에 대해서는 "넓은 아량과 너그러운 마음을 갖고, 때를 헤아리고 힘을 살펴서 행동함에 지나침이 없었으며, 華夏가 풍요로워지고 羊馬가 무리를 이루어 여행할 때에도 양식을 쌀 필요가 없었으니 당시 治平이라 하였다"고 하였다. 憲宗 뭉케에 대해서도 "剛明雄毅하였고 신중하고 말수가 적었으며, 잔치와 음주를 즐기지 않았고 사치하는 것도 좋아하지 않았다"고 논평하였다. 그러나 定宗 구육에 대해서만은 개인적인 인물평을 생략한 채 자연적인 재해, 지배층의 무도함, 경제적인 어려움만을 특기한 뒤 "壬寅(1242년, 즉 우구데이가 사망한 다음해) 이래로 法度가 문란하게 되고 內外의 마음이 갈라지니 太宗의 정치가 쇠퇴하게 되었다"라고 하였다.[8]

몽골인들 자신의 손에 의해 씌어진 《元朝秘史》 277절(이하 《秘史》로 약칭)도 구육에 대한 이러한 東·西의 일지된 비난에 가세하고 있다. 이 글은 구육의 父王인 우구데이의 입을 빌어 그를 "이 뇌동하기 좋아하는 놈," "겨우 새끼 염소의 종아리에 불과한 노획물을 갖고 대장

down to the Mongol Invasion(1928 ; 4th ed., Philadelphia : Porcupine Press, 1977), p. 476에서 구육을 평가하는 내용도 대체로 이에 근거한 것이다.

7) Juvaynî/Qazvînî, vol.3, p. 13 ; Juvaynî/Boyle, vol.2, p. 556. 주베이니가 저술한 《世界征服者의 歷史》(*Târîkh-i Jahân-gushâî*)는 E. J. W. Gibb Memorial Series로 출간된 Muḥammad Qazvînî의 교정본(3 vols., Leiden : E. J. Brill, 1912~1937)과 Boyle의 번역본(*The History of the World-Conqueror*, 2 vols., Cambridge, Mass. : Harvard University Press, 1958)을 이용하였다.

8) 《元史》(中華書局 標點本), p. 25, p. 37, pp. 39~40, p. 54.

부 행세를 하며, 한 번 집을 떠나 무슨 대단한 일이라도 혼자서 해낸 듯이 언성을 높이며 왔다"고 하면서 매도하였다.[9]

이렇게 볼 때 동서양의 모든 자료들이 구육을 비난하고 매도하는 데에 일치하는 듯하다. 그러나 우리는 구육을 긍정적으로 평가한 사료들도 있다는 사실에 주목할 필요가 있다. 아르메니아 아칸츠의 그리고르(Grigor of Akanc)는 구육을 "매우 親기독교적이며 有德한 사람"이고 그래서 백성들로부터 'Sayin Ґan(몽골어로 '좋은 군주'라는 뜻)'이라는 이름으로 불린다고 기록한 바 있고,[10] 교황 인노센트 4세에 의해 몽골로 파견되어 1246년 여름 때마침 개최된 구육의 즉위식을 목도하고 구육과 면담의 기회까지 가질 수 있었던 카르피니(Plano Carpini)도

> 지금의 황제는 마흔이나 마흔 다섯 또는 그 이상으로 보인다. 그는 중키에 매우 지적이고 아주 영민하며, 그 태도는 극도로 심각하고 신중하다. 그는 하찮은 이유로 웃는 적이 결코 없으며 어떤 유희에도 빠지지 않는다. 이것이 그와 항상 함께 지내는 기독교도들로부터 우리가 들은 이야기이다[11]

라고 적었다.

《征服者史》를 저술한 주베이니 역시 구육 사후 그의 미망인 오굴 가이미시(Oghul Ghaimish)가 섭정할 때인 1249년과 뭉케가 즉위한 다음해인 1251년, 두 차례에 걸쳐 몽골을 직접 방문하여 자신의 견문을 기록으로 남겼는데, 구육을 다음과 같이 묘사하였다.

---

9) 이 글에서 《秘史》의 인용은 柳元秀의 《몽골비사》(혜안, 1994)를 따랐으나 의미를 보다 정확하게 전달하기 위해 표현을 바꾼 부분도 있음을 밝혀둔다.

10) R. P. Blake & R. N. Frye tr., "History of the Nations of the Archers (the Mongols) by Grigor of Akanc," *Harvard Journal of Asiatic Studies*, vol.12, no.3-4(1949), pp. 313~315.

11) C. Dawson, *Mission to Asia*(London, 1955 ; University of Toronto Press, 1966 repr.), p. 68.

　구육은 (남을 제압하는) 힘과 폭력, 대담함과 위압력에서 (우구데이) 카안의 (다른) 아들들보다 유명하였고, 형제들 가운데 맏이었으며, 어려운 일의 경험에서도 앞섰고 기쁨과 고통도 겪었다.[12]

　이처럼 사료에 나타난 구육의 歷史像은 극도로 대조적인 모습을 지니고 있다. 하나는 무책임하고 무능하며 술과 여자에 찌든 병든 지도자로 그려졌고, 다른 하나는 남을 압도하는 강한 인상을 주면서도 신중하고 근엄한 군주로 묘사되었다. 지금 우리가 이 둘 중에서 어느 쪽이 더 진실에 가까웠는지를 판단하는 것은 어려운 일이다. 다만 주의해야 할 점은 그의 부정적인 측면을 강조한 자료들은 대부분 元朝와 일한국을 지배한 톨루이 가문이나 킵착한국을 지배한 주치 가문의 정치적 입장을 반영한 것인 반면, 그러한 입장과 무관할 수 있었던 자료들에는 그의 긍정적인 측면이 언급되어 있다는 사실이다. 톨루이 가문의 훌레구 아래에서 고관을 지냈던 주베이니도 그러한 입장을 무시할 수 있었던 것은 아니었다. 그러나 후일 라시드 웃 딘의 저술과 비교해 볼 때 그의 기록은 직접적인 관찰과 견문에 기초한 것이어서 사실에 매우 근접해 있을 뿐 아니라 톨루이 가문의 관점이 하나의 '이데올로기'로 확립되기 전에 집필된 가치중립적 특징이 눈에 띈다.[13] 그러나 후일의 역사가들은 대체로 부정적인 평가에 동조하였다. 그것은 몽골제국사 연구에 있어 3대 史料라고 해도 과언이 아닌 《集史》《元史》《秘史》가 모두 구육을 비난하고 있고 이들을 이용하여 연구하는 학자들이 그 영향을 받지 않기란 어려운 일이기 때문이다.[14]

---

12) Juvaynî/Qazvînî, p. 207 ; Juvaynî/Boyle, p. 251.
13) 몽골치하의 무슬림 관리이면서 동시에 이슬람세계를 파괴한 몽골의 침입을 서술해야 했던 그의 착잡한 입장에 대해서는 Boyle의 *The History of the World-Conqueror*, vol.1의 서론(xxix~xxxv)을 참고하시오.
14) 가장 고전적인 동서양의 두 예를 들어 보면 D'Ohsson, *Histoire des Mongols* [佐口透 譯, 《モンゴル帝國史》, vol.2 (東京 : 平凡社, 1968)], p. 257 ; 何紹忞, 《新元史》(中國書店 影印, 1988), 권5, p. 27.

돌이켜볼 때 元朝 成立 이전 몽골제국사에서 구육이 죽고 뭉케가
즉위한 것은 단순히 카안의 자리가 우구데이 가문에서 톨루이 가문
으로 옮겨간 것에 그친 것이 아니라 그 이후의 역사전개에 커다란
흐름을 바꾸어 놓은 사건이었다. 우선 뭉케의 즉위에 결정적인 기여
를 한 바투가 킵착초원에서 실질적인 독립을 획득하게 되었다. 또한
뭉케는 자기 동생인 훌레구(Hülegü)와 쿠빌라이(Qubilai)를 서아시아와
북중국 원정의 총책임자로 임명하여 보냄으로써 톨루이 가문의 세력
을 강화하려고 하였고, 이는 결국 톨루이 일족이 통치자로 군림하는
일汗國과 元朝를 성립시키는 계기가 되었다.

마지막으로 뭉케에 반대했던 우구데이 가문과 차가다이 가문은
잔혹하고 철저한 피의 숙청으로 심대한 타격을 받고 제국의 中樞에
서 소외되었다. 그러나 후일 그들은 다시 우구데이의 손자인 카이
두(Qaidu)의 '反亂'을 통해 反쿠빌라이의 기치 아래 연합하여 元朝와
거의 40년 동안 전쟁을 벌임으로써 몽골제국의 분열을 심화시키는
결과를 낳았다. 이렇게 볼 때 뭉케의 즉위, 즉 우구데이 가문에서
톨루이 가문으로 帝位의 이행은 칭기스칸에 의해 건립되고 우구데
이와 구육의 시대까지 유지되던 제국의 통일적 체제가 무너지고
이를 대신하는 분열적 체제의 序幕을 올리는 사건이었다고 할 수
있다.

그런데 톨루이 가문으로의 집권 배경에 대한 기존의 설명은 대체
로 바투의 지지에 맞추어져 있다. 즉 바투가 一族의 長者(aqa)로서 자
신의 군사력을 배경으로 뭉케를 지지한 것이 결정적이었으며, 바투가
뭉케를 지원한 까닭은 그가 킵착원정 도중 구육과 다투어 구육과의
관계가 극도로 나빴고 그래서 구육 일족(또는 우구데이 가문)의 집권을
기피하려고 했기 때문이라는 것이다. 이 밖에 뭉케가 지닌 군주로서
의 '資質,' 그의 모친인 소르칵타니 베키(Sorqaqtani Beki)의 '賢明함'
등이 뭉케 즉위의 요인들로 지적되기도 한다.[15]

필자도 바투의 지지가 뭉케의 집권에 결정적이었다는 데에는 전혀

이의를 달고 싶지 않다. 다만 구육 사후 바투는 그렇다고 하더라도 나머지 대다수의 몽골 諸王·大將들은 왜 뭉케를 지지했을까 하는 의문을 가질 수 있다. 물론 바투가 일족의 '長者'였고 그의 휘하에는 상당한 병력이 있었던 것이 사실이지만, '長者'의 권위가 항상 존중되었던 것도 아니요 바투 휘하의 군대도 제국 전체 可用兵力의 일부에 불과한 것이었다. 과연 다른 귀족들이 자신의 이해가 바투와 상치되었더라도 그의 의견을 따랐을까. 바투의 압력을 받기에는 지리적으로 멀리 떨어져 있던 左翼의 諸王들은 무엇 때문에 뭉케를 지지한 것일까. 이러한 의문을 해결하기 위해서는 구육(또는 우구데이 가문)과 몽골 귀족층과의 관계를 살펴보지 않을 수 없으며, 그것은 구육의 시대에 대한 재검토를 요하는 것이다.

그러나 무엇보다도 앞에서도 지적했듯이 구육과 그의 시대는 역사의 승리자인 톨루이 가문의 이데올로기에 의해 형성되고 계승된 '통념'에 의해 채색되어 있기 때문에 이러한 '통념'의 옳고 그름을 다시 문제삼는 데에서부터 출발해야 할 것이다. 즉 킵착원정 때 바투와 구육의 불화, 구육의 즉위, 그의 통치내용, 그리고 급작스런 죽음에 이르기까지 일련의 사건들에 대한 기존의 '통념'에 물음을 던져야 하며, 이는 앞서 열거한 三大史料에 반영된 톨루이 가문의 이데올로기를 걷어내는 史料批判과 병행하지 않으면 안될 것이다. 이 글은 비록 단편적인 기록들에 불과하지만 그것을 비판적으로 활용하여 구육과 그의 시대의 성격을 재조명함으로써 우구데이 가문의 몰락과 톨루이 가문의 집권의 역사적 의미를 밝혀 보고자 한다.

---

15) R. Grousset, *Empire of the Steppes*, tr. by N.Walford(New Bruswick, 1970), p. 274 ; 韓儒林 主編, 《元朝史》 上冊(人民出版社, 1986), p. 199 ; 杉山正明, 《大モンゴルの世界》(東京 : 角川書店, 1992), pp. 143~144 등 참조.

Ⅱ. 킵착·러시아 遠征

우구데이가 1234~1235년 킵착초원과 러시아를 정복하기 위해 보낸 몽골연합군은 볼가강 유역의 유목집단인 불가르와 킵착을 경략하고 키예프를 비롯한 러시아의 수많은 도시들을 정복한 뒤, 1241년 봄에는 역사상 유명한 리그니츠(Liegnitz) 전투에서 서구연합군을 격파하였다. 주지하듯이 이 원정 도중에 바투와 구육이 서로 다투어 결국 양자가 대립하게 되었고 구육이 죽은 뒤 바투는 구육일족의 집권을 반대하고 뭉케를 지지하게 되었다고 알려져 있다. 말하자면 바투와 구육의 다툼이 우구데이 가문과 톨루이 가문의 명암을 갈라놓는 端初가 되는 사건인 셈이기 때문에, 우선 여기서는 킵착원정에서 과연 어떤 문제가 생겼는지에 대해 살펴볼 필요가 있다.

이 양인의 충돌에 대해 주베이니는 아무런 언급도 없지만, 라시드 웃 딘은 《集史》에서 바투가 우구데이 사후 대칸을 선출하기 위한 쿠릴타이에 참석하기를 기피한 이유에 대해 "과거의 일들과 가공할 군대에 대한 두려움"이었다고 기록하여 간접적이나마 그같은 충돌이 있었음을 시사하고 있다.[16] 현재 양인의 충돌에 관한 구체적인 내용을 전해주고 있는 것은 《秘史》뿐이기 때문에, 우선 관련 기사를 살펴보도록 하자. 《秘史》 270절은 다음과 같이 적고 있다.

> 또한 앞서 캉글린, 킵차우드, 바지기드, 오로스드, 아수드, 세수드, 마자르, 케시미르, 세르게수드, 부카르, 케렐 사람들에게 이르기까지 이딜(Volga), 자약(Ural) 등의 물 있는 강을 건너 메케드, 멘게르멘, 케이베를 비롯한 도시로 원정한 수베에테이 바아투르가 그 백성들에게 곤경을 당하여 수베에테이의 후속부대로 바투, 부리, 구육, 뭉케를 비롯한 여러 왕자들을 출전시켰다. 이들 출전한 모든 왕자들을 바투가 지휘하도록 하라(aqalatughai)고 명을 내렸다. 本營에서 나간 자들을 구육이 지휘하도록 하라고 명을 내렸다.[17]

---

16) Rashîd/RK, 166r ; Rashîd/Boyle, p. 120. Cf. Rashîd/Boyle, p. 180.

이 인용문은 長子遠征軍[18] 전체에 대한 통수권이 바투에게 주어졌고, 동시에 카안의 長子인 구육에게도 '本營(ghol)'에서 나간 사람들에 대한 지휘권을 부여하였음을 보여주고 있다. 屠寄는 이 구절을 해석하여 바투는 '在外者' 즉 주치 가문과 차가다이 가문에서 차출된 右翼軍의 지휘관이었고, 구육은 '在內者' 즉 우구데이 가문과 톨루이 가문에서 차출된 左翼軍의 지휘자였기 때문에 二人의 統帥가 있었던 셈이며, 바투를 유일한 統帥로 보는 견해는 사실과 부합하지 않는 것이라고 하였지만,[19] 위의 인용문에 충실했을 경우 아무리 명목적인 것이었다고 하더라도 바투에게 總帥權이 부여되었다는 사실을 부인할 수는 없다. 그리고 그에게 통수권이 주어진 이유는 킵착초원이 칭기스칸의 遺命에 따라 주치 가문에게 분할된 지역이었고, 長子들로 구성된 킵착원정군에서 바투가 칭기스칸의 長子 주치의 長子였기 때문이었을 것이다.[20]

그렇지만 필자는 屠寄의 이러한 주장 가운데 '本營'의 군대에 우구데이와 톨루이 兩家가 속했고 이들이 원정군의 左翼을 담당했다고 보는 견해는 경청할 만하다고 생각한다. 위의 인용문에 바로 앞선《秘史》269절은 우구데이의 즉위식에 참석한 諸王들을 열거하면서 "차가다이와 바투를 비롯한 右翼(bara'un ghar)의 왕자들, 옷치긴 노얀과 예쿠와 예숭게를 비롯한 左翼(jeü'ün ghar)의 왕사들, 톨루이를 비롯한 本營(ghol)의 왕자들"이라고 하였듯이, 칭기스칸의 末子로써 몽골 본지

---

17) 柳元秀 譯本, pp. 245~246에는 '아들들(kö'üd)'로 되어 있으나 '왕자들'로 바꾸었다.

18) 이 원정군은 칭기스칸의 四子家門에서 각각 長子들을 차출하여 지휘를 맡겼고, 아울러 각 萬戶·千戶·百戶·十戶에서도 長子들을 차출하여 병력을 충원하였기 때문에 '長子遠征軍'이라 불린다. Cf.《秘史》 270절. 몽골군의 킵착·러시아 원정의 始末에 관한 전반적인 설명으로는 L. V. Cherepin, "Mongolo-Tatary na Rusi(XIII v.)," *Tataro-Mongoly v Azii i Evrope*(Moskva : Izdatel'stvo "Nauka", 1977), pp. 186~209 ; G.Vernadsky, *The Mongols and Russia*(New Haven : Yale University Press, 1953), pp. 49~58 등을 참조하시오.

19)《蒙兀兒史記》(《元史二種》 권2, 上海古籍出版社, 1989), 권35〈巴禿列傳〉, p. 309.

20) 바투에게는 오르다(Orda)라는 형이 있었지만 바투가 父의 지위를 계승하고 長子의 역할을 하였다. Cf. Rashîd/Boyle, pp. 99~100.

의 유목민을 분배받은 톨루이 가문은 당연히 '本營'에 속하였고, 본래
몽골의 서쪽에 分民을 받아 右翼에 속했던 우구데이 가문도 우구데
이의 즉위와 함께 대칸이 통어하는 '本營'이 될 수밖에 없었기 때문
이다. 그런데 킵착원정에서 諸弟 左翼軍이 배제되었기 때문에 원정군
의 구성은 톨루이 가문과 우구데이 가문의 本營의 군대가 左翼을 담
당하고, 주치 가문과 차가다이 가문이 본래대로 右翼을 담당할 수밖
에 없었던 것이다.

이렇게 볼 때 킵착원정군은 左·右 兩翼體制로 구성되어 있었다고
할 수 있고 그 통수권은 구육과 바투에게 각각 부여되었다. 다만 全
軍의 통수권, 즉 《秘史》의 표현을 빌자면 "이들 출전한 모든 왕자들"
에 대한 지휘권은 바투에게 주어졌다고 보아야 할 것이다. 이러한 사
실은 러시아측의 기록을 통해서도 확인된다. 《Tver' 年代記》는 키예
프 공략시 러시아군에게 포로로 잡힌 몽골인의 供述을 인용하여 攻
城戰에 참여한 Batyi(바투), Urdu(오르다), Bardar(바이다르), Bichiur(?),
Kaidan(하단), Bechon(부첵), Mengui(뭉케), Koiuk(구육) 등의 이름을
열거하면서, 구육에 대해 바투의 일족은 아니지만 "그의 (휘하의) 第
一 指揮官(pr'vyi voevoda ego)"이라고 하였다.[21]

킵착원정군은 일찍이 1223년 칭기스칸의 명령을 받고 제베와 함께
러시아군을 패배시킨 적이 있는 歷戰의 老將 수베데이가 先鋒將으로
가세하여 모두 5만 명 정도의 軍勢로써 원정을 시작하였다. 그런데
이 원정군의 兩翼을 지휘하던 바투와 구육이 서로 다툰 사건이 발생
한 것이다. 언제 그리고 왜 이런 일이 벌어진 것일까. 《秘史》 275절
은 구육, 부리(차가다이의 장자), 하르가순(엘지기데이의 아들) 등이 바투
에 대해 모욕적인 언사를 퍼부은 사건을 소개한 뒤, 276·277절에서는
바투로부터 이러한 사실을 보고받은 우구데이가 구육을 소환한 뒤

---

21) *Pamiatniki literaturyi drevnei Rusi : XIII vek*(Moskva : Khudozhestvennaia
Literatura, 1981), pp. 172~173 ; V.T.Pashuto, "Mongol'skii pokhod v glub'
Evropy," *Tataro-Mongoly v Azii i Evrope*, p. 216.

'알현도 못하게' 할 정도로 大怒하였으나, 뭉케를 비롯한 近臣들의 만류로 화를 가라앉히고 구육을 불러 훈계한 뒤, 구육과 하르가순은 바투가 알아서 처리하고 부리는 차가다이가 알아서 처리하도록 하였다고 기록하였다. 바투와 구육의 다툼 자체에 대해서는 뒤에서 검토하기로 하고 여기서는 먼저 구육의 소환과 문책이라는 일이 정말로 있었는지 하는 점을 검토해 보도록 하자.

《秘史》는 구육이 언제 소환되었는지 정확한 연대를 밝히지 않고 있다. 그러나 《元史》에는 庚子年 冬12月(1241년 1~2월)에 "詔貴由班師"라는 기사가 보이며,[22] 이 조칙이 戰線까지 전달되는 시간을 고려한다면 구육이 班師를 시작한 것은 빨라야 1241년 중반 이후였을 것으로 추정된다. 주베이니의 《征服者史》 역시 우구데이가 타계하려던 그 해(1241년)에 구육에게 사신을 보내 귀환하라는 명령을 내렸다고 하여[23] 《元史》의 기록을 뒷받침해 주고 있다. 그러나 《集史》의 저자는 그의 귀환에 대해 두 가지 상이한 연대를 제시하고 있다. 그는 "카안의 명령에 의해" 쥐띠 해(637/1240년)에 구육과 뭉케가 돌아가 소띠 해(638/1241년)에 자기 오르두에 도착했다고 서술했다가, 불과 몇 줄 뒤에는 이 두 사람이 소의 해 즉 1241년에 돌아갔다고 기록하였다.[24] 《集史》에 나오는 쥐띠 해의 귀환기사에 대해 《秘史》에 기록된 구육의 수환과 연관시켜 이해하려는 지저도 있었지만,[25] 뒤에서도 설명하듯이 1240년 봄과 겨울에 구육과 뭉케는 코카서스 북방과 키예프에서 원정에 참여하고 있었기 때문에, 그러한 추측은 현실성이 매우 희박하다고 밖에 할 수 없고, 라시드 웃 딘의 1240년 귀환기사는 사실 1241년의 '誤記'로 보는 것이 더 타당할 듯하다.

또한 《集史》에 의하면 우구데이의 칙령으로 귀환한 것이 구육 한

---

22) 《元史》 권2 〈太宗本紀〉, p. 37.

23) Juvaynî/Qazvînî, p. 203 ; Juvaynî/Boyle, p. 248.

24) Rashîd/Boyle, p. 61, p. 69.

25) P.Jackson, "The Dissolution of the Mongol Empire," *Central Asiatic Journal*, vol.22, no.3-4(1978), pp. 198~199의 주46.

사람이 아니라 뭉케도 포함되어 있었다고 하였는데, 구육 귀환 이후
에도 계속된 원정군의 활동에서 뭉케의 행적이 전혀 기록되지 않은
것으로 보아 이는 타당한 것으로 볼 수 있다. 구육과 뭉케는 각기 킵
착원정군의 좌익을 구성했던 우구데이 가문과 톨루이 가문의 대표였
고, 《元史》에서 우구데이가 구육에게 '班師'를 명했다는 표현이 혹시
左翼軍의 철수를 의미하는 것이 아닐까 생각해 볼 수도 있으나, 이들
이 귀환한 뒤에도 여전히 구육의 동생인 카단(Qadan)과 뭉케의 동생
인 부첵(Böchek)이 남아서 작전한 것으로 보아 左翼軍 전체의 철수를
의미하는 것은 아닌 것으로 보인다.

이상에서 구육의 귀환이 1241년의 일이었음을 확인할 수 있는데,
만약 《秘史》 276·277절에 나오는 우구데이의 구육 譴責의 일이 사실
이라면 구육은 일차로 불려와 견책을 받고 돌아갔다가 다시 몽골리
아로 귀환한 것이 된다. 또한 1241년 귀환시에는 구육이 몽골리아에
도착하기도 전에 우구데이가 사망했기 때문에[26] 일차 소환은 그 전
어느 시점이 되어야만 할 것이다. 그러나 《秘史》를 제외하고는 다른
어느 자료에서도 1241년 이전에 그가 몽골에 불려왔다는 기록을 찾
을 수 없다. 물론 다른 자료에 언급이 없다는 것만으로 《秘史》의 기
록을 무시해서는 안될 것이다. 따라서 킵착원정군의 활동, 특히 구육
의 행적을 추적함으로써 과연 그가 원정 도중에 몽골에 다녀올 수
있었겠는가를 검토해 보도록 하자.

러시아 원정군의 활동을 추적하는 데 근간이 되는 자료는 《元史》
와 《集史》이고 러시아측 年代記들이 보충되는 정보를 제공해 주고
있다. 원정군과 관련하여 앞의 두 자료들이 전하는 내용은 반드시 일
치하는 것은 아니나 서로 누락된 부분을 보완해 주면서 대체로 큰
무리 없이 整合된 모습을 그려 준다. 여기서 하나하나 상세한 고증은
피하기로 하고 필자가 두 자료를 비교·검토한 결과 얻어낸 원정군의

---

26) 이 점에 대해서 《集史》는 물론 《征服者史》도 동의하고 있다. Cf. Juvaynī/
Boyle, pp. 239~240.

동태를 年代順으로 정리해 보면 아래와 같다.

　　1234년(甲午, 말띠 해) : 바투에게 킵착(欽察)·아스(阿速)·러시아(斡羅思) 등을 정벌하러 보냄.[27]

　　1235년(乙未, 양띠 해) : 봄, 차가다이家의 부리, 우구데이家의 구육과 카단(Qadan), 톨루이家의 뭉케와 부첵(Böchek) 등 諸王들에게 西征을 명하고, 아울러 수베데이를 비롯한 大將들이 동반토록 함.[28]

　　1236년(丙申, 원숭이띠 해) : 원정군은 봄에 출발하여 여름 내내 이동하고 가을에 불가르 지방에 도착하여, 이미 전에 그곳에 파견되어 왔던 주치·家의 바투, 오르다(Orda), 시반(Shiban), 탕쿠트(Tanqut) 등과 합류함. 겨울, 제왕들은 자만강(Jaman, 우랄강) 가에 모여 수베데이를 아스와 불가르 지방의 경략을 위해 보냄. 뭉케는 볼가강을 근거로 활동하던 킵착의 수령 바치만(Bachman, 八赤蠻)과 아스의 수령 카치르 우쿨라(Qachir Ukula)에 대한 공격을 시작.[29]

　　1237년(丁酉, 닭띠 해) : 봄, 바치만은 추적하는 몽골군을 피해 寬田吉思海의 海島로 도주했지만, 때마침 불어닥친 강풍으로 인해 수심이 얕아져 뭉케가 이끄는 몽골군은 海島로 들어가 그를 생포하고 처형함. 또한 카치르 우쿨라도 처형함. 불가르와 킵착을 경략한 몽골군은 모두 합류하여 볼가강 以西의 보크시(Boqshi)와 부르타스(Burtas)를 정복. 가을에 제왕들이 모두 모여 쿠릴타이를 열고 러시아에 대한 원정을 결의. 몽골연합군은 먼저 리아잔(Riazan, Irezan, 也里贊)을 함락(12월 22일).[30]

　　1238년(戊戌, 개띠 해) : 이어 Oka를 함락시켰으나 전투에서 쿨겐(Kölgen)이 전사. 콜롬나(Kolomna), 모스크바(Moskva), 블라디미르(Vladimir)를 함락하고(2월 7일) 도주한 大公 유리 브세볼로드(Iurii Vsevolod)를 추격하여 Sit'강가에서 그를 敗死시키고 토르조크(Torzhok)를 함락(3월 5일). 봄이 되어 하천과 호수의 결빙이 풀리면서 군사작전이 어려워지자 연합군은 남

27) 《元史》〈地理志·六〉,〈兀良合台傳〉,〈忙哥撒兒傳〉,〈雪不台傳〉에는 이 해에 바투를 보내면서 수베데이를 先鋒으로 보냈다고 되어 있지만, 수베데이는 그 다음 해인 1235년에 다른 諸王들과 함께 파견되었다. 또한 바투가 1235년에 파견되었다는 기록들도 잘못된 것이다.

28) 《元史》〈太宗紀〉;〈定宗紀〉;〈憲宗紀〉;〈地理志·六〉;〈速不台傳〉;〈昔里鈐部傳〉; Rashîd/Boyle, pp. 54~56.

29) 《元史》〈昔里鈐部傳〉; Rashîd/Boyle, p. 56~57.

30) 《元史》〈太宗紀〉;〈憲宗紀〉;〈速不台傳〉;〈昔里鈐部傳〉; Rashîd/Boyle, p. 59 ; B. D. Grekov & A. Iu. Iakovobskii, *Zolotaia Orda i ee padenie*(Moskva : Izdatel'stvo Akademii Nauk SSSR, 1950), p. 211.

쪽으로 방향을 돌려 킵착초원으로 향함. 도중에 바투는 코젤스크(Kozel'sk, Kosel-Iske)를 7주 동안 포위했으나 함락에는 실패. 뒤이어 도착한 카단과 부리의 군대가 3일 만에 이를 함락. 가을, 뭉케와 하단은 체르케스(Cherkes)를 공략하여 겨울에 그 왕 투카르(Tuqar)를 살해. 겨울, 시반과 부첵과 부리는 크리미아(Qirim)을 공략. 베르케는 킵착을 원정.[31]

1239년(己亥, 돼지띠 해) : 겨울, 구육과 뭉케는 아스인들의 근거지 蔑怯思(Meges)城을 공격.[32]

1240년(庚子, 쥐띠 해) : 메게스城은 3개월 동안의 포위 끝에 春正月에 함락. 구육과 뭉케는 코카서스 지방의 데르벤드(Temür-Qahalqa)를 장악하기 위해 군대를 파견. 겨울, 몽골연합군은 러시아를 향해 다시 북상을 시작하여 11월 19일(또는 12월 6일)에 키예프(Men-Kermen)을 점령.[33]

1241년(辛丑, 소띠 해) : 1~2월 우구데이는 구육과 뭉케의 班師를 명하는 조칙을 내렸으나 아직 戰線에는 도착하지 않음. 바투는 禿里思哥城(Torzhok)을 공격하였다가 도리어 그 수령 也烈班에게 패배하여 수베데이의 원병을 요청. 수베데이는 와서 一戰에 也烈班을 잡고 성을 함락시킴. 연합군은 카르파티아 산맥(哈咂里山, Qazaq-Taq)을 넘어 헝가리(馬札兒) 국왕(怯憐, kerel)을 공격. 몽골연합군은 五道로 나뉘어 4월 9일 리그니츠(Liegnitz)에서 폴란드-게르만 연합군을 격파하고, 4월 11일에는 사조강(Szajo, 漷寧河)을 건너 헝가리군을 격파. 여름, 몽골군은 티사(Tisza)와 다뉴브(Danube)강가에서 휴식하며 大會를 가짐. 가을, 구육과 뭉케는 카안의 명에 따라 回軍을 시작. 冬11월, 우구데이 사망.[34]

이상 약간 장황하기는 하지만 1234~1235년 西征의 시작에서부터 1241년 구육과 뭉케의 回軍에 이르기까지 몽골군의 활동을 정리해 보았는데, 만약《秘史》의 주장대로 구육이 우구데이에 의해 몽골리아로 소환되어 질책을 받고 다시 돌아갔다면, 언제 그럴 만한 시간적 공백이 있었을까. 라시드 웃 딘에 따르면 구육이 다른 제왕들과 함께 바투의 군대와 합류한 것은 1236년 가을이었고 1237년 겨울 리아잔

---

31) Rashîd/Boyle, pp. 59~60 ; Grekov & Iakuvobskii, *Zolotaia Orda*, pp. 212~213.
32)《元史》〈太宗紀〉;〈定宗紀〉;〈昔里鈐部傳〉; Rashîd/Boyle, p. 60.
33)《元史》〈太宗紀〉;〈昔里鈐部傳〉; Rashîd/Boyle, p. 61, p. 69 ; Grekov & Iakuvobskii, *Zolotaia Orda*, pp. 219~222.
34)《元史》〈太宗紀〉;〈雪不台傳〉; Rashîd/Boyle, p. 61, pp. 69~71 ; Vernadsky, *The Mongols and Russia*, pp. 55~56.

공략전에 참여하였다. 이어 1239년 말에서 1240년 초에는 뭉케와 함께 아스인들의 거점인 메게스城을 함락시킨 뒤 카안에게 勝戰 사실을 알려 왔다. 그리고 앞에서도 언급했듯이 《트베르(Tver´)年代記》는 1240년 겨울 키예프 공략 전에 구육의 존재를 확인해 주고 있다. 따라서 만약 구육이 몽골를 다녀왔다고 한다면 사료상 그의 활동이 포착되지 않는 1238~39년의 시기에만 가능한 셈이다. 그러나 과연 이때 그가 몽골로 불려가 우구데이의 질책을 받고 돌아온 것일까. 결론부터 말하자면 필자는 그렇지 않다고 생각한다.

그 이유는 첫째, 《秘史》 277절에는 구육의 행동에 대해 진노한 우구데이를 설득하여 그의 진노를 누그러뜨린 인물로 네 명의 이름이 나오는데, 뭉케·알치다이(Alchidai)·콩고르타이(Qonghortai)·장기(Jangi)가 그들이다. 그렇다면 구육이 몽골리아로 소환되었을 때 뭉케도 몽골리아에 있었다는 말인데, 구육의 활동이 기록되지 않은 1238~1239년에 뭉케는 체르케스 원정에 몰두하고 있었기 때문에 구육과 함께 몽골리아에 있었다는 것은 불가능한 일일 수밖에 없다. 둘째, 《秘史》 275절에서 서술되었듯이 구육과 바투의 다툼은 "메게드 성을 부수고, 오로스 사람들을 약탈하고 열하나의 외방 백성을 옳은 방향에 들게 하고, 황금 고삐를 돌려 잡고 '離別의 잔치를 하자!'고들 하여 큰 천막을 세우고 잔치를 할 때" 일어난 것이었다. 여기서 '메게느'는 Meges의 몽골어 복수형으로 구육과 뭉케 등이 1239년 겨울에서 1240년 봄에 걸쳐 경략한 《元史》의 蔑怯思, 《集史》의 Meges와 동일한 것으로 추측된다.[35] 따라서 《秘史》의 말처럼 "메게드 성을 부수고" 난 뒤에 벌어진 잔치는 1240년 봄 이후의 일이 될 수밖에 없고 구육은 그 후 코카서스와 러시아 원정에 계속해서 참여하였고 1241년에는 귀환했기 때문에 그 사이에 몽골을 다녀왔다는 것은 불가능한 일일 수밖에 없다.

결국 구육이 바투와 충돌한 이후 우구데이에 의해 몽골리아로 소

---

35) Cf. Pelliot, *Notes sur l'histoire de la Horde d'Or*(Paris : Adrien-Maisonneuve, 1949), p. 124.

환되어 견책을 받고 돌아왔다는 《秘史》의 기록은 이를 뒷받침해 줄 만한 증거가 다른 어떤 자료에서도 보이지 않을 뿐만 아니라, 킵착원정군 내에서 구육과 뭉케의 행적으로 보아 사실로 받아들이기 힘들다는 결론을 내릴 수밖에 없다. 다시 말해 구육과 뭉케는 킵착원정에 계속 참여했으며 1241년 초에 내려진 우구데이의 班師의 詔勅에 따라 함께 1241년 가을 무렵 귀환의 길에 올랐던 것이다. 따라서 우구데이가 구육을 불러 그를 견책했다는 《秘史》 276·277절의 내용은 신빙성이 희박하지만, 1241년 우구데이가 좌익군의 지휘를 카단과 부책에게 위임하고 구육과 뭉케를 소환한 것이 원정군 내에서 바투와 구육 사이의 갈등이 심화되는 것을 우려했기 때문일 가능성은 있다. 그러나 구육이 카라코룸에 도착하기도 전에 우구데이는 사망해버렸기 때문에, 《秘史》가 말하는 것처럼 그가 우구데이의 질책을 받은 일은 생겨날 수 없었다. 그렇다면 구육의 소환과 견책에 관한 《秘史》의 기사는 구육을 자기 아버지에게조차 질책을 받을 정도의 인물이라고 고의적으로 貶下하기 위해 작성된 것이며, 그의 일족의 失權과 뭉케의 執權을 합리화하려는 톨루이가의 이데올로기의 반영이라고 볼 수밖에 없다.

그러면 구육과 바투는 언제 그리고 무슨 연유로 언쟁을 벌였는가. 앞에서도 언급했듯이 구육과 바투의 충돌에 관한 구체적인 내용을 전하고 있는 자료는 《秘史》밖에 없기 때문에 우선 그 내용을 소개해 보도록 하자. 《秘史》 275절에는 다음과 같은 기사가 보인다.

바투가 킵착원정 중에 우구데이 카한에게 사자를 통해 아뢰어 보내기를, "영생의 하늘의 힘으로, 카한 숙부의 음덕으로 메게드(Meged)성을 부수고, 오로스(Oros) 사람들을 약탈하고 열하나의 외방 백성을 옳은 방향에 들게 하고, 황금 고삐를 돌려 잡고 '이별의 잔치를 하자!'고들 하여 큰 천막을 세우고 잔치를 할 때, 제가 이들 모든 왕자들의 연장자로서 한두 잔 의식의 술을 먼저 마셨다고 하여 부리(Büri)와 구육이 제게 기분 나빠하며 잔치를 아니하고 떠나버리는 수모를 당했습니다.

우선 양자의 충돌시기인데 이 의문에 답하기 위해서는 앞의 인용문에 묘사된 '이별의 잔치'가 무엇인지를 해명할 필요가 있다. 이 말은 원문의 音譯은 "撒魯勒察^中恢 ^中忽^舌林(salulčaqui qurim)," 對譯은 "分離的 筵席"이라고 되어 있으니, 이는 西征에 참여한 제왕들이 무엇인가 '離別'을 기념하기 위해 준비한 연회였음을 시사한다. 흥미롭게 《元史》에는 西征軍이 이와 비슷한 잔치를 벌인 기록이 보이고 있다. 〈速不台傳〉은 1241년 4월 潨寧河(Szajo강)을 건너 헝가리군을 격파한 일을 묘사한 뒤 "후에 大會를 열어 馬乳酒와 葡萄酒를 마셨다"라고 기록하였다.[36] 《集史》도 그 해 여름 몽골군이 티사(Tisza)강과 투나(Donau)강에서 휴식을 취했다고 하였다.[37] 또한 이는 시기적으로 구육의 班師를 지시한 우구데이의 명령을 전달하는 사신이 그곳에 도착한 직후의 시점으로 추정되며, 구육과 뭉케는 우구데이의 명령에 따라 1241년 가을 몽골리아로 출발하였다. 이렇게 볼 때 《秘史》 275절의 '離別의 잔치'는 카안의 칙령을 받아 回軍하는 구육과 뭉케를 위한 송별잔치였음을 추측케 한다.

이 송별연에서 구육은 왜 바투와 다툰 것일까. 구육 자신이 카안의 아들이라는 자부심 때문이었는가, 아니면 출생에 문제가 있는 주치의 아들 바투가 통수권자라는 사실을 못마땅하게 생각한 것인가. 일단 이 점을 확인히기 위혜 비투에게 모욕을 준 부리 구육 히르기순 등의 말을 직접 들어볼 필요가 있다. 《秘史》 275절은 위의 인용문에 뒤이어 다음과 같은 바투의 호소를 전하고 있다.

　부리가 떠나가면서 "바투는 동등한 사이에 어떻게 먼저 마시는 것이었는가? 수염난 노파들이 대등하게 되었으니 발로 밀고 발로 밟아야 하겠다."고 했습니다. 구육은 "저들 활을 찬 노파들의 가슴을 너와 내가 도려내 버리자!"고 했습니다. 엘지기데이의 아들 하르가순은 "그들에게 나무꼬리를 붙여주자!"고 했습니다.

36) 《元史》 권121 〈速不台傳〉, p. 2978.
37) Rashîd/RK, 148r ; Rashîd/Boyle, p. 70.

이들은 바투가 자신들과 '동등한 사이'이면서 어떻게 먼저 술잔을 들 수 있겠느냐고 분노하면서, '수염난 노파들(saqaltan emeged)' 또는 '저들 활을 찬 노파들(tede qortan emeged)'이라는 말로써 매도한 것이다. 이러한 표현들은 남자라고 수염도 나고 활을 차기는 했어도 '戰士'로서의 자격도 없는 노파와 같은 자들이라는 의미를 담고 있는 것으로 보인다. 또한 小澤重男은 이 부분을 譯註하면서 바투를 욕할 때 '노파들'이라는 복수형 또는 '저들'이라는 표현을 사용한 것에 주목하여 이는 '바투와 그 휘하의 바투軍團'을 의미하는 것이라고 해석하였다.[38] 즉 적어도 문맥으로만 볼 때 구육 등이 매도한 대상은 바투뿐만 아니라 그의 무리까지 포함하는 것이었으며 그들의 戰士답지 못한 태도에 대한 비난인 것이다.

사실 이러한 해석은 킵착원정 도중에 일어났던 실제 상황과도 잘 부합한다. 1235년에 長子西征軍이 출정케 된 것도 사실은 그 전 해에 파견된 바투 일가의 경략이 지지부진했기 때문에 그를 돕기 위해서였고, 바투는 1241년 초 禿里思哥(Torzhok)城을 공격했다가 도리어 패배했는데 수베데이가 이끄는 소수의 지원병이 도착하여 '一戰'에 적장을 포획하고 3일 만에 성을 함락시켰다. 또한 그 해 4월 漷寧河 (Szajo강)를 건너 헝가리군과 싸울 때 바투를 비롯한 諸王들은 敵의 軍勢가 강하다는 이유로 공격을 꺼렸으나, 수베데이는 '奇計'를 내어 적을 강가까지 유인한 뒤, 군대를 자신과 바투·오르다·시반·하단[39] 등이 지휘하는 '五道'로 나누어 수심이 얕은 상류와 다리가 있는 중류를 통해 네 명의 제왕들이 渡河하고, 자신은 수심이 깊어 적이 방심하는 하류를 뗏목을 엮어서 渡河하여 적의 후방을 기습하는 挾攻作戰을 시도하였다. 그러나 제왕들은 수베데이가 강을 채 건너기도 전에 먼저 渡河를 시작하여 전략적으로 큰 실책을 범하고 말았다. 渡

---

38) 《元朝秘史全釋續攷》 下(東京 : 風間書店, 1989), pp. 487~488.
39) 《元史》〈速不台傳〉에는 拔都, 呼里兀, 昔班, 哈丹의 이름이 나오는데, Pelliot는 呼里兀를 바투의 형 Orda의 音譯으로 보았다. Cf. *Notes sur l'Histoire de la Horde d'Or*, pp. 30~32.

河한 뒤에도 바투는 敵勢가 여전히 많다는 이유로 후퇴할 것을 요청
했으나, 수베데이는 "王이 돌아가기를 원한다면 혼자서 돌아가시오.
나는 禿納(Donau)河 馬茶(Majar)城에 이르지 않고는 돌아가지 않겠
소!"라고 하며 돌진하자 바투도 할 수 없이 합세하여 성을 함락시켰
다. 이처럼 수베데이의 노력에 의해 獲勝했음에도 불구하고 바투는
수베데이가 늦게 渡河하는 바람에 자기 부하들이 죽었다고 하면서
불평을 하였고, 이에 대해 수베데이는 상황을 설명하며 잘못한 것은
바투측이라는 사실을 지적하여 바투도 이를 시인하게 되었다.[40]

이처럼 바투와 그의 형제들은 西征과정에서 여러 차례 실책을 범
하였고 柔弱함을 보였다. 〈速不台傳〉에 의하면 마유주와 포도주를 마
시는 '大會' 즉 《秘史》에서 말하는 '離別의 잔치'에서 澌寧河 전투를
회고하게 되었고, 이 자리에서 참석자들은 "당시의 獲勝이 모두 수베
데이의 功"이라고 말했다고 한다. 《秘史》에 기록된 구육 등의 비난은
바로 이러한 분위기 속에서 나온 것이며 그것은 바투와 그 휘하의
제왕들의 전투수행 능력에 대한 비난인 동시에 원정군의 總帥인 바
투의 자격에 대한 불신이었던 것이다. 다시 말해 구육은 1241년 여름
우구데이의 명을 받아 귀환하기 직전 열린 그 송별연에서 바투와 그
의 무리들에 대한 불신과 비난을 터뜨렸던 것이다.

이상에서 우리는 킵착원정과 관련된 바투와 구육간의 관계를 살펴
보았다. 그 결과 원정군은 우구데이 가문(대표 구육)과 톨루이의 가문
(대표 뭉케)으로 이루어진 左翼軍('本營')과 주치 가문(대표 바투)과 차가
다이 가문(대표 부리)으로 이루어진 右翼軍으로 구성되었으며, 구육과
바투가 各翼의 지휘권을 가졌지만 원정군 전체의 통수권은 바투에게
부여되었다는 사실을 확인하였다. 또한 바투와 구육의 불화 원인은 사
실 군사작전시 바투를 비롯한 일부 제왕들의 失策과 소극적 태도에
대한 구육과 그 추종자들의 불만에서 시작된 것이었다. 따라서 구육이

---

40) 《元史》 권121 〈速不台傳〉, pp. 2977~2978.

우구데이에 의해 소환되어 견책을 받은 뒤 돌려보내졌다는《秘史》276
·277절의 기사는 후일 구육을 貶下하기 위해 造作되어 竄入된 것일
뿐, 구육은 뭉케와 함께 1241년 초 우구데이로부터 班師의 명을 받고
그 해 가을 귀환할 때까지 줄곧 킵착원정에 참여하고 있었다. 그리고
그들이 회군하기 직전인 1241년 여름 Tisza강과 Danube강가에서 열
린 '이별의 잔치'에서 구육과 부리 등은 바투와 그의 휘하에 대한 불
만을 폭발시킨 것이다.

Ⅲ. 구육의 卽位

　　1241년 冬11월 우구데이가 사망하자 미망인 투레게네 카툰은 차가
다이를 비롯한 諸王들의 지지를 배경으로 관례에 따라 새로운 카안
이 선출될 때까지 稱制하는 한편 각지의 귀족들에게 카안의 사망과
새로운 군주의 선출을 위한 쿠릴타이의 소집을 알렸다. 1241년 가을
다뉴브戰線에서 몽골리아로 향하던 구육과 뭉케도 이 소식을 접하게
되었고, 구육은 발길을 재촉하여 1242년 우구데이 가문의 오르두가
있는 에밀(Emil)에 도착하였다. 이때 예상치 않은 상황이 발생하였으
니 그것은 칭기스칸의 末弟 옷치긴이 武力으로 帝位를 취하기 위해
大軍을 이끌고 西進하기 시작한 것이다.[41] 癸卯年(1243) 5월 "朝廷에
用兵함이 일어나 일이 창졸간에 벌어지게 되자, 太后는 마침내 武裝
을 시키고 腹心을 선발하라는 지시를 내렸고, 西遷하여 그것을 피하
려고까지 하기에 이르렀다."는《元史》의 기록[42]으로 보아 옷치긴의
진군으로 인해 투레게네는 서쪽으로 피신할 생각까지 하였던 것으로
보인다. "全 울루스와 군대는 혼란에 빠지게 되었다"는《集史》의 기
사[43]도 당시의 급박했던 상황을 전해주고 있다. 그러나 옷치긴의 시

---

41) Juvaynî/Boyle, p. 248.
42) 〈耶律楚材傳〉, p. 3463.

도는 불발로 끝나고 말았다. 주베이니에 의하면 우구데이의 아들인 멜릭(Melik) — 라시드 옷 딘은 옷치긴의 아들 오루타이(Orutai)도 사신으로 파견되었다고 함 — 의 示威와 說得에 의해 옷치긴은 자신의 계획이 무망하다는 것을 깨닫게 되었다고 한다. 구육이 이미 回軍했다는 소식도 옷치긴이 계획을 포기하게 된 한 요인이 되었을 것이다.[44]

새로운 카안을 선출하기 위한 쿠릴타이는 1244년 봄에 열렸다. 이 자리에는 바투만이 자기 형제들을 대신 보내왔을 뿐 동방과 서방의 제왕들이 대부분 참석하였고, 아울러 중국, 중앙아시아, 서아시아에서도 고관과 귀족들이 다수 참여하였다.[45] 쿠릴타이가 열린 지점은 《元史》에는 '答蘭答八思之地'로 되어 있는 반면 《集史》에는 Kûkâ Nâû'ûr(즉 Köke Na'ur)로 되어 있는데,[46] 이들이 구체적으로 어느 지역인지 아직 밝혀지지 않고 있지만 결국 동일한 지역을 가리키는 것으로 보아야 할 것이다. 答蘭答八思는 몽골어로 Dalan Dabas 즉 '일흔 고개'를 의미하며, Köke Na'ur는 '푸른 호수'를 뜻한다. 라시드 옷 딘은 우구데이가 Köke Na'ur에서 가을을 지내며 카라코룸에서 4日程 떨어진 곳에 위치해 있다고 하였다.[47] 우구데이는 河南을 직접 경략한 뒤 1230년에 "北還하여 淸水答蘭答八之地로 왔다"고 하는데,[48] 여기서 淸水가 중국의 지명이 아님은 이미 뻴리오도 지적한 바이다.[49] 필자는 淸水＝Köke Na'ur, 答蘭答八－答蘭答八思이고 이것이

---

43) Rashîd/RK, 183r ; Rashîd/Boyle, p. 178.

44) Juvaynî/Qazvînî, pp. 199~200 ; Juvaynî/Boyle, p. 244 ; Rashîd/RK, 182v~183v ; Rashîd/Boyle, p. 178, p. 180. Juvaynî는 멜릭의 이름을 Menglî Ôghûl이라 표기하였다.

45) 참석자의 명단은 Juvaynî/Qazvînî, pp. 204~205 ; Juvaynî/Boyle, pp. 249~250 ; Rashîd/RK, 183v ; Rashîd/Boyle, pp. 180~181 참조.

46) 〈定宗紀〉, p. 38 ; Rashîd/RK, 183v ; Rashîd/Boyle, p. 180.

47) Rashîd/RK본(146v)에는 KWSE NAWWR로 표기되어 있는데 이는 KWKE NAWWR의 誤記인 것으로 보인다. Rashîd/Roshan, pp. 671~672에서 이를 Gûsewûr Nâûr로 옮긴 것 역시 잘못된 것이다. Cf. Rashîd/Boyle, pp. 63~64.

48) 《元史》〈察罕傳〉, p. 2956.

49) Notes on Marco Polo(Paris : Adrien-Maisonneuve, 1959), vol.1, p. 313.

모두 카라코룸 근처에 위치한 동일한 지역이 아닐까 생각한다. 우구데이는 1234년 夏5月과 가을을 達蘭達葩之地(또는 八里里答蘭答八思之地)에서 보냈는데, 이때 "諸王百僚들과 大會를 가졌다"든가 또는 "장차 宋을 征伐키로 논의했다"[50)는 것으로 보아 이곳은 우구데이 시대에 중요한 사항을 논의하고 결정하는 쿠릴타이의 지점이었음을 알수 있고, 새 카안을 선출하는 대회가 그곳에서 열린 것도 이상한 일은 아니라고 할 수 있다.

1244년 달란 다바스에서 열린 쿠릴타이는 누구를 새로운 카안으로 추대하느냐를 결정하는 자리였다. 주베이니에 의하면 여기서 거론된 인물로는 우구데이의 長子인 구육 외에도 次子 쿠텐(Köten)과 손자 시레문[Shiremün, 三子 쿠추(Köchü)의 아들]이 있었는데, 쿠텐은 "그의 조부(칭기스칸)가 그를 한 번 언급한 적이 있었기 때문"이고 시레문은 "나이가 차면 나라의 일을 처리할 적절한 사람"이기 때문이었다고 한다. 그러나 "구육은 (남을 제압하는) 힘과 폭력, 대담함과 위압력에서 (우게데이) 카안의 (다른) 아들들보다 유명하였고, 형제들 가운데 맏이였으며, 어려운 일의 경험에서도 앞섰고 기쁨과 고통도 겪은" 반면, "쿠텐은 약간 病弱하고 시레문은 아직 어린아이에 불과"한 데다가, 무엇보다도 투레게네 카툰과 그의 자식들이 구육을 지지하였고 이 점에서는 대부분의 수령(noyan)들도 같은 의견이었기 때문에 결국 구육이 카안으로 선출된 것이었다.[51) 즉 주베이니의 기록에 의하면 구육의 선출과정에서 강력한 異議의 제기나 눈에 띄는 불법적 수단이 동원되지 않았던 셈이 된다. 이 점에서는 라시드 웃 딘도 주베이니에 기초하여 구육의 즉위에 관한 사정을 서술했기 때문에 거의 동일하다고 할 수 있다.[52)

그러나 1248년 구육이 갑작스럽게 사망하고 그 후계자를 논의하는

---

50) 《元史》〈太宗紀〉, pp. 33~34.
51) Juvaynî/Qazvînî, p. 207 ; Juvaynî/Boyle, p. 251.
52) Rashîd/RK, 183v ; Rashîd/Boyle, p. 181.

자리에서 뭉케를 지지하는 측에서 새삼스럽게 구육의 즉위가 '우구데이의 遺命'을 어긴 것이기 때문에 不當한 것이었다는 주장이 제기되었다. 그들이 과거의 문제를 다시 들고 나온 이유는 구육 일족이 대칸의 자리를 차지할 자격이 없다는 점을 입증할 필요가 있었기 때문이었고, 이는 곧 톨루이 가문이 우구데이 가문을 대신해서 최고의 권좌를 차지할 만한 '합법적인 근거(legitimacy)'가 있느냐 하는 문제와 직결되었기 때문이었다.[53]

그렇다면 우구데이의 遺命이란 과연 무엇인가. 《元史》는 구육의 즉위와 관련하여 "太宗이 일찍이 皇孫 失烈門을 後嗣로 하라는 旨를 내렸다"고 기록하였고,[54] 《集史》도 우구데이가 생전에 三子인 쿠추를 매우 아꼈는데 그가 먼저 죽자 쿠추의 아들인 시레문을 자신의 오르도(宮帳)에 데려다가 키웠고 그가 자신의 後繼者가 될 것을 지시하였다거나 우구데이가 죽기 전에 시레문을 후계로 정하는 '勅令(yarligh)'을 내렸다고 기록하였다.[55] 즉 遺命의 내용은 우구데이가 손자 시레문을 후계자로 지명한 것을 말하는 것이었다. 그러나 의아스러운 점은 《元史》와 《集史》가 이처럼 우구데이의 '遺命'에 대해 언급한 것과는 대조적으로 《征服者史》는 이에 대해 완전히 침묵을 지키고 있다는 사실이다. 그렇다면 혹시 톨루이 가문의 이데올로기를 반영하고 있는 앞의 두 사료가 구육 즉위의 不當性을 지적함으로써 뭉케 즉위의 합법성을 강조하려고 한 것은 아닐까. 이러한 의문을 풀어보기 위해 비록 단편적이긴 하지만 몇몇 기사들을 종합하여 대조해 보도록 하자.

《元史》는 구육 사후 새 카안을 선출하기 위해 바투가 阿刺脫忽刺兀(Ala Toghra'u)이라는 곳에서 쿠릴타이를 소집했고, 거기에 구육의 미망인 오굴 가이미시(海迷失)가 발라(八刺, Bala)를 대리인으로 보냈는

---

53) T. T. Allsen 역시 *Mongol Imperialism*(Berkeley : University of California Press, 1987), pp. 34~44에서 '정통성의 문제'를 비교적 상세하게 고찰하고 있다.

54) 〈定宗紀〉, p. 38.

55) Rashîd/RK, 135r, 183r, 188r ; Rashîd/Boyle, p. 21, p. 180, p. 201.

데, 그가 뭉케를 추대하려는 사람들을 비판하며 다음과 같이 발언한 것으로 적고 있다.

　　과거에 太宗이 皇孫 시레문을 後嗣로 할 것을 명령하였고 諸王과 百官이 모두 그것을 같이 들었다. 지금 시레문이 아직 있는데도 불구하고 다른 사람에게 위촉하려고 논의를 하니 장차 이를 어떻게 처리하려고 하는가?[56]

이에 대해 톨루이의 아들인 무게(木哥, Möge)는

　　太宗의 命令이 있었다. 이를 누가 감히 어기겠는가. 그러나 전에 定宗을 의논하여 옹립한 것은 皇后 투레게네와 너희들이 한 일인데, 이는 즉 太宗의 명을 어긴 자들이 너희들(이라는 것을 입증한다). 이제 와서 도리어 누가 헐뜯는 것인가?[57]

라고 대응하였다.

　　두 사람의 이러한 발언은 우구데이가 생전에 시레문을 후계자로 지명한 것이 '公式的'인 성격을 띠었고 또 그러한 사실을 당시 몽골의 귀족들이 모두 알고 있는 것처럼 느끼게 한다. 그러나 발라의 발언은 〈忙哥撒兒傳〉에서 약간 다른 구절로 표현되어 있다.

　　시레문은 皇孫이니 마땅히 (카안으로) 옹립해야 한다. 또한 先帝께서 일찍이 그가 가히 천하를 다스릴 수 있다고 말한 적이 있다.[58]

　　이 말은 시레문이 군주가 될 만한 '資格'이 있다는 것이지 결코 그를 후계자로 공식적으로 지정한 것과는 거리가 있다. 뿐만 아니라 〈忙哥撒兒傳〉은 우구데이가 어떤 상황에서 그러한 말을 했는지에 대해

---

56) 〈憲宗紀〉, p. 44. "昔太宗命以皇孫失烈門爲嗣 諸王百官皆與聞之 今失烈門故在 以議欲他屬 將置之何地耶"
57) 같은 곳. "太宗有命 誰敢違之 然前議立定宗 由皇后脫列忽乃與汝輩爲之 是則違太宗之命者汝等也 今尙誰咎耶"
58) p. 3055. "失烈門皇孫也 宜立 且先帝嘗言其可以君天下"

보다 구체적인 내용을 전하고 있다.

　憲宗이 어렸을 때 太宗은 그를 매우 귀중히 여겼다. 하루는 行幸을 하였다가 大風을 만나서 帳殿으로 들어갔는데 憲宗에게 膝下에 앉으라고 명령을 하고는 그의 머리를 쓰다듬으며 말하기를 "이 녀석은 가히 천하를 다스릴 만하다"라고 하였다. 다른 (어느) 날, 암소를 범에게 (먹이로) 주는데 皇孫 시레문이 아직 어렸음에도 말하기를 "암소를 범에게 주면 송아지는 장차 어찌 크겠는가?"라고 하였다. 太宗은 그가 어진 마음이 있다고 여겼고 또한 말하기를 "이 녀석은 가히 천하를 다스릴 만하다"고 하였다. 그 후에 태종이 崩御하고 六皇后가 섭정을 하여 마침내 定宗을 세웠다. 그런 연유로 이(쿠릴타이) 때에 이르러 두 사람(뭉케와 시레문)이 각기 (太宗이) 말한 것을 들어 운운하는 것이다.[59]

　이 인용문은 뭉케를 카안으로 추대하는 쿠릴타이에서 뭉케와 시레문이 후보자로 논의된 이유가 우구데이가 생전에 그들을 두고 '가히 천하를 다스릴 만하다'라고 한 발언에 있었음을 보여준다. 따라서 우구데이의 그러한 발언은 결코 '공식적'인 성격을 띤 후계자 지명이라고 보기는 힘들고,[60] 그것을 근거로 구육 즉위의 不當性을 운위하는 것 역시 적절치는 못한 셈이다. 그러나 구육 사후 시레문 일파는 시레문을 추대하기 위해 우구데이의 발언을 공식적인 지명인 것처럼 강조했던 것이다.

　이에 대한 뭉케 지지파의 논리적 대응은 교묘하였다. 즉 시레문 일파의 주장대로라면 구육의 즉위 자체가 부당한 것이고 따라서 카안의 명령을 어긴 우구데이 가문은 후보자를 내세울 자격이 없다는 주장이었다. 앞에서 인용한 무게(木哥)의 반론이 그러했고, 또 멩게세르가 발라의 주장에 대해 "너의 말이 진실로 옳다. 그러나 先皇后(즉 투

59) pp. 3055~3056. "憲宗之幼也 太宗甚重之 一日行幸 天大風 入帳殿 命憲宗坐膝下 撫其首曰〈是可以君天下〉他日 用牸按豹 皇孫失烈門尙幼 曰〈以牸按豹 則犢將安所養〉太宗以爲有仁心 又曰〈是可以君天下〉其後太宗崩 六皇后攝政 竟立定宗 故 至是 二人各擧以爲言云."
60) 白拉都格其,〈貴由汗卽位的前前後後〉, p. 48.

레게네)가 定宗을 세울 때 너는 어찌해서 (시레문이 후계라는) 말을 하지 않았느냐?"라고 반박한 것 역시 그러하다.[61]

　그러나 우구데이의 '遺命'을 들어 구육 즉위의 부당성을 지적하는 것과 뭉케 즉위의 당위성을 주장하는 것은 별개라고 할 수 있다. 앞에서 인용한 〈忙哥撒兒傳〉의 기사가 보여주듯이 우구데이가 뭉케에 대해서도 '가히 천하를 다스릴 만하다'는 말을 했다는 주장이 나온 것도 이 때문이었을 것이다. 그러나 실상 우구데이가 즉위할 때 뭉케의 나이는 이미 20세를 넘었으니, 그렇게 큰 청년을 '膝下'에 앉게 하고 '머리를 쓰다듬으며' '是可以君天下' 운운했다는 것은 상식적으로 납득하기 힘들며, 이 말이 뭉케 즉위의 논리를 강화하기 위한 '造作'이라는 지적은 타당하다고 하겠다.[62] 또한 후일 쿠빌라이가 아들 진김(Jingim, 眞金)을 '皇太子'로 세우면서 과거 칭기스칸이 우구데이를 後嗣로 미리 지명한 이래 嫡長子를 분명히 세우지 않아 爭端이 벌어지게 되었다는 내용의 玉冊을 내린 것도 우구데이가 자신의 후계자를 분명히 지명하지 않았음을 보여주는 傍證이라고 할 수 있다.[63]

　이와 관련하여 다음과 같은 사실에도 주목할 필요가 있다.《集史》에 의하면 바투가 소집한 쿠릴타이에 참석한 잘라이르部 출신의 엘지기데이(Eljigidei : Ilchidey로도 표기)는 뭉케 지지파에 대하여 다음과 같이 말했다고 한다.

　　당신네들은 (과거에) 모두 決意하여 말하기를 '우구데이 카안의 자손들이 한 덩어리의 고기가 되어 만약 풀밭 속에 말아두면 소가 그 풀을 먹지 않고 기름에 넣어두면 개도 그 기름을 쳐다보지 않을 때까지 우리는 그를 카안으로 받들자'고 하였는데 어째서 오늘 이를 어기는가?[64]

61)《元史》권124〈忙哥撒兒傳〉, p. 3055.
62) 白拉都格其,〈貴由汗卽位的前前後後〉, p. 48.
63)《元史》권115〈裕宗傳〉, p. 2889. "仰惟太祖皇帝遺訓 嫡子中有克嗣服繼統者 豫選定之 是用立太宗英文皇帝 以紹隆丕構 自是厥後 爲不顯立家嫡 遂啓爭端."
64) Rashîd/RK, 14v~15r.

여기서 엘지기데이가 언급한 '決意' — 우구데이 가문에게만 국한되어야 한다는 — 는 구육이 즉위할 때의 일을 가리키는 것으로 보인다. 구육은 쿠릴타이에서 카안의 자리가 "나의 뒤로도 나의 一族(urugh)에게 정해져야 한다"는 것을 조건으로 즉위하였으며, 이에 대해 제왕들은 "너의 자손들 가운데 (누군가가) 기름과 풀에 싸여 개와 소도 그것을 취하지 않으려고 할 정도로 한 덩어리의 고기가 될 때까지 우리는 카안의 자리를 다른 사람에게 주지 않으리라"는 '盟誓(möchelge)'를 했다고 한다.[65]

이에 대하여 뭉케 지지자들은 두 가지 이유를 들어 엘지기데이를 논박하였는데, 하나는 칭기스칸의 일족을 처형할 때는 일족과 상의를 한 뒤에 하라고 지시한 칭기스칸의 '勅令(yâsâ)'을 무시하고 왜 칭기스칸의 막내딸을 처형하였느냐 하는 것과, 다른 하나는 시레문을 후계자로 하라는 우구데이의 명령을 무시하고 구육을 지지하였느냐 하는 것이었다.[66] 이러한 지적에 대해 엘지기데이는 '合當하다'는 반응을 보였다고 하지만, 그의 주장은 카안의 자리가 우구데이 가문에만 국한되어야 한다는 '原則'과 이를 준수하기로 한 제왕들의 '盟誓'를 상기시킨 것이기 때문에, 설사 쿠빌라이(또는 바투)의 말대로 구육의 즉위가 부당한 것이었다고 할 지라도 그것이 곧 그 '原則'의 폐기를 의미하지는 않는다. 따라서 카안의 자리가 우구데이 가문에게만 국한되어야 한다는 '原則' 자체를 문제삼지 않는 한 뭉케의 즉위는 합리화될 수 없는 것이다.

뭉케 즉위시 벌어진 논쟁에서 톨루이 가문은 이러한 '原則'에 대해 확실한 반박의 논리를 제시하지 못했다. 그러나 톨루이 가문이 支配

---

65) Rashîd/RK, 188v ; Rashîd/Boyle, pp. 181~182. '盟誓(mölchege)'에 대해서는 本田實信, 〈モンゴルの誓詞〉, 《モンゴル時代史研究》(東京 : 東京大學出版會, 1991), pp. 53~67 참조.

66) Rashîd/RK, 15r, 166r ; Rashîd/Boyle, p. 121. 이러한 주장을 한 장본인에 대하여 라시드 옷 딘은 처음에는 쿠빌라이 카안이라고 했다가 뒤에서는 바투라고 하여 혼란을 일으키고 있다.

의 正統性을 주장하기 위해서는 결국 이 문제가 해결되지 않으면 안
되었는데, 《秘史》 255절의 내용은 바로 이러한 점에서 매우 흥미롭
다. 여기서 칭기스칸은 우구데이를 자신의 후계자로 지명한 뒤

> 우구데이의 후손이
> 부드러운 풀로 싸놓아도 소에게 아니 먹힐 자가,
> 기름 붙인 살로 싸놓아도 개에게 아니 먹힐 자가 태어나더라도,
> 내 후손 중에 적어도 하나는 훌륭한 자가 태어나지 않겠는가[67]

라고 말했다고 한다. 이 말은 설사 우구데이의 후손들이 무능하게 된
다고 해도 칭기스칸의 다른 자식들의 후손 가운데에서 군주가 될만
한 자가 나오지 않겠는가 하는 뜻으로, 앞에서 인용한 《集史》의 記事
와 매우 흡사하다.
　그러나 이 부분이 조작되었을 가능성은 이미 일찍부터 학자들에
의해 지적되어 왔다. 이미 그루쎄(R. Grousset)가 255절의 신빙성에 대
해 의문을 제기한 바 있었고, 리게티(L. Ligeti)도 254절과 255절에 나
오는 칭기스칸의 후계지명과 관련된 부분이 후대의 竄入(interpolation)
이라고 보았다. 리게티는 그 이유로써 ① 이 부분이 전체 문맥과 동
떨어져 있다, ② 그것에 해당되는 라시드 웃 딘의 설명 가운데 이러
한 언급이 빠져 있다, ③ 《비사》를 문자 그대로 복사해 놓은 롭잔 단
진(bLo-bzan bsTan-'jin)의 《黃金史》(*Altan Tobchi*)에 이 부분이 완전히
빠져 있다는 점을 들었다.[68] 물론 이러한 의심이 근거 없는 것이라고
생각하는 학자들도 있다.[69]
　필자는 《秘史》의 어떤 부분이 어떻게 후대에 조작되었는지 구체적
인 사항을 일일이 밝히는 것은 어렵겠지만 후대의 '修訂'을 받은 것

---

67) 같은 곳.
68) Rachewiltz, "Some Remarks on the Dating of the Secret History of the
　Mongols," *Monumenta Serica*, vol.24(1965), pp. 187～188, pp. 196～197.
69) 같은 곳.

은 틀림없는 사실이라고 생각한다. 그 이유는 무엇보다도 '칸'과 '카안'이라는 칭호의 사용에 의해 입증된다. 여기서 잠시 몽골제국에서 이 두 칭호의 사용에 대해 분석해 보도록 하자. 이미 뻴리오도 지적하였듯이 칭기스칸은 '칸'으로만 불리었을 뿐 '카안'이라고 칭해진 적이 없었고, 몽골의 군주들 가운데 '카안'의 칭호를 처음으로 취한 사람은 우구데이였다.[70] 그의 즉위 직후에 몽골리아를 방문한 주베이니도 즉위식에 참석한 몽골의 諸王들이 우구데이를 "카안이라 이름하였다(Qâ'ân nâm nehâdand)"고 하였지만, 그 뒤를 이은 구육에 대해서는 "구육 칸이라 이름하였다(Giûk Khân nâm nehâdand)"라고 하였다.[71] 이렇듯 '카안'을 처음으로 칭한 사람이 우구데이였고 구육은 다시 '칸'을 칭했기 때문에, 우구데이는 그의 이름이 없이도 단지 '카안'이라는 칭호만으로 표현되기도 하였다. 그 좋은 예가 1246년 敎皇 인노센트 4세에게 보낸 구육의 勅令(페르시아 번역문)으로, 칭기스칸은 'Chingîz Khân'으로 우구데이는 'Qâ'ân'으로만 표기되었고, 그래서 Boyle도 우구데이 사후 얼마 동안 '카안'은 '일종의 諡號(posthumous title)'와 같은 것이었다고 한 것이다.[72]

주베이니는 구육의 뒤를 이은 뭉케에 대하여 '뭉케 카안이라고 이름하였다(Mönkû Qâ'ân nâm nehâdand)'고 하였고, 1257년 작성된 〈釋迦院碑記〉에도 'Möngke Qaghan'이라고 표기되었지만, 최근 발견된 〈少林寺聖旨碑〉 중 1253년 聖旨에서는 'Möngke Qan'이라고도 불리었던 것으로 보아 두 칭호가 혼용되었던 것으로 보인다.[73] 따라서 몽골의 군주들이 '칸'이 아니라 '카안'을 칭하는 관례는 뭉케의 시대에도 완전히 정착된 것이 아님을 알 수 있다. 이와 관련하여 〈少林寺聖旨碑〉 중

---

70) *Notes on Marco Polo*, vol.1(Paris, 1959), p. 302.

71) Juvaynî/Qazvînî, vol.1, p. 148, p. 207 ; Juvaynî/Boyle, vol.1, p. 187, p. 252.

72) J. A. Boyle, "On the Titles given in Juvainí to Certain Mongolian Princes," *Harvard Journal of Asiatic Studies*, vol.19, no.1-2(1956), p. 152.

73) 中村淳·松川節, 〈新發現の蒙漢合璧少林寺聖旨碑〉(《內陸アジア言語の研究》 8號, 1993), p. 32, pp. 63~64.

마지막 두 개의 聖旨는 매우 흥미롭다. 하나는 1268년 쿠빌라이가 내린 것(위구르文)으로 스스로를 '카안(qaghan)'이라 칭하면서 칭기스칸과 우구데이에 대해서는 각기 '칭기스칸과 카안'이라고 불렀고, 또 하나는 1312년 아유르바르와다(Ayurbarwada, 仁宗)의 聖旨(八思巴文)로 역시 자신을 '카안'이라 부르면서 先代의 군주들을 'Jingis Qan' 'Öködei Qân' 'Sečen Qân' 'Külüg Qân'[74] — Qân은 Qa'an에 해당 — 이라고 차례로 名記하고 있다. 여기서 확인할 수 있는 흥미로운 사실은 적어도 쿠빌라이 이후의 시대가 되어서야 비로소 우구데이가 단순히 '카안'이 아니라 '우구데이 카안'이라고 불리게 되었다는 점이다.[75]

이렇게 볼 때 《秘史》에 칭기스칸과 우구데이가 일관되게 '칭기스카한(中合罕)'과 '우구데이 카한(中合罕)'으로 표기되어 있는 것은 쿠빌라이 사후에 정착된 관행을 반영하는 것으로 보아야 할 것이며, 이는 설령 《秘史》 텍스트가 쿠빌라이 이전에 작성된 것이었다고 할지라도, 쿠빌라이 사후 어느 시점에선가 修訂이 가해졌음을 보여주는 증거이다.[76] 그리고 그같은 修訂이 稱號에만 국한되었으리라고 보아야 할 아무런 근거도 없다면, 우구데이 가문을 밀어내고 집권한 톨루이 가문의 正統性을 직접·간접으로 시사하는 기사를 첨가했을 가능성도 배제할 수는 없을 것이다.

물론 필자가 255절의 내용을 조작이라고 단언할 수는 없다. 그러나 만약 칭기스칸이 우구데이 이외의 다른 아들들의 가문에서도 카안이 나올 수 있다는 가능성을 시사하는 발언을 했고 그것이 《秘史》에 기록될 정도로 잘 알려진 것이라면, 어찌해서 뭉케 즉위시 벌어진 논쟁에서 톨루이 가문이 그러한 주장을 하지 않고 엘지기데이의 지적에

---

74) 이들은 각기 칭기스칸, 우구데이, 쿠빌라이(世祖), 테무르(成宗)을 가리킨다.

75) 中村淳·松川節, 〈新發見の蒙漢合璧少林寺聖旨碑〉, pp. 19~20. 해당 비문의 漢文面에서 '(우구데이) 카안'은 '合罕皇帝'로, '우구데이 카안'은 '月闕台皇帝'로 표기되어 있다.

76) 물론 이와는 다른 근거에 의한 것이지만 《秘史》의 成立年代를 1324년 泰定帝 즉위 직후로 본 岡田英弘의 주장에 대해서는 그의 〈元朝秘史の成立〉, 《東洋學報》 66卷 1·2·3·4號 合輯(1985), pp. 157~177를 참조하시오.

대해 쿠빌라이(또는 바투)는 궁색한 논리로 대응한 것일까 하는 의문을 지우기 힘들다. 이것은 결국 위에서 인용한 255절의 구절이 톨루이 가문의 지배가 확정된 뒤에 그것을 합리화하기 위해 추가로 삽입된 것을 방증하는 것이 아닐까. 뭉케의 즉위과정에서 톨루이 가문이 '正統性'이라는 점에서 직면했던 가장 큰 문제가 카안은 우구데이 가문에게만 국한된다는 '原則'이었고, 이 '原則'을 무효화시키는 데 우구데이를 후계자로 지명했던 칭기스칸의 입을 빌리는 것만큼 효과적인 것이 없다는 사실은 누구의 눈에도 분명하지 않은가.

이상에서 구육의 즉위에 관한 사정을 기록한 《元史》와 《集史》는 모두 그를 父王의 '遺命'을 어긴 不義한 簒奪者로 묘사하고 있지만 사실 그 역사적 근거는 희박하다는 사실을 확인할 수 있었다. 이들 자료가 주장하는 것처럼 우구데이가 시레문을 자신의 후계자로 지명한 '勅令'이나 '旨'가 있었던 것이 아니라, 우구데이가 생전에 시레문의 德性을 칭찬한 발언이 구육 사후 시레문을 옹립하려는 측에서 그것을 마치 공식적으로 後繼者를 指名하고 宣布한 것인 양 과장하였고, 뭉케 지지파는 그들의 주장을 이용하여 도리어 구육 즉위의 부당성을 내세우면서 우구데이 가문에 대한 공격의 도구로 삼은 것이었다. 그리고 후일 톨루이 가문은 《秘史》 255절의 내용을 改竄하여 칭기스칸의 입을 통해 카안의 자리가 반드시 우구데이 가문에만 국한될 필요는 없다는 암시를 던지게 함으로써 사신들의 시배를 합리화하려고 했던 것으로 보인다.

Ⅳ. 구육의 統治와 죽음

구육이 즉위한 지 두세 달 뒤 母后 투레게네가 사망하였고 이로써 구육의 親政이 시작되었다. 그러나 그의 통치는 먼저 母后攝政의 잔재에 대한 청산에서부터 시작되지 않으면 안되었다. 우구데이는 정복

지역에 대한 통치에서 諸王들의 간섭을 가능하면 배제하려고 하였고, 이를 위해 카안에 직속하는 관리들을 파견하였다. 북중국에는 耶律楚材를 임명하였다가 1240년에는 압둘 라흐만('Abd al-Raḥmān)으로 대치하였다. 그가 죽기 직전인 1241년 말에는 중앙아시아에서 차가다이와 갈등을 일으켰던 마흐무드 얄라바치(Maḥmûd Yalavach)를 북중국 최고책임자로 임명하고, 얄라바치의 후임으로는 그의 아들 마스우드 벡(Mas'ûd Beg)을 임명하였다. 또한 1230년대에 들어가 후라산과 마잔다란 지역에 대한 군사적 통제력이 확립된 뒤 친 테무르(Chin Temür)를 책임자로 임명하였으나, 1235~36년 그가 사망한 뒤에는 쿠르구즈(Körgüz)를 그 후임으로 임명하였다. 그리고 이 세 지역을 포함하여 제국 전역의 행정은 친카이(Chinqai)에게 위임하였다.[77]

우구데이가 죽은 뒤 투레게네는 이들 모두를 제거하기 시작하였다. 라시드 웃 딘에 의하면 그녀는 이란 출신 파티마(Fâṭima)라는 여자의 조언을 따라 먼저 '大宰相(vazîr-i bozorg)'이었던 친카이와 '長官(ṣâḥib-i dîvânî)'이었던 얄라바치를 체포하라고 지시하였다. 그러나 이 둘은 모두 우구데이의 二子인 쿠텐(Köten) — 구육의 異母弟 — 에게 피신하였고 쿠텐은 투레게네의 집요한 요청에도 불구하고 이들에 대한 처벌은 카안을 선출하는 쿠릴타이에서 결정되어야 한다고 하면서 그들을 보호해 주었다. 얄라바치의 아들 마스우드도 사태의 심각함을 우려하여 미리 바투에게로 도망갔으나, 쿠르구즈는 후라산에서 체포되어 몽골리아로 끌려와 처형되고 말았다. 얄라바치의 후임으로는 압둘 라흐만이 다시 임명되었다. 투레게네의 이러한 조치에 대해 라시드 웃 딘은 그녀가 우구데이 카안의 치세에 중요한 사무를 담당하였던 수령과 고관들을 해직하고 그들 대신 한 무리의 바보들을 임명하였다고 혹평하였다.[78]

---

77) 우구데이 치세에 행정관료로 임명된 이들의 경력에 대해서는 I. de Rachewiltz 등이 편집한 *In the Service of the Khan : Eminent Personalities of the Early Mongol-Yüan Period*(Wiesbaden : Otto Harrassowitz, 1993), pp. 95~111, pp. 122~130을 참조하시오.

주베이니는 구육이 즉위 직후에 취한 일련의 조치들을 소개하였는데 그것을 순서대로 정리하면 다음과 같다.[79]

① 우구데이 死後 諸王들이 발행한 勅令과 牌子를 회수.
② 중앙과 지방의 大官들을 임명.
③ 옷치긴을 재판에 회부하여 處刑.
④ 차가다이 울루스의 후계자를 새로 指名.
⑤ 중국과 서아시아로 새로운 원정군을 파견.

위에서 열거한 새로운 조치들은 대체로 부왕 우구데이의 통치와 연속성을 보여주면서, 제왕의 권한을 제한하고 카안의 권력을 강화시키는 내용을 갖고 있다. 예를 들어 구육이 父王 死後 발행된 모든 勅令(yarligh)과 牌子(paiza)의 回收를 지시한 것은 母后 監國期에 母后 투레게네는 물론 다른 諸王들에 의한 결정들 — 예를 들어 官吏의 임명, 恩賞의 사여 등 — 을 모두 무효화시킨다는 것을 의미하였다. 아울러 父王의 法令(yâsâ)과 父王의 印章(al-tamghâ)이 찍혀진 勅令(yarlîgh)은 구육 자신의 의견을 물을 필요도 없이 그 위에 다시 자신의 印章을 찍어 통용토록 하라고 하였는데,[80] 이는 자신의 통치가 우구데이의 통치를 그대로 계승한다는 사실을 과시하기 위함이었던 것으로 보인다.

우구데이 통치와의 연속성은 中央과 地方의 大臣任命에서도 잘 드러난다. 구육은 먼저 투레게네 監國期에 그녀의 총애를 받아 정치에 간섭하던 이란 출신의 파티마(Fâṭima)와 權臣 압둘 라흐만을 처형시키고, 母后에 의해 배제된 舊臣들을 하나씩 복권시키기 시작하였다. 쿠텐에게 피신하여 보호를 받던 친카이와 얄라바치를 불러들였고 바

---

78) Rashîd/RK, 182v ; Rashîd/Boyle, pp. 176~177.
79) Juvaynî/Boyle, pp. 255~260. 라시드 웃 딘은 주베이니의 기록을 거의 그대로 옮겼으나 약간의 디테일을 추가하였다. Rashîd/Boyle, pp. 182~184 참조.
80) Juvaynî/Qazvînî, p. 211 ; Juvaynî/Boyle, pp. 255~256 ; Rashîd/RK, 184r ; Rashîd/ Boyle, pp. 182~183.

투에게 도망쳤던 마스우드도 돌아오게 하였다. 카르피니의 증언에 의
하면 당시 구육을 돕는 궁정의 대신들 가운데 제국의 행정 전체를
관장하는 '長官(procurator)' 카닥(Qadaq), 그리고 카안의 칙령을 작성하
고 집행하는 '書記(protonotary)' 친카이와 발라(Bala)가 있었다.[81] 이는
그가 휴대하고 돌아온 교황에게 보낸 구육의 페르시아문 勅令書에서
도 확인되는데, 거기에 카닥의 職名은 자르구치(jarghuchi, 斷事官)로,
발라의 직명은 비체치(bichechi, 書記)로 기록되어 있었다.[82] 《元史》는
구육이 즉위와 함께 친카이를 '先朝舊臣'이라고 하여 '中書右丞相'에
임명했다고 하였다.[83]

또한 구육은 카안의 직할령을 제외한 나머지 정복지역을 크게 셋
으로 나누어 북중국(Khitâî)은 얄라바치에게, 중앙아시아(Turkistân과
Mâwarâ' al-Nahr)는 마스우드에게, 서아시아(Khurâsân, 'Irâq, Âzerbayjân,
Shîrvân, Lûr, Kirmân, Garjistân)는 아르군(Arghun)에게 위임하였고, 카
안에 臣從의 뜻을 표시한 토착수령들에게도 勅令과 牌子를 발급하고
위의 세 지역의 지방장관들의 통제를 받도록 하였다.[84] 이처럼 정복
지를 三分하여 통치하는 체제는 정복지에 대한 제왕들의 간섭을 배
제하고 카안 자신이 代官을 통해 직접적인 통치력을 장악하려는 의
도를 지닌 것으로써 이미 우구데이 말년에 나타나기 시작하였고 구
육은 이를 계승·확립시켰다고 할 수 있다. 후일 뭉케가 燕京等處行尙
書省, 別失八里等處行尙書省, 阿母河等處行尙書省의 설치를 지시한
것도 사실은 구육의 정책을 계승한 것이었다.

구육의 이같은 集權化政策이 성공하기 위해서는 左·右翼 諸王들에
대한 통제의 강화가 병행되어야 했다. 이렇게 볼 때 숙부 옷치긴의
처형은 우구데이 사후 帝位를 탈취하기 위해 用兵한 것에 대한 응징

---

81) Dawson, *Mission to Asia*, pp. 66~67.
82) *In the Service of the Khan*, pp. 107~108, p. 111.
83) 〈鎭海傳〉, p. 2964.
84) Juvaynî/Qazvînî, p. 212 ; Juvaynî/Boyle, pp. 257~258 ; Rashîd/RK, 184r ; Rashîd/
　　Boyle, pp. 183~184.

이기도 했지만 左翼 最强의 諸王을 제거한다는 의미도 지녔다고 할 수 있다. 《集史》가 전하듯이 칭기스칸 사망 직전 分民된 숫자를 보면 주치·차가다이·우구데이 등 右翼 諸子는 4천 명씩 동일한 수의 兵士들을 분배받았지만, 카사르(Qasar)·카치운(Qachi'un)·옷치긴 등 左翼 諸弟는 각각 1천·3천·8천 명의 兵士를 받았다. 옷치긴이 이처럼 많은 수의 병사를 받은 것은 父의 텐트에 끝까지 남아 火爐를 지키기 때문에 otchigin 즉 '爐主'라고 불리던 末子에 대한 몽골인들의 특수한 관념 때문이었고, 톨루이가 칭기스칸의 末子로써 10만 1천 명의 병사를 받은 것도 그 때문이었다. 우구데이는 카안으로 즉위한 뒤 칭기스칸의 親衛兵 1만 명과 톨루이에게 분배된 '本營의 百姓(ghol-un ulus)'을 자신의 것으로 취하였기 때문에,[85] 카안을 제외하고 가장 많은 유목민(병사)을 보유한 사람은 옷치긴인 셈이었다.

따라서 이미 구육 이전에도 우구데이가 옷치긴의 세력을 축소시키려고 노력한 것은 당연하다고 할 수 있다. 그가 킵착·러시아나 서아시아에 대한 원정에서 東道諸王들을 완전히 배제시킨 것은 지리적으로 이들의 근거지가 몽골초원 以東이었기 때문에 그렇다고 하더라도, 北中國이나 遼東과 高麗에 대한 원정에서조차 옷치긴을 소외시킨 것은 그러한 의도가 없었다면 이해하기 어렵다. 金國정벌은 우구데이 자신이 직접 지휘하고 皇子 구육, 皇弟 톨루이와 그의 아들 뭉케 등이 참여하였고, 東道諸王들 가운데에서는 가치운의 아들 일치다이(Alchidai, 按赤帶), 벨구테이의 아들 구운 부카(Gü'ün Buqa, 口溫不花) 등이 참여했을 뿐이었다.[86] 우구데이 자신이 몽골로 돌아간 뒤 북중국에 대한 통수권은 皇子 쿠추(Köchü)와 將軍 쿠투쿠(Qutuqu, 胡土虎)에게 위임하였다.[87] 뿐만 아니라 遼東지역에 반거하던 浦鮮萬奴에 대

---

85) 《秘史》 270절.
86) 《元史》 〈太宗紀〉, p. 30 ; 〈按扎兒傳〉, p. 3007 ; 〈按竺邇傳〉, p. 2983. 蔡州로 도주한 금의 황제를 추적했던 塔察兒(Taghachar)는 옷치긴의 아들과 同名異人이다 (〈塔察兒傳〉, pp. 2952~2953).
87) 《元史》 〈太宗紀〉, p. 32, p. 34.

한 征伐도 구육과 알치다이가 맡았고,[88] 高麗에 대한 원정은 잘라이르部의 사르타이(撒禮塔, Sartai)가 담당하였다.[89]

金이 멸망한 뒤 1236(丙申)년에 실시한 分民에서도 옷치긴에 대한 차별대우가 보인다. 丙申年 分民의 일차적 기준은 '舊數' 또는 '舊兵'의 '多寡,' 즉 칭기스칸에 의해 분배받아 보유하던 戶民·兵士의 숫자에 있었고, 여기에 '戰功'이 참작되었던 것으로 보인다.[90] 칭기스칸에 의해 각기 4천 명을 받았던 주치, 차가다이, 쿨겐이 丙申年에 모두 4만여 호라는 비슷한 수를 받은 사실도 이를 입증한다. 칭기스칸의 諸弟의 家門도 分民을 받았는데 카사르의 아들 예쿠(Yekü, 也苦)는 2만 4493호, 카치운의 아들 알치다이는 5만 5200호, 옷치긴은 6만 2156호, 벨구테이는 1만 1603호를 받았다. 물론 옷치긴의 분민이 절대적인 숫자에서는 가장 많은 셈이지만, 카사르·카치운·옷치긴의 '舊數'나 '舊兵'의 비율이 1 : 3 : 8인 것에 비해 丙申年 分民의 비율은 1 : 2.3 : 2.5에 불과하였다. 반면 우구데이는 자신의 아들 구육과 쿠텐에게 6만 8593호와 4만 7741호를 각각 나누어 주었다.[91]

뿐만 아니라 우구데이는 옷치긴의 권위를 철저히 짓밟아버린 조치를 취하기도 하였다. 주베이니가 전하는 바에 따르면 某千戶 휘하의 부족민 사이에 카안이 그 부족의 여자들을 강제로 다른 사람들과 혼인하도록 칙령을 내릴 것이라는 '所聞'이 퍼져, 이에 놀란 부족민들이 딸들을 미리 부족의 다른 남자들에게 혼인시켜 버렸다. 이 소식을 듣고 분노한 우구데이는 그 부족에서 7살 이상 된 여자들을 모두 소집해 놓고 먼저 首領들의 딸들을 그 자리에 참석한 남자들에게 강제로 범하게 하고, 나머지 여자들은 後宮이나 대소 관리들의 妻妾으로 또는 遊廓이나 客舍로 보내졌으며, 그래도 남은 여자들은 그 자리에 있

---

88) 《元史》〈太宗紀〉, p. 34 ;〈買奴傳〉, p. 3530 ;〈王榮祖傳〉, p. 3536.

89) 《元史》〈太宗紀〉, pp. 31~32 ;〈王榮祖傳〉, pp. 3536~3537.

90) 《元史》〈畏答兒傳〉, p. 2988.

91) 《元史》 권95 〈食貨志·三 歲賜〉, pp. 2412~2416.

던 사람들에게 원하는 대로 취해 데리고 가도록 하였다.[92]

라시드 웃 딘도 이 참혹한 일화를 그대로 옮기면서 "몽골 부족들 가운데 어떤 부족"이라고만 했을 뿐 그 부족의 이름은 摘示하지 못 했다. 다만 일부《征服者史》와《集史》의 일부 사본에는 'Oirat'로 되어 있어 Boyle 역시 이를 그대로 받아들였다.[93] 그러나《元史》〈太宗 紀〉의 丁酉年 六月條에 "左翼諸部訛言括民女"라는 기사가 보이며,[94] 이것이 주베이니가 언급한 바 某部族 사이에 퍼졌던 '所聞'을 말하는 것이 아닌가 의심을 갖게 한다. 그리고 이러한 의심은《秘史》281절 을 통해 다시 한 번 확인된다. 즉 우구데이는 자신의 통치에서 네 가지 잘한 일과 네 가지 못한 일을 열거하였는데, 그 가운데 "법도 없이 여인의 말을 들어, 옷치긴 숙부의 나라에서 처녀들을 데려오게 하는 실수가 있었다. 나라의 주인, 카안이면서 법도 없이 부끄러운 일에 관계한 나의 한 가지 잘못은 이것이었다."라는 대목이 있다. 이 것은 앞에서 소개한 무슬림측 자료에 나오는 某部族, 그리고《元史》 의 '左翼諸部'가 구체적으로는 옷치긴 울루스를 지칭한 것임을 보여 준다.

이처럼 우구데이 치세에 옷치긴은 征服戰의 參與는 물론 丙申年 分民과 무자비한 民女括索에 이르기까지 상당한 견제를 받았음이 판 명되었다. 이러한 맥락에서 볼 때 우구데이 사후 옷치긴이 군대를 이 끌고 西進한 것도 帝位의 장악이라는 현상 이면에 그동안 제국의 운 영에서 자신을 소외시킨 우구데이 및 그를 둘러싼 집권세력에 대한 반발이 있었던 것이 아닌가 하는 추측도 가능하며, 구육이 즉위 직후 톨루이家의 뭉케와 주치家의 오르다로 하여금 옷치긴의 죄과를 심사 하여 처형시킨 것 역시 奪權企圖에 대한 보복인 동시에 우구데이 이 래 추진되어 온 옷치긴 세력의 축소를 통해 左翼에 대한 통제력을

---

92) Juvaynî/Qazvînî, pp. 190~191 ; Juvaynî/Boyle, pp. 235~236.
93) Rashîd/RK, 155r ; Rashîd/Boyle, p. 93.
94)〈太宗紀〉, p. 35.

강화시키려는 의도에서 비롯된 것으로 볼 수 있다.

구육이 차가다이 울루스의 후계자를 지명한 것도 이러한 集權化의 일환으로 이해된다. 차가다이는 우구데이보다 7개월 앞서 사망하였고 자신의 후계로 바미얀에서 전사한 장자 무에투켄(Mö'etüken)의 아들 카라 훌레구(Qara Hülegü)를 지명했으나, 구육은 "아들이 있는데 어떻게 손자가 후계자가 될 수 있겠는가?"라고 하면서 자신과 친분이 두터운 예수 뭉케(Yesü Möngke)를 새로운 후계자로 지명했다고 한다.[95]

諸王들의 세력을 견제하고 중앙권력을 강화하려는 구육의 정책은 대외정복전에서도 발견된다. 그는 중국과 중동으로 원정군을 파견하였는데 전임 우구데이나 후임 뭉케 시대의 원정과 다른 점이 있다는 사실에 주목할 필요가 있다. 우구데이는 킵착·러시아나 중국으로 원정군을 파견할 때 軍의 統帥權은 諸王들에게 주었고 다만 장군들의 조언을 받도록 할 뿐이었다. 뭉케의 경우에도 이는 마찬가지였다. 그러나 구육은 중국원정의 책임을 수베데이와 차간(Chaghan, 察罕)에게 맡겼고 중동원정의 책임은 엘지기데이와 초르마군(Chormaghun)에게 위임하여 諸王들이 주도적인 역할을 할 수 없게 하였다.[96] 킵착원정에서 바투의 실책을 목격한 그가 정복전쟁의 수행에서 제왕들보다는 실전의 경험이 많은 장군들이 더 나으리라는 판단도 있었을지 모르겠지만, 정복전이 끝난 뒤 정복지역에 대한 諸王들의 영향력 발휘를 사전에 차단하기 위한 정치적 계산이 깔려 있었던 것이 아닐까 하는 추측도 가능할 것이다.

흥미있는 사실은 칭기스칸 이래 金·南宋과의 전쟁에서 중요한 역할을 하던 五部族 — 잘라이르(Jalair), 우루우트(Uru'ut), 망우트(Mangut), 옹기라트(Ongghirat), 이키레스(Ikires) — 과의 관계이다. 쿠빌라이 시대에 옷치긴家의 後王인 나얀(Nayan, 乃顏)이 반란을 일으켰을 때 망우

95) Juvaynî/Qazvînî,   p. 210 ; Juvaynî/Boyle,   p. 255 ; Rashîd/RK,   184r ; Rashîd/Boyle, p. 182.

96) Juvaynî/Qazvînî, p. 211 ; Juvaynî/Boyle, p. 256 ; Rashîd/Roshan, p. 807 ; Rashîd/Boyle, p. 183 ;《元史》〈定宗紀〉, p. 39.

트部의 보로울(Boro'ul, 博羅歡)이 "과거 太祖가 東諸侯들에게 그 土地
와 民戶를 分封한 것을 臣은 모두 알고 있습니다. 20을 기준으로 할
때 나얀이 그 중 9를 얻었다면 망우트·우루우트·잘라이르·옹기라트·
이키레스의 五諸侯는 그 중 11을 얻었습니다. 五諸侯의 兵士들만 징
집하여도 충분히 감당할 수 있습니다."[97]라고 하였듯이, 몽골제국의
동부지역에서 웃치긴과 五部族의 세력은 막강한 것이었다.《集史》에
기록된 千戶의 數를 살펴보면 左翼을 구성한 65개의 千戶 가운데 五
部族의 千戶가 25개에 이르고 이 가운데 잘라이르 7, 우루우트 4, 망
우트 2, 이키레스 3, 옹기라트 9 등이었다.[98] 수적으로는 옹기라트가
가장 많았지만 이는 칭기스칸 일족과 혼인관계를 갖는 駙馬族이라는
특수한 조건 때문이었고, 사실 잘라이르부가 주도적인 역할을 하였음
은 칭기스칸이 잘라이르부의 수령 무칼리(Muqali)에게 '國王'의 칭호
를 주어 자신이 서방원정을 하는 동안 金國經略의 통수권을 부여한
데에서도 알 수 있다.

　그러면 우구데이 치세에 잘라이르部를 장악하던 무칼리 國王家의
역할은 어떠했는가. 國王位를 계승한 무칼리의 아들 보로울(Boro'ul,
孛魯)은 우구데이가 즉위하기 전해(1228년)에 사망하였고,[99] 그 아들
타쉬(Tash, 塔思) — 일명 칠라운(Chila'un, 査剌溫) — 는 우구데이 말년
인 1239년에 28세의 나이로 죽었다. 國王位는 그의 동생인 수군차르
(Sughunchar, 速渾察)가 물려받아 中都行省의 蒙古·漢軍의 사무를 總
括하였고, 아울러 다른 행성의 監鎭事務에도 간여하였던 것으로 보인
다.[100] 이처럼 무칼리家는 國王位를 繼襲하면서 북중국에서의 중책을
담당했다고 볼 수 있다.[101]

---

97)《元史》권121〈博羅歡傳〉, p. 2990.
98) 本田實信,〈チンギス·ハンの千戶制〉,《モンゴル時代史研究》(東京 : 東京大學出版會,
　　1991), pp. 17~40.
99)《集史》(Rashîd/RK, 14r)에는 Bôghôl이라는 이름으로 표기되어 있는데, 그가 우
　　구데이 치세에 무할리의 후임 國王이었다는 것은 오류이다.
100)《元史》권119〈木華黎等傳〉, pp. 2936~2940.
101) 무칼리家에 대해서는 蕭啓慶,〈元代四大蒙古家族〉,《元代史新探》(臺北 : 新文豊

그러나 주목해야 할 사실은 같은 잘라이르部 출신이었던 엘지기데이의 급속한 浮上이다. 우구데이는 즉위 후 "모든 노얀(noyan)들은 엘지기데이를 선임자로 하여 그의 말대로 행하라"는 칙령을 내렸다.[102] 1230년 겨울 潞州를 포위한 武仙을 공격하기 위해 우구데이는 萬戶 因只吉台와 塔思를 보내어 潞州를 탈환하였는데,[103] 여기서 萬戶 因只吉台가 엘지기데이를 지칭한다는 것은 분명하다. 따라서 무칼리家의 國王 塔思가 그의 휘하에 있었고 과거와 같이 五部族의 代表로서 북중국 작전을 총괄하는 지위는 더 이상 차지하지 못했음을 알 수 있다. 우구데이는 金國親征을 마치고 귀환한 뒤 對南宋戰의 통수권을 皇子 쿠추(曲出)와 쿠투쿠(胡土虎)에게 위임하였다.[104] 구육이 즉위한 뒤에도 무칼리家의 처지는 호전되지 않았다. 앞에서도 서술하였듯이 그는 南宋과의 전쟁에 수베데이와 차간을 보냈기 때문이다.

이상에서 구육이 즉위 후에 취한 일련의 조치들의 내용과 그 의미를 살펴보았는데, 그의 親政이 비록 2년도 채 안되는 짧은 것이긴 하였지만 그래도 거기서 일관된 志向을 발견할 수는 있었고, 이 점에서 구육이 몽골리아에서 王權을 강화하기 위한 가능한 모든 조치를 취했고 그것이 영향력 있는 많은 諸王과 부족장들을 자극했을 것이라고 한 Vernadsky의 지적에 필자는 동감한다.[105] 우구데이는 칭기스칸 분봉시 가장 많은 부분을 받은 톨루이로부터 그 휘하의 유목민을 대부분 흡수함으로써 그 세력기반을 약화시켰고, 左翼諸部 특히 그 중에서도 가장 강력한 옷치긴의 영향력을 위축시키는 여러 조치를 취하였다. 구육은 이러한 父王의 정책을 계승하였을 뿐만 아니라 이를 더욱 강화하여 즉위 직후 옷치긴을 제거함은 물론, 차가다이 울루스의 대표로는 자신이 영향력을 행사할 수 있는 인물을 세웠다. 또한

出版公司, 1983), pp. 141~230 참조.

102)《秘史》278절.

103)《元史》권119〈塔思傳〉, p. 2938.

104)《元史》권2〈太宗本紀〉, p. 34.

105) *The Mongols and Russia*, p. 65.

옷치긴과 함께 강력한 군사력을 擁有하던 五部族, 특히 그 대표격인 잘라이르部를 지배하던 무칼리 國王家를 견제하기 위해 그들의 군통수권을 대폭 제한하였고 이를 위해 같은 잘라이르 부족이면서 자기의 心腹인 엘지기데이를 重用하였다. 이와 함께 구육은 중동과 중국으로 파견된 원정군의 통수권을 諸王이 아니라 자신의 近臣들에게 부여함으로써 諸王들의 세력성장을 견제하였던 것이다. 결국 구육의 이러한 정책은 그의 급작스러운 사망 이후 다수의 몽골귀족들로 하여금 뭉케 지지로 돌아서게 한 중요한 원인이 되었다.

구육은 1247년 가을 '西巡'을 시작하여 그 다음해 봄에는 베시발릭 (Beshbaligh)에서 일주일 旅程에 위치한 우룽구 하반의 쿰 셍기르에 도착하였다가 그곳에서 갑작스런 죽음을 맞고 말았다. 구육의 西進에 대해서는 바투를 공격하기 위한 것이 그 목적이었다고 보는 것이 일반적인 견해이며,[106] 그 근거로서 뭉케의 모친인 소르칵타니 베키가 바투에게 은밀히 사신을 보내 구육의 西進이 '某種의 詭計(khadîʿatî)'가 있을지도 모른다고 경고하였다는 《集史》의 기록,[107] 구육이 60만 명의 대군을 이끌고 西進하자 바투도 이에 대응하여 군사를 이끌고 동진하였다는 'Umarî의 기록,[108] 그리고 구육이 '西方世界'에 대한 원정을 준비하고 있었다는 카르피니의 증언[109]과 "과거에 定宗皇帝가 拔都王을 정벌하려 했다"는 '古事'를 기록한 〈拜土元帥出使事實〉의 구절[110] 등이 제시되고 있다.

필자는 이러한 지적들이 당시 구육의 西進을 바투를 치기 위한 것으로 보는 '충분한' 근거는 아니라고 생각한다. 우선 구육의 西進과 관련된 《集史》의 기사는 주베이니의 《征服者史》에 크게 의존하고 있

---

106) Barthold, *Turkestan down to the Mongol Invasion,* p. 478 ;《元朝史》上, p. 199 ; 楊志玖,〈定宗征拔都〉,《元史三論》(北京 : 人民出版社, 1985), pp. 67~76 등 참조.
107) Rashîd/RK, 166r ; Rashîd/Boyle, p. 120.
108) 'Umarî/Lech, p. 101.
109) Dawson, *Mission to Asia,* p. 65.
110) 《淸容居士集》(四部叢刊初編) 권34.

음에도 불구하고,《征服者史》에는 소르칵타니 베키의 警告에 대해 아무런 언급도 없다는 점이 이상하다.[111] 또한 앞에서도 언급했듯이 우마리는 맘룩朝의 史家로서 주치 울루스와 연맹관계에 있었기 때문에 그의 글이 바투측의 입장을 반영했을 가능성도 생각할 필요가 있다. 나아가 카르피니가 말하는 '西方世界'는 문맥상 굳이 바투를 지칭하는 것으로 보아야 할 이유가 없고, 앞에서 인용한 중국측 기사 역시 쿠빌라이 시대(至元 29년)의 일이기 때문에 후대에 元朝의 몽골귀족들 사이에 유포된 고정관념의 반영일 수 있는 것이다.

그렇다면 구육은 무엇 때문에 西進한 것일까.《元史》에 의하면 그는 즉위 다음해인 1247년 8월 '노얀들 가운데 선임자'인 엘지기데이로 하여금 초르마군 휘하의 군대를 이끌고 '征西'를 지시하였고, 같은 달에 '蒙古人戶每百以一名充拔都魯'하라는 조칙을 내렸는데,[112] 여기서 '拔都魯'란 ba'atur 즉 '勇士'를 뜻하는 것으로 100戶에 1명씩 戰士를 차출한 셈이다. 그 해 10월에 '括人戶'했다는 기사가 보이는데 이것도 역시 새로운 병력의 차출과 관련된 조치가 아니었나 추측된다. 이와 유사한 기록이 주베이니의 글에서도 보인다. 즉 구육은 엘지기데이에게 大軍을 주어 서방으로 파견하면서 제왕들에게 열 명에 두 명을 차출하여 원정에 同參하라고 하였고, 아울러 타직(Tajik)인들도 10명에 2명씩 차출하여 그를 도와 시어파 '暗殺者團(Mullaḥida)'을 공격하라는 명령을 내렸다고 한다.[113]

이처럼《元史》와《征服者史》는 구육이 서아시아 원정을 준비하기 위하여 兵力을 徵發했음을 입증하고 있다. 그렇다면 구육의 '西進'도 그렇게 해서 준비되고 계획된 서아시아 원정으로 보아야 하지 않을까. 우리는 이 의문에 대한 직접적인 해답을 주베이니의 글 속에서,

---

111) Cf. Juvaynî/Boyle, vol.1, pp. 260~261과 Boyle의 주.

112)《元史》권2〈定宗紀〉, p. 39.

113) Juvaynî/Qazvînî, pp. 211~212 ; Juvaynî/Boyle, p. 256 ; Rashîd/RK, 184v ; Rashîd/Boyle, p. 183.

그리고 그것을 그대로 옮긴 라시드 웃 딘의 글 속에서 발견할 수 있다. 즉 구육은 엘지기데이로 하여금 大軍과 함께 '西方'으로 출정시키고 필요한 병력의 징발을 명령한 뒤 "자신이 그의 뒤를 따라 진군하기로 결의하였다"고 한 것이다.[114] 구육이 바그다드의 칼리프에게도 '脅迫과 威脅'의 내용이 담긴 서한을 보냈다는 기록이 있는 것으로 보아, 그의 西進은 '암살자단'과 칼리프를 복속시키기 위한 서아시아 원정이 목적이었던 것으로 이해하는 것이 順理일 것이다. 만약 구육이 바투를 칠 생각이 있었다면 엘지기데이에게 많은 병력을 주어 서아시아로 파견한 것은 매우 이해하기 힘든 처사이며, 그것은 바투와의 전쟁을 目前에 두고 다른 곳에서 또다른 전쟁을 벌인다는 것은 지극히 비상식적인 일이기 때문이다. 따라서 바투가 군대를 이끌고 알라 토그라우(阿剌脫忽剌兀, Ala Toghra'u)에 왔던 것도 실은 구육에 대항하기 위해서라기보다는 서아시아 원정을 위해 제왕들의 병력징발을 요구한 구육의 명령에 따른 것으로 보아야 옳지 않을까.

나아가 1253~1255년 몽골리아를 방문했던 프란체스코會 수도사인 루브룩(William Rubruck)은 "그(구육)가 바투를 召喚하여 그에게로 와서 충성을 표시하라고 하였고, 바투는 거창하게 차려 떠났다. 그러나 그와 그의 무리들은 매우 두려워하여 Scican(Shiban)이라는 이름의 한 동생을 먼저 보냈다"라는 기록을 남기고 있다.[115] 이 구설은 西征에 오른 구육이 대킨의 자격으로 바투를 召喚했음을 분명히 보여주며, 바투가 東進한 것은 이 召喚에 응한 것에 불과했음을 입증한다. 따라서 이러한 내용의 사건에 대해 마치 양측이 서로 一戰을 불사할 양으로 군대를 이끌고 동에서 서로 또 서에서 동으로 이동했다는 해석은 후일 뭉케에 버금가는 실력자가 된 바투의 위상을 과대평가한 데에서 비롯된 것이 아닐까 하는 생각도 든다. 구육의 치세에 몽골리

---

114) 같은 곳.
115) *The Mission of Friar William of Rubruck*,(tr. by P. Jackson, London : The Hakluyt Society, 1990), p. 167.

아를 방문한 카르피니는 대칸의 권위와 명령이 얼마나 지엄한 것인
지 "그가 어떠한 명령을 내리건 언제 어디서건, 전쟁터로 보내든 삶
과 죽음으로 보내건, 그들은 한마디 반대도 없이 순종한다"고 기록하
였다.[116] 그같은 분위기에서 바투가 대칸 구육에 대항하여 군대를 이
끌고 온다는 것은 상상하기 어려운 일이라고 할 수 있다.

구육의 죽음으로 서아시아 원정은 불발로 끝나고 말았지만, 주지하
듯이 그 뒤를 이은 뭉케가 동생 훌레구를 보내 그 과업을 완수하였
다. 구육의 죽음의 원인에 대해서는 역시 루브룩의 증언이 당시의 추
측들을 가장 직접적으로 전해 주고 있다. 그는 미리 몽골에 와 있던
앤드류 수도사의 말을 인용하여 구육이 어떤 약을 먹고 죽었는데 그
것이 바투에 의한 毒殺일 가능성을 전하였다. 그러나 루브룩 자신은
구육의 죽음에 관한 또다른 이야기를 들었다. 그것은 앞에서 언급했
듯이 구육의 소환령을 받은 바투가 겁을 먹고 미리 보낸 그의 동생
시반이 구육과 다투다가 서로 擊殺하였다는 것이다.[117]

우리가 현재 구육의 죽음에 대한 사태의 진상을 확인하기는 힘들
다. 그러나 구육의 급작스런 죽음이 바투와 연관되어 있을지도 모른
다는 의혹이 강하게 제기될 정도로 바투와 구육의 불화는 그 당시에
도 공공연한 사실이었다. 따라서 앞에서 논증했듯이 구육의 '西進'이
비록 서아시아를 원정하기 위한 것이었고 바투의 소환도 실은 이에
동참을 요구한 것이었으나, 구육이 그러한 기회를 이용하여 바투를
제거하려는 생각을 가졌을 가능성도 충분히 있다. 왜냐하면 앞에서도
고찰하였듯이 諸王의 권한을 축소시키고 중앙권력의 강화를 꾀했던
구육이 넘어야 할 마지막 걸림돌이 바투였기 때문이었다. 따라서 구
육의 西進消息과 召喚令을 접한 바투가 그의 眞意에 대해 의구심을
가졌던 것은 당연한 일이었고 ―《集史》의 기록처럼 이 의심이 소르

---

116) *Mission to Asia*, pp. 27~28.
117) Dawson, *Mission to Asia*, p. 147 ; *The Mission of Friar William of Rubruck*,
    pp. 167~168.

칵타니의 귀띔에 의한 것인지는 알 수 없으나─동생 시반을 먼저 보낸 것도 구육의 眞意를 확인해 보기 위함이었을 것이다.

그러나 구육은 毒殺이든 打殺이든 아니면 病死든 급작스럽게 죽고 말았고 이로써 바투는 새로운 카안의 선출을 통해 자신의 정치적 독립을 보장받을 수 있는 길이 열리게 된 것이다. 따라서 바투가 뭉케를 지명한 것은 뭉케가 가장 '有能'하다거나 가장 '適法'했기 때문이라기보다는 그의 정치적 지위를 위협할 만한 힘이 없었기 때문이라고 볼 수 있다. 톨루이 가문은 우구데이의 즉위와 함께 몽골본지의 屬民들이 카안에 의해 회수되어 버렸기 때문에 四子家門 가운데에서 가장 미약한 존재가 되어 버린 상태였다. 우구데이와 구육에 의해 억압되어 온 左翼의 領袖 옷치긴 가문이 뭉케를 지지한 것도 이 때문이었을 것이고, 五部族의 居首였던 잘라이르部의 무칼리 國王家가 우구데이 가문을 위해 盡力하지 않은 것도 구육의 집권화 정책에 대한 반감의 표현이었던 것으로 보인다. 반면 구육 사후 우구데이 가문은 일치된 후보자를 내세우지 못하고 분열하면서 失機하고 말았던 것이다.

그런 의미에서 뭉케의 집권은 우구데이에서 구육으로 이어진 우구데이 가문의 중앙집권화 정책에 대한 몽골 유목귀족들의 반발을 기반으로 가능했던 것이고 이 귀족들은 강력한 우구데이 가문을 밀어내고 미약한 톨루이 가문을 내세움으로써 자신들의 기득권을 유시하려고 했던 것이다. 뭉케가 즉위와 함께 우구데이 가문과 차가다이 가문에 대한 철저하고 잔혹한 숙청을 단행할 수밖에 없었던 것은 톨루이 가문이 그들과의 힘의 불균형을 역전시켜 집권의 기반을 공고히 할 필요가 있었기 때문이었다. 따라서 뭉케의 즉위는 우구데이 가문에 대한 톨루이 가문의 승리일 뿐 아니라 중앙집권화에 대한 지방분권화의 승리라고도 할 수 있다. 이렇게 볼 때 '톨루이家의 혁명'이 몽골 통일제국이 분열의 길로 향하는 시발점이 된 것도 당연한 결과였다.

V. 맺음말

구육의 시대는 매우 짧았지만 그 역사적 의미는 결코 지나칠 수 없는 것이다. 그는 諸王들의 권한을 제한하고 중앙의 카안권력을 강화하려고 했던 우구데이의 통치를 계승하였고 이에 더욱 박차를 가하였다. 左翼 최대세력의 영수였던 숙부 옷치긴을 처형시키고 五部族의 수령이던 무칼리 國王家의 영향력을 약화시키려고 하였다. 정복지역을 三分하여 자신의 近臣들이 직접 관할하도록 하였고 새로운 정복전을 수행할 때에도 諸王들의 간섭을 배제하였다. 그는 미진한 상태로 남아 있던 서아시아 정복을 완수하기 위해 몽골의 제왕들과 타직인들로부터 병력을 징발하였고 스스로 군대를 이끌고 정복전에 나서기도 하였다. 분명히 그의 지향은 중앙집권적인 제국체제의 건설이었다.

그러나 그의 갑작스러운 죽음은 이 모든 것을 무위로 돌려놓고 말았다. 그와 대립하던 바투는 물론 그의 이러한 정책에 불만을 가졌던 諸王들은 자신들의 독립적인 세력을 유지하기 위해 그의 일족인 우구데이 가문이 帝位를 장악하는 것을 반대하고 그때까지 칭기스칸의 四子 가문 가운데 가장 힘이 미약한 톨루이 가문의 뭉케를 새로운 카안으로 추대한 것이다. 톨루이 가문의 집권은 단지 그에 반대하던 우구데이 가문과 차가다이 가문의 수령들에 대한 잔인한 숙청으로 끝나지 않았고, 자신들의 지배의 정당성을 합리화하기 위해 구육의 지배 자체를 불법적인 것으로 낙인찍어 버렸던 것이다. 톨루이 가문이 표방한 이데올로기는 그 후 그들의 지배 하에 있었던 元朝와 일한국 체제 내에서 作成되거나 改竄된 《元史》《集史》《秘史》 등에 반영되었고, 이는 구육의 歷史像은 물론, 나아가 초기 몽골제국사의 一面을 왜곡시키는 결과를 낳았던 것이다.

漠北의 統合과 武宗의 '創治改法'

李 玠 奭*

Ⅰ. 머리말

武宗 하이산의 政權이 元朝를 통치한 기간은 불과 4년이지만 이 기간을 전후로 원조권력은 매우 뚜렷한 변화를 나타낸다. 가장 두드러진 변화는 지배세력의 재편과 지배체제의 수정이었다. 그 가운데 전자는 쿠빌라이의 大元울루스가 성립한 이래 쿠빌라이 카간의 정통성을 부인했던 많은 西北의 諸王과 에미르(Emir)들이 元朝 中心의 몽골제국질서에 편입되고, 한법적 관료체제의 벽 때문에 지배기구에 접근할 수 없었던 몽골·색목인 군사귀족과 실무적 능력을 가진 다양한 출신의 인재가 관료기구 내에 대량으로 진입할 수 있게 된 것으로

---

* 경북대학교 사학과 교수.

매우 큰 변화였다. 제왕과 봉건군사귀족들의 체제수용은 성종이 즉위한 이후에 賜與 등을 통해 諸王과 귀족에게 보인 너그러운 태도와 14세기 초 성립한 하이두(海都) 진영과의 화해가 계기가 되었던 것인데, 쿠빌라이 시기부터 막북에 파견되어서 몽골전통을 고집한 하이두 진영에 맞서 싸웠던 많은 몽골 하급장교와 색목인 장령들도 무종의 즉위와 함께 여러 경로를 통해 지배권력의 핵심에 포진하였다.[1] 또 몽골세계의 재통합과 몽골리아의 체제 내 편입이라는 새로운 정치적 환경 아래에서 이루어진 이 과정은 세조 이래 강화된 집권적 황제지배와 초원의 정치적 전통을 새롭게 결합시켰으며, 동시에 정복민족의 이해를 관철해가는 용광로 역할을 하였다.

그러나 무종대의 지배세력 재편은 內降聖旨의 빈발이나 近侍의 발호 등 외견상 世祖 成憲으로 여겨졌던 관료제적 관행의 괴사현상을 동반하였다. 이는 漢法的 전통에서 보아서는 건강한 모습이 아니었다. 따라서 당시 변화의 소용돌이 속에 있던 한법 옹호자들은 이를 비판적인 관점에서 지적하였다. 예컨대 무종정권의 監察御史로 내부에서 무종의 施政을 관찰할 수 있었던 張養浩도 尙書省이 부활된 뒤인 1310년 이 문제를 "생각건대, 조정의 정책으로 세조황제 시기와 다르지 않은 것이 없다"라 하여 무종대의 통치가 그들이 典範으로 생각한 세조대의 그것과 완전히 달라졌다고 말하고, 이어 卽位詔에서 世祖舊制의 遵行을 선포하고, 儒戶에 대한 免役까지 약속하였던 무종정권의 정책이 무종의 개인적 의지와 별개로 신하들의 획책에 의해 변질되었음을 개탄하고 있다.[2] 皇太子 아유르바르와다(仁宗)와 그의 측근이 추진하고자 했던 漢法的 施政路線이, 권력의 핵심에서 그들이 배제됨으로써 동반실종되어버린 당시의 상황에 대한 한족 관료 장양호의 실망이 격하게 표출되고 있는 것이다.

---

1) 李玠奭, 〈元朝中期 支配體制의 再編과 그 구조 ─ 支配勢力의 再編을 중심으로 ─〉
《慶北史學》20(1997) 참조. 이하 동일한 논저의 두번째 이용부터는 '李玠奭(1997)'
과 같이 필자명과 간행연도만을 표시함.
2) 張養浩, 〈時政書〉, 《歸田類稿》 권2.

이것은 무종통치 말기 한인 관료의 공통적인 인식을 보여주는 것
인데,[3] 明初의 元史 편찬자들은 그것을 근거로 이 시기를 원조통치가
쇠퇴해가는 중요한 분수령으로 이해하였다. "(무종이) 개연히 정치와
제도를 새롭게 바꾸어(創治改法) 이롭게 하고자 하여, ……, 세조와 성
종이 닦은 정치는 이에 차츰 바뀌었다"[4]고 하였으며,[5] 또 오늘날의
연구자들 가운데에도 이러한 元史의 언급을 원조가 쇠퇴기에 접어든
결정적 표지로 이해하여 시기구분의 획기로 삼기도 한다.[6]

그런데 이러한 당대 또는 후대의 무종시기 통치에 대한 비판과 지
적은 한문사료의 기본적 한계이기도 하지만, 그들이 지니고 있던 중
국적 관념과 기준에서 출발하고 있다는 점이 특징이다. 따라서 이와
반대로 무종기의 통치를 오히려 적극적으로 해석하려는 시도도 없지
않다. 일본의 중견학자 杉山正明은 최근의 연구에서 무종의 통치행태
에는 쿠빌라이가 꿈꿀 수 없었던 全몽골의 통합을 향한 포석이 있음
을 강조하고 있다.[7] 또 그는 내정면에서 무종시대는 쿠빌라이 시대로
회귀하는 측면도 보인다고 주장한다. 곧 카간 자신을 중심으로 군사
와 경제가 일체화한 국가운영의 방식, 특히 재무관료군을 주력으로
하는 중앙정부의 주도에 의한 경제우선형의 권력추구가 쿠빌라이 시

---

3) 무종기 통치의 특징과 문제점에 대한 張養浩의 이러한 지적은 仁宗 즉위초 劉
   敏中이 무종조의 遺産 가운데 財用不足과 選法撓亂을 당시 통치상의 가장 큰 문
   제점으로 지적하는 것과도 일맥상통한다. 劉敏中,〈翰林院議事〉,《中庵先生劉文簡
   公文集》권15, pp. 392~394.
4)《元史》(中華書局本) 권23〈武宗本紀〉贊 : "慨然欲創治改法而有爲, ……, 至元·大
   德之政, 於是稍有變更云."
5)《元史》권93 食貨 1 : "世稱元之治以至元大德爲首者, 蓋以此."
6) 1260년부터 1307년을 원조 중기로 시기를 가르고 있는 주채혁 교수는 1308년
   이후는 "제국이 붕괴되어 가는" 말기로 보고 있다.《元朝 官人層 研究 ― 征服王
   朝期 中國社會身分構成의 한 分析 ―》(정음사, 1986), pp. 12~18. 같은 논리는 아
   니지만 臺灣 청화대학의 蕭啓慶 교수도 이미 成宗연간부터 쇠망의 조짐이 나타난
   다고 본다. "Mid-Yuan Politics." in Herbert Franke and Denis Twitchett(ed.),
   *The Cambridge History of China, vol. 6 Alien Regimes and Border States
   907~1368*(Cambridge Univ. press, 1994), p. 498.
7) 杉山正明,〈大元ウルスの三大王國 ― カイシャンの奪權とその前後 ―〉(上),《京都
   大學文學部研究紀要》34(1995), p. 107.

대의 재현이라는 것이다. 그리고 단적인 예로 이슬람 중동세계의 재무청(디완, Diwan)에서 유래한 상서성의 부활을 들고 있다.

이러한 관점은 우리에게 이 시대를 이해하는 방식에 대한 새로운 시사를 제공하는 것으로서 무종 당시에도 원 조정에 세조 舊法에 대한 상이한 두 가지 像이 존재했을 가능성을 보여준다. 그 하나는 물론 한법중심의 시각, 곧 위의 장양호의 그것과 같은 쿠빌라이의 舊法 가운데 '改行漢法'에 집착하는 像이며, 다른 하나는 이와 전혀 다른 쿠빌라이 舊法 가운데 스기야마의 像에 근접한 몽골·색목 관점의 '祖述變通'에 우호적인 像이 그것이다. 따라서 인종의 통치 시기를 "전통중화왕조에 가까운 '좋은 시대'"로 보는(漢族 사가들의) 고정관념이 무종시기에 대한 역사적 평가를 뒤집어서 부정적으로 평가하도록 한 것[8]이라고 보는 스기야마의 주장도 경청할 가치가 있다.

다시 말해서 14세기 초 원조권력 내부에는 쿠빌라이 카간과 테무르 카간이 정착시킨 한법지향의 成法에 대한 강한 집착이 있었던 반면, 이에 대한 강한 불만도 한편에서 쌓여 갔음을 말해 준다. 그리고 후자는 무종정권이 들어서면서 초원세력이 대거 권력의 핵심에 수혈됨과 동시에 한법적 관행에 대한 수정, 위의 이른바 創治改法으로 불리는 통치관행과 제도의 개혁으로 연결되었던 것이다. 곧 종래 무종대 이후 정치적 쇠퇴의 표징으로 이해되어 온 '創治改法'은 14세기 초에 전개된 원조역사의 국면전환과 대규모의 정치세력 교체에 동반해 벌어진 정치와 제도의 개혁이라고 말할 수 있다.

그러나 무종대의 創治改法을 단순히 쿠빌라이의 定制 이래 온축된 비한법적 지향의 표출로만 볼 수는 없다. 14세기 초 元朝권력의 상황은 13세기 후반의 그것과는 분명히 거리가 있었으며, 양대 정치적 노선과 거리가 먼 여러 가지 모순에 맞닥뜨려 있기도 했다. 곧 그 동안 원조체제는 지역적으로 漢地와 江南을 제외한 막북 몽골리아 초원지

---

8) 杉山正明(1995), p. 106.

역 등 여러 지역을 강고하게 통합하지 못했고, 정치적으로 서북반왕을 비롯하여 제왕·천호 등을 원조권력 내부에 편성하지 못했다. 그러나 14세기 초 동서화해가 성립함으로써 원조는 지금까지 지배체제내에 확실히 편성되지 못했던 지역이나 이해가 달랐던 정치세력을 끌어안아 원조의 일관된 통치질서 내에 편성하고, 집권적 황제전제지배의 통치권력 내에 편입시킬 수 있게 되었다. 따라서 이처럼 새롭게바뀐 정치적 환경에 맞추어 세조대에 祖述變通 노선에 입각해 창안된 통치방식과 제도를 버리거나 수정하고, 또는 부활시키고 활성화시킬 필요가 대두되었고, 그것을 위한 노력이 기울여졌다. 곧 무종대의 創治改法은 13세기 말과 14세기 초에 元朝權力이 직면한 내외적 변동의 제도적 법제적 적응이었고, 그 과정에서 발생한 여러 요인의 위기에 대한 무종정권 나름의 종합적인 처방이라고 볼 수 있다. 따라서그 처방의 주된 방향이 전통적인 한법적 노선을 벗어나 몽골적·초원적 전통을 추구하고 있다고 해도 庶政의 혁신에서 보이는 것처럼 내용면에서는 기성의 한족왕조의 개혁과 다름없는 다양한 부분을 포함하고 있다.

하지만 무종대의 創治改法이 원조사 전개에서 이처럼 매우 중요한의미를 함축한 것임에도 불구하고 한법적 시각에 매몰된 전통사가들의 평가 때문에 이에 대하어는 아직 專論은 거녕 진지한 검토도 없는 실정이다. 따라서 본 연구는 무종의 創治改法에 대한 최초의 개괄적 검토라고 볼 수 있다. 그러나 위에서 살펴본 대로 정반대의 평가가 공존하였던 무종시기의 산물인 만큼 이에 대한 객관적 평가는 쉽지 않을 것이다. 따라서 여기서는 지배세력의 재편을 검토한 別稿를염두에 두고서, 비한법적 변화를 추구한 무종시기의 통치를 압축적으로 표현하고 있는 소위 創治改法의 實相을 파악하는 것이 일차적인목적이다. 명초의 《元史》 편찬자들이 이해한 대로, 무종정권이 변화를 모색하였고, 또 전대와 비교해 현격히 달라졌다는 사실을 부인할수 없다고 하더라도, 그 변화의 실상은 그들이 이해한 것과 반드시 일치하지 않을 수도 있다. 여기서 무종이 추구한 변화 가운데 당시의 관찰자들이 간과한 부분까지 찾아내어 가능하면 그 전모를 파악해 보고자 한 까닭이다.

또 무종 대의 創治改法은 무종정권이 이전에 없던 새로운 정치를 한 것(創治)과 세조가 改行漢法·祖述變通의 원칙에 입각해 세우고 성종대에 이미 정착한 제도(世祖舊法)를 바꾼 것(改法)으로 나누어 볼 수 있다. 하지만 현실적으로 둘은 분리할 수 없는 것이고 동일한 역사적 사태의 양면이다. 그리고 이러한 創治改法은 돌출적인 현상이라기보다는 무종 이전의 정치사 흐름의 귀결이기도 하였다. 따라서 창치개법은 개별적인 통치행태나 제도의 개혁을 넘어서 하나의 정치세력이나 사회적·경제적 요구에 따른 일련의 구조적 개혁, 곧 체제의 수정을 의미하기도 한다. 말하자면 세조대에 기틀을 세운 통치원칙과 제도(舊法)를 무종대의 그것으로 대체하는 것이 바로 창치개법인 것이다.

그러므로 무종대의 창치개법은 표면상 단편적인 현상으로 나타나더라도 그 내부에서 일관된 방향성을 가진 개혁일 수 있다. 또한 무종대의 창치개법은 14세기 초 원조가 처한 내외적 조건의 변동이 가져온 내적 논리가 그 안에 관철된다고 볼 수 있다. 이러한 내적 논리의 흐름은, 물론 이 글에서 주로 검토하게 될 세조구법 가운데 중요한 가지의 하나인 한법적 노선에서 이탈하여 막북과 중앙아시아의 초원전통을 회복하는 방향으로만 진행되었던 것은 아니다. 무종의 즉위조서에서 보이듯이 江南의 요구가 반영된, 또 세조구법의 방향이기도 한 儒戶의 免役을 확인하는 쪽으로 한걸음 더 나아가는 한법적 개혁을 기대하는 요구도 있었다. 그러나 후자 방향의 요구는 인종의 監國정권의 붕괴로 좌절되었고, 무종대의 창치개법은 바로 전자의 방향에서 세조 成憲을 수정한 것들이었다. 이 글에서는 이러한 성격을 갖는 무종대 創治改法의 구체적 실례를 검토함으로써 무종대의 정치사에 대한 편견을 바로잡는 데 다소나마 기여했으면 다행이겠다.

Ⅱ. 漠北의 統合과 새로운 統治構圖의 추구

1. 14세기 초 漠北의 정세 변화

하이산이 즉위한 이후 몽골민족의 터전인 막북 몽골리아의 지위가 변하였다. 쿠빌라이가 원조를 세운 이후 비록 나무칸을 출진시키고, 宣慰司를 설치하였지만, 막북은 여전히 원조지배체제 곧 황제전제지배의 이념이 내장된 한법적 지배체제의 외곽에 머물러 있었다. 막북의 제왕(과 大千戶)들은 대몽골국시기와 마찬가지로 원조지배체제의 영향은 크게 받지 않았다. 세조대 여러 차례 일어난 東·西道 제왕의 반란을 진압함으로써 막북몽골리아에 대한 원조의 영향력이 강화되었지만 14세기 초에 이르러 원조의 본격적인 지배가 시작되기 전까지는 이들과 막북의 제왕과 부민에 대한 절제는 매우 느슨했던 것으로 볼 수 있다.

그러나 14세기 초 하이두 진영과의 오랜 적대가 해소되고 동서화해가 성립되어, 그 동안 서북반왕의 쟁탈 목표가 되어 있었던 몽골의 故土 막북몽골리아 차지에 대한 원조의 정통성이 전몽골세계에 수용되자, 몽골리아의 정세는 크게 달라지고 있다. 불화 때문에 떠났던 제왕과 천호들이 휘하의 많은 부민들과 더불어 원래의 엉시와 누두크로 놀아왔다. 따라서 몽골초원은 이들 귀환집단과 그들의 가축으로 균형이 깨졌고, 당연한 결과로 기아가 덮쳐 원조 중앙정부는 반복적으로 대규모의 구호양곡을 막북에 보내야 했다.

곧 1296년 하이두 진영의 동쪽 끝에서 줄곧 동요하던 아릭부케의 아들 유부구르와 시리기의 아들 우르스부카, 그리고 쿠빌라이 말기에 망명했던 토르타카(朶兒朶海)가 자신의 部民을 이끌고 元朝에 귀순함으로써,[9] 위기를 느낀 하이두측의 대공세가 원조측과의 정면승부를

---

9) 松田孝一, 〈ユブグル等의元朝投降〉, 《立命館史學》 4(1984), pp. 29~40.

재촉하였다. 유부구르 등의 귀순으로 年號를 대덕으로 바꿨던 성종정
권도 양보하지 않고 安西王 아난다를 北征軍에 합류시키는 등 막북
의 전력을 강화하였다. 그러나 1298년 서북방위군 사령관인 코코추
(闊闊出) 등의 태만으로 서전에서 홀로 응전한 駙馬 闊里吉思가 포로
로 잡히는 등 대패하였다. 성종은 1299년 하이산(武宗)에게 총병권을
인계시키고 있지만 역시 1300(1301)년의 하이두·두아(篤娃) 군의 대공
세에 하이산이 이끈 원조의 대군은 알타이 부근 鐵堅古山의 대회전
에서 대패하여 항가이 지역까지 후퇴할 수밖에 없었고,[10] 이에 놀란
和林宣慰使가 카라코룸의 倉廩을 태우고 도망가기까지 하였다.

다행이 親征에 나선 성종이 독려한 원조측의 총력반격으로 하이두
·두아 연합군은 패퇴하였고, 전투에서 부상한 하이두가 1301년 철군
도중에 죽자 40년 가까이 유지된 하이두 제국은 중심을 잃게 되었다.
그의 충실한 협조자였던 두아의 도움으로 우게데이 한국의 계승자가
된 하이두의 庶長子 차파르(察八兒)가 차가타이 후왕 두아의 권유로
1303년 7월 성종의 조정에 臣從을 표명함으로써[11] 40년 넘도록 계속
된 분쟁도 비로소 끝나게 된다. 그리고 1304년 동서화해를 공포하는
사절을 全몽골 각 울루스에 보냄으로써 카간의 울루스로서 원조의

---

10) 李治安, 〈元代晉王封藩問題探討〉, 《元史論叢》 5, p. 118. 西北叛王과 元朝 사이의
   오랜 분쟁에 분기점이 되는 鐵堅古 전투에 대하여는, 劉迎勝이 실증적인 연구를
   내놓고 있다. 그는 鐵堅古 전투를 時差가 매우 짧은 두 단계로 상정하고, 2단계
   에서 元軍이 비록 참패하였지만 하이두 진영 역시 손실이 매우 컸기 때문에 곧
   바로 후퇴하였다고 보아, 패전한 元軍이 카라코룸지역까지 후퇴하였을 여지를
   없애고 있다. 劉迎勝, 《西北民族史與察合台汗國史研究》(南京大學出版部, 1994), 第
   28節 참조.
11) 《元史》 권21 〈成宗本紀〉 大德7年 7月丁丑: "都哇·察八而·滅里鐵木而等遣使請息
   兵, 帝命安西王愼飭軍士, 安置驛傳, 以俟乓來." 그러나 가자니의 울제이두사는 두
   아 혼자서 아난다에게 사절을 보낸 것으로 쓰고 있다. Maryam Parvisi-Berger
   aus Teheran, *Die Chronik des Qāšāī über den Ilchan Ülgäitü(1304~1316),
   Edition und kommentierte Übersetzung*(Dissertation zur Erlangung des Doktor-
   grades der Philosophischen Fakultät der Georg-August-Universität zu Göttingen,
   1968), p. 40. 그러나 加藤和秀는 차파르와 두아가 함께 사절을 보낸 것으로 이해
   하고 있다. 〈チヤガタイ=ハン國の成立〉, 《足利惇氏博士喜壽記念オリエント學インド
   學論集》(東京: 日本オリエント學會 編, 1978), p. 148.

정통성이 전몽골 세계에 승인되었다.[12] 몽골 고토에 대한 쿠빌라이 왕국의 권리가 비로소 확정된 것이다.

물론 이것으로 서북변의 군사적 긴장이 해소되고, 완전한 평화가 온 것은 아니었다. 많은 부중을 거느린 叛王 메릭테무르(아릭부케의 末子) 등이 알타이 산 서쪽에 머물러 있었고, 하이두 제국의 후계자 차파르도 아직 알타이 산에서 이르티쉬河 사이에 10만의 대군을 배치해 놓고 있었다. 특히 그의 동생 오로스가 1만의 군대를 거느리고 무종 하이산이 이끈 원조의 서북군과 대치하고 있었다.[13] 하지만 이러한 유보적인 상황은 그리 오래 계속되지 않았다. 두아의 차가타이 울루스가 서쪽에서 차파르를 압박하는 것을 틈타 1306년 겨울 하이산은 알타이산을 넘어 메릭테무르를 압박하여 휘하의 部와 더불어 투항케 하고, 차파르 처자의 오룩(a'uruq, 奧魯)을 습격하여 그것을 손에 넣었다. 晉王을 도와 漠北의 軍政을 조정했던 月赤察兒의 군대도 알타이산을 넘어가 이 작전을 지원하였으며, 원조측이 빼앗은 兩部의 部衆은 무려 10여만이나 되었다.[14] 이렇게 되자 차파르는 두아에게 투항할 수밖에 없게 되었고, 세력도 크게 약화되어 더 이상 원조에게 위협이 되지 못했다. 이리하여 일단 서북몽골리아의 정세는 안정을 찾았다. 더 이상 전쟁지역이 아니었던 것이다. 하이산이 서북의 최정예군인 床兀兒의 킵착군까지 빼내어 남행군에 넣을 수 있었던 배경이기도 하다.

물론 이 기간 동안에 몽골리아 내부에도 큰 변화가 일어났다. 앞서

---

12) 1304年 7月 일한국의 군주인 가잔 칸의 使者가 大元의 조정을 찾아오고 있다. 《元史》 권21〈成宗本紀〉 大德8年:"秋七月…, 癸亥, 諸王合贊自西域遣使來供珍物." 또 같은 해 9月 癸亥條에는 차파르(察八而)와 두아(朶瓦) 등이 歸附 사절을 보내고 있다.

13) 加藤和秀(1978), p. 153.

14) 元明善,〈太師淇陽忠武王碑〉,《國朝文類》 권23, 13上下:"十年冬, 叛王滅里鐵木兒等屯于金山. 武宗帥師出其不意, 先踰金山, 王與諸軍繼往, 壓之以威啖之以利, 滅里鐵木兒乃降, 其部人驚潰, 王遣禿滿鐵木兒·察忽將萬衆深入, 其部人亦降. 察八兒者海都長子也. 海都死嗣領其衆, 至是我軍掩取妻子及其部人, 兩部凡十餘萬口."

언급한 대로 유력한 제왕들인 유부구르와 우르스부카, 그리고 아릭부
케의 大에미르였던 장군 토르타카가 많은 부중을 이끌고 돌아왔고,
막북에 거대한 영지를 가졌던 아릭부케의 막내 메릭테무르가 역시
많은 部衆을 이끌고 귀순하였다. 百萬에 가까운 새 주민과 이들의 가
축으로 인해 막북 몽골리아의 초지는 붐볐고, 위기에 처한 것으로 보
인다. 따라서 성종정권은 이들 귀환한 제왕들과 그 사이 막북에 누투
그(nutur)를 가졌던 제왕과 천호를 위해 營盤과 草地를 재분배할 필요
가 있었고, 무엇보다 귀환한 부민을 기아에서 구출하기 위한 식량 지
원이 시급하였다. 성종정권은 이들을 위하여 막남으로부터 대량의 식
량을 운반하여 賑給을 실시하고, 현지에 둔전을 개발하여 부족한 식
량을 지원하게 하였다. 그 결과로 漠北 제왕들의 漠南 중앙정권에 대
한 의존도는 매우 커졌고, 상대적으로 이들 제왕의 독립성은 약화된
것으로 보인다. 동시에 성종대 이후에 대규모로 이루어지는 왕호수여
를 통해 원조지배체제 속으로 점차 편입되어 갔다.

　이러한 독립성의 상실은 막북의 봉번제왕에 국한되지 않았다. 성종
즉위 직후에 이미 안서왕의 권력이 약화된 것은 주지한 바이지만, 막
북의 최고 실력자라고 할 수 있었던 晉王의 권력 역시 크게 약화되
고 있다. 물론 성종이 즉위하면서 제위를 양보한 晉王 甘麻剌의 권한
은 일시적으로 더욱 확대된 것처럼 보인다. 원래 晉王은 太祖의 四大
오르두와 그 軍馬 및 韃韃國土를 다스리고, 그 관부는 王府보다 상위
인 內史府를 두게 했는데,[15] 성종 즉위를 계기로 막북에서 甘麻剌의
위치는 더욱 확고해졌던 것이다. 특히 成宗은 1294년 6월 內史府를
다시 설치하고, 1302년 정월에 甘麻剌이 죽을 때까지 晉王과 그 所部
에 대하여 전폭적인 지원을 아끼지 않고 있다.[16]

---

15) 《元史》 권115 〈顯宗傳〉, p. 2894 및 라시드 웃딘은 이 보다 훨씬 넓은 영역을
　　甘麻剌에게 맡겨 통치했다고 한다. 周良霄 譯註, 《成吉思汗的繼承者 《史集》 第二
　　卷》 pp. 400~401.

16) 《元史》 권18 〈成宗本紀〉 元貞2年 6月己亥 : "詔晉王所部衣糧, 糧以歲給, 衣則三
　　年賜之.; 大德元年正月辛卯 : 給晉王所部屯田農器千具.; 二月甲午朔, 賜晉王甘麻剌

그렇다고 성종이 晉王의 권력이 마냥 강화되는 것을 그냥 지켜보고 있지는 않다. 四傑의 후예 御史大夫 月兒魯(玉昔帖木兒)에게 군사를 주어 북변에 파견하고,[17] 亦只里·八不沙 등 東道諸王과 천호를 晉王의 땅에 駐夏시키는 등 晉王을 감시하고 견제하였다.[18] 또 月兒魯가 죽은 뒤에도 朝廷은 북정군의 패배를 계기로 1301년 太師 月赤察兒를 보내 晉王 甘麻剌을 도와 막북군의 전투를 감독하게 하는데, 이를 통해 성종은 한편으로 진왕의 군권을 제한하고, 다른 한편으로 막북의 군령의 통일을 도모한 것으로 보인다.[19] 하지만 甘麻剌이 晉王의 자리에 있는 동안에는 그를 어찌할 수 없었고, 막북에서 晉王의 위상은 매우 높았던 것으로 생각된다.

하지만 1302년 晉王 甘麻剌이 薨去한 뒤 이를 이어받은 이순테무르(也孫鐵木兒)의 막북에서의 권력은 크게 약화된 것으로 보인다. 당장 晉王印과 內史府印이 봉폐되고 있다. 여러 사료에서 이순테무르는 1302년 바로 晉王을 계승한 것으로 되어 있지만[20] 晉王位의 襲封 사실을 직접 기록한 사료는 없다. 또 甘麻剌이 가지고 있던 막북군대에 대한 막강한 권한에 대하여 이치안은 嗣晉王이 그것을 계승하여 하

鈔七萬錠, 安西王阿難答三萬錠.; 秋七月：癸未, 增晉王所部屯田戶.; 十一月戊子：增晉王內史一員, ……."《元史》권19 大德2年 春正月己酉："……, 給……, 晉王秋米五百石, 所部鈔十二萬錠, 成和林高麗·女直·漢軍三萬錠."《元史》권20 大德4年 2月丙子："……, 賜晉王所部鈔四萬錠.; 閏八月庚子：……, 賜晉王所部糧七萬石."; 大德5年 4月："壬午, 以晉王甘麻剌所部貧乏, 賜鈔四十萬錠."

17)《元史》권18〈成宗本紀〉至元31年 7月甲戌："詔月兒魯守北邊, 賜其所統軍士幣帛各萬匹"및 至元31年 12月 庚子："選各衛精兵千人, 命字羅·曷荅而等將之, 守和林, 聽太師月兒魯節度, 三年而更."

18)《元史》권18〈成宗本紀〉元貞2年 3月："癸酉, 增駐夏軍爲四萬人. 忻都言晉王甘麻剌, 朶兒帶言月兒魯, 皆有異圖. 詔樞密院鞫之, 無驗. 帝命言晉王者殺, 言月兒魯者謫從軍自效." 혐의는 풀렸으나 이어 성종은 東道諸王을 晉王의 땅에 駐夏시키고 있다. 3月："甲戌, 遣諸王亦只里·八不沙·亦憐眞·也里愌·雍吉剌帶並駐夏于晉王怯魯剌之地." 또〈太師廣平貞憲王碑〉,《國朝文類》권23에 "元貞元年冬議邊事入朝"라 하여 月兒魯가 전년 겨울에 大都에 소환되어 조사를 받은 사실이 확인되는 것으로 보아 晉王 역시 조사받은 것으로 보인다.

19) 元明善,〈太師淇陽忠武王碑〉,《國朝文類》권23, 12下~13上.

20)《元史》권29〈泰定帝紀〉序言："大德六年, 晉王薨帝襲封, 是爲嗣晉王, 仍鎭北邊；《元史》권108, p. 2735, 諸王表：也孫帖木兒, 大德六年襲封."

이산과 和林·稱海의 두 戰區를 나누어 관할하는 국면이 회복되었다
고 한다.[21] 그러나 이순테무르는 적어도 1304년 7월까지는 諸王으로
지칭되고 있어 아직 晉王의 권한을 습봉한 것으로 보이지 않으며,[22]
英宗 사후에도 여전히 嗣晉王의 자격으로 즉위하고 있다.[23]

따라서 이 시기까지는 종래 晉王이 가졌던 막북에서의 병력 장악
권이 이순테무르에게는 없었던 것 같다. 1303년 두아가 항복을 청하였을
때, 晉王 보좌역으로 명을 받았던 太師 月赤察兒가 주도하여 諸王 및
將帥에게 사절을 보내서 이 문제를 의논한 뒤에 허락하는 사절로 동
생 馬兀合剌을 서둘러 보내고 뒤에 漢南의 성종에 보고하였을 때에
도 晉王이 아무런 역할을 못한 것은 당연하다.[24] 또다른 자료[25]에서는
당시 두아가 안서왕 아난다에게 사절을 보내 臣從의 뜻을 전하여 주
선을 부탁했다고 하고, 成宗이 또한 1303년 7월 丁丑에 安西王에게
명하여 군사를 단속하고 역전을 정비하여 두아·차파르·메릭테무르의
항복사절을 맞아들이게 하고 있는데,[26] 이로 보아도 당시 韃韃國土의
통치자이며 諸王을 감독하는 친왕으로서 晉王은 이미 존재하지 않게
되었음을 보여준다.

요컨대, 嗣晉王 이순테무르의 영향력은 크게 약화되었고, 막북의

21) 李治安,〈元代晉王封藩問題探討〉, p. 118. 그는 晉王 대신 元史에 나오는 嗣晉王
  이란 칭호를 쓰면서도 권능의 차이는 구별하지 않는다.《元史》권115〈顯宗傳〉,
  p. 2895.
22)《元史》권21〈成宗本紀〉大德8年:"秋七月……, 癸亥, ……. 賜諸王也孫鐵木而等
  鈔二十萬錠, 戌北千戶十五萬錠, 怯憐口等九萬餘錠, 西平王奧魯赤二萬錠."
23)《元史》권115〈顯宗傳〉, p. 2895. 하지만 무종대의 사료로 보아 內史들은 그대로
  유지된 것으로 보이며, 인종 延祐 3년 봄 晉王府 斷事官을 특별히 四員이나 늘리
  는 것으로 보아 그 격이 높아지는 것을 알 수 있다.《元史》권25〈仁宗本紀〉延
  祐3年 春正月丙午 條.
24) 元明善,〈太師淇陽忠武王碑〉, 13上:"厥後篤娃來請臣附. 時武宗皇帝亦在軍, 王遣
  使與武宗及諸王將帥, 議曰, 篤娃請降爲我大利, 固當待命於上, 然往返再閱月必失事
  機, 事機一失爲國大患, 人民困於轉輸, 將士罷於討伐無有已時矣. 篤娃之妻我弟馬兀
  合剌之媒也. 宜遣報使許其臣附. 衆議爲允. 既遣始以事聞. 上曰, 公深識機宜. 既而馬
  兀合剌復命. 由是叛人稍稍來歸."
25) 주 11 참조.
26) 주 11 참조.

최고 어른도 아니었다. 당시 嗣晉王은 封藩의 성질에서 安西王·雲南
王·西平王·鎭南王 등과 기본적으로 같았다. 기본적으로 태조의 四大
오르두를 포함하는 진왕의 분지 내 몽골 大千戶의 軍馬와 位下 직속
의 군대를 거느렸을 뿐이고,[27] 결코 조정을 대표하여 직접 諸王各部
및 각 지구의 사무를 처리할 수 없었다. 또 特旨를 받지 못하면 본부
의 군대 외에는 調兵作戰의 권력도 없는 일개 번왕에 불과하였다. 이
러한 상황이었기 때문에 비록 漠北에 封藩하고 있었어도 嗣晉王 也
孫帖木兒는 安西王과 달리 撫軍權을 가진 하이산의 제위 획득경쟁에
위협이 되지 못했던 것은 당연하다.

하지만 무종 즉위 후에 嗣晉王의 지위는 다시 강화되는 면도 보인
다. 內史府印은 封印되었지만 그 사이 格下된 흔적이 없는 內史府가
1308년 역시 正二品의 內史院으로 이름이 바뀌고 있으며, 內史 脫孛
花가 知樞密院事로 임명되고 있다.[28] 또 무종은 1310년 從二品이었던
晉王 延慶司를 正二品으로 승격시키고 있다.[29] 이는 安西王 아난다,
동생 아유르바르와다와 제위를 다툰 무종을 그가 지원한 것에 대한
보답인 것 같으며, 이순테무르 자신도 즉위조서에서 자신이 무종의
즉위에 翼戴의 공이 있음을 내비치고 있다.

이처럼 嗣晉王의 위상이 변화하는 마당에 그 밖의 제왕 및 그 울
루스들이 지위변화도 이미 예정되어 있었다. 특히 군사적 중요성은
晉王에 못지 않았던, 漠北의 副中心격인 서북의 경우, 코코추의 시기
에 이미 원조의 직할체제 아래 들어 있었다. 더욱이 그는 庶出이었기
때문에 嫡子 노무칸이나 正統 皇孫 테무르가 행사하던 諸宗王軍에
대한 통수권[30]은 그에게서 기대할 수 없었던 것으로 보인다.

---

27) 李治安, 〈元代晉王封藩問題探討〉, pp. 118~119.
28) 《元史》 권22 〈武宗本紀〉 至大元年 9月癸酉: "陞內史府爲內史院, 秩正二品";
   10月 甲辰: "中書右丞·司徒禿忽魯, 河南江北行省右丞也速, 內史脫孛花, 並知樞密
   院事."
29) 《元史》 권23 〈武宗本紀〉 至大3年 6月乙亥 條. 본디 延慶司는 皇太子의 관속으
   로 되어있다. 《元史》 권22 〈武宗本紀〉 大德11年 6月戊午 條.
30) 元明善, 〈太師淇陽忠武王碑〉, 12下: "大德四年拜太師, ……, 時入爲寇, 恒命親王

그리고 이러한 현상은 1299년 18세의 어린 나이에 황제의 조카로 서북변에 파견된 하이산에게도 나타난다. 유부구르·우르스부카·토르타카 諸軍의 투항 이후 격화된 하이두군의 초기 공세에서 失利한 코코추를 대신해 서북변의 지역사령관 지위를 계승했지만, 하이산의 지시는 당시 근처에서 독립적으로 작전을 펼치던[31] 유부구르 등 宗王들에게는 카라코룸의 甘麻剌의 지시보다 잘 먹혀 들지 않았던 것으로 보인다. 이것이 撫軍權을 확보하기 위해 1300년 乞台普濟를 보내 裕宗의 信寶를 받아 온 배경이다. 하지만 그 후에도 甘麻剌의 통군권이 여전히 서북군에 미치고 있었음을 郭明德의 증언을 통해 알 수 있다.[32] 또한 곽명덕의 증언은 이러한 통군권의 혼선으로 서북군이 수적으로 압도적인 우위에 있었음에도 불구하고 하이두군의 공세에 패하여 항가이 선으로 밀리게 되었음을 말해 준다.

이러한 상황에서 결국 朝廷은 앞에 언급한 바와 같이 太師 月赤察兒로 하여금 晉王 甘麻剌을 도와 막북군의 전투를 감독하게 하는 한편으로 막북의 군령의 통일을 도모한 것으로 보인다. 당시 막북의 원조측 군대는 모두 5군으로 편성되어 있었다. 月赤察兒가 거느린 1군을 비롯하여 하이산 휘하의 床兀兒·囊加歹(台)이 거느린 원조 중앙군(國兵), 부근에서 작전을 했던 유부구르·우루스부카·토르타카의 군, 晉王 휘하의 군대, 안서왕 아난다의 군대가 각각 1군을 구성한 것으로 보인다.[33] 따라서 전투 초기에는 군령의 불통일로 크게 고전했지만, 원조의 군대는 끝내 하이두군을 물리쳤고, 결국 수적으로 크게 열세였던 하이두군은 알타이 서편으로 후퇴하였다. 또 전투 도중에 입은 부상으로 하이두가 결국 사망함으로써 반세기 가까이 끌었던 몽골제

統左右部宗王諸帥屯列大軍備其衝突."

31) Rashid Al-Din(tr. by John Andrew Boyle), *The Successors of Genghis Khan* (Columbia Univ. press, 1971), p. 328 참조.

32) 蘇天爵, 〈故小中大夫同僉樞密院事郭敬簡侯神道碑銘幷序〉, 《滋溪文稿》 권11.

33) 당시 군은 하이산의 國兵과 晉王軍으로 크게 둘로 나눌 수도 있다. 《元史》 권131, 〈囊加歹傳〉: "武宗在潛邸, 囊加歹嘗從北征, 與海都戰于帖堅古, ……, 與大軍會. 武宗還師, 囊加歹殿, 海都遮道不得過, ……, 國兵乃由旭哥耳溫,稱海與晉王軍合."

국의 정통을 둘러싼 싸움은 끝나게 된다.

한편 성종은 하이두가 후퇴한 바로 다음에 御史大夫 禿赤·知樞密院事 塔剌海·也可扎魯忽赤 禿忽魯를 晉王이 관할하는 4오르두 가운데 하나인 톨河 인근 치노스(赤納思)로 보내 그곳에 모인 諸王(·千戶)軍에 대한 戰功을 조사하였고,[34] 이를 통해 西北叛王과의 전투에 대한 상벌을 확실히 함으로써 전열을 재정비하고 있다. 1302년 정월 8일 전투에 져서 도망한 千戶·百戶를 처벌하고, 5월에는 패배한 군대를 운남정벌에 내몰았다. 또 승전한 장령에 대하여는 1304년 5월에 포상을 하고 있다.[35]

1304년 東西의 화해가 성립한 이후 당시 막북에서 가장 지위가 높았던 安西王 아난다는 자신의 封地로 복귀하였고, 懷寧王 하이산 역시 알타이 지역의 지역사령관으로 복귀한 것으로 보인다. 그러나 이를 계기로 막북에서 종래의 晉王과 서북방위군을 총령한 宗王의 양축을 중심으로 한 힘의 균형은 무너지고 있다. 알타이 방어선의 총사령관인 懷寧王 하이산에게 차츰 그 중심이 옮겨가고 있다. 곧 앞에서 이미 본 바와 같이 1306년 겨울 하이산이 알타이산을 넘어 메릭테무르를 투항시키고, 차파르부를 습격하여 10여만 口의 部衆을 얻었을 때, 漠北 公權力의 중심인 太師 月赤察兒도 휘하의 禿滿鐵木兒·察忽에게 1만의 군대를 주어 그를 군사적으로 지원하고 있다. 막북에서 하이산의 위상이 한결 높아진 것이다.

2. 和林等處行中書省의 설치

그러나 막북에서 서북지역의 사령관으로서 宗王의 권력비대 현상도 하이산이 즉위함으로써 일단 사라졌다. 대덕 7년(1303) 5월에 다시

---

34) 虞集, 〈句容郡王世績碑〉, 《國朝文類》 권26, 13上下 참조.
35) 《元史》 권21 〈成宗本紀〉 大德7年 5月壬辰 : "以大德五年戰功, 賞北師銀二十萬兩, 鈔二十萬錠, 幣帛各五萬九千匹. 賜皇姪海山及安西王阿難答, 諸王脫脫, 八不沙, 駙馬蠻子台等各金五十兩, 銀珠錦幣等物有差. …… 丁丑, 床兀兒來朝, 以戰功賜金五十兩, 銀四百兩, 仍給其萬戶所隷貧乏軍鈔六十九萬餘錠."

세운[36] 和林宣慰司都元帥府를 대덕 11년(1307) 7월에 폐지하고, 和林等處行中書省과 和林路總管府를 설치하였기 때문이다. 아울러 우게데이 後王의 몰락으로 알타이 서쪽 이르티쉬 유역으로 이동한 전선의 장병을 지원할 수 있도록 稱海城에 稱海等處宣慰司都元帥府를 따로 두고 막북 서부지구를 통치하였다. 또 행성의 우승상인 月赤察兒에게 제왕을 지휘할 수 있는 군령권을 주었으므로 독자적인 무력을 가지고 조정에 저항할 수 있는 세력은 이미 이론상으로는 막북에 없었다.

이리하여 쿠빌라이 제국 元朝의 성립 이후에 40여 년 동안 서북반 왕세력의 쟁탈목표인 전쟁지역으로서 원조의 정상적 통치가 미치지 않았던 몽골리아 초원은 이제 비록 상징적이긴 해도 元제국 지방통치의 큰 틀인 行省制 안에 포섭된 것이다. 여기서 상징적이라 함은 和林行省의 행정이 직접 미칠 수 있었던 경역이 그리 넓지 않았고,[37] 부근에 널려 있는[38] 晉王領을 비롯한 막북제왕의 울루스나 천호의 누투그는 모두 화림행성의 직접적인 행정의 대상으로 볼 수 없기 때문이다. 물론 그렇다고 해도 원조 중앙에 대한 경제적 의존이 강화되었으므로, 화림행성의 실질적 견제 아래 놓이게 되었다고 보아도 과언은 아니다.

그러나 앞 장의 검토만으로 몽골리아에 행성을 설치하게 된 배경이 흡족하게 설명되었다고 볼 수는 없다. 체계적인 專論을 上梓한 바 있는 陳得芝는 轄區擴大·인구증가·事務繁劇 등으로 인한 단순한 지방행정기구의 승격처럼 보이는 화림행성의 설치에 대하여, 원조의 막북지구통치체제에 대한 중요한 개혁(改變)이었다는 점에서 중요한 의

---

36) 《元史》 권19 〈成宗本紀〉 大德2年 5月己酉 : "置和林宣慰司都元帥府, 以忽刺出·耶律希周·納鄰合刺並爲宣慰使都元帥, 佩虎符."

37) 카라코룸과 그 배후지역, 그리고 칭해등처선위사를 포함하며, 태조의 4오르두를 관장하는 진왕과 西境의 일부 諸王의 경역이 교차된다. 李玠奭, 〈元代의 카라코룸, 그 興起와 盛衰〉, 《몽골학》 제4호(1996), p. 30.

38) 朱思本, 〈和寧驛〉, 《貞一齋雜著》 권1, 8上 : "和寧卽哈剌禾林, 乃聖武始都之地. 今嶺北行省治所, 常以勳舊重臣爲之. 外則諸王星布棊列, 於以藩屛朔方控制西域, 實巨鎭云."

의를 발견하고 있다. 우선 이러한 진득지의 논점을 중심으로[39] 화림행성을 설치하게 된 경과를 다시 점검해 보는 것도 무종대의 화림등처행중서성 설치의 의의를 보다 깊이 이해하는 데 도움이 될 것이다.

먼저 화림등처행중서성의 설치를 지방행정기구의 승격이라는 관점에서 살펴보자. 元朝는 세조 시기에 명의상 漠北의 全境을 관할하는 지방정부로서 和林宣慰司를 두었고,[40] 중서성에 직속한 파견기구로서 직권을 행사하였다. 그러나 사실상 그 권한은 腹裏 및 기타 행성의 宣慰司와 똑같다고 말할 수 없었다. 막북지구에는 諸王의 分地가 여기저기 산재해 있었다. 켐켐주와 키르키즈는 아릭부케 後王의 分地였고, 셀렝게는 술두스部의 分地, 하야리크(海押立)는 하이두의 分地, 오논河와 케룰렌河는 벨구테이의 分地였다. 또 大帳 수호 및 諸王과 大千戶의 통어를 위해 선위사 설치와 별도로 카간은 막북에 晉王을 출진시켜 이 지역의 軍國重事를 장악하게 하였는데, 晉王 역시 投下의 分民을 거느리고 있었다. 심지어 통상 大汗의 직할에 속했던 漠北千戶와 관련된 업무 역시 宣徽使와 大斷事官을 통해 이루어지고 있었다. 따라서 和林宣慰司가 설치되었다고 하더라도 그 관할업무는 극히 제한되었다.[41] 和林宣慰司가 관장하는 것은 대체로 驛站·창고·系官工局 및 일부 屯田 등의 일이었고, 동시에 諸王·諸軍에 대한 錢穀을 供應하는 책임을 맡고 있었다.[42] 이러한 和林宣慰司가 漠北에 출진한 親王의 지시를 받은 것[43]은 따라서 당연한 귀결이었고, 막북의 諸王所部와 諸千戶 및 軍務는 선위사의 권력이 미칠 수 없는 범위에 있었다.

39) 陳得芝, 〈元嶺北行省建置考〉下, 《元史及北方民族史研究集刊》 12·13合期 참조.
40) 陳得芝, 같은 글, p. 10. 이 논거를 제시한 주41을 확인한 결과, 《事林廣記》 권3, 〈地輿類〉, 天下城邑條는 《事林廣記》 권4, 〈郡邑類〉, 天下城邑의 잘못이었다. "和林城宣慰司 : 諸小國土部落去處倂入."
41) 李治安, 〈元代的宗王出鎭〉, 《元史論叢》 제4집, p. 75 참조.
42) 陳得芝, 앞의 글, p. 10의 주 42, 43, 44 참조.
43) 《元史》 권169, 〈劉哈剌八都魯傳〉 "二十六年, 海都兵至, 皇子北安王使報怯伯, 率其民避去."

그런데 새삼 무종즉위 직후에 몽골리아에 행성을 설치하게 된 이유는 무엇이었을가. 陳得芝는 이에 대하여 다음 세 가지 이유를 들고 있다.[44] 첫째 성종대에 들어와 막북의 戍軍과 둔전이 증가하여 화림선위사의 錢穀 사무가 날이 갈수록 많아진(繁劇) 것을 들고 있다. 대덕 3년 이후 대폭 增軍戍邊함에 供餉업무가 번다해졌다. 1299년 2월 화림성을 擴建하는 것은 이러한 성내 행정기구의 人員·軍隊·倉庫와 工·商居民의 증가를 반영하는 것일 게다. 또 같은 해 4월과 11월에 화림군에 초 190만 정, 帛 42만 9천 필, 말 5천 필을 보내고 있다. 또 둔전을 여러 곳에 개척하였지만, 해마다 12만 석이나 소비되는 군량의 수요를 충족시킬 수 없었기 때문에 막남에서 군량을 대량으로 화림에 운송하여 창고에 보관하거나 상인을 모집하여 入粟케 하는 방도를 강구하기도 했다. 요컨대 사무가 극도로 많아져 관리기구를 강화할 필요가 있었다. 그리고 이러한 필요에 맞추어 大德 2년 4월 和林宣慰司都元帥府를 다시 설치하였고, 忽剌出·耶律希周·納鄰合剌 셋을 宣慰使都元帥로 삼고 있다. 또 大德 7년에는 和林兵馬司를 설치하여 和林의 치안을 유지하게 하였고, 宣慰使都元帥 忽剌出은 遙授中書左丞이 되었는데, 大德末에 이르면 宣慰使都元帥 憨剌合兒는 平章政事의 銜을 띠고 있었다. 和林宣慰司의 격이 차츰 높아지고 있음을 보인다.

둘째 大德末 인구가 대폭 증가한 것 역시 중요한 원인으로 제시된다. 元貞 2년 유부구르 등이 귀순하면서 한 무리의 部衆을 대동하였지만 이는 수천에 지나지 않았다. 그러나 大德 10년에 귀순하였거나, 또는 빼앗은 차파르와 메릭테무르의 部衆 10여만 구를 포함하여, 당시 백만 구가 원조에 歸附하였다. 이들은 대부분 경제적으로 어려운 목민이었기 때문에 元朝 중앙의 지원이 필요하였고, 이들에 대한 중앙정부의 통치행위가 요구되었다.

첫째와 둘째가 지방행정기구의 승격의 의미를 짙게 띠고 있는 반

---

44) 陳得芝, 앞의 글, pp. 10~13.

면, 셋째는 정치·군사적 의미가 크다. 곧 諸王勢力을 억제하고 중앙 집권을 강화할 필요가 있었던 것도 화림행성 설치의 중요한 배경이 라는 점이다. 막북지구는 몽골 통치자의 고향으로 황족 특히 뭉케와 아릭부케 두 계통의 제왕의 居地이자, 蒙古諸千戶의 뿌리가 있는 곳 이었다. 따라서 이 지역의 확보는 쿠릴타이에서 諸王의 향배가 걸렸 을 정도로 중요했기 때문에 원조 통치자로서는 제위의 안정을 보증 하기 위해서 막북을 확실히 장악할 필요가 있었다.

그러나 막북은 원조의 중심에서 멀리 떨어져 있었기 때문에 황제 나 중서성의 직할통제가 어려웠다. 또 누군가 한 사람의 친왕이 이 지역을 장악하면 바로 원조 중앙의 안정에 위협이 될 수 있었다. 더 욱이 하이산 자신은 직접 우세한 무력에 의지해 멋대로 화림에서 쿠 릴타이를 열어 諸王의 擁戴를 얻은 이후에 여세를 몰아 남하하여 어 머니 答己와 동생 아유르바르와다를 강박하여 제위에 올랐다. 따라서 막북을 장악하는 것이 얼마나 중요한 지를 자신의 경험으로 알았던 하이산은 이러한 체제를 바꿀 필요를 크게 느꼈던 것으로 보인다.

물론 무종 즉위 이전에도 행성설치의 필요성은 제기되고 있다. 郭 明德이 이미 1302년 和林宣慰司都元帥府의 宣慰副使僉都元帥府事로 임명받아 부임하기 직전에 올린 건의서에서 和林에 이미 설치되어 있던 宣慰司都元帥府보다 큰 관청(行中書省)을 설치하여 진락거짐으로 심을 것을 주장하고 있다.[45] 여기에 위에서 살핀 바와 같은 친왕봉번 의 위험을 미연에 방지하기 위해서 강력한 힘을 가진 직할관청이 필 요하였다. 막북지구가 諸王·勳戚이 많은 특수한 사정에 비추어 볼 때 충분한 권위를 가지고 漠北諸王 및 諸軍을 통제할 수 있어야 하고, 동시에 변경을 방위할 수도 있는, 곧 군사·행정 양방면을 직접 관할 할 수 있는 기관이 되어야 하였다. 또한 이 행성의 장관 역시 특히 위망이 극히 높은 親信大臣을 임명하여 담당케 해야만 諸王의 위세

---

45) 蘇天爵, 〈故小中大夫同僉樞密院事郭敬簡侯神道碑銘幷序〉, 《滋溪文稿》 권11 : "建 大藩於和林以總之."

도 억누를 수 있었다.[46] 이는 무종이 月赤察兒를 임명하는 조서에 뚜렷이 나타나는 바, 月赤察兒를 淇陽王으로 특별히 봉함으로써 宗藩·將領으로 하여금 그의 깃발 아래서 움직이도록 하였고,[47] 또한 성종조 이래 중서우승상으로서 아유르바르와다의 쿠데타를 도운 바 있었던 哈剌哈孫을 좌승상으로 임명함으로써 和林行省의 위상은 오히려 중서성보다 높았다. 또 至大 원년에는 哈剌哈孫에게 制를 내리는데, 親王처럼 諸藩에게 지시를 내릴 수 있게 하였다.[48] 요컨대 화림행성의 장관에게 종래 晉王이 행사하던 군권을 주어[49] 막북에서 성장할 수 있는 잠재적 군사적 위협세력의 성장을 막은 것이다.

물론 그렇다고 해서 화림등처행중서성이 漠北 全境을 관할하는 지방통치기구가 된 것은 아니다. 月赤察兒의 군권 역시 절대적이었던 것 같지 않다. 무종대의 화림행성의 영역은 여전히 극히 제한되었고, 晉王을 비롯한 제왕은 평상시에 和林行省의 관할 밖에 있었다. 직할구역은 카라코룸城을 포함한 和林路總管府와 稱海宣慰司의 경역이 그 속에 포함되고 있었다.

---

46) 陳得芝, 앞의 글, p. 12. 至元 24년 遼陽行省을 설치한 정황도 이와 비슷했다고 한다.

47) 元明善, 〈太師淇陽忠武王碑〉, "宗藩將帥實瞻公麾進退."

48) 〈丞相順德忠獻王碑〉, 《國朝文類》 권25 : "至大改元戊申, 帝賜大帳. 如親王制, 諸藩稟命, 戎事則以宴之. 仍賜酒米百斛."

49) 漠北의 군령권을 제왕이 아닌 國兵을 거느린 지역사령관에게 준 예는 이전에도 있었다. 元明善, 〈丞相淮安忠武王碑〉, 《國朝文類》 권24의 15上~15下에 "二十二年, 宗王阿只吉失律, 詔王(伯顔)代總北軍"이라 하여 1286년에 伯顔이 阿只吉을 대신하여 군령권을 행사하였음을 알 수 있고, 또 같은 비문에 "二十六年加金紫光祿大夫知樞密院事總北軍, 討叛王明里鐵木兒大敗之. 明日搜其伏兵追斬二千餘級馳書開諭. 明里鐵木兒其人奉書以泣, 有僭王于上者. 詔以御史大夫月兒魯邪演代之."(권24/26상)라 하여 그 권한이 1289년에 玉昔帖木兒에게 이양되었음을 보여 준다. 그리고 이는 閻復, 〈太師廣平貞憲王碑〉, 《國朝文類》 권23, 5下~7上의 "貞憲王月兒魯公……, 弱歲襲爵統按台部衆……. 加太傅開府儀同三司. 申命禦邊杭海. 二十九年, 加錄軍國重事知樞密院事. 宗藩帥鉞一切稟命於公. 特賜步輦入內, 位望之崇廷臣無出其右. 三十年, 今上皇帝以皇孫撫軍北邊, 公爲輔行, 請授裕考所佩儲閣實璽, 詔從之. 鼎湖上仙, 公奉鑾駟而南……."을 통해 확인된다. 특히 이 비문은 1307년 이전에 작성된 것으로 신뢰할 만한데, 玉昔帖木兒는 북변의 지역사령관으로 撫軍權을 가진 皇孫의 휘하에 들어갔음을 보여준다.

3. 中都의 건설

무종은 즉위 직후인 大德 11년 6월 2일에 旺兀察都(Ongruča-du)에 行宮을 세우고 궁궐을 지어 中都로 삼기로 했다. 이듬해 7월 행궁이 낙성되었는데, 1311년 정월 무종의 死去와 함께 폐지되어 비록 단기간밖에 유지되지 않았지만, 上都·大都와 함께 中都는 元朝의 三都體制의 한 축을 이루어 무종정권의 새로운 統治構圖의 상징이 된다. 하지만 무종대에 건설된 중도에 대하여는 札奇斯欽에 의해 기초적인 연구가 이루어진 것을 제외하고는 이렇다할 성과가 없다. 中都 설치의 배경이나, 그 정치적 의의 등은 아직 충분히 구명되었다고 할 수 없다. 따라서 이 글에서는 札奇斯欽의 연구[50]를 바탕으로 무종대 中都가 설치된 배경과 의의를 당시의 초원전통 회복의 추세와 관련지어 살펴보고자 한다.

무종정권은 行宮 건설을 위해 7월 19일 옹구차두에 行工部를 설치하였고, 이듬해 정월에는 六衛의 衛軍 1만 8500명을 징발하여 옹구차두 행궁의 工役에 투입하라는 칙을 내렸다. 또 2월 8일에는 다시 上都 衛軍 3,000명을 투입하였다. 이리하여 행궁은 1308년 7월 6일에 일단 완성되었고, 開寧路都摠管府를 겸하는 中都留守司를 새로 설치하여 이를 관할하게 하였다.[51] 이것이 中都의 정식 출범이다.

또 8월 15일에는 中都行宮의 건설에 수고한 신료와 군사들의 공로를 치하하여 상을 주고 있다. 공부상서 黑馬 이하 모두의 관등을 2등 올리고, 塔剌兒에게 銀 250냥, 同知 察乃와 通政使 塔利赤, 同知留守 蕭珍, 공부시랑 答失蠻에게 금 200냥과 은 1,400냥을 나누어 주었다. 그리고 공역에 동원된 군인과 공사 도중에 사망한 사람들에게도 각각 차등을 두어 금·은과 鈔를 주었다.

---

50) 札奇斯欽, 〈元代中都考〉, 《國立政治大學邊政硏究所年報》 18(1987), pp. 31~43 참조.

51) 上都留守司 역시 上都路都摠管府를 겸하였다. 《元史》 권90, 〈上都留守司兼本路都摠管府〉 참조. 上都留守司는 品秩·職掌이 大都留守司와 같고, 民事를 兼治하였다. 中都의 체제는 확실하지 않지만 上都에 준하지 않았을가 생각한다.

한편 中都에는 새로운 수도에 걸맞게 각종 아문을 설치하고 있다. 8월 22일에 中都萬億庫를 설치하고, 9월 28일에는 中都虎賁司를 두었다. 12월 6일에는 中都에 開寧縣을 설치하고, 隆興路는 내려 源州로, 蔚州는 올려 蔚昌府로 삼고 있다. 또 河東宣慰司를 없애 大同路를 中都留守司에 예속시키고, 冀寧·晉寧 두 路는 중서성에 예속시켰다. 또 1310년 6월 3일에는 秩 4품의 銀冶提擧司를 설치하였고, 7월에는 光祿寺를 中都에 설치하고 있다.

물론 行宮과 中都留守司만으로 京都의 꼴을 다 갖춘 것으로 간주하기는 이르다. 《元史》권22 武宗本紀의 1308년 11월 12일 기사는 中都 주위에 城을 쌓았음을 보여주며,[52] 이를 통해 날짜는 확실하지 않지만 같은 달에 궁궐건축의 조서도 내렸던 것을 알 수 있다.[53] 또 이듬해인 1309년 4월에는 皇城에 角樓를 지으라는 詔를 내리는데, 중서성의 신하가 농사철임을 내세워 만류하였으나 이를 물리치고 있다.[54] 1310년 10월에도 범죄자를 中都의 築城役에 투입하였다. 그러나 이처럼 무종이 중도의 건설과 築城에 적극성을 보였음에도 불구하고 정작 축성공사는 지지부진하였던 듯하다. 이리하여 무종은 11월 공사를 속히 끝내라는 조를 내려서 牛車를 동원하여 흙을 나르도록 하였다. 또 各部 衛土를 이듬해 4월 15일까지 모두 모아 工役에 투입하기까지 했다.

그러나 中都의 축성은 至大 4년 정월 무종이 갑자기 세상을 뜨고 보름도 되지 않아 공사를 중단하였다. 또 다음달 12일에는 中都 축

---

52) 당시 中都의 城을 쌓는 데는 漢人 劉澍도 실무진에 끼어 있었다. 張養浩, 〈山東 轉運鹽使劉公神道碑銘有序〉, 《歸田類稿》권10에 "方城中都劬乃按牘, 落成循墻, 云 賞非欲, 天子忠之. 遂紫其服."

53) 《元典章》三, 〈聖政二·復租稅〉: "至大元年十一月欽奉建中都宮闕詔書, ……."

54) 또 당시 중서성은 廩藏이 비어있는 상황에서 中都의 建城과 大都의 사찰건설 등이 군민을 쉬지 못하게 한다고 했고(1308.11.정묘), 이듬해 4월 壬午에도 中都 皇城에 角樓를 건축하려든 것을 중서성이 만류했음에도 역시 물리치고 건설한다. 장양호 역시 害政太甚의 열 가지 예로 土木을 들면서 맨 먼저 中都에 城 쌓는 것을 꼽는다. 《歸田類稿》권2, 〈時政書〉, "五日 土木太盛, ……, 今聞刱城中都崇建南寺, ……."

성으로 공을 세우기 위해 백성을 괴롭혔다는 이유로 司徒 蕭珍으로
부터 符印을 빼앗았다. 百司를 禁錮하고, 中都가 점유한 민전도 돌려
주었다. 이어 4월 22일에는 결국 中都留守司를 폐지하고, 隆興路總管
府를 다시 회복하였다. 또 아직 남아 있던 관청을 폐지하였다. 물론
그렇다고 해서 중도에 설치되었던 관청과 시설이 모두 일시에 없어
지거나 파괴된 것은 아니었던 듯하다. 中都에 있던 內帑과 金銀器를
1312년 7월에야 태부감으로 옮기고 있고, 至治 원년 11월에는 英宗
의 수레가 중도에 도착해 昆剛殿에서 佛事를 올리고 있다. 또 泰定
3년 8월에도 옹구차두에서 晉宗이 사냥을 하고 있다. 곧 무종과 지
향이 다른 仁宗이 권력을 쥐고 나서 中都를 폐지한 뒤에도 다음 황
제들은 이곳을 찾았던 것으로 보인다. 공교롭게도 동생 文宗을 만나
정권을 접수하려던 무종의 장자 和世剌(明宗)이 暴崩한 곳도 이곳이
었다.

이상은 元史의 武宗本紀 등에 나오는 中都 관련기사를 순서대로
정리한 것이다. 이미 찰기사흠의 친절한 연구가 있지만 필자의 논지
전개의 필요와 독자의 이해를 위해 번거로움을 무릅쓰고 다시 정리
했다. 中都 역시 비록 규모는 달랐지만 上都·大都와 같은 首都의 체
제를 갖추었으며, 당시의 어려운 재정 여건에도 건설을 위해 많은 인
력과 물자가 투입되었음을 알 수 있다. 물론 札奇斯欽의 논문은 이
밖에도 중도의 지명·위치의 고증과 중도시구의 군사배치, 노동력의
성격(土兵·民夫)에 대하여 논하고 있다.

또한 札奇斯欽은 옹구차두에 中都를 건설한 목적이나 동기에 관해
서도 비록 사료가 없다는 이유로 충분한 논의를 보여주지 못하지만
나름의 의견을 제시하고 있다. 그는 무종이 몽고제국의 3대 권력중심
의 하나였던 카라코룸이 서북제종왕의 반란으로 수도의 지위에서 방
어선상의 邊城으로 전락하고 上都가 카라코룸의 기능을 대신하는 상
황에서, 쿠빌라이가 행궁을 건립한 하라-발가순의 소재지였고 또 蒙·
漢 두 지역에서 멀지 않았던 오늘날의 張北에[55] 새로운 권력의 중점

을 건립할 필요성을 느꼈을 가능성을 제기한다.[56] 또 그 까닭으로 그
는 무종 본인이 카간이 되기 전에 서북제왕의 반란을 토평한 경험이
있어서 長城 이북의 몽고본토에 군사역량을 강화할 필요를 느꼈고,
또 군량공급을 위해 중도주변과 관련있는 각 지점에 駐軍하며 屯墾
할 곳을 설치하였다는 것이다.

그러나 찰기사흠의 이러한 설명만으로는 무종이 중도를 건립한 이
유와 인종이 또한 그것을 즉위 직후에 폐지한 이유에 대한 의문이
석연하게 풀리지 않는다. 더욱이 카라코룸에 화림등처행중서성이 설
치되고 막북에 대한 직할지배가 강화된 상황에서[57] 찰기사흠이 내세
우는 장성선의 방비강화는 특히 설득력이 없다. 그렇다면 무종은 무
엇 때문에 새로이 제3의 수도 中都를 건설하였을까. 물론 필자로서도
명확하게 그 까닭을 말하기 어려운 것은 찰기사흠이나 마찬가지다.
당시 중도에 궁전을 세우면서 지은 것으로 보이는 張養浩의 祭文 속
에 中都 건설에 거는 기대가 표출되고 있지만[58] 그것은 한족 출신 관
료의 췌사일 뿐 몽골정권의 진정한 의도를 반영한 것으로는 보이지
않는다. 따라서 여기서는 다만 지금까지 주목되지 않은 사실을 다시
더듬어 봄으로써 그 배경을 짐작해 볼 수밖에 없다.

먼저 주목할 것은 무종이 황제의 자리에 오르기 전에 옹구차두에
잠시 머물렀던 것이 확인된다. 그는 그곳에서 자신을 새로운 카간에
추대하기로 약속한 동생 아유르바르와다와 어머니 答己의 회답을 가
져오는 脫脫을 기다렸던 것이다. 멀리 脫脫이 오는 것을 발견한 무종
은 타고 있던 馬轎를 재촉하여 옹구차(旺古察)[59]에 이르러서, 말을 타
고 달려온 탈탈을 재촉해 함께 태우고 모후인 답기와 동생 아유르바

---

55) 《元史》 권58, 〈地理〉一, p. 1352 : "興和路, ……. 中統三年, 以郡爲內輔, 升隆興路
總管府, 建行宮."
56) 札奇斯欽(1987), p. 40.
57) 李玠奭(1996), pp. 29~32 참조.
58) 程鉅夫, 〈黃兀察都建宮殿祭文四首〉, 《雪樓集》 권1, 6下.
59) 札奇斯欽은 같은 글에서 이를 水槽라 하였고, 杉山正明은 논문(1995)에서 "船笠
이 있는 곳"(p. 105)이라고 해석하고 있다.

르와다의 전언을 들었다고 한다.[60] 옹구차두는 따라서 무종정권에게
는 周室 治平의 터전인 豳岐나 漢皇室의 湯沐邑인 豊沛과 같은 '開天
處'로 인식되었을 수도 있다.[61]

그러나 이런 인연을 내세워 漢文化에 대한 이해가 전무한 무종이
당시 중서성 관리들의 반대를 물리치고 많은 재원을 들이고, 농번기
에 번거로운 공역을 하면서까지 새로운 수도 중도를 건설했다고 보
기는 어렵다. 청년기에 오랫동안 막북에서 생활하여 몽고적 생활습관
에 익숙하고 피아를 불문하고 동족들에게 환영을 받았던 하이산이었
던 만큼 오히려 그들의 문화적 전통과 관련지어 中都의 건설 배경을
살피는 쪽이 합리적인 것은 아닐까. 곧 그들의 사냥습속이나 유목민
족의 游動宮帳의 전통과 관련지어 검토해 볼 필요가 있을 것이다.

한 연구에 따르면,[62] 옹구차두의 별칭이기도 한 白城子는 遼代의
이름난 피서지였고, 황제의 四季捺鉢의 하나였으며, 좋은 사냥터이기
도 했던 炭山과 동일한 지역이라고 한다. 또 白城 일대는 들이 너르
고, 풀이 잘 자라 鹿·獐·狍·兎가 많았으며, 부근에 여기저기 분포한
하천과 호수에는 鷲·鵝·雁·鴛가 역시 많이 찾아와 매우 이상적인 사
냥터인 데다가, 기후가 또한 선선하여 피서와 사냥을 위해 유목제국
의 황제들이 늘 머물렀던 곳이었다는 설명이다.

곧 中都의 건설은 漢地 경영의 편의를 위해 세운 大都(당시 명칭은
中都)와 카리고룸 부근의 行宮과 四時營地와 유사한 기능을 기대하
면서 동시에 몽골 本部와의 연계의 중심으로 삼으려 했던 上都로 이
루어진 쿠빌라이 이래의 兩都制[63]에 대한 중대한 수정이다. 양도제

---

60) 黃溍,〈勅賜康里氏先塋碑〉,《金華黃先生文集》권28, "忠烈至野馬川, 上見之甚喜,
    行次旺古察而王繼至趣, 使疾驅與之共載, 聞王致太母及仁宗之語, 乃大感悟釋然
    無疑."

61) 張養浩,〈過中都〉,《歸田類稿》권19.

62) 尹自先,〈白城子說 — 兼訂《口北三聽志》《察哈爾省通志》《張北縣志》幾處舛誤 —〉,
    p. 153. 이 논문은 張北縣의 지방 잡지에 실린 것을 1993년 張北縣 출신인 暨南大
    學 대학원생 李海燕 씨가 필자에게 보내준 것인데 출처는 미상.

63) 陳高華·史衛民,《元上都》(吉林教育出版社, 1988), pp. 26~32 참조.

아래서 쿠빌라이는 대체로 2월에 떠나 9월에 대체로 大都로 돌아왔다고 한다. 그리고 때때로 1월말 2월초에 大都 서남의 柳林에서 사냥을 시작하여 大都 궁전에 돌아와 며칠 머무른 뒤에 바로 길을 떠나 북상하였고 8월 하순에 귀로에 올라 9월 중에 大都로 돌아왔다고 한다.[64]

그러나 이러한 유목사회의 전통이 배어 있는 游動宮帳의 성격은 漢地의 생활에 익숙해지면서 점차 엷어진 것으로 보인다. 한지 생활에 습관이 되어 초원의 추위에 적응하지 못한 인종이나 문종·순제 등은 따라서 상도 체류 시간을 크게 단축하여 4월 이후에 대도를 출발하고, 날씨가 다시 쌀쌀해지는 7월에 상도를 출발하여 9월 중에 대도로 돌아왔다고 한다.[65]

반면에 오랫동안 막북초원의 생활에 젖어 있던 무종과 그의 측근에게는 大都의 더위와 도시생활이 거꾸로 큰 고통이었을 것으로 보인다. 그들에게 훌륭한 사냥터이기도 했으며, 시원하여 피서지로도 적합한 옹구차두가 북경보다는 그들이 지내기에 훨씬 알맞았을 것이다. 또한 그곳은 중원에서 몽골리아로 가는 교통 요지였을 뿐만 아니라 몽골고원에서 중원으로 들어가는 관문인 野狐嶺과 가깝고 몽골고원 깊숙히 들어가 있어 중원에 접근하기 불편한 上都에 비하여 제3의 首都로는 적지였을 것으로 보인다.

또 이러한 三都制는 카라코룸 행궁을 기점으로 四時營地를 옮겨다닌 우게데이나 뭉케 시대의 大帳游動의 전통[66]과 더 가까웠을 것이다. 카간이 5월 북쪽 하라-발가스의 호수와 습지에서 행한 매사냥에서 시작해 카라코룸 남쪽의 우르메케토의 초지, 후에노르를 거쳐 사냥터가 있던 고비·알타이에서 겨울을 지냈던 몽골적 전통은 쿠빌라

64) 陳高華·史衛民(1988), p. 59.

65) 陳高華·史衛民(1988), pp. 59~60.

66) 李玠奭(1996), pp. 12~15 및 John Andrew Boyle, "The Seasonal Residences of the Great Khan Oegedei," *Central Asiatic Journal* vol.16, pp. 126~131 참조.

이가 1월말에 大都 남쪽 柳林의 사냥으로 上都 行程을 시작한 것에
서도 그 그림자를 발견할 수 있다. 몽골세계의 재통합을 꿈꾼 대카간
인 무종으로서는 이러한 中都의 건설은 통합으로 가는 노둣돌과 같
은 중요한 의미를 가졌을 것이다.

하지만 元史에는 中都의 실제적 기능과 관련된 기록은 드물다. 中
都留守司가 예하 또는 관련 아문과 문서행위를 한 것은 元典章에서
두세 건 보이지만,[67] 上都나 大都와 같이 수도로서 정상적인 역할을
했다는 자료가 보이지 않는다. 中都에 行幸한 기록이나 그곳에 머물
면서 사냥이나 집무를 했다는 구체적인 증거는 도무지 어디에도 없
다. 따라서 해마다 무종이 3월과 9월에 上都에 가고 오는 도중에 중
도를 거쳐 왔고 그곳에서 잠시 묵으면서 사냥을 했으리라는 추정만
을 할 수 있다. 다시 말해 중도는 大都나 上都에 비해서는 다소 격
이 떨어지는 수도였을 것이라는 짐작도 무리는 아닐 것이다. 그럼에
도 張養浩의 詩는 仁宗代에 이미 사막처럼 황량하게 변해버린 中都
가 무종 시기에는 마치 무역선이 북적거린 泉州 앞바다와 같았다고
한다.[68]

요컨대 무종대 중도의 건설은 무종정권 핵심부의 장기적인 막북생
활과 막북유목세력의 통합에 따른 초원의 유목전통 회복이라는 무종
정권의 일련의 반한법적인 지향과 궤를 같이하는 것으로 볼 수 있다.
따라서 한법적 지향을 가진 인종정권에게 이러한 중도건설은 무종이
정사를 그르친 열 가지 가운데 다섯번째인 토목사업의 으뜸으로 지
목되어[69] 폐지될 수밖에 없었다.

---

67) 《元典章》 21, 戶部 7, 〈雜例·別里哥索錢糧〉 ; 《元典章》 40, 刑部 3, 〈不睦·穆黯子
殺兄〉.
68) 張養浩, 〈中都道中〉, 《歸田類稿》 권19 : "去年閩海今沙漠."
69) 張養浩, 〈時政書〉.

III. 游牧封建貴族의 원조체제 내 편입

쿠빌라이가 원조를 세운 이후에도 大몽골제국의 틀 전체가 곧 바로 원조체제로 개변되지 못했다. 몽골세계제국의 질서와 기제가 한편에서 여전히 작동하고 있었던 것이다. 祖述變通에 입각한 元朝체제가 수립되자 일부 宗王이 항의사절을 보내는 등 이를 인정하지 않았고, 더욱이 수용하지 않았다. 따라서 한지의 물적 기초를 기반으로 세워진 원조체제의 영향력은 막북에 적용되지 못했다. 원조의 황제지배체제와 몽골황금가족의 공동지배의 틀이 잠정적으로 대원 울루스의 경역 안에서도 공존하고 있었다. 좌수제왕의 후왕 등 종왕들과 제왕들 가운데 상당수가 황제의 신하라기보다는 공동지배에 참여하는 황금가족의 일원으로서 자신의 유르트와 부민을 지배하고 있었다.

쿠빌라이도 몽골의 고지인 막북에 친왕을 출진시켜 태조의 4오르두와 유르트를 관할하였고, 그 지역에 분포된 많은 제왕들에 대하여는 대몽골제국시기의 관행대로 그 유르트와 부민을 관할케 내버려 두었다. 그것은 태종대에 제왕·귀족에게 나누어준 內地의 분지에 대한 그들의 권리에 대하여도 사정은 마찬가지였다. 그러한 분지에 대한 권리를 가진 서방의 諸罕들이 비록 조회에 참석하지 않았지만 쿠빌라이는 그들의 內地 分地에 대한 권리를 부인하지 않았다. 그들의 분지에서 나온 것들은 축적해 두었다가 뒤에 조회에 참석하면 돌려주도록 하였다. 大몽골제국의 체제는 쿠빌라이가 한법을 수용하여 이룩한 원조체제와 함께 존속했던 것이다. 그리고 이것은 서북반왕의 저항이 계속되는 동안 강고하게 유지되었다. 선위사와 같은 파견기관이 막북에 파견되어 있었지만 임시적인 조치였다.

그러나 14세기 초 서북반왕이 성종의 종주권을 수용한 이후 사정은 전과 크게 달라졌다. 갓 막북에 돌아온 제왕들은 경제적 어려움 때문에 새로 정통성을 얻게 된 원조권력으로부터 경제적 지원을 기

대하였고, 또 거대한 재정을 동원할 수 있었던 원조권력이 제공하는
거액의 사여를 받았다(정복정권의 과실분배에 참여할 자격이 주어진 것
이다). 그리고 원조권력은 이들에게 한법적인 성분의 왕호와 인장을
수여하여 이들을 원조체제 내에 편입시켰다. 제왕은 이제 원조 지
배체제의 핵심적 기관이 된 것이다. 성종·무종대의 왕호수여의 배
경이었다.

1. 王號 수여와 賜與의 확대

무종은 즉위 후 아난다 일파를 진압하는 데 공이 큰 禿刺에게 一
字王號인 越王의 號를 수여하는 등 무종 즉위의 공헌과 정치적 배려
에 의해 왕호수여를 남발하고 있다. 또 이러한 조치는 우승상 합랄합
손 등의 반대에 부딪히기도 하였다. 一字之封의 관례를 무종이 무시
했다는 것이 주요한 이유였다.

세조가 원조를 세운 뒤에 몽골 지배계급의 핵심인 黃金家族[70]과 그
姻戚(大에미르)이 원조체제 내에 편입되었음을 보여주는 표지의 하나
는 왕호의 授封이었다. 또 王號는 一字 또는 二字의 國邑으로 표시되
었는데, 이러한 왕호와 함께 동물의 문양이 그려져 있는 印章을 주었
다. 여기에 賜與와 賑給이 수반되었지만 그것들은 필수적인 것은 아
니었다. 이미 칭기스헌 시기에 무가리에게 國王의 號를 준 적이 있었
지만, 세노석으로 王號가 주어진 것은 쿠빌라이 시기에 이르러 中統
3년 眞金에게 燕王의 號를 준 것이 처음이었다. 그리고 세조 이후 제
황제가 왕호를 수여하였는데, 특히 무종대에 이르러 그 횟수가 많고,
왕호수여의 원칙도 세조·성종과 달라졌다. 따라서 이 장에서는 세조·
성종대의 왕호수여의 원칙을 개괄해 보고, 이것을 무종대의 왕호수여
의 원칙과 비교함으로써 무종대 왕호수여의 역사적 의미를 확실히
이해하고자 한다. 이를 위해 여기서는 세조·성종기에 수여된 왕호와

---

70) 海老澤哲雄, 〈元朝の王族について〉, 《歷史敎育》 10-7(1962), p. 52. 氏의 왕족은
곧 황금가족에 해당한다.

왕호수여의 원칙·경위 등을 먼저 살피고자 하며, 특히 이 분야에 대한 신뢰할 만한 연구를 내놓고 있는 野口周一의 견해를 중심으로 검토하였다.[71]

金印獸紐의 印章과 함께 수여된 一字 왕호는 二字 王號보다 높았으며, 二字 왕호도 印章의 재료와 문양에 따라 金印螭紐, 金印駝紐, 金鍍銀印駝紐, 金鍍銀印龜紐, 銀印龜紐의 5단계로 나뉘어져 一字왕호까지 포함하면 모두 6단계를 이루었다.[72] 《원사》 권108 제왕표의 왕호 수여의 실례로부터 귀납할 수 있는 왕호수여의 원칙은 血統이 특히 중요한 기준이 되었던 것으로 보인다. 이는 무종 즉위 초에 哈剌哈孫이 "祖宗之制, 非親王不得加一字之封"[73]이라 하였던 배경이기도 하다. 따라서 쿠빌라이 지배 중엽까지는 一字王號는 大元 울루스 안의 두 개의 小울루스를 책임진 쿠빌라이의 황태자 眞金과 장자격인 忙哥剌와 그 長子에게 주어졌지만, 쿠빌라이 말년부터는 眞金의 장자 甘麻剌의 적통에게만 주었다.[74] 또 제2단계인 金印螭紐는 쿠빌라이의 혈통 외에도 예외적으로 주어진 예가 있지만, 대체로 쿠빌라이의 正后였던 차비 황후의 소생에게 주어졌고, 생모가 정후가 아니거나 闊闊出과 같은 서자인 경우는 제4단계와 제5단계의 인장을 수여받았다.

---

71) 주로 野口周一,〈元代世祖·成宗期に王號授與について〉(野口鐵郞 編,《中國史における亂の構圖 ― 筑波大學創立十周年記念東洋史論集 ― 》, 東京, 1986)을 참고하였다.

72) 물론 같은 一字王이라도 막북에서 태조의 대장을 관할하는 晉王은 梁王에 비하여도 지위가 높았다. 따라서 王相府가 아닌 內史府를 설치하고 있으며, 周王의 常侍府 역시 이와 같다.

73)《元史》 권136〈哈剌哈孫傳〉.

74) 野口周一,〈元代後半期の王號授與について〉,《史學》 56(1986), pp. 66~67. 1262년 眞金이 燕王에 봉해졌지만, 眞金의 사후 燕王 자리는 공위가 되었다. 忙哥剌는 지원11년(1274) 秦王에 봉해졌는데, 忙哥剌 사후 1279년 秦王位는 아난다에게 계승되었다가, 지원 24년 그의 동생 按攤不花에게 옮겨진 뒤 이내 회수된다[松田孝一,〈元朝期の 分封制〉《史學雜誌》 88-8(1979), p. 43 참조]. 이로써 一字王號 수봉자는 없어졌다가, 1290년 眞金의 장자 甘麻剌을 梁王으로 봉하여 雲南에 봉함으로서 다시 생겼고, 北安王 노무칸 사후 甘麻剌를 晉으로 봉함으로써, 梁王號는 甘麻剌의 아들 松山에게 습봉된다. 이에 대하여 杉山正明은 一字王(一字之封)이 쿠빌라이 嫡統의 3대왕국에밖에 인정되지 않았다는 견해를 제시한다[杉山正明 (1995), p. 104].

물론 쿠빌라이 자손 외에 칭기스한의 동생들과 아들들의 후손과 부마에게도 역시 제2단계에서 제6단계까지의 왕호를 여러 가지 배려에 따라 수여하고 있다. 또 한편으로는 유르트와 부를 가진 황금가족의 일원이라고 해도, 특히 서출의 경우는 비록 공이 있다고 하여도 왕호와 인장을 부여받지 못한 경우가 있었다. 곧 원조가 왕호를 수여한 배경에는 여러 가지 다른 원칙과 배려가 적용되었음을 보이는 것이다. 이에 대하여 野口周一은 세조·성종 시기의 왕호수여 경위는 ① 중앙 및 중요지역의 통치 및 진수, ② 논공행상, ③ 정치적 회유의 성격을 띠고 있었다고 한다. 그리고 세 가지 경위가 사실상 명확히 나뉘기 어렵지만, 이 가운데 "① 중앙 및 중요지역의 통치 및 진수"가 경위 중 43퍼센트를 차지했다고 한다.[75]

따라서 이러한 왕호의 수여는 세조와 성종대에는 통치 차원의 분봉제와 밀접하게 연계되어 있다는 인상을 받게 된다. 그러나 무종대에 들어서면 종래의 왕호 수여의 원칙 가운데 중요한 준거인 혈통의 원칙은 거의 무시된다. 종래 적통 황자나 眞金 장자의 적통에게 수여되던 一字王號가 다수의 疏屬에게도 수여되고 있다. 또 무종은 세조·성종대에는 매우 드물게 수여되던 一字王號를 18차례나 수여하고 있다. 그것도 대부분 새롭게 설치된 왕호를 始封한 것이다. 툴루이계 6, 東方諸弟系 3, 西方諸子系 3, 駙馬 6例이다. 一字王號를 친왕이나 특정계통에 수여하던 전통은 파괴되고 있다. 무종대에는 적통과는 상관없이 疏屬이나 부마에게도 수여하였다.

이러한 무종의 왕호 수여는 세조·성종대와 다른 몇 가지의 특징을 가지고 있다. 먼저 一字之封의 기준이 달라져 다른 관점에서 선택된다. 곧 對하이두戰의 참가자에게 一字王號가 수여된다. 세조대에 헌종 뭉케나 아릭부케의 자손은 각각 제3등급·제5등급의 왕호를 받았는데 이를 무시하고 一字王號를 내렸다. 東方諸弟系도 빠짐없이 一字

---

75) 野口周一(1986), p. 315.

之封이 이루어지고, 西方諸弟系와 駙馬에게도 一字王號가 주어졌다. 특히 부마는 종래 제3등급과 제6등급의 왕호가 주어졌는데, 모두 제1 등급의 왕호가 주어진다. 野口周一의 통계분석에 따르면, 무종대에는 주로 무종 즉위과정의 논공행상과 정치적 회유라는 두 가지 목적으로 一字王號가 수여되었고, 특히 정치적 회유의 목적으로 보다 많은 一字王號가 수여되었다고 한다.[76] 또 이러한 왕호수여는 고도로 계산된 정치라고 보고 있다.[77]

이처럼 제왕·부마를 원조 권력의 하위체계 내에 편제하는 한편으로 이들에 대한 보호와 보상이 이루어지고 있다. 그것은 주로 정기적인 사여의 형태로 이루어졌지만 제왕이 거느리고 있는 부민에 대한 원조의 지원이라는 형태로도 이루어지고 있다. 이 가운데 부민에 대한 지원은 다른 장에서 다루어지고 있으므로 여기서는 무종이 실시한 歲賜와 부정기적인 사여, 그리고 分地의 수여를 통하여 王號체계에 들어온 제왕에 대한 원조의 반대급부에 대하여 살펴보겠다.

또 무종은 宗室이나 國을 가진 駙馬 외에도 일부 군공을 세운 신하에게 왕호를 부여하고 있다. 四傑의 후예인 月赤察兒, 欽察人 功臣 床兀兒, 탕구트인 保傅 乞台普濟에게 각각 淇陽王·句容郡王·安吉王의 王號와 印章을 내리고, 식읍도 지급하였다.

무종은 남하하여 즉위하기 전에 이미 카라코룸에 모인 제왕·부마·천호들에게 구두로 사여를 한 것으로 보인다.[78] 이는 무종즉위 직후 즉위사여를 논의하는 과정에서 중복 사여를 하지 말자는 哈剌哈孫의 요청을 통해 확인되고 있다. 그리고 무종이 이를 무시하고 다시 사여를 하도록 지시함으로써 명백히 즉위 전에 자신의 계승을 지지하고

---

76) 野口周一(1986), p. 314.

77) 野口周一, 〈元代武宗期の王號授與について ─ 元史諸王表に關する一考察 ─ 〉, 《アジア諸民族における社會と文化 ─ 岡本敬二先生退官記念論集 ─ 》(東京, 1984), p. 292.

78) 《元史》 권22 〈武宗本紀〉 大德11年 6月 : "戊戌, 比者諸王駙馬會於和林, 已蒙賜與者, 今不宜再賜. 帝曰, 和林之會, 國事方殷. 已賜者其再賜之."

지원한 제왕·천호에 대한 물질적 보상으로 안배하고 있음을 알 수 있다. 또 일설에는 王號를 여섯 단계로 나누는 格式이 정례적인 사여를 할 때 差等의 기준이 되었을 것으로 보고 있다.[79] 요컨대 정치적 고려에 의해 수여되는 무종대의 王號·印章의 차등과 물질적 보상의 차등 사이에 의미 있는 관련의 개연성을 지적한 것이다. 그러나 이를 입증할 만한 확실한 자료는 보이지 않으며, 도리어 그것을 뒤집을 만한 증거도 보인다. 곧 종래 몽골제국의 황금가족 내부에서 태생적 지위를 나타내는 제왕의 지위를 무시하고, 大元울루스 내부의 정치적 필요에 따라 差等을 두어 수여한 무종 당시의 왕호체계가 가지는 한계도 고려해야 하는 것이다.

무종본기에 나오는 1308년 3월의 기록을 보면 제2단계 왕호를 가진 鎭南王 老章과 제1단계 王號를 가진 齊王 八不沙는 함께 金 500냥과 銀 5,000냥을 받고 있는 것을 볼 수 있다. 皇子인 脫歡이 歲賜로 銀 50錠을 받았던 鎭南王位였던 만큼, 단박에 이것이 즉위사여이고 歲賜로 주어진 것이 아님을 알 수 있다. 하지만 이것은 동시에 무종이 大元울루스에서 포획한 사냥의 성과를 종왕들에게 분배했을 때 王號와 印章의 등급만을 기준으로 처리하지 않았음을 보여 준다.

《원사》식화지를 보면 칭기스한 이래 여러 카간을 거치면서 차등 있게 정해진 원조의 세사액의 일단을 볼 수 있다. 칭기스한의 여러 동생들의 후예와 칭기스한의 여러 아들 가운데 차가타이 王位, 闊烈堅 태자 河間王位, 그리고 툴루이의 두 아들 훌레구 大王位와 아릭부케 大王位 등은 銀 100錠의 歲賜를 받고 있다. 이에 반하여, 원조를 세운 세조의 적통 황자인 眞金(裕宗)·忙哥剌·邪木罕은 段·絹 각 1,000필을 받고, 나머지 쿠빌라이 아들들도 銀 50錠을 받고 있다. 이것은 원조의 歲賜體系가 쉽게 무시될 만큼 단순하지 않음을 보여주며, 무종의 왕호 단계별 등급 책정 기준인 논공행상·정치적 회유가

---

79) 杉山正明은 그러한 격식에 동반하여 정례사여가 이루어졌을 가능성을 암시하고 있다. 杉山正明(1995), p. 104.

무종대 세사의 유일한 기준이 될 수 없음을 보여준다. 더욱이 무종은 1310년의 諸王·妃主의 朝會頒賚(歲賜?)를 卽位 다음해인 至大 元年의 例와 같이 하도록 지시하고 있다. 따라서 무종이 정한 王號의 격식과 제왕에 대한 물질적 보상을 일치시키는 것은 쉽지 않을 것으로 보인다.

2. 爵位와 官職의 濫授

한편 무종은 새 정권의 건설을 계기로 아난다 세력의 진압에 기여했거나 무종을 따라 남하하여 무종정권의 등장에 기여한 몽골·색목 군사귀족을 논공행상을 통해 무종권력의 핵심에 편제함으로써, 몽골리아와 중앙아시아에 기반을 가진 몽골인과 색목인의 원조정권 편입과 통합이 크게 촉진되는 계기가 되었다. 특히 무종정권은 종래의 한 법적 격식에 얽매이지 않고, 內降旨를 통해 이들을 지배권력 속에 대거 편입시키고 있다.

무종대 近侍들의 越職奏事는 당시는 물론 후대의 학자들 역시 부정적으로 평가하고 있지만 새로운 세력이 원조 권력 안으로 진입하는 데 유리한 환경을 조성하였을 것으로 보인다. 근시들은 황제와의 밀접한 접촉을 활용하여 內降旨를 받아 격식을 무시하고 다수의 새로운 인물들을 관직에 임명하였다. 이는 종래의 관리임용을 관할하던 기구인 중서성의 기능을 무시한 것은 물론이고, 또 몽골 훈구·大根脚의 아성으로 자체적인 인사권한을 가진 어사대와 추밀원, 宣政院의 관리임용에도 용훼하였다. 그 중에서도 몽골군사귀족의 고유영역인 추밀원 산하의 武職 임명에도 간여하여 이들의 거센 반발을 불러일으키고 있다.

1307년 5월 새로 지추밀원사에 보임된 憨剌合兒와 鐵木兒不花 등의 상주에 의하면 일부 近侍들은 내강지를 이용하여 추밀원의 인사권을 무시하고 군관임용에 관여하여, 세습직인 萬戶·千戶와 같은 高位의 武職을 청하였고, 무종이 이를 이들에게 내렸음을 보인다. 물론

이러한 무종의 조치는 전통적인 몽골 군사귀족의 아성인 추밀원의
강력한 저항에 직면하였고, 세조의 성헌을 준수하라는 요구에 굴복하
여 무종이 내강지를 취소하기도 하였다.[80]

또 이러한 관직인사는 추밀원과 어사대 관리의 경우에도 해당하였
다.[81] 어사대의 경우는 이에 앞서 7월 丙戌에 어사대부 月兒魯가 "舊
制는, 中書省·樞密院·御史臺와 宣政院은 각기 스스로 소속관리를 임
명하도록 하고, 그 밖의 관청은 모두 중서성에서 임명하여, 近臣이
멋대로 인사를 청할 수 없었으니, 이렇게 하면 기강이 무너지지 않습
니다."[82]고 황제에게 간한 바 있었는데, 여전히 8월에도 변함이 없이
내강지로 감찰어사와 염방사의 관리를 임명하였음을 위에서 볼 수
있다.

하지만 이러한 기존 관료와 기득권 세력의 저항에도 불구하고, 내
강지를 통한 관리 임명이 이후에도 빈번히 이루어졌다. 이처럼 近侍
들의 발호 등으로 宰執 등 권력 상층부가 비정상적으로 늘어났을 뿐
아니라, 근시들을 통한 관직임명의 內降旨가 빈번히 내려와 하위관직
의 인사에도 크게 파행상을 드러냈던 것으로 보인다. 8월 甲午의 중
서성 관리의 말을 빌리면, 무종 즉위 후에 內降旨를 발출하여 관직에
임명한 것이 880여 명인데, 그 가운데 300명은 중서성에서 벼슬을 주

---

80)《元史》권22〈武宗本紀〉大德11年 6月壬子: "鐵木兒不花憨剌合兒等言, 舊制, 樞
　密院銓調軍官, 公議以聞. 比者, 近侍自擇名分, 從內降旨, 恐壞世祖定制, 且誤國事.
　在成宗時嘗有旨, 輒奏樞密事者, 許本院再陳. 臣等以爲自今用人, 宜一遵世祖成憲.
　帝曰, 其遵前制, 餘人勿輒有請. 又言, 軍官與民官不同, 父子兄弟許其相襲, 차세朝定
　制. 比者, 近侍有輒以萬戶·千戶之職請於上者, 內降聖旨, 臣等未敢奉行. 帝曰, 其依
　例行之."

81)《元史》권22〈武宗本紀〉大德11年 8月甲午, "……, 內降旨與官者八百八十餘人,
　已除三百, 未議者猶五百餘. 請自今不由中書奏者. 帝曰, 卿等言是. 自今不有中書奏
　者, 勿與官. 又言, 外任官帶相銜非制也, 請勿與. ……. 御史臺臣言, 中書省·樞密院·
　御史臺·宣政院得自選官, 具有成憲. 今監察御史·廉訪司官非本臺公選, 而從諸臣所請,
　自內降旨, 非祖宗成法. 帝曰, 凡若此者卿等其勿行."

82)《元史》권22〈武宗本紀〉大德11年 7月丙戌 條 참조. 여기서 月兒魯는 玉昔帖木
　兒가 아니고, 그의 동생인 禿赤을 가리키는 것으로 '月兒魯'에 대한 재검토가 요
　구된다.

었고, 아직 주지 않은 것이 500여 명이 남았다고 하며, 외임관의 相
衙 수여를 중지해주기를 청하고 있다.

물론 이러한 중서성 관리의 요청에도 불구하고 9월 丙子 이전에
다시 100여개의 內降旨가 발출되었다는 것으로 보아, 중서성의 요청
이 그대로 수용되지 않았음을 알 수 있으며, 또 무종대 근시의 越職
奏事와 內降旨를 통해 임명된 인물 가운데는 이전에 관직에 취임했
다가 廢黜된 자와 夤緣으로 驟遷된 자도 있었다는 지적으로 보아,[83]
격식을 무시하고 새로 취직한 관리 가운데에는 막북의 편입과 무관
한 인물도 많았을 것임을 미루어 알 수 있다. 하지만 이 과정에서 막
북의 인적 요소가 편입되는 데 유리한 환경이 조성되었을 것임 또한
분명하다.

무종정권의 등장 이후 중앙권력에서 최대의 권위를 누린 몽골·색
목 군사귀족 가운데 으뜸은 四傑의 후예인 月赤察兒의 가족이었다.
이는 이미 앞 장에서 확인한 바이고, 더욱이 세조 이래 元勳의 후예
로서 지위가 확고했던 터이므로 여기서는 재론할 여유가 없다. 그 대
신 무종정권의 등장을 계기로 막북과 중앙아시아의 인적요소가 실질
적으로 통합되는 일환으로 등장하는 새로운 몽골·색목 세력의 권력
체계 내 진입과 그 통로의 검토가 필요하다. 그러나 이러한 과정에서
새로이 원조 권력체계 내에 편입된 인물 하나하나를 확인하는 것은
어렵고 자료도 거의 남아 있지 않다. 다만 무종 즉위 전에 막북에 있
던 인물들 중 상당수가 무종의 제위계승을 계기로 무종정권의 권력
의 핵심에 진출하고 또는 怯薛內의 고위직이나 加職·遙授職을 차지
하게 된 것은 일부지만 확인될 수 있는 것 또한 사실이다.

아유르바르와다를 따라 쿠데타에 참여한 몽골·색목인의 武力은 대

---

83) 《元史》 권22 〈武宗本紀〉 大德11年 9月丙子 : "內外選法, 向者有旨一遵世祖成制.
兩宮近侍遷紋, 惟上所命. 比有應入常調者, ; 其已仕廢黜及未嘗入仕者, 亦復請自內降
旨. 臣等奏請禁止, 蒙賜允從. 是後所降內旨復有百餘, 臣等已嘗銓擇奉行. 第中書政
務, 他人又得輒請, 責以整飭, 其效實難. 自今銓選·錢穀, 請如前制, 非由中書議者,
無得越奏."

부분 仁宗의 潛邸인물을 포함한 衛士集團과 哈剌哈孫이 거느린 怯薛의 무력이었고, 또 대체로 京師에 근거를 가지고 있었기 때문에, 대부분 논공행상을 통해 그들 역시 새 정권내에 진입하였던 것으로 보인다. 무종은 즉위한 직후에 阿沙不花의 주청에 따라 內難을 평정하는 데 공이 큰 燕只哥 이하 10인을 兵馬指揮와 直省舍人으로 임명하고 있고,[84] 그 해 말에 蒙古萬戶 禿堅鐵木兒를 내난을 평정한 공로를 표창하여 종2품인 鎭國上將軍을 보태주고 있다.[85] 그러나 이들의 권력체계 내 진입은 위에 언급한 막북에 근거를 가졌던 군사귀족의 진입에 비하면 막북의 인적 통합이라는 측면에서 볼 때 성격상 새삼스러울 것이 없다.

무종의 즉위와 화림행성의 설치 등을 계기로 촉발된 막북초원에 근거를 가졌던 몽골·색목 군사귀족의 인적 통합을 보여주는 예는 물론 적지 않다. 平章政事和林等處宣慰使都元帥와 同知和林等處宣慰司事였던 憨剌合兒와 塔海를 각각 知樞密院事와 中書右丞에 임용하고 있는 것은 특기할 만한 것으로 볼 수 없지만, 북변에 출진하여 오랫동안 하이두 진영과 싸웠거나 또는 원조에 새로 귀순한 몽골·색목 군사귀족의 무종정권의 지배기구 내 진출은 의미가 크다고 볼 수 있다. 그 중에 주목되는 것은 13세기 말(세조 말) 土土哈과 더불어 원조의 북변을 방어하다 실수를 범해 망명했다가 성종 즉위 초에 유부구르(藥木忽兒)와 다시 귀순한 아딕부케 휘하의 大에미르였던 토르타카를 太保에 임명한 것이다. 그는 귀순한 뒤에도 막북에 머무르며 하이산의 자문에 응했던 것으로 보이는데, 무종의 즉위 후에 月赤察兒·哈剌哈孫과 더불어 三公의 지위에 오른 것이다. 그의 三公職 제수는 13세기 말에서 14세기 초 서북 귀순세력의 원조권력체계 내 편입을 나타내는 상징적 사건으로 보아도 될 것이다.

---

84) 《元史》 권136, 〈阿沙不花傳〉.
85) 《元史》 권22, 〈武宗本紀〉 12月庚戌 : "以蒙古萬戶 禿堅鐵木兒有平內難功, 加鎭國上將軍."

물론 토르타카와 같은 귀순세력의 원조권력체계 내 진입을 보여주
는 더 이상의 자료는 아직 찾아내지 못해 이를 일반화하는 데는 큰
어려움이 있다. 이에 비하여 막북에 출진했다가 동서화해의 성립과
막북의 군사적·정치적 안정으로 귀환한 몽골·색목 군사귀족의 원조
중앙권력체계 내 진출 사례는 비교적 많다. 특히 무종의 즉위로 말미
암아 그를 따라 남하한 인물들의 진출은 괄목할 만하다. 그 가운데에
도 북변에서 무종을 따라 싸운 몽골인·색목인 將領과 측신들이 많았
다. 후일 원말의 정치사를 장식하는 몽골인 伯顔과 킵착인 床兀兒 부
자, 그리고 탕구트인 乞台普濟 부자와 康里人 脫脫 형제의 진출과 활
약으로 대표되는 몽골·색목인 출신의 新지배세력의 등장은 막북의
실질적 편입과 통합이 가져온 부수적 현상으로 볼 수도 있다.

물론 무종은 제왕·부마를 새로운 왕위체계에 편성하는 한편으로,
새로이 군벌로 대두한 非훈구 출신 장군에게 공주를 下嫁시켜 새로
운 姻族으로 포섭하고, 또는 상대적으로 미약한 가문 출신의 高官이
나 將軍에게 작위나 전통적인 答剌罕·바가투르 호를 부여하여 그 하
위에 편성하고 있다. 즉위하기 전 하이두와의 전쟁이 끝난 뒤에 서북
변 군사의 통수권자였던 무종 하이산이 휘하의 킵착인 대장 床兀兒
를 楚王 阿忽都의 딸 察吉兒 공주와 혼인시키는 것이 대표적인 예라
고 할 수 있다.[86] 또 和林之會에서 무종은 그곳에 모인 제왕·천호·장
군에게 사여를 했던 자리에서 伯顔에게 바가투르 호를 주었고, 1310
년 2월에는 三寶奴에게 答剌罕의 칭호를 수여하고 있다.

원조에서는 종실 이외의 신하 중 元勳에게 職品의 최고품(正一品)
인 太師·太傅·太保의 三公의 職을 수여하였다. 이 밖에 大司徒·司徒·
太尉·司空의 職을 주었지만, 이것은 항상 있었던 것은 아니고, 品과
開府 여부도 일정하지 않았다고 한다. 또 동궁에도 三少의 職 등을
설치하여 훈신을 대접하였으나 職品에 대한 상세한 기록이 없다. 무

---

86) 虞集,〈句容郡王世績碑〉, 13下.

종은 이러한 고위의 직품과 資品을 정권창출에 공이 있거나 회유할
필요가 있는 훈신의 자손에게 수여하였다. 곧 논공행상으로 또는 자
신의 정권의 안정을 꾀할 목적으로 이러한 것을 활용한 것이다.《원
사》권110 三公表 중 무종 부분을 보면 즉위 초에는 太師 月赤察兒
외에 哈剌哈孫·塔剌海를 太傅·太保에 임명하였고, 재위 말기인 1310
년 阿剌不花(바로 脫兒赤顔으로 교체)·乞台普濟·三寶奴를 三公에 임명
하고 있다. 하지만 본기를 보면 이 밖에도 朶兒朶海·脫虎脫이 또한
太保와 太師로 임명되었음을 알 수 있다. 이 가운데 塔剌海·脫兒赤顔
(佤頭)은 月赤察兒의 아들로서 月赤察兒의 가족이 太師의 지위를 이
어받고 있다는 점이 특징이다. 乞台普濟·三寶奴·脫虎脫은 무종의 측
신이었으며, 阿剌不花는 출신을 알 수 없다.

　그러나 무종대 三公에 임명된 인물은 소수로서 무종이 이를 정치
적인 목적으로 수여하는 것은 한계가 있었다. 이에 무종은 太尉·大司
徒·司徒 등의 職을 주어 공신과 측근들의 위신을 높여주고 있다. 이
가운데에서도 특히 太尉의 職을 즉위 초에 많이 수여하고 있는데, 쿠
데타와 무종 즉위에 공을 세운 脫虎脫·乞台普濟·床兀兒·別不花·塔海
·塔剌海·塔思不花·敎化 등이 그 대상이다. 물론 太尉의 職 외에 무종
은 國公의 職을 역시 빈번히 수여하고 있다. 무종본기에 확인되는 것
만도 15회이며, 燕家奴(皇太子乳母夫　壽國公)·脫脫(秦國公)·床兀兒(容國
公)·鐵古迭兒(鄆國公)·阿沙个化(康國公)·張興材(嗣漢天師　留國公)·三寶奴
(渤國公)·香山(賓國公)·敎化(魏國公)·曲出(應國公)·迷不韻子(西僧　寧國公)·
樂實(齊國公)·三寶奴(再　楚國公)·亦憐眞乞烈思(僧　文國公)·脫虎脫(義國公)
등에게 주어져 대부분 무종의 창치개법의 주역인 이들의 新政 추진
을 뒷받침하고 있음을 알 수 있다.

　다음으로 무종은 재위 내내 관직의 遙授와 중복수여를 빈번히 행
하고 있다. 관직임용의 격식을 무시하고 관원의 정액에도 구애받지
않으며 한 사람에게 여러 개의 관직을 주는 것이 다반사가 되는 등
漢法的인 관료제의 원칙은 거의 존중되지 않고 있다. 물론 최상위 관

직이나 품계도 예외가 아니었다. 1307년 6월 乙巳의 중서성의 상주에
따르면, 이미 中書宰臣이 14員, 御史大夫가 4員으로 늘었음을 알 수
있다. 이러한 현상은 한법에 우호적이었던 哈剌哈孫 등 황태자측의
관료가 중앙에서 배제되면서 더욱 심화되었으며, 세조대에 부분적으
로 도입된 한법적 관료제의 이상과 노선은 더 이상 금과옥조가 아니
었다. 또 집권적 황제지배를 지향하는 한법적 관료제의 이념인 왕도
정치를 구현할 수 있는 관료의 기본적 자질로서 유교적 교양과 실천
이 관리선발에서 거의 존중되지 않았음은 물론이다. 관료제의 효율성
등을 배려하여 정한 관직별 관원의 정액이나 기존의 합리적 관리 충
원 방식, 곧 世祖成憲도 존중되지 않았다. 대신 무종정권은 실무적
능력과 경험을 중시하였으며, 이러한 노선은 무종정권의 핵심적 기구
인 상서성의 관료충원 방식에서 전형적으로 드러난다.

물론 무종대에도 세조 이래의 한법적 관료제의 주요한 골격인 省·
臺·院 및 부속기관과 행성의 각 기구가 유지되고 있었고, 특히 초기
에는 그 본래의 기능이 거의 그대로 유지되고 있었다. 그러나 한법적
기구의 실무는 색목인 출신 관료 또는 상위관직 진출이 어려운 漢人
이나 南人 출신의 관료나 서리의 몫이었다. 곧 한법적 관료기구상의
직제에서 상위의 직에 임명되는 몽골군사귀족의 개인적 실무처리 능
력이나 전문성은 그리 중요하지 않았다.[87] 따라서 재상직을 포함한
省·院·臺 및 황실의 부속관청의 고위관직은 怯薛職의 延長이었고, 한
편으로 무종 하이산의 즉위와 통치과정에서 공을 세운 사람들에 대
한 논공행상의 분배대상이었다. 따라서 본래의 정원 이상으로 임명된
관원에 있어 관직은 일종의 封의 성격을 가지는 것이었다.

이러한 상황에서 관직 수여의 의미는 변했으며, 관직의 정액은 별
로 의미가 없게 되었다. 정액을 무시한 관직 임명이 일상사가 되고,
복수의 관직을 여럿 겸직하는 것도 흔하였다. 때문에 여러 관직을 겸

---

87) 元明善,〈太師淇陽忠武王碑〉, 15下 : "武宗卽位之歲五月詔曰, ……, 卿(＝塔剌海)
其相朕. 奏曰, 中書大政所出, 細而金穀銓選. 臣國人也. 素未嘗學, ……, 固辭."

한 경우 行職을 밝히는 경우가 많았다. 물론 무종대에는 遙授職의 수여도 빈번하게 행해졌다. 대우직이라고 할 수 있는 遙授官職[88]은 물론 무종대에 처음 수여된 것은 아니다. 세조대에 이미 여러 차례의 遙授의 기사가 보이고 있으며, 많지 않지만 성종대에도 요수직을 수여한 기사가 나온다. 성종대는 물론 인종 이후에도 수여하였다. 하지만 《원사》를 보면 무종본기 부분에 18회, 열전 등에 10회 가까운 요수직 수여 사료가 나온다. 곧 무종재위 4년이 안되는 기간에 遙授 기사가 집중적으로 많이 나타나고 있다. 이는 무종이 요수직 수여를 역시 통치의 수단으로서 의도적으로 활용했음을 보이는 것이다.

한편 무종은 관직의 정원을 늘리는 것에 그치지 않고, 官質을 올림으로써 官位를 높이고 전체 관리의 정원을 늘리기도 하였다. 곧 至大元年 11월 乙未에 중서성은 "근래 諸司의 관질을 차례로 높여서, 四品은 三品, 三品은 二品, 二品은 一品으로 높였다. 한 관청이 심지어 2~30명이 되었는데, 하는 일은 변하지 않고, 官은 나날이 는다"고 하여 "대덕 10년의 정원에 의거하여 남는 수는 각 기관에서 스스로 줄이되 아문의 秩을 높인 경우라도 舊秩에서 관으로 나가고, 만약 例에 맞는 자가 있으면 選格(관리임명의 법조문)과 같이 할 것"을 건의하고 있다.[89] 그리고 이때에 높인 관질이 대체로 무종치세 내내 그대로 유지되었음은 인종이 즉위한 해인 1311년 3월에 각 관아의 품급을 일률적으로 내리는 것으로 보아[90] 알 수 있다.

물론 무종이 이처럼 관질을 높이고, 관리의 정액을 늘린 관직으로 후하게 대우한 관직의 취직자는 종래의 한법적 격식을 무시하고 새

---

88) 遙授職을 가지고 실제 職事에 간여한 예가 전혀 없었던 것은 아니다. 그것은 仁宗初에 詔書로 遙授職의 직사간여를 금지한 것으로 알 수 있다. 《元史》 권24 〈仁宗本紀〉 至大4年 : "二月, ……, 乙巳, 命和林·江浙行省依前設左丞相, 餘省唯置平章二員, 遙授職事勿與."

89) 《元史》 권22 〈武宗本紀〉 至大元年 十一月己未 : "邇者諸司遞陞. 四品者三品, ……, 一司甚至二三十員. 事不改舊而日增, 請依大德十年已定員數, 冗濫者從各司自與減汰, 衙門旣陞, 諸吏止從舊秩出官, 果應例者, 自如選格."

90) 《元史》 권24 〈仁宗本紀〉 至大4年 3月丁酉 : "勅百司改陞品級者, 悉復至元舊制."

로이 무종정권의 권력체계에 편입된 비한법적 지향의 집단으로 볼수 있는데, 그들에 대한 물질적 대우 역시 크게 개선하였다. 곧 무종은 至大 원년 11월 庚申 관리의 俸을 인상하였다. 至元鈔로 中統鈔數에 의거 지급하되, 祿米는 해마다 40만 석으로 그치게 했다.[91] 또 지대 2년 12월 丁丑에도 詔를 내려, 백관의 俸을 인상하고 있는데,[92] 관리의 봉록이 박하여 양렴할 수 없고, 백성을 침어한다 하여, 隨朝 아문의 관원은 중통초액의 5할의 액수만큼을 지원초와 祿米로 주고(150퍼센트 인상), 외임으로 직전을 가진 관원에게는 녹미를 상응하게 주는 대신 직전을 회수하고 俸錢은 至元鈔로 주었다는 《秘書監志》의 1310년 정월 29일 기사가 그 내용을 말해 준다.[93]

이와 같은 무종대의 한법적 관료제의 무시와 濫爵·濫官을, 전몽골 세계를 통합하려 했던 무종의 의도적 포석의 일환으로 이해하려는 시각도 있다.[94] 물론 이러한 너그러운 시각의 이해가 불가능하다고 볼 수는 없다. 하지만 한편으로 무종대에도 冗官의 감축이 심각하게 논의되는데, 冗官 문제의 심각성을 보이는 단적인 증거이다. 또 무종 재위기간 동안 상존하고 심화된 재정위기가 그 중요한 원인이었지만, 용관의 폐단과 재정부담을 줄이기 위한 용관의 감축이 실제로 시도되었다. 1309년 7월 상서성이 설치된 뒤에 1310년 1월 188員이나 되는 客省使 이하의 중서성관리를 감축하였으며,[95] 한때 32명이었던 樞密院의 관원을 14명으로, 18명인 通政院의 관원을 6명으로 줄이고 있다. 흥미로운 것은 이때에 御史臺의 官은 어사대부·어사중승·시어사·치서시어사를 각각 2명씩 증원하고 있는데,[96] 이것은 당시 어사대와

---

91) 《元史》 권22 〈武宗本紀〉 至大元年 11月庚申 : "增官吏俸, 以至元鈔依中統鈔數給之, 止其祿米, 歲該四十萬石."

92) 《元史》 권23 〈武宗本紀〉 至大2年 12月丁丑 : "增百官俸, 定流官封贈等第."

93) 《秘書監志》 권2, 祿秩, pp. 41~43 ; 沈仁國, 〈元代的俸祿制度〉, 《元史及北方民族史研究集刊》 12·13合輯, p. 46.

94) 杉山正明(1995), p. 107.

95) 《元史》 권23 〈武宗本紀〉, "(至大) 三年春正月癸未, 省中書官吏, 自客省使而下一百八十一員."

추밀원의 힘겨루기를 반영하며, 그것은 같은 해 3월 己卯에 추밀원측
이 반기를 들어 舊制대로 정원을 17명으로 돌려 놓았다.

따라서 1309년의 인원 감축은 실제로는 큰 성과가 없었던 것 같다.
이리하여 1310년 9월 壬寅에 다시 諸司의 官 가운데 남설한 것은 月
俸을 지급하지 말라는 敕이 나오고 있다. 또 당시 三寶奴 등에게 내
린 詔諭에 따르면, "1308년에도 諸司의 관원을 대덕 10년 수준으로
감축하자는 상주에 따라 걸러냈는데, 지금 듣건대 관원의 전과 같이
넘치니, 이는 아뢰지 않고 바로 임명한 자가 있음이다. 주청하여 멋
대로 임명하지 말라"는 旨를 어기고, 임명한 자와 임명된 자는 모두
체포하여 쉽게 풀어주지 말라는 것이 그 칙의 내용이었다.[97]

Ⅳ. 尙書省의 부활과 그 의의

1. 官僚制의 위기

즉위 초 한인 참모들의 의견을 수용해 漢法的인 외양의 권력기구
를 대폭 수용한 쿠빌라이는 이를 유지하기 위해 역시 이미 상당한
수준으로 세련되어 있던 중국의 관료제도에서 많은 부분을 채용하고
있다. 祖述變通의 기조 위에서 세조가 마련한 원조의 관제는 省·院·
臺의 外朝와 怯薛을 변용한 內廷을 중심으로 짜여진 이중구조가 특
징이었는데, 吏職의 비중을 높여 유능한 서리의 뒷받침이 전제되어
있고, 官職 역시 武職과 近侍를 제외하면 한족과 색목인 전문인력의
실무적 지원에 의해 운용되도록 고안되어 있다. 기본적으로 漢地를
기반으로 한 정복정권의 필요와 정복집단의 미흡한 통치능력을 감안
한 것이었다.

그러나 원조의 통치기구가 한법적 외양을 가지고, 관료제를 기조로

96)《元史》권23,〈武宗本紀〉至大3年 1月乙巳 條.
97)《元史》권23,〈武宗本紀〉至大3年 9月壬寅 條.

했던 만큼 中書省의 外朝나 行省 관리들의 직무 한계가 엄연하였으며, 원칙적으로 格式에 따라 행정업무를 처리하도록 되어 있었다. 관리의 선발은 물론, 승진과 임기 및 녹봉의 지급도 일정한 격식에 따라 하였고, 이러한 것들은 세조·성종의 통치를 거쳐 이미 관행이 되었다. 이것이 바로 세조의 成憲이었다. 물론 세조대에도 외조와 怯薛이 권력의 양축을 이루고 있었다. 하지만 정사는 대체로 외조를 중심으로 이루어졌으며, 관료제의 기조가 유지되었다. 비록 만년에 四傑의 후예로서 怯薛의 長이었던 月兒魯那顔과 月赤察兒가 세조의 정사 결정에 끼친 영향력이 커진 것이 사실이나, 일반정무는 외조에서 주로 처리되었다. 또 실상을 들여다보면 당시 月兒魯는 外朝의 중심기구 중 하나인 어사대의 御史大夫를 겸하여 近侍의 政事干與가 곧 관료제의 와해나 그 원칙의 부인으로 나아간 것은 아니었다.

그러나 세조대에 형성된 관료제의 기조는 무종이 즉위하면서부터 무너지고 있다. 제왕의 分地를 제외하면, 추밀원·어사대·선정원이 자체적으로 관리를 선발하도록 허용된 것을 빼고는, 모든 관료를 원칙적으로 중서성에서 선발해 왔는데, 이러한 관리임용의 격식이 무종 근시의 越職奏事와 內降旨의 횡행으로 와해된다. 앞에서 이미 논급했듯이 근시의 越職奏事를 통한 관리임용의 범위는 훈구와 大根脚의 보루인 추밀원의 고유 영역에서 萬戶와 千戶의 職을 좌우하는 데까지 미치고 있다.

물론 근시의 越職奏事로 인한 選法문란은 무종대 처음 있었던 것이 아니고 世祖 至元 24년에도 사례가 나오고 있다. 또 대덕 6년(1302)부터 지대 원년(1308)까지 5년 동안 중서성을 거치지 않고 직접 한림원으로 내려간 璽書가 무려 6,500道나 되었으며, 이 가운데는 田土·戶口·金銀鐵冶·課程·進貢·錢穀·詞訟·造作 等과 함께 選法에 관련된 것도 포함되어 있었다고 한다.[98] 원조의 二元的 권력구조로 보아

---

98)《元史》권23 至大二年 正月乙巳 條.

元末까지 근시의 월직주사는 헤아릴 수 없을 만큼 많았으리라 생각
된다. 하지만 원조에서 근시의 월직주사를 통한 선법간여가 특히 문
제가 되는 것은 앞의 지원 24년의 예를 제외하면, 무종지배기에 집중
되고 있다. 곧 무종대에 특별히 근시의 월직주사가 관리임용의 격식
을 무너뜨렸음을 알 수 있다.

이와 함께 무종기에는 적절한 정원 이상으로 관리를 임명하고, 서
로 다른 계통의 여러 개의 관직을 겸직하는 일도 성행하게 된다. 물
론 원대 관직 정원의 증가가 무종대에만 있었던 독특한 현상은 아니
었고, 업무의 증감에 따라서 정원을 늘리기도 줄이기도 할 수 있었
다. 그러나 무종대에는 일의 양은 변하지 않았는데 인원이 턱없이 느
다든지, 통속과 균형을 고려하지 않고 관질을 높이고 내린다든지, 업
무의 분장을 고려하지 않고 관장을 복수로 임용하는 일이 비일비재
하였다. 또 한 사람이 여러 가지 직책을 겸하고, 형식상 임용인 요수
직 관리가 직무에 간여하는 일이 일어나기도 했다. 이러한 상황에서
합리적이고 효율적인 업무처리는 기대하기 어려웠다.

그러나 무종 즉위초 한법적 관료제를 위기에 빠뜨린 더욱 중요한
요인은 漢法의 이상과 충돌하는 관제인 상서성을 따로 설치하여 財
用을 전담시키려는 일부 무종 측근의 시도였다. 이러한 책동은 塔思
不花 등 무종 조정의 원로들의 반대로 도중에 철회되었지만, 회교세
계의 재무관청인 디완이 중국적 변신인 상서성의 설치와 관리선발은
근본적으로 중국적 관료제를 와해시키는 힘이 있었다. 이 기구는 관
리선발의 기준에 물론 중국적 교양을 전제하지 않았다. 선발도 한법
적 격식에 구애받지 않고 색목인 출신의 상서성 장관이 필요와 능력
에 따라 관리를 뽑을 수 있었다.

하지만 무종대에 등장한 더욱 중요한 관료제 와해충격은 近侍干政
構造의 활성화에서 왔다. 관리의 선발을 포함한 정사처리에 있어 근
시의 월직주사가 일상화되었다는 것은 바로 元朝의 근시간정의 구조
가 활성화되었음을 말하는 것이고, 동시에 중서성과 상서성의 기능이

상대적으로 무력화하고, 중요한 정사의 결정이 內廷 중심으로 이루어
졌다는 느낌을 지울 수 없다. 이것은 외조의 영향력 약화로 이어지고
결국 원조권력의 두 軸 가운데 관료제를 통해 기능하는 外朝의 기능
이 위축되고, 더불어 관료제의 와해도 더욱 촉진되었음을 말하는 것
이다.

2. 尙書省의 부활과 新政

무종 즉위 첫해 구월 甲申 무종은 상서성을 설치해 財用을 분리하
여 담당하라는 조칙을 내리고, 상서성 재건 업무를 脫虎脫·敎化·法忽
魯丁에게 맡겼다. 또 상서성의 官屬도 자체적으로 선발하여 기용하도
록 하였으며, 따로 尙書省印을 주조하여 사용하게 했다.[99] 그리고 元
史는 바로 뒤이어 辛卯에는 어사대가 세조대 阿合馬와 桑哥가 주도
하여 尙書省을 설치하여 財用을 전담하다가 실패한 전례와 상서성을
설치함으로 인해 예하의 관청을 증치하고 관리를 濫設하게 될 우려
를 들어 불가를 상주하자, 또다시 무종이 이에 동조하며, 상서성 재
건이 脫虎脫·敎化·法忽魯丁 3인의 주장에 따른 것임을 털어놓는 것
으로 서술하고 있다.[100] 그렇지만 무종은 상서성 부활 시도를 당장 그
만둔 것 같지 않다. 두 달 뒤인 11월 초법개혁의 논의가 물거품이 되
면서 그것과 함께 상서성 재건도 원점으로 돌리고 있기 때문이다.

곧 11월 丁卯에 闊兒伯牙里가 초법개혁의 필요성을 제기하였고, 무
종은 이 문제를 중서성에 시켜 추밀원·어사대·집현원·한림원의 여러
老臣과 의논케 하고 있다. 중서성의 阿沙不花·孛羅鐵木兒 등이 초법
개혁문제에 대한 논의결과를 상주하였고,[101] 銀鈔와 동전을 折하는 것

---

99)《元史》권22〈武宗本紀〉大德11年 9月, "甲申, 詔立尙書省, 分理財用. ……, 以脫
　　虎脫·敎化·法忽魯丁任尙書省, 仍俾其自擧官屬. 命鑄尙書省印."
100)《元史》권22〈武宗本紀〉大德11年 9月辛卯 條 참조.
101)《元史》권22〈武宗本紀〉大德11年 11月丁卯, "闊兒伯牙里言, 更用銀鈔·銅錢, 便.
　　命中書與樞密院·御史臺·集賢·翰林諸老臣集議以聞. 己巳, 中書省臣阿沙不花·孛羅鐵
　　木兒言, 臣等與闊兒伯牙里面論, 折銀鈔銅錢, 非便."

은 좋지 않다는 원로신하들의 결론에 따라 무종은 초법개혁 논의를 없던 것으로 하였다. 또 己巳에 그동안 冗官問題로 논란되었던 中書省 관원의 정원을 12員으로 확정하면서, 이전에 상서성 재건을 위임했던 관리들을 인사조치하고 있다. 脫虎脫은 그대로 宣政院使의 직책을 수행토록 하며, 절강행성에서 차출한 敎化는 당분간 京師에 머물러 있게 하고, 나머지도 각기 職을 주었다고 한다.[102] 당시 闊兒伯牙里의 초법개혁 주장은, 추측컨대 뒷날 상서성이 설치된 뒤에 바로 실시한 鈔法改革의 前驅로 보이며, 어떻게 해서든지 상서성 재건을 관철시켜 보려는 측의 집요한 노력의 일환이었던 듯하다. 따라서 초법개혁이 반대여론을 이기지 못하고 좌절되자, 바로 상서성 재건의 시도를 중단하고, 상서성 재건에 나섰던 관리들도 원직으로 복귀시키거나 새로운 직무를 부여한 것으로 보인다.

이상은 무종대의 제1차 尙書省 재건의 시도와 좌절의 경과를 서술한 것이다. 尙書省이란 이름의 관청은 물론 隋唐代에도 설치되었으며, 三省의 하나로 六部를 관할했던 국가통치의 핵심적인 기구였음은 주지한 바이다. 그런데 원대에는 무슨 연유로 세조대에 두 차례나 설치되었다가 폐지되고, 무종대에도 이처럼 반대에 부딪힌 것일까. 이에 대하여 우리는 상서성이 비한법적 연원을 가진 관청이었다는 주장을 경청할 필요가 있다. 곧 1266년에 설치된 制國用使司의 雅名으로 무슬림 사회의 디완에서 유래한 기관이었기 때문에,[103] 中書省 중심의 한법적 관료제와 배치될 수밖에 없었던 것이다.

그러나 무종 즉위초에 중서성을 중심으로 한 원로 신료들의 반대로 이처럼 좌절되었던 상서성 재건의 시도는 무종 권력이 이미 확고해진[104] 至大 2년 7월에 樂實과 保八의 주도로 다시 제기된다. 鈔法의

---

102) 《元史》 권22 〈武宗本紀〉 大德11年 11月己巳 條.
103) 杉山正明, 《クビライの挑戦 ― モンゴル海上帝國への道》(東京 : 朝日新聞社, 1995), p. 200.
104) 당시 유력한 仁宗 아유르바르와다의 지지자였던 禿剌을 1월에 賜死하였고, 역시 인종의 잠재적 지원세력으로 보이는 國王部 및 忽里合赤·兀魯帶·朶來等軍 9500이

개혁을 주장하면서 保八과 함께 주청한 尙書省 재건의 건은 이번에
도 역시 元老들의 集議에 돌려졌다. 하지만 舊事는 중서성에서, 新政
은 상서성에서 다루도록 하자는 保八 등의 강력한 주장을 무종이 받
아들여 8월에 바로 상서성을 설치하였다. 또 이들의 건의를 받아들여
乞台普濟와 脫虎脫을 각각 우승상과 좌승상, 三寶奴와 樂實을 평장정
사, 保八과 忙哥鐵木兒를 각각 우승과 좌승, 王㶼와 郝彬을 참지정사
로 임명하고 있다. 무론 우승상 塔思不花 등 일부 원로의 반대가 있
었지만, 그러한 반대는 받아들여지지 않았다.

하지만 무종권력의 강화가 상서성 재건의 충분조건이라고 말할 수
는 없다. 상서성의 부활은 오히려 이 무렵에 더욱 악화된 재정위기[105]
와 관련이 컸던 것으로 보인다. 14세기 초 들어 누적적 악순환을 거
듭하던 원조의 재정은 무종 즉위에 따른 대규모 賜與와 때마침 막북
에 찾아온 재해로 인하여 더욱 악화되었다. 궁핍한 막북의 몽골 부민
에 대해 대규모로 이루어진 지원이 특히 원조재정을 瀕死의 지경으
로 몰고 갔다. 또 무종정부의 濫官政策와 관리에 대한 녹봉의 파격적
인 증액으로 경상지출이 급증하였으며, 무분별한 토목사업 역시 원조
재정의 출로를 막았다. 여기에 황태후 答己 등 궁중의 佛事로 인한
재정낭비도 막대하였다.[106] 그리하여 대규모로 鈔本이 차용되고, 鹽引
을 예매하였지만 약속한 사여도 제대로 시행되지 못했다. 이것이 무
종정부로 하여금 재정개혁을 더 이상 미룰 수 없게 압박했으며, 이는
보수적인 관료가 진을 치고 있었던 중서성의 한법적인 정책으로는
달성할 수 없었다. 상서성이 다시 부활한 더욱 중요한 배경은 바로
이것이었다.

이어 己卯에 三寶奴는 尙書省이 설립되어 庶政을 쇄신하고 鈔法을

和林의 戍軍으로 이동하였다. 《元史》 권23, 〈武宗本紀〉, 至大2年 2月辛未 條.
105) 李玠奭, 〈元朝 中期의 財政改革과 그 意義〉및〈元朝仁宗期의財政穩定措施及其意
義〉(1997.5.18~5.22 元史曁宋元文化國際學術討論會 발표문) 참조.
106) 張養浩, 《時政書》, 22上~24上 : "九曰, 異端太橫, …… 臣嘗略會國家經費三分爲
率僧居二焉. 以之犒軍則卒有餘糧, 以之振民則民有餘粟, 以之裕國則國有餘資."

바꿈에 따라 실무경험을 바탕으로 상서성에서 이미 채용한 64명의 관료에 대하여 宣敕을 내려줄 것을 주청하고 있다. 당시 삼보노의 요청대로 무종이 格例에 구애받지 않고 선칙을 내린 신임 관료들 중에는 宿衛之士, 品秩未至者, 관료경험이 없는 자도 섞여 있었다. 때문에 중서성 등의 용훼를 염려한 무종은 조를 내려 상서성의 업무를 방해하는 자는 처벌하겠노라고 엄포를 놓고 있다.[107]

9월 초하루에 무종은 詔를 내려 尙書省 條劃을 반포하고, 각 행중서성을 행상서성으로 개편하였다. 新政만 관장하기로 한 처음의 구상이 크게 바뀐 것이고, 중서성을 제치고 상서성이 실질적인 통치기관이 되었음을 알 수 있다. 또 무종은 조를 통해 천하에 上言을 구하는 한편, 饑荒으로 轉徙하다가 생업에 돌아온 농민의 밀린 세금과 향후 3년 간의 세금을 면제해 주었다.

이상은 《元史》 무종본기의 尙書省 條劃 반포에 관한 기술인데, 얼핏 보면 무종정권이 한법적 신료의 반대를 물리치고 尙書省 체제로 전환하면서 中外 관리와 백성들의 불만을 달래기 위해 모양새도 함께 갖춘 것으로 보인다.

하지만 《元史》 권23 무종본기의 記事와 《元典章》 등에 부분적으로 남아있는 尙書省 설치 詔書의 내용을 보면, 이러한 결론은 지나친 속단임이 드러난다 지금 전모를 알 수 없지만 무종이 상서성 조획을 반포하면서 함께 내린 소서에는 정작 鈔法改革은 보이지 않고, 당시 무종정부의 新政의 청사진이 제시되고 있다. ① 관리의 임기와 黜陟(《元典章》 2, 〈聖政〉 권1, 6上, 飭官吏), ② 言路의 保障(같은 글, 9하, 求直言), ③ 인재육성과 儒人 우대(같은 글, 11상, 興學敎), ④ 農桑의 장려(같은 글, 12하, 勸農桑), ⑤ 站赤 보호(같은 글, 17상, 恤站赤), ⑥ 풍속의 순화(같은 글, 18상, 厚風俗), ⑦ 鰥寡孤獨의 優恤(《元典章》 3, 〈聖政〉 권2,

---

107) 《元史》 권23, 〈武宗本紀〉 至大2年 8月癸丑 : "立尙書省, 以……, 三寶奴·樂實爲平章政事, ……. 己卯 : 三寶奴言, 尙書省立, 更新庶政, 變易鈔法, 用官六十四員, 其中宿衛之士有之, 品秩未至者有之, 未歷任者有之. 此皆素習於事, 旣已任之, 乞勿拘例, 授以宣敕. 制可. 詔天下, 敢有沮擾尙書省事者, 罪之."

13하, 惠鰥寡), ⑧ 流民에 대한 賑恤과 復業者 보호(같은 글, 16하~17상), ⑨ 억울한 죄인을 만들지 않는 재판(같은 글, 20상, 理冤滯), ⑩ 七品 이상 流官의 부모·처에 대한 封贈(《元典章》11, 〈吏部〉 권5, 職制2, 22상, 封贈·流官五品以上封贈) 등 전통적인 중국의 봉건전제국가의 통치자가 취할 수 있는 일반적인 仁政의 지표를 상서성의 출범과 때맞추어 정책의 목표로 보여주고 있다. 마치 종래의 중서성 체제에서 정책목표로 삼음직한 것들이 제시되고 있다.

물론 무종정권이 제시한 이러한 지표들이 상서성 체제로 재편된 무종정권의 단기적인 정책목표와 조화를 이루며 어느 정도 추진되었는지는 의문이다. 왜냐하면 당시 新政의 핵심은 뭐라 하여도 재정위기의 극복이었고, 재원의 확보가 무종정권의 단기적 목표였을 것이기 때문이다. 따라서 단기적 처방인 초법개혁과 중기적 처방인 증세조치가 무종신정의 중점과제였다고 볼 수 있다. 그 중에서도 초법개혁은 개혁의 핵이었다. 무종 즉위초부터 별러 왔지만 한법적 지향의 원로관료의 반대로 미뤄 온 초법개혁이 상서성의 부활을 계기로 실행에 옮겨졌다. 至大銀鈔의 발행에 즈음한 일련의 규정이 반포되었다. 또 초법개혁을 지원할 수 있도록 各路에 平準行用庫와 常平倉을 새로 설치하였다. 사적인 거래를 금지한 金銀의 매매와 新舊貨幣의 교환을 위해 설치한 기관이 바로 平準行用庫였고, 상평창은 초법개혁의 과정에서 발생할 수 있는 물가폭등에 대비하여 설치한 기관이었다. 또 資國院泉貨監을 설치하여 역대 동전을 지대전과 함께 통용케 하였다.

초법의 개혁을 통해 실제 가치의 2분의 1로 至元鈔를 평가절하하여 至大銀鈔와 교환해 주고, 동시에 종래 鈔本으로 보관하고 있던 거액의 至元鈔를 풀어서 사용함으로써, 원조는 차입에 의존하던 재정적자의 위기를 상당부분 완화하였던 것으로 보인다. 그리고 일시적으로나마 빈사상태의 재정이 다소 숨을 돌릴 수 있었음은 지대 2년 12월 百官의 녹봉을 증액하는 것으로 짐작할 수 있다. 하지만 초법개혁은 반복할 수 있는 것이 아니며 또한 장기적인 방책도 아니었다. 무종정권이 취할 수 있는 보다 장기적인 대책은 증세조치였다. 지대 2년 말부터 지대 3년 초에 걸쳐 무종정권은 일련의 증세조치를 취하고 있다. 그 중 핵심은 물론 鈔法을 개혁한 다음 12월에 실시한 鹽引 가격의 인상과 1310년 정월의 商稅 인상이었다. 먼저 12월 庚申 상서성은 每鹽 1引을 지대은초 4兩(至元鈔 20냥＝中統鈔 100냥)으로 책정하였는데, 원가에 3분의 1을 덧붙인 격이 되었으며,[108] 염과의 증수액은 150만 錠 이상의 증세효과를 가져왔다.[109] 이어 1310년 1월에 商稅도 파격적으로 인상하였다. 상세의 증수액 또한 염과에 못지 않았던 듯하다. 곧 지원 26년 中統鈔 3錢이었던 契本을 至元鈔 3전으로 5배 올리는데, 지원 26년 45만 錠이었던 것을 기준으로 해도 225만 錠이 되므로 이로 인한 증세 효과는 대단했을 것으로 보인다.[110]

이와 더불어 무종정권은 1310년 정월 乙未에 稅課法을 제정하고 있다. 諸色課程은 아울러 大德 11년을 기준으로 舊額과 元增을 고정하여 정액으로 하고 至元鈔로 환산하여 액수로 했다.[111] 그리고 지대 3년부터 징세의 실적을 관리 인사에서 黜陟의 지표로 채택하여 징세액의 초과달성을 요구하고 있다. 10分으로 나누어 3분 이상을 증수하면 下酬, 5분 이상이면 中酬, 7분 이상이면 上酬로 하되 9분 이상이면 最, 3분에 미치지 못하면 殿이 되었다. 또 資品관원은 二周歲로서 滿期로 삼았다고 한다.[112] 한편 稅課官의 等第도 새로 정하여 萬錠 이

---

108) 《元典章》 권22, 戶部8, 課程·鹽課,〈鹽袋每引四百斤〉(33下): "……. 至大二年尙書省奏准, 每鹽一引, 改作至大銀鈔四兩, 該至元鈔二十兩, 折中統鈔一百兩. 較之原價徒添三分之一."

109) 李玠奭,〈元朝 中期의 財政改革과 그 意義〉, p. 356.

110) 같은 글, p. 356의 주 87 참조.

111) 《元史》 권23〈武宗本紀〉至大3年 1月: "乙未, 定稅課法. 諸色課程, 並係大德十一年考較, 定舊額·元增, 總爲正額, 折至元鈔作數."

112) 《元史》 권23〈武宗本紀〉至大3年 春正月: "乙未定稅課法. 諸色課程, 並係大德十一年考較, 定舊額, 元增, 總爲定額, 折至元鈔作數. 自至大三年爲始恢辦, 餘出以十分爲率, 增及三分以上爲下酬, 五分以上爲中酬, 七分以上爲上酬, 增及九分爲最, 不及三分爲殿. 所設資品官員, 以二周歲爲滿. 定稅課官等第. ……."

상은 提擧·同提擧·副提擧를 1명씩 설치하고, 1천 정 이상은 提領·大使·副使 각 2명을 두며, 5백 정 이상은 제령·대사·부사 각 1명씩 두며, 1백 정 이상은 대사·부사 각 1명씩 두었다.

이 밖에도 무종정권은 歲收 5만 정 이상인 江南의 富室에 대하여 石當 2승의 부가세를 징수하였다. 그 재원은 御土의 부양과 흉년대비 양곡에 각각 절반씩 충당하였으며, 이들의 자제 1명씩을 質子軍(禿魯花)에 편입시켰다. 또 外任官의 職田을 회수한다던가 功臣에게 나누어 준 토지를 환수한 것도 무종정권의 재정위기를 극복하려는 노력의 일환이었다. 또 州縣의 正官任期를 9년으로 늘렸다던가, 3년 정월 癸未에는 객성사 이하 중서성 관리 181명을 정리하고 있는 것을 볼 수 있다.

이처럼 무종정권은 상서성 체제를 바탕으로 재정위기 탈출을 위한 新政을 추진하였지만, 한편으로 중서성의 업무도 거의 그대로 인수하였던 것으로 보인다. 중서성은 散官의 宣敕 등 대수롭지 않은 중요한 업무를 처리하는 데 그치고, 그 고유권한인 任人權마저 상서성에게 빼앗김으로써,[113] 중서성은 빈 껍데기만 남게 되었다. 특히 시월 초하루에 황태자를 尙書令으로 삼음으로써 중서성은 虛設이나 마찬가지가 되었다. 그렇지만 상서성이 종래 중서성이 감당한 업무와 기능을 그대로 이어받은 것은 아닌 듯하다. 곧 상서성은 예하 관청에 대한 관할권은 행사하였지만 업무는 省·部에서 "從宜處置"하기를 청하여 허락받고 있기 때문이다.[114] 당시 財用을 다루는 전문인력을 중심으로 구성된 尙書省으로서는 한법적 행정업무에 모두 간여하여 처리하는

---

113) 《元史》 권23, 〈武宗本紀〉, 至大 2年 9月 己亥 : "又言, 中書之務, 乞以盡歸臣等. 至元二十四年, 凡宣敕亦尙書省掌之. 今臣等議, 乞從尙書省任人, 而以宣敕散官委之中書. 從之." 이는 시월 초하루에 황태자가 尙書令이 됨으로써 더욱 확실해진다.

114) 《元史》 권23, 〈武宗本紀〉, 至大2年 9月 : "癸未, 尙書省臣言, 古者設官分職, 各有攸司. 方今地大民衆, 事益繁冗, 若使省臣總挈綱領, 庶官各盡闕職, 其事豈有不治. 頃歲省務壅塞, 朝夕惟署押文案, 事皆廢弛. 天災民困, 職此之由. 自今以始, 省部一切, 皆令從宜處置, 大事或須上請, 得旨卽行, 用成至治, 上順天道, 下安民心. ……. 並從之." 같은 내용은 《元典章》 4, 朝綱, 권1 政紀, 1下~2上, 〈省部紀綱〉에도 나와 있다.

것은 능력의 한계를 넘어섰을 가능성도 있으며, 한편으로 상서성이
綱領만 장악하고 업무의 경중을 정하여 省과 各部가 전결처리함으로
써 중첩된 행정의 단계를 대폭 줄여서 신속한 행정처리와 책임행정
을 구현한 측면도 없지 않다. 그러나 1310년 6월 조를 내려 尙書右丞
相 脫虎脫과 左丞相 三寶奴에게 百司庶務를 총괄하게 함으로써, 상서
성이 개혁 전의 중서성의 기능을 거의 흡수하였음을 보여 준다. 그러
나 상서성은 1311년 무종의 갑작스런 죽음 직후에 폐지되었으며, 脫
虎脫·三寶奴·樂實·保八 등 상서성의 핵심적인 관리들은 모두 伏誅되
었다. 물론 이 밖에도 상서성 체제에 협조한 관리는 조정의 각 아문
에 많았다. 孛羅·忙哥鐵木兒·闊里吉思·烏馬兒 등도 협력하였다. 忙哥
鐵木兒를 일시 해남에 유배했으나, 이들 대부분은 용서하여 다시 行
省의 평장·참정으로 기용하려 하였다.[115]

　물론 이러한 상서성 중심으로 시행된 新政은 당시부터 정권 내부
한인관료들의 반대와 비판에 직면했던 것으로 보이며, 비록 부정적인
시각에서이긴 하지만, 이를 통하여 다행히 正史에 소홀이 취급된 新
政의 구체적인 모습과 한인관료들이 반대하고 비판하는 이유에 대하
여도 알 수 있다.[116] 전술한 張養浩가 尙書省이 上言을 구한 것에 응
해 1310년 올린 〈時政書〉에서 1309년 가을 이후 무종정권이 행한 변
법에 대하여 창목별로 조목조목 가한 비판이나 무종통치의 폐단에

---

115) 陳邦瞻, 《元史紀事本末》(臺北 : 三民書局, 1966), pp. 94~96.
116) 《歸田類稿》 권2 〈時政書〉. 장양호의 비판은 무종본기 贊에 비해 보다 구체적이
　　고, 폭넓게 이루어지고 있어 당시 新政(=創治改法)의 구체적 내용을 이해하는 데
　　도움이 된다. 세조대의 제도(舊法)와 비교하여 무종대에 새로 만들어진 제도(新
　　法)를 부정적인 시각에서이긴 하지만 구체적으로 적시하고, 세조대와 달라진 점
　　을 거론한 뒤에 상주할 당시의 당국자의 시정상의 문제점을 또한 지적하고 있다.
　　그러나 아유르바르와다의 監國政權과 무종정권의 차이를 분명하게 자각하지 못했
　　던 장양호는 무종통치가 이처럼 즉위 초의 詔나 旨와 크게 어긋나게 된 본질적인
　　이유를 公議를 존중하지 않은 무종 개인의 무정견과 두세 사람의 小人輩의 탓으
　　로 돌리고 있다. 하지만 장양호가 무종정권통치의 폐단으로 지적한 賞賜의 太侈,
　　刑禁의 太疎, 名爵의 太輕, 臺綱의 太弱, 土木의 太盛, 號令의 太浮, 倖門의 太多,
　　風俗의 太靡, 異端의 太橫, 取相之術太寬이라는 열 가지는 당시의 통치의 상황을
　　사실대로 지적하고 있다.

대한 지적은 당시 한인 관료들의 생각을 잘 보여준다고 볼 수 있다. 다만 張養浩는 世祖舊法과 무종정권의 성립 초기에 내세운 卽位詔의 儒家的 노선에 매달려 무종개혁의 전모를 이해하지 못했던 것으로 보인다. 아유르바르와다의 監國政權의 성격과 지배세력의 재편이 끝난 뒤의 무종정권의 성격이 가지는 엄중하고 본질적인 차이를 자각하지 못했기 때문에 비판이 겉돌고 있는 것이다.

3. 創治改法의 法制化 시도

이상 무종대의 新政 소위 創治改法과 그것을 추진한 비한법적 기관인 尙書省 재건의 경과를 살펴보았다. 14세기 초 동서화해가 성립하여 元朝는 대내외적으로 새로운 정치적 도전에 직면하였고, 성종대 이래 누적되어 이미 고질화된 재정위기가 더욱 악화되었다. 이것은 정복집단 내부에 새로운 정치적 욕구를 배태시켰고, 더욱 많은 재정수요를 만들어냈다. 이러한 변화에 부응하기 위하여 무종정권은 소위 世祖舊法과 다른 새로운 노선의 施政과 재정확보책을 상서성을 통해 강구하였다.

그러나 무종정권의 통치노선이 이처럼 성종 이전과 달라졌으나, 그것을 뒷받침할 만한 격례나 조획이 갖추어져 있지 않았다. 따라서 무종정권에서 정책을 결정할 때는 활성화된 近侍干政 구조나 원로대신의 集議의 결과를 따랐는데, 그 결과 정책결정에 참여하는 外朝의 몽골·색목인 권신이나 近侍의 비한법적 취향의 越職奏事 및 무종의 선호에 따라 통치되게 된다. 하지만 예하기관에서 신정을 펼치면서 준거할 마땅한 법률적 근거가 필요하였을 것은 당연하다. 무종대 즉위 초부터 새 정권의 통치노선을 뒷받침할 법전의 편찬문제가 제기되고, 또 그것을 편찬하려는 노력이 기울여진 배경이다.

무종은 즉위 후 조를 내려 律令章程에 대해 家學의 배경을 가진 樞密副使 吳元珪 등 20여 인으로 하여금 中書 업무를 의논케 했는데 율령 제정의 문제도 거기에 포함되어 있었다.[117] 1307년 12월 丁巳에

중서성은 "律令은 나라를 다스리는 急務로서 시대의 필요에 따라 고
쳐야 한다. 세조대에 旨를 내려 金朝의 泰和律을 못쓰게 하고, 법률
을 아는 노신들에게 '古今을 참작하고 새 시대에 맞는 법제'를 만들
게 하였지만, 아직 시행되지 못하였다. 律令은 중요한 것으로 가벼이
논의할 사항이 아니다. 청컨대 세조즉위 이래 시행된 條格을 校讐하
여 (이전에 만든 것과) 하나로 만들어 준수토록하자."고 요청하고 있으
며,[118] 이러한 중서성의 상주를 무종도 받아들이고 있다.

그런데, 중서성의 상주로 보아서는 무종대 이전에도 이미 원조의
법률적 지배의 기본이 되는 율령을 노신들에게 만들게 하였지만,
원조정권이 아직 그것을 율령으로 채택하지 않았음을 말해 준다.[119]
그리고 중서성의 이러한 요청에 대한 무종의 동의가 당장에 새로
운 율령의 제정으로 이어졌다는 증거도 없다. 그런데 약 2년 뒤인
1309년 9월에 尙書省을 재건하고 新政에 대한 조획을 반포한 직후
에 다시 尙書省 관리가 이와 관련된 건의를 하고 있는 것을 볼 수
있다.

그러나 이번에는 2년 전 중서성 관리가 제기하였던 중국법의 기본
이 되는 律令에 대한 언급은 전혀 없으며, 대신 格例의 정리와 편찬
을 주장하고 있다. 累朝의 格例는 전후 불일치하는 점이 있어 법을
집행하는 서리의 자의에 의해 법이 적용되는 폐단이 있으므로, 태조
이래 시행된 政令 9천어 條 가운데 繁冗한 부분을 질라내 수미일관

---

117) 《元史》 권177 〈吳元珪傳〉: "元珪簡重, 好深沉之思, 凡征謀治法·律令章程, 皆得於
家庭之授受. ……. 武宗卽位, 由僉樞密院事拜樞密副使. 詔元珪二十餘人議政中書,
若惜人力·嚴選擧·節財用·定律令·謹賞罰·建科擧·課農桑·汰冗官·易封贈, 皆切於世
務者."

118) 《元史》 권22 〈武宗本紀〉 大德11年 12月丁巳: "中書省臣言,……. 又言, 律令者治
國之急務, 當以時損益. 世祖嘗有旨, 金泰和律勿用, 令老臣通法律者, 參酌古今, 從新
定制, 至今尙未行. 臣等謂律令重事, 未可輕議, 請世祖卽位以來所行條格, 校讐歸一,
遵而行之. 制可."

119) 高柄翊은 이러한 중서성의 논의가 "수년전에 편찬되었을" 大德典章을 무시한 것
이라고 의아해하고 있다. 高柄翊, 〈元代의 法制〉, 《東亞交涉史의 硏究》(서울대출
판부, 1970) p. 313.

된 법전을 편찬해 내자는 주장을 하고 있다. 이 요청 역시 무종은 수용하고 있다.[120]

4년이라는 짧은 무종 치하에서 두 차례에 걸쳐 법률정비의 시도가 이루어지고 있는 것이다. 그런데 여기서 한가지 유의할 점이 있다. 그것은 두 上奏의 주체와 시기가 다른 점이다. 전자는 아직 무종의 권력이 확립되기 전에 한법 지향의 중서성의 율령 제정의 상주이고, 후자는 그와 반대의 지향을 보인 상서성에서 격례의 편찬을 주장했다는 점이다. 또 전자는 唐律의 맥을 잇는 泰和律에 대신할 새로운 율령의 제정을 요청한 것이고, 구체적으로 古今을 참작하고 현재의 필요에 호응하여 제정하되, 세조 이래의 條格을 校讎하여 편찬하는 방식을 제안하고 있다. 반면에 후자는 구체적으로 칭기스한 이래의 황제의 政令(야싸)을 정리하는 것이다.

곧 율령은 한법적 전통에 입각하여 조술변통 이후의 조격을 편찬하여 율령을 제정한다는 입장이고, 후자 곧 지대 2년의 격례 편찬은 쿠빌라이 이전 대몽골제국 시기의 몽골적 법을 포함한 법률이 법전 편찬의 대상이 되고 있다. 몽골적 전통이나 이해가 수용된 법률의 편찬을 목표로 하고 있었다는 생각을 해볼 수 있다. 물론 율령의 편찬과 격례의 편찬이 모두 원대에 행해지며, 크게 보면 원대 법전 편찬의 두 계통을 보이는 것이지만, 무종이 권력구조를 상서성 체제로 개편하고 신정방침을 확정한 직후에 추진한 법전 편찬이 후자의 계통이었다는 점은 매우 자연스러운 것이다.

물론 무종 지대 2년의 格例 편찬의 시도를 그 이전의 율령의 편찬과 성격을 구분하지 않고, 또 소위《大德典章》이나《元典章》과 유사한 법전의 편찬으로 이해하는 시각도 없는 것은 아니다. 그 동안 법제사 연구를 보면, 성종이 대덕 3년 何榮祖 등에게 更定하도록 지시

---

120)《元史》권23〈武宗本紀〉至大2年 9月癸未:"又言, 國家地廣民衆, 古所未有. 累朝格例前後不一, 執法之吏輕重任意, 請自太祖以來所行政令九千餘條, 刪除繁冗, 事歸於一, 編爲定制. 並從之."

한 律令[121]과 무종이 지대 2년에 수용한 格例의 편찬을 구분해서 이해하고 있지 않다. 또 대덕 7년의 鄭介夫의 상소문의 성격도 바르게 읽혀지고 있지 않다.

먼저 何榮祖 등이 찬수한 소위 '大德律令'과는 어떻게 다른가. 대덕 율령의 내용과 성격은 대덕 4년 성종과 하영조 사이에 오간 대화를 통해 대체를 짐작할 수 있다. "律令은 좋은 法이므로 마땅히 빨리 제정하라"고 성종이 독촉하고, "臣이 선택한 것은 380조이며, 1조가 3~4개의 事案에 해당한다"는 何榮祖의 대답에, 황제는 "古와 今은 마땅함이 다르니, 반드시 옛 것을 따를 필요가 없다. 단지 현재에 맞도록 하라"고 했다고 하는데,[122] 여기서 우리는 하영조 등이 편찬한 율령이 중국의 법률전통을 반영하고 있었고, 원조권력측으로부터 중국적 법률전통보다는 몽골지배의 현실을 반영하도록 요구받고 있음을 알 수 있다.

何榮祖 등이 성종의 지시를 받들어 찬수한 大德律令은 成書된 이후 한참 시간이 지난 뒤에 그가 平章政事의 加職을 받고 나서야 비로소 주청할 수 있었다. 당시 성종은 (몽골·색목) 원로대신들을 그 자리에 배석시켜 하영조 등이 바친 율령을 검토케 하였는데,[123] 결국 여기에서 이의가 제기된 것으로 보이고 성종이 이의를 수용한 것으로 보인다. 앞에서 성종이 今에 맞는 율령을 찬수하도록 지시한 것은 징복집단의 법적 전통과 이해를 반영하도록 요구한 것으로 볼 수 있는데, 중국적 법률전통을 벗어나지 못한 何榮祖 등의 법전이 몽골·색목인 원로대신의 검토를 통과하지 못했음에 틀림없다.[124]

한편 이에 대하여는 한인들의 입장에서도 이의가 제기되고 있다.

---

121) 《元史》 권20 〈成宗本紀〉 大德3年 3月 : "甲午, 命何榮祖等更定律令."
122) 《元史》 권20 〈成宗本紀〉 大德4年 2月壬戌 條.
123) 《元史》 권167 〈何榮祖傳〉.
124) 何榮祖는 1291년 桑哥의 실각 직후에 至元新格을 찬정하였는데, 중국법의 전통을 짙게 반영하고 있다. Paul Heng-chao Ch'en, *Chinese Legal Tradition under the Mongols : The Code of 1291 as Reconstructed*(Princeton Univ. press, 1979), pp. 17~18 참조.

鄭介夫는 당시 "천하가 받들어 행하는 것은 (관리가 구미에 따라) 원용하는 (서로 모순되는) '例'가 있을 뿐, 지킬 만한 (움직일 수 없는) 법은 없다"고 하며, 律令의 제정, 특히 刑書의 편찬이 무엇보다 시급함을 말하면서, 大德律의 찬수를 담당한 인물이 적당하지 않아 착오가 많으므로, 臺閣과 省部 내의 經術과 治體를 환히 꿰뚫고 時宜도 잘아는 사람을 골라 古今의 律文을 (參)酌하고, 세조 建元 이래의 制勅命令을 參(酌)하여 南北 風土에 맞는 것을 채택해서 한 시대의 令典을 찬수케 하여 관청이 준수하고 백성이 이를 알게 하자는 주장을 하고 있다.[125] 그리고 이 주장은 앞에서 본 대덕 11년의 중서성의 상주의 내용과 일맥상통하고 있음을 알 수 있다. 또 그 주장으로 보아 하영조 등이 찬수한 율령의 체제나 내용이 전통적인 중국율령의 틀에도 들어맞지 않은 것으로 보이며, 이러한 비한법적 성격에 대한 한인 지배층의 불만을 대변한 것으로 볼 수 있다.

　　그러나 일본학계를 중심으로 현존《永樂大典》권7385 및 권15950의 喪禮 및 漕運에 관련된 遺文을 근거로〈大德典章〉의 존재와 시행을 기정사실화하고 있다.[126] 하지만 이는 위의 大德律令과 혼동할 성질의 것은 아니라고 생각된다. 오히려 鄭介夫가 "內而省部, 外而郡府, 抄寫格例, 至數十冊, 遇事有難決, 則檢尋舊例, 或中無所載, 則旋行議擬, 是百官莫知所守也. 民間自以耳目所得之勅旨條令雜採類編, 刊行成帙, 曰, 斷令條章, 曰, 士民要覽, 家置一本以爲準繩, ……."라고 말하는 중에 前者의 성격을 가진 법전의 찬수와 통용을 상정할 수 있기 때문이다.

　　또 鄭介夫의 상소가 있던 무렵인 大德 7년의 사료 가운데에 이를 뒷받침하는 내용이 있다. 元代 刊本으로 알려진《元典章》卷首,〈大元

---

125)《歷代名臣奏議》권67 「治道」〈定律〉, 25上~28下(上海古籍出版社刊, 1989, pp. 928~929).

126) 仁井田陞,〈元典章の成立と大德典章〉및〈永樂大典本 [大德典章]續考〉,《中國法制史研究 — 法と慣習·法と道德》(東京大學出版會, 1964) 所收, pp. 182~199 및 pp. 200~205 ; 植松正,〈元典章·通制條格 — 附遼·金·西夏法〉, 滋賀秀三 編,《中國法制史 — 基本資料の研究》(東京大學出版會, 1983), pp. 409~433.

聖政國朝典章綱目〉의 표지에 새겨진 대덕 7년의 중서성의 箚[127)는 국
가가 율령으로 중서성을 비롯한 중앙의 각 관청으로 하여금 중통건
원 이후 당시까지의 聖旨條劃과 조정에서 시행한 格例를 각각 편찬
하여 업무에 참고하도록 하였음을 확인시켜 주고 있기 때문이다. 따
라서 大德典章은 하나의 완결된 법전이라기보다는, 중서성을 비롯한
중앙의 각 관청이 자체적으로 찬정한 條劃과 格例의 모음에 불과했
던 것이다.[128) 곧 체계적으로 편찬된 법전은 아니었고, 더욱이 律令과
는 거리가 먼 것이었다.

　요컨대, 대덕 11년의 중서성의 상주에서 율령의 부재를 말한 것은
何榮祖가 찬정한 大德律令이 당시 몽골·색목인 원로대신의 異議 제
기와 成宗의 거부로 말미암아 결국 원조의 율령으로 채택되지 못한
것을 확인해 주는 것이다.[129) 또 한법적 지향이 잠시 강하게 작용한
무종 즉위 초에도 이처럼 율령편찬의 의견은 나왔으나, 무종권력이
강화되면서 바로 몽골적 노선이 추구되었기 때문에 한법적 지향과
틀을 지닌 법전인 율령의 편찬은 기대할 수 없었다.

　그 대신에 1309년 9월 몽골적·중앙아시아적 정서를 반영하는 상서
성 체제가 성립하자, 무종정권은 몽골적 전통이 숨쉬는 법전을 편찬
하여 創治改法의 체제를 법적으로 뒷받침하고자 하였다. 그러나 태조
이래 시행된 政令을 정리하여 새로운 성격의 법전을 편찬하려던 노
력도 무종의 갑작스러운 사망으로 역시 빛을 보지 못하였다. 오늘날

---

127)《元典章》「卷首」〈大德七年中書省箚〉(節文), "准江西奉使宣撫呈, 乞, 照中統以至今
　　日所定格例, 編集成書, 頒行天下. 照得先據御史臺比及國家定立律令以來, 合從 中書
　　省爲頭一切隨 朝衙門各各編類, 中統建元至今 聖旨條劃及, 朝廷已行格例, 置簿編寫,
　　檢擧仍令監察御使及, 各道提刑按察使, 體究成否. 庶官吏有所持徇政令, 不至廢弛.
　　已經遍行, 合屬依上施行. 去訖今據見呈, 仰照驗施行."

128) 大德典章을 條劃과 格例의 모음으로 보는 것은 Paul Heng-chao Ch'en도 같은
　　의견이다. 하지만 그는 大德 11년 12월 中書省이 주청하고 武宗이 받아들인 律令
　　編纂의 성과를 大德典章이라고 이해하고 있다. 당시의 법전의 편찬이 두 계통으
　　로 이루어진 사실을 근본적으로 인식하지 못하고 있다. Paul Heng-chao
　　Ch'en(1979), pp. 21~23 참조.

129) 黃時鑑, 〈大元通制考辨〉,《元代法律資料輯存》(江蘇古籍出版社, 1988), p. 257.

남아 있는 元典章에서 그 편린을 찾을 수 없는 것은 아니지만, 무종
정권이 정리하여 법전으로 편찬하고자 하였던 칭기스한 이후 헌종
뭉케까지의 政令은 어디에도 남아 있지 않다.

V. 맺음말

14세기 초 무종의 통치는 쿠빌라이가 기초를 닦고 골격을 세운 원
조지배체제에 대한 본격적인 수정의 시작이었다. 이른바 世祖成憲 중
漢法的 노선을 폐기하는 대신 몽골·색목 전통의 노선을 활성화시킴
으로써 새로운 제도와 관행이 성립하였다. 무종정권의 創治改法이 나
온 바탕은 바로 이것이다.

원조의 쇠퇴의 신호로 받아들여진 무종정권의 創治와 改法은 그렇
다면 어떤 역사적 맥락에서 나왔으며, 그 내용은 무엇인가? 그리고
그것은 어떤 구조를 이루고 있는가. 물론 무종대에 새로 시작된 제도
와 관행이 모두 정연한 논리구조로 설명되리라고도 기대하기 어렵다.
中原에 중심을 둔 元朝로서는 漢地의 현실적 조건과 정복정권의 비
한법적 지향이 뒤얽혀 있고, '創治'와 '改法' 역시 따로 분리해내는 것
이 쉽지 않기 때문이다.

따라서 이 글은 본원적으로 체계적인 논지전개의 틀을 갖춘다는
것이 무리였다. 그러므로 필자는 그럴싸한 논의의 다발을 함께 묶음
으로써 납득할 수 있는 결론에 접근하려고 애썼다.

먼저 제2장에서는 막북의 통합이 가지는 지리적 함의와 초원과 유
목이 가지는 이념적·정서적 지향의 활성화가 어떤 지향을 나타낼 것
인가에 유의하였다. 막북은 몽골의 고토이고, 군사적으로 원조의 점
유 아래 있었으며, 칭기스한의 사대 오르두 역시 원조가 보호하고 있
었다. 하지만 정통성문제로 인해 진정한 주인으로 몽골세계에서 승인
받지 못하였다.

그러나 14세기 초의 정세변화로 원조는 이 지역의 진정한 계승자가 되었고, 이곳에 화림등처행중서성을 세웠다. 화림행성의 설치는 원조를 구성하는 적극적인 주체로서 몽골적 이해의 요구가 늘어난 것이고, 그러한 정서의 반영으로서 首都制度의 개혁을 요구하게 된다. 초원적 전통이 배인 中都가 등장한 배경이다. 황실 내의 초원생활의 욕구를 충족시킴과 동시에 중원·강남에 대한 통치에도 유리한 지점이 바로 中都였다.

제3장에서는 동서화해의 성립과 막북의 통합을 계기로 촉진된 유목봉건귀족의 원조권력체계 내 편입과 참여의 구조를 밝히고자 하였다. 막북의 통합은 막북의 유목봉건귀족의 정복권력인 원조가 획득한 정복과실의 분배구조에의 참여를 전제하는 것이었다. 또 막북에서 오랫동안 체류한 무종 측근의 참여가 가능한 구조의 창출이 요구된다. 곧 이들은 관료제 바탕의 한법구조 밖에서 몫을 원하였다. 무종정권은 그들을 위해 왕호와 사여를 주었으며, 정원을 늘리거나 명목상의 직을 수여하는 방식으로 문서취급 능력이 없는 몽골·색목인의 관직 참여기회를 보장해주고 있다.

제4장에서는 북방의 지리적 통합과 인적 통합이 무종대 새로운 통치관행과 제도 안에 어떻게 반영되는지 그 실상을 검토하고자 하였다. 곧 세조구법 가운데 비한법 노선이 활성화됨으로써 비한법적 통치기구인 상서성이 다시 설치되었고, 이를 중심으로 일련의 조치, 곧 創治와 改法이 이루어졌다. 세조 이후 정착된 한법적 노선과 대립되는 創治改法은 庶政의 개혁까지 지향하였으나 실제로는 당면한 재정위기 등에서 벗어나기 위한 鈔法改革·增稅가 핵심이었다. 또 기존 格例에 구애받지 않은 관리임용이나 考課制度의 적용 등 漢法的 통치관행의 방기는 新政을 뒷받침할 새로운 법제를 마련하려는 시도로 이어졌다.

그러나 무종대의 창치개법은 무종의 죽음으로 중단되고 곧 취소되었다. 중원의 문화에 적응한 인종이 새로 즉위함으로써 대신 무종 즉위조서에서 표명된 한법적 노선이 개혁의 지표로 추구되었다. 이것 또한 13세기 말 이후 원조체제를 떠받치는 물질적 기초로서 강남의 역할증대와 14세기 초 원조 정권 내에서 內燃한 한지와 강남의 한인 사회의 요구가 밖으로 표출된 것이었다.

明末 北方의 水利田 開發을 둘러싼 論議

鄭 炳 喆*

Ⅰ. 머리말

明末 蕭彦(萬曆연간 兵部·戶部右侍郞 등을 역임)은 소위 北方의 水利田 개발(西北水利)[1]에 대한 논의를 할 때 유의해야 할 것으로, 수리전

---

* 전남대학교 사학과 교수.

1) 소위 '北方 水利(田) 開發'에 대해서는 시대와 논자에 따라 다양한 명칭이 사용되었다. 몇 가지 용례를 보면, ① '西北水田' '西北水利'[沈德符, 《萬曆野獲編》 권12, 〈戶部〉(北京 : 中華書局, 1980, 標點本), p. 351 ; 徐光啓, 《農政全書》, 〈西北水利〉《農政全書校注》(上海古籍出版社 標點本, 1979), p. 283 ; 許永宣, 〈西北水利議〉, 《淸經世文編》 권108, 工政 14, 直隷水利 中(北京 : 中華書局 影印本, 1992), p. 2617, ② '京東水道' '京東水利議'(陳龍正, 《幾亭全書》 권37, 〈京東水道攷序〉, 康熙 4年 序刊本, p. 22앞 ; 陳黃中, 〈京東水利議〉, 《淸經世文編》 권108, 直隷水利 中, p. 2621 ; 朱軾, 〈京東水利情形疏〉, 같은 책, p. 2632.) ③ '畿輔水利'(徐越, 〈畿輔水利疏〉, 《淸經世文編》 권108, 工政, 直隷水利 中, p. 2623.) 등을 들 수 있다. 지리적 범위와 관련하여, '京東' '京西'는 '畿輔' 속에 포괄된다고 할 수 있고, '西北'의 경우 '東南'에 대비되는 의미로 주로 쓰이고 있어[顧炎武 《天下郡國利病書》, 北直 上, 19앞, 四部叢刊 三編 手稿本(臺灣 : 商務印書館篇, 1976), p. 9396 ; 〈徐貞明西北水利議〉, 《農政全書》 권12, 水利, p. 293] 京東, 畿輔, 西北의 順으로 넓어짐을 알 수 있다. 이 글에서는 '南方'에 대비되면서 畿輔지역을 중심으로 한 華北지역을 포괄하는

개발로써 얻어야 할 네 가지 이익과 그것을 시행할 때 심사숙고해야 할 네 가지 점을 거론하였다.[2] 우선 '西北水利'를 시행함으로써, 북방에서 자급하고 징수하는 '萬世長策,' 東南의 부담을 줄이고 운송의 비용을 절감하는 '國計長利,' 阡陌과 溝洫을 설치하여 虜賊의 침공을 저지·지연시키는 '制虜長策,' 인민을 변경지방으로 불러 모으고 생활을 안정시키는 '安邊長慮'를 얻을 수 있어야 한다는 것이다. 그 다음으로 '西北水利'를 추진함에, 水田에 익숙하지 않은 북방민을 수리개간에 참여시키는 '人工之議,' 墾田에 유능한 강남민의 招募에 관한 '田之夫之議,' 개간 및 개간지의 治理 문제에 관한 '領田之戶之議,' 그리고 종래의 軍民이 私種하던 無糧曠土를 개간하여 전토화함으로써 필연적으로 제기되는 징세문제인 '起科之議' 등 네 가지 문제를 반드시 審議해야 한다는 것이었다. 徐貞明의 북방 수리전 개간사업의 추진과 좌절을 지켜본 그로서는 이러한 여덟 가지 항목에 유념함으로써 개간사업을 한층 원활하게 추진할 수 있다고 생각하였을 것이다. 그가 제기한 이 항목들은 명말 북방 수리전 개간을 둘러싼 여러 논의를 함축적으로 표현하고 있기도 하다. 그러면 명대의 북방개발은 어떠한 구조적 문제를 가지고 있으며 이에 대한 연구는 어떻게 진행되어 왔는가?

元代 이래 首都가 오늘날의 북경 일대로 고정되면서 華北 지역은 政治·軍事的 중심지가 되었으나, 동시에 식량 등 필요물자의 대부분을 강남지방에 의존하는 소위 '南糧北運' '仰爲東南'의 수급구조가 고착되었다. 이러한 물자 공급지의 남방 편중으로 인한 江南의 賦稅 부담의 가중, 장거리 수송의 고비용과 비효율 등의 문제는 淸代까지 지속되었으나, 북방 군사지대에 거대한 소비집단이 집중적으로 배치되

개념으로 '北方'이라는 용어를 쓰고자 한다. 한편 사료 및 연구논저에서는 '水利' 開發이라는 용어도 많이 쓰고 있는데, 이는 전토 개발과 함께 河工의 의미가 강하다. 이 글에서는 전토 개발을 중심으로 서술하므로 '水利田' 開發이라 사용한다.

2) 蕭彦, 〈西北水利關係重大乞勅行勘議疏〉, 《蕭司農奏疏》, 《明經世文編》(北京 : 中華書局 影印本) 권407, pp. 17뒤~20앞, pp. 4427~4428.

고 운송로가 漕運으로만 한정되었던 明代에는 그 수급구조가 특히 취약하였다. 明代에 北方 水利田 開發의 문제가 본격적으로 제기되었던 것은 바로 여기에서 연유하는데, 개발의 목표는 畿輔 등 華北 일대의 荒地를 田土, 특히 水田으로 개간하여 남방에 절대적으로 의존하던 식량의 수급을 보조하는 데 있었다.

明代의 북방 수리전 개발에 대해서는 東林派 인사가 농업개혁론의 일환으로 제시한 북방개발 문제를 일부 다루거나,[3] 淸代 '畿輔水學'의 계보를 論하기 위한 전제로서 명대의 논의를 소개한 연구가 있다.[4] 명말 중앙정계에서 정치투쟁의 일환으로서 京東水田의 개발을 둘러싼 논쟁을 詳述한 저술도 있으나,[5] 여기서는 북방개발 문제를 명말 관료세계의 '南北對立,' 즉 주된 개발론자인 남방 지주관료 그룹과 畿輔지역에 경제적 이해관계를 가지고 있는 勳戚·皇親·宦官 세력이 중앙무대에서 정치적 대립·투쟁을 벌이는 측면이 특히 강조되고 있다. 그런데 明代와는 정치적 상황이 상당히 달랐던 淸代에도 북방개발의 추이 및 이를 둘러싼 쟁론이 명대와 거의 같은 맥락에서 되풀이되고 있는 점을 고려한다면, 이러한 평가는 再考될 여지가 있다고 생각된다. 그리고 明代 畿輔地域의 '水利開發'에 대한 기존의 연구성과를 정리하고 몇 가지 문제제기를 한 최근의 연구가 있으나,[6] 주로 河工의 기술적 문제를 중심으로 한 연구노트 형식의 글이어서 다소 아쉬움이 있다.[7]

3) 溝口雄三,〈いわゆる東林派人士の思想 ― 前近代における中國思想の展開(上)―〉, 《東洋文化硏究所紀要》 75(1978), p. 217. 이하 동일한 논저의 두 번째 인용부터는 '溝口雄三(1978)'과 같은 방식으로 略함.

4) 森田明,〈淸代畿輔地域における水利營田政策〉,《社會文化史學》 18(1980)(《淸代水利社會史の硏究》(國書刊行會, 1990)에〈淸代畿輔地域の水利營田政策〉으로 수록) ; 黨武彦,〈明淸期畿輔水利論の位相〉,《東洋文化硏究所紀要》 125(1994). 그 밖에 秦佩珩,〈明代水利之硏究〉1,《經濟學報》 제2기(燕京大學經濟學會, 1941)에서 고전적인 개괄을 하고 있고, 汪家倫 등 편저,《中國農田水利史》(農業出版社, 1990)에서도 明淸時代의 북방개발 문제를 개괄적으로 소개하고 있다.

5) 鄭克晟,《明代政爭探源》(天津古籍出版社, 1988), 제3편 15장,〈圍繞明末京東水田的一場鬪爭〉.

6) 田口宏二朗,〈明末畿輔地域における水利開發事業について ― 徐貞明と滹沱河河工 ―〉, 《史學雜誌》 106-6(1997).

'南糧北運'이라는 국가·중앙 위주의 수급체제는 그 경제적 부담을 과중하게 떠안은 강남 지방민의 반발을 사기도 하고, 부담을 나누기 위한 북방의 수리전 개발은 때로 그 실역을 담당한 북방민의 이해와 도 배치될 수 있는 것이었다. 그러나 수도 및 북방으로의 안정적인 식량·물자의 공급은 전제왕조의 존립에 직결된 중대사안이었으므로 이를 위한 北方開發의 논의는 元代 이래 지속적으로 제기되어 왔으 며, 실제 개발의 추진과정에서 첨예한 이해관계의 대립을 낳기도 하 였다. 이 글에서는 명대의 북방 수리전 개발을 둘러싼 몇 가지 쟁점 또는 안건을 도출하여 이를 집중적으로 분석해 보고자 한다. 이러한 논의가 어떻게 전개되고 해소되는가에 따라 이해관계를 달리하는 쌍 방간의 절충과 대립, 또는 수리전 개발의 추진과 중단이 결정되고 때 로 북방 수리전 개발의 성패가 좌우되기도 하였으므로, 그 논의의 분 석은 북방 수리전 개발의 성격을 이해하는 데 매우 중요하다고 생각 된다. 나아가 명대와 거의 같은 구조하에서 때로는 다른 양상으로 전 개되기도 했던 청대의 북방 수리전 개발 문제를 명대의 연속선상에 서 규명해 보는 데 일조하리라 생각된다.

II. 北方의 人文·地理的 환경

북방 수리전 개발론자들은 화북의 자연환경이 水田의 개발·경작에 그다지 적합하지 않다는 것을 일반적으로 인식하고 있었다. 그 원인

---

7) 한편 淸代의 畿輔 수리전 개발론에 대해서는 상세한 연구성과가 있고[森田明 (1980) ; 薰武彦(1994)], 수리전 개발 문제를 淸代 前期의 漕運 改革論·海運論 등 과 연결시켜 고찰한 연구도 있다.[森田明(1980) ; 表敎烈, 〈淸代 前期의 漕運 改革 論〉,《東洋史學硏究》50(1995)] 청대의 개발론은 기본적으로 明末의 諸 논의를 답 습하고 있으며 漕運改革論·北方開發論·海運論이 상호 밀접한 관련 하에 등장하는 점도 명말의 再版이다. 그리고 明淸時代 沿海일대의 '蕩地' 開發 연구의 일환으로 북방의 水利田 개발의 문제를 일부 다룬 최근의 저술도 있으나[劉森,《明淸沿海蕩 地開發硏究》(廣東 : 汕頭大學出版社, 1996)], 사실에 대한 개략적인 소개에 머물고 있다.

으로 흔히 거론되는 것은, ① 강우량이 절대적으로 부족하고 그나마
夏秋間에 집중되어 홍수의 피해가 극심하다. 그래서 "가물면 赤野千
里요 홍수가 나면 萬頃洪流"[8]한 극단적 현상이 되풀이된다. ② 북방
의 하천은 물살이 세고 改道가 심하여 治水가 어려울 뿐 아니라[9] 범
람과 淤塞이 빈번하여 관개용수로 이용하기도 어렵다.[10] ③ 염분이 많
은 척박한 토질에다 沙土여서 물이 땅속으로 쉽게 스며든다[11]는 점
등이다. 徐光啓·汪應蛟 등이 天津 일대에서 수리개간을 추진하면서
水田만 고집하지 않고 旱穀 등 토양에 맞는 경작방식을 찾으려 노력
한 것이나,[12] 지리학자 王士性이 화북에는 水稻作은 어울리지 않고
黍, 粟, 麥, 菽 등을 심는 旱地농법을 해야 한다고 주장하였던 것[13]도
바로 이러한 자연조건 때문이었다.

반면 북방 수리개간의 好조건을 말한 경우도 있었다. 徐貞明은 '西
北'의 모든 지역에서 水利開墾이 가능하지만 '京東'지역에서 이를 먼
저 실시해야 하는 이유로서, 이곳이 京師뿐만 아니라 北防의 重鎭인
薊州에 인접하고 '負山控海'의 지리적 이점이 있는 점,[14] '地曠水夷'한
평활지여서 수로를 조금만 파도 관개 가능한 湧泉水를 얻을 수 있고
海濱地에는 潮水의 害가 거의 없다는 점 등을 거론하였다. 그가 개간
최적지로 꼽은 豊潤縣 일대의 '瀕海可田地'는 "吳·越 瀕海의 옥토지

8) 〈徐貞明西北水利議〉,《農政全書》 권12, 水利, p. 291 ; 陳黃中, 〈京東水利議〉,《淸
   經世文編》 권108, 工政, 直隷水利 中, p. 2620.
9) 《神宗實錄》 권172, 萬曆 14년 3월 癸卯, 中央研究院歷史語言研究所 校引本, p. 3133.
   한편 화북의 河川은 河道의 빈번한 변경으로 비록 한때 水田가능 지역이었다가도
   이후 경작 불능지로 되는 경우가 적지 않았다(沈聯芳, 〈邦畿水利事宜〉,《淸經世
   文編》 권109, 工政, 直隷水利 下,
10) 朱軾, 〈畿南請設營田疏〉(雍正 3년),《淸經世文編》 권108, 工政, 直隷水利 中, p. 2632.
11) 《神宗實錄》 권172, 萬曆 14년 3월 癸卯, p. 3133, 御史 王之棟의 〈不可者十二事〉 ;
    程含章, 〈覆黎河帥論北方水利書〉,《淸經世文編》 권108, 工政, 直隷水利 中, p. 2628.
12) 徐光啓,《徐光啓集》(上海古籍出版社, 1984, 활자본) 권5, 屯田疏稿, 〈欽奉明旨條
    畫屯田疏〉, pp. 230~231 ; 汪應蛟, 〈海濱屯田疏〉(《汪應蛟奏議》 권8),《農政全書》 권8,
    農事, 開墾上, p. 189.
13) 王士性,《廣志繹》 권2(北京 : 中華書局 標點本, 1981), p. 19.
14) 〈徐貞明西北水利議〉,《農政全書》 권12, 水利, p. 295.

대와 相等"[15]할 정도로 조건이 좋다고 판단하였다. 심지어 북방의 이 같은 이점은 '東南'지역에는 없는 것이므로 수리개간에 '京東'이 東南 지역보다 더 유리하다고까지 하였다.[16]

그러나 같은 논자가 화북에 가뭄·홍수가 극단적으로 되풀이되는 현상을 지적하고 "오직 수리공사를 한 이후에야 이러한 자연재해에 대비할 수 있다"[17]고 하였고, 그 밖에도 稻田을 개발함으로써 가뭄·홍수 양자를 다 해소할 수 있다는 주장[18]이 흔히 제기되고 있음을 볼 때, 북방의 자연환경이 결코 농업에 유리하다 할 수는 없었다. 즉 전술한 북방 수리개간의 '好조건'이란 절대적인 기준에서가 아니라 여타 북방 각 지역과 비교한 '상대적인 조건'을 말한 것이며, 어디까지나 북방 수리개간의 '가능성' 또는 '필요성'을 강조하는 입장에서 제기된 것이었다. 따라서 汪應蛟가 京東 瀕海지역이 "江南의 澤國과 다를 바 없다"[19]라고 하였던 것이나, 淸 康熙연간 天津總兵 藍理가 水稻 作地로 개간한 지역에 대해 "사람들이 小江南이라 부른다"[20]라 한 것도 이러한 필요성·가능성의 차원에서 이해해야 할 것이다.

이때 북방 수리개간의 필요성은 경제적 측면보다는 정치적·군사적인 논리를 우선하여 추진된 경우가 많았다. 북방의 자연환경상 결코 적합하다 할 수 없는 水田 개발이 북방 유목민의 기마군대에 대한 군사 전술상 유용하다는 이유로 적극 추진된 것은 그 단적인 예인데, 요컨대 광활한 황지에 하천수를 끌어들이고 도랑을 파서 水田을 만들어 놓으면 돌연한 騎兵의 습격을 저지할 수 있다는 것이다.[21] 이

---

15) 〈徐貞明西北水利議〉, 《農政全書》 권12, 水利, p. 296. 이 글에 대한 註에서 徐光啓도, "寶坻, 靜海도 마찬가지다. 靜海의 葛沽지역의 高地는 모두 이미 전토가 되었다"(《農政全書》, p. 296)고 했다.

16) 〈徐貞明西北水利議〉, 《農政全書》 권12, 水利, pp. 297~298.

17) 〈徐貞明西北水利議〉, 《農政全書》 권12, 水利, p. 291.

18) "旱不虞枯稿 水不虞泛漲," 光緖 《順天府志》 권48, 河渠志13, 水利, 〈姜揚武稻田議〉, pp. 13뒤~14앞.

19) 《明史》 권88, 河渠志6(北京 : 中華書局 標點本), p. 2172 ; 沈聯芳, 〈邦畿水利事宜〉, 《淸經世文編》 권109, 工政, 直隷水利 下, p. 2646 참조.

20) 汪家倫(1990), p. 446.

문제는 塞北 기마민족의 위협에 시달렸던 明代에 더욱 절실하였다. 실제 山海關~北京 일대에서 소위 '京東水田'개발이 상당한 호소력을 가지고 추진되기도 하였는데, 그것은 이 지역이 水田개발이 가능한 자연조건을 어느 정도 갖추었다는 점 외에 특히 군사 지정학적으로 요충지라는 점이 큰 요인으로 작용하였던 것이다.[22]

결국 정도의 차이가 있고 표현방법에 異同이 있긴 하지만, 북방의 농경 환경이 남방에 비해 상대적으로 열악하였다는 것은 일반적으로 인정되고 있었으며 또 사실이었다. 이런 환경을 강조함으로써 개발 반대론의 논거로 삼을 것인가, 현상 그 자체는 인정하되 가능하고 적절한 대안을 찾을 것인가, 아니면 적극적으로 이를 극복·개간하여 水田(또는 旱田)으로 개간할 것인가 하는 데서 북방 수리개간에 대한 입장의 차이가 났던 것이다.

북방의 자연환경과 함께 흔히 거론되는 것이 북방인의 '農者로서의 자질' 문제였다. 북방인에 대해서는 "게으르고 놀기 좋아해 힘써 노동하기를 꺼린다,"[23] "(山)東人의 습속이 농사에 게을러진 지 이미 오래되었다,"[24] "北人은 水利에 익숙치 않아 수해를 입기만 하는데, 水害를 없애지 못하는 것이 바로 水利未興 때문이라는 점을 알지 못한다"[25]고 하는 등 게으름과 水利에 대한 무지를 지적하는 경우가 많았다. 그런 만큼 北人을 지나치게 부리면 오히려 民怨을 일으키거나 소란·변란을 초래할 수 있다는 것이 개간 반대론사가 내세운 논거 중

---

21) 水田개발의 이점으로 "利在蓄水以限戎馬而已"(《宋史》 권176, 食貨志上四, 屯田, p. 4266), "戎馬不得馳突"(明代 : 光緒 《順天府志》 권48, 河渠志 13, 水利, 〈姜揚武稻田議〉, pp. 13뒤~14앞)이라 하였다.

22) 萬曆연간 徐貞明은 "西北의 땅은 광활한 平原에 溝洫를 많이 만들어 놓으면 田野가 모두 金湯之險이 된다"고 주장하였고(〈徐貞明西北水利議〉, 《農政全書》 권12, 水利, p. 292), 崇禎연간 給事中 魏呈潤도 畿輔水利의 利點으로 "原野之間 有溝有防 高下自成天塹 窺關探丸之盜 不敢援弓而馳馬 五利也"한 점을 지적하고 있다(孫承澤, 《山書》 권4, 〈畿輔水利〉, p. 80).

23) 《神宗實錄》 권172, 萬曆 14년 3월 庚子, p. 3125. 단 이는 당시 內閣首輔 申時行이 북방개발론을 옹호하는 입장에 서서 개발 반대론자의 의견을 소개한 대목이다.

24) 沈一貫, 〈山東營田疏〉, 《農政全書》 권8, 農事, 開墾上, p. 194.

25) 陸燿(淸), 《切問齋文鈔》 권20, 〈書徐貞明遺事〉(鄭克晟, 1988), p. 332에서 재인용.

하나였다.[26] 徐貞明이 추진한 수리개간에 대해서는 "게으른 북방인을
무리하게 동원한 결과, 督責을 감당하지 못하는 北人들이 변란을 일
으킬 뻔하였으나 다행히 徐가 탄핵을 받아 개발이 중지되었다"[27]고
평가하기도 하였다. 그러나 徐光啓가 "北人의 노동력이 南人에 비해
결코 뒤지지 않으며, 淡泊한 점에서는 오히려 낫다"[28]고 하여 북방인
의 농경적 자질을 긍정적으로 보고 이를 적극 활용할 것을 주장하고
있는 것을 보면 南·北人의 勤·惰에 대한 평가에는 다분이 주관적인
판단이 개입되어 있는 것 같으며, 다만 水田경작 경험의 유무나 기술
력의 차이는 인정할 수 있을 것 같다.

　한편 명말에 수리개간을 추진할 노동력으로서 북방민을 주목한 것
은 그 농경적 자질의 '可用性'보다 더 급박한 현실적인 문제가 있었
다. 그것은 명말 화북사회에서 자연재해와 전란이 만연함으로써 流民
이 양산되고 여기에다 요동으로부터 避難入關民이 쇄도해 들어와[29]
화북사회에 치안불안 상황이 심각해짐에 따라 그 해결 방안으로 이
들 유민·난민을 歸農·安揷시켜 수리개간에 활용코자 했던 것이다. 徐
貞明이 "북방에 水利를 일으키고 曠土를 개간하면 流民復業과 亂萌
해소의 利가 있다"고 주장한 것[30]은 바로 이런 맥락에서 이해할 수
있으며, 天啓初年 董應擧·張愼言 등이 遼民의 歸農·安揷을 위해 대대

26) 王之棟이 '十二不可論'을 말하면서 '地方滋擾' '恐生民怨' '恐致他變'의 가능성에
　　대해 지적한 것(《神宗實錄》 권172, 萬曆 14년 3월 癸卯, p. 3132).
27) 王土性,《廣志繹》 권2, p. 19.
28) 〈徐貞明西北水利議〉,《農政全書》 권12, 水利, p. 302(徐貞明의 논설에 대한 徐光
　　啓의 註記).
29) 天啓 元年 後金이 瀋陽, 遼陽을 함락시킨 것을 계기로 遼東침공을 본격화하면서
　　요동이 전란에 휩싸이게 되자 遼東 漢人이 전란을 피해 關內로 대거 피난해 왔는데,
　　이들 '避難入關'의 流民은 '不下百萬'(《明史》 권275, 列傳 163, 〈張愼言〉, p. 7037),
　　'至二百餘萬'(葉向高, 〈條陳要務疏〉,《綸扉奏稿》,《明經世文編》 권462, p. 12앞, p.
　　5075)이라 할 정도로 대규모였고, 이로써 화북사회는 큰 혼란에 빠졌다. 이에 관
　　해서는 鄭炳喆,〈明末·淸初 華北에서의 自衛活動과 紳士〉,《東洋史學硏究》 43
　　(1993), pp. 96~97 ; 鄭炳喆,〈明末 山東과 遼東間의 交流와 그 性格〉,《明淸史硏
　　究》 3(1994), pp. 30~37 참조.
30) 〈徐貞明西北水利議〉,《農政全書》 권12, 水利, p. 293.

적으로 둔전을 일으키고 이들을 그 경작에 투입시키려 시도한 것[31]은
그 실현 방안의 하나였다.

Ⅲ. 南人과 '豪强'의 활용 방안

元代 이래 대부분의 북방 수리전 개발론자들은 水田경작의 경험이
많은 '南人'을 招致할 필요성을 제기하였고 실제 북방의 水田개발에
자주 동원되었다. 원대의 虞集과 토그토는 江南人을 초모하기 위해
招募開墾의 성과에 따라 百夫~萬夫의 하급직에서 9~7品의 유품관
직까지 부여하고 그 성과의 지속 정도에 따라 관직·녹봉은 물론 그
직을 세습할 수 있도록 하는 안을 마련하였다.[32] 仕途가 제한되어 있
던 당시 강남의 지주·지식인들에게 이러한 하급직 및 流品官의 부여
·세습안은 상당한 誘因이 되었을 것이다. 명대 徐貞明은 南人 초치를
위해 이들에게 이주지에서의 占籍을 허용하고, 개간을 장려하기 위해
개간 유공자에게 관직을 부여하고 개간 성과를 지방관의 考成에 반
영하며, 수리행정을 통할할 관직을 설치하여 域內 수리행정의 全權을
위임하자고 주장하였다.[33] 이 주장은 戶部의 동의를 얻어 南農의 초
대 비용(거주, 식사, 牛種)을 위하여 太倉銀庫에서 2만 냥을 조달하자
는 데까지 진전되었고, 결국 德州倉에서 그 비용을 발급하되 경작 2
년째부터 수확의 반을 官에 還付케 하는 것으로 낙착되었다.[34]

萬曆연간 天津巡撫 汪應蛟는 天津의 葛沽·白塘 일대에서 屯田을

---

31) 《熹宗實錄》 권21, 天啓 2년 4월 甲申, p. 1071 ; 《明史》 권275, 列傳163, 〈張愼言〉,
   p. 7037.
32) 《元史》 권181, 列傳68, 〈虞集〉, p. 4177 ; 顧炎武, 《天下郡國利病書》 北直 上, 49
   앞, p. 9411 ; 《農政全書》 권9, 農事, 開墾下, p. 209.
33) 〈徐貞明西北水利議〉, 《農政全書》 권12, 水利, p. 303 ; 《明史》 권223, 列傳111,
   〈徐貞明〉, pp. 5881~5885 ; 徐貞明, 〈亟修水利以預儲蓄酌議軍班以停勾補〉, 《徐尙寶
   集》, 《明經世文編》 권398, p. 5앞뒤, pp. 4307~4308.
34) 《神宗實錄》 권165, 萬曆 13년 9월 丁丑, p. 3003.

추진하면서 '軍墾民種'의 개간 방식을 채용하였다.[35] 당시 그는 '게을러서 힘써 일하지 않는' 北人 대신 농사 잘짓고 자본 있는 남인을 불러 모아 개간시키는 것이 최선이지만, 糧食과 工本을 스스로 마련해 가면서까지 수천리 遠方까지 올 사람이 많지 않을 것으로 생각하였다. 그래서 대안으로 현지의 군인이 먼저 개간한 이후에 민간인, 즉 인근의 '殷實居民'과 자본 있는 南人이 承種케 하였던 것이다. 결국, 屯田 방식의 대표격으로 여겨지던 汪應蛟의 방법에도 사실상 南人의 능력을 중시하고 이를 활용하고자 하는 방안이 포함되어 있었던 것이다. 南人으로서는 江南人, 閩浙人이 많이 거론되었는데, 그것은 주로 이들이 海濱地 개간의 경험이 많다는 기술상의 이유 때문이었다. 이들 남인에게는 남방에서의 圩田, 海塘 축조의 경험을 살려 北方 瀕海지역에서 水田을 개발하고 북방인에게 水稻作 기술을 전수해 주는 역할이 기대되었다.

그런데, 북방개발에는 단순한 南方 출신자만으로는 부족한 점이 있었다. 東林派로서 개혁적 지식인이었던 陳龍正은 북방의 수리전 개발에 네 가지 방해세력(四難 : 豪貴, 勳戚, 中官, 皇莊)과 일곱 가지 비용(七費 : 溝洫 開濬, 盧舍 건축, 농민 모집, 糧食 구비, 種穀, 農器, 耕牛)이 있다고 하고, 이러한 四難七費를 감당·극복할 수 있는 층은 巨室, 富商 밖에 없다고 주장하였다.[36] 이들은 북방 수리전 개발론자들이 흔히 거론하던 '東南의 巨室·富商' '上農' '淮揚의 鹽商' '末富·奸富'[37]로서, 북방 수리전 개발을 담당할 주체로 주목되던 이른바 강남의 '有力大能'한 大地主, 富商層이었다.

당연히 이들 강남의 지주·상인층을 북방 수리전 개발에 유치하기

---

35) 汪應蛟, 〈海濱屯田疏〉(《汪應蛟奏議》 권8 ; 《農政全書》 권8, 農事, 開墾上, p. 189) ; 《明史》 권241, 列傳129, 〈汪應蛟〉, p. 6266 ; 《國榷》 권79, p. 4885 ; 《熹宗實錄》 권7, 天啓 元年 閏2月 辛卯, p. 345.

36) 《幾亭全書》 권13, 〈學言詳記〉, p. 10앞뒤.

37) 《幾亭全書》 권39, 〈奏對語〉; 같은 책 권49, 〈與黃澹嚴道長〉; 《農政全書》 권9, 農事, 開墾下, p. 211 등.

위한 각종 우대안이 제기되었다. 예컨대 招募人數와 개간 전토의 多寡에 따라 學位나 官職를 부여하며,[38] 屯學을 세워 衛學(衛所軍), 運學(商人)과 같은 별도의 學額을 산정하여 특전을 주자는 案도 제기되었다.[39] 개간의 이익과 그 성과를 보장해 주기 위해 限田論에 반대하였는가 하면[40] 개간지를 북방 현지의 豪右가 강제로 점탈하거나 勒買하지 못하도록 하고 그 産米를 衙門에서 '官價를 적용하여 減價勒買하지' 못하도록 하는 규정도 마련하였다.[41] 개간 성과의 지속과 확대를 장려하기 위해, 개간 유공자에게 처음에는 虛銜을 주었다가 성과가 지속·확대되면 實職을 주고 世襲시키며, 반대로 게을리하면 다시 黜斥하는 등의 규제장치도 마련하였다. 이러한 각종 우대·보호·독려를 받는 대상은 "南北을 不問하고 有力大能한 자"라 표현되었지만 실제는 대개 강남의 유력자층이었을 것이다.

명말 개혁적 지식인들이 '豪强' '奸富'로 부르며 배격해 마지않던 이들을 북방개발에 적극 동참시키려던 배경은 무엇이었는가? 명말 개혁적 지식인의 대표격이던 左光斗와 徐光啓는 이에 대해,

오늘날 의론했다 하면 豪强을 억압해서 그들의 겸병을 막아야 한다고 합니다만 (이는) 富者가 즐겨 경작하게 되면 貧者가 轉貸(의 혜택을 얻게) 된다는 것을 모르고 하는 말입니다. 토지에 曠土가 없게 되고 田土에 遺稅가 없게 되기만 한다면 勳戚·貴近·大賈·富商이 몰려오고 豪强을 遷徙하여 변방을 메운다 한들 무슨 문제가 있겠습니까?(左光斗)[42]

---

38)《農政全書》권9, 農事, 開墾下, 〈耕墾武功爵例〉, p. 212 ;《徐光啓集》권5, 屯田疏稿, 〈欽奉明旨條劃屯田疏〉, 〈墾田第一〉, pp. 229~230 ;《幾亭全書》 권37, 〈墾屯竝重疏〉, p. 4앞.

39) 左光斗, 〈題爲議開屯學疏〉,《左宮保奏疏》,《明經世文編》 권495, pp. 13앞~14뒤, p. 5483 ; 左光斗,《左忠毅公集》 권2, 〈遼土萬苦千辛疏〉, pp. 2뒤~3뒤(《乾坤正氣集》 권305, pp. 12006~12008).

40)〈徐貞明西北水利議〉,《農政全書》권12, 水利, p. 294의 徐光啓의 註釋.

41)《徐光啓集》권5, 屯田疏稿, 〈欽奉明旨條劃屯田疏〉, 〈墾田第一〉, p. 235.

42) 左光斗,《左忠毅公集》 권2, 〈足餉無過屯田疏〉, p. 10앞(《乾坤正氣集》 권305, p. 12021).

　진실로 爲民에 뜻이 있다면 民田은 저절로 均等해질 것이니 民의 名田
을 제한할 필요는 없다. 또 오늘날 북방의 수리개간에는 반드시 豪强의 힘
을 얻어야만 하는데, (이를 얻기 전에) 먼저 限田하는 것이 가능하겠는가?
언제 豪强이 없었던 적이 있었으며, 下民에게 무슨 해를 끼쳤던가? 다만
이들을 어떻게 이용하는가가 문제일 뿐이다(徐光啓)[43]

라고 하여, 토지겸병을 비롯한 豪强의 폐해를 지적하기보다는 이들의
역량을 이용할 필요성을 강조하였다. 북방의 수리전 개발에 관한 한,
농민招集·자금동원·기술제공 등에서 월등한 이들의 능력이 그만큼
절실했던 것이다.

　그런데 南人·豪强을 招致하자는 案에는 농경기술의 북방 전수나
자본의 동원이라는 실무적인 의도 이상의 목적이 내포되어 있었다.
徐光啓는,

　南人은 너무 많으나 경작·개간할 땅은 없고 出仕의 길은 막혀 있어, (本
業을) 버리고 末富·奸富가 된 자가 많다. 末富는 해롭지 않으나 奸富는 큰
해가 되니……지금 均民의 법을 행한다면 南人은 점차 北方을 채우게 되
어 末富·奸富의 民을 모두 本富의 民으로 만들 수 있다. ……만약 浙江·南
直隷의 民을 江淮·山東으로 옮기고 福建民을 兩廣으로 옮긴다면, 이는 人
情으로 봐서도 가장 편하고 事理로도 가장 시급한 것이다[44]

라고 하였다. 여기서 서광계가 상정한 '均民'이란 단순히 狹鄕 - 寬鄕
間의 인구 재편성뿐 아니라 소위 末富·奸富化한 남방의 상업자본을
북방의 농업개발에 투자시킨다는 자본의 재편성을 도모한 것이고, 이
를 통해 북부의 인재·자본의 부족, 남부의 인구 과잉·士人 雍滯라는
양 지역의 문제를 일거에 해결하고자 하는 방안이었던 것이다. 左光
斗를 비롯한 명말 개혁적 지식인이 豪强을 주체로 한 북방개발안을

---

　43) 〈徐貞明西北水利議〉, 《農政全書》 권12, 水利, pp. 294~295에서 井田, 限田도 可
　　하다는 徐貞明의 주장에 대한 徐光啓의 註釋.
　44) 《農政全書》 권9, 農事, 墾田下, p. 211.

주장하면서도 豪强의 행태에 대해 그들이 가진 비판적 의식과 모순
되지 않을 수 있었던 것은 바로 이러한 웅대한 포부, 전 중국을 대상
으로 한 경세론적 관점이 있었기 때문이었다.[45]

Ⅳ. 江南重賦의 北方 轉嫁 문제

북방 수리전 개발논의에서 주요한 쟁점 가운데 하나는 課稅 문제
였다. 수리 개간지의 課稅 문제에 대해 陳龍正은,

> 或者는 畿輔의 郡縣에서……특히 貴戚近臣들이 많은 재산을 가지고 있
> 기 때문에 이들의 방해로 개간을 행하기 어렵다고 합니다만 臣은 그렇게
> 생각하지 않습니다. 徐貞明이 실패하였던 것은 枝葉(지리적 환경, 기술적
> 문제 : 인용자)에만 자세했고 本原(징세문제 : 인용자)에는 철저하지 못했기
> 때문입니다. ……이러니 민간에서는 모두들, "오래도록 荒地여서 無稅였던
> 곳을 개간하면……(산출의 多寡에 따라 稅를 매길 것이고)……薄稅였던 旱
> 田을 水田化하면 반드시 重稅를 附加하게 될 것이니……稅란 한번 매기게
> 되면 다시 없애지 못하고, 한번 附加되면 다시 輕減할 수 없는 것이다"고
> 의심들을 합니다. 이러니 누가 노력과 비용을 들여서 후환이 되는 일을 하
> 려 하겠습니까[46]

라고 하였다. 북방민에게는 荒地를 개간하거나 旱田을 水田으로 바꾸
면 無稅가 起稅로, 薄稅가 厚稅로 될 것이라는 우려가 만연해 있으
며, 이것이 북방 개발의 큰 난점임을 지적한 것이었다. 徐貞明 등이
추진한 북방 수리전 개발이 이러한 절실한 이해관계는 소홀히하고
수리개간의 기술적 측면만 중시했기 때문에 결국 실패하게 된 것을
예로 들면서, 陳은 이른바 북방 개발의 本末의 문제를 제기하였던 것

---

45) 溝口雄三은 陳龍正의 西北개발안에서 大同的 理想의 실현, 井田法의 방식에 의
   한 균등배분의 이념을 보았다. 溝口雄三(1978), p. 220.
46) 《幾亭全書》권37, 奏議, 〈京東水道攷序〉, p. 23앞뒤.

이다. 陳이 제기한 '本'이란 바로 課稅의 문제였고 이는 南北間 이해
관계가 첨예하게 대립되는 중요한 사안이었던 것이다.

북방 개발론에 東南 地域民의 입장이 일관되게 나타나고 있었던
점은 사실이었다. 북방의 수리전 개발에 남방 富民·商人의 능력과
자본을 동원하자는 案에 理想論적인 요소가 없는 것은 아니지만, 이
를 통해 강남인에게 出仕의 기회를 부여하거나 강남 인구의 포화,
土人의 壅滯 등의 문제를 일부 해결하고자 하는 현실적인 필요도 있
었다. 徐光啓, 陳龍正 등이 제기한 남북간 '均民'은 바로 이런 맥락이
었다. 그런데 이 '均民'과 함께 제시된 '均賦'는 북방의 水田을 개발
함으로써 東南의 重賦를 경감시키고자 하는 것이었고, 이는 '東南'뿐
만 아니라 '西北' 지역민의 이해에 매우 긴밀하게 관련된 문제였다.
徐貞明이 북방의 수리개간을 통해 "東南은 賦繁役減하고 西北은 賦
省徭重한 상태를 개선할 수 있다"[47]고 한 것은 표면적으로 남북간
인민과 전토의 均平을 이루려는 互惠的인 목표를 제시한 것이었지
만, 실상은 江南의 重賦를 경감하고자 하는 절실한 의도가 내포되어
있었던 것이다.

이러한 의도가 있는 북방 수리전 개발론이 화북민의 이해와 배치
될 것임은 쉽게 짐작되는 일이다. 북직예(眞定府 寧晋縣) 출신인 福建
道監察御使 王之棟의 〈請罷濬河疏〉[48]는 이러한 화북민의 이해관계와
그 정서를 대변하였던 주장으로 유명하다. 王之棟을 비롯한 여러 논
자들이 북방 수리전 개발을 반대하면서 제시한 여러 논거 가운데 북
방민의 이해관계와 직결된 문제로서 ① "북방의 토지를 헐값에 사서
民業을 박탈함으로써 怨望을 낳는다"[49]라거나 "閒田을 가지고 있는
宦官·勳戚들은 그 땅이 水田으로 개발되면 (이전에 얻던) 수입을 모두

---

47) 〈徐貞明西北水利議〉,《農政全書》권12, 水利, p. 293.
48) 王之棟의 〈請罷濬河疏〉는 民國《寧晋縣志》권9, 藝文 ; 光緒《畿輔通志》권91,
    水利營田에 수록되어 있으며,《神宗實錄》권172, 萬曆 14년 3월 癸卯, pp. 3132~
    3133에 節略이 있다.
49)《神宗實錄》권172, 萬曆 14년 3월 癸卯, p. 3132.

잃지 않을까 두려워한다"[50]고 하는 기득권 박탈의 우려, ② "水田이 개발되면 江南처럼 稅를 거둘 것이니 이는 東南의 禍를 北方에 轉嫁하는 것이다"[51]라는 嫁禍의 논리, ③ 열악한 자연환경을 거스른 무리한 수리개간으로 화북민에게 役重을 강요하게 되어 이것이 '地方滋擾' '恐生民怨' '恐致他變' 등의 치안불안을 야기할 우려[52] 등 세 가지 정도를 거론할 수 있다.

당시 京東을 비롯한 畿輔지역 일대에는 皇親·勳戚·宦官 등 특권지주의 토지가 집중적으로 분포하고 있어 畿輔 水利田 開發은 필연적으로 이들의 강력한 반발을 불러 일으킬 수밖에 없었는데, 위 ①의 문제와 관련하여 徐貞明은 "남방인의 기술로 (海濱 등지의 荒田을) 水田으로 개발하면 이전보다 10배 이상의 이익이 남으므로 그 10분의 1을 勢族에게 주어 옛날의 갈대·억새로부터 얻는 수입을 유지하게" 함으로써 이들의 기득권 박탈에 대한 우려를 무마하는 방책으로 삼기도 했다.[53] 한편 江南의 重賦를 華北에 轉嫁할 것이라는 위 ②의 '嫁禍'의 논리는 북방 수리전 개발론에 대한 반대론의 핵심을 이루는 것이었다. 바로 이 점을 간파한 陳龍正은 荒地를 田土化한 곳이거나 旱地를 水田化한 곳에는 새 稅目을 설정하거나 加稅하지 말 것을 제안하기도 했고,[54] 徐光啓는 북방의 수전개발을 통해 東南의 民力을 소생시킬 수 있다는 徐貞明의 主張에 대해 註를 달아 "이는 西北人이 싫어하는 것이니 결코 밀해서는 안된다, 절대 안된다"라며 심각하게 경고하기도 했다.[55] 이는 북방 수리전 개발에서 '江南重賦' 문제가

---

50) 光緖 《順天府志》 권48, 河渠志13, 水利, p. 14뒤.

51) 申時行, 〈雜記〉, 《申文定公集》, 《明經世文編》 권381, p. 19뒤, p. 4138.

52) 《神宗實錄》 권172, 萬曆 14년 3월 癸卯, p. 3132.

53) 〈徐貞明西北水利議〉, 《農政全書》 권12, 水利, p. 296. 이에 대해 徐光啓는 주석을 달아 "勢族들에게 10배의 이익을 다 준들 무슨 해가 있겠는가, 다만 粟多價賤만 얻으면 된다"라고 하여, 보다 유연한 태도를 보이고 있다(同上).

54) 이런 맥락에서 陳은, 기존에 無稅였던 積荒地는 永不起科, 有稅地였던 곳이 황폐하면 개간 3년 후에 舊稅額으로 복귀하고, 薄稅였던 旱田荒地는 永不加稅, 薄稅였던 積荒田土가 민간에 나누어 할당 부담[民間攤賠]해온 곳은 이를 면제하자는 안을 내었다(《幾亭全書》 권37, 奏議, 〈京東水道攷序〉, p. 23앞뒤).

얼마나 큰 관심의 대상이었고 이해관계가 첨예하게 대립되는 사안이었는가를 단적으로 보여준다. 적어도 明代 이래 대부분의 북방개발론자는 정도의 차이는 있지만 기본적으로는 南北間 稅役 不均等 문제를 염두에 두고 개발론을 전개하였고, 그때마다 자신의 기득권이 침해된다고 여긴 북방 지주들의 거센 반대에 부딪혔던 것이다.

이러한 이해관계의 대립은 명말 중앙 정치무대에서 政爭의 배경이기도 했다. 明末 북방 수리전 개발을 둘러싼 政爭을 가리켜 '남북의 格差를 是正하려는 동기에서 북방 수리전 개발을 추진한 사회적 진보세력' 對 '이기적 동기에서 이를 저지하려는 宦官·勳戚의 보수세력'으로 논단하기도 한다.[56] 북방 개발론자는 南人이 대부분이고, 그 반대론자는 '嫁禍의 논리로써 이를 방해한 북방 출신의 京官,'[57] '기득권을 잃을까 두려워하여 앞다투어 不便을 말하고 황제에게 流言蜚語를 일러바친 宦官·勳戚' '京東 일대에 엄청난 閒田을 점유하면서 수전개발을 저지한 豪右'[58]라는 평가처럼, 남북의 지역간 첨예한 대립관계를 상정하기도 한다. 그러나 개발론자 가운데에는 王洽처럼 북방(山東 臨邑縣) 출신도 있다. 그리고 '자신의 기득권 보전에 분주한 北人官僚의 전형'으로 규정되기도 하는 北直隷 출신 王之棟의 경우[59] 徐貞明의 수리전 개발을 무산시키는 데 결정적인 역할을 한 奏疏(〈請罷濬河疏〉: 前述)를 올렸지만 그것은 滹沱河 河工문제에만 국한하여 기술론을 전개하였을 뿐 水利田 개발문제는 언급하지 않았고, 더구나 徐에 대한 하등의 정치적 공격이나 탄핵이 없었던, 오히려 '동림파에 매우 근접'한 입장을 가진 인물로 평가받기도 한다.[60]

그런데 명말과 같이 남북간 관료집단의 첨예한 대립도 적었고 북

55) 〈徐貞明西北水利議〉, 《農政全書》 권12, 水利, p. 292.
56) 溝口雄三(1978), pp. 218~219.
57) 申時行, 〈雜記〉, 《申文定公集》, 《明經世文編》 권381, p. 19뒤, p. 4138.
58) 《明史》 권223, 列傳111, 〈徐貞明〉, p. 5885 ; 위책 권257, 列傳145, 〈王洽〉, pp. 6624~6625.
59) 鄭克晟(1988), p. 329.
60) 田口宏二朗(1997), p. 69 및 p. 81.

방에 큰 이해관계를 가지고 있는 특권계급群이 미미했던 淸代에도 여전히 畿輔水利를 둘러싼 논쟁이 그 기본틀의 변화 없이 되풀이되고 있는 것을 보면, 이를 자신의 이해관계에 집착한 중앙관료간의 政爭만으로 설명할 수는 없을 것이다.

V. 맺음말

明代에 본격적으로 제기되고 추진된 北方開發論은 정치·군사적인 북방 편중과 식량·물자의 수급을 경제 중심지 東南(江南)에 거의 의존하는, 이를테면 제국 통치와 지역적 부담간의 괴리라는 구조적 문제를 해결하기 위한 방책이었다. 수도 및 북방으로의 원활한 식량·물자의 공급은 전제왕조의 존립과 정치·군사적 안정에 직결되는 사안이었던 만큼 그 논의의 출발점이나 사업의 추진은 황제를 비롯한 중앙권력의 의지에 크게 의존하였다. 때로는 상당한 성과를 얻기도 했던 수리전 개발이 그때마다 지속되거나 정착되지 못하고 단절되었던 것은 그 주체라 할 수 있는 국가·중앙의 추진 의지가 약화되거나 소멸되었기 때문인 경우가 많았다.[61]

北方 水利田 開發의 人文·地理的 환경은 생산수난인 土地와 노동력을 제외한 기술적인 제반 조건에서 남방에 크게 의존하는 구조였다. 오늘날에도 山東·河北 일대에서는 과밀한 인구를 부양해야 함에도 경작을 못하고 버려둔 땅이 적지 않은 것은 그만큼 기후 등 농업환경이 열악하기 때문인데, 明代에 이런 환경을 극복하며 그것도 水田을 개발하기란 매우 곤란하였을 것이다. 더구나 연간 4백~6백만

---

61) 예컨대 明末 徐貞明의 수리사업이 중단된 것은 神宗황제의 命에 의해(《神宗實錄》 권172, 萬曆 14년 3월 癸卯, p. 3133), 汪應蛟의 경우는 이임으로(前述), 그리고 淸 雍正연간 강력히 추진되었던 개발사업 역시 주도적 지위에 있던 怡親王 사망으로 중앙무대에서의 관심이 적어지면서 그 성과도 중단 또는 소멸되었다[黨武彦(1994), pp. 151~152].

석에 달하는 漕糧米를 北方産으로 대체하여 '華北 自給'을 이루려는 개발론의 목표[62] 자체가 거의 空論에 가까운 것이었다는 평가도 있다.[63] 그럼에도 불구하고 淸末에 이르기까지 북방의 수리전 개발이 끈질기게 시도되었음에도 흥폐를 거듭한 것은 북방에서 식량의 자급을 이루려는 '이상론'과 함께, 전술한 것과 같은 경제 외적인 여러 목표 즉, '江南重賦의 華北 轉嫁'를 의심한 화북의 특권지주·관료들의 반발, 경제성보다는 정치·군사적인 논리가 우선시되는 상황, 지역사회의 인문·지리적 환경을 무시한 중앙의 강제적 시책에 대한 지역민의 소극적 태도, 해당 지역사회의 수용능력의 한계 등이 복합적으로 작용한 결과였다고 하겠다. 그래서 북방 개발론은 되풀이하여 시도되었지만 그 시점은 예컨대 漕運체제가 원활치 못하여 畿輔 및 북방으로의 수급구조에 위기가 닥치거나, 朝鮮의 倭亂에 대한 援兵 파견 등 일시적인 대규모의 군량보급이 필요하거나 때로는 塞外 유목민의 군사적 위협에 대처하기 위해 전술상 필요한 경우 등에 집중적으로 제기되고 추진되는 경향이 있었다.

'南糧北運'의 수급체제는 엄청난 비용과 비효율을 감수해야 하는 것이었으나 이는 동시에 북방 이민족을 견제하면서도 거대한 제국을 구석구석 통제하는 통치 시스템의 일환이기도 했다. 북방 수리전 개발론은 그 시스템의 운용에 이상이 생겼을 때, 즉 왕조의 통치능력이 저하되고 행정통제가 이완되어 그 수급의 비용과 그 비효율성을 제국권력이 감당할 수 없는 시점에서 집중적으로 제기되고 추진되는 경향이 있었다. 이 글에서는 북방 수리전 개발을 둘러싼 여러 논쟁점의 분석을 통해 그 성격을 이해하는 실마리를 얻고자 했으나, 이러한 전반적인 성격규정을 하기 위해서는 지역사회의 실상을 바탕으로 한 구체적이고 실증적인 연구가 반드시 뒷받침되어야 할 것이다.

---

62) 한 예로 萬曆연간 天津巡撫였던 汪應蛟가 이러한 이상론을 제시한 바 있다. 《明史》 권241, 列傳129, 〈汪應蛟〉, pp. 6266~6267.

63) 黨武彦, 〈淸中期直隷省における地域經濟と行政 — 永定河治水を中心として —〉, 川勝守 編, 《東アジアにおける生産と流通の歴史社會學的研究》(中國書店, 1993), p. 453.

包世臣의 法律·行政 개혁론

曹 秉 漢*

Ⅰ. 머 리 말

　중국의 法家가 유교이념의 하위체계로 통합된 漢代 이래 법률은 魏晉南北朝를 거쳐 唐代의 律令制에 이르러 유교적 禮를 구현하는 禮·法 융합의 발전과정을 완성하게 되었다. 즉 "德이 위주가 되고 刑으로 보조하며," "德·禮가 정치·교화의 근본이 되고 형벌이 정치·교화의 용도가 되어," 유교 윤리가 법률화하고 법률이 윤리화하는 과정이 한·당대 사이에 확립된 것이다.[1] 다시 말해 형법(律) 위주의 중국

---

* 서강대학교 사학과 교수.

1) 汪漢卿 주편, 《中國法律思想史》(合肥 : 中國科學技術大學出版社, 1993), pp. 125~132, pp. 170~173, pp. 189~190, pp. 192~195, pp. 208~210. 前漢代에 經의 뜻을 법률에 적용, 즉 경으로 재판을 했고, 後漢代에는 경으로 법률의 주석을 했으며, 魏·晉 이후에는 경으로 입법을 했다고 한다. 따라서 전한 《春秋》 공양학의 재판 적용에 따라 禮의 제도가 법전에 흡수되기 시작했으며, 후한 訓詁學에 의한 법률 주석의 발달을 통해 위진 시대 이래 법률학이 성장했다. 先秦의 원시 儒家가 법

법률은 유교적 정치·교화를 구현하는 현실적 수단으로서, 그 이상주
의적 원리인 德과 이 덕의 제도화된 형식인 禮와의 사이에 대립을
지양하고 상호 보완적 '體用'의 관계로 결합한 것이다.

한제국 성립 이후 2세기 동안에 걸쳐 진행된 유교의 국교화 과정
에서 문화구조가 전환됨에 따라 법가와 유가의 관계도 대립에서 상
하의 협조관계로 바뀐 것이다. 이같은 유·법의 융합은 그 뒤 중국제
국의 역사에서 다시 역전된 적은 없지만, 宋代 士大夫 사회의 성립
이래 程朱學을 비롯한 道學的 國體이념 아래에서 도학의 관념적 이
상주의 비전으로 말미암아 유교이념과 세속적 법률지배 사이의 보완
관계 이면에 긴장관계가 조성되기도 했다. 이런 긴장관계는 관료와
胥吏의 엄격한 구별이나 법률행정 실무가 서리에 주로 위임되는 현
상에 반영되었다고 할 수 있으며, 이 양면성이 행정에 가져온 부정적
결과는 관료의 비효율과 서리·幕友에 의한 부패였다고 할 수 있다.[2]

때로는 유교적 국가주의 통치에서의 皇權專制와 행정효율의 추구
속에서 법가주의적 통치의 실질이 유교적 명분 아래 강화되기도 했
는데, 士大夫 사회·정치의 한 특색을 이루었던 '淸議'라는 公論 형성
과 파벌적 朋黨 활동은 이같은 법가적 관료행정과는 상호 모순 관계
에 있으면서도 한 체제의 양면으로 공존했던 것이다. 이 통치체제의

을 경시한 데 반해 한·당대 유가는 德·禮를 중심으로 하면서도 법, 즉 형벌도 경
시하지 않는 유·법 융합의 통치 이념 및 제도를 발전시킨 것이다. 이하, 앞에서
인용한 논저는 '汪漢卿(1993)'과 같은 형태로 줄임.
2) 淸代 胥吏와 幕友의 행정상의 기능과 부패에 대해서는 宮崎市定,〈淸代の胥吏と
幕友 ― 特に 雍正朝を中心として ―〉,《アジア史論考》下卷(東京 : 朝日新聞社, 1976),
pp. 324~326, pp. 329~332, pp. 338~339. 관료의 실무 보좌를 서리·막우에게 맡길
수 밖에 없었던 배경으로는, 실무를 보좌할 하위 소관료('佐雜')가 극소수에 그쳤
던 행정기구 자체의 결함 이외에도, 관직을 맡으면서도 실무 직능을 경시하는 '君
子不器'(《論語》 爲政篇)라는 유교적 士大夫像이 거론되고 있는데, 이는 閔斗基,
〈淸代 幕友制와 行政秩序의 特性 ― 乾隆朝를 전후한 시기 ―〉,《中國 近代史 硏
究 ― 紳士層의 사상과 행동 ―》(一潮閣, 1973 ; 1980 재판), pp. 142~146 참조. 이
같은 사대부관료의 人文的 이상을 극단으로 추구한 것이 원시 儒學으로의 復古를
표방한 송대 이후의 道學이었던 것이니, 明·淸代 관료는 그 영향을 받으면서도
실무행정의 수요는 국가·사회의 양적 발전에 따라 더욱 확대되었을 것이다.

유·법 양면성은 明·淸代에는 황제集權의 강화에 따라 법가적 요소가
경직된 정주학적 名敎와 결합하여 더욱 큰 작용을 하게 되었는데,[3]
18세기 후반 徽州·揚州 考證學界에서 戴震 계열 학자들에 의해 사대
부의 능동성과 새로운 사회적 욕구의 발전에 적응하는 실천적 禮治
의 가능성을 탐구한 것도 당시 정주학적 理와 법가주의를 비판하여
전개된 유교적 經世사조의 한 측면이었다고 볼 수 있다.[4]

청대에 역사상 절정에 이른 황제집권체제 아래에서 행정효율과 反
부패를 위해, 天子의 사명을 자각한 名君으로서 雍正帝 같은 전제군
주의 투쟁도 있었지만 법가적 전제통치가 강화된 결과 乾隆帝 이후
부패와 비효율은 오히려 더욱 확대되었다.[5] 따라서 18세기 말 白蓮敎
亂을 계기로, 황제집권 체제의 틀 안에서 그 모순을 완화하고 사대부
의 능동적 참여를 통해 실용적 법률행정의 쇄신을 추구함으로써 부
패한 '大一統' 제국의 효율성을 만회하려는 경세사상도 대두하게 되
었다. 그것은 앞서 말한 복고적 禮治사조의 출현과 병행하여, 청대
중기 이래 유교 경세학의 상호 보완적 개혁방향으로서 유의할 만한
경향이라 생각된다.

18세기 말 이래 劉逢祿·龔自珍·魏源 등의 常州 公羊學派도 한대
유·법 융합적 정치사상의 재생과 관련이 있지만, 이 글의 연구대상인
동시대의 包世臣의 경우 공양학과는 다른 형식에서 법률행정의 개혁
을 중시한 민본적·실용적 경세사상가로 주목할 필요가 있다. 위와 같
은 경세사상은 黃宗羲·顧炎武 등에서 그 전형적 형식을 찾을 수 있
는 明末 淸初 在野 경세학과 일정한 연관성을 갖고 있으나 황권전제

3) Nivison, David S., *The Life and Thought of Ch'ang Hsueh-ch'eng*(Stanford Univ. Press, 1966), pp. 5~7. 또 그의 "Ho-shen and His Accusers," in David S. Nivison & Arthur F. Wright ed., *Confusianism in Action*(California : Stanford, 1959), p. 223.

4) 曺秉漢, 〈乾嘉 考證學派의 체제통합 이념과 漢·宋 折衷思潮 — 阮元·焦循·凌廷堪의 古學과 實學 —〉,《明淸史硏究》3(1994), pp. 86~89, pp. 9~101, pp. 104~108.

5) 宮崎市定, 〈雍正帝 — 中國の獨裁君主 —〉,《アジア史論考》, pp. 231~234, pp. 227~279.

에 대한 비판의 강도가 비교적 약하다는 시대적 특징이 있다. 반체제
적 이상주의 측면에서 철저성이 적은 대신에 乾隆·嘉慶朝에 고조된
考證 '漢學' 발달의 방법론적 영향 아래에 현실과 역사에 대한 연구
의 축적을 바탕으로 개혁론은 그 실용성에서 더 정밀한 수준에 이르
렀다고 생각된다.

아편전쟁 시기에 생을 마친 嘉慶·道光代의 경세사상가 包世臣의
법률·행정 사상을 검토함으로써 필자가 기대하는 것은 청대 중기 황
권전제 체제하에 가능한 경세사상과 법률·행정 개혁론의 관련을 밝
히고, 나아가 명말 청초 이래 청말까지 경세사조의 맥락에서 포세신
등 19세기 초 경세론이 갖는 위치를 이해하는 데 기여하고자 하는
것이다. 한·당대보다는 더 유교화되고 사회적 분화 수준이 높은 역사
적 발전단계에서 한·당대의 법률적 관심이 부활했다는 사실에 이같
은 연구의 의미가 있을 것이다. 또한 포세신의 경세사상에 대한 종래
의 연구가 道光代 江南 행정개혁, 漕運·소금전매·치수사업이나 화폐
개혁론 등을 다룬 데 반해[6] 이 글에서는 법률·행정을 중심으로 유·
법 통치이념을 탐구하고자 한 점에서 낯선 시도라는 데에 의미를 부
여하고 싶다.

II. 법률의 經世的 인식과 사법·행정 개혁론

1. 법률행정의 모순과 법률 인식

1820년(가경 25) 지방행정 실태의 개혁에 관해 포세신이 한 관료에
게 열거한 8가지 事案을 보면 주로 刑政·財政 문제로 구성되어 있는
데 법률행정 문제에 관한 그의 견해는 다음과 같다.[7] 민간의 피해가

---

6) 大谷敏夫,〈包世臣の實學思想について〉《東洋史硏究》 28-2·3(1969) ; 江口久雄,
   〈包世臣の鈔法論に關する一考察〉,《東方學》55(1978) 참조.
7) 包世臣,〈庚辰九月爲秦侍讀條列八事〉,《齊民四術》권7 上, 刑1 上, 14뒤~20앞,

심한 소송사건 積滯가 다시는 없도록 각 省 督撫(總督·巡撫)에게 소속 관원의 독려를 지시해야 한다. 목전의 赦免을 계기로 사안이 많지 않은 틈을 타, 토지경제·금전채무·혼인 등 계속 처리해야 할 것을 제하고 쌓인 사안은 완전 정리하며 새 사안은 수시로 심리하라는 것이다. 앞으로 지체·偏袒으로 상소·京控을 빚어내는 자는, 재판 종결이 쉬운 데도 하지 않는 데 대한 '例(判例法)'에 따라 탄핵 처벌해야 한다. 또 州·縣의 소송심리는 '例'에 의하면 매월 보고하여 道臺가 재판종료 기한의 준수 여부를 조사하도록 되어 있는데, 종래 적체 사안이 많아 예를 어기고 교대시 형식적 사안보고만 했다. 이제는 사면을 계기로 定例를 밝혀 주·현의 매월 사안보고를 엄밀히 점검해 잘못이 있으면 예에 따라 탄핵 처벌하고, 또 도대의 '감찰과실(失察)' 및 비호는 督撫가 예에 따라 탄핵 처벌할 것을 제의했다.

勅旨나 部院(刑部·都察院) 공문(咨)을 받은 사안도 각 성에서 例의 재판기한(4 또는 2개월)을 지체하여 3·4년이나 종결되지 않은 것이 있는데, 한 사안에 수십 명이 연루되어 양민의 피해가 막심하다고 했다. 그 원인을 보면, 기한 위반에 대해 조사는 형부에서, 지체 관료에 대한 '처벌심의(議處)'는 吏部에서 맡는데, 형부가 사안의 사정만 따지고 기한 위반의 탄핵은 이부 소관이라 하여 조사하지 않음으로써, 법률에 무지해 형부 공문에만 의존하는 이부에서 참고할 문안이 없는 실정이라는 것이다. 따라서 기한에 관해 연기 가능 여부를 분명히 밝히고 탄핵 처벌할 자를 이부에 알릴 것이며 재판기한을 분명히 보고하지 않은 독무도 탄핵 처벌해야 한다고 했다.

그리고 각 部·司(국)의 관원은 자기 부처의 則例를 익히지 않고 문안초고가 모두 각 司 書吏 및 고용된 서기(稿工)의 손으로 이루어지는데, 그들이 '案(문안)을 인용하고 例를 결부시켜(引案附例)' 사안을

《安吳四種》(同治 11년 중간본, 臺北 : 文海出版社 영인본), 권31 上 所收. 《安吳四種》은 본래 道光 24년(甲辰) 출간한 원본과 咸豊 원년(辛亥) 개정본이 있었는데, 태평천국 동란으로 1853년 南京의 판목이 불타 다시 원서를 구해 同治 11년(1872) 중간한 것이다.

좌우함으로써 外省에서는 일의 대소를 막론하고 部費 상납을 우선시
한다. 그러니 부·사의 관료들이 서리의 폐단을 제거하려 해도 例와
문안에 어두워 권세가 서리·고용서기에게 돌아가는 실정을 지적하고
있다. 따라서 部院 대신에게 지시하여 소속관료들에게 3개월 안에 해
당 司의 則例를 학습하도록 한 다음 예의 글과 뜻을 시험해 우등을
장려하고 열등자는 감봉·해임함으로써 1·2년 안에 몇 차례 시험을
통해 例·案에 밝게 하면 서리의 권세와 폐단은 없어질 것이라고 했
다. 지방관도 중앙부처 서리의 무력함을 보고 청렴해질 것이며, 법을
아는 부처 관료들이 중앙 卿寺로 발탁되거나 지방 道(臺)·(知)府로 방
출되면 행정의 효과도 있을 것이란 기대도 했다.

  청대 外省의 행정에 관료와 동류인 紳士 출신의 幕友를 고용한 것
은 행정실무에서 무지한 교양 관료를 보좌하고 관료와 대립관계에
있는 서리의 권한을 억제하려는 것이었는데,[8] 포세신의 이 제안에 따
르면 19세기 초 嘉慶代에 막우제도 이미 부패하여, 서리의 폐단을 견
제해야 할 막우가 도리어 서리와 연결하여 부정을 행하고 있는 것이
다. 원래 막우의 장기 유임으로 인한 부패를 막기 위해 定例에는 막
우는 5년 임기를 초과할 수 없고 후임에 전임 막우를 맞는 것이 허
용되지 않아 위반시 처벌심의가 엄중한데도 근래에 外省 院(독무)·司
(布政·按察使)의 막우는 심지어 수십 년 걸터앉아 7·8차 임기를 연임
하는 자도 있는 실정이라는 것이다. 그들은 원·사의 고관이 교체되어
도 성내 막우끼리 합세해 새 막우를 배제, 전임 막우의 연임을 획책
하고 서리와 짜고 관료를 농락해 사안 처리를 지배하며, 아래로 府·
縣의 막우에도 그 패거리를 천거해 사법(刑)·재정(錢)의 중요 업무를
관리한다고 했다. 따라서 지방행정의 개혁을 위해서는 기존의 例를
밝혀 독무에게 지시, 구 막우를 일제히 축출하고 인품·학식이 있는
선비를 초빙해 5년간만 보좌를 맡김으로써 서리와의 연결을 차단해

---

8) 閔斗基(1973), pp. 143~144.

야 한다는 것이다.

또 지방관의 법률지식을 제고하기 위해 독무는, 초선 관원이 도임하면 敎官 고시의 例에 따라 律令의 정통 여부를 점검해 진퇴의 등급에 반영할 것이며, 만기승진 인원은 독무가 시험하고 吏·刑 2부가 회동·심사하면 본 관원의 인물됨을 알고, 중앙의 지시에 대한 독무의 실천 여부도 점검할 수 있다는 것이다.[9] 행정개혁을 위한 포세신의 대안에서 유의할 만한 특징은 관료의 법률지식 향상과 아울러 율령·칙례에 따른 법적 규정의 원칙적 집행을 통해 행정기구의 폐단을 제거하고 그 효율성을 만회·제고시키는 것이었다.

행정에서 법률지식의 수요를 특히 강조한 포세신의 견해로는, 南朝 이래 律學이 있었고 唐代에 律令 강독의 條가 '公式' 첫머리에 실렸다고 인지하고 있다. 물론 그의 경세사상 체계에서 법률이 유교적 王道 이념을 일탈할 정도로 강조된 것은 아니었다. 그의 경세학은 荀子의 禮學에 바탕을 두고 兵·農·法 등 諸子百家와 顧炎武의 실천적 학문을 결합한 실학이었다는 견해는 타당성이 있다.[10] 그럼에도 법률 지식에 대한 그의 평가는 儒家 지식층으로서는 대단히 높아서 법률 학습의 필요성을 다음과 같이 지적한 것은 유의할 필요가 있다. 통치의 실용면에서 관료가 미리 法家를 익힘으로써 幕客의 기만을 면할 수 있으며, 또 修身의 주요 수단으로서 법률지식을 통해 행위의 시비를 따지거나 법률科條에 걸어 자기기만을 못하게 할 수 있다는 것이다.[11]

나아가 법률지식은 관료로서 백성에 적용하는 데 더욱 정밀해야 하는데, 왜냐하면 律式의 輕重으로 현세의 폐단(時弊)을 구제하고 퇴폐한 풍기를 만회하니, 經에서 이른바 "刑을 밝혀 敎를 돕는다(明刑弼敎)"는 것이다. 현세의 폐단 가운데 아주 중대한 것은 廉恥의 道가 쇠퇴한 것으로 특히 선비가 더욱 심한데 법률로 염치를 유지할 수

---

9) 包世臣, 앞의 글, 19앞~20앞.

10) 大谷敏夫(1969), pp. 40~42.

11) 包世臣, 〈讀律說 上〉,《齊民四術》권7 上, 刑一 上, 1앞뒤.

있다고 한다. 벼슬길 가운데 이른바 '正途'로서 압도적 비중을 갖는 科擧 출신은 童子 때부터 출세를 위해 법을 어기는 시험을 하여 고시의 폐단이 갖가지이니, 염치가 창부·도적만도 못한 이런 선비의 과거 진출은 예리한 칼로 큰 도적을 돕는 것과 같다는 것이다.[12]

원래 고대 이래 중국 유가의 법 관념에서는 법이란 기본적으로 형벌을 중심으로 한 강제적 통치수단으로서, 도덕과는 어원상 무관한 것이었다. 형벌에서 기원한 중국의 법전은 기본적으로 律(형법)이었고, "令·科·比·格·式·例 등은 모두 刑을 위주로 하는 주지에 어긋나지 않을 뿐 아니라 (그 자체) 형법조문도 있었다." 이처럼 형법을 중심으로 "여러 법이 합체가 된" 중국의 법은 公法만 발달하고 "형법과 민법이 구분되지 않아서," "그 자신의 전통에서 私法 체계가 성장할 수 없었다."[13]

따라서 도덕성은 전제적 황제집권제에 봉사하는 도구로서의 법 외에 따로 존재하는 이념적 실재였다. 중국의 도덕관념이 법적 현실 속에 내재적 통합을 이루지 못하고 법 위에 자연적·국가적 이념 실체로서 이상주의적 성격을 갖게 된 것도 당연하다. 유교학파 가운데 정주학 이래의 도학이 특히 道·器, 義·利를 분리시키는 대립적 二元論의 사고를 강화한 것은 사대부의 법률학 경시에 적지 않은 영향을 끼쳤을 것이다. 그런데 포세신의 견해로는 법은 단순한 국가 강제력으로서의 형벌이 아니라, 科擧 출신 사대부의 修身, 나아가 덕치의 본령인 풍속을 만회하는 기본수단이며, 군주를 돕는 통치자 신분으로서 사대부가 몸소 익혀야 할 정밀한 학문 영역이라는 것이다.

포세신의 정치관념이 집약된 다음 글에서 그의 법률 인식을 파악할 수 있다.

국가는 세 가지 위에 존립하며 한 가지로써 행한다. 대개 德으로 마음을

---

12) 包世臣, 〈讀律說 下〉, 《齊民四術》 권7 上, 刑一 上, 2뒤~3뒤.
13) 張晋藩, 《中國法律的傳統與近代轉型》(北京 : 法律出版社, 1997), pp. 137~142.

유지하며, 威로써 존엄을 기르고, 財로써 무리를 결합한다. 재물이 결핍되면 위엄이 행해지지 않고, 위엄이 저상되면 덕이 서지 않으며, 마구 무너져 사방으로 흩어질 근심은 없더라도 천자가 이미 위에 고립될 것이다. 또 법이란 것은 백성을 통일하는 수단으로서, 이를 범하여 행해지지 않으면 법은 물론 해이해진다. 법이 해이해지니까 아래는 이익을 빼앗기고 위는 재물이 결핍된다. 그러므로 제왕의 존귀한 지위에서 恭儉의 덕을 갖고 천하에 호소하여 우리 백성의 안정을 추구하는데도 혹시 효험이 없으면 이는 그 법을 스스로 버렸기 때문일 뿐이다.[14]

군주의 도덕성·권력 및 民富가 국가의 토대이지만, 이런 토대가 있더라도 법으로 실행되지 않으면 국가 목표의 실현은 불가능하다고 할 정도로 통치수단으로서 법의 중요성이 강조된 것이다. 한대 이래 유·법 대립을 벗어나 오랜 법률의 유교화 과정을 거치는 과정에서 법률이 유교적 교화(덕치)를 돕는 보조수단으로 인식되는 전통이 확립되었음은 재론의 여지가 없다. 그러나 위에 인용된 내용으로 볼 때, 포세신의 경우 법률은 단순한 덕치의 종속적 보조수단에 그치지 않고, 덕치의 필수적 실현 방법으로서 덕치와 병행되는 지위를 갖는다. 전통시대 중국과 같은 集權的 관료제 국가에서 전제적 人治의 실현과정에는 그 권력행사 도구로서 법의 위력이 그 이념적 정당성으로서의 덕에 못지 않는 작용을 했다. 옹정제의 칙유에서 형벌·금령은 奸·暴·貪·邪를 처벌, 제기힘으로써 "풍속을 난성히 하고 관료기구를 숙성하는 수단이며,"(법의) 적용이 관대한가 엄격한가는 그 시대에 따른 것이라 한 것은[15] 이같은 법률행정의 중요성과 時勢에 따른 變通을 강조한 것이다.

法과 禮의 융합이라는 전통적 법관념의 성격을 보면, 禮는 법률의 해석·적용·제정에 그 이념적 근거로 개입함으로써, 그 도덕적 이상을

---

14) 包世臣, 《說儲》[李星·劉長桂 點校, 《包世臣全集》(合肥 : 黃山書社, 1991)]. p. 133. 이하 《全集》으로 줄임.

15) 《淸史稿》(臺北 : 新文豊出版公司, 1981), 〈刑法志〉 1, p. 523. 雍正帝는 자신의 엄격한 법적용이 당시 풍속을 이룬 인심의 천박함과 관료의 부패를 정리하기 위한 것이었다고 했다.

현실에 구현하는 구체적 수단을 법의 강제에서 확보할 수 있었다. 정주학에서 구체적 人格의 사회적 실천을 강화함으로써 형식적 법률의 작용 영역을 축소하려는 자세는 한대 이전의 儒·法 대립이라는 초기 이념에 복귀하려는 이상주의적·명분론적 입장의 표현이라 할 수 있다. 그런데 이제 도학적 관념론의 한계를 극복하려는 명·청대 경세학의 입장에서는 법률의 현실적 기능에 대한 이념적 정당화를 강화할 수 있었다.

그럼에도 법가적 형식주의·공리주의, 지나친 전제주의로 기울지는 않고 유교적 이상을 포기하지는 않았다. 禮에 대한 인도[民本]적, 현실적 재해석을 통해 법률과 예의 결합을, 고대와는 다른 새롭게 변화된 현실인식의 수준에서 다시 강화한 것이다. 이같은 변화는 揚州 고증학계의 焦循에서 확인할 수 있는데, 그는 '治人'과 '治法' '王者'와 '覇者'의 관계에 대해 각기 전자를 우위에 두면서도 양자의 보완관계를 표면적 협조가 아니라 불가분의 관계로 파악했다.[16] 그리고 예와 형의 관계에 대해 陽과 陰, 經(원칙)과 權(임시 변통)이라는 董仲舒式의 종속관계 논리가 아니라 양자의 독자적 가치를 인정하는 관점에서 논하고 있다.[17] 예에 의한 법의 지도라는 유가적 법관념의 전통은 지속되면서도 법의 중시와 예의 신해석이란 점에서 경세학은 법률개혁의 지향을 갖고 있었다. 포세신의 경세학에서 예와 법이 갖는 관계도 이같은 시각에서 추론해 볼 필요가 있다.

2. 전반적 행정제도 개혁안

가경 6년(1801) 52세 때 지었다는 포세신의 저서 《說儲》에는 방대한 규모의 官制 개혁안 구상이 실려 있는데, 이처럼 정치제도의 모순

---

16) 理에 반대해 人情에 근거한 禮를 강조한 것은 焦循, 〈理說〉, 《雕菰集》(臺北 : 藝文印書館 영인, 百部叢書集成), 권10, 14앞~15앞 참조. 치법·패자의 강조는 焦循, 《孟子正義》(臺北 : 中華書局 四部備要本, 1979년판), 권14, 7앞~8앞, 離婁章句 上. 같은 책, 권16, 20앞, 離婁章句 下.

17) 焦循, 〈說權〉 八, 《雕菰集》, 11뒤~12앞.

을 파악해 개혁안을 제시한다는 것은 명말 청초 黃宗羲·顧炎武 이래 유교 경세학의 맥락에서 이해할 수 있다. 그런데 포세신의 경우처럼 관제 전반의 규모에 걸쳐 일종의 정부조직법이라 할 수 있는 제도개혁안을 제출한 것은 아주 드문 사례에 속한다. 18세기 황제전제의 절정을 겪은 다음 비록 개혁론의 철저성에서는 黃·顧 양인의 전망에 미치지 못한다 해도 이같은 관제 전체의 재정비를 통해 관료행정의 효율성을 도모한 것은 유·법 융합적 사고에서 유교적 이상과 결합된 법가적 능률주의 요소를 반영한 것이라 할 수 있다.

관제개혁안을 제시하게 된 시대적 배경은 포세신이 피력한 현실인식에 잘 드러나고 있다. "백성은 빈부를 막론하고 생활이 안정되지 못하고, 관리는 고하를 막론하고 가난을 걱정한다." 국가의 군비는 부족한데 헌금[捐輸]은 끊어졌으며, 서북 白蓮敎亂 창궐로 군대는 도망하고 지방은 폐허가 되었으며, 淮·泗 지역(江蘇 북부)은 수재로 기근이 심하다. 그런데도 고관·귀족은 사리를 꾀하는 지혜를 고치려는 마음은 없다는 것이다. 이처럼 "군대가 약하여 위엄이 꺾이고 백성은 가난하고 재물은 바닥난" 시세를 보며 위기를 부강의 전기로 삼고자 한 것이다. 개혁 방향은 청대 '漢學'의 복고적 성격과 관련하여 고대, 특히 한대 제도와의 유사성이 눈에 띈다. 그리하여 이상적 "三代의 융성은 힘부로 기대할 수 없너라노 漢·唐의 두 왕조는 오늘날 반드시 다시 볼 수 있다"고 했다.[18] 그의 관제 개혁안 가운데 사법 부문의 개혁 내용을 정리하고 법률행정의 주체이기도 한 관료의 선임·직능을 중심으로 官制도 논급하기로 한다.

제도개혁의 실시는 우선 불효·패륜 및 전쟁 중 도망 같은 중죄는 제하고 모두 대사면하여 전과를 말소하는 데서 출발한다. 관료의 공금 유용, 재정결손(虧空)에 대해서도 추징을 모두 면제하고, 노비는 스스로 매매한 자가 아니면 서인으로 방면된다. 관료선임의 방안을

---

18) 包世臣, 《說儲》, 《全集》, pp. 133~134. 이 《說儲》는 포세신이 한 제자에 대한 經世 교육에 응하는 형태로 시대를 구하는 요지 등을 쓴 것이다.

보면,[19] 선발 방법으로는 上書科(制科)·擧行科(孝弟·力田)·考言科(鄕·會試) 세 가지가 있으며, 임용방법으로는 京擢(上書·會試 출신)·學擢(國子監 출신)·司擢(省級 孝弟·貢士 출신)·縣擢(生員·儒士·力田·署史 중 縣令의 辟召) 네 가지가 있다. 時務策 상서나 덕행 실천, 국자감 출신에 대한 천거제도의 중시, 지방 司(省)·현의 속료 임용권 인정이 주목된다. 이처럼 다양한 관료 선임제도는 한·당대의 제도와 비슷한 측면이 많으며 관제개혁론의 복고적 성격을 반영하고 있다.

上書科의 選擧는 郡縣에서 인재가 縣令을 통해 각종 時務에 관한 상서를 審官院에 올리고 그 가운데 채택된 자는 入都해 시험을 받고 성적에 따라 임용된다. 이때 상서자는 현임 및 퇴직관료·儒生·막우(객)·농민·吏卒의 신분차에 구애하지 않으며, 상서 내용은 국가경영, 변경 대책, 水利·屯田, 권농·군사훈련, 관료행정, 법률, 지방대책에 관한 것이었다. 그리고 헌금[捐納]에 의한 관직 및 (國子)監生 지위 매수를 폐지하여, 科擧와 군현 시험은 유지되지만 八股(四書)文을 폐지하고 經術·시무책만으로 시험을 치른다. 경전 시험에서는《春秋》(左傳·公羊·穀梁·胡傳 포함)가 가장 중시되며 對策도《춘추》義例를 원용해 법률의 뜻을 판단하는 것이다. 군현에서 매년 孝弟·力田의 천거가 있으며, 각기 貢士·生員과 같은 지위를 부여받는데 공사는 종래의 (鄕試)擧人 및 副貢生·拔貢生이 통합된 것이다. 국자감생은 禮(時制)·經(家法)·史·律 네 가지 학술을 배우는데, 三舍 중 下舍는 생원, 中舍는 공사, 上舍는 進士에 견주며 상사는 천거[保擧]를 받는다. 천거·학교가 임용에서 중요 기능을 하고 시험에 시무책, 특히 법률이 중시된 것도 한·당대의 제도와 유사한 측면이 있다.

서리에 대해서는 史로 명칭을 바꾸고 중앙 部院이나 지방 府·司 및 현의 서리는 모두 시험을 쳐서 합격자만 史로 임용하며, 생원·역전·儒士 가운데서도 발탁해 史에 임용한다. 선비와 서리의 직업적 구

---

19) 包世臣,《說儲》,《全集》, pp. 133~137. 國子監의 교과에 대해서는 같은 글, p. 163 참조.

별이 없고, 上書 천거에 선비·막우와 서리·차역(吏卒)의 차별이 없는 점에서도 중국 고대의 제도와 유사하다. 경학 가운데 《춘추》와 禮學이 중시된 것은 법률과의 관련에서 주목되며, 경전의 家法이 강조된 사실도 청대 경세학의 專門的 경향을 반영하는 현상이다.

관료행정에서 법률 내용과 운용 실태에 대한 포세신의 인식은 매우 비판적이어서 다음과 같은 개혁 요구를 제시했다.[20] 오늘날의 법률(科條)은 너무 조밀해서 범법을 회피하기 어려우며 例의 문서가 가득차 서리가 악용하니 이를 폐지하고, 本律[형법]을 수정해 과조를 줄이고 처벌을 무겁게 해야 한다. 간략하면 사람이 알기 쉽고 엄중하면 두려워하기 때문이라고 한다. 법망이 周密한 결과 군자는 죄를 피할 수 없고 소인은 법망을 빠져나가며, 독직 관리는 즐기고 청렴 유능한 자는 괴로움을 겪는다는 것이다. 관리는 봉록도 박봉인데 처벌(吏部議處)이 잦고 지방 公費가 부족해 養廉銀(수당)에서 헌금을 할당하는 例의 폐지를 주장하면서, "그 생계 자금을 빼앗으면서 탐욕스런 착취의 도구를 주는 것은 청렴을 가르치는 방법이 못된다"고 했다. 공무로 인한 티끌 만한 과오나 고의가 아닌 과오에 대해 관리를 탄핵, 면직하고, 부정부패로 악명높고 죄가 산더미보다 더한 자는 편안히 풍요를 누리는 데 대해서도 마찬가지 비판을 했다. 그래서 "입법은 관대하고 법의 집행은 엄격한" 것이 정치의 요체라는 것이다. 관료행정에서 공정하고 엄격한 법의 집행을 강조하면서도 지나치게 번잡 조밀한 법망이 서리·부패관료의 부정만 조장하고 관료 행정의 위축을 초래하는 폐단의 개혁을 요구했다.

이처럼 관료행정에서 관료의 자율성을 중시하면서도 관료의 부정부패에 대해서는 매우 엄격한 법률 적용을 요구했다. 부패관료는 그 죄 자체의 처벌뿐 아니라 이를 간하지 못한 자식과 형제를 禁錮에 처하고 금하지 못한 부모도 징계한다. 또 과거제를 매개로 하여 관료

---

20) 包世臣, 《說儲》, 《全集》, pp. 137~139.

·신사간에 형성되는 부패인맥을 비판하여, 座主·恩師·門生·同年(동기생) 兄弟伯侄이란 호칭을 금지하고 범한 자는 직책을 빼앗아 영구히 서임하지 않는다. 이같은 師生·동년 관계를 통해 勢利가 서로 결합하여 회뢰·청탁 등 부패망을 형성함으로써 "법을 굽히고 군주를 속이며" 염치를 파괴한다는 것이다.

또 고대에 비해 감찰직이 너무 많고, 봉록은 박봉인데 관속이 너무 많아 관료가 뜻을 펼 수가 없고 부패할 수밖에 없으니, 불필요한 관직을 폐지, 축소하는 관제의 대폭 개혁을 주장했다.[21] 이를테면 지방행정에서는 令(知縣)·守(知府)·司(布政使) 외에 감찰직인 總督·巡撫와 道臺는 폐지하고, 고시를 맡는 提學을 없애 그 직책을 지방관에 넘겨야 한다. 중앙관제에서 (재상 폐지 후 그 후신인) 內閣 大學士는 6인이나 두어 봉록이 지방의 말단 佐貳官에 비할 정도이고, 감찰직인 科道官(給事中·御史)은 1백 명 정도나 되며, 티끌만한 직무도 없는 小九卿직책이 오래 동안 존속해 왔다는 비판도 하고 있다. 포세신의 설계로는 내각은 고대의 左右丞相으로 대체되어야 하며, 과도관도 御史臺로 바뀌어야 한다. 특히 給事中에 과거처럼 황제 詔勅을 반박하는 封駁權이 부여되어야 한다는 점이 주목된다.[22]

지방관의 경비 부족과 그로 인한 부정부패를 막도록 관료의 수행 家屬의 수를 제한했다. 관료의 부임지에 따라가는 친족의 범위에 대하여 부모·처첩을 제하고는 형제 및 자식으로 장성한 자, 사위·외가 등을 데려가지 않으며, 家丁의 수도 정원을 제한해 초과하면 처벌한다. 부패한 幕友制는 전부 없애고 형벌·재정 사무를 屬僚에게 환원시키는데, 이를 위해, 당·송 이래 流外로서 관의 등급과 봉록이 없어져

---

21) 包世臣, 《說儲》, 《全集》, pp. 141~142.
22) 包世臣, 《說儲》, 《全集》, pp. 141~142, p. 154, p. 156. 재상직의 폐지는 물론 言官으로서 과도관의 기능 축소가 명·청대 절대적 황권전제의 현실을 반영한 현상임과 관련해 유의할 만한 제안이다. 이는 Huang, Pei, *Autocracy at Work : a Study of the Yung-cheng period, 1723~1735*(Bloomington & London : Indiana Univ. Press, 1974), pp. 113~119.

부패의 폐단이 심한 세습 실무자, 서리에 등급·봉록을 부여하고 士人을 선임하여 고과, 승진시킨다는 제안을 했다. 이는 관의 법 집행이 가능해지는 방안이며, 지방 사대부와 행정을 함께 하는('共治') 고대 전통이기도 하다는 것이다. 지방관의 형벌·재정 지식이 없고 막우 고용의 비용은 1현에 2,500냥인데 큰 현의 養廉銀은 1천 냥에 지나지 않아서 부패에 빠지므로, 유능한 막우를 정식 佐貳관료로 채용하여 보좌함이 좋을 것이라 했다. 당시 지방 좌이관은 낮은 경우 등급이 겨우 生(員)·監(生)에 비견되고 높은 경우도 擧人·貢生보다 열등하여 淸流 사대부의 천시를 받았는데, 지방 소관료가 경시당하고 수치심도 없는 상황을 타파해야 한다는 것이다. 좌이관인 (縣)丞이 행정을 맡는 동시에 쓸모없고 탐욕스런 학교 교관직도 겸임하면 德과 威, 刑과 禮가 상보작용을 할 것으로 기대되었다.[23] 행정부패의 해결책으로 내외 관료와 서리에게 봉록을 올려주고 각 관청의 公費를 첨가하며, 아울러 차역에게 품삯('工食')을 지급할 것도 제의했다.[24]

이상과 같은 포세신의 관제개혁안은 관료의 권한을 강화하고 관료 부패·무능의 쇄신을 통해 행정 효율을 높이는 데 중점이 있었다고 할 수 있다. 이같은 개혁안의 발상이 명말 청초 顧炎武의 학설에 영향을 받았으며 서양 憲政과 합치하는 점이 있다는 劉師培의 설명도 있는데,[25] 고염무의 견해와의 유사성은 분명하다 해도 서양 헌정과 견강부회할 것은 아니다. 군주전제에 일성한 제약과 관료의 권한 강화를 지향하는 복고적 경세의식이 내포되었다는 측면에서 고염무 경세학의 연장선상에서 출현했지만, 황권전제에 대한 직접적 비판이나 재야 신사층의 정치적 자율성을 지지하는 주장이 없다는 점에서 고염무 등 명말 청초의 지방자치적 分權論과는 차이가 있다.[26] 분권체

---

23) 包世臣, 《說儲》, 《全集》, pp. 178~179.
24) 包世臣, 《說儲》, 《全集》, pp. 182.
25) 劉師培, 〈說儲跋〉, 包世臣, 《全集》, p. 199.
26) 명말 청초 고염무 등의 反전제적 경세사상과 옹정제의 군주전제론을 封建·郡縣論의 시각에서 분석하여 근대 지방자치론과의 역사적 연관성을 주장한 연구로는,

제가 아니라 군주집권체제 아래에서 관료의 상대적 자율과 효율성을
강화하려는 의도가 있었다고 생각된다.

III. 法律·訴訟제도의 개혁 요구

1. 법률의 재해석과 개정

법률행정의 개혁을 요구하려면 당시 법률 적용이나 법률 자체의
오류를 현실에서 관찰하고 그 오류를 비판할 이념적·현실적 근거를
제시하지 않으면 안된다. 포세신의 글을 보면 그는 당시 소송사건에
대한 官의 판결에 관해 상당히 주의깊은 관찰을 하고 있음을 알 수
있는데, 이같은 재판사례에 대한 그의 항의를 통해 법 해석에 대한
그의 학문적 논거와 법률 개혁의 지향성을 찾아볼 수 있다. 그의 견
해로는 재판을 맡은 관료는 "실정(情)을 기준으로 하고 이치(理)를 참
작하여 治化를 유지해야 하며, 外省 小吏가 例案을 받들어 시행하는
것과 같아서는 안된다"고 한다.[27] 문서 행정의 관행에 얽매이지 않고
도리와 실정에 대한 학문적 성찰에 법 해석의 토대를 두는 것이야말
로 유교적 학자관료가 서리와 다른 점인 것이다.

또한 법률의 오류나 잘못된 적용을 파악하고 개혁하기 위해서는
청대 법률(律)과 판례법(例), 그리고 唐代에 집대성된 고대 법률 및
그 사상에 대한 체계적 비교연구가 필요할 것이다. 로마법학에 비할
때 중국 법률학은 형법으로 포괄되는 결정적 한계는 있었지만, 경학
방법을 적용한 법률 주석에서 출발하여, 官學으로서 위·진 시대에 경
학에서 독립하고 唐代에는 성숙한 경지에 이르렀으며, 민간 법률학도
명·청대에 발전했다. 법률학의 방법은 법의 뜻(法意)을 찾고 유교적

閔斗基, 〈淸代 封建論의 近代的 變貌— 淸末 地方自治論으로의 傾斜와 紳士層〉,
《中國 近代史 硏究》(서울 : 一潮閣, 1973) 참조.
27) 包世臣, 〈議刑對〉, 《齊民四術》, 권7 上, 刑1 上, 4앞뒤.

名分을 적용하는 것이었다.[28] 중국법에서 律과 例의 관계를 보면, 당대 이래 성문법과 아울러 그것의 미비점을 보충하는 判例의 응용과 그 법률화 과정에서 판례법이 발전해 왔다. 판례의 자의적 이용으로 성문법을 손상하지 않는 한계 안에서 판례는 현실의 변화를 수용하여 법률화했는데, 청대에는 판례가 법률 正文의 附注 형식이 아니라 《現行則例》로 간행되더니, 건륭 5년 《大淸律例》의 간행·반포로 완성되고 律例館에서 정기적으로 편찬되기에 이르렀다.[29]

가경 16년(1811) 山東 백성 黃某가 시아비로서 처와 아들이 출타한 틈에 며느리를 겁탈하려다 가위에 궁둥이가 찔려 미수에 그치고 상처는 곧 회복된 사건이 있었는데, 刑部尙書는 과거 판례에 따라 며느리에게 '교살 대기(絞候)'라는 판결을 내리고자 했다. 당시 幕客으로서 秋審冊의 검토를 돕던 포세신의 견해로는 시부모와의 관계에서 며느리의 범죄를 자식과 같이 논하는 것은 義를 중시한 때문인데, 이 사건에서 시아버지가 음욕을 일으켜 시아비와 며느리의 의리는 이미 단절된 것이다. 만일 며느리가 핍박을 받아 간음에 순종한다면 참수형을 받을 것이고 거절하면 또 교살 대기 처분을 받으니, 이는 여자가 나아가도 물러나도 살 길이 없다는 것이라고 항변하고 있다. 비록 며느리가 감형 받고 贖錢 내고 방면되는 관행을 감안하더라도 정절을 지킨 결과 몇 년 동안 옥살이를 하는 반면 시아비의 강간 시도는 무죄라면, 이는 貞節을 억누르고 필경은 사형에 빠지게 하는 것이다. 그가 건의한 판결은 시아비를 변경 유형에 처하고 며느리는 무죄로 하되 이혼시켜 친정에 돌려보낸다는 것이었다.[30]

그의 법률 해석에는 법에 담긴 뜻(律義)을 이해하는 것이 중요한데, 그러한 뜻은 禮의 정신과 관련되는 동시에 유교 민본주의의 인도적

28) 張晋藩, 《中國法律的傳統與近代轉型》, pp. 153~158.
29) 같은 책, pp. 236~238, 241~244.
30) 《齊民四術》, 권7 上, 4앞~5뒤. 같은 해 新疆에도 이와 같은 사건이 있어 조정의 특지로 시아비를 변경에 보내 노예로 삼고 며느리를 방면하자 山東에서도 이를 따라 판례로 삼았다고 한다.

관념과도 연계되고 있다. 가경 25년 칙유를 받아 刑部에서 현행 律例 가운제 타당성이 적은 것을 개정하려는 논의에서 문제가 되었던 논점을 포세신이 정리한 내용을 보면 그의 법사상이 잘 드러난다.

이를테면 밤에 이유 없이 남의 집 안에 들어간 자는 杖 80대인데, 주인집에서 그를 당장 죽인 것은 논외로 하지만, 이미 잡혔는데도 멋대로 살상한 것은 처벌하되, 싸우다 살상한 것보다 2등급 감량 처벌한다는 律을 포세신은 이렇게 해석하고 있다. 야간 주거침입은 例에 이른바 간통 미수죄를 암시한 것으로 인정에 꺼리는 '姦'이란 용어를 피한 것은 良家를 보호하려는 인도적 의미가 있다고 했다. 왜냐하면 절도를 해서 재물을 얻지 못한 경우 장 50대이며 和姦은 장 80대였기 때문이라는 것이다. 또 姦夫殺害例 안에 법률의 뜻을 모른 채 첨부한 조항으로서, 간음미수범 살해에 대해 모두 자의적 살해에 비추어 교살대기 처분을 하고, 살해자가 본남편·아내나 服內 친족인가, 살해가 즉시냐 사후냐를 따지지 않는 것은 삭제되어야 한다고 했다.[31]

그리고 처첩의 간통을 용인한 죄에 대한 律에 따르면, 재물로써 아내를 팔아 이혼하거나 남의 아내를 사서 혼인하는 '買休' '賣休'의 죄가 실려 있는데, 본남편·아내 및 매수한 자를 각기 장 1백 대에 처하고 아내는 이혼시켜 친정에 돌려보내며 재물은 관에서 몰수한다. 만약 이혼이 매수자와 부인이 계책을 써서 본남편에게 강제한 것이며 본남편의 본심이 아니라면 매수자 및 부인만 각기 杖 60대, 徒刑 1년에 처하고 부인은 여죄의 속죄금을 내야 하며 또 본남편에 맡겨져 그가 돈받고 시집보내게 하는데, 첩인 경우는 1등급을 감한다는 조문이 있다. 이 포괄적 법률 조문에 대한 포세신의 해석은 현실의 구체적 사례의 다양성 고려, 和姦 같은 다른 법률 조항과의 구체적 비교

---

31) 包世臣, 〈議刑條答〉, 《齊氏四術》, 권7 上, 刑1 上, 6앞~7앞. 사후의 간부 살해는 화간·강간의 경우를 구분해 각기 자의적 살해에 비해 1등급 감한 流刑, 1등급을 더 감한 徒刑에 처한다고 한다.

를 통해 그 律意를 밝히고 적용의 정당성을 확보하는 것이었다.[32]

우선 이 조문의 '買休·賣休'의 개념을 정의하여, 그것이 사전의 간통에 말미암은 범죄임을 밝히고 사전 간음과 상관이 없다면 간통용인죄가 아니라 법률에 위배된 혼인의 부문으로 포함되어야 한다고 주장했다. 따라서 가난으로 아내를 판 경우는 情理로 볼 때 위의 아내 매매와 같은 획일적 법 적용을 할 수 없는 것이다. 즉 부부가 서로 지키는 것이 사람의 常情인데도 가난·기근으로 흩어져 살길을 찾아 도망하는 사정은 백성을 기르고 가르칠 책임이 있는 관리가 부끄러워해야 할 것이며, 또 남의 아내를 사는 小民도 禮로써 장가들 능력이 없어 아내를 사서 宗祀를 도모한 경우라는 것이다. 그런데 위의 법률 조문의 경우 '매휴인'이란 용어를 쓴 것은 그가 간통과 무관하다는 의미는 아니고 간통보다 더한 범죄행위인 '매휴'에 중점을 두었기 때문이라 설명했다. 또한 律에 良家의 아내·딸을 강점하는 것 및 아내가 남편을 배반하고 스스로 도망가 시집가는 것은 모두 교살형으로 되어 있는데, 매매의 경우도 매수자 및 부인이 계책을 써서 이혼을 강제한 경우는 실정이 위의 강점·도망과 같은데도 양자간에 죄명이 너무 현격한 차별이 있는 이유가 무엇인지 해석이 필요함을 지적했다.

그런데 和姦의 경우 姦婦·姦夫는 긱기 장 80에 처하고 부인은 남편이 돈 받고 시집보내서나 그가 원한다면 머물 수 있다. 만약 姦夫에게 돈 받고 시집보낸 경우에는 본남편도 장 80에 처하고 부인은 이혼시킨다. 간통을 용인한 경우에는 본남편도 재물에 유혹된 것이므로 본남편·간통남녀를 각기 장 90에 처하고 부인은 이혼시킨다. 그런데 앞의 '買休·賣休'의 경우 장 100으로 처벌 등급이 더 무거운 이유는 이렇게 해석된다. 姦夫가 여자를 빼앗고 姦婦가 남편을 버릴 의도가 있으며 본남편도 재물을 탐해 용인하다가 끝내 부인을 팔았기 때

---

32) 包世臣, 〈議刑條答〉,《齊民四術》, 권7 上, 刑1 上, 7앞~8뒤.

문이다. 또 남편이 姦婦를 단순히 판 경우보다 가중처벌된 까닭은 간
통을 오래 용인했다는 점 때문이라고 한다.

그런데 난해한 것으로 '賣休'를 강제한 경우 간통한 매수자 및 본
부인의 처벌이 徒刑이란 가벼운 형에 그친 이유에 대한 설명인데, 이
는 본남편이 사전에 간통을 용인해서 화를 자초한 탓이라는 것이다.
또 律에 간통을 묵인하면 이혼이란 규정이 있는데도 '賣休'를 강제
당한 경우 본남편이 아내를 돈받고 시집보낼 수 있으며 본남편 집에
머물 수 없게 한 것은 간통남녀를 당해낼 힘이 없어 간통조차 참을
수밖에 없었던 어리석고 약한 小民을 보호하기 위한 것이라 정당화
했다. 따라서 이 강제적 '買休·賣休'의 경우 양측에 모두 공평을 기한
지극한 仁義의 결과라는 것이다.

법률조문에 형벌의 차이에 부합하는 범죄사안의 명확한 내용이 규
정되지 않아 재판에서 적용상의 혼란과 불공평이 있을 가능성을 제
거하려는 의도를 위의 포세신의 재해석에서 알 수가 있다. 이같은 재
해석은 모호한 법률규정의 해석에 그치지 않고 법률 조문의 미비점
을 보충하는 효과를 갖는 측면도 있다. 포세신의 말에 의하면 "(현실
의) 例는 수시로 정리됨으로써 그 輕重이 (본래 성문의) 律과 다른 점
이 많은데, 형법 해석(律注)은 모두 형법의 의미(律意)를 밝히고 그 미
비점을 보충해야 할 것"이라 했다.[33]

律에는 범죄가 누차 감형되는 조문이 있는데, 고의가 아닌 '鬪殺'의
例에 교살대기형에 처해진 자가 사면 때마다 누차 감형된 결과 끝내
사면된 경우 피살자의 아들이 보복해 그를 죽인다면 법률에는 고의
살인죄로서 참수형으로 논하고 있다. 포세신에 의하면 유교 윤리로는
아비를 죽인 원수와는 자식이 같은 하늘 아래 살 수 없는 것이며, 따
라서 唐律에서는 사면된 살인범은 9천 리를 피한다는 제도가 있어
아래로 人情을 체휼하고 위로 禮敎를 존중했다는 지적을 하고 있다.

---

33) 包世臣, 〈議刑條答〉, 《齊民四術》, 권7 上, 刑1 上, 8뒤.

이 경우의 律과 例는 현실의 적용에서 인정과 유교이념, 두 측면에서 모순되는 점이 많아 보충은 물론 개정도 필요함을 논하고 있다.

따라서 '투살'죄로서 유배형으로 감형 받은 범인은 小사면 때에는 累減을 할 필요가 없고 大赦 때 전과를 말소해 유배지의 평민으로 삼고 감형 전인 자는 평민으로 사면함과 동시에 거처를 옮긴다. 만약 피살자의 자식이 범인을 옮긴 곳에 찾아가 보복해 죽인다면 현행 事例(판례)에 따라 고의 살인으로 처벌할 것이며, 옮겨진 자가 몰래 도망해 돌아왔다가 피살된다면 本律의 살인죄로 처리한다. 또 사면법은 역대에 전과를 말소하는 것인데 근래에 문서에 추가 기록하여 재범시 죄를 한 등급 가중시킴은 의리에 채택할 점이 없다는 것이다.[34]

律에는 妻妾이 남편의 사망으로 改嫁한 다음 옛 시부모에 대한 범행이 있으면 시부모의 경우와 마찬가지이며, 노비가 옛 家長에 대한 범행이 있어도 똑같은 적용을 한다는 조문이 있는데, 注에 따르면 쫓겨난 처첩 및 풀려난 노비는 이 율의 적용을 받지 않는다고 한다. 포세신의 견해로는 시부모를 부모처럼 모신다는 것은 부인이 남편을 따르는 義에 의한 것인데, 남편이 죽고 개가하여 부인 스스로 전남편 집안과 관계를 끊은 경우는 그 단절도 전시부모 뜻에 의한 것이 아니므로 전매된 노비와 똑같이 논할 수 없다고 하여, 법률의 보충·개정 근거를 이렇게 논하고 있다.[35]

"刑의 논의는 반드시 禮와 견주어 경중을 재야 한다." 고대의 禮에는 시부모에 대한 며느리의 (喪)服制는 동거한 의붓아비(繼父)와 같았으며, 동거하지 않은 의붓아비는 3개월 복을 입었는데, 오늘날 며느리의 복을 3년으로 고치고 前시부모에게는 복이 없어졌다고 한다. 그런데 인정과 의리(情義)로 저울질한다면 전시부모는 동거하지 않은 의붓아비와 같은 범주에 속한다는 것이다. 옛 사람이 전군주에 대해 3개월복을 입고 무례한 전군주에게는 복을 입지 않았던 사례와 비교

---

34) 包世臣, 〈議刑條答〉, 《齊民四術》, 권7 上, 刑1 上, 8뒤~9뒤.
35) 包世臣, 〈議刑條答〉, 《齊民四術》, 권7 上, 刑1 上, 9뒤~10뒤.

할 필요도 있다. 이제 例文을 증보·정리하여 쫓겨난 처첩 및 남편 사후 시부모의 강제로 개가한 자는 주와 같이 하되, 부인의 자원으로 개가해 전시부모가 예로써 혼인을 주관한 경우는 옛 시부모에 대한 범행을 의붓아비에 대한 것과 같은 적용을 하도록 요청하고 있다. 고대의 禮와 의리, 인정에 비추어 청대의 律과 例의 개정을 시도한 것이다.

위력으로 사람을 죽도록 한 데 대한 律에는 보통 경우는 杖 100에 처하는데 간음과 도적질로 인해 위력으로 사람을 죽도록 한 자는 참형을 하고, 이유 없이 부인에게 농담으로 면전에서 성희롱함으로써 부끄럽고 분한 마음으로 자살케 한 자는 교살대기형에 처한다. 또다른 이유로 말다툼하여 서로 욕하다가 부녀가 한 차례 더러운 말을 듣자 분해서 목숨을 버린 경우, 결코 부인과 대면한 적 없이 그 남편 및 친척과 서로 농담하거나 시골 우민이 별 의도 없이 뱉은 성모독의 말을 듣고 부녀가 부끄럽고 분한 마음으로 목숨을 버린 경우는 杖 100에다 流刑 3천리를 처한다는 규정이 있었다. 이런 규정의 불합리에 대한 포세신의 비평과 개정 요구의 근거는 아래와 같다.[36]

면전의 성희롱은 간음에 가깝고 위력적 강제와는 다른데 사형은 형법의 의미에 부합하지 않으며, 그 이하의 세 조문은 간음과 상관이 없는데 사형에서부터 형량을 줄인 것은 더욱 타당하지 않다는 것이다. 律文에 간음과 도적이 같은 범주로서, 절도 例에는 절도한 도둑이 도주하는데 피해자(事主)가 뒤쫓아 잡으려다가 실족해 죽거나 재산 손실로 궁핍해 자살한 경우, 간음으로 인해 죽음을 야기한 例에 비추어 杖 100, 徒刑 3년에 처했지만, 姦律에는 간음으로 인해 죽음을 야기한 경우의 조문에 처벌이 누차 가중된 끝에 本例가 삭제되어 명문 규정이 없다는 것이다. 그의 견해로는 비록 간음당하지 않았는데 목숨을 버려 뜻을 밝힌 부녀에 대해 例는 그 절개를 권장했지만,

---

36) 包世臣, 〈議刑條答〉, 《齊民四術》, 권7 上, 刑1 上, 12뒤~14앞.

결과를 예상도 못한 자를 법으로 죽임은 지나치다. 간음 의도가 있으나 强暴함에 이르지 않은 자는 피해자가 도적을 좇다 실족한 경우에 비추어 滿徒의 형에 처해야 한다. 면전에서 말로만 성희롱한 경우는 이 例에 견주어 형량을 더 감하고, 면전도 아니고 간음 의도도 없었던 기타의 부녀 자살에 대해서는 위력으로 죽게 한 律에 따라 滿杖(100대)에, 말다툼으로 부녀가 자살한 경우는 장 80에 처한다. 사실 和姦 本律에도 간통자의 처벌이 장 80에 그치고, 오늘날의 例에는 滿杖 枷號로서 滿徒에 비해 5등급이나 가볍다.

또 포세신에 의하면 본남편이나 친척이 姦夫를 살해한 경우 살해가 간통 현장인가 사후인가에 따른 현격한 차별을 둔 원인은 風化 속에 백성의 생명을 중시하는 뜻이 깃들어 있음을 인정하지만, 그들이 姦婦를 살해한 경우 현행 條例에서 살해자에만 해당되어야 할 현장 여부, 피살 부인과의 親疏에 따른 경중 차별을 姦夫의 처벌에도 적용해 동일범죄에 일률성이 없는 것은 義에 맞지 않다고 비판했다. 입법이란 은혜를 팔아 악을 풀어주어서는 안되지만 엄한 조문으로 백성을 속이는 것도 좋은 형벌은 아니라는 것이다. 따라서 간음으로 인해 죽음을 야기한 데 대한 本例를 정리·복구하도록 요청하면서 姦婦를 죽인 경우 살해자가 본남편인가 그 친족인가, 현장인가 사후인가를 가릴 것 없이 획일적으로 滿徒에 처해야 함을 지적했다. 그리고 간음당하지 않았는데도 가벼이 자살한 부녀는 함께 표창할 필요가 없다는 것이다.

淸代 律例의 폐단을 지적하면서 포세신은 "각 例에는 某例에 대한 '比照'를 통해 범죄를 재판하고 本例는 이미 삭제된 것이 몹시 많아서" 법을 옹호하는 도리가 아니라 했다. 이에 대한 개혁을 위해서는 각 條 律文의 뒤에 먼저 本例를 편찬하고 例目을 밝혀야 하며, 이를 통해 이후 본 조문 또는 다른 조문의 '比照'의 글이 준거를 갖게 될 것이다. 본례를 상세히 정리한 다음 본례가 실제 다시 적용할 수 없는 점이 있으면 '比照'의 글로써 조사, 삭제해야 할 것이라 했다.[37]

2. 소송제도의 개혁 요구

관료행정에서 소송안건 처리의 중요성을 몹시 강조했던 포세신에 의하면, 그 중요성은 가난하고 약한 자를 비호해 자립시키고 흉악하고 강한 자에게 꺼리는 바 있어 일을 저지르지 못하게 함에 있다고 했다. 당시 소송의 곡직을 분별하지 않고 방치한 결과 작은 안건이 적체해 큰 사안을 빚어내고 人心·風俗이 날로 교활하고 거칠어지는 실정에 있다는 것이다. 江浙의 각 주·현에는 모두 적체된 사안이 천 건이 넘고 오랜 것은 10년, 짧은 것도 3 내지 5년을 끌고 있다고 했다. 또 소송에서 관청에 뇌물을 쓴 자의 승리가 뻔하므로 가난한 자는 상소해 사안을 일으키거나 멀리 피신해 사안을 도피하며, 관장이 청렴해 부탁할 수 없으면 부자가 書役(서리·差役)에게 뇌물 먹여 사안을 방치하게 한다. 쌍방이 다같이 이르면 書役의 탐욕스런 요구가 끝이 없어 사안을 끌고, 원고·피고 쌍방이 서로 피해 만날 날이 없어 안건의 적체가 날로 심각해졌다는 것이다.[38]

그런데 이같은 서리·차역의 부정에 대해 주·현 관료가 모두 이익을 거래한 것이라 할 수는 없지만 이를 묵인한 배경은 당시 소송제도 자체의 구조적 모순에 있었음을 포세신은 지적하고 있다. 그럼으로써 소송사건의 부패에 대한 다음과 같은 그의 인식은[39] 단순한 관념적 도덕론이나 서리 원죄론에 머물지 않고 제도 개혁을 요청하는 수준에 도달할 수 있었다.

우선 소송사건은 그 처리를 맡은 書役이 모두 비용을 충당해야 했으므로 그 고충을 숙지하는 官長이 관용을 베풀어 조정하지 않을 수 없었다는 것이다. 각 성의 공무는 치수사업(河工)·소금전매 업무를 제하고 주·현의 공문 내왕, 종이·문서작업·봉투·인주의 비용에 대해 모

---

37) 包世臣, 〈議刑條答〉, 《齊民四術》, 권7 上, 刑1 上, 14뒤.

38) 包世臣, 〈爲胡墨莊(承珙)給事條陳積案弊源摺子〉, 《齊民四術》 권7 下, 刑1 下, 1 앞~2앞.

39) 包世臣, 〈爲胡墨莊(承珙)給事條陳積案弊源摺子〉, 《齊民四術》 권7 下, 刑1 下, 2 앞~7앞.

두 서리가 돈을 내서 처리했으며, 큰 안건에는 기한 안에 필사자를 급히 고용하는데 관의 비용이 인정되지 않아 관행적 보조금(津貼)의 도움을 받았을 뿐이었다. 관청 差役의 일은 체포·압송이었는데, 압송의 例에는 범인 1명에 압송자 2명으로 되어 있으나 압송될 범인 수가 많아서, 담당차역(本役)이 압송을 위해 무뢰배 출신의 차역보조원(散役)을 고용할 수밖에 없었다고 한다. 또 상급관서에 도달한 다음 죄가 확정되어 구금되기 전에는 그 담당 차역이 죄수와 雇役의 식비까지 고용료 및 사역비에 가산해 지출했는데, 심리가 지연되면 고용일수가 늘어났다.

재판의 기한은 '살인사건(命案)'은 6개월로서 재판책임자인 주·현에서 3개월, 감사자인 府·司·院에서 각기 1개월씩, '절도사건(盜案)'은 4개월로 주·현에서 2개월, 상급관청에서 각기 20일씩으로 정해져 있지만, 상급기관의 재심을 명목으로 한 연기로 인해 한 사안이 성을 왕복하는 데 반년이 걸리니, 범인 1명의 소요비용으로 담당차역이 50 내지 70金이나 충당하는 것이 보통이라는 것이다. 따라서 차역은 매 사안의 압송 때마다 먼저 '품삯(工食)' 명목으로 官庫의 돈을 빌리고, 부족하면 집안에서 비용을 마련하는 대신 '賞票'를 얻어 향촌에 내려가 소민을 수탈하니, 이것이 피해자의 고발이 있어도 관료가 차역을 두둔할 수밖에 없는 실정의 구조적 원인이라고 했나. 捕役의 경우도 압송·진술번복으로 인한 손해를 피하고자 도적을 눈감아주고, 빈궁지구에서는 압송비용이 없어 살인·절도범을 경범으로 재판함으로써 민간 풍속을 악화시키기도 한다는 것이다.

한편 '京控' 사안으로서 중앙 部院의 奏請을 받아 심리가 勅旨로 지시된 것은 독무가 하급관청에 넘기지 말고 몸소 심리하도록 제의했다. 기타 상소 사안도 부·사·원의 상급관청에서 직할 首縣에 위임으로써 원심 관청과 결탁해 피의자를 고문하는 실정을 지적하면서, 직접 대조 검토하여 재심을 위해 반송하거나 중요한 것은 몸소 심문함으로써 하부를 감독할 수 있을 것이라 했다.

상급관청 書役의 종이, '식사(飯食)'비는 모두 주·현에서 할당 징수
하는 '捐款'에서 지급되는데, 각 독무는 과거의 捐款 가운데 가능한
것은 삭감하고 각 주·현 공무상의 종이·필사인건비·호송비는 모두
해당 주·현의 捐款으로 공식화하여 공무처리를 書役 자신의 비용 염
출에 의지하지 않음으로써 관원이 서리의 부정·지체·불법을 응징할
수 있고 묵은 안건을 정리해 큰 소송을 예방할 수 있다고 했다.

그리고 청대의 소송 사건에는 '案件'과 '詞訟'이라는 두 가지 부류
가 있는데, '안건'은 杖·徒刑 이상 省의 상급관청과 형부에 보고하는
사건이고, '사송'은 枷·杖 이하 주·현관 자체 처리로 그치는 戶婚·토
지·금전채무·격투 같은 가벼운 사건을 가리키는 것이었다. 포세신에
의하면, 지방관 및 보좌하는 幕友들은 考課만 책임으로 여겨, 보고되
는 '안건'만 성심껏 처리하고, '사송'에는 유의하지 않아 소송 적체로
민폐가 심한 실정이어서 개혁의 필요성과 그 방안이 지적되고 있
다.[40] 오늘날의 법 관념으로 말하면 '사송'은 가벼운 형사사건 및 民
法·商法 같은 私法 범주인데, 그것이 公法인 형법(律) 가운데 미분화
된 채 내포되어 있었던 셈이다. 그의 견해로는 '안건'의 재판이 죄명
의 경중에 영향이 크긴 하지만 주·현에서 해마다 몇 건 발생하는 데
반해, '사송'은 "번화 지역에서는 소송장이 1년에 백수십 건에 이르
고, 또 수레를 가로막아 소리쳐 아뢰고 북을 울리며 억울함을 호소
해 거듭해 답지하니 안건에 비해 백배에 그치지 않고, 만약 소홀히
판결하거나 줄곧 지연하면 피해의 연루가 '編戶'마다 두루 미칠 것"
이라 했다.

따라서 '사송'에 근면한 지방관은 민심의 추앙을 받고, '안건'에 밝
은 자는 上司의 중시를 받는다는 것이다. 관료가 '사송'이 고과에 무
관함으로써 백성의 고통을 경시하거나 상사의 마음을 얻음으로써 도
리어 제멋대로 백성을 착취하는 까닭도 여기에 있다고 한다. "주·현

---

40) 包世臣,〈爲胡墨莊給事條陳淸釐積案章程摺子〉《齊民四術》, 권7 下, 7뒤~15앞.

에 묶은 사안이 1천 건이 넘고, 객지의 관청 앞에 대기하며 기거하는 자가 늘 수백 인이니, 일할 때를 놓치고 고리채를 빌리며 심지어는 재산·토지를 典賣하고 처자를 파는" 지경에 이르렀다. 근래에 독무 등이 소송사건의 감독을 위해 委員을 府에 파견하기도 했으나 상벌 규정이 없고 주·현 '사송'을 보고한 문서집이 없어 관료·위원의 유명 무실한 복무태만을 감지할 수 없었다.

포세신에 의하면 律例 및 處分則例에는 주·현 자체에서 처리하는 戶婚·토지 등 사안은 20일 내로 재판 완결 기한이 정해져 있고 이를 위해 상세한 처벌규정이 구비되어 있으니 엄밀한 집행 여부가 문제 였다. 규정을 보면 주·현에서 기결·미결의 연유를 밝힌 장부를 만들 어 해당 府·州(直隸州)의 감독을 받으며, 道臺가 순시하여 주·현 미결 사안의 완결을 지시하는 한편 안찰사를 통해 독무에 보고, 점검을 받 게 한다. 주·현에서 만일 기한을 넘겨 심리를 종결하지 않으면 事件 遲延例에 따라 '처벌심의(議處)'에 처하고, 장부상 '사송'의 누락, 사안 개요의 기록 모호, 고의 은닉 및 미결을 기결로 허위보고한 경우 등 에 해당하는 벌봉·강등·전임·면직 등 처벌규정이 있었다. 부·주나 도 대에 대해서도 주·현에 대한 조사나 보고의 태만에 따른 처벌규정이 있었다. 또 다른 규정에는 주·현관이 절도사건을 보고하면 관할 상사 에서 공문서에 상세히 기록하고 연말에 모아 조사해서 功過를 양적 으로 기록함으로써 勸懲을 행하는 구체적 규정도 있었다고 한다. 이 같은 例의 뜻을 추구한 끝에 포세신은 府·司는 중요 안건을 재심하 는 전담 책무가 있는 만큼, 주·현의 심리로 그치는 '사송'의 감독은 죄명을 심리할 권한이 없는 도대가 전담해 엄격한 집행을 하도록 요 청하고 있다. 당시 '사송' 사건은 주·현에서 매월 상사에 서류보고를 하는 例도 지키지 않았으며, 교대시만 보내는 형식적 문서도 상사에 서 조사해 탄핵하는 일도 없고 백성이 상소해도 교대문서를 점검하 지 않는 실정이었다고 한다.

또 민간 풍속이 교활해져 상소·'京控' 사안이 날로 많아지니 관할

관의 재판을 거치지 않고 상소할 수 없도록 '越訴'를 처벌하는 엄한
규정이 생겼지만, 주·현이 소송을 수리하고서 20일의 지정된 기한을
넘겨 심리하지 않을 때에는 상소를 허락해야 한다고 했다. 도·부도,
독무도 기한 1개월을 넘겨 심리하지 않을 때는 각급 상소를 거쳐 '京
控'도 가능하며, 각 관료를 遲延例에 따라 '처벌심의'에 처할 것을 제
의했다.

Ⅳ. 맺음말

관료행정에서 사법이 갖는 중요성을 民本主義的 입장에서 강조한
포세신은 장기간 누적된 재판의 적체로 인해 야기된 민생의 피해와
체제불안 요인의 증대, 인심·풍속의 퇴폐현상을 지적했다. 이같은 정
치적, 사회·문화적 불안정 요인으로서 법률적 측면을 이처럼 중시한
것은 程朱學이 제패한 송대 이래의 사대부층, 특히 재야 학인층에서
는 드물게 보이는 사실이다. 법률 등 행정실무에 대한 전문적·실용적
지식이 결여된 문화 특권층인 사대부의 관료행정에서 기층의 실제
행정과정은 관료가 아닌 서리·幕友에 지배되었으며, 이들의 부패작용
을 억제하는 방안은 관료 자신의 법률지식 제고와 형식화된 법률행
정의 개혁이라고 생각되었다.

물론 포세신의 儒·法 인식도 법률이 유교이념의 통치, 즉 德治나
禮治를 보조하는 도구로서 형법이라는 전통적 법 관념의 테두리를
벗어날 수는 없었다. 그럼에도 그의 인식에 특이한 점은 유교 사대부
의 학문 내용이 행정실무에 적용되는 經世의 학문으로 개조되어야
하며, 법률학도 그 경세학의 내용으로서 중요성을 인정받은 것이다.
법률은 유교의 민본적 통치이념의 구현을 위해서도 필수적이므로 지
방관이나 중앙의 사법관료는 법률지식의 시험, 사법행정의 성적을 통
해 고과와 진급이 영향을 받아야 한다고 그는 주장했다. 법률이 서리

는 물론 일부 신사 출신의 막우의 전유물로 방치될 것이 아니라 더 수준 높은 관료의 학문으로 격상되어야 할 것이다. 이것은 결과적으로 도덕적 이상주의인 정주학 이전 상대적으로 실용적인 漢·唐代의 儒家 학풍으로 회귀하는 復古的 경향을 반영한다.

이처럼 유교 경세사상가로서 법률의 중요성을 인식한 포세신은 청대 律·例에 대한 지식을 바탕으로 당시 법률행정에 드러난 관료 부패뿐 아니라 법률 자체의 모순과 결함을 파악하고 법률 해석과 적용에서 자신의 견해를 제시했다. 시대 현실의 변천에 적응하여 주기적으로 재편찬되던 성문법으로서, 청대의 기본 형법인 律과 판례법인 例에 대한 연구를 통해 그는 율과 율, 율과 예, 예와 예 사이의 모순을 정리하고 재판적용에서 율례의 재해석, 율례의 미비점에 대한 보충 등의 전문적 시도를 하고 있다. 이런 활동은 사실상 법률 개혁의 효과를 갖는 것으로 주목할 만하다고 생각된다.

한대 유교를 대표하는 董仲舒 등의 公羊學派에서 유교 덕치의 보조수단으로 법률을 중시하고 유가 春秋學의 이념을 법률 해석과 재판에 적용했는데, 이 공양학적 방법이 청 乾隆 후기 및 嘉慶 시기인 18세기 말 19세기 초 常州 莊·劉氏의 家學에서부터 부흥하게 된 사실은 학계의 주목을 받고 있다.[41] 당대에 완성된 律令制도 한 이래의 유·법 융합적 문화의 결실로서, 제국은 유교화된 법률을 통해 시실싱 통치되는 集權的 관료체제였던 것이다. 청대 중기 유교 경세학의 부흥과 함께, 당시 동요하던 제국체제의 쇄신·옹호를 위한 방안으로 정주학 시대에 경시되었던 유·법 관계에 다시 유의하게 된 것은 반드시 공양학파에만 국한된 것은 아니었다. 제국의 국가성격이 유가적 법문화와 밀접한 관계를 갖는 이상 19세기 전반 유교 경세학이 유·법 관계에 주목한 것은 당연하며, 이같은 특성을 규정한 역사적 배경

---

41) Elman, Benjamin A., *Classicism, Politics, and Kinship : The Ch'ang-chou School of New Text Confucianism in Late Imperial China*(Berkeley : Univ. of California Press, 1990), pp. 57~59, pp. 69~73, pp. 109~116, pp. 259~266.

과 논리가 설명될 필요가 있을 뿐이다.

한대 내지 先秦 문화를 준거로 지향했던 청대 고증학풍에서 복고적 '古學'·'漢學'이 현실적 경세학과 더불어 정주 道學과 경쟁하는 학문적 패러다임으로 정립된 것은 이미 논증된 사실이다. 포세신의 경우 常州 고증학계의 李兆洛을 매개로 명말 청초 顧炎武의 고학·경세학에 접근하고 있지만,[42] 또한 先秦 제자백가의 영향을 일찍부터 받고 있으므로 공양학파 莊·劉氏 및 龔自珍·魏源과는 다른 사유과정과 논리 형식을 갖고 출현한 것이라 생각된다. 그럼에도 이들의 경세학풍들 사이의 공통성은 당시 선진 지식계의 지배적인 담론으로 군림했던 考證學의 전문적 연구법에 영향을 받아 과거의 경세론보다 더욱 전문성을 띠었다는 사실이다.

또한 경세사상의 유·법 융합적 특성을 규정한 역사적 배경으로서 명·청대 皇權專制의 국가구조·정치문화를 거론할 수 있겠는데, 특히 옹정·건륭조에 확립된 皇帝集權制下에서 유가 名敎이념의 법가 전제주의적 전개현상에 주목할 필요가 있다. 이같은 명교와 법가의 결합으로 인한 유교이념, 제도의 왜곡, 경직화에 대해 건륭대 고증학자 戴震의 항의가 있은 이래 禮와 법의 관계에 대한 경세학적 모색이 대두한 사실은 앞서 논급했지만, 청대 전제정치와 법률개혁론과의 관련도 위와 같은 복합적 역사 맥락에서 확인이 가능할 것이다. 또한 백련교란 전후 부패, 무능한 관료행정의 위기가 엄격한 법률 집행의 필요성과 관료의 법 지식의 중요성을 환기시키는 촉매작용을 했을 것이다.

한편 백련교란을 전후한 청제국의 쇠퇴에 대응하여 관료행정의 부패를 극복하고 효율을 높이기 위해 포세신은 官制 전반에 걸친 구체

---

42) 胡樸安,〈包愼伯先生年譜〉,《全集》, p. 217. 포세신이 顧炎武의 《日知錄》을 처음 접하여 그 첫권을 읽은 것은 乾隆 57년 18세 때였으나 전부 독파한 것은 嘉慶 7년(1802) 28세 때 그가 常州의 李兆洛을 방문했던 시기였는데, 이때 그의 관제개혁안인〈說儲〉의 원고는 이미 끝나 이조락이 열람하고 있다. 44세 때에는 《亭林遺書》를 빌려 읽고 있는데, 이는 같은 책, p. 229.

적 개혁안을 제시했다. 이 관제개혁안도 유·법 융합적 사조를 배경으로 법가적 요소와의 관련에서 가능한 발상이라 생각된다. 이를 위해 중앙에서 재상·言官의 지위를 회복시키고, 지방행정에서 督撫 등 감찰직을 폐지하며, 엄격한 법 집행에도 불구하고 지나치게 번잡 주밀한 律例를 간소화함으로써 관료의 자율성을 지지하고 있다. 科擧 일변도의 관료 선임제도를 개혁해 방법을 다원화하고 관료의 자격으로 경학·時務策·법률지식을 중시했다. 관료의 봉록을 올리고, 幕友를 없애는 대신 사대부 출신을 지방 佐貳官이나 서리로 채용하고, 서리는 史로 개칭, 진급·봉록을 보장함으로써 지방행정의 부패와 비효율을 극복하고자 했다. 다년간 막우로서 포세신의 지방행정 연구가 이같은 법률·행정 개혁론에 기여했을 것이다.

이러한 제도개혁은 모두 한대를 중심으로 한 고대의 제도를 방불케 한 것으로, 고염무 이래 청대의 복고적 經學風과 관련이 있으며 당시 경세학의 古學的 특징을 반영하고 있다. 그럼에도 포세신의 개혁사상은 황제집권체제 아래에서 관료의 자율과 효율성을 강화하려는 견해로서 명말 청초와 같은 지방자치적 분권론과는 일정한 차이가 있었다.

제 2 편
地域社會

明清時代 閩南社會와 宗族 發達

— 永春縣 桃源劉氏를 中心으로 —

元 廷 植*

Ⅰ. 머 리 말

宗族은 明淸時代 地域社會, 나아가 中國史를 이해하고자 할 때 매우 중요한 요소로 주목되어 왔으며, 이미 安徽, 福建, 浙江, 廣東, 廣西, 江西, 江蘇 등지의 수많은 종족에 대한 광범위한 연구가 추저되었고 많은 부분이 해명되었다고 할 수 있다.[1] 福建의 宗族으로 범위를 축소해 볼 때, 기존의 연구는 복건 전역을 대상으로 한 綜合的인 宗族 硏究를[2] 비롯하여, 宗族의 經濟活動,[3] 宗族과 稅役問題,[4] 宗族과

---

* 서울대 강사.

1) 宗族에 대한 대표적인 硏究와 硏究史에 대하여는 元廷植, 《淸代 福建社會 硏究 : 淸 前·中期 閩南社會의 變化와 宗族活動》(서울大 博士學位論文, 1996) 緖論의 주 17 참조. 이하 동일한 논저의 두번째 인용부터는 '元廷植(1996a)'와 같이 표시함.

2) 陳支平, 《近500年來福建的家族社會與文化》(三聯書店 上海分店, 1991) ; 鄭振滿, 《明淸福建家族組織與社會變遷》(長沙 : 湖南敎育出版社, 1992).

3) 많은 연구가 있지만 몇 가지만 들면 다음과 같다. 陳支平·鄭振滿, 〈淸代閩西四堡族商硏究〉, 《中國經濟史硏究》 1988-2 ; 鄭振滿, 〈淸至民國閩北六件"分關"的分析 —關于地主的家族與經濟關係〉, 《中國社會經濟史硏究》 1984-3 ; 同, 〈試論閩北鄕族

土堡,[5] 族譜,[6] 回族 宗族,[7] 個別 宗族의 活動[8] 등 다양하였다. 그러나 구체적으로 보면 각 종족은 다양하고 복잡할 뿐만 아니라 지역적·시기적 편차도 심하므로 일반화하여 적용하기 어렵다. 이러한 사실은 반대로 종족이 한 시기, 한 사회의 제상을 포괄적으로 반영하고 있으므로 시기와 지역, 그리고 대상과 연구 관점을 바꾸어 분석한다면 그 시기, 그 지역의 실상을 이해하는 중요한 열쇠임을 보여주는 것이기도 하다. 그러므로 지역과 시기를 제한하면서 각 종족의 구체적인 실상을 분석하고 이들을 종합하는 작업은 여전히 유효하고도 중요하다.

그런데 필자는 명청시대 민남사회의 변화를 연구하던 중 개별 종족의 통시적인 전개과정을 통하여 사회변화를 구체적으로 이해하는 것이 필요하다고 생각하였다. 이는 지역사회의 복잡한 현상을 종합적으로 분석하기가 쉽지 않은 현실에서, 종족이 시대와 지역의 제상을 종합적으로 반영한다면 그리고 여러 종족이 지역사회를 구성한다면 종족의 연구는 지역사회에 대한 종합사로서의 역할도 가능할 것이기 때문이다. 그러나 閩南의 경우 여러 종족을 혼용하거나 또는 종족을 매개로 한 몇 가지 주제에 대한 연구가 있으나, 하나의 종족을 지역과 결합하여 시대적 추이에 따라 종합적으로 분석한 연구는 많지 않았다.[9] 또 潯海施氏와 같은 대성이나 유명한 종족에 대한 연구는 더

地主經濟的形態與結構〉,《中國社會經濟史研究》 1985-4 ; 同, 〈明淸閩北鄕族地主經濟的發展〉,《中國社會經濟史研究》 1987-4 ; 同, 〈明淸福建沿海農田水利制度與鄕族組織〉,《中國社會經濟史研究》1987-4.

4) 陳支平, 《淸代賦役制度演變新探》(廈門大學出版社, 1988) ; 鄭振滿, 〈明淸福建里甲戶籍與家族組織〉,《中國社會經濟史研究》 1989-2 ; 胡剛, 〈明代南靖縣戶役私例二證〉,《中國社會經濟史研究》1994-2.

5) 楊國楨·陳支平,《明淸時代福建的土堡》(聯合報文化基金會國學文獻館, 1993).

6) 陳支平,《福建族譜》(福州 : 福建人民出版社, 1996).

7) 鄭振滿, 〈明代陳江丁氏回族的宗族組織與漢化過程〉,《廈門大學學報》 1990-4 ; 丁崑健, 〈元明時代晉江地區回裔晉江丁姓族人的漢化〉,《華學季刊》 5-3(1984) ; 莊景輝, 〈陳埭鄭氏回族漢化的研究〉,《臺灣與福建社會文化研究論文集》1(1994).

8) 森田明, 〈明末淸初にける福建晉江の施氏〉,《社會經濟史學》 52-3(1986) ; 同, 〈福建晉江における施氏宗族についての覺書〉,《人文硏究》39-2(1987).

9) 전국 각 지역에 대한 연구는 적지 않다. 몇몇 예를 들면, 臺灣에 대하여는 王人英, 〈宗族發展與社會變遷 — 臺灣小新營李姓宗族的個案研究 — 〉,《中央研究院民族

러 있지만 그렇지 않은 일반 종족의 실태에 대하여는 별로 알려진
것이 없다고 해도 과언이 아니다. 그러나 명청시대 대부분의 종족이
유명인사나 많은 관리를 배출하지 못하였던 사실에 비추어 볼 때 세
인의 주목을 받지 못하는 종족에 대한 사례연구도 민남사회, 나아가
중국사회를 이해하는 데 의미 있는 작업이 될 것이다.[10]

이상과 같은 문제의식에 기초하여 이 글에서는 福建省 泉州府 永
春縣의 桃源劉氏를 대상으로 어떻게 정착에 성공하여 종족을 형성하
였고 발전·변화했는가를 영춘현의 지역사회와 관련지어 분석하고자
한다. 도원유씨는 민남뿐 아니라 영춘현 내에서도 특별히 중요한 종
족이라고 할 수는 없다.[11] 그럼에도 필자가 도원유씨를 선택한 이유
는 다음과 같다. 즉 필자의 문제의식을 구체화하기 위해서는 지역적
제한이 비교적 확실한 完本의 族譜가 필요하였다. 현실적으로 족보는
방대하여 구하기도 쉽지 않았을 뿐만 아니라 많은 족보가 大宗譜와
같은 綜合譜여서 구체적인 종족의 면모를 분석하기가 쉽지 않다. 또
족보의 편찬시기 역시 변화상을 추적하는 데 중요하므로 어느 정도
는 후대의 것이 분석에 유리하다고 생각했다. 그 결과 이러한 요건에
맞아 선택된 것이 《桃源劉氏族譜》였다.[12]

學硏究所集刊》 35(1973) ; 黃朝進, 《淸代竹塹地區的家族與地域社會 — 以鄭·林兩家
爲中心》(臺北 : 國史館, 1995), 江西에 대하여는 劉翠溶, 〈宜黃北山黃氏之成長與社
會經濟活動〉, 《中央硏究院第二屆國際漢學會議論文集 : 明淸與近代史組》上(1989), 四
川에 내하여는 山田賢, 〈淸代地域社會と移住宗族 — 四川雲陽涂氏の軌跡 —〉, 《社會
經濟史學》 55-4(1989), 廣東에 대하여 Watson, Rubie S., "The Creation of a
Chinese Lineage ; The Teng of Ha Tsuen, 1669~1751", *Modern Asian Studies*
16-1(1982) 등이 그것이다. 복건의 사례로는 위에서 든 森田明의 연구가 있으나
이는 沿海에 있는 大姓에 대한 것일 뿐만 아니라 필자의 문제의식과도 다소 차이
가 있다.

10) 예컨대 위에서 든 森田明의 潯海施氏에 대한 연구가 있으나, 심해시씨는 천주의
연해일대에 鹽을 장악하였고 청초에 施琅이나 施世標와 같은 전국적으로 유명한
인물을 배출한 대족으로 지역사회를 지배하였던 종족이었다. 그러나 그렇지 않은
대다수의 보통 종족들의 존재형태는 심해시씨의 연구를 통해서는 이해하기 곤란
할 것이다.

11) 예컨대 명청시대를 거쳐서 進士가 2명에 불과하고 官職도 知府가 최고였다.

12) 이 글에서 사용하는 《桃源劉氏族譜》(民國17年 序刊本)는 8脩族譜로, 1978년 9월
福建省永春縣湖洋鄕劉氏旅台族親影印本이다.

이하에서는 첫째 신입자인 도원유씨가 어떻게 기존 정착민이 있는 사회에서 정착에 성공할 수 있었는가, 둘째 명청시대 각종 변화가 종족에게 어떤 영향을 미쳤는가, 셋째 종족의 결집 과정과 그 핵심원리는 구체적으로 어떠하였는가, 넷째 종족은 지역사회나 국가권력과 어떤 관계를 맺고 있었는가의 네 가지 문제에 초점을 맞추되, 시간의 추이에 따라 서술하도록 하겠다.

Ⅱ. 桃源劉氏의 永春縣 定着

영춘현은 산이 많고 기후가 습하며 산지에는 기온이 낮다.[13] 구체적으로 보면, 영춘현은 서북에서 동남으로 기울어져 있는 형세로, 蓬壺鄕 馬跳를 경계로 縣 동부는 丘陵과 河谷臺地가 중심이지만 서부에는 산이 많아서 해발 1,000미터 이상의 산만도 雪山(1,366미터)을 비롯하여 58개이다. 또 縣 동부는 東南 亞熱帶에 속하며 겨울이 없고 덥고 습기가 많으며 연평균 기온이 섭씨 20.5도 연강수량이 1,686밀리미터이며, 西部는 봄·가을이 길고 여름과 겨울이 짧고 따뜻하고 습기가 많으며, 연평균 기온도 동부에 비하여 2도 정도 낮다.[14]

주요 하천은 산지와 더불어 영춘현 내의 지역을 구분하는 중요한 기준인데 영춘현에는 桃溪, 湖洋溪, 一都溪, 坑仔口溪 네 개의 큰 하천이 있다. 이 하천을 중심으로 영춘현은 크게 네 지역으로 구분할 수 있다. 즉 ① 桃溪를 중심으로 한 民康鄕·里仁鄕·集慶鄕과, ② 湖洋溪가 지나가는 善政鄕 지역으로, 이 두 강은 남안현으로 흘러들어가며 南安縣과의 관계가 밀접한 지역이다. 그리고 宣和鄕을 관통하는

---

13) 嘉靖《永春縣志》嘉靖5年修(台北:永春文獻社, 1974 影印本) 권1, 輿地志, 〈風俗習尙〉, p. 77.

14) 李玉明 主編,《福建省地圖冊》(福建省地圖出版社, 1995), p. 59. 嘉靖縣志의 風俗志에는 "東北高寒 伏日或擁重被 西北崇山淸明雪 縣治凹界 東南梅雨如在甑中"라고 하였다.

〔그림 1〕

永春縣 山脈 水道 地圖

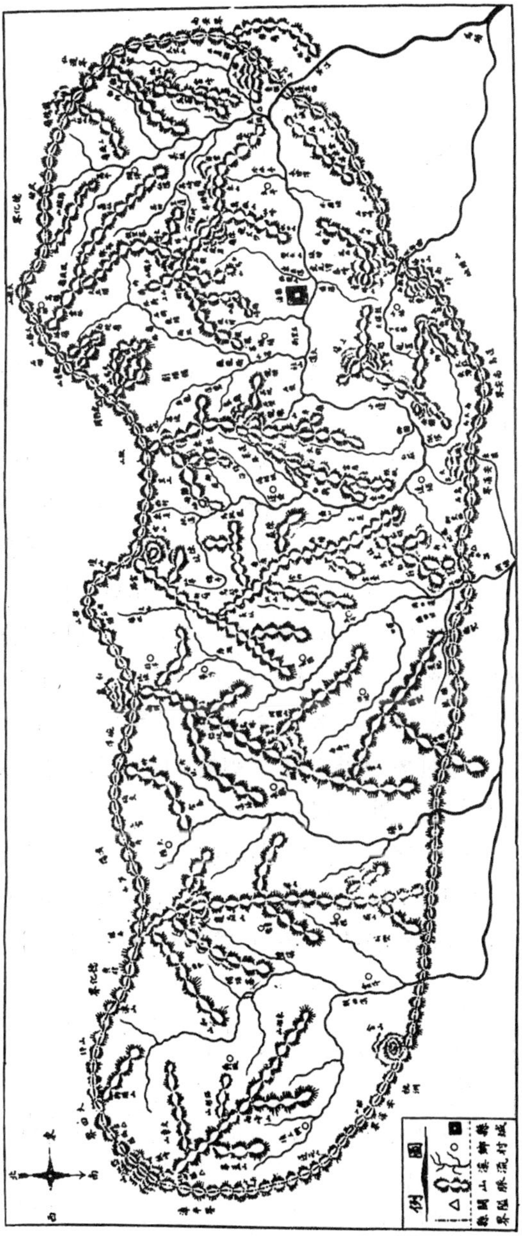

資料 : 民國 《永春縣志》 권1(台北 : 永春同鄕會重刊, 1965)

③ 一都溪 지역과 ④ 坑仔口溪 지역으로, 이 두 강은 안계현으로 들어가며 安溪縣과 관계가 밀접한 지역이다. 반면에 각 鄕·里·都는 이웃한 현과의 교류도 비교적 활발하였다. 예컨대 북쪽으로는 大田縣·德化縣, 남쪽으로는 安溪縣·南安縣과 교류하고, 또 동부지역은 德化縣·仙遊縣·南安縣과, 서부지역은 大田縣·漳平縣·安溪縣과 교류하고 있었다.

산과 강으로 인하여 지역적 단절이 클 뿐만 아니라 좌우로 길게 퍼져 있으므로 縣內의 교통은 비교적 불편하여 사회적 분위기나 풍속에도 지역적 차이를 엿볼 수 있다. 예컨대 明代 地方志에서는 蓬壺·覆鼎 以西지역은 武를 숭상하고 정신이 강하여 굳세고 사나우며 患難을 만나면 다투어 무기를 들고 싸움에 나가 죽음을 가벼이 여겼다고 한다.[15] 뿐만 아니라 토지와 조세에 대하여도 차이가 보여 서부지역은 면적은 넓으나 동부지역에 비하여 상대적으로 세량이 적었다.[16] 그러나 전체적으로 보면 泉州府 나아가 閩南의 기타 지역과 대체로 일치한다. 즉 관혼상제나 세시풍속뿐 아니라 '귀신을 공경하고 제사지내며 疾病이 있어도 약을 먹지 않고 기도만 한다거나, 묘자리를 사고 팔며 이 때문에 싸우는 등의 악습'도 마찬가지였다.[17] 이는 영춘현이 안계현과 남안현을 비롯하여 주변의 다른 현과 접하고 있어서 교류가 빈번하였기 때문일 것이다.

경제적으로는 비교적 낙후한 상태여서, 木綿과 荔枝는 생산되지 않고 穀은 秔稻뿐이라 하여 품종은 그리 다양하지 않고 상품작물도 별로 없었다. 그러나 인구가 적은 반면[18] 산에는 나무가 많아 목재의

---

15) 嘉靖《永春縣志》권1, 輿地志, 〈風俗習尙〉, p. 78. 90년 후에 나온《閩書》(권38, 風俗志, p. 943)에서도 유사하게 서술되어 있다.

16)《桃源劉氏族譜》권1,〈詒燕傳〉, 37앞~39앞.

17) 嘉靖《永春縣志》권1, 輿地志,〈風俗習尙〉, p. 78 ; 乾隆《永春州志》(乾隆22年修, 台北 : 永春文獻社, 1972 影印本) 16, 風俗, 舊邑志, 2앞~뒤, p. 149.

18) 明 前期 영춘현에 대하여 族譜에서는 "夫永巖邑也 地多荊棘 阻隘入國 朝瘴瘼不起 虎災肆毒 所在田廬爲墟 至於跋涉百里 無復跫然足音者"의 상태였다고 하였다. 《桃源劉氏族譜》권1, 詒燕傳, 37앞.

〔그림 2〕

永春縣 行政地圖

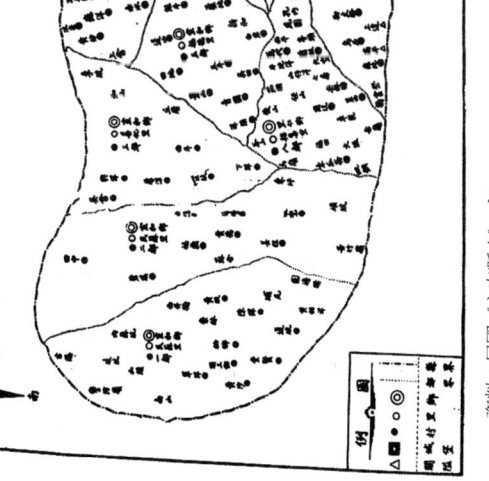

資料 : 民國 《永春縣志》 권1

획득이나 삼림 부산물의 채취가 용이하고, 못에는 물고기와 농사에 쓸 물이 많으며, 집 가까이 산에는 새나 짐승이 많아 사냥하기에 좋을 뿐만 아니라 산지나 평지는 농사짓기에 좋고 토질이 비옥하고 관개하기에 좋아서 1斗를 파종하면 6·7石을 수확할 수 있었다. 그러므로 주민들은 생활이 넉넉하여 각 지역의 도망자나 유민이 가서 살기 좋은 곳으로 여길 정도였다.[19] 또 영춘인은 평생 향리를 떠나지 않고 농업에만 종사하였으므로 갖가지 상업과 수공업은 모두 "遠人"이 차지하였고, 문자와 계산에도 능하지 못하여서 "外人"에게 의지하였다. 심지어 닭, 거위 등의 가축조차 '遠'에서 매매를 거듭하여 영춘현으로 들어오므로 만약 가지고 있는 가축을 시장에 내다 팔기만 해도 많은 이익을 낼 수 있었으나 영춘인들은 팔지 않았으며 산나물과 채소도 역시 시장이나 가게에 내다 팔지 않았다. 그 결과 풍기가 질박하여 꾸밈이나 속이기를 적게 하고, 자신을 아낄 줄 알고 犯法을 두려워하며, 향촌에서 폭력을 휘두르거나 밤도둑과 분쟁도 드물어 "易治"지역이라고 하였다.[20] 이러한 지리적·사회적 환경이 바로 명대까지 많은 사람이 이입하고 또 정착할 수 있었던 기초였다.

반면에 습한 기후와 그로 인한 질병은 외지인이 정착하기 어려운 조건이기도 하였다.[21] 기후와 질병의 상황에 대하여 嘉靖《永春縣志》에서는 "산속의 풍토병이 매우 심하고 가을에는 더욱 심하여 열 집에서 아홉 집이 병으로 누워 있는 상태였으며, 다만 중풍이나 나병

---

19) 嘉靖《永春縣志》권1, 輿地志, 〈風俗習尙〉, p. 77. 이 기록은《閩書》권38, 風俗志, p. 943의 내용과도 일치한다. 이러한 식량의 자급은 나머지를 府城에까지 수출되었고 청대에도 대표적인 식량 여유 지역으로 꼽히게 되었다. Wang Yeh-Chien, "Food Supply in Eighteenth-Century Fukien," *Late Imperial China*(淸史問題) 7-2(1986) ; 徐曉望,〈淸 — 民國福建糧食市場的變遷〉,《中國農史》1992-3.

20) 嘉靖《永春縣志》권1, 輿地志,〈風俗習尙〉, pp. 77~78. 手工業에 대해서도 비슷하여서, 磁器의 경우는 縣北19都에서 생산되었지만 모두 龍巖人이 담당하였다. 嘉靖《永春縣志》권1, 輿地志, 物産, p. 44.

21) 예컨대 明初 閩南의 衛所 屯田이 抛荒된 주요 원인의 하나가 풍토에 적응하지 못하여 병으로 죽거나 달아난 사람이 적지 않았기 때문이라고 한다. 田昌五·漆俠 主編,《中國封建經濟史》4(齊魯書社·文津出版社, 1996), p. 54.

(惡癩風癱之疾)이 없는 것이 그나마 다행이다"고 하였다.[22] 이러한 현실은 [표 1](306쪽)에서 보이는 바와 같이 영춘현에 이주하여 정착에 성공한 사람들이 대부분 상대적으로 기후나 환경이 비슷한 주변의 천주·안계·선유 등지에서 이주하였던 사실에서도 엿볼 수 있다.[23]

도원유씨의 시천조는 遜公(1386~1461, 一名은 佛孫, 字는 榮庸)이다.[24] 그는 안계현의 서리로 일하였으며, 구체적인 내용은 알 수 없지만 의견을 고집하여 지현의 뜻을 거스르고(持議忤主) 처벌이 두려워서 宣德 4년(1429) 자신의 토지나 집을 족인들에게 나눠주고 '輕貲'와 처자식만 데리고 안계현을 떠났다.[25] 처음에는 영춘현을 지나 선유현 四屛山(屛山)에 이르렀으나 그곳은 鄭紀(仙遊人, 字는 廷綱, 號는 東園, 天順進士, 南工部尙書를 지냄)의 일족이 집거하는 곳이었으므로 정착하지는 못하였다.[26] 이에 다시 영춘현으로 돌아와 桃源里 塗橋에 잠시 머물다가 巷頭로 옮겨 집을 짓고 정착하였다.

그가 왜 영춘현 동부지역으로 이주하게 되었는지는 분명치 않지만 우선 위에서 든 바와 같이 농사짓기에 좋아서 "四方逋逃가 往往 淵藪로 여긴다"는 인식과 맥을 같이 한다고 생각된다. 그러나 [표 1]에서 보는 바와 같이 一都黃氏, 一都蕭氏, 鳳山康氏 그리고 桃源劉氏가 모두 明 중기경 安溪縣에서 영춘현으로 이주하였으나 黃·蕭·康은 현 서부지역에 정착하였음에 비하여 유씨는 현 동부지역에 정착하였음이 주목된다. 이주 원인을 확인할 수 있는 강씨와 유씨를 비교하여

22) 嘉靖《永春縣志》권1, 興地志,〈風俗習尙〉, p. 77.
23) 인구이동, 정착 및 역사적 사건에 대한 전염병과 이에 대한 면역의 중요성에 대하여는 윌리엄 H. 맥닐 著, 허정 譯,《전염병과 인류의 역사》(서울 : 한울, 1992) 참조.
24) 이하 遜公에 관하여 별주가 없는 것은《桃源劉氏族譜》권1, 初脩~六脩族譜序 ; 同 권1,〈詒燕傳〉, 37앞~39앞 ; 同 권7, 1앞~뒤 참조.
25) 당시 안계현 지현은 鄭烈(宣德연간 到任, 進士)로 보이지만 특별한 사항은 알 수 없다. 嘉靖《安溪縣志》(天一閣藏本) 권3, 官制類, 職官, 13앞, p. 837 ; 乾隆《安溪縣誌》권5, 職官, p. 103.
26) 屛山, 在縣西50里 界永春縣. 下有屛山書院 尙書鄭東園家居焉 嘉靖《仙遊縣志》(北京 : 書目文獻出版社, 1992) 권1, 地輿類, 山, p. 9.

보면, 전자는 경작할 토지가 적었기 때문이었으나 후자는 "逃避"였다.[27] 그러므로 전자는 땅이 있는 곳이면 어디라도 갈 수 있었고 그 결과 자신의 현재 거주지인 안계현에 가까운 영춘현 5도 지역으로 이주할 수 있었을 것을 것이다. 그러나 후자의 경우는 경제력은 있지만 도망하는 처지라서 가능한 한 안계현과 멀리 떨어진 곳을 선호하였을 것이며 그 결과 영춘현을 지나 선유현까지 갔던 것으로 추정된다. 이러한 사실은 이출지와 이입지의 상황뿐만 아니라 이주자의 개별적인 이주 동기도 이주지의 선택에 매우 중요한 요소였음을 보여주는 예라고 할 수 있다.

遜公은 영춘현에서 성공적으로 정착하였는데, 그 과정을 크게 네 가지 측면에서 정리할 수 있다.[28] 첫째 경제적 기반의 확보에 성공하였다. 그는 토지 개간에 성공하여 이주한 지 2년이 못되어 百弓의 上水田을 확보하였고[29] 나아가 永春의 貫籍을 얻게 되었다. 이렇게 토지를 개간할 수 있었던 것은 영춘현이 비교적 인구에 비하여 개간 가능한 토지가 많았기 때문일 것이다. 그러나 그가 가지고 온 "輕貨"가 중요했을 것으로 생각된다. 그 액수는 확인할 수 없으나 동족들에게 부동산을 나누어주었던 점으로 보아 적지 않았을 것으로 생각된다. 또 구체적으로 어떻게 쓰였는지도 알 수 없지만 四屏山에 갔을 때 그곳의 땅은 이미 鄭紀의 일족이 구입한 것이었음을 명기하고 있는 점으로 보아 식량 구입과 더불어 토지구매에도 쓰였을 것으로 생각된다.

둘째 지역사회에의 지도적 지위를 확보할 수 있었다. 그 과정에서 그의 글을 읽고 쓸 수 있는 능력과 서리로서의 경험이 중요하였을

27) 莊爲璣·王連茂 編,《閩臺關係族譜資料選編》(福州：福建人民出版社, 1985), p. 316.
28) 客民의 移住, 定着 및 地域社會에의 影響에 대하여는 吳金成,《中國近世社會經濟史硏究—明代紳士層의 形成과 社會經濟的 役割—》(서울：一潮閣, 1986), 第2編 참조.
29)《桃源劉氏族譜》권2, 82앞~뒤,〈新建雁塔祠堂序〉에는 "近百石"이라고 하여 1弓이 대략 1石 면적임을 알 수 있다. 그리고 3세에 이르러서는 "幾數千畝"가 될 정도로 발전하였다.

것으로 생각된다. 위에서 본 바와 같이 영춘인은 외부와의 접촉이 적을 뿐만 아니라 문자와 계산에 익숙치 않아 외지인들에게 의지하는 것이 현실이었다. 그 결과 손공이 "홀로 文學에 능하였으므로" 里中의 諸豪는 일이 생길 때마다 번번이 손공의 處分을 따랐으며 그와 즐거이 사귀지 않는 자가 없었다고 하였다. 식자능력은 당연히 중요한 것이었음은 말할 필요가 없을 것이며, 그 위에 손공은 서리로서 각종 사건과 업무를 처리하였을 것이다. 이것이 지역사회 일반인들이 경험하지 못한 영역으로 일이 생길 때마다 "처분"을 의뢰하고 납득하게 한 힘이었을 것으로 추정된다.

셋째 자손의 번성이었다. 그는 76세(族譜의 享年, 이하 나이는 동일함)까지 살면서 2명의 부인에게서 7명의 아들을 두었는데, 安溪蔡氏(1385~1422)에게서 2명(長男 應源, 次男 應祖), 安溪任氏(1399~1458)에게서 5명(3남 應基, 4남 應宗, 5남 應保, 6남 應福, 7남 政)이었다. 당시 높은 사망률을 고려할 때 7명의 아들은 종족 번영에 중요한 기초였다. 실제로 그 가운데 어려서 죽은 사람이 2명(4남, 6남), 아들이 없는 사람이 2명(차남, 5남)이었고, 나머지 應源·應基·政 셋만이 각각 파를 형성하였다.[30] 그 후 [표 2]에서 보이는 바와 같이 인구는 4世 이후, 그리고 1400년대 중반 이후 지속적으로 증가하였다.

넷째 신사의 배출이었다. 손공의 識字能力과 官廳에서의 經驗은 과거합격자를 배출할 수 있는 중요한 문화적 자산이었다. 뿐만 아니라 지현과의 갈등이라는 개인적 경험은 그가 과거 합격자 배출에 더욱 정진하게 하였다고 생각된다. 이에 7남 政이 '배우기를 좋아하고 글을 잘 짓자' 손공은 전폭적으로 지원하였고 이에 政은 "재물을 가벼이 여기고 남에게 베풀기를 좋아하나 생업에 애쓰지 않으면서" 지낼 수 있었다고 생각된다. 政은 天順間(1457~1464)에 영춘현 庠生 및 廩

---

30) 장남은 巷頭派, 3남은 大坪派, 7남 정은 白口派의 始祖가 되었는데, 대정파가 가장 번성하였으나 항두파는 쇠퇴하여 正德 9年(1514)에 간행된 初修族譜에는 들어가지도 못하였고 10세 이후에는 단절되었다.

生이 되었으며 成化 20년(1484) 貢生 第8名으로 감생이 되었으나 병으로 사망하였으므로 관직은 얻지 못하였다.[31] 그 후 도원유씨는 3세를 빼고 지속적으로 신사를 배출하여 6세와 11세에는 進士 및 지부·지현을 배출하기에 이르렀다.

이상의 네 가지 성공은 이후 종족이 발전할 수 있는 기초였다. 그러나 創業 이상으로 어려운 것은 守城이며 또 그 못지 않은 것은 持續的 發展이라고 할 수 있다. 이를 이룰 수 있었던 것은 무엇보다 紳士의 持續的인 輩出과 더불어 공간적 확대(移住)와 토지의 확보가 계속되었기 때문이었다.

遜公의 아들 가운데 가장 먼저 주목되는 사람은 3남인 應基(1426~1478)이다. 그는 매우 적극적인 성품의 소유자로 근검하여 家用이 넉넉해져서 마침내 産米 80여 石의 토지를 더 확보하였다. 그리고 大埕의 토지를 개척하여 遷居하였으며 新壩를 새로 축조하고 나무통을 이용하여 鄕의 田을 관개하였다. 특히 그는 莊家의 전토 53석을 구입하였는데 관개시설의 설치로 몇 배의 수확을 거둘 수 있게 되었다.[32] 그리고 손공의 7남인 政(1437~1486)도 白口로 이주하였다.[33]

이러한 외연적 확대는 3세의 亨宗과 亨惠에게서도 계속되었다. 즉 應基의 장남 형종(1445~1504)은 응기가 남겨준 재산을 동생과 똑같이 産米 40石씩 나누어 가지고 弘治 15년(1502)에 大埕에서 東埔로 分居하였다. 차남인 형혜(1458~1516)도 같은 해 埔頭壟으로 분거하고 좋은 田 십여 頃을 확보하였다.[34] 특히 亨惠는 도원유씨 가운데에서 가장 번성한 지파의 시조가 되었는데, 이는 경제적 기반의 확충과 더불어 인척결합이 중요했던 것으로 보인다. 즉 유씨일족 가운데 최초로 縣 主簿 陳安의 딸(1458~1489)을 처로 삼았고, 처가 죽자 영춘의 巨

---

31) 《桃源劉氏族譜》 권2, 15앞 ; 同, 권7, 2뒤.
32) 《桃源劉氏族譜》 권7, 1뒤~2앞 ; 同 권1, 〈詒燕傳〉, 37뒤.
33) 《桃源劉氏族譜》 권7, 2뒤.
34) 《桃源劉氏族譜》 권7, 3앞~4앞.

族인 卓口(10都) 潘贇의 딸(1461~1545)을 처로 삼았다. 거족인 반씨가
어떤 영향을 주었는지는 알 수 없지만 반씨가 名家의 출신으로 家事
와 敎育에 중요한 역할을 하였으므로 종족의 발전에 중요한 역할을
하였다고 족보에서는 평가하고 있다.[35] 그 이후에도 형혜의 후손들은
埔頭에서 다시 西蓮, 東山壟, 排尾, 月城, 龍墘 등지로 분거하여 거주
영역을 확장하면서 종족이 지속적으로 발전할 수 있었다.[36] 그리고
應錄(1557~1645, 6세)이나 獻琯(1577~1648, 7세)이 큰 부자집을 이루었
듯이[37] 많은 사람들이 경제적 확대를 거듭하였다.

한편 정착과 확장이 계속되면서 가문 중에는 몰락의 위기에 처하
기도 하고 이웃과 대립하기도 하면서 신사의 중요성은 갈수록 더욱
뚜렷하게 나타났다. 우선 족내 최초의 紳士였던 政은 생존시에는 오
히려 재산을 소모하여 "집안의 길은 쑥대밭이 되고 쇠락하여 일어날
수 없는" 상태가 되게 하였다. 그러나 그가 맺어 놓은 인간관계는 白
口派를 일으키는 기초가 되었다. 즉 政의 사후에 친구인 周魯가 영춘
현 지현으로 부임하여 政의 차남인 綸(1467~1546)을 찾아서 "本宗의
里役"[38]을 담당하도록 하였다. 그는 아침 식사 시간에 옆에 두면서
差役을 담당시켜 "私厚"할 수 있는 기회를 주었다. 그 결과 綸은 里
役의 기한이 다했을 때에는 5·6백 金을 모을 수 있었고 이 돈으로

---

35) 《桃源劉氏族譜》 권7, 3뒤~4앞. 또 卓口潘氏는 光州 固始를 원적지로 하는 점에
서 桃源(湖洋)劉氏와도 일치한다. 그러나 어떤 과정으로 결혼하게 되었는지 알 수
없다. 그리고 '巨族'의 구체적인 실태는 알 수 없지만 縣志에 수록된 주요 인물로
는 明代의 潘學(忠義, 嘉靖 流賊 격퇴), 淸代의 潘申(忠義, 嘉慶間 九龍把總, 土寇
격 퇴중 殉), 潘道敏(獨行), 潘遠載(文苑, 歲貢, 訓導), 潘鴻儀(文苑, 諸生)을 들 수
있다. 특히 潘學의 향병활동은 반씨가 명대 영춘현 지역사회에서도 매우 중요하
였음을 잘 보여준다.
36) 《桃源劉氏族譜》 권1, 〈續詒燕傳〉, 39뒤.
37) 《桃源劉氏族譜》 권7, 19앞 ; 同, 권7, 27뒤~28앞.
38) 遜公 子孫들의 里甲 構成은 불분명하다. 다만 손공이 토지를 획득하고 永春籍을
획득하였던 것은 里甲에 편성된 것을 의미한다고 할 수 있다. 그리고 永春縣 官
林李氏의 사례에서 볼 수 있는 것처럼 1戶가 여러 戶, 심지어 한 宗族 전체를 대
표하는 것처럼 도원유씨의 아들들도 현실적으로는 1호로 편성되어 里甲役을 담당
하였을 것으로 추정된다. 鄭振滿(1992), pp. 250~251.

産業을 회복하여 가문을 일으킬 수 있었다.[39]

周魯가 도임한 시기가 홍치 6년이고 홍치 10년 이전에 다른 사람이 서리지현으로 있었던 점으로 보아 그가 근무한 기간은 2~3년 정도에 불과하였으며, 綸이 里役을 담당한 기간도 그리 오래되지 않았을 것이다. 그가 이렇게 짧은 기간에 5·6백 금을 획득할 수 있었던 것은 당시 영춘현의 세역 증가와도 밀접한 관련이 있을 것으로 생각된다. 예컨대 명대 영춘현의 上貢物料의 종류는 額辦(定額), 歲辦(不常徵), 雜辦(額辦·歲辦 이외의 雜泛)의 세 가지였는데 명초에 백성에게서 거둔 것은 매우 가벼웠으나 점점 무거워졌다. 즉 성화연간에 세판과 잡판이 13건에 불과하였으나 홍치연간에 23건이 되었고, 정덕연간에는 32건이 되었다. 그리고 홍치원년 各辦은 은 1백 냥 남짓에 불과했으나 홍치 말년 4백여 냥, 정덕연간에 9백여 냥이나 되었다.[40] 이러한 사실은 그가 "私厚"할 수 있는 기회도 그만큼 많았을 것임을 암시하며, 동시에 관과의 친밀 정도가 재산 증식은 물론 어떻게 해야 종족을 유지·발전시킬 수 있는가를 보여주는 한 예이다.

유씨 종족의 성장과정에서 겪은 최초의 토지분쟁은 정덕연간의 토지소송이라고 할 수 있는데 여기서도 신사의 중요성이 나타났다.[41] 이 분쟁의 원인은 위에서 든 遜公의 3남인 應基가 莊家의 전토 53석을 구입하고 관개시설의 설치로 몇 배의 수확을 거둘 수 있게 되면서부터 나타났다. 이에 장씨쪽에서는 너무 싸게 팔았다는 것을 이유로 토지의 반환을 요구하였다. 구체적으로 토지 구입 과정이 어떠하였는지 알 수 없다. 그러나 유씨쪽에서는 새로 관개시설을 함으로써 생산성이 높아짐에 따라 이를 다시 탐낸 것으로 인식하고 반환을 거부하였다. 결국 莊氏는 正德間(1506~1521)에 소송을 제기하였다. 이

---

39) 《桃源劉氏族譜》 권7, 4앞.

40) 嘉靖 《永春縣志》 4, 版籍志下, 雜賦, p. 177.

41) 이하 이 토지분쟁에 관한 서술은 별주가 없는 것은 모두 《桃源劉氏族譜》 권1, 〈詒燕傳〉, 37뒤 ; 同 권7, 5앞 참조.

莊家는 [표 1]에서 보는 바와 같이 唐末에 영춘현으로 이주해 온 종
족으로 현 내에서도 연원이 깊은 종족의 하나였으므로 양 종족 사이
의 갈등은 토지소송을 넘어서 종족 사이의 대립으로 발전할 가능성
도 있었다.[42] 그러나 유씨측에서는 가장 번성한 대정파의 경제적 기
초라는 측면에서 종족의 사활이 걸린 문제이기도 하였다.

劉氏쪽에서는 亨惠의 長子 聰(1478~1522)이 이를 담당하였다. 소송
은 3년을 끌다가 推官 孫濬(宣城人, 進士)이 '劉家는 배상금으로 白金
2,400兩을 莊에게 주도록' 하였다. 聰은 이에 불복하고 북경에 가서
천자에게 伸訴하기로 하였다. 다행히 그는 북경에서 전에 영춘에서
자신이 은혜를 베풀었던 御史 朱姓(莆田人)[43]을 우연히 만났고 그의
도움으로 황제로부터, "宋의 天下가 이미 망했는데 宋의 田은 무슨
근거가 있는가? 孫推官은 무슨 이유로 銀 2,400兩을 莊家에게 주라고
하였는가? 모두 免하도록 하라"는 판결을 받아서 토지를 보존할 수
있었다. 그러나 이 판결의 근거는 현실적으로 송대 이래 이곳에 정착
한 莊家의 입장에서는 납득할 수 없는 것이었으므로 얼마 후 처음과
마찬가지로 또 소송이 일어났다. 이때는 당시 21세인 續(5世, 聰의 장
남, 1500~1559, 排尾房 始祖, 이하 系譜 確認의 편의상《民國8修族譜》범례
에 따른 房을 부기함)이 대응하였다. 按察司에서 심문이 있었고 결국
按察使 顧褒(餘姚人)는 '황제가 이미 결정한 사실이며 다만 祀田 80畝
만 莊某에게 주고 나머지는 예진대로 경작하도록 하라'고 함으로써
이 토지 소송은 끝나게 되었다. 이러한 소송과정에서도 승리할 수 있
었던 결정적인 요인은 바로 면식 있는 御史 朱姓이 있었던 것이었다.

---

42) 莊氏는 桃源里를 原籍으로 하고 있으며 송대의 莊夏(列傳, 進士, 兵部侍郎, 子
孫 9명 官, 晉江으로 이주함), 명대의 莊際昌(列傳, 進士, 侍讀, 孫 1명 進士, 原居
晉江), 청대의 莊延裕(儒林, 進士, 翰林院庶吉士, 際昌의 孫)을 배출한 종족이다.
[표 4] 및 이 표의 根據資料 參照.

43) 正德年間 莆田人中 진사가 된 사람은 2명으로 正德6年의 朱鳴陽과 正德11年의
朱可宗이 그것이다. 소송사건이 정덕 말년에 있었고 朱可宗은 "戶部郎中 諫南巡
廷杖"이란 기록으로 보아 朱姓은 朱可宗으로 추정된다. 乾隆《莆田縣志》影印本
(台北：成文出版社) 13, 選擧, 進士, 58뒤~59앞.

또 분쟁의 처리과정에서 결국 祀田 80畝를 주도록 하여 타협이 성사된 사실은 청 중기 이후 계투의 성행과 관련해 볼 때 明·淸 양대 사회의 차이에 대한 한 단면을 반영한 것으로 생각할 수 있다.

또 隆慶 4년(1570) 영춘현에서 장량을 하여 세량을 조정하게 되었는데[44] 이때 유씨 일족에게 적지 않은 피해가 발생하였다. 즉 유씨 일족 가운데 토지 측량 방법을 아는 사람이 없었으므로 장량을 측량기사(丈師)에게 맡기고 畝의 수에 따라 임금을 주기로 하였다. 丈師는 畝數가 많을수록 이익이 되었으므로 많이 계산하였고 그 결과 세량이 舊額을 넘게 되었다. 이에 劉氏宗族은 비로소 피해가 적지 않음을 알고 순무에게 재장량을 요구하였다. 그러나 巡撫는 비록 장량하여 면적이 작게 나왔다고 하더라도 魚鱗冊을 고쳐주지 않는다고 하고 知縣 梁道凝(郿西人, 恩貢生, 萬曆間 부임)도 魚鱗冊 수정이 불가함을 주장하였다. 마침 應望이 刑部員外郎으로 있었으므로 嵒(1539~1631, 6世, 橋頭房)를 巡撫에게 보내 재장량을 요구하도록 하였다. 이에 비로소 興化府 推官 祝致和(龍游人, 進士)와 新任知縣 詹世厚(松陽人)로 하여금 이를 담당케 하였다. 실제로 장량한 결과 一都의 토지면적이 세량보다 많았음에 비하여 19都의 토지는 세량보다 적었으므로, 징수액을 재조정한 결과 유씨 일족은 오히려 67석을 감소시킬 수 있었다.

족보에서는 이렇게 큰 성과를 거둘 수 있었던 최대의 공로자는 형부원외랑으로서 재장량을 하도록 만든 應望이고, 그 다음이 장량 등에 사용된 총비용 3백여 金의 과파와 출납을 담당했던 應時이며, 그 다음이 순무에게 覆丈을 요구한 嵒이며 그 다음이 雲雁라고 하였다. 여기서 흥미있는 사실은 최고의 공로자로 응망을 들고, 그 다음이 재

---

44) 본 사건에 대하여는 《桃源劉氏族譜》 권1, 〈詒燕傳〉, 37앞~39앞 ; 同 권1, 〈六世 拱雲長君隱行傳〉, 42뒤~43뒤 ; 同 권7, 15앞 참조. 당시 요역이 불균등하게 과파되는 현실이었다. 예컨대 永春 坊長의 應辦이 偏累하였다. 이에 隆慶間에 비로서 丁米를 通融하여 十四都에 均輸함으로써 이를 개선하였다(乾隆 《永春州志》 권9, 田賦, 27앞~뒤, p. 93.). 더 자세한 내용은 알 수 없지만 본 사건도 이와 맥을 같이하는 것으로 생각된다.

정을 담당한 사람이었다. 비록 족보에서는 직접 순무를 찾아갔던 崧에 대하여 "임기응변의 지혜가 있고 수완이 있어서 우리 종족을 위하여 순무를 방문하여 요청함으로써 세량을 줄이고 요역을 가볍게 하여 후손들에게 큰 은덕을 미쳤다"고 높이 평가하고 있지만 응망이나 응시에 비하여 상대적으로 평가가 낮았다. 그만큼 신사들의 활동이 중요하였으며, 족보를 편찬하는 과정에서 이를 인정하고 있는 것이다. 그 밖에도 후술하는 바와 같이 명말 이후 사회가 혼란되면서 많은 소송사건이 발생하였으며 신사들이 적극적으로 참여함으로써 승리할 수 있었다.

지역사회에서 종족의 위상을 높이고 안정적 기반을 확충하기 위해서는 신사의 배출이나 경제적 성공만이 아니라 지역주민의 자발적인 지지 또는 동의를 얻어내야 했다. 이는 지역사회에서 필요로 하는 여러 활동을 함으로써 가능하였다. 이것은 크게 몇 가지 측면으로 나누어 볼 수 있다.[45]

첫째, 지역사회의 공공사업 참여이다. 예컨대 榮(1479~1546, 亨宗의 長子)은 弘治·正德 연간(1487~1521)에 蘆溪橋를 重建할 때 앞장서서 비용을 모집하였다. 또 공사비가 많이 들고 약속한 금액조차 내지 않은 사람이 있어서 비용이 부족해지자 자신의 토지를 팔아서 해결하였다.[46]

---

45) 이러한 활동은 활동의 주체에게는 어느 하나 떨어져 있는 것이 아니라 종합적인 것이었다. 예컨대 獻猷(1568~1639, 7世, 應時의 아들)는 增廣生으로 援例監生이 되었으나 부모의 봉양을 이유로 관직에 나가지 않고 돌아온 하급신사였다. 그는 "宗族을 구휼하고 閭里를 화목하게 하였으며 子孫들에게 讀書시키고 鄕에 흉년이 들면 租를 내어 사람들을 구제하였다"고 하며 知縣에게 "儒林高品"이라 하는 편액을 받았다. 또 그는 도둑을 체포해서도 훈계하고 불쌍히 여겨 銀 1兩, 粟 1碩을 주어 오히려 개과천선하게 하였던 결과 "鄕에 竊盜가 없고 殊類조차 사실을 말하게 되었다"고 하였다. 이에 鄕人이 모두 長者라고 일컫게 되었으며, 평생 재물을 아끼지 않고 베풀어주었으나 家貲가 數萬을 내려가지 않았고 田産이 百有餘碩을 增置하였다. 子孫도 번성하여 그의 아들 4명은 모두 房始祖가 되고 또 생원이나 지현이 되었을 뿐만 아니라 그 후손들도 번성하여 4대만 계산하여도 후손의 총수는 145명이나 되었다. 《桃源劉氏族譜》 권7, 25앞.

46) 《桃源劉氏族譜》 권7, 5앞~뒤.

둘째, 구휼활동이었다. 대표적으로 亨惠는 곤궁한 사람을 돌보고 고아와 과부를 賑恤하는 데 아끼지 않았으며, 獻瑁이나 陶箕(1599~1644, 8세)도 향리의 많은 빈민들을 돌보는 데 아낌이 없었다.[47] 그리고 士修(1595~1653, 7세, 下大埋房)나 獻猷는 흉년이 들었을 때 다른 사람들은 모두 양식을 쌓아두고 팔지 않았으나 홀로 양식창고를 열어 어려운 사람을 도왔고 "急難"을 당한 사람의 어려움을 해결해 주었는데 그 결과 지역사회의 주민들이 모두 기쁜 마음으로 그에게 복종하였다고 하였다.[48] 또 應錄은 가난한 王際逵를 돌봐 주어 후에 布政使가 되게 하기도 하였다.[49] 그 밖에도 이러한 구휼활동 사례는 이루 헤아릴 수 없을 정도이다.[50]

셋째, 지역사회에서 분쟁의 중재자·판결자 역할을 하였다. 이미 遜公이 지역사회의 분쟁을 중재하였으며, 璠(1492~1567, 4세, 綸의 次子)도 書·史와 法律에 능통하여 향리에서 주민들간에 분쟁이 있으면 판단하여 처분을 내렸는데 사람들이 모두 수용하고 따랐다.[51] 나아가 지역사회의 질서와 선악을 규제하기도 하였다. 예컨대 獻瑁은 비록 과거에 합격하지는 못했지만 성품이 강직하여 善을 보면 칭찬하고 過를 보면 꾸짖었으므로 黨里에서는 송사문제로 관청에 가는 일이 없다고 하였다.[52] 심지어 陶箕는 서로 송사하여 다투는 것을 보면 자신의 돈을 내어서 이를 조정하였다고 할 정도였다.[53]

---

47) 《桃源劉氏族譜》 권7, 27뒤~28앞 ; 同, 권7, 44앞~뒤.

48) 《桃源劉氏族譜》 권7, 34앞 ; 同, 권1, 〈皇淸例贈文林郎七十二齡邑增生加太學生劉虜都公曁配周氏孺人合葬墓誌銘〉, 59뒤.

49) 《桃源劉氏族譜》 권7, 19앞.

50) 주목되는 사실은 廣州知府로 있던 應望이 광주의 미곡유출금지 조치를 해제하려고 애쓰다가 물러난 예이다. 地方志 編纂者들은 이러한 행위에 대하여 높이 평가하고 있었던 것으로 보아, 그의 활동뿐 아니라 유사한 행위도 지식인들을 설득시키고 지역에서의 입지를 강화시킬 수 있는 것이라고 할 수 있다. 《桃源劉氏族譜》7, 14뒤~15앞 ;《永春州志》21, 選擧, 1뒤, p. 201 ; 同, 5앞, p. 203 ;同 24, 列傳, 16뒤, p. 245 ; 民國《永春縣志》14, 選擧, 14뒤, p. 442 ; 同, 15앞, p. 443 ; 同 18 中, 列傳中, 6뒤~7앞, pp. 636~637 ;《永春縣志》(1990) 권32, 人物志, p. 875.

51) 《桃源劉氏族譜》 권7, 7앞.

52) 《桃源劉氏族譜》 권7, 27뒤~28앞.

한편 인척관계를 통하여 도원유씨의 정착 실태를 간략히 검토하겠다. 유씨가 정착한 19都 桃源里 및 그 주변에는 [표 1] 및 [표 4]에 따르면 莊·鄭·陳·顔·黃·翁 등 중요 성씨들이 있었고, 이들과의 관계는 종족의 안정과 밀접한 관련이 있었다. 지역사회에서 종족간 결합의 가장 중요한 형태는 姻戚관계라고 할 수 있다. 이에 대정파 초기(3~6세)의 혼인사례 가운데 지역과 성씨가 확실한 132건(婚入 사례 87건, 出嫁 사례 45건)을 중심으로 몇 가지 정리해 볼 수 있다.[54]

우선 132건 가운데 '地名·姓氏'를 단위로 나눌 때 모두 76개나 되었다.[55] 그러므로 혼인관계는 각 단위당 평균 약 1.7건이었다. 이는 족외혼을 전제로 한 혼인과정에서 정착 초기에 나타나는 현상이기도 하고, 또 그만큼 혼인의 폭이 넓었다고 할 수 있다.

둘째, '지명·성씨' 단위 가운데 혼인 비중이 높은 단위는 湖洋 黃(9건), 南安蘆內 黃(9건), 上場 顔(8건), 仙溪 鄭(7건), 卓口 潘(5건), 南安下蘇 蘇(5건), 20都 내장 蔡(4건), 上場 鄭(3건), 坂頭 陳(3건)이었다. 이들은 도원리의 주요 성씨이며, 그 가운데 호양 황의 경우는 [표 5]에서 보는 바와 같이 19도 일대의 향촌방위에서 중요한 활동을 한 종족이었다.

셋째, 성씨만을 볼 때, 성씨의 종류는 24개로 [표 4]의 성씨 35개 가운데 자신과 留安劉氏를 제외한다면 9개 성씨를 제외하고는 모두 관련 있는 셈이다. 특히 도원유씨가 상위 10위인데 그 이상의 성씨가 모두 포괄되어 있는 것은 더 구체적인 분석이 필요하지만 적어도 주요 성씨와의 인척결합에 성공했다고 볼 수 있다는 면에서도 주목된다.

---

53) 《桃源劉氏族譜》권7, 44앞~뒤.

54) 婚入의 수가 出嫁 사례보다 많은 이유 가운데 하나는 남성의 혼인 횟수가 많고 또 측실이 있기 때문이다. 여기서 다루로 있는 전체 남성의 婚入事例 가운데 再婚·三婚 등이 17건, 側室이 9건으로 모두 26건이었다.

55) 이 글에서 이 單位를 同一宗族으로 보고자 한다. 이는 민남의 일반적인 '聚族而居'의 현상이나, 건륭 53년(1788)에도 당시 永春州 訓導 雷元雲은 "其人率皆聚族而處 至有地連數里中無異姓者"(《桃源劉氏族譜》, 권1, 〈桃源五脩族譜序〉, 26앞)라고 한 사실로 보아도 크게 무리가 없다고 생각된다.

넷째, 주요 성씨의 지역적 분포로 볼 때 陳이 15처(본현 9처, 타현 6처) 19건(본현 11건, 타현 7건)이고, 鄭이 12처(영춘현 7처, 타현 5처) 21건(본현 16건, 타현 5건)으로 가장 많고, 그 밖에도 李(5처 6건), 林(5처 5건)이 있다. 이들은 복건에 이주한 시기가 오래 된 대성으로 영춘현뿐만 아니라 민남에서도 대성이었으므로 그만큼 혼인할 기회가 많았다고 할 수 있다.

다섯째, 전체 76개의 단위 가운데 일방적 婚入 단위는 51개였으나, 일방적 出嫁 단위 14개, 상호 교환한 단위는 9개에 불과하였다. 그리고 상호 교환한 단위는 위에서 든 혼인비중이 높은 9개 단위뿐이었다. 그리고 출가 사례 45건 가운데 28건이 이 9개 단위에 든다는 사실은 혼입보다 출가시키는 데에 제한(의식, 신분, 경제적 상황 등 다양한 측면)이 많았다고 생각된다.

여섯째, 상호 교환한 9개 단위와의 혼인관계를 [표 3]을 중심으로 정리하면 다음과 같다. ① 혼입과 출가의 수가 서로 균형을 이루어 총수는 25 대 28로 비슷하였는데 이는 양 집단간에 비교적 대등한 관계가 존재하였다는 것이다. ② 초기 불균형을 이루었던 관계라도 시간이 지나면서 균형을 이루었다. 예컨대 仙溪鄭과는 입·출의 비율이 2 대 5로 전체적으로는 유씨쪽이 보낸 수가 많았고 또 초기에는 출가시키는 위치에 있었다. 그러나 6세에는 보내고 받는 수치가 동일해졌던 점이 주목된다. ③ 9개 단위에서 측실을 들인 예는 하나도 없고, 혼입 사례 25건 가운데도 재혼의 사례가 3건 있을 뿐 3혼·4혼의 예는 없었다. 즉 전체 혼입 사례 87건 가운데 다혼 17건, 측실 9건이었음을 상기할 때 주목되는 현상이다. 이는 측실이 兩家의 불평등한 관계를 보여주는 성격이 강하며, 재혼 이상도 비교적 평등한 관계로 보기 어렵다는 점에서 상당히 대등한 관계가 형성되고 있음을 알 수 있다. 반대로 적지 않은 다혼과 측실의 존재는 대정파가 그만큼 사회 경제적으로 위상이 높은 현실을 반영한다고 볼 수 있을 것이다.

끝으로 지적할 사항은 도원유씨가 영춘현에 정착하는 과정에 타종

족과의 관계에서 어느 정도 우위를 확보하는 가운데에서도 종족내에
서 분화가 계속되었다는 것이다. 항두파와 백구파의 쇠퇴나 구란으로
말미암은 쇠퇴 사례는 차치하더라도, 평화시에 비교적 번영하던 대정
파 중에서도 쇠퇴한 예가 나타났다. 대표적으로 獻策(1548~1607, 7세,
排尾房의 長孫)을 들 수 있는데, 그의 祖父(續)는 鄕賓, 父(雲鵬)는 감생
이고 자신과 장남은 府學生으로 족내에서는 名家라고 할 수 있었다.
그러나 그는 부모의 묘를 세 번이나 移葬하고 지관을 우대하여 2백
여 金을 주었을 뿐만 아니라 빚을 내어서 사당을 새로 짓고 딸을 결
혼시킨 결과 파산하였다.[56] 이렇게 경제적 기반을 상실하자 장남(安
國)의 후손은 11세에서 양자를 들여 유지하다가 12세에서는 대가 끊
기고, 차남(成國)의 후손은 13세에서 끊겼을 뿐만 아니라 생원도 한
명 나오지 않았고 4세까지의 자손의 수도 16명에 불과하였다. 이러한
사실은 종족의 성장과 몰락에 경제적 요소가 얼마나 중요한가를 웅
변해 주는 것인 동시에 풍수설과 改葬의 폐해를 말해 주는 것이다.
다른 한편에서는 다양한 요인으로 말미암은 종족내의 분화가 평화시
에도 계속 진행되고 있음을 보여주는 것이다. 그 결과 후술하는 바와
같이 가정 39년의 再脩族譜에서 "疏"의 상태에 대한 위기의식과 이
를 극복하기 위한 "貧富相周, 貴賤相親, 賢愚相養, 親疏相恤"을 강조
하기에 이르렀다.

Ⅲ. 寇·亂과 桃源劉氏

[표 5]에서 알 수 있는 것처럼 영춘현에도 민남의 다른 지역과 마
찬가지로 명 중기 鄧茂七의 난 때를 시작으로 광동·정주·장주 등지
의 구적이 침입하였으며(외부세력), 명말 이래 土着勢力, 정씨와 같은

---

56) 《桃源劉氏族譜》 권7, 24앞~뒤.

海上勢力, 淸朝 그리고 反淸勢力 등이 지속적으로 영향을 끼쳤다.[57] 이들이 도원유씨에게 어떤 형태로든 영향을 끼쳤을 것으로 생각되지만 거주지인 도원리 일대에 직접적으로 영향을 준 것은 嘉靖 倭寇의 時期부터 淸初의 여러 사건이라고 할 수 있다. 그러므로 다음에서는 이 시기의 사건과 도원유씨의 대응을 중심으로 서술하겠다.

가정 말 왜구가 횡행하면서 중국 동남연해 전역에 걸쳐서 구적이 준동하였으며 관의 대응은 성공적이지 못하였으므로 결국 지역 주민들의 자위활동이 중요해졌고 이는 영춘현에도 예외가 아니었다. 자기 보호를 위한 가장 적극적인 조치는 鄕兵를 조직하고 훈련하여 위협 세력과 정면으로 싸우는 것이었으며, 그렇지 않으면 堡寨를 만들어 피신하는 것이었다.[58]

結寨自保와 鄕兵은 전란기 전국적인 현상이었고 민남에서도 오래되었지만 가정 왜구의 난 이후 특히 발달하였다. 예컨대 顧炎武는 "漳州府와 泉州府에서는 舊時에는 土堡가 아직 적었지만 嘉靖 40년 (1561) 이래 寇賊이 발생하자 民間에서는 나날이 많은 土圍·土壘·寨를 축조하였는데 특히 연해지방에 많았으며, 천주 蚶江 等地의 주민들은 전투에 익숙하여 해적이 두려워할 정도여서 倭寇의 피해를 면할 수 있었으며 官兵 역시 이에 의지하였다"고 하였다.[59] 대표적으로

---

57) 淸初 閩南에 대한 제세력의 활동과 그 영향에 대하여는 元廷植(1996a), 제1편 참조.

58) 堡, 寨, 土堡, 土樓, 土寨, 土圍, 土壘 등 지역에 따라 다양한 명칭이 있으나 이를 모두 堡寨로 통일하여 사용하겠다. 또 鄕兵, 鄕勇, 團練 등으로 다양한 명칭이 있으나 여기서는 官兵에 대한 民兵이며 客兵에 대한 토착병이란 의미에서 鄕兵으로 통일하겠다. 또 堡寨에 대한 연구로는 楊國楨·陳支平, 〈明淸時代福建의 土堡〉, 《中國社會經濟史硏究》 1985-2 ; 楊國楨·陳支平, 〈明淸福建土堡補論〉, 傅衣凌·楊國楨 主編, 《明淸福建社會與鄕村經濟》(廈門大學出版社, 1987) ; 陳支平(1991) ; 楊國楨·陳支平(1993) ; 李文治, 〈明末의 寨堡與義軍〉, 《文史雜誌》 7·8(1944) ; 谷口規矩雄, 〈明末淸初의 堡寨について〉, 《東海史學》 9(1973) 참조.

59) 顧炎武, 《天下郡國利病書》 第26, 福建, 114뒤, p.10683, 〈城堡〉 ; 同 第26, 81앞, p.10667, 〈寨隘〉. 이런 상황은 광동 조주부도 마찬가지였다. 吳金成, 〈入關初 淸朝 權力의 浸透와 地域社會 ―廣東 東·北部地方을 중심으로―〉, 《東洋史學硏究》 54(1996), pp.63~64 ; 黃挺, 〈明代海禁政策對明代潮州社會的影響〉 第6屆中國明史 國際學術討論會發表論文(鳳陽, 1995), p.8.

는 長泰縣 林墩寨, 平和縣 大溪堡, 漳浦縣 杜潯堡, 龍溪縣 林田堡 등이 있으며 축조자도 종족과 신사, 지방관이 중심이 되었다.[60] 그리고 더욱 적극적인 보장수단인 향병에 대해서도 同安縣 后埔 等地의 향병, 長泰縣 高安堡의 鄕兵 등이 있어서 단독으로, 또는 관과 협력하여 왜적을 막았다.[61]

영춘현은 천주부 서북산구로 汀州·漳州·延平과 인접하여 있어 각처의 도망자가 들어와서 약탈을 일삼으므로 곳곳에 堡寨가 만들어졌고 가정 왜구의 난 이후에 더욱 그러하였다.[62] 가정 39년 영춘현에 왜구가 침입하여 19都, 上場 등지를 약탈하고 또 현성을 함락시켰다. 그 영향으로 6·7都 呂尙四, 晉江 謝愛夫, 廣東賊, 漳平賊 등이 일어나 각지를 횡행하며 약탈하였다. 특히 呂尙四는 永春縣 蓬壺人으로, 嘉靖 40년 왜구를 막기 위하여 興泉道分巡僉事 萬民英의 招募에 응하여 2월 晉江 石菌에서 倭寇 5백여 명을 사상시켰다. 그러나 千戶 王道成은 도리어 呂尙四에게 죄를 씌웠으므로 영춘현으로 돌아와 八鄕 潘文備·潘君禪, 錦斗 林文煥, 五斗 趙天齡 등 만여 인을 모아서 반란을 일으켰다. 그의 세력은 왕성하여 5월에 영춘현을 함락하고 安溪, 南安, 仙游 등을 공격하여 왕도성을 생포하는 등 승승장구하여 무리가 3만여 인이 되기도 하였다. 비록 덕화현을 공격하다 실패하고 내부의 분열로 살해되긴 하였으나 그의 형제와 임문환 등은 隆慶 元年끼지 왜구와 결탁하여 전투를 계속하였고 그 피해노 석지 않았다.[63] 이 과정에서 도원유씨 중 銓(1516~1561, 明의 長子, 5세)과 그의 아들 雲鳶(1543~1561, 6세)이 전사하고 친척인 黃氏 일족 가운데서도

60) 乾隆 《長泰縣志》(台北, 成文出版社 影印本) 6, 兵防志, 〈寨堡〉, 5앞~뒤, pp. 295 ~296 ; 康熙 《漳州府志》(康熙54年修) 18, 兵紀, 城堡, 15뒤~18앞.

61) 嘉慶 《同安縣志》(嘉慶3年修) 권9, 征撫, 3뒤 ; 乾隆 《龍溪縣志》(台北, 成文出版社 影印本) 권5, 軍制, 4앞, p. 91 ; 嘉慶 《雲霄廳志》(台北, 成文出版社 影印本) 권8 兵防志, 林偕春, 〈兵防總論〉, 14앞, p. 317 ; 乾隆 《長泰縣志》(台北, 成文出版社 影印本) 9, 勇烈列傳, 34뒤~36앞, pp. 508~511.

62) 《天下郡國利病書》 原編26冊, 福建, 寨隘, 80뒤~81앞, pp. 10666~10667.

63) 《永春縣志》(1990), p. 656 ; 民國 《永春縣志》3, 大事志, 8앞~11뒤, pp. 83~90.

전사자가 나오는 등 영춘 각지의 피해도 적지 않았다.[64]

도원유씨는 이러한 寇亂에 대응하기 위하여 보채를 만들고 향병을 조직하여 적극적으로 자위활동에 나섰다. 중심인물은 鳳(1499~1578, 亨惠의 三子, 4세)으로 鄕邦의 推重을 받고 향촌방위에 앞장서서 津·關을 보수하고 망루를 설치하고 鄕兵을 모집하고 통솔하여 방어를 엄히 하였다. 이에 倭寇가 영춘현에 몰려들어서 대대적으로 약탈과 파괴를 일삼았지만 附近의 諸鄕만이 온전하였던 것은 모두 公의 힘이었다고 하고 "一家의 俊士일 뿐만 아니라 실로 一邑의 偉人"이라고 평가되었다. 그 결과 지현 劉三錫·陳九儀·許兼善에 의해 隆慶 元年, 융경 4년, 만력 2년 연속으로 향빈이 되었고 萬歷 元年에는 冠帶를 받기도 하였다.[65]

또 도원유씨는 嘉靖 41년(1562) 겨울 擧族的으로 湖洋鄕 桃源村에 月山堡(月城)를 만들었다. 당시 구적이 평정되지 않고 유적이 횡행하는 시기에서 應望(6세, 小宗房)은 月山堡 건설을 제의하고 건축비로 그의 兄弟가 金 90兩을 냈다. 그리고 應龍(6세, 排尾房)의 叔姪이 70兩, 應時(6세, 天地人房)의 兄弟가 70兩을, 그리고 存之·順之(5세, 果蕈房)가 각각 5兩씩, 鉞(5세, 溪尾房)이 3兩을 내는 등 재산의 정도와 본인의 의사에 따라서 내었다. 그 결과 金 7백여 兩을 사용하여 성벽과 집을 건축하였으며 가정 42년에 완성하여 가정 43년에 입주하였다.[66]

그 후 만력 중반경에는 "최근 수년에는 人力과 地利가 모두 소진되었다. 내가 보니 나무를 베고 토지를 개간하는 것이 靑天과 黃泉에까지 이르렀다. 民心은 쉽게 동요하고 무뢰배들이 횡행하니 영춘현의 풍기가 순박하고 인정이 두텁다는 말은 옛말이 되었다"고 하였다.[67] 또 "閭井의 무뢰배들이 겁탈과 살인을 일삼으며 떼를 지어서 횡행하

---

64) 民國《永春縣志》3, 大事志, 11뒤, p. 90 ;《桃源劉氏族譜》권7, 10앞, 15뒤.

65)《桃源劉氏族譜》권7, 6앞 ; 同 권1,〈四世于山公隱行傳〉, 41뒤~42뒤.

66)《桃源劉氏族譜》권1,〈詒燕傳〉, 37앞~39앞. 그 규모는 1990년 현재 堡內에는 千人이 聚居하고 있을 정도였다.《永春縣志》(1990), p. 847.

67)《桃源劉氏族譜》권1,〈詒燕傳〉, 38뒤.

며 寇賊이 城邑을 노리는"[68] 상황이었다. 그런데 月山堡는 경사가 완만한 곳에 있어서 지키기가 어렵기 때문에 방어에 유리한 곳이 필요하였다. 이에 萬曆 30년(1602) 應時는 동생인 應元·應任(天地人房)과 함께 金 2,500여 냥을 들여 湖洋鄕 淸白村에 金龜堡를 復建하였다. 규모는 房屋 4백여 間으로 3·4백 명을 수용할 수 있었으며, 이 가운데 應時 3형제가 4분의 3을 차지하고 應奎(果壟房)와 그 동생 및 獻智(7세, 小宗房) 등이 나머지를 차지하였지만 위급할 때는 本·支 族屬을 수용할 수 있었다. 이에 월산보는 非천지인방계가 주로 거주하며 금구보는 천지인방계가 주로 거주하는 형태로 나뉘게 되었고 兩堡는 서로 犄角之勢를 이루면서 세세토록 자손이 여기에 의지하도록 하였다.[69] 또 獻琯(7세, 地坤房)은 만력연간 湖洋鄕 湖城村에 湖洋堡를 축조하여 里人이 거주하게 하였는데, 그 거주자로는 호양황씨의 일족과 祖謙 삼형제의 家가 있었다.[70] 이들 보채의 구체적인 구조는 불분명하며 기본적으로 거주할 수 있는 공간은 확실하지만 宗祠나 義學 등이 있었는지는 분명하지 않다.[71]

명청교체기 민남에는 구적, 명조, 청조, 남명, 정씨세력 등이 서로 교차하였으며 이들이 종족에 끼친 영향도 적지 않았다. 우선 구적과

---

68) 《桃源劉氏族譜》 권1, 〈六世拱雲長君隱行傳〉, 43앞.

69) 《桃源劉氏族譜》 권1, 〈詒燕傳〉, 37앞~39앞 ; 同 권1, 〈六世拱雲長君隱行傳〉, 43 앞 ; 《永春縣志》(1990), p. 847.

70) 《桃源劉氏族譜》 권7, 27뒤~28앞 ; 《永春縣志》(1990), p. 847. 縣志에서는 獻琯이 獻倌으로 기록되어 있으나 族譜를 따라 獻琯으로 씀. 또 조겸 삼형제가 왜 金龜 堡에 있지 않고 호양보에 있었는지는 불분명하다. 도원유씨와 호양황씨의 관계는 비교적 밀접하며, 특히 천지인방 가운데 人房과는 밀접하여, 應任의 처, 獻誦의 처, 獻謀의 처가 모두 호양황씨였다. 그러나 다른 天房과 地房과는 그렇게 많은 혼인관계가 보이지 않는다.

71) 청초 漳浦縣 鄕紳 黃性震(廣西 按察使, 湖南 布政使 역임)이 만든 詒安堡에는 族衆의 거주지뿐만 아니라 堡의 중앙에는 大宗廟를, 그 옆에는 小宗廟를 짓고 그 밖에 義學, 祭田, 學田, 義田을 함께 설치하여 족원들의 삶이 완결되도록 하였다. 藍鼎元 撰, 〈黃性震〉, 《國朝耆獻類徵初編》 59, 卿貳19, 24앞~28앞 ; 藍鼎元, 〈黃太常性震傳〉, 《碑傳集》 41, 內閣九卿 中, pp. 1127~1130 ; 〈大方伯黃公建置金浦湖西 詒安堡, 家廟, 義學, 祭田, 學田, 義田碑記〉(康熙27年建立), Vermeer, Eduard B., *Chinese Local History : Stone Inscripitions from Fukien in the Sung to Ch'ing Periodes*(Boulder·SanFrancisco·Oxford : Westview Press, 1991), pp. 42~46.

의 관계는 비교적 彼我가 분명하고 대립 구도도 단순하였으며 종족에게 가장 큰 영향을 주었다. 그런데 많은 구적 가운데 호양향 일대에 침입한 구적은 林隆 集團과 陳邦哲 集團이었다.

숭정 6년부터 천주 근교에서 斗杣會가 조직되고 지주들과 대립하면서 농민들의 봉기가 계속되었다. 숭정 15년(1642)에는 복건 남부의 대기근을 계기로 南安·安溪에서 봉기가 일어났다. 대표적인 것은 안계현에서 陳爾蜂·潘惜復, 蘇聚庶의 두 집단과, 남안현에서 張六角·林隆義·吳少子·戴厚 등 靑巾賊과 林良順의 두 집단, 그리고 선유현의 林隆이다.[72] 그 가운데 林隆은 湖洋堡를 공격하였다. 당시 호양보에는 祖謙·陶箕·陶祁 삼형제가 함께 거주하고 있었으며 이들은 賞을 걸고 적을 격퇴시켜 호양보는 무사할 수 있었으므로 큰 피해를 입은 것으로 보이지는 않는다.[73]

도원유씨에게 최대의 피해를 입힌 사건은 順治 5년(1648)의 陳邦哲 집단(塗橋賊)의 공격이었다.[74] 陳邦哲은 19都民으로 도원유씨나 호양황씨와도 밀접한 관련을 가지고 있었을 것으로 생각된다. 특히 도원유씨나 호양황씨는 대성으로 지주도 적지 않았을 것으로 추정된다. 당시 천주부를 비롯하여 복건성 전역에 걸쳐서 지주-전호간의 갈등이 적지 않았던 점을[75] 생각해보면 영춘현 그리고 호양향 지역의 사정도 비슷하였을 것으로 추정된다. 이는 "里中의 무뢰배 대부분이 진방철을 따랐다"라거나 "里人 가운데 賊을 따라간 자가 過半이다"고 하는

---

72) 王連茂 著, 三木聰 譯, 〈明末泉州の田租收奪と‘斗杣會’鬪爭〉, 《史朋》 17(1984), pp. 44~48.

73) 《桃源劉氏族譜》 권1, 〈續詒燕傳〉, 39앞~40뒤 ; 同 권7, 44앞~뒤 ; 《永春縣志》, p. 13. 또 祖謙은 "蓋祠宇 充祠租"를 자신의 일로 여길 정도로 종족 활동에도 적극적이었다. 《桃源劉氏族譜》 권7, 41뒤.

74) 이하 陳邦哲과 관련해서는 《桃源劉氏族譜》 권1, 〈續詒燕傳〉, 39앞~40뒤 ; 同 권7, 45앞 ; 同 권7, 41뒤 ; 同 권7, 74앞~뒤 참조.

75) 傅衣凌, 〈明末淸初閩贛毗鄰地區的社會經濟與佃農抗租風潮〉, 《社會科學》 3·3·4(1947) (同, 《明淸社會經濟史論文集》, 北京 : 人民出版社, 1982, 再收) ; 同氏, 《明淸農村社會經濟》(北京 : 生活·讀書·新知三聯書店, 1961) ; 同氏, 〈明末南方的'佃變'·'奴變'〉, 《歷史硏究》, 1975-5 ; 同氏, 〈明嘉萬以後福建泉州地區的地租量與佃農抗租鬪爭 — 以泉州陳氏族譜文書爲基據的一個考察 —〉, 《鄭天挺紀念論文集》(北京 : 中華書局, 1990).

상황에서 엿볼 수 있다.[76]

이해 봄에 진방철 집단은 湖洋堡를 함락시켰으며 많은 황씨 일족을 살해하였다. 당시 祖謙兄弟 三家도 피해를 입을 위기에 있었으나 賊들은 "劉膚都(獻猷)家는 세세토록 덕을 쌓아서 우리들이 누차 恩澤을 입었으니 해를 입혀서는 안된다"거나 "이들은 仁厚長者로 우리들이 세세토록 그 혜택을 입었으니 어찌 해를 가할 수 있는가, 만약 이 家를 해하는 자는 용서 없이 죽이겠다"라고 하고 三家의 大小 40여 人은 모두 해를 입지 않았다. 그러나 物貨는 모두 적의 손아귀에 들어갔으므로 조겸 일가가 곤궁케 되었다. 그리고 4월 1일에는 月堡를 함락하고 擧人 鳴岐 等 일족 18명이 한꺼번에 살해당하는 등 호양보를 함락시킬 때와는 달리 "賊이 더욱 치열하여 우리 족원들을 모두 죽이려고 하는" 상황이었다. 이에 祖謙은 아들 逢穦(1627~1657)에게 族丁·佃僕을 모집하고 白雲鄕의 牛頭寨에 보루를 만들고 故土의 회복과 복수를 맹세하였다. 이들의 聲勢가 크게 떨치자 賊은 월산보를 버리고 소굴인 鐵林寨로 갔으며 이에 봉분은 塗橋에서 이들을 대패시켰을 뿐만 아니라 바다로 달아나려는 林仙, 陳邦哲을 表親 黃弘讓과 함께 체포하여 살해하고 호양지역을 평정하였다.

호양보의 함락시에 조겸 형제의 家(天房)는 재산상의 피해는 있었지만 인적인 피해는 없었다. 그러니 월신보의 함락시에는 그 피해가 커서 이때 죽은 사람 18명 가운데 필자가 확인한 사람은 地乾房 5명, 小宗房 2명, 東山房 8명으로 모두 15명이었다. 그리고 1647년의 피살자 4명 가운데 橋頭房 2명, 果蕫房 2명이었으며 1646년에 과롱방의 2명이 죽었다. 이렇게 볼 때 소종방과 동산방의 피해가 컸다. 특히 동산방은 관리가 될 가능성이 높은 擧人 명기의 피살로 인하여 이후 특별한 관리는 보이지 않는다. 반대로 천지인방은 다른 방에 비하여 상대적으로 피해가 적었을 뿐만 아니라 진방철 일당을 격멸시키고

---

76) 《桃源劉氏族譜》 권1, 〈詒燕傳〉, 37앞~39앞 ; 同, 권7, 74앞~뒤.

지속적인 발전을 계속하였다.

한편 족원과 청군 등과의 관계에서는 다소 다양한 모습을 볼 수 있다. 우선 순치 3년 청의 征南大將軍 버일러(貝勒) 博洛이 延平을 거쳐 泉州로 오는 도중에 영춘현 지현 唐朝卿이 달아나 지현이 공석이 되자 其爽(1603~1646, 7세, 果壟房)은 縣의 政權을 장악하고자 하였다. 그러나 懸鐘寨長 生員 顔上觀이 술과 고기를 가지고 청군를 대접하였으므로 博洛은 안상관을 典史에 임명하고 縣事를 관장하도록 하였다. 그리고 기상은 오히려 피살되었고 그의 조카 振聲(1607~1646, 8세, 果壟房)도 청군에게 피살되었다.[77] 반면에 順治 6년(1649) 청군의 總提 馬得功이 東關을 격파하고 太平·上場 等處를 剿·撫하며 오자 湖洋鄕에서 술과 고기를 마련하여 군대를 위로하고자 하였다. 그러나 피해를 두려워하여 모두 꺼렸으므로 世美(9세, 祖謙 4子)가 이를 자임하여 오히려 馬得功의 獎賞을 받았고 청군의 호양향 진입을 막을 수 있었다.[78]

정씨세력과의 관계는 그리 밀접하지 않았다. 영춘현의 정씨세력은 林忠(平定伯) 집단과 林日勝(伯爵) 집단으로 정씨세력과 서로 표리를 이루고 있었다. 이들이 직접 유씨를 공격한 사례는 보이지 않지만 세량의 징수 등을 통해서 간접적으로 영향을 주었을 것으로 생각된다.[79] 또 순치 11년 정성공의 대군이 선유현을 공격하여 점령하자 鄕人들이 두려워 어쩔 줄 몰라하고 있을 때 逢槓이 향민을 독려하고 향촌을 방위하여 안정시킨 사실이[80] 있는 정도여서 정성공의 영향이

---

77) 《桃源劉氏族譜》 권7, 36뒤 ; 同 권7, 49뒤. 그의 행위에 대하여 족보에서는 "智小謀大 自投於羅"라고 부정적으로 평하였다. 또 기상의 피살과정은 불분명하지만 "爲小人所欺 竟遇害焉"이라고 한 사실로 보아서 청군에게 죽은 것은 아닌 것으로 보인다. 그에게는 아들 3명, 손자 5명이 있었으나 모두 단절되고 장손인 懷觀은 '外出'로 되어 있으나 그 후에 관하여는 알 수 없다. 이 역시 전란의 대응에 실패한 결과라고 볼 수 있다.

78) 《桃源劉氏族譜》 권1, 〈續治燕傳〉, 40앞.

79) 정씨세력의 병향징수, 구적세력과의 결탁 등에 대하여는 元廷植(1996a), 제1편 제1장 참조.

80) 《桃源劉氏族譜》 권7, 74앞~뒤.

얼마나 컸는지는 확인하기 어렵다.

南明과의 관계는 비교적 제한된 족원에게만 해당되었다. 예컨대 8세 熿(1603~1655)은 拔貢으로서 숭정 15년(1542) 廣西 桂林府 義甯縣 知縣이 되었다가 陝西 尋甸府 通判으로 전임하게 되었다. 그러나 부임하기 전에 왕조가 바뀌었으며 弘光間(1645) 閣部 瞿杙耜의 천거로 廣西 桂林府 同知로 전임하였고 또 營膳司 郎中, 驛傳副使, 兵巡通政司 右參議 등을 역임하였으며 永曆間(1647~1662) 임지에서 죽어 그곳에서 장사를 지냈다.[81] 또 熿을 따라 광서로 갔던 조카 民惇은 왕조가 바뀌자 孫可望 휘하에서 將이 되었으며, 熿의 아들 蓴初도 남명의 來賓縣 知縣이 되었지만 모두 이후의 사정은 알 수 없다.

寇亂은 몇 가지 측면에서 도원유씨에게 영향을 주었다. 첫째 족내각 지파의 발전에 변화를 주었다. 의영현 지현 熿家의 경우, 이들의 선택은 당시 광서에 있었고 남명정권이 광동·광서에 기반을 두었기 때문에 지극히 자연스러운 선택일 것이다. 그러나 남명의 선택은 도원유씨의 다른 관직 經歷의 家와 비교해 본다면 熿家의 발전을 중단시킨 것이라고 할 수 있다. 마찬가지로 擧人 鳴岐의 家나 其爽의 家도 크게 진작되지 못한 중요한 계기였다고 생각된다.[82] 그러나 이를 무사히 넘긴 지파는 비교적 지속적인 발전을 할 수 있었다.

둘째 전란기 경제기반의 파괴나 경제활동의 쇠퇴는 지역사회의 경제적 쇠퇴와 더불어 종족의 경제력도 약화시켰던 것으로 보인다. 예컨대 명말 祠宇와 祀田을 만들고 청초 향촌방위에 앞장섰던 祖謙(1591~1650, 8세, 天元房 始祖)의 직계 孫子인 之全(1634~1689)의 경우에는 선대의 빚 갚기도 바빴다고 한다.[83] 또 그의 아들이며 후에 진사가 된 海嶽(1656~1724, 11세, 天元房)도 高祖 獻猷 때 富가 千鐘이나 되었으나 자신은 湖洋內 黃君의 書室에서 선생노릇을 하면서 공부를

81) 《桃源劉氏族譜》 권7, 47앞.
82) 주 77과 같음.
83) 《桃源劉氏族譜》 권8, 1뒤. 獻猷의 경우 "家貲不下數萬 增置田産百有餘碩"이었다.

해야 했으며,[84] 동생인 海岱(1661~1735, 11세, 天元房)도 "白手成家"하였음을 강조하였다.[85] 이렇게 된 원인은 다름아니라 호양보의 함락과 재산의 상실, 향촌 방위 비용 사용, 청군 및 정성공군에 대한 납부, 청조의 세역 수탈 등과 밀접한 관련이 있을 것으로 추정된다.[86]

셋째 전란은 직접적인 피해 말고도 많은 우수한 인재들이 과거에 응시할 기회나 교육의 기회를 상실하게 하였다는 점에서도 도원유씨와 같이 서서히 체계화되고 안정되어 가던 종족에게는 부정적인 영향을 주었을 것으로 보인다. 예컨대 日惠(1616~1648, 9세, 地坤房)는 공부에 뜻을 두었지만 世亂으로 그 뜻을 이루지 못하고, 土寇가 蜂起하여 자기 지역을 약탈하자 이를 막는 데 전념하여야 했다.[87] 이러한 현실은 [표 2]에서 12세 이후에 인구가 증가하였음에 비하여 文武科第와 文武宦蹟의 減少에서 그 일단을 엿볼 수 있다.

넷째 명말 이래 전란의 와중에 많은 조상의 분묘나 토지 등을 돌보지 못하여 상실될 위기에 처하였으며 종사도 불타게 되었다. 물론 전란기에 獻猷나 陶祁(8세)·世美(9세, 祖謙 4子)처럼 종족의 선영을 비롯하여 종족의 물적 기초를 지키려고 노력하여 성공한 사례도 있다.[88] 그러나 "賊이 우리 墳墓를 점거하고 우리의 집을 점거하였던" 상황이 있는 것으로 보아 성공한 사례는 그렇게 많았다고 생각되지 않는다. 또 전란으로 인해 주기적으로 관리하지 못하였으므로 그 결과 현지의 주민들이 점거하기도 하였다. 그러므로 어느 정도 사회가 안정되면서 침점된 분묘나 토지를 수복하고 파괴된 종사를 재건하는 것이 급선무였고 그것의 재건과 회복 과정에 종족의 결집을 촉진시키게 되었다고 생각된다.[89]

---

84) 《桃源劉氏族譜》 권8, 49뒤~50앞.
85) 《桃源劉氏族譜》 권8, 50뒤~51앞.
86) 예컨대 日演(1632~1715, 9세, 人日房)이 "當艱運 因時以處 遇雜役 隨機以應 公私急難 善爲排解 所以安父兄族黨者 其功鉅也"라고 한 바와 같이 각종 잡역이나 재화의 납부가 지속되었다. 《桃源劉氏族譜》 권7, 77뒤~78앞.
87) 《桃源劉氏族譜》 권7, 68앞.
88) 《桃源劉氏族譜》 권1, 〈續詀燕傳〉, 40앞.

Ⅳ. 桃源劉氏의 宗族 結集

族譜, 宗祠, 族田은 종족 형성의 삼대 지표라고 할 수 있다. 그 가
운데서 족보의 찬수는 가족의 범위를 넘어서 종족의 범위를 규정하
고 시조로부터 자신에 이르는 계보를 확정함으로써 자신의 정체성을
확립한다는 점에서, 그리고 다른 종족과의 분쟁시 대항할 수 있는 증
거의 축적이라는 측면에서[90] 도원유씨의 종족 형성과 발달에서 가장
기본적인 활동이었다.

도원유씨의 족보는 정덕 9년(1514)에 처음 찬수되었으며, 이어서 嘉
靖 39년(1560) 再脩, 萬曆 38년(1610) 三脩, 康熙 29년(1690) 四脩, 乾隆
53년(1788) 五脩, 咸豊 5년(1855) 六脩를 거쳐서 民國 17년(1928) 八脩
族譜에 이르렀다. 족보 찬수에 참여한 사람들은 종족의 뿌리를 강하
게 인식하는 지식인이 적극적으로 참여하여 주도하고 명망 있는 외
부 인사를 영입하여 찬수하였다. 예컨대 璠(4세, 綸의 次子)은 비록 학
위는 없지만 書·史에 능통하고 "本源"에 대한 인식이 강하여 譜系를
만들어 족보에 수록하였다.[91] 삼수족보 찬수를 주도한 應時는 과거
시험 공부를 포기한 생원이었고, 강희사수족보의 찬수에 참여한 奭
(1625~1717, 8세, 東山房)도 과거시험 공부를 한 "儒士"에 불과했지만
종족의 천거로 四修族譜의 찬수를 맡았고 그 결과 족보의 완성이 그
의 공이라고 평가하였다.[92] 또 德灝(1650~1722, 10세, 天元房), 彰渭(165

---

89) 분쟁과 종족조직의 확대과정에 대하여는 朴元熇,〈明代 徽州 宗族組織 擴大의
한 契機 ― 歙縣의 柳山 方氏를 中心으로 ― 〉,《東洋史學硏究》 55(1996) ; 中島樂
章,〈明代徽州の一宗族をめぐる紛爭と宗族統合〉,《社會經濟史學》 62-4(1997) 참조.

90) 후술하는 바와 같이 순치 18년 안계현 소재 始祖妣 蔡氏의 분묘에 대한 반환
소송에서 승리할 수 있었던 결정적 단서가 族譜의 기록이었던 사실은 타족과 대
항하기 위한 증거로서의 족보의 중요성은 더욱 부각시킨 예라고 할 수 있다.

91)《桃源劉氏族譜》권7, 7앞.

92)《桃源劉氏族譜》권7, 57뒤. 특히 應時는 전술한 바와 같이 족보찬수뿐만 아니라
隆慶丈量時에 재정을 담당하였고 月山堡와 金龜堡 축조에 앞장섰던 면에서 종족
활동에 적극적으로 참여한 인물이었다.

1~1728, 10세, 天利房), 梓材(1659~1707, 10세, 增茂의 嗣子, 鍾鰲의 제4자, 天貞房)는 모두 강희사수족보의 찬수 때 돈을 내고 進士 宋祖墀를 초빙하여 族譜를 만들 수 있게 하였다.[93] 이렇게 생원도 아니지만 족내의 지식인으로서 사명을 가지고 족보찬수에 참여하여 자신의 지식을 활용하고 자신의 역할을 과시할 수도 있었으며 돈이 있으면 돈을 내서 족보의 편찬에 참여하기도 하였다.

족보는 장기간에 걸쳐서 지속적으로 편찬되었기 때문에 그 내용의 변화는 종족의 변화를 보여주는 것이다.[94] 우선 정덕 9년(1514)에 편찬된 초수족보에서 당시 종족의 범위와 그 중심을 살펴볼 수 있다. 吳賢이 쓴 〈桃源初脩族譜序〉에서는 맨 앞에 埔頭壟을 들고 이를 宋雷州知府 劉泰의 7세손 太學上舍 邦正先生(政)의 조카 鴻澤(亨惠)이 世居한 곳으로 소개하고 있다. 비록 그 다음 부분에 陶唐氏부터 이어지는 유씨의 연혁, 손공의 정착, 그리고 자손의 확산에 대하여 서술하였지만 대정파, 그 중에서도 형혜의 자손을 중심으로 다루고 있을 뿐이며, 정의 후손(백구파)에 대해서는 서술조차 하지 않고 있다. 그러므로 초수족보에서는 종족의 범위를 가장 번성했던 大埕 埔頭派 중심으로 인식하고 있음을 알 수 있다. 또 족보의 찬수목적을 昭穆, 尊卑, 系譜를 밝히는 것으로 보고 있어서 아직 족내의 분화가 크게 문제되고 있지 않는 것으로 보인다.

그러나 가정 39년의 재수족보에서는 몇 가지 변화를 확인할 수 있다. 첫째 손공을 시천조로 명시하고 손공이 정착했던 巷頭를 중심으로 서술하였다. 그리고 손공의 후손 巷頭派, 大埕派, 白口派로 분파되었음을 명시하고 병렬로 서술하도록 하였다. 둘째 족보의 편찬목적으로 초수보에서 크게 관심을 갖지 않았던 "貧富, 貴賤, 賢愚, 親疏"의

---

93) 《桃源劉氏族譜》 권8, 6앞~뒤 ; 同, 권8. 13앞. 族譜纂修에 참여했거나 족보의 서를 써주었던 외부 인사로는, 初脩의 吳賢, 再脩의 吳雲翔, 三脩의 郭元春, 四脩의 宋祖墀, 五脩의 永春 訓導 雷元運, 六脩의 永春知州 崔洲가 있다.
94) 이하 初脩~六脩族譜에 대한 서술은《桃源劉氏族譜》 권1, 22앞~27뒤에 수록된 각 족보의 序에 근거함.

문제를 인식하고 "貧富相周, 貴賤相親, 賢愚相養, 親疏相恤"을 강조하였다. 이러한 사실은 이미 사회적 혼란과 종족 내의 분화로 말미암아 종족의 상보기능을 필요로 하는 상황이 되었음을 의미한다. 즉 명 중기에는 개간지의 부족, 인구증가와 이동, 풍기와 인심의 변화 등이 서서히 나타났으며 이미 보였던 토지분쟁이나 구적의 침입, 그리고 족내·외에 대한 구제 필요성의 증대는 이를 반영하는 것이라고 할 수 있다. 또 〈桃源再脩族譜序〉가 가정 39년 겨울에 쓰여진 점으로 볼 때, 가정 왜구의 湖洋 침입(39년 4월)이 종족과 계보의 확정의 필요성을 강조하게 된 중요한 원인이라고 생각된다. 이러한 사실은 전술한 바와 같이 왜구의 침입 직후 종족 전체가 힘을 합하여 月山堡를 축조하였던 것과도 표리를 이루는 것으로, 종족의 상보기능의 필요를 구체화시킨 것으로 생각된다.

만력삼수족보 이후에는 기본적으로 가정재수족보의 서술 방향과 대동소이했던 것으로 보인다. 다만 몇 가지 특기할 사항을 정리하면 다음과 같다.

첫째, 萬曆三脩譜를 만들 때 大宗祠와 祀田을 갖춤으로써 명실상부한 종족을 확립하였다는 것이며, 康熙四脩譜를 만든 직후에는 무너진 대종사를 재건하였고 乾隆五脩譜를 만든 직후에도 대종사를 중수하였다. 이처럼 족보의 중수와 대종사 중건(중수) 및 시전의 확대가 동시에 진행되었던 것은 종족의 발달이 족보, 송사, 족전과 함께 발달함을 의미한다.

둘째, 가정재수보에 이어서 강희사수보에서는 특히 "疏"의 극복을 강조하였다. 그 疏의 구체적인 형태로 嘉靖再脩譜에 제시되었던 "貧富, 貴賤, 賢愚, 親疏"는 물론이고, 遷徙로 인한 거리상의 疏와 傳久로 인한 認識上·倫次上의 疏를 들고 있다. 강희 29년의 상황은 명말 청초의 전란과 왕조교체가 완료된 이후의 상황으로 종족의 피해나 변동이 적지 않았으며 그 결과 상당한 정도의 "소"의 상태가 되었다.[95] 그러므로 이를 극복하는 것이 급선무였으며 그 방향은 종족의

상보적 기능 회복, 종족인식의 제고, 그리고 종족의 사회적 지위 향
상이라고 할 수 있다.

셋째, 咸豊六脩譜에서는 이제까지 확인하지 못하였던 安溪居住 이
전의 祖上을 확정하는 한편 異姓養子를 족보에 수록하는 결정을 하
였다. 이러한 결정은 족보와 종사를 통하여 종족의 내부적 발전이 지
속되었던 한편으로, 계속적인 종족의 외연적 확대를 반영하였다. 이
는 청 중기 이후 사회적 불안정이 심화된 가운데 종족의 역할이 중
요해지고 종족의 양적 확대의 필요성이 커진 상황에서 나온 것으로
보인다.[96]

이상과 같은 족보의 찬수과정에서 도원유씨는 정덕연간의 종족 성
립, 가정연간의 종족 범위 확정, 만력·강희 연간의 종족조직 완성, 그
리고 함풍연간의 종족 범위의 확대로 정리할 수 있을 것이다. 이하에
서는 이러한 종족의 발달을 구체적으로 검토하겠다.

우선 大宗祠와 祀田은 족보와 더불어 종족 결집의 또다른 상징이
다. 족보가 범위와 계보의 확정이라면 대종사는 지속적인 제례행위를
통해 각 지파를 계속 결집시키는 행위의 장이라고 할 수 있다. 그리
고 사전은 바로 그 행위의 지속을 보장하는 경제적 기반인 것이다.[97]

도원유씨의 경우 각 房支의 직접적인 조상에 대한 제사 및 소종사
의 건립은 비교적 빨랐지만 대종사의 건설은 늦었다. 만력 38년(1610)
삼수족보 찬수를 전후하여 비로소 대종사를 축조하고 사전을 확보하
였으며 제사 담당 지파의 차례를 정하였다. 만력 38년 당시 劉家의
小宗祠는 埔頭壟에 있어서 亨惠(3세)를 제사하였는데, 이는 그의 네
아들(聰, 明, 鳳, 麒)의 후손이 공동으로 세워서 관리하고 제사 지내고

---

95) 《桃源劉氏族譜》권1, 〈桃源四脩族譜序〉, 25뒤. "追今八十餘秋而爲變革推移幾乎一
　　族之倫次乖錯難與治矣."

96) 元廷植(1996a), 第3編 參照.

97) 이하 大宗祠의 건축과 중건 및 祀田의 설치에 관하여는 《桃源劉氏族譜》권1,
　　〈詒燕傳〉, 39앞 ; 同 권1, 〈六世拱雲長君隱行傳〉, 43앞 ; 同 권2, 82앞~뒤, 〈新建雁
　　塔祠堂序〉 ; 同 권2, 83앞~84앞, 〈重修雁塔祠堂記〉 ; 同 권2, 100앞~101뒤, 〈雁塔
　　祠堂條規, 康熙34年立〉 참조.

있었던 것이었다. 또 應基(2세)에 대한 祠는 大埠에 있었으나 사전은
없었다. 應時는 자신의 고조와 증조를 위한 小宗祠와 祀田은 있으나
오히려 1·2세에 대한 大宗祠와 祀田이 없는 것을 부끄러워하고 솔선
하여 두 동생과 함께 먼저 50金(또는 은 30냥, 이들의 出金이 전체의 반
이상을 차지한다고 함)을 내고 족원들을 독려하였다. 당시 三派는 貧富
의 차이가 컸으므로 巷頭派와 白口派는 出分에 참여하지 않았다. 大
埠派는 다시 二支로 나뉘었는데, 東埔에 分居한 者 應錄(下大埠房)이
銀 10兩을 냈고 埔頭壟에 분거한 者 應時·弟姪(天地人房)이 銀 30兩을
냈으며 應朔·姪(小宗房)이 銀 약간을 냈다. 그 밖의 二支中의 자손도
分量에 따라서 공동으로 약간을 내어 건축에 협력하였다. 이에 만력
38년 10월 大宗祠를 田中의 舊地에 완성하였다.

이 대종사는 4년 만인 萬曆 42년(1614) 8월 홍수로 붕괴되었지만
새로 건축하지 못했다. 전란기 적도들에 의해 종사가 불탔던 小宗祠
도 廷輔(1600~1677, 8세, 東山房)가 房丁을 동원하여 재건하였지만[98] 대
종사는 강희 32년(1693)에 이르러서야 비로소 재건하게 되었다. 당시
日演(1632~1715, 9세, 人日房)이 대종사 터를 잡아서 제시하였고 그 이
후 10세손 梓材 등이 발의하여 始祖의 祀田地인 雁塔洋의 坂上에 건
축하였다. 건축비용은 모두 5股로 나누어 大埠派가 4고(橋頭房+下大埠
房 1고, 排尾房+小宗房+溪尾房 1고, 天地人房 1고, 果壟房+東山房 1고), 白
口派가 1고를 담당하도록 하였으며 족원들의 경세적 사정에 따라서
분배하였다. 그런데 梓材가 단독으로 은 50냥을 냈으므로 재정적으로
가장 공헌이 컸지만 德灝(1650~1722, 10세, 天元房, 世美의 次子, 庠生),
德頤(1661~1696, 10세, 天元房, 世美의 4子, 繼高의 嗣子, 庠生)도 주요 공
헌자였으며, 공사를 감독하고 관리하는 데에는 彰渭(天利房 增蕃의 長
子, 儒士), 日演, 鳳池(1655~1699, 10세, 小宗房 聯標의 次子, 增生) 등의 공
로가 컸다.[99] 비록 소종방의 鳳池가 있기는 하지만 전체를 주도한 房

---

98) 《桃源劉氏族譜》 권7, 45앞.
99) 여기에 참여했던 사람들은 모두 족보의 傳에 그 사실을 간략하게 수록하고 있

은 천지인방, 그 중에서도 天房이었다.

祀田도 宗祠와 마찬가지로 개별 가정에는 직계조상을 위한 사전이 있었고 또 그러한 사전의 설치도 빈번하였다.[100] 그러나 1·2세인 遜公이나 應基는 재산을 모두 자손들에게 나누어주었으므로 만력 38년 당시 손공이나 응기의 제사를 위한 祀田이 없었다. 그 결과 歲時로 묘를 관리하고 제사지냄에 貧者는 그 禮를 행하기 어려웠다. 이에 만력 38년 대종사를 만들면서 우선 遜公에 대해서는 墳前木을 팔아서 租 7石을 만들고 다시 公銀으로 租 12石을 갖추었다. 또 應基에 대하여도 公銀 등으로 祀田 租 22石을 두어 제사 담당자의 제사 준비를 하게 하였다. 그 후 사전이 계속 늘어나서 1世, 2世의 祀租가 前에 비하여 각각 數倍나 되었다. 예컨대 안탑사당의 사전은 강희 34년 현재 모두 65石 1杕가 되었다.

당시 사전을 확충하는 방법은 다양하였다.[101] 우선 종족의 公田을 祀田으로 전화시키는 것과 출생한 아이에게 일정액을 내도록 하는 것이었다. 다음에 자손 가운데 생원은 은 1냥, 회시합격자는 은 30냥, 정갑은 은 100냥을 내도록 하였다. 그리고 50석을 내면 배향하여 주도록 하였던 것처럼, 사당 배향을 토지 확대의 수단으로 이용하였다.[102] 그 후 빈번한 계투나 사회경제적 불안정의 증대는 족산의 중요성을 심화시켰고 시간이 갈수록 족산이 증가하여 민국연간에는 시조

다.《桃源劉氏族譜》권7, 77뒤~78앞 ; 同 권8, 6뒤 ; 同 권8, 13앞 등.

100) 應錄(1557~1645, 6世, 下大埕房의 실질적 始祖, 생원)은 큰아버지인 錦이 후사가 없었으며 公도 독자였으므로 양자는 되지 못하고 그 대신 장지를 만들고 사전을 설치하였다(《桃源劉氏族譜》권7, 19앞). 또 日新(1633~1678, 9세, 橋頭房)은 "自置物業幷祖父祀租田 就其子三均輪管承祭"하였다. 이에 자손도 번성하여 4대까지의 후손이 모두 46명이었다(《桃源劉氏族譜》권7, 78뒤).

101) 族産을 만드는 방법도 종족과 지역에 따라 달랐다. 예컨대 閩南 南安 蓬島 郭氏 宗族은 생원부터 仕宦에 이르기까지 일정액을 "喜錢"이란 이름으로 징수하였으며, 泉州 薛氏 宗族은 娶婦錢(결혼시 징수), 報丁錢(득남시 징수)을 징수하였을 뿐만 아니라 '居官者는 官의 大小에 따라 매년 한달치 봉급을, 武職은 매년 반달치 봉급을 거두었으며 관직을 그만두면 면해주도록' 규정하였다(陳支平, 1991), pp. 60~61, p. 136, p. 143.

102)《桃源劉氏族譜》권2, 100앞~101뒤, 〈雁塔祠堂條規, 康熙34年立〉.

에 대한 祀田數만 132건이나 되었다.[103]

대종사의 관리와 제사는 매년 房別로 돌아가면서 담당하였다. 이미 만력 38년에는 巷頭 1房은 거의 단절된 상태여서 제사를 담당할 수 없었으므로 後에 大埕長房이 巷頭房을 대신하도록 하고 大埕二房을 二房, 白口를 三房으로 삼아 매년 돌아가면서 관리하되 1週하면 다시 시작하도록 하였다. 그러나 강희 34년 雁塔祠堂條規를 만들면서 제사의 순서도 사당을 건축할 때 나누었던 대로 ① 橋頭房＋下大埕房, ② 排尾房＋小宗房＋溪尾房, ③ 天地人房, ④ 果藿房＋東山房, ⑤ 白口派가 돌아가면서 담당하도록 하였다. 또 제사의 시기는 歲時로 정해져 있지만 朔望 등에도 大·小 宗祠에서 지속적으로 배향함으로써 족원의 정체성을 확보하였다. 예컨대 獻猷는 "朔·望·三伏·臘日에는 반드시 衣冠을 정제하고 子姓을 거느리고 拜謁"하였으며[104] 仁親(1681~1725, 11세)도 "朔·望만 되면 衣冠을 정제하고 祠宇에 가서 祖宗을 拜謁하였으며 춥든 덥든 조금도 달라지지 않았다"고 하였다.[105] 그리고 족보에서 嗣煬(1691~1753, 11세, 人月房)이 "喪祭大禮에 제수를 완전히 갖추고 뜻을 다하였다"고 칭송 받았던 예처럼[106] 성실한 제사 활동이 중요시되었고 이를 칭송하였다.

103)《桃源劉氏族譜》권2, pp. 116앞~121뒤,〈始祖祀租田條段〉. 또 1950년의 조사에 따르면, 沿海地域은 약 20~30퍼센트, 민북 미서지구 50퍼센트 이상이 공유전이었다. 민남의 경우 永春縣(7개촌) 29.53퍼센트, 晉江縣 平均 約20퍼센트, 南安縣 新榜村 15퍼센트로 민남에서 영춘현의 공유전의 비율이 높았다. 또한 共有田 가운데 族田 87.9퍼센트, 學田 5.19퍼센트, 會田 6.49퍼센트를 차지하여 족전의 비중이 월등히 높았으며 진강현 涵坂村은 공유전이 모두 族田이었다(공유전이 전체 경지의 31.89퍼센트임). 이 자료는 이미 청말 각종 정치·경제·사회적 변동을 겪은 이후의 것이기 때문에 청대의 상황을 아는 데 한계가 있지만 그런 상황을 감안하더라도 그 규모가 매우 컸음을 짐작할 수 있을 것이다. 鄭振滿,〈明淸閩北鄕族地主經濟的發展〉,《中國社會經濟史硏究》1987-4(傅衣凌·楊國楨 主編, 1987), pp. 126~127 ; 華東軍政委員會土地改革委員會 編,《福建省農村調査》,〈晉江縣僑區農村調査〉, pp. 102~103 ; 同,〈福建省共有田調査〉, p. 110.
104)《桃源劉氏族譜》권1,〈皇淸例贈文林郞七十二齡邑增生加太學生劉賡都公曁配周氏孺人合葬墓誌銘〉, 59뒤.
105)《桃源劉氏族譜》권8, 58앞.
106)《桃源劉氏族譜》권8, 72뒤.

주목되는 것은 도원유씨가 대종사를 만드는 시점에서 유씨종족은 3房(3派)으로 인식하고 있었으며, 대정파는 2支로 구분할 뿐이었다. 다만 돈 내는 정도를 기준으로 볼 때 항두파와 백구파는 이미 발언권이 거의 없는 상태였으며, 액수가 비교적 많은 지파도 2·3개에 불과했다. 비록 백구파가 강희연간에 대종사를 중건할 때 5분의 1을 담당하였지만 오히려 기존에 담당하였던 사전조차 회수할 정도로 사정은 좋지 않았다고 할 수 있다. 반면에 嘉靖 41년(1562) 月山堡를 만들 때 應望 兄弟(小宗房)가 金 90兩, 應龍·叔姪(排尾房)이 70兩, 應時 兄弟(天地人房)가 70兩, 存之·順之(果蘲房)가 각각 5兩씩, 鉄(5세, 溪尾房)이 3兩을 내는 등 모두 金 7백여 兩을 만들었던 예에서 배미방이나 소종방이 상당한 부담을 담당하였음에 비하여 강희연간 대종사를 만들 때는 배미방, 소종방, 계미방의 세 방이 합하여 1고를 담당하는 데 그쳤다. 가장 강력한 천지인방은 단독으로 1고를 담당하였는데, 이미 월산보를 만들 때도 많은 부담을 담당하였을 뿐만 아니라 단독으로 2,500냥을 들여 금구보를 만들었던 사실로 보아 이미 가정·만력 연간에 가장 강력한 房으로 성장하였음을 알 수 있다. 이러한 각 후손간의 경제력의 차이는 구체적으로 종족의 구성에서 가장 중요한 단위인 방의 분화를 촉진시켰고 만력연간 3방에서 강희연간 5방으로 되었음은 이를 반영한다.[107]

이러한 派·房의 분화는 종족 내 분화가 심화되면서 "疎"의 상태가 갈수록 확대되는 현실을 반영하는 것이었다. 또 종족의 숫적인 증가와 공간적 확산, 사회적 풍기의 변화, 경쟁의 심화 등으로 인하여 종족내 "소"의 위기는 계속될 수밖에 없었고, 소의 확대는 종족통합을 해치는 위기가 되었다. 족보의 찬수, 대종사와 사전의 설치 및 제사의 거행은 바로 이 "소"의 상태를 극복하고 정체성을 확보하게 하는

---

107) 陳其南, 〈房與傳統中國家族制度〉, 《漢學研究》 3-1(1985). 도원유씨의 民國八脩族譜의 범례에서는 3파 10방을 기본으로 삼고 있다. 그러나 房은 大垉派에서만 나왔으며 세분하여 [그림 3]과 같이 16개이다.

〔그림 3〕　　　　　　　　桃源劉氏 派房圖

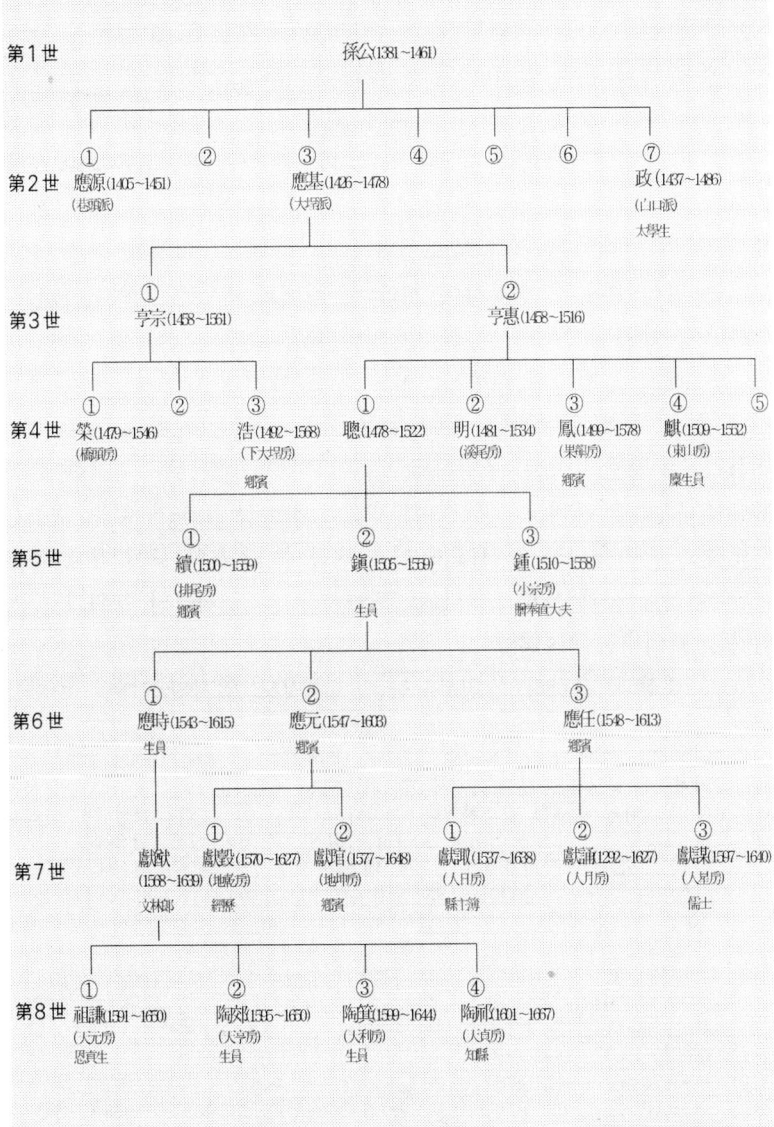

過程이라고 할 수 있다. 그리고 그 구체적인 내용은 족보에 수록된
각종 덕목(효도, 우애, 화목, 구휼, 검약, 선행 등)을 통하여 표현되었
다. 이는 곧 종족의 이념형이자 바람직한 족원상이라고 할 수 있고
동시에 종족의 유지·발전을 위한 기초적인 과정이었다.[108]

종족의 덕목 가운데 가장 기본이 되는 것은 孝友라고 할 수 있
다.[109] 孝友는 구체적으로 볼 때 매우 다양한 사실을 내포하고 있다.
즉 단순히 "極盡孝友"(2세, 應基), "事親以孝"(3세, 亨宗), "事父母以孝"(7
세, 伯燮)와 같이 일반적인 효도행위를 들 수 있고 열전에 가장 흔히
보이는 말이었다. 또 명청시대 효의 한 형태로 빈번히 보였던 割股도
聯標(9세, "割股事母")에게서 볼 수 있었다.[110] 그러나 孝友를 종족활동
과 결부해서 광범하게 사용된 예가 많다. 예컨대 대종사 건설, 족보
찬수, 분묘 회복 및 무연고 분묘의 보수 등의 활동을 한 彰渭(10세)에
대하여 "孝而兼仁"으로 표현하였고, 불타버린 小宗祠를 재건한 廷輔
(8세)를 "天性孝友"라고 하였으며, 아들로 하여금 後嗣가 없는 堂弟를
奉祀하고 祀田을 보충한 日新(9세)에 대하여 "孝友의 증거"라고 하였
다.[111] 이러한 사례는 족보에서 孝 또는 孝友의 구체적인 행위가 무엇
인가를 보여주는 것이다.

효의 대상과 관련하여 친부모는 말할 것도 없지만 "매일 繼母를

---

108) 송대 이후 종족 형성의 목적에 대하여 仁井田陞의 共同體論에 대하여 井上徹은
　　과거제도와 균분상속 관행 하에서 가문의 繁榮과 富를 유지하고 身分을 上昇시키
　　고자 하였다는 측면을 강조하였다. 그러나 수많은 中小宗族이 형성되는 과정을
　　모두 그렇게 설명하기는 어렵다. 오히려 사회적 유동성이 심화되었음에도 불구하
　　고 개인의 신체와 사회경제적 지위에 대한 보호장치가 부족한 현실에서 나타난
　　보장장치의 하나라는 측면이 중요하다[元廷植(1996a), pp. 141~143]. 앞에서 본 바
　　와 같은 "疏"의 확대는 어쩔 수 없는 현실이라고 하더라도 개인에게나 종족에게
　　나 바람직하지 않기 때문에 이를 극복하는 것이 급선무였다.
109) 孝가 수직적인 결합원리이고 友가 수평적 결합원리로서 "효우"는 종족결집의 가
　　장 기초적인 원칙이라고 할 수 있다. 淸水盛光의 "親和主義와 從屬主義"도 결국
　　孝友의 확대에 따른 것으로 이해할 수 있다. 淸水盛光,《支那社會の硏究》(東京：
　　岩波書店, 1939), 第4篇 참조.
110)《桃源劉氏族譜》권7, 68앞.
111)《桃源劉氏族譜》권7, 45앞 ; 同 권7, 77뒤~78앞 ; 同 권8-6뒤. 그 밖에도 10세 大
　　濤, 11세 海岱 등 유사한 사례는 많다.

지극한 효도로써 섬겼다"(4세, 聰), "효로써 嗣母를 섬겼다"(11세, 嗣煬),
"伯父의 양자로 갔으나 父母에 대한 효는 쇠하지 않았다"(10세 振進)
는 예처럼[112] 繼母나 嗣父母와 같은 인위적 부자관계도 중시하였다.
동시에 振進의 예에서 볼 수 있는 것처럼 생부모에 대한 효가 쇠하
지 않음을 강조함으로써 양쪽을 병존시키고 있었다. 이는 종족의 결
합 원리에 혈연적 결합만이 아니라 양자와 같은 인위적 결합도 일반
화되어 있는 현실을 반영하는 것이다.

　孝가 상하관계를 규정하는 덕목이라면 孝友의 "友"는 형제를 출발
로 한 수평적 관계를 규정하는 것이다. 그리고 그것의 구체적인 형태
는 형제 또는 족원에 대한 구휼, 보호, 배려 등의 형태로 나타났고
족보에서는 이를 "仁心" 등으로 표현하였다. 우선 "먼저 죽은 형·동
생의 아이들을 자기 아이처럼 돌보았다"거나, "형·동생의 딸들을 자
기 딸처럼 길러 시집보냈다"고 칭송한 예를 볼 수 있다.[113] 한편 其袞
(1600~1648, 7세)의 처 東關陳氏가 자신의 패물을 팔아서 시아버지에
게 白金 1백여 兩을 빌려주고 券契(田産 若干을 그에게 주겠다고 하는
내용 수록)를 받았는데, 兄弟가 分財할 때 券契대로 한 후 分財하면
시동생의 몫이 적어질 것이라는 이유로 이를 불태우고 재산을 平分
하였다. 이에 대하여 족보에서는 "仁且廉"이라고 칭송하였다.[114] 이 사
례는 형제간의 지나친 경제적 불균등은 치벌을 심화시켜 족적 결합
을 파괴시킬 위험성이 높은 현실에서 족내의 경제적 평형을 유지하
려고 하는 행위가 칭송 받았음을 보여주는 것이다.

　그러므로 빈궁한 족원이나 어려움에 처한 족원을 구제하고 보호하
는 것은 인도적인 차원으로 보나 종족의 정체성의 입장에서 보나 당
연한 일이었다. 우선 邦憲은 '族中에 혼기에 있으나 돈이 없어서 시
집보내지 못하는 사람에게 돈을 주어 도왔다.'[115] 또 應朔(1548~1634,

---

112) 《桃源劉氏族譜》 권7, 4뒤~5앞 ; 同 권8, 13뒤 ; 同 권8, 72뒤.
113) 《桃源劉氏族譜》 권7, 28뒤~29앞 ; 同 권7, 71앞~뒤 ; 同 권7, 86뒤~87앞.
114) 《桃源劉氏族譜》 권7, 35뒤.

小宗房)은 족원이 타족으로부터 "外侮"를 받으면 다른 사람보다 돈을 배나 내어서 막았으며,[116] 嗣烜(1676~1724, 11세, 人日房)은 "슬기롭게 처세하고 옳음으로써 자신을 지켜서 外侮가 침범하지 못하였고 親戚 이 평안히 지냈다"고 하였다.[117] "外侮"의 구체적인 실태는 매우 다양 하였겠지만 경제적으로나 사회적으로 불이익을 당하는 것으로 추정 될 때 종족 내의 유력한 사람이 도움으로써 이를 극복할 수 있었다. 특히 족원의 "侮"는 개인의 문제가 아니라 그 종족의 체면과 직결되 기 때문에 종족들은 어떤 형태로든 이를 막고자 하였으며 일부 종족 은 "禦侮" 행위의 불법여부에 관계없이 칭송하였고 족보에 공동으로 대처하도록 하는 명문 규정을 만들기도 하였다.[118]

'孝友'의 외연적 확대는 姻戚이나 지역사회에 대한 善行·善待로도 나타났고 이를 "仁厚忠誠" 등으로 표현하였다. 예컨대 "姻戚이 가난 하여 어려움을 겪으면 반드시 周恤하였다"(嗣煬)거나, "鄉族이 義擧를 하면 돈을 내고 즐거이 따르지 않은 적이 없다"(光誥)고 하였고, 또 "鄉隣親朋으로 求하는 자가 있으면 인색해 하지 않고 주었다"(良弼) 고 하였다.[119] 그리고 구체적으로 光誥(1696~1762, 12세, 人日房)는 '매년 앞장서서 壩를 축조하고 수로를 정비하였으며'[120] 海岱는 康熙間 흉년 이 들자 홀로 賑恤을 행하였다.[121] 아울러 종족뿐만 아니라 지역사회

115)《桃源劉氏族譜》 권1,〈皇清例贈文林郎七十二齡邑增生加太學生劉廣都公曁配周氏 孺人合葬墓誌銘〉, 59뒤 ; 同 권8, 74뒤.

116)《桃源劉氏族譜》 권7, 17앞~뒤.

117)《桃源劉氏族譜》 권8, 54뒤.

118) 元廷植,〈淸 中期 閩南의 械鬪 盛行과 그 背景〉,《東洋史學硏究》 56(1996), pp. 58~59.

119)《桃源劉氏族譜》 권8, 72뒤 ; 同 권9, 48앞 ; 同 권9, 54앞 ; 同 권2, 122앞~뒤.

120)《桃源劉氏族譜》 권9, 48앞.

121)《桃源劉氏族譜》 권8, 50뒤~51앞. 강희연간의 구체적인 시기는 알 수 없으나 지 방지에 보이는 대표적인 것으로는 "강희 19년 大饑, 斗米銀6鈇"와 "강희 50년 대 기황, 糧商·富戶가 屯糧하고 내다팔지 않았다"의 둘이다. 전자는 전란기 직후이고 또에 해대의 나이나 경제적 자립이 아직 되지 않은 때이므로 아마도 후자의 시기 로 추정된다. 乾隆《永春州志》 34, 祥異, 3앞~뒤, p. 288 ; 乾隆《永春州志》(乾隆52 年刊) 15, 祥異, 3앞, p. 423 ; 民國《永春縣志》 3, 大事志, 20앞, p. 107 ;《永春縣志》 (1990), p. 15.

를 안정시키기 위하여는 和睦이 중요한 덕목이었으며, 그 범위도 지역사회를 포함하였을 때 비로소 성과를 거둘 수 있었다. 족보에서는 이를 권장하여 "친척을 和睦으로 대하였다.""內·外에 대하여도 和睦으로써 대하였다," 또는 "宗族을 和로써 대하고 鄰里에 처함에 睦으로써 하였다"고[122] 서술하였다.

이상과 같은 덕행 사례는 이루 헤아릴 수 없을 정도로 많은데, 이는 그 행위가 족원의 몰락을 방지하고 종족의 안정과 발전에 중요한 것이었으므로 族譜에서는 칭송하여 수록하던 것이다. 또 山田을 두어서 후손을 부유하게 하고 종족을 발전시켰던 進(1660~1714, 10세)을 祠宇에 들여 享配케 하였던 것처럼[123] 宗祠에 배향함으로써 이러한 덕행을 촉진시키고자 하였다. 뿐만 아니라 이러한 덕행을 잘 하였을 때는 축복을 받는다고 함으로써 족원들의 덕행을 고무시켰다. 예컨대 동생의 딸을 제 딸처럼 길러 시집보내고 어머니에게 효도를 다한 伯巒(7세, 1579~1631)에 대하여 둘째 아들 鳴岐가 거인이 되어 그가 文林郞이 된 것도 "公의 德行이 이에 이르도록 하였다"고 한 것이나,[124] "慷慨하며 선을 좋아하고 義를 중히 여기고 베풀기를 즐겨하여" 빈궁한 族叔의 자녀를 돌봐주고 결혼시킨 邦憲(11세, 1693~1740)이 康熙 61년(1722) 守備의 冠帶를 받자 "公의 盛德이 아니면 어찌 능히 여기에 이르겠는가"라고 한 사실이[125] 바로 그것이다.

"효우"의 실천을 위해서는 경제적 비용이 들 뿐만 아니라, 또 그 경제적 기초가 종족을 안정적으로 유지·발전시킬 수 있었다. 이에 부의 蓄積은 그 부의 善用과 결부하여 족보에서 강조하는 행위이기도 하였다.[126] 그러므로 우선 "先人의 遺業에 의지하지 않고 능히 스스로

---

122) 《桃源劉氏族譜》 권7, 5뒤, 7앞 ; 同, 권8, 74앞.
123) 《桃源劉氏族譜》 권8, 13뒤.
124) 《桃源劉氏族譜》 권7, 28뒤~29앞.
125) 《桃源劉氏族譜》 권8, 74뒤.
126) 종족의 경제력과 관련해서는 부의 사용(분배)과 그것의 "봉건성"을 강조하는 연구도 있다. 이는 종족의 봉건성, 낙후성을 강조하기 위한 과정으로 보인다. 그러나 부의 축적도 족보에 흔히 보이는 중요한 측면이므로 지나치게 일면만 강조하

經營하여 家를 이루었다"(爲樑, 1655~1723, 9세, 小宗房)거나, "어려서 부모를 잃고 家에 餘資가 없었으나 부지런하고 검소하여 富를 이루었다"(大濤, 1669~1742, 10세, 下大埠房)는 예처럼[127] 가난하였거나 적은 유산의 상태에서 부를 축적한 행위가 칭송 받았다. 또 田 40여 頃을 증가시킨 亨惠(3세), 황무지를 개척하여 토지를 넓힌 浩(4세), 田産 1 백여 頃을 증가시킨 獻猷(7세) 등[128] 遺業을 확대한 자손도 칭송 받았다. 그 밖에 莊家와의 소송을 통해 遺産을 지킨 聰(4세), 豪右로부터 山澤의 利를 보호한 鍾(5세), 그리고 權家에게 침점당한 "産山利藪"를 혼자 소송을 통해 회복한 嘉植(1604~1649, 7세, 應龍 5자, 排尾房, 庠生) 등과 같은 사람이 칭송을 받았다.[129]

또 위 大濤의 예에서처럼 부의 축적, 보존과 관련하여 주목되는 덕목이 勤儉이었다. 종족의 발전을 위해서는 경제적 기반을 안정시키는 것이 필요하였고 이것은 공간적 확대와 더불어 근검을 통해 유지될 수 있기 때문이었다. 그러므로 이미 2세 應基부터 "極儉極勤 家用以裕"라고 하였고, 그 이후에도 "勤儉成家"(瑞璧, 1693~1761, 11세, 地坤房), "勤儉經營"(光誥, 1696~1762, 12세, 人日房), "儉樸無華"(國棟, 1716~1788, 12세, 地坤房)처럼[130] 주요 덕목으로 근검절약을 강조하였다. 이러한 치부관은 매우 소극적인 면이 강하지만 상품경제에 비하여 농업이 중심이었던 시기에 가장 안정적으로 부를 유지하고 확대할 수 있으며 나아가 종족을 유지·번영시킬 수 있는 태도라고 할 수 있다.

한편 제2장에서 본 바와 같이 종족이 계속 발전하기 위해서는 경제력의 확보 이상으로 중요한 것이 紳士의 持續的인 輩出이었다. 과거에 합격하여 관리가 되는 것은 개인의 영광일 뿐만 아니라 "孝"를 이루는 것이었고 종족을 보호하고 발전시키는 지름길이었다. 그 결과

는 것은 종족의 성격을 이해하는 데 장애가 될 것으로 생각된다.

127) 《桃源劉氏族譜》 권7, 90앞 ; 同, 권8, 22앞.
128) 《桃源劉氏族譜》 권7, 3뒤 ; 同 권7, 5뒤 ; 同 권7, 25앞.
129) 《桃源劉氏族譜》 권7, 9뒤 ; 同 권7, 36뒤.
130) 《桃源劉氏族譜》 권7, 1뒤~2앞 ; 同 권8, 74앞 ; 同 권9, 48앞 ; 同 권9, 65뒤.

많은 족원이 어려서부터 과거준비를 하였을 뿐만 아니라, 30살이 넘어서도 과거공부를 시작하는 사람(其袞, 1600~1648, 7세)도 있었다.[131] 또 "나이가 먹어도 '壯志'가 조금도 쇠하지 않았다"(奭, 8세)고 하여[132] 낙방에도 불구하고 계속 과거에 응시하는 것을 족보에서는 오히려 칭찬하고 있었다.

과거응시를 위하여 족원들을 교육시키는 것은 중요하였다. 星耀 (1645~1717, 9세, 小宗房), 克聖(1648~1696, 9세, 人月房), 明揚(1647~1720, 10세, 地坤房), 良弼(1709~1787, 12세, 天貞房), 國棟(1716~1788, 12세, 地坤房) 등 수많은 사람들이 각종 書齋를 만들고 명사를 초빙하여 자손들을 교육시켰으며,[133] 天錫(1742~1821, 11세, 下大埕房)은 書田을 만들고 "生員租"를 세워서 과거 준비자의 학업을 도왔다.[134] 이러한 교육전통이 淸白·湖洋·桃源 3개의 종족학교를 만들고, 민국 13년(1924)에는 族內 남양 화교의 출연을 기초로 族校 校舍를 신축하게 하였다고 할 수 있다.[135]

흥미 있는 사실은 도원유씨의 족원 가운데에는 《詩經》으로 과거에 합격한 사람이 많다는 것이다. 구체적으로 《詩經》을 통해 擧人·進士가 된 사람이 應望[6세, 융경 원년 거인(詩經中式 23명), 융경 2년 진사(詩經中式 173명)], 鳴岐[8세, 숭정 9년 거인(詩經中式 78명)], 海嶽[11세, 강희 35년 거인(詩經中式 64명), 강희 53년 진사], 寬[11세, 상희 59년 거인(詩經中式 79명)]으로 4명이나 되었으며 《易經》은 作楫[12세, 건륭 42년 거인(易經中式 68명)] 1명에 불과했다.[136] 이에 족보에서는 "劉氏는 葩經(詩經)으로 학위를 얻는 자가 많다"라고 하였으며 거인 이상의 학위는 얻지 못하였으나 甲徵(1619~1656, 9세, 地乾房, "葩經尤精通焉")처럼[137] 《詩

---

131) 《桃源劉氏族譜》 권7, 35뒤.
132) 《桃源劉氏族譜》 권7, 57뒤.
133) 《桃源劉氏族譜》 권2, 122앞~뒤 ; 同 권7, 86뒤~87앞 ; 同 권8, 4뒤 ; 同 권8, 33 앞~뒤 ; 同 권8, 72뒤 ; 同 권9, 54앞 ; 同 권9, 65뒤.
134) 《桃源劉氏族譜》 권9, 31앞.
135) 《桃源劉氏族譜》 권2, 76뒤~78앞, 〈族校建築記〉.
136) 《桃源劉氏族譜》 권2, 14뒤~23앞, 〈歷代文武科第傳敍〉.

經》에 정통한 사람이 많았을 것이다. 과연 어떤 연유로《詩經》에 정통한 사람이 많았는지는 명확히 알 수 없다. 그러나 "우리 家는 厚産은 없으나 經史가 바로 良田이다"(國璧, 1688~1752, 10세, 小宗房)라거나[138] "어려서부터 부모의 교훈을 충실히 따르며 책을 田으로 삼았다"(良弼, 1709~1787, 12세, 天貞房)는 것처럼[139] 과거공부 및 그 학문적 전통을 재산으로 여기고 계승시켰던 가풍이 존재하였던 것으로 보아 家學의 전통도 있었을 것으로 추정된다.

과거 공부는 집중적인 학습과정이 필요하므로 생업을 병존하기 어려웠으며 경제적 기초가 없이는 곤란하였다. 그럼에도 불구하고 과거합격자의 배출은 중요한 일이었으므로 생업에 종사하기보다 과거공부에 열중하는 것을 칭송하였으며, 반면에 그를 대신하여 가계를 꾸려나갔던 부인을 상찬하였다. 예컨대 家贄(1598~1651, 7세, 萬曆 47년 生員)가 오로지 과거공부에만 힘쓰고 産業에는 신경쓰지 않았으나 그의 부인인 林氏는 "紡績에 힘쓰고 衣·食을 검약하게 하여 부를 축적하고 子孫을 잘 길러서 늙도록 편안하였다"고 한 것이 그 예이다.[140] 이는 과거합격자의 배출이 그 어느 것보다 중요한 것임을 반증하는 것이었으며 이를 촉진하기 위해서는 주위의 희생을 요구하는 것이기도 하였다.

이러한 인식은 종족 내의 분업을 중시하게 되고 그 행위는 "孝友"의 일부로 인식되었다. 그 구체적인 형태는 우선 가내업무를 담당하여 잘 처리함으로써 다른 사람들이 家務에 신경쓰지 않고 공부할 수 있게 해 준 것을 들 수 있다. 예컨대 增奇(1614~1655, 9세, 天元房)는 일찍부터 과거공부를 하였지만 질병으로 인해 중도에 그만두고 家中의 大小事와 家貲 數萬을 정확하게 관리함으로써 "諸弟가 공부(書史)

---

137)《桃源劉氏族譜》권7, 69뒤.

138)《桃源劉氏族譜》권8, 33앞~뒤.

139)《桃源劉氏族譜》권9, 54앞 ; 同 권2, 122앞~뒤.

140)《桃源劉氏族譜》권7, 35앞. 족보에 여자들의 활동에 대한 기록이 많지 않은 점으로 보아 林氏에 대한 기록 그 자체가 상찬이라고 할 수 있다.

에 전념하고 家務의 번거로움에 시달리지 않을 수 있었던 것은 모두 公의 힘"이라는 평을 들었다.[141] 또 海岱도 형인 해악이 공부하는 동안 家中 世務의 대소사를 맡았으므로 "해악이 마음놓고 공부하여 과거에 합격하고 벼슬하게 된 것은 모두 公의 友于之力이다"고 하였다.[142]

다음에 외지에 나가있는 족원들과 그 재산을 돌봐줌으로써 족원이 외지에서 각종 활동을 안정적으로 할 수 있게 해 주었다. 예컨대 應望(1538~1591, 小宗房)은 도원유씨 최초의 진사로 隆慶 元年·2年 연속으로 거인과 진사에 합격하였으며 광주지부 등 외지에서 주로 활동하였다.[143] 이 응망의 일가를 돌본 사람은 동생 應朔으로, 應望과 일찍 죽은 季弟 應煥의 家務를 담당하였으며 재산상에 증가가 있으면 모두 公에 넣고 자기 것으로 삼지 않았다고 족보에서 칭송하였다.[144]

그리고 종족은 관직에 나간 족원의 여비를 대주고 또 일부 족원은 임지까지 가서 돕기도 하였다. 예컨대 陶祁가 鄞縣 지현으로 가자 그의 아들 鍾鰲(1624~1667, 9세, 天貞房, 늠생원)와 增龍(1641~1682, 9세, 天貞房)이 따라갔는데, 특히 당시 정씨세력을 평정하기 위하여 군대와 절강성 11부의 官吏가 은현에 모였으며 이들에 대한 一切의 芻蕘, 錢穀, 舟楫, 營舍를 그가 관장하여 무리없이 처리하였다.[145] 또 海嶽이 高陵縣 지현으로 부임하게 되지 이들 良進(1676~1730, 12세), 良佐(1678~1738, 12세), 良楫(1691~1753, 12세)을 비롯하여 復洵(1663~1731, 10세, 橋頭房, 日新의 長子)과 鍾沛(1689~1763, 12세, 天元房, 海岱의 차자)가 따라가서 업무를 도왔다.[146] 특히 復洵은 高陵縣의 刑名·錢穀·書啓

---

141) 《桃源劉氏族譜》 권7, 67뒤.
142) 《桃源劉氏族譜》 권8, 50뒤~51앞.
143) 《桃源劉氏族譜》7, 14뒤~15앞 ; 乾隆 《永春州志》 21, 選擧, 1뒤, p. 201 ; 同, 5앞, p. 203 ; 同 24, 列傳, 16뒤, p. 245 ; 民國 《永春縣志》 14, 選擧, 14뒤, p. 442 ; 同, 15앞, p. 443 ; 同 18中, 列傳中, 6뒤~7앞, pp. 636~637 ;《永春縣志》(1990) 권32, 人物志, p. 875.
144) 《桃源劉氏族譜》 권7, 17앞~뒤.
145) 《桃源劉氏族譜》 권7, 71뒤~72앞 ; 同 권7, 84뒤.

三事를 담당하였으며 종패는 여론을 수렴하고 정치적 판단과 결정을
도왔으며 海岱는 부임시에 필요한 비용을 대주었다.[147]

V. 淸 中期 永春縣의 社會變化와 桃源劉氏

청 중기가 되면 민남에는 인구 증가와 이동, 해상무역 발달, 신대
륙 작물의 확산, 대만 개발 등의 영향을 받았으며 영춘현에서도 명대
와 다른 몇 가지 변화를 확인할 수 있다.[148] 우선 농업상의 발전이다.
구체적으로 "최근에는 비옥한 논에는 간혹 1년에 두 번 거두는 곳도
있다"는 사실로 보아 청 중기에는 복종지수의 증가로 생산량이 증대
했을 것으로 추정된다.[149] 복종지수의 증가는 연해지역에서는 이전부
터 나타났으나 내륙인 영춘현에도 복종지수가 증가했다는 사실은 농
업기술의 발달이 내륙으로까지 확산되었고 이에 따른 사회적 변화의
가능성을 보여준다. 또 비록 다른 현과 비교할 때 泉州의 소속 7읍
중에서 永春縣의 산액은 비교적 적었다고는 하지만 상품생산도 증가
하여, 설탕, 차, 남전과 더불어 담배가 주요한 산물로 자리잡게 되었
으며, 설탕은 강남 일대에서도 팔렸다.[150]

---

146) 《桃源劉氏族譜》 권8, 15뒤 ; 同 권9, 45앞 ; 同 권9, 46뒤 ; 同 권9, 47앞.

147) 《桃源劉氏族譜》 권8, 50뒤~51앞. 많은 사례가 가족이나 가까운 친척이 중심이
   지만 復洵은 海岱보다 行列이 높고 房도 달랐는데, 이 사실은 종족의 활용 가능
   성을 보여주는 것이다. 또 족원을 幕友와 같은 행정 보조자로 사용한 사례는 막
   우에 대한 연구에서도 중요한 사례로 생각된다. 閔斗基, 〈淸代幕友制와 行政秩序의
   特性 — 乾隆朝를 前後한 時期 — 〉, 《中國近代史硏究 — 紳士層의 思想과 行動 — 》
   (서울 : 一潮閣, 1973).

148) 元廷植(1996a), 제2편 참조. 또 이하 청중기 사회경제적 변화에 대하여 별주가
   없는 것은 乾隆22年修 《永春州志》의 風俗志를 이용하였다. 本志에 수록된 자료에
   는 '舊邑志'의 인용이 많다. 乾隆州志 이전에 나온 영춘현 지방지는 嘉靖 5年
   (1526), 萬歷 4年(1576), 康熙 23年(1684)의 세 가지가 있지만, 건륭22년수 《永春州
   志》에는 가정5년지와 만력4년지의 序만 있고, 강희현에 대하여는 없다. 뿐만아
   니라 내용도 가정지의 그것과는 다소 다른 점으로 보아 "舊邑志"는 만력현지로
   추정된다.

149) 乾隆 《永春州志》 16, 風俗, 2뒤~3앞, pp. 149~150.

　그 결과 상업상의 발전도 엿볼 수 있었다. 제2장에서 본 바와 같이
명 중기 영춘인은 주로 식량농업에 종사하였으며 상업과 수공업은
모두 "遠人"이 독점하였다. 그러나 청중기에는 "최근에는 또한 물건
을 파는 사람(鬻售者)이 있다,""간혹 장삿일에 익숙한 사람이 있다"
고 하여 상업에 종사하는 사람들이 나타났다.[151] 이러한 상업상의 발
전의 구체적인 정도나 지역적 차이는 불분명하지만 시장의 분포를
통해 전체적인 개략을 살펴보면 다음과 같다. 첫째 영춘현의 시장 발
달은 비교적 제한되어 있어서 수적으로 볼 때 명 중기에서부터 청대
에 걸쳐서 최소 2개, 최고 5개에 불과하였다. 이것은 閩南의 다른 지
역과 비교해 볼 때 수적으로 그렇게 발달한 것이라고 할 수 없다. 이
는 내륙산지의 특징이라고도 할 수 있지만 그만큼 영춘의 경제가 낙
후한 것임을 보여주는 것이기도 하다.[152] 둘째 시장이 있는 지역도 嘉
靖 5년(1526)에 縣前市(길 양쪽으로 늘어선 店舍의 길이가 1里 남짓 됨),
官田市(25都에 있음, 길이 2里이나 兩廊의 人家와 商賈는 적음), 石鼓市(23
都에 있음, 浮賈가 稠密하여 縣治에 비등함), 卓埔市(9·10都에 있음) 등 4개
이다. 건륭 22년(1757)의 기록에 官田市는 폐지되고 그 대신 赤崎
劇市(25都)와 豊岺頭市(25도)가 새로 생겼으며 縣前市(25도), 卓埔
市(9·10都), 石鼓市(23都)는 그대로 있었다.[153] 주목되는 것은 시장
이 있는 지역이 현성이 있는 25도에 2~3개, 23도와 9·10노에 각
각 1개로 편중되어 있으며, 이들 시장의 입지도 모두 현성을 지
나 남안으로 흘러가는 桃溪에 연하여 있다는 것이다. 이는 명청
시대 영춘현의 경제 중심지는 역시 도계를 중심으로 한 지역이라
고 할 수 있다. 셋째 민국연간의 시장상황을 볼 때, 시장의 수적

150) 乾隆《永春州志》 권17, 物産, 貨之屬, 13앞~24앞, pp. 159~164 ; 乾隆《福建通志》
　　(乾隆2年) 권11, 物産, 貨之屬, 23앞, p. 485 ; 鄭昌鑫,《明淸農村商品經濟》, p. 377 ;
　　《福建經濟發展簡史》p. 471.
151) 乾隆《永春州志》16, 風俗, 舊邑志, 2앞~3앞, pp. 149~150.
152) 元廷植,〈明末~淸 中期 閩南의 市場과 宗族〉,《歷史學報》155(1997).
153) 嘉靖《永春縣志》2, 規制志, 市, p. 104 ; 乾隆《永春州志》4, 城池, 市, 5앞~뒤,
　　p. 40.

인 증가와 광범위한 확산을 확인할 수 있다.[154] 이는 비록 건륭연
간의 지방지에서 충분히 반영되지 못하였지만 기술한 바와 같이 건
륭연간 이전부터 인구가 유입되고 지역이 개발되며 농업, 수공업, 상
업 등이 발달한 결과라고 추정된다.

도원유씨가 주로 살던 도원리 등 18, 19, 20도 지역에는 시장이 비
교적 덜 발달하여 단 하나의 공식적인 시장도 보이지 않는 지역이었
다. 그러나 청 중기 이후 상업과 상품경제가 발전하면서 湖洋鄕의 경
제도 발전하였고 족내에도 부분적이나마 변화가 나타났다.[155] 예컨대
鍾浦(1694~1760, 12세, 天元房)는 평생 동안 詩書를 좋아하고 장삿일을
하지 않았음을 강조하였다. 이는 오히려 사회 분위기가 이미 서서히
상업에 적극적으로 종사하는 상태에서 오히려 학업에 정진하였음을
보여준다는 점에서 간접적이나마 상업의 영향을 보여주는 것이다.[156]
그러나 天錫은 매우 신실하여 많은 상인들의 신뢰를 얻음으로써 상
업에 성공하여 萬金의 부를 축적하고 "큰 부자(素封)"라는 말을 들을
정도가 되었으며, 鳳鳴(1759~1821, 12세, 果壟房)은 상업에 능하여서
"湖塽"의 産業이 크게 번성케 되어 아버지(朝式, 鄕賓)의 유산보다 열
배, 백 배에 달하는 부를 축적하였다.[157] 그 밖에도 12세 廷磐(1760~
1810, 12세, 天汲의 3子)이 농사로 집안을 일으켰지만 상업과 농업을 겸

---

154) **民國時期 永春縣의 市場 分布**

都	1	2	3	4	5	6	7	8	9	10	11	12	13	14	15	16	17	18	19	20	21	22	23	24	25	計
市	1							1			1												1'		2*	6
街		1		2		2	3							1	1		1				1	1				13
舖												1			1											2
店						3**	1							1												5
計	1	1		2		6	1	1			2			1	2	1					1	1	1		2	26

  * 西門五里街 又名 中街, 현 내에서 가장 번성하였으며, 전란후 크게 쇠퇴하였음
  ** 3개 모두 董前街의 부속
  根據: 民國《永春縣志》6, 城市志, 街市, 5뒤-6앞, pp.178-179.
155) 明淸間에 湖城塽垾이 건설되었고 민국 12년(1923) 湖城丁字街가 건설되어 集市
  는 塽垾에서 丁字街로 이전되었다고 한다.《永春縣志》(1990), p. 167.
156)《桃源劉氏族譜》권9, 47뒤.
157)《桃源劉氏族譜》권9, 31앞 ; 同 권10, 31뒤.

하여 경영함으로써 나날이 재산이 증가되어 거의 萬金에 이르렀다.[158] 이러한 사실은 농업을 넘어 상업이 부를 축적하는 중요한 수단으로 확산되고 있는 상황을 엿보게 하는 것이다.

그러나 天錫의 경우에는 "상업을 하지만 상인의 마음은 없다"라거나 捷標(1761~1826, 震照次子, 12세)도 "생업은 상인과 같으나 마음은 상인과 같지 않으니 이 역시 상인중의 忠厚長者이다"라고 하여 여전히 상인에 대한 인식은 높지 않은 것으로 보인다.[159] 그러므로 天錫처럼 "宅舍와 山田을 많이 넓히고 건축하는" 한편 書田을 세우고 生員租를 두는 등 종족내외의 활동에도 적극적이었고, 그 결과 그는 知州 鄭公으로부터 鄕飮大賓이 되었다.[160] 뿐만 아니라 상업으로 축적한 부를 이용하여 학위를 구입하였다. 위의 天錫의 兄 元任이 연납으로 감생이 될 수 있었고, 捷標 역시 嘉慶 6년 연납감생이 되었다. 심지어 鳳鳴은 嘉慶 5년에 弟 鳳祥·鳳喈·鳳岐와 함께 연납으로 감생이 되었을 정도였다.[161] 이러한 현실은 [표 2]에서 보이는 援例貢監과 援例吏員의 수가 이 시기에 많은 사실과도 표리를 이루고 있다고 할 수 있다.

전란에 따른 지역질서의 이완과 더불어, 청 중기 상품경제 및 상업의 발달은 풍속과 풍기의 변화를 가속시켰다. 전술한 바와 같이 가정 현지에서는 풍기가 질박하여 꾸밈이나 속이기를 적게 하고, 자신을 아낄 줄 알고 犯法을 두려워하며, 향촌에서 폭력을 휘두르거나 밤도둑과 분쟁도 드물어 "易治" 지역이라고 하였다. 그러나 만력연간에는 이미 분묘를 둘러싸고 분쟁이 빈번하였고 간악한 무뢰배가 이를 奇貨로 삼았으며, 죽은 자를 이용하여 공갈·협박하여 재물을 갈취하였으므로, 破産한 자도 있을 정도였다.[162] 건륭연간 주민들의 성품이 더욱 사나워져서 싸우고 소송하기를 좋아하여 하찮은 원한이나 말다툼

158)《桃源劉氏族譜》권10, 31뒤.
159)《桃源劉氏族譜》권10, 32뒤.
160)《桃源劉氏族譜》권9, 31앞.
161)《桃源劉氏族譜》권10, 31뒤.
162) 乾隆《永春州志》16, 風俗, 舊邑志, 2앞~뒤, p. 149.

도 번번이 큰 싸움으로 바뀌었다. 이러한 풍기는 械鬪를 촉진시켰다.
그 결과 영춘현에서는 '聚族而居'하고 있는 종족을 기초로 姓의 大·
小를 强·弱으로 삼았고 조그마한 문제가 발생해도 집단적으로 대응
하게 되었다. 처음에는 大姓이 小姓을 괴롭혔지만 건륭연간에는 여러
小姓이 연합하여 오히려 大姓을 공격하였으므로 대성이 고통을 받을
정도였다.[163] 이러한 계투는 민남 전역에 보이는 바이며 이로 인하여
민남은 대표적인 "難治"지역으로 꼽혔다. 이상과 같은 사회적 불안
을 기존의 행정체제로는 통제하기 어려워지자 효율적인 통제를 위하
여 옹정 11년 영춘현에 직예주를 설치하고 중요 지역에 佐雜을 배치
하게 되었다.[164] 그러나 이후에도 사회적 불안이 계속되었고 계투도
빈번하게 나타났다.[165]

도원유씨에 대하여도 상황은 비슷하여, 건륭 53년(1788) 당시 永春
州 訓導 雷元雲은 "그 사람들은 대부분 같은 족원들끼리 모여서 살
기 때문에 數里를 가도 異姓者가 없다"고 할 정도였다.[166] 이러한 聚
居상황은 종족계투가 발생하는 기초적 조건이란 점에서 주목되는 것
이다. 구체적인 계투 사례는 알 수 없지만 嘉慶 7~12년(1802~1807)
城郊 周·鄭·李·邱·蔡·劉 等姓의 계투가 매년 계속되었던 것을 비롯
하여, 道光 21년(1841) 城郊 邱·鄭 等姓의 械鬪, 咸豊 4년(1854) 城郊
姚·鄭 兩姓의 계투, 咸豊 11년(1861) 城郊 各姓의 계투가 계속되었
다.[167] 各姓에 劉姓도 있던 점이나, 國棟이 "族人과 협력하여 祖山을
보존하여 他姓이 점거하지 못하게 하였던"[168] 예로 보아 도원유씨도

---

163) 乾隆《永春州志》16, 風俗, 2뒤~3앞, pp. 149~150.《永春縣志》(1990) 大事記에
    수록된 최초의 계투는 乾隆 17년(1752) 城郊 鄭·陳 兩姓의 械鬪였지만 乾隆22年
    脩《永春州志》의 내용은 鄭·陳 양성의 계투 외에도 많은 계투가 존재하였음을 보
    여주는 것이라고 생각된다.

164)《宮中檔雍正朝奏摺》21, pp. 754~756, 雍正11年 6月 27日 郝玉麟·趙國麟奏摺.

165)《永春縣志》(1990), pp. 15~17.

166)《桃源劉氏族譜》권1,〈桃源五脩族譜序〉, 26앞.

167)《永春縣志》(1990), pp. 15~17.

168)《桃源劉氏族譜》권9, 65뒤.

어떤 형태로든 계투에 참가하였다고 생각된다.

그리고 청초의 전란으로 사회적 불안정이 계속되자 상실된 분묘나 토지가 많았으며 전란이 끝난 후 이를 둘러싼 분쟁·소송도 적지 않았다. 예컨대 安溪縣 依仁里 上湯에 始祖妣 蔡氏의 墳區가 있는데, 桃源에서 百里나 떨어져 있고 전란기라서 약 20년 동안 제사와 성묘를 할 수 없었다. 그 결과 현지의 蔣家가 묘비를 세우고 자기 조상의 묘로 삼았다. 順治 18년(1661) 鍾鰲는 宗族의 伯叔兄弟를 모아서 대책을 의논하고 翼雲(1634~1691, 9세, 東山房, 生員)을 비롯하여 族丁 2·3인을 거느리고 갔다. 그러나 蔣姓은 집단으로 木·石으로 이들을 공격하여 생원의 머리가 깨지는 등 폭력사태로 발전하였다. 결국 양자가 모두 지현과 지부에 소송을 제기하였고 지현이 兩家의 族譜, 黃冊, 이웃 周氏의 증언 등을 기초로 채씨의 무덤임을 판결하여 사건을 종료시켰다.[169] 또 嘉植이 權家에게 점거된 "産山利藪"를 獨力으로 소송하여 돌려 받았으며,[170] 강희 34년 尾田林 等處의 祖山이 曾仍範 등에 의해 仙溪 鄭其昌에게 팔려 점거당하자 日演은 현에 고소하여 강희 36년에 회복하였다.[171]

그 후 청초의 사회적 혼란에 더하여 인구증가·토지부족 등으로 풍기가 强愎해지고 집단간의 갈등이 심화되면서 송사가 급증하자 도원 유씨도 소송이 빈번해졌다. 즉 廷彬(1707·1767, 12세, 人月房)이 李平治의 토시 점서 소송을 이기고 祖業과 재산을 보존하였으며,[172] 南村 五總旗 등처에 대한 夏家와의 소송(건륭 30년 종결),[173] 溪潭山의 토지에

대한 鄭家와의 소송(건륭 47년 종결)[174] 등 소송이 계속되었다. 심지어는 4房이 公關하는 石獅額山의 栢木 판매대금을 둘러싼 作梢과 良弼의 족인간의 소송(건륭 35년 종결)처럼[175] 족산을 둘러싼 종족간의 소송까지 나타났다. 이상과 같은 사회적 불안정, 종족간의 갈등과 계투의 발생, 종족 무력의 중요성 증대 등의 현실이 다른 지역과 마찬가지로 도원유씨에게도 異姓養子의 중요성을 증대시켜 咸豊六脩譜에서 異姓養子의 入譜를 허용하기에 이르렀다고 생각된다.[176]

한편 청대 국가권력은 지역사회에 대하여 적극적인 정책을 취하였으며 그 구체적인 형태는 옹정 4년의 族正 設置였다. 이미 강희 56년 平和縣 지현은 房長의 연좌를 이용하여 향촌을 안정시키고자 하였으며,[177] 옹정 3년 漳州 總兵官 高世定은 보갑을 실시하면서 大姓內에 房·族長을 세워 족원들을 통제하고 나이들고 성실한 사람을 뽑아 練長으로 삼아 흉악하고 국법을 지키지 않는 자들을 교화하도록 하였다.[178] 이러한 상황에서 옹정 4년 황제는 100명 이상 '聚族而居'하는 촌락을 독자적인 보갑단위로 편성하고 족내 房의 長·次, 연령의 老·少에 관계없이 "才·德" 또는 "老成·名望"이 있는 사람을 뽑아 族正을 두어서 기존의 보갑제를 보완하고자 하였다.[179] 族正은 보갑의 일환으로 官이 선발하여 族衆을 통제하도록 하되 連坐된다는 면에서 기존의 族長과 달랐으며, 관이 종족을 이용하여 직접 기층사회를 통제하려고 하였다는 점에서 매우 중요한 의의를 가진다.[180]

---

174) 《桃源劉氏族譜》 권2, 124앞~뒤, 〈溪潭山讞語〉.
175) 《桃源劉氏族譜》 권2, 122앞~뒤, 〈毅齋公石獅額山判詞〉.
176) 明淸代 福建의 異姓養子에 대하여는 元廷植(1996)a, pp. 129~131, pp. 151~154 및 脚註의 文獻 참조.
177) 康熙《平和縣志》 6, 賦役志, 37앞~38앞, p. 110, 〈知縣王相詳請編造保甲及田畝花戶冊文稿〉.
178) 《宮中檔雍正朝奏摺》 4, pp. 3~4, 雍正3年3月1日, 福建漳州總兵官高世定奏摺.
179) 《皇朝文獻通考》 23, 職役考, 3뒤.
180) 《高宗實錄》 1335, 23뒤~26뒤, pp. 19808~19809, 乾隆54年7月庚戌;常建華, 〈淸代族正制度考論〉, 《社會科學輯刊》 1989-5;同, 〈淸代族正問題的若干辨析〉, 《淸史研究通信》 1990-1;朱勇, 《淸代宗族法硏究》(長沙:湖南敎育出版社, 1987), p. 158,

옹정제의 족정 설치는 도원유씨에게 族長의 등장과 역할로 반영되었다.[181] 우선 族譜의 열전에 처음으로 族長이 登場한 시기가 옹정제의 족정 설치 시기인 옹정 4년(1726) 직후로 추정된다. 즉 國用(1685~1747, 11세, 天貞房)이 도원유씨의 최초의 족장이 된 시점은 "公擧族長辦公二十餘年"과 그의 사망연대(1747)를 비교해 볼 때 옹정 4년경으로 생각된다. 다음으로 족장의 선발방법도 行과 나이에 따른 것이 아니라 개인의 능력에 따른 것이라는 점에서 족정의 선발원칙과 일치하였다. 즉 [표 2]에서 볼 수 있는 바와 같이 그가 동세대의 최고의 나이라고 볼 수 없으며 또 行이 가장 높다고 할 수도 없었다. 그리고 그를 선출하는 과정을 보면 그가 康熙 59년의 捐納監生으로 겸손하고 사람을 따뜻하게 대하며 모든 족원이 그의 忠厚함을 앙모하였기 때문에 "公擧"하였음을 알 수 있다. 그 밖에도 족장의 역할을 볼 때 족정의 역할과 일치하였다. 즉 국용은 "州에 公事가 있으며 一薪一蒭도 모두 자기 돈으로 처리했으며 族中에 다툼이 있으면 힘써 권면·조처하여 소송으로 관청에 가지 않도록 하였다"고 하는데,[182] 이는 대외적으로 州에 대한 대표성을 가지며 대내적으로 종족사회의 안정을 담당하는 존재라고 할 수 있다. 그를 이어서 족장이 된 사람은 해악의 아들 良楫과 해대의 아들 鍾沛였다. 전자는 捐例太學生으로 "族黨이 모두 그의 正直함을 공경하여 議擧하여 族長으로 삼았으며 능히 衆望을 모았다"고 하였으며,[183] 후자는 학위가 없시만 海嶽의 신임을

註1 ; 胡國台,〈家譜所載家族規範與淸代律令 : 以錢糧, 刑名與社會秩序爲例〉(1991年 中央硏究院 近代史硏究所 學術討論會 發表文), pp. 11~12.

181) 民國初 族會를 만들면서 "도원유씨에게도 族正이 있어서 族中의 事務를 처리하고 종족의 모범으로 삼았으나 구체적인 내용은 알 수 없다"고 하였다. 그리고 민국 9년 제1기 족회의 임원으로 正族長, 副族長, 會計, 文書 각 1명씩을 선발하였다. 그 후 제5기에서는 대폭 변화시켜 主任, 文書, 財政, 敎育, 庶務 각 1명과 執行委員 4명, 候補委員 3명으로 구성하였는데 이는 종족의 근대적 변화를 엿보게 하는 것이다. 《桃源劉氏族譜》 권2, 112뒤~115뒤,〈雁塔劉氏族會之緣起〉,〈雁塔劉氏族會章程〉.

182) 《桃源劉氏族譜》 권8, 63뒤.

183) 《桃源劉氏族譜》 권9, 47앞.

받아 그의 막우로서 활동하다가 돌아와서 종족의 祖業을 지키고 가
꾸기에 노력을 아끼지 않다가 族長이 되어 "宗族을 바르게 하고 어
려움을 해결하고 분쟁을 해소해 주었으므로 모두들 敬服하였다"고
한다.[184]

도원유씨는 지역사회의 공공사업에 주도적으로 참여하고 관과 유대
를 강화함으로써 지역사회에서 자신과 종족의 지위를 공고히 하고 종
족의 이익을 지켜낼 수 있었다. 이러한 측면은 이미 명대에 도원유씨
가 정착하는 과정에서 보였다. 그러나 청 중기에는 지역사회의 공공사
업을 하되 官과 직접 결합하여 주도한 사례가 주목된다. 예컨대 良弼
은 知州 張公이 돈을 내어서 西壩를 축조하자 銀 20兩을 내서 도왔고
文廟·武廟·城隍 등을 重興하는 데에도 돈을 내었다.[185] 또 國棟은 건륭
47년 知州 鄭公이 蘇莊溪橋를 중수하자 총책임자가 되어 성공적으로
마무리지었고 또 건륭 49·50년 지주 鄭公이 文廟·城隍을 改修하자 紳
衿과 함께 이를 담당하고 돈을 냈다. 그 결과 국동은 지주로부터 편액
을 받았으며, 이러한 활동을 기초로 族人을 돕고 祖山을 보존하여 他
姓이 넘보지 못하게 하였다.[186] 이 사례에서 알 수 있는 것처럼 지역사
회에서의 활동이 단순히 개인의 명성에 그치지 않고 구체적으로 자신
과 종족의 보호 및 발전에 이바지하였다는 것이다. 반면에 지방관의
입장에서 각종 공공사업을 실행하거나 지역사회를 안정시킨 사람들을
향빈으로 초빙하거나 정표를 하사함으로써 선행을 적극 권장하였다.
예컨대 光諎가 壩의 축조, 수로의 정비를 비롯하여 각종 義擧를 솔선
주도하자 乾隆 26년 鄕飮酒禮에 초빙하였으며,[187] 喬相(1621~1709, 9세,
排尾房)이 종족과 지역사회의 어려움을 도와주고 분쟁을 해결하여 안
정케 하자 두 차례나 旌을 받게 하였다.[188] 이러한 사실 역시 관의 적

---

184) 《桃源劉氏族譜》 권9, 46뒤.
185) 《桃源劉氏族譜》 권9, 54앞 ; 同 권2, 122앞~뒤.
186) 《桃源劉氏族譜》 권9, 65뒤.
187) 《桃源劉氏族譜》 권9, 48앞.
188) 《桃源劉氏族譜》 권7, 7앞.

극적인 활동과 그에 호응한 도원유씨의 활동을 보여주는 것이며 [표 2]에서 鄕飮賓의 증가에서도 확인할 수 있다.

끝으로 喬相이나 天長(1657~1732, 10세, 地坤房)처럼 지역사회 분쟁의 조정자는 명대와 마찬가지로 나타났지만, 청대에는 도원유씨 가운데는 約正과 같은 공식적인 지도자가 나타났는데 復洵이 그이다. 그는 떳떳하고 정직하게 생활하고 宗族과 閭里에 和睦으로 대하며 義를 중히 여겨서 남들에게 위탁받은 일을 거짓없이 행하였다. 이에 강희 45년(1706) 19, 20兩都의 鄕衆이 모두 그를 約正으로 천거하였다. 그는 理致에 따라 옳고 그름을 분명하게 하여 송사가 생기지 않았으므로 里中 人士가 모두 칭찬하고 지현 許公이 높이 평가하였으며 강희 50년(1711) 鄕飮大賓이 되고 匾額을 받았다. 이러한 지도력으로 인해 陳五顯의 반란이 일어났을 때 지역방위의 중심이 되어서 兩都의 練總으로 임명되어 鄕兵 2백 명을 감독하고 관리하게 되었다.[189] 이러한 사실은 도원유씨가 지역사회에서 비교적 높은 위상을 확보하고 있으며 동시에 국가권력 역시 적극적으로 기층사회를 지배하고자 한 현실이 반영된 것으로 볼 수 있다.

Ⅵ. 맺음말

도원유씨가 정착하고 발전할 수 있었던 것은 무엇보다도 지역사회에 대한 성공적인 적응 때문이라고 할 수 있다. 즉 명 중기 영춘현은 외지인이 농업이나 상업을 하면서 정착하기에 비교적 유리하였지만

---

189) 康熙 49년 漳平寇 陳五顯 등이 德化에서 永春縣에 침범하였는데, 봉기의 동기는 강희 50년의 大饑荒과 糧商·富戶의 屯糧居奇였으며 병력은 약 2천여 명이었다. 이에 대하여 민절총독과 복건제독이 장주, 정주, 연평, 흥화, 동안 등의 駐軍을 동원하고 興泉道·汀漳道 및 각 현의 鄕壯으로 하여금 합동하여 포위하도록 하였다. 강희제는 戶部侍郎을 보내 초무토록 하였으며, 陳五顯 일당은 興泉道 佟沛年, 同守備 余健에게 격파되었다. 民國《永春縣志》3, 大事志, 14뒤~15앞, pp. 96~97 ;《永春縣志》, p. 656 ;《桃源劉氏族譜》권8, 15뒤.

풍토병과 선착 주민들의 저항이 있었다. 이에 대하여 도원유씨는 영
춘현의 풍토와 유사한 안계현에서의 생활 경험, 이주할 때 가지고 온
"輕費" 그리고 서리로서의 경험과 지식을 바탕으로 극복하고, 신사의
배출과 족원수의 증가를 통하여 종족 발전의 기초를 닦았다. 그 후
도원유씨의 인구증가나 이웃 종족과의 갈등도 계속되었는데, 이에 대
하여도 공간적 확대(이주), 경제적 기초의 확보, 신사 배출을 계속하
는 한편, 구휼·공공사업·향촌방위 등과 같은 지역사회에 대한 공헌과
혼인관계를 통하여 극복하고 종족을 발전시킬 수 있었다.

　명청교체기의 구란과 정치적 변화는 도원유씨의 발전에 부정적인
영향을 주었다. 구란과 왕조교체를 성공적으로 대응하지 못한 일부
족원과 지파는 쇠퇴하였으며, 자위에 성공하였다고 하더라도 경제적
쇠퇴나 학위 및 관직 획득의 기회를 상실함에 따라 도원유씨의 지속
적인 번영이 제약되었다고 할 수 있다. 이는 심해시씨와 비교할 때
비교적 분명해진다. 즉 도원유씨의 족보 찬수나 대종사 건립은 심해
시씨보다 늦지 않았으나 명청교체기를 종족 번영의 기회로 삼는 데
는 성공하지 못하였다. 반면에 심해시씨는 沿海에 있으면서 정성공의
휘하에서 활동하던 시랑이 淸朝에 投降하여 대만 평정의 공을 세움
으로써 민남의 명족으로서의 지위를 확립하고 이후의 번영의 기초를
다졌다고 할 수 있다.[190]

　청 중기 사회경제적 변화에 대하여 도원유씨는 비교적 유연하게
적응하였다. 즉 청 중기 영춘현은 상업이 발달하고 농업생산력이 증
대되었으며 인구가 증가하고 풍기가 악화되었다. 이에 상업으로 치부
한 사람이 등장하였으며 이들은 종사를 건립하거나 족전을 만드는

---

190) 潯海施氏의 族譜는 가정 20년(1541)에 처음 찬수되었고, 大宗祠는 숭정 13년
　　(1640)에 건립되었다[森田明(1986), p. 91, p. 99]. 최근까지의 심해시씨의 발전과 확
　　산에 대하여는 石田浩,《中國農村의 歷史と經濟 ― 農村變革の記錄 ―》(大阪：關西
　　大學出版部, 1991), 第4部 華南農村の分析；石田浩,《福建における同族結合とその
　　分化：施氏一族の移住と分節化》,《經濟論集(關西大學)》44-3(1994)；施振民,〈菲律
　　濱華人文化的持續〉,《中央研究院民族學硏究所集刊》42(1976) 참조.

등 종족 발전에 중요한 역할을 하였다. 그러나 여전히 상업을 천시하고 있는 점으로 보아 士農工商을 모두 강조하던 일부 지역의 종족과는 다르다고 할 수 있다.[191] 또 계투가 성행하고 소송이 빈번해지면서 족산을 둘러싸고 족원 사이에 소송이 일어나기도 하였다. 이러한 현실로 인해 다른 지역과 마찬가지로 도원유씨에게도 異姓養子가 중요해지면서 咸豊六脩譜에서 異姓養子의 入譜를 허용하기에 이르렀다고 생각된다.

청조의 적극적인 지역사회와 종족에 대한 정책도 도원유씨에게 영향을 주었다. 즉 족보의 열전에 처음으로 '族長(=族正)'이 나타났으며 공공사업에 참여할 때도 官과 직접적인 관련을 맺고 각종 사업을 주도한 예가 주목된다. 이에 관과의 유대를 통하여 종족 내부의 결집을 촉진시키고 대외적으로 지역사회에서 자신과 자기 종족의 위상을 높여서 타족으로부터 자신을 지킬 수 있었다. 이는 大姓이 신사뿐만 아니라 집단적 무력으로 지역사회를 주도하였던 사실과도 대비되며, 동시에 청조가 지역사회를 안정시키려 했던 기반이기도 하였다.

한편 종족의 결집 배경은 족내 분화의 진척과 사회적 갈등의 심화라고 할 수 있다. 즉 明代 後期로 가면서 유씨 일족은 派·房이 분화될 뿐만 아니라, 종족내의 빈부·귀천과 같은 종족내의 분화가 진행되면서 "疏"의 극복이 중요한 문제가 되있나. 노 영준현에는 개간지의 부족, 인구증가와 이동, 풍기와 인심의 각박화, 토지분쟁이나 구적의 침입 등으로 인하여 自身을 보호해야 할 필요성이 증대하였다. 이에 嘉靖 말과 만력연간 보채를 축조하고 향병을 조직하는 과정에 彼我의 구분이 분명해지고 종족 결집의 필요성도 증가하자 嘉靖 39년 再脩族譜에서 종족의 범위를 확정하고 萬曆 38년 大宗祠와 祀田을 설치하기에 이르렀다. 또 明淸交替期의 자위활동이나 전란기 침점당한 토지나 분묘에 대한 분쟁과 소송과정에서 종족의 중요성이 부각되고

---

191) 余英時, 《中國近世宗敎倫理與商人精神》(臺北 : 聯經出版事業公司, 1987), 下編 ; 張海鵬·王廷元 主編, 《徽商硏究》(合肥 : 安徽人民出版社, 1995), 第7章 참조.

정체성이 강조되었다. 이에 전란이 끝나고 어느 정도 사회적 안정이
회복된 강희 중기에 四脩族譜의 찬수(강희 29년)나 대종사의 중건(강희
32년), 그리고 中·小 祠宇의 건설이 계속되어 종족조직을 완성하였다
고 볼 수 있다.

종족 결집의 이념은 기본적으로 孝友(孝悌)라고 할 수 있으며 이는
종족 내부 "疏"의 상태가 갈수록 확대되는 현실에서 "소"의 극복을
위한 행위로 구체화되었다고 할 수 있다. 즉 부자간의 효는 물론이고
종사건설·사전확보·족보찬수 등 각종 종족활동, 형제간의 구휼과 빈
부 완화 등 형제나 친척간의 선행, 각종 禦侮활동이나 공공사업 같은
지역사회에서의 활동 등이 그것이다. 그러므로 孝友의 실천을 위해서
는 경제력, 지식, 그리고 사회적 지위 등을 확보하는 행위도 강조되
었다. 즉 富의 蓄積은 그 부의 善用과 결부하여 족보에서 강조하는
행위이며 부를 이룬 사람이 칭송되었고 부의 유지를 위한 勤儉은 중
요한 덕목이기도 하였다. 또 신사가 되는 것은 개인에게는 효의 실천
이자 영광이며 종족에게는 지속적 발전을 위한 필수조건이었다. 그러
므로 족보에서는 과거 응시를 적극적으로 권장하였을 뿐만 아니라,
과거준비에 전념하도록 부부간 또는 족원간의 분업을 권장하는 한편
뒷바라지한 사람을 "孝友"로 칭송하였다. 그리고 이러한 분업과 칭송
은 관원인 족원을 따라가서 직접 돕거나 그의 가족과 재산을 관리하
는 데에도 해당되었다.

끝으로 본 연구가 제한된 지역의 한 종족에 대한 사례연구이므로
일반화시키기에는 많은 제약이 있지만, 종족 발달과 관련하여 다음과
같은 사실을 확인할 수 있다. 첫째 종족 형성과정에 地域社會의 여러
상황이 중요하였다. 이 글에서 분석 대상으로 삼은 명청시대 영춘현
은 개발이 상당히 진척되어 가던 지역이며 종족의 형성이 촉진된 시
기가 개발이 가속화되어 각종 사회문제가 나타났던 시기와 대체로
일치한다. 이는 종족이 형성되는 데에는 지역사회의 상태가 종족 결
집과 밀접하게 관련 있음을 보여주는 것이다.[192] 둘째 종족의 발전과

정에서 國家權力과의 관계가 중요하였다. 초기 정착 과정에서 지식·
경험·자본이 중요하였지만 紳士의 지속적인 배출이 종족의 안정적인
발전을 보장할 수 있었고, 종족 결집이 상당히 진척된 상황에서도 국
가권력의 정책이나 지원은 중요하였다. 셋째 寇亂과 같은 폭력적 상
황의 영향도 중요하였다. 어떤 종족은 발전하고 어떤 종족은 그렇지
못하게 된 원인 가운데에는 폭력적 상황의 대응 성패가 중요하였는
데 명청교체기 이후 도원유씨의 상태나 심해시씨의 번영은 그 반증
이다. 넷째 종족 결집의 이념은 "親親尊尊"이든 "孝友"이든 종족이
처한 지역적·시대적 상황에 따라서 그 구체적인 내용과 강조점이 달
라질 수 있다는 것이다. 이는 경제적 변화나 사회적 상황에 대하여
종족이 탄력적으로 대응하였던 것과 마찬가지로 종족이 가진 사회적
적응력이나 유연성을 반영하는 것이다. 이러한 적응력이나 유연성은
급격한 변화 속에 있는 현대 중국에서도 여전히 종족이 강한 생명력
을 가지고 다양한 형태로 남아 있게 하였던 것이라고 할 수 있다.[193]

---

192) 종족형성과 관련하여 정형화를 시도하기도 하고, 지역적 배경을 강조하여 신
     개척지를 중시하거나 개발지의 상황을 강조하는 견해가 있지만, 중국의 종족 형
     성 과정에 어떠한 정형도 존재하지 않는다는 와트슨의 견해는 주목할 만하다.
     Freedman, Maurice, *Chinese Lineage and Society : Fukien and Kwangtung*
     (London : Anthlone Press, 1966) ; Pasternak, Burton, "The Role of the Frontier
     in Chinese Lineage Development," *Journal of Asian Studies* 28-3(1969) ;
     Watson, Rubie S.(1982). 또 지역사회의 형성과정과 종족을 관련시킨 대표적인
     연구는 上田信, 《傳統中國, 〈盆地〉〈宗族〉にみる明淸時代》(東京 : 講談社, 1995) ;
     上田信, 〈地域の履歷—浙江省奉化縣忠義鄕—〉, 《社會經濟史學》 49-2(1983) ; 上田信,
     〈地域と宗族—浙江省山間部—〉, 《東洋文化硏究所紀要》 94(1984)를 들 수 있다.
193) 馮爾康等著, 《中國宗族社會》(杭州 : 浙江人民出版社, 1994).

〔표 1〕 　　　　　　　永春縣 主要 宗族의 沿革

宗族	始遷祖	原籍地	初入地 및 時期	再遷地 및 時期	入永地域 및 時期	備考
湖洋莊	莊文盛	光州固始	隨王潮 入閩,		湖洋蓬萊山下 (885~888)	
鵬翔鄭	鄭凝遠	光州固始	隨王潮 入泉州	遷桃林場(886) 後居姜蓮龜山坪上	遷縣城東門 (998~1003)	
福鼎林	林肇福	?	?	福鼎(936)		
留安留 (劉)	留鍾	浙江金華	福建晉江(唐)		留侃(留鍾의 次子) 遷居桃林場 留灣村	元末改爲劉
錦斗王				溫陵橫敲	溪墘(五代時)	王審知 후예
岵山陳	陳校尉	光州固始	福建(956)	泉州	桃源小姑南山	
蓬壺尤	沈宗	光州固始	隨王審知 入閩	威武軍(泉州)	尤柳 遷定居蓬壺溪園 (976~983)	因避審知諱改姓尤
蓬壺呂		光州固始	隨王潮 入閩	家住泉州相公巷, 後居南安朴鄉	遷入永春上場(宋), 續遷徐前·西陽·林口·杰山	
蓬壺林			避永嘉亂南遷晉安(泉州)		遷入先居蓬壺高麗 (宋), 移居山美(1346) 後又一部分遷至城關仰賢	
一都馮	馮九郎		仙游龜瀨鄉		一都龍山(1223)	
遲陵林	林蘊		莆陽(唐)		蓋福洋之鳴琴里 (宋)	
卿園黃	黃佛乞		莆田		卿園 (1208~1224)	
東山顏	顏漈		德化溪邊		東山(宋)	
達埔· 蓬壺潘	潘節	光州固始	入閩 (885~887)	漳州 (達埔潘은 泉州?)	入先居達埔溪源村, 後遷到卓口	現散居 達埔·蓬 壺等鄉 23個村
蓬萊巷梁	梁遘		閩之三山 (107~125)	惠安 → 泉州 (11세기)	1360年代 避難隱 居永春	
上場鄭		光州固始	隨王潮入閩	莆田	上場 (元)	
儒林辜			南安白礁		二十五都始嶺頭	

東平李 (太平)	李肇永	四川省都	調任福州左衛總旗 (1368~1398)		永春督屯軍田 (1403) 定居太平里	
仙鄉郭						
德風曾					永春屯墾軍田並定居	
小邊張						
都溪梁						
一都黃			安溪嶢盤		一都古格 (1368~1398)	
一都蕭			安溪達德		一都古格 (1512)	
玉斗康 (鳳山)		光州固始	先居建陽縣 (唐)	安溪盛化里	遷錦斗蘆圻(明) 再移玉斗鳳山	
達埔李					九·十都官林 (洪武初)	
湖洋劉		光州固始	隨王潮入閩 (唐)	安溪依仁里	十九都桃源巷頭 (1429)	
桃源周	周遜		莆田北磨		城南象山下(明初)	
儒林邱		光州固始	入閩居泉州 (唐末)		城西卿美(明初)	
化龍王			泉州		化龍 (明代)	
化龍林			泉州		化龍 (明代)	
化龍薛			泉州		化龍 (明代)	
化龍蕭			泉州		化龍 (明代)	
高壟王			泉州		高壟 (明代)	

根據 : 永春縣志編纂委員會編,《永春縣志》(北京 : 語文出版社, 1990), pp. 138~140.
　　　温鑑 外,〈永春各姓源流〉,《永春文獻》 1(1970).

〔표 2〕 桃源劉氏의 世代別 人口 및 特記 事項

代	各代最初出生年度	族譜登錄人口	封贈	旌表	文武宦蹟	文武科第	援例貢監	援例吏員	職衛	鄉飲賓	文藝	中等以上畢業	褒獎	閨媛	節孝
1	1386	1													
2	1405	7				1	1								
3	1435	8													
4	1459	19				1				2					
5	1501	29	1		2	4				2					
6	1525	68	1		1	10	1			2					
7	1548	131	3		2	13	3			2					
8	1573	211			2	14						3			1
9	1593	307	1		1	13	1			2					5
10	1622	402	1		2	14	4			3					4
11	1664	687	1		1	15	12		1	5					4
12	1676	1028				9	24		1	7					2
13	1702	1371		1		2	25	6	3	21					3
14	1726	1516	2			7	39	18	2	46		1		1	6
15	1761	2015	2	1		13	51	55	7	63		6	6	1	5
16	1788	2175	1	1	2	12	54	79	6	53		6	18		4
17	1809	2238				11	24	55	8	12		8	32		6
18	1840	1439				2	5	9				14	23	2	
19	1876	505										4	5		
20	1904	77													

根據:《桃源劉氏族譜》 권1~권20

〔표 3〕 大埕派 初期의 婚姻 關係

世代	婚入				合計	出嫁				合計	
	3	4	5	6		3	4	5	6		
卓口潘	1	1		1	3	2				2	5
湖洋黃		2	2	1	5			1	3	4	9
南安蘆內黃			2	2	4	1		2	2	5	9
20都內蔣蔡			1/1		2			2		2	4
上場顏			1	2/1	4			3	1	4	8
坂頭陳			1	1	2				1	1	3
上場鄭			0/1		1			2		2	3
仙溪鄭				2	2	1	1	1	2	5	7
南安下蘇蘇				2	2			1	2	3	5
合計	1	3	9	12	25	2	3	10	13	28	53

* 2/1이란 초혼 2건, 재혼 1건임

〔표 4〕　　　　　　　永春縣 列傳 收錄 人物의 分布

	儒林	慕仁	昇平	昭善	迎福	安仁	和平	桃源	常安	福德	始安	善化	和蘇	民蘇	鳴琴	淸白	珍卿	標同	합계
姓氏數	13	5	4	5	3	6	4	6	4	4	4	5	3	4	3	2	1	1	
林	1/0/1	0/0/8	1/5/8					0/0/1				0/0/3	0/0/3	0/0/1					32
鄭	2/1/8	0/1/3		0/0/3		0/0/3		0/0/1	1/0/1	0/0/1		0/0/1			0/0/2	0/0/1			29
陳	0/0/1		4/0/0		0/1/2	0/1/2	0/0/3				1/1/0	0/1/0	2/0/0	1/0/0	0/0/2				22
顏		2/6/6						0/0/1			0/2/1							0/1/0	19
李	0/0/3			0/0/2		0/5/2													12
王	0/0/2	0/0/2							1/1/4		0/0/1	1/0/0							12
周				0/3/8															11
黃	0/1/0					0/0/1	0/0/1	1/0/0			2/0/2					0/1/1			10
留(劉)			3/4/1																8
劉	0/2/0									0/2/3									7
謝										0/2/4									6
郭												0/1/2		0/1/1					5
潘				1/1/4															6
邱	0/0/2								0/0/2										4
尤			0/2/1																3
莊								1/1/1											3
章														0/0/2					2
宋	0/0/2																		2
蔡				0/1/0		1/0/0													2
孫	0/0/2																		2
呂			0/1/1																2
康									0/0/2										2
許		1/0/1																	2
辜												0/0/2							2
徐																	0/0/2		2
翁								0/1/0											1
吳								0/0/1											1
柯	1/0/0																		1
余														0/0/1					1
方	0/0/1																		1
薛			0/0/1																1
卓				1/0/0															1
洪	0/0/1																		1
蘇								1/0/0											1
盛				1/0/0															1
合 計	31	30	23	15	15	15	13	12	10	10	10	9	7	6	5	3	2	1	217

根據：民國《永春縣志》 권18上~권23, 列傳, 儒林傳, 文苑傳, 忠義傳, 孝友傳, 獨行傳
* 3/4/1은 元代 以前의 인물이 3명, 明代의 인물이 4명, 淸代의 인물이 1명임을 의미한다.

〔표 5〕   明淸時代 永春縣의 寇亂狀況

時 期	賊盜名	被害地域	狀 態	討 平
正統14년	鄧茂七→陳敬德等	泉州, 永春, 德化	沿途分掠 民皆結砦自固	覆鼎鄕人 郭榮六이 衆을 통솔하여 擊敗시킴
弘治 5년	漳平賊 溫文進	安溪, 永春, 德化	永春은 郭景二(榮六의 子) 방어로 안전	副使司馬墅이 官·民兵을 통솔하여 討平
正德元年	廣東賊 (上畬賊)	南靖, 長泰, 安溪 永春, 德化, 莆田	流掠, 所在俘質男女 索錦帛 官兵不能制	郭景二(戰死)
正德 5년	廣東盜	永春, 安溪, 南安 晉江安海	所至村落 各屯聚數日 肆掠甚慘	
正德 9년	汀漳盜	安溪, 南安, 永春, 德化	肆掠而去	
嘉靖1~3年	廣東 및 汀漳盜	安溪, 南安, 德化, 永春, 興化, 莆田	流掠, 3년간 계속됨, 義士 尤新五, 蘇端擧, 何廷燦, 蔡玉智, 張元宗, 郭顯七, 劉富旺, 陳良 등 戰死	知縣 柴鑛을 비롯하여 남안, 동안, 용계 관민병의 합동작전으로 剿討
嘉靖39年4月	倭寇	仙遊, 永春19都, 縣治 및 上場 等處	5백여 명, 焚掠	卓埔 鄕兵, 蓬壺 義士 尤漣, 許時佐 (戰死)
嘉靖39年6月	倭寇	영춘	수천 명, 縣城 함락	
嘉靖40年閏5月	6·7都 叛民 呂尙四	永春, 安溪, 德化 南安, 仙遊	약 1만명, 후에 3만명까지 증가. 가정46년에야 완전히 진압됨	德化知縣, 15도를 비롯하여 19都의 民兵도 8백 참여
嘉靖41年3月	倭寇 + 晉江 謝愛夫等	永春	수천 명	湖洋 黃光甫 등
嘉靖41年12月	廣東賊 陳紹祿	安溪, 永春, 德化	3천여 명	19都 黃光甫 등, 嘉靖42年 官에 초무됨
嘉靖43年	廣東大埔賊+漳平賊	永春, 德化		
隆慶元年	倭寇	仙遊, 永春湖洋	永春縣 8年倭患의 終熄	湖洋 黃光甫
萬曆15年	永春 趙天王	永春 小姑 南山庵	聚衆蜂起, 곧 실패	
萬曆47年	永春 林君澤·張心吾·黃明夏 等	永春 丘峰岩	蜂起	官兵
崇禎15年	南安 林良順	永春, 德化	5천여 명	

崇禎15年	仙游 林隆	永春 **湖洋**		
崇禎16年	永春 林爾涵· 林從· 王國志 等	永春 姜侖	5백여 명	官兵
順治 3年	南安賊 杜聲聞	永春	防守官 涂隆을 죽임	
順治 4年 8月	永春民＋大田 山寇林良	永春	知縣 潘際昌의 橫徵暴斂에 저항, 知縣·訓導 사망, 12원 현성 함락	
順治 5年 春	19都 村民 陳邦哲	**湖洋堡, 月城堡** 破壞	黃氏· 劉氏 일족을 살해함	黃宏讓(黃光甫의 孫) 民兵
順治 5年 3月	大田賊 曾省	永春	千總 살해, 현성 2회 함락	淸蔣·知縣
順治 6年	永春 雙坑人 林忠, 蓋福洋 鄭世雄 等	永春, 德化, 尤溪, 大田, 永福 等	抗淸, 정성공의 작위 (平定伯) 받음	順治14年 敗降
順治 6年	永春 蓬壺民 林日勝	永春, 德化, 大田	抗淸, 정성공의 작위 (伯爵) 받음	順治13年 淸에 投降
順治 7년	淸蔣 馬得功	永春	西卿寨를 파괴하고 陳 氏一家 100餘口 사살 등	
順治 8年	鄭成功 鎭將 黃愷	永春	伯興寨를 파괴하고 90 여명을 도살. 黃愷는 정성공에게 참형당함	
康熙13年	鄭經 副將 薛進思	永春	派餉, 蓬壺 呂華의 향병 저항, 현성 함락· 파괴	
康熙17年	鄭經 副將 劉國軒	永春, 德化		
康熙49年	漳平寇 陳五顯	永春, 德化		官, 民
康熙60年 5月	陳洛, 鄭堅	永春	臺灣 朱一貴에 호응하여 天湖巖에서 봉기	知縣과 民兵

根據 : 民國《永春縣志》 3, 大事志.《永春縣志》(1990), 大事記.
* '고딕체'로 인쇄된 부분은 桃源里와 직접 관련된 사항임

明 後期 蘇州의 治安問題

李 允 碩*

Ⅰ. 머리말

蘇州는 명대의 여러 도시 가운데에서도 대표적인 경제적·문화적 중심도시였다. 江南地域 전체가 경제적·문화적 선진지역이었고, 주위의 杭州나 南京 또한 주요한 대도시였지만, 역시 그 중심은 蘇州였다. 蘇州가 중심적 도시로 존재한 것은 蘇州의 행정적 위상과는 관련이 없는 것이었다는 점에 특성이 있다. 행정적으로는 首都도 省城도 아닌 150여 府 가운데 하나에 불과하였던 蘇州가 중심적 도시가 된 것은 그 경제적·문화적 위상에 기인하는 것이었다.

물론 蘇州를 포함한 江南地域은 중국의 北邊과는 달리 일반적으로는 軍事問題가 중요한 지역은 아니었다. 그러나 顧炎武(1613~1682, 蘇

---

* 공주대 강사.

州府 崑山縣)가 "사람들이 農村에 모이면 治하고, 都市에 모이면 亂하
다"[1]라고 지적했듯이, 경제적·문화적 발전을 바탕으로 한 蘇州 도시
사회의 성장은 다른 한편에서는 治安環境에 변화를 발생시키고 새로
운 治安問題를 제기하는 것이기도 하였다. 都市가 유지·발전하기 위
해서는 원활한 경제활동뿐만 아니라 治安의 維持 역시 불가결한 요
소이다. 따라서 明 後期의 蘇州 都市社會를 이해하기 위해서는 經濟
活動이나 文化生活 등과 함께 治安問題에 대한 이해도 중요할 것임
에 틀림없다. 과연 명 후기 蘇州는 治安의 측면에서는 어떠한 상황에
있었고, 이것은 蘇州의 경제적·사회적 변화와 어떠한 관련을 갖고 있
으며, 치안유지를 위해 어떠한 방책으로 대응하여 갔던 것일까?

蘇州는 문화적으로는 많은 과거합격자를 배출한 것으로 유명하며,[2]
또 '吳門畵派'로 불리는 文人畵家의 대두[3]와 崑劇이라는 演劇의 대두[4]
가 있었다. 아울러, 유명한 園林의 존재로 잘 알려져 있기도 하며,[5]
상업적 出版文化의 중심의 하나이기도 했다.[6] 이러한 문화적 대두와
함께 경제적 발전 역시 두드러졌다. 명 중기 이후 江南의 각지에서는
市鎭이 발전했는데,[7] 蘇州에서는 이러한 江南 내의 각 지역뿐만 아니
라 전국을 연결하는 활발한 물자유통을 기초로 하는 상업활동이 전
개되었으며, 그 활동의 장으로서 閶門 서쪽의 상업구가 발전하고, 徽
商을 비롯한 각지의 상인들이 와서 영업활동을 전개하였다.[8] 또 織物

1) 顧炎武 著, 黃汝成 集釋, 《日知錄集釋》上(花山文藝出版社, 1990) 권12, 〈人聚〉,
p. 559.
2) 范金民, 〈明淸江南進士數量、地域分布及其特色分析〉, 《南京大學學報》(哲學·人文
·社會科學) 1997-2 참조.
3) 故宮博物院 編, 《吳門畵派硏究》(紫禁城出版社, 1993).
4) 胡忌·劉致中, 《崑劇發展史》(中國戲劇出版社, 1989).
5) 王春瑜, 〈論明代江南園林〉, 《中國史硏究》 1987-3(王春瑜, 《明淸史散論》, 東方出
版中心, 1996).
6) 邱澎生, 〈明代蘇州營利出版事業及其社會效應〉, 《九州學刊》 5-2(1992).
7) 樊樹志, 《明淸江南市鎭探微》(復旦大學出版社, 1990) ; 陳學文, 《明淸時期杭嘉湖市
鎭史硏究》(群言出版社, 1993) ; 森正夫 編, 《江南デルタ市鎭硏究 ― 歷史學と地理學
からの接近 ―》(名古屋大學出版會, 1992).
8) 范金民, 〈明淸時期蘇州的外地商人述略〉, 洪煥椿·羅侖 主編, 《長江三角洲地區社會

業을 중심으로 하는 산업의 발전과 이것을 바탕으로 한 機戶와 일용
노동자층의 대두 등은 경제적 번영상을 보여주는 것들이었다. 그러나
또 한편으로는 이러한 蘇州經濟를 바탕으로 한 外地人의 유입과 無
賴·游民의 존재는 사회적 불안요소이기도 했다. 또 蘇州는 문화적 중
심지로서 많은 鄕紳이 존재하고 있었을 뿐만 아니라 다수의 生員이
존재하면서 정치문제·사회문제·지방행정 등에 적극적인 발언과 행동
을 전개하고 있기도 하였다.[9] 蘇州의 이러한 사회경제적 상황의 전개
는 治安의 측면에서도 새로운 상황을 초래했을 것이다.

　明代 都市의 치안문제에 대한 연구는 전반적으로 그다지 이루어지
지 않은 상황이지만, 北京地域의 治安問題에 대해서는 專論이 있다.[10]
그러나 江南地域, 그 중에서 특히 蘇州는 여러 가지 주제로 연구의
주된 소재가 되어온 지역이었지만, 治安問題에 대해서는 거의 접근이
이루어지지 않은 상태에 있는 듯하여,[11] 本稿에서는 초보적이나마 이

　　經濟史硏究》(南京大學出版社, 1989).
　9) 蘇州를 비롯한 강남지역 도시의 다양한 계층의 존재와 활동의 전반적 상황에
　　대해서는 吳金成, 〈明·淸時期의 江南社會 ― 都市의 發達과 關聯하여 ―〉, 曹永祿
　　外, 《中國의 江南社會와 韓中交涉》(集文堂, 1997) 참조. 明 後期의 蘇州를 소재로
　　한 연구는 매거할 수 없을 정도로 많지만, 都市 蘇州의 전체상과 관련한 연구 몇
　　가지만을 지적하면, 宮崎市定, 〈明淸時代의 蘇州와 輕工業의 發達〉, 《東方學》 2(1951)
　　(《アジア史硏究》 4, 1975) ; 宮崎市定, 〈明代蘇松地方의 士大夫와 民衆 ― 明代史素描
　　의 試み ―〉, 《史林》 37-3(1953)(《アジア史硏究》 4, 1975) ; 范金民 夏維中, 《蘇州
　　地區社會經濟史(明淸卷)》(南京大學出版社, 1993) ; Michael Marmè, "Heaven on
　　Earth : The Rise of Suzhou, 1127~1550," Lynda Cooke Johnson ed., Cities of
　　Jiangnan in Late Imperial China(State University of New York Press, 1993) ;
　　Paolo Santangelo, "Urban Society in Late Imperial Suzhou,"(같은 책) 등을 들
　　수 있다.
　10) 朱紹侯, 《中國古代治安制度史》(河南人民出版社, 1994)의 제12장 8절 〈城市公共秩
　　序的治安管理〉에서는 명대의 도시치안에 대하여 개략적인 서술을 하고 있고, 明
　　代 北京의 治安에 대해서는 邱仲麟, 〈明代北京都市生活與治安的轉變〉, 《九州學刊》
　　5-2(1992)이 있고, 淸代 北京에 대해서는 Alison Dray-Novey, "Spatial Order and
　　Police in Imperial Beijing," Journal of Asian Studies, 52-4(1993)이 있다.
　11) 明 後期 蘇州의 治安狀況에 대한 專論은 管見의 限에서 찾아보지 못했다. 사실,
　　명청시대 강남지역 도시의 治安問題에 대한 연구 자체가 매우 적은 상황이다. 직접
　　적인 것은 아니지만, 江南地域 市鎭의 治安問題를 다룬 것으로는 川勝守, 〈明代, 鎭
　　市의 水柵과 巡檢司制度 ― 長江デルタ地域について ―〉, 《東方學》 74(1987)이 있으
　　며, 청대를 대상으로 한 다소 관련 있는 연구로는 太田出, 〈淸代綠營的管轄區域와

문제에 대한 고찰을 시도해 보고자 한다. 蘇州의 治安問題에 대해서는 地方志에도 관련된 기록이 있으나, 鄭若曾의 《江南經略》과 姜良棟의 《鎭吳錄》이라는 보다 자세한 내용을 살펴볼 수 있는 기록이 남아 있다. 《江南經略》은 鄭若曾(嘉靖初 貢生, 蘇州府 崑山縣)이 嘉靖年間의 倭寇의 寇掠을 겪고 나서, 官府의 施策에 참고가 되도록, 江南의 防衛와 治安의 상황과 방책을 저술한 것이다.[12] 한편 《鎭吳錄》은 萬曆年間 蘇州에서 民變이 빈발하는 상황에 대응하여 치안유지를 위해 蘇州로 와서 蘇州의 전체 치안을 통할·담당했던 游擊將軍 姜良棟의 소주치안에 대한 기록 및 姜良棟에 관한 巡撫 등의 官이나 蘇州 地方民의 글을 싣고 있다.[13]

鄭若曾과 姜良棟은 모두 治安의 관점에서 蘇州를 살피고 있는데, 鄭若曾은 嘉靖年間의 상황에 대한 것이고 姜良棟은 萬曆年間의 蘇州 상황에 대한 관찰이었다. 따라서 前者는 왜구의 위협이 가장 큰 치안상의 위협이었고, 後者의 경우는 都市民變을 계기로 부임했다는 점[14]에서 民變이 중요한 문제로 대두되어 있었다. 또한 前者는 貢生이라는 紳士의 신분으로 직접적인 치안담당자는 아니며, 후자는 游擊將軍이라는 武官으로서 직접적으로 치안책임을 맡고 있었던 사람이었다. 따라서 兩人은 서로 다른 상황과 자격에서 다른 시각으로 문제를 보

區域社會 ─ 以江南三角洲爲中心 ─〉, 《淸史硏究》(1997-2)이 있다. 아울러 William T. Rowe, *Hankow : Conflict and Community in a Chinese City, 1796~1895*(Stanford Univ. Press, 1989)의 8장, "Forces of Order"는 淸 後期의 漢口의 治安問題를 다루고 있다.

12) 本書는 隆慶 2년(1568)에 蘇州府에서 간행되었으며, 蘇州府·松江府·常州府·鎭江府의 4府를 대상으로 하고 있다. 《江南經略》의 저술경위에 대해서는 鄭若曾, 《江南經略》(《文淵閣四庫全書》, 臺灣商務印書館), 〈江南經略原序〉, pp. 2~3 참조.

13) 姜良棟은 萬曆 31年(1603) 11월에 勅命을 받고 부임하였는데, 그의 임무는 勅命에 따르면, 1,200명의 軍士를 거느리고 평소에는 士卒을 훈련하고 盜賊을 緝捕하는 일을 하며, 巡湖巡河 官兵, 해당 府縣의 巡捕 員役 그리고 蘇州衛 官軍과 沿海總練巡哨 等官이 모두 그의 통제를 따르도록 하고 있다(〈勅應天巡撫標下坐營游擊將軍〉, 《鎭吳錄》). 즉 蘇州의 治安統制에 대한 전체적인 책임을 부여받았다고 볼 수 있다.

14) 姜良棟, 〈條議巡守機宜弭盜便民諸稿〉, 《鎭吳錄》, 1앞.

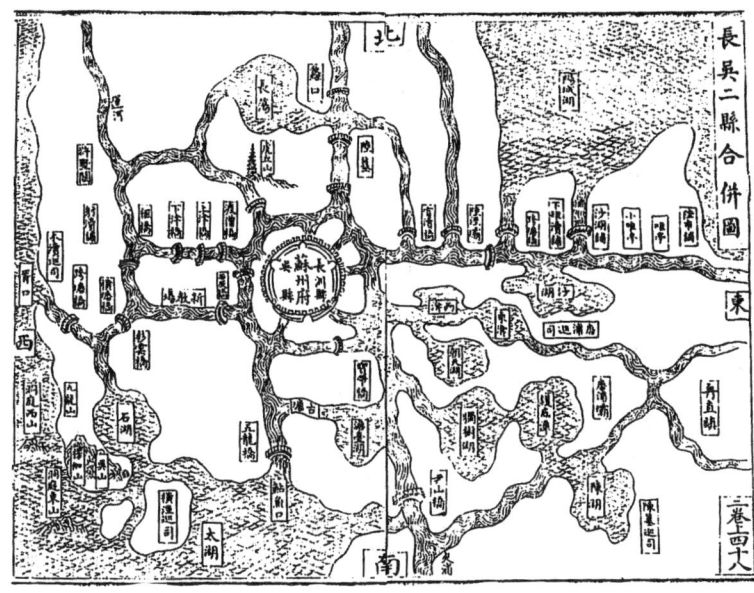

蘇州府城 주변지역

기도 하였다. 한편, 이들은 비슷하게 명 중기 이후 발전·변화하던 蘇
州 도시사회라는 동일한 대상과 직면하고 있었으며, 또한 蘇州 都市
社會의 안전을 확보하기 위한 방책을 추구하였다는 점에서는 유사하
였다. 또한 이들의 治安方策의 樹立이나 施行이, 國家權力 위주의 군
사적인 접근만이 아니라, 그 사회경제적 상황에 대한 면밀한 파악 위
에서 전개되고 있다. 따라서 이 두 자료는 공히 治安 그 자체를 넘어
蘇州의 都市社會를 이해하는 데에도 유용할 것이라고 기대된다.

    따라서 本稿에서는 이 두 자료 및 地方志 등의 사료를 기초로 하
여 명 후기 蘇州의 치안문제를 고찰해 보고자 한다. 이를 위해 우선,
明 中期 이후 蘇州 都市社會의 치안을 불안하게 만든 요인은 무엇이
었는가를 살펴보고자 한다. 이어 이에 대한 대응으로서 어떠한 치안
대책이 제기되고 실시되었으며, 이러한 치안대책의 실시에는 어떠한
특징과 문제가 있었는가를 살펴보고자 한다. 이렇게 本稿에서는 기존

에 그다지 접근되지 않았던 治安이라는 각도에서 蘇州 都市社會를
새롭게 고찰해 봄으로써, 明代 江南 都市社會의 변화형태를 이해하는
데에 일조하기를 기대한다.

II. 明 後期 都市變化와 治安

1. 無賴 및 不安定 階層의 擡頭

蘇州의 都市社會는 明初에 이르러서는 여러 요인에 의해 宋元時代
보다 더 후퇴하였다고 평가되고 있다.[15] 그러나 明 中期를 거치면서
蘇州의 도시사회는 급격한 발전양상을 나타내었다. 이러한 변화를 지
적하고 있는 유명한 자료가 바로 王錡(1433~1499 ; 蘇州府 長洲縣)의
《寓圃雜記》이다. 즉,

> 蘇州는 본디 繁華한 것으로 유명했는데, 張士誠이 (이곳에) 근거를 두고
> 天兵[明朝의 軍隊]이 점령한 이후로, 비록 屠戮을 당하지는 않았지만, 人民
> 이 三都를 충실하게 하기 위해 遷徙를 당하고 遠方으로 戍를 명령받아 가
> 는 사람이 계속 이어지고……, 邑里는 적막하고 生計는 부족하여, 지나가
> 는 사람은 (옛 번영상과 비교하여) 감회에 잠기게 되었다. 正統·天順 年間
> 에 나는 일찍이 (蘇州)城에 들어가 본 적이 있는데, 모두들 옛모습을 조금
> 회복하였다고 하였으나 아직 번영하지는 못하였다. 成化年間(1465~87)에
> 이르러서는 나는 언제나 3~4년에 한 번 (蘇州城에) 들어갔는데, 마치 異
> 境과 같이 번화한 것을 보았으며, 오늘날[弘治年間]에 이르러서는 더욱 더
> 繁盛하여, ……. 사람이 살아서 (이렇게 번화한 광경을) 보는 것 역시 행운
> 이다[16]

라고 기록하고 있는데, 바로 명 중기를 거치면서 蘇州 都市社會가 번

---

15) 范金民·夏維中,《蘇州地區社會經濟史(明淸卷)》(南京大學出版社, 1993), p. 163. 이
   하 앞에서 인용한 것은 '范金民·夏維中(1993)'으로 略稱함.
16) 王錡,《寓圃雜記》(中華書局, 1984) 권5,〈吳中近年之盛〉, p. 42.

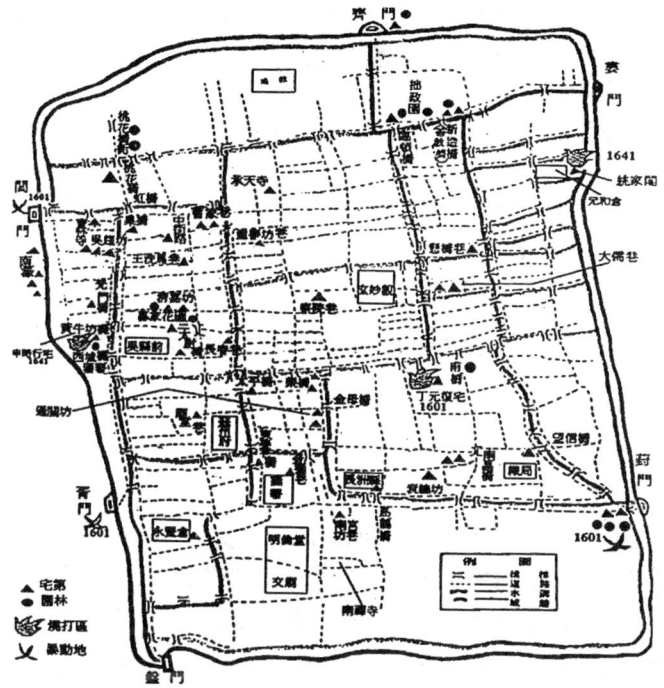

蘇州府城

화해져 가는 모습을 여실히 보여주고 있다. 그리고 이 蘇州에서 이루
어지는 경제활동과 문화활동은 전국을 선도해 나갔던 것이다.

　그런데 이러한 도시 발전의 결과 도시의 空間構造의 變化가 나타
나게 되었다. 그 대표적인 특징은 蘇州府城의 西門인 閶門 밖 지역의
발전이다. 명 중기에 이르러 閶門에서 楓橋에 이르는 지역에 商業區
가 형성되어 크게 번영하였다.[17] 이렇게 城內가 아닌 城外 지역이 경
제활동의 중심지역으로 부상하면서 소주의 도시공간 구조의 비중을
변화시켰던 것이다.

---

17) 范金民·夏維中(1993), p. 166 ; Michael Marmé(1993), pp. 36∼38.

이와 아울러 社會階層의 구성에서도 변화가 나타났다. 우선, 蘇州
주민의 구성을 전체적으로 살펴보면, 崇禎 《吳縣志》에

> 城內는 長洲(縣)와 分治하고 있는데, 西側은 東側보다 번화하고 居民의
> 太半은 工技이다. 閶門 一帶는 집집마다 商業에 종사하고 있으며, 城壁의
> 外側에는 牙行이 密集해 있다. 胥門·盤門의 內側에는 府縣의 官衙가 가까
> 운 거리에 있고, 衙役들이 일하며 거주하고 있다. 詩書之族(紳士)이 모여
> 거주하고 있는 곳은 閶門 근처가 가장 많다[18]

라고 기록하고 있듯이, 都市 蘇州의 西半部의 경우, 勞動者·技術者,
商人·牙行, 紳士·衙役이 주요한 주민을 구성하고 있었다. 그리고 이
가운데에서 수적으로는 노동자·기술자가 다수를 점하고 있었으며, 또
한 外地人이 다수 존재하고 있었다.[19]

이러한 구성은 물론 明 後期 蘇州의 경제적·문화적 특성을 반영하
고 있는 것인데, 이렇게 定業에 종사하고 있는 人口 외에 많은 無賴
層이 존재하면서, 治安의 주요한 위협요소가 되고 있었다. 이들 無賴
는 집단을 결성하기도 하여 打行·脚夫·白拉·窩訪·訟師 등의 형태가
있었는데, 이들은 도시를 중심적 활동의 장으로 삼으면서, 歃血儀式
등을 통해 결합하고, 勢力圈을 형성하고 있었다. 또 이들은 紳士나
商人과 같은 유력자에 완전히 예속된 형태는 아닌 상대적인 독립성
을 갖고 있으면서도 자신의 세력을 유지·보호하기 위하여 紳士·勢豪
·胥吏·衙役 등의 유력자와 결합관계를 맺고 있었다.[20]

---

18) 崇禎 《吳縣志》(天一閣藏明代方志選刊續編) 권10, 〈風俗〉, pp. 892~3.
19) 예컨대 상인의 경우는 대다수가 外地人이었다. 范金民, 〈明淸時期蘇州의 外地商
    人述略〉, 洪煥椿·羅侖 主編, 《長江三角洲地區社會經濟史硏究》(南京大學出版社, 1989)
    참조. 또 勞動者의 상황을 보면, 淸代의 기록이기는 하지만, 康熙~雍正年間에 蘇
    州城 內外의 踹匠은 1~2만 명 정도가 있었으며, 이들은 江寧府 등지에서 單身으
    로 蘇州에 온 사람들이라고 한다. 寺田隆信, 〈蘇州踹布業의 經營形態〉, 《山西商人
    の硏究 — 明代における商人および商人資本 —》(同朋舍, 1972)참조.
20) 吳金成, 〈明末淸初江南의 城市發展和無賴〉, 陳懷仁 主編, 《明史論文集 — 第六屆明
    史國際學術討論會(1995.8. 鳳陽) —》(黃山書社, 1997) ; 蔡惠琴, 《明淸無賴的社會活動
    及其人際關係網之探討》(國立淸華大學碩士論文, 1993.7) ; 上田信, 〈明末淸初 江南の

이중에서 특히 打行의 활동은 비록 다른 지역에서도 보이지만, 특히 蘇州에서 심하였다.[21] 사실 嘉靖年間에 巡撫가 打行의 습격을 받았던 다음의 사건 기록은 蘇州에서 打行의 횡행이 얼마나 심각한가를 잘 말해주고 있는 것이다.

蘇州에서는 海寇가 일어나서 武勇한 자들을 招集한 이후로, 市井惡少들이 모두 다 팔뚝을 휘두르면서 雄傑이라고 稱하였습니다. 무리가 수십 명 모여서 이름하여 打行이라고 하고, ……거짓으로 속이고 剽劫을 하며, 坊廂[城內와 郊外의 都市區域]에서 武斷하였습니다. 이[嘉靖 38 : 1559] 해에 蘇州 지역은 흉년이 들어 各 府縣에서는 때로 강도·절도 사건이 있었는데, 應天巡撫 翁大立은 부임하자 곧 이것을 엄금하였습니다. ……10월이 되자……(翁)大立은 妻子를 데리고 蘇州로 와 駐在하였는데, 諸惡은 더욱 두려워하여 함께 모여 歃血을 하고 白巾을 이마에 두르고 각각 長刀와 巨斧를 갖고 야간에 吳縣과 長洲縣 및 蘇州衛의 獄을 공격하여, 죄인을 劫迫하여 자신들을 따르게 하여 북을 치며 都察院을 공격하여 문을 부수고 침입하자, (翁)大立은 妻子를 데리고 담을 넘어 피하여 도망갔습니다. 諸惡[無賴]은 이에 官衙를 불사르고 (翁)大立이 받은 勅諭符와 令字旗牌는 일시에 모두 불에 타버렸습니다. 諸惡은 다시 무리를 이끌고 府治를 劫掠하려 하였는데, 知府 王道行이 兵勇을 지휘하여 물리쳤습니다. 날이 새자 諸惡은 葑門을 돌파하여 나가 太湖로 숨어 들어갔습니다.[22]

이렇게 打行의 횡행은 결국 巡撫를 공격하고 官衙를 공격하는 정도에 이르렀던 것이나. 위의 기록은 바로 이러한 상황을 생생하게 기록하고 있는 것인데, 사실 崇禎《吳縣志》에는 이들의 평소 활동내용을 더 상세하게 기록하고 있다. 蘇州에서의 치안상황을 이해하는 데

都市의'無賴'을め구る社會關係―打行と脚夫―〉,《史學雜誌》90-11(1981) 등 참조.
21) 打行 활동의 지리적 상황에 대해서는 蔡惠琴(1993), pp. 209~217 참조. 蘇州에서 打行의 활동이 특히 심하다는 기록은 예컨대 "乃打行獨盛于蘇松"[《神宗實錄》(中央研究院歷史語言研究所校印本) 권53, 萬曆 4年 8月 甲申條, p. 1251]이나, 또는 "惡少打行, 盛於蘇州. 昔年府台와大立幾被害. 此風沿入松……"[范濂,〈記風俗〉,《雲間據目抄》(《中國筆記小說大觀》, 江蘇廣陵古籍刻印社, 1995) 권2, p. 510]이라는 기록 등에서 잘 나타나 있다.
22)《世宗實錄》권478, 嘉靖 38年 11月 丁丑, pp. 7992~7993.

에 이 기록은 매우 유용할 듯하다. 그 내용은 다음과 같다.

　(이들 無賴의 徒黨이) 장난삼아 사람을 쳐서 다치게 하고 四肢를 부러트
려도 감히 숨소리 하나 내지 못하였다. 날이 저물기 전에는 거리낌없이 剽
掠하고 坊市에서 술을 마시면서 조금이라고 거스르는 사람이 있으면, 그 器
物을 파괴하고 그 婦女를 욕보이는데, 혹 한 사람이 앞에서 팔을 걷어부치
면 수많은 不逞한 무리가 그 뒤를 따르며, 衢巷에서 사람을 만나면 그에게
폭력을 휘두르고 그가 도망가고 두려워하는 것을 보면서 웃음거리로 삼는
다. (이들이) 이르는 곳에서는 모두들 문을 단단히 닫고 숨으며……갖고 있
던 물건은 모두 넘겨주어 버리고 감히 돌아보지 못했다. 그 主首는 모두 名
簿가 있는데, 이미 城 內外를 망라하였다. 吏書·輿隷·方伎·屠販과 같은 무리
의 경우는 모두 그 盟에 속해 있고, 良家의 子弟 역시 왕왕 그 속에 빠져 있
다.[23]

　이 기록에서도 명 후기 蘇州에서 無賴의 횡행으로 인해 치안에 커
다란 위협이 되고 있었음을 잘 알 수 있다.
　그런데 이렇게 蘇州에서 無賴의 활동이 횡행한 것은 蘇州의 경제적
상황과 무관한 것이 아니었다. 즉 앞에서 살펴본 萬曆 48년(1620)의 搶
米暴動 상황을 기록하면서 徐憲卿은 다음과 같이 적고 있다.

　유독 蘇州府의 民에는 游手游食者가 많습니다. 生業이 있더라도 또한 碾
玉點翠나 織造機繡 등의 役에 불과합니다. (그러므로) 한번 흉년을 맞이하
면 이러한 기술은 모두 다 所用이 없게 되고 곧바로 전락하게 됩니다. 그
러므로 奸民이 왕왕 (이 상황을) 틈타 亂을 일으키게 되는 것입니다.[24]

　이 기록을 보면, 蘇州에서의 치안불안을 초래하는 이유는 蘇州의
人口 중에는 불안정한 취업상황에 있는 사람들이 많아서 경제 상황

---

23) 崇禎《吳縣志》권11,〈祥異 寇災民變附〉, pp. 69~70. 한편 이 崇禎《吳縣志》의
　　기록은 앞의《世宗實錄》에서의 기록과는 달리 吳縣 知縣 曹自守와 王道行이 城門
　　을 닫고 밤새도록 수색·체포하였다고 기록하고 있다.
24) 徐憲卿,〈條奏被災疏〉,《古今圖書集成》(中華書局·巴蜀書社),　經濟匯編,　食貨典,
　　第103卷, 荒政部, 藝文10, p. 83259.

이 악화되면 이들이 곧 실업자가 되어 사회치안 불안의 중요한 요인
을 제공하고 있으며, 無賴는 이러한 바탕 위에서 활동하고 있었던 것
이다.

이렇게 명 후기 소주의 사회경제적 상황과 치안상황은 긴밀히 연
결되어 있다는 것을 알 수 있는데, 다음의 萬曆年間의 두 기록은 蘇
州의 이러한 상황을 총괄적으로 제시해 주고 있다고 생각된다.

　　무릇 蘇州는 國家의 股肱이 되는 웅장한 府로서, 財賦로 유명한 지역인
　데, 城池가 寬闊하고, 民俗이 奢侈한 데다가, 이에 더하여 商賈가 輻輳하
　여, 盜賊(의 활동)이 계속 이어져서, 작은 경우에는 담장을 넘고 울타리를
　뚫고 들어오며, 큰 경우에는 밝게 불을 밝히고 무기를 들고 들어옵니다.
　(이러한 상황에서) 1년 동안에 편안한 기간[도적 발생이 없는 시기]이 드
　문 것이 이미 오래되었습니다.[25]

　　蘇州는 江南의 首府로서, 財賦가 많은 지역이며, 商販이 走集하는 곳이고,
　貨財가 輻輳하는 곳으로, 遊手遊食의 輩와 異言異服의 徒로서 이곳에 寄食
　하면서 潛處하지 않는 사람이 없습니다. 名稱은 府이지만, 실제는 하나의
　거대한 都會입니다. 살펴보건대 府城은 사방이 40여 里 이상으로 空闊한
　곳이 曠野와 같으니, 盜賊이 不時에 발생하고, 奸寇가 쉽게 出沒합니다.[26]

즉 明 後期의 蘇州는 경제적인 중심지로서 자리잡고 있었는데, 이
러한 경제적 상황을 기초로 하여 광대한 蘇州지역에 遊手遊食의 輩
와 異言異服의 徒가 寄食하며 존재하여 결국 盜賊이 끊임없이 발생
하게 되는 사회경제적 상황을 갖추고 있었던 것이다.

이렇듯 明 後期의 蘇州는 都市社會의 成長과 동반하여 치안문제
역시 대두되고 있었던 것이다. 당연히 이러한 상황은 방치될 수 없는
것이었고, 따라서 이러한 치안문제에의 대처가 요구되고 있었다. 물
론 치안위협 요소가 다양하고 도시사회의 상황이 복잡하였던 만큼,

---

25) 姜良棟,〈條議巡守機宜弭盜便民諸稿〉,《鎭吳錄》, 1앞.
26)〈萬曆三十一年八月應天撫按會題陸遊擊疏〉,《鎭吳錄》, 2뒤~3앞.

그 대처방식의 수립에도 여러 가지 요소가 복합적으로 작용하고 있었으며 이 가운데에는 상호 대립적인 요인도 있었던 것이다.

2. 倭寇의 寇掠과 民變의 發生

蘇州는 도시사회의 발전에 따라 치안의 불안상황이 존재하고 있었는데, 이러한 불안상황은 내외의 다른 상황과 결합하여 더욱 급박한 치안문제로서 대두하기도 하였다. 우선 蘇州 도시사회에의 본격적인 治安威脅은 우선 외부로부터 나타났으니, 嘉靖倭寇의 출현이 그것이었다. 주로 嘉靖年間에 중국의 동남부 지역을 대상으로 한 嘉靖 倭寇의 활동[27]은 이 지역에 커다란 영향을 주었는데, 蘇州 역시 이들 倭寇의 寇掠의 주요 대상지역이었다. 우선 蘇州에 대한 倭寇의 寇掠의 개략적인 상황은 [표 1]과 같다.

아래에서 볼 수 있듯이 蘇州는 수 년에 걸쳐 倭寇의 직접적인 위협 아래 있었다. 구체적으로 嘉靖 33년(1554) 6월의 상황을 보면 다음과 같다. 우선 6월 5일에 倭寇가 閶門에서 楓橋에 이르는 지역을 燒劫하였고, 8일에는 賊이 分兵하여 남쪽으로는 橫山에까지 이르러 거의 온 지역을 焚掠하였으며 閶門 一帶의 富室·巨賈의 蓄積은 모두 다 남김없이 상실되었다. 이때에 湖나 山으로 도망간 사람도 있었으나 賊은 끝까지 쫓아왔다. 城안으로 도망쳐 들어오려고 한 사람도 있었는데, 적의 첩자가 섞여 들어올 것을 두려워하여 入城을 허락하지 않다가 兵備副使 任環이 문을 열고 엄격히 조사하여 入城을 허락하였다.[28] 이때의 화급한 상황을 당하여 城밖의 주민들이 城안으로 몰려 들어오다 참상을 당하기도 하였다. 즉 城門을 모두 닫고 閶門만을 일시 열자 사람들이 다투어 들어오려고 몰려들어 170명이 사망하는

---

27) 嘉靖倭寇의 전반적인 활동에 대해서는 鄭樑生,《明·日關係史の硏究》(雄山閣, 1984) 참조.

28) 崇禎《吳縣志》 권11,〈祥異 寇災民變附〉, pp. 62~3 ; 鄭若曾,《江南經略》(《文淵閣四庫全書》, 臺灣商務印書館) 권2下,〈長吳二縣倭患事蹟〉, p. 119.

〔표 1〕　　　　　　　　倭寇의 寇掠 상황

연 도	월	사 건 내 용
嘉靖32 (1553)	윤3월	賊이 여러 村鎭을 寇掠함.
	5월	賊이 府城을 공격하였고, 나누어 洞庭諸山을 寇掠함.
	8월	賊이 府城을 공격하였는데, 官兵이 격퇴함.
嘉靖33 (1554)	4월	賊이 夾浦에 이르렀을 때, 官兵이 격파함.
		賊이 府城을 공격하였는데, 參政 翁大立이 官兵을 이끌고 물리침.
	5월	賊이 府城을 공격하자 官兵이 싸워 大勝함. 賊은 崑山으로 도망.
	6월	賊이 府城을 포위하였고, 各門과 諸市鎭을 크게 焚掠하고 감.
嘉靖34 (1555)	5월	賊이 府城을 공격하고 太湖로 들어가 常熟을 통해 長江으로 나감.
		柘林賊이 陸涇壩에 이르자 提督都御史 周玩 등이 대파함.
	6월	賊이 府城을 공격하자 官兵이 城밖으로 나가 물리침.
	8월	賊 53명이 許墅關에 출현. 提督都御史 曹邦輔가 官兵으로 섬멸.

出典：鄭若曾,《江南經略》 권2下,〈長吳二縣倭患事蹟〉, pp. 118~123.

상황이 벌어진 것이다. 이 상황에서 兵備副使 任環은 城門을 열도록 명령하여 이에 생명을 구한 사람이 수십만 명이었다고 한다.[29]

　위의 예에서도 볼 수 있듯이, 嘉靖年間의 倭寇의 寇掠은 蘇州 도시 사회에 심각한 위협을 주었다고 할 수 있다. 蘇州府城 그 자체가 직접적인 공격을 받았을 뿐만 아니라 閶門에서 楓橋에 이르는 지역을 중심으로 한 城郭 외부의 교외지역으로 발전한 蘇州의 도시사회와 주변의 市鎭은 왜구의 寇掠에 적절한 방어수단을 갖고 있지 못하였고, 이로 인해 막대한 인명과 재산의 피해를 당할 수밖에 없는 상황에 처해 있었던 것이다. 따라서 倭寇의 寇掠으로부터 蘇州 도시사회를 보호하는 조치가 시급히 필요하였던 것이다.

　물론 위의 사례는 주로 城外로부터의 공격에 대한 방어가 중심이지만, 城內의 치안통제 역시 동시에 필요한 사항이었다. 그 예는 蘇

---

29) 王執禮,〈寇災紀略〉, 崇禎《吳縣志》 권11, p. 64.

州府 崑山縣의 경우에서 볼 수 있다. 嘉靖 33년 왜구가 崑山縣을 공격했을 때, 城內에서 수상한 자 2명을 체포하여 심문하였더니 10여명이 미리 성내에 들어와서 시기가 되면 放火를 하고 이 틈에 적이 공격할 것을 계획하고 있다는 정보를 획득하였다. 그리하여 知縣 祝乾壽는 來歷不明者를 체포하도록 하고 城市의 각 甲은 城夫가 담당구역을 이탈하지 않도록 명하였다. 그리고 脚夫 50명이 자발적으로 각 要路를 나누어 수상한 자를 체포하였다.[30] 여기에서 보듯이 왜구의 공격에 대한 방어에는 城內의 치안통제 역시 중요한 문제였다.

그런데 도시 내부로부터 치안의 위협이 되는 가장 중요한 사건으로는 民變을 들 수 있다. 明 後期 특히 萬曆年間에 이르면 각지에서 民變이 발생하였고, 특히 강남지역의 경우 다수의 民變이 발생하였다.[31] 발생요인은 다양하였는데, 蘇州에서의 民變 상황을 정리해 보면 [표 2]와 같다. 여기에서 보면 明代 후기의 蘇州民變은 反宦官, 反地方官, 反鄕紳, 雇工의 民變, 搶糧暴動 등이 매우 다양하게 나타나고 있는 복잡한 상황을 보여주고 있는 것을 알 수 있다.[32] 이 가운데 萬曆 29년(1601)의 '織傭의 變'이나 天啓 6년(1626)의 '開讀의 變'은 기존의 연구를 통해 그 내용이 잘 알려져 있는 사건이다. 한편 蘇州에서의 搶米暴動은 그 시말이 그다지 잘 알려져 있지 않으므로,[33] 여기에

---

30) 鄭若曾, 《江南經略》 권2下, 〈崑山縣倭患事蹟〉, p. 135.
31) 巫仁恕, 《明清城市民變研究 — 傳統中國城市群衆集體行動之分析 — 》(國立臺灣大學歷史學研究所 博士論文, 1996) ; 劉志琴, 〈城市民變與士大夫〉, 《中國農民戰爭史論叢》 4(1982) ; 傳衣凌, 〈明代後期江南城鎮下層士民的反封建運動〉, 《明代江南市民經濟試探》(上海, 1957) ; 夫馬進, 〈明末反地方官士變〉, 《東方學報》 52(1980) ; 佐伯有一, 〈1601年 '織傭의 變'をめぐる諸問題 — その一一 〉, 《東洋文化研究所紀要》 45(1968) ; 田中正俊, 〈民變·抗租奴變〉, 《世界の歷史 11 — ゆらぐ中華帝國 — 》(筑摩書房, 1961) 등 참조.
32) 한편, 淸代의 경우는 雇工의 民變이 뚜렷이 다수를 차지하고 있고 다음으로 米糧暴動이 여러 건 발생했다. 따라서 淸代와 비교해 볼 때, 明 後期의 蘇州는 매우 복합적인 양상을 띠고 있었다고 할 수 있다.
33) 明末의 도시 食糧暴動의 경우, 江南의 도시에서의 발생률이 가장 높고 또 규모도 크지만 기존의 연구는 福建의 식량폭동을 제외하고는 상세한 사례연구가 이루어져 있지는 못한 상황이다. 巫仁恕(1996), pp. 7~8 참조.

서 그 경과를 살펴보는 것도 의미가 있을 것이다.

萬曆 36년(1608)의 搶米暴動의 상황은 다음과 같다. 이 해에 3월부터 5월까지 큰 비가 와서 米價가 1石에 1냥 2전으로 상승하였다. 7월에 蘇州府 城中의 游手가 모여 무리를 이루어 길거리에서 搶奪을 하였는데, 巡撫都御史 周孔教는 坐營官 姜良佐로 하여금 兵卒을 이끌고 通衢에서 기다리도록 했는데, 이곳에서 姓名不詳의 우두머리 3명을 잡아들여서 즉시 笞死케 하니 무리가 흩어졌다. 이후 9월이 되어 吳縣 知縣 陳以聞이 官米를 내어 饑民을 賑濟하였다.[34]

〔표 2〕　　　　　　　　　　蘇州의 都市民變 상황

時　期	類　型	時　期	類　型
成化 19 (1484)	反宦官	萬曆 36 (1608)	搶糧暴動
嘉靖 2 (1523)	反宦官	萬曆 48 (1620)	搶糧暴動
萬曆 15 (1587)	反鄕紳士變	天啓 6 (1626)	反閹黨
萬曆 25 (1597)	反地方官士變	崇禎 12 (1639)	反地方官士變
萬曆 29 (1601)	雇工反礦稅監	崇禎 13 (1640)	搶糧暴動
萬曆 30 (1602)	工匠反礦稅監	崇禎 17 (1644)	反降李之鄕宦
萬曆 31 (1603)	反地方官士變	崇禎 17 (1644)	反地方官士變

根據: 巫仁恕,〈明淸城市民變硏究 ― 傳統中國城市群衆集體行動之分析 ―〉, 國立臺灣大學歷史學硏究所 博士論文(1996),〈附錄 2〉明淸城市民變年表.

또 萬曆 48년(1620)의 搶米暴動의 상황은 다음과 같다. 이 해에도 비가 많이 와서 米價가 1石에 1냥 4전여로 상승하였다. 이 해 7월 4일에 城中의 遊手가 무리를 이루어 米舖를 搶掠하였고, 또 불을 놓아 唐龍池 麴店의 米麥을 태워버렸으며, 한 달여 동안 罷市가 일어났다. 巡撫都御史 胡應台는 우두머리 3명을 체포하여 笞死케 하니, 攘奪이 비로소 그쳤다. 그리고 鄕紳·大戶도 備蓄米를 내어 平糶하여 饑民을 진제하였다.[35] 한편 또다른 기록에서는 이 사건에 대해, 한두 명의 饑

---

34) 崇禎《吳縣志》권11,〈祥異 寇災民變附〉, pp. 87~88.

民이 徽商의 米穀을 强借하였고, 有司가 이것을 법으로 다스리자 만 명의 사람들이 府門에 모여들어 大變이 일어났다고 적고 있다.[35]

또 崇禎 13년(1640)의 사건은 다음과 같다. 이 해에 재해로 인해 6 월에 米價가 1냥 8전으로 상승하였다. 그러자 3일에는 蘇州府城 東北 隅의 '奸民'들이 모여 亂을 일으켜, 婁門의 監生 姚江의 家를 습격하 려고 하였고, 15일에는 다시 擧人 章象鼎의 家를 약탈하고 이어 각지 의 米肆와 麪舖를 노략질했으며, 木瀆·光福 등의 村鎭과 洞庭東山·西 山에서도 이러한 일이 벌어졌다. 이에 知府 陳洪謐 등은 우두머리 2 명을 체포하여 笞死케 하니 무리가 비로소 흩어졌다. 이에 常平倉의 米穀을 풀고, 또 鄕紳·義士들에게 미곡을 방출하여 平糶할 것을 권유 하였으며, 또 米價를 올린 牙行을 처벌하고, 城 內外와 各鎭에서 賑 濟하는 것을 다음해까지 계속하였다.[37] 즉 蘇州府 城內에서 비롯하여 城外의 도시지역과 그 주변의 市鎭에 이르기까지 광범위하게 米糧暴 動이 일어난 것이다.[38]

이상에서 살펴본 倭寇의 寇掠과 都市民變의 발생은 都市의 內·外 에서 治安不安의 상황을 발생시킨 주요한 요인이었으며, 이에 대한 대책 마련이 긴급한 과제였다고 할 것이다. 그러나 이러한 사건이 발 생한 경우도 그 사건 자체만이 아니라 기존의 蘇州 都市社會의 상황 과 결합하여 치안위협이 드러나는 상황을 볼 수 있고, 또 일상적인 상황에서도 蘇州의 治安을 위협하는 요소가 도시사회 내부에 잠재해 있었다.

---

35) 崇禎 《吳縣志》 권11, 〈祥異 寇災民變附〉, pp. 90~91.
36) 徐憲卿, 〈條奏被災疏〉, 《古今圖書集成》, 經濟匯編, 食貨典, 第103卷, 荒政部, 藝文 10, p. 83259.
37) 崇禎 《吳縣志》 권11, 〈祥異 寇災民變附〉, pp. 102~104.
38) 사실 이 당시에는 搶米暴動이 蘇州府城 및 周邊의 市鎭뿐만이 아니라 그 주변 의 여러 도시에서 동시에 일어났다. 즉 蘇州府 吳江縣, 蘇州府 太倉州, 常州府 無 錫縣, 嘉興府 嘉興縣에서도 이러한 사건이 있었다. 韓大成, 《明代城市研究》(中國 人民出版社, 1991), pp. 422~423 참조.

Ⅲ. 治安對策의 提起와 施行

1. 築城論과 蘇州 都市防衛

都市의 방위를 위한 장치로는 무엇보다도 우선 城郭의 존재를 들
수 있다.[39] 蘇州의 城郭의 기원은 물론 오래되었지만, 明初에 들어와
서 성곽을 보수·수축한 것이 명대 기본 성곽의 형태가 되었다. 正德
《姑蘇志》의 기록에 따르면, 蘇州府城은 다음과 같다. 우선 그 기본
형태는 '亞字形'이라고 하는데, 북측의 폭이 남측보다 조금 더 넓은
장방형의 구조였다. 둘레는 34里(19킬로미터)였고, 높이는 2丈 3尺(7m)
이었다.[40] 이러한 城郭의 크기는 수도 南京·北京城보다는 작지만, 주
변의 다른 府州縣城보다는 월등히 큰 규모였다.[41] 그리고 성 둘레의
濠는 깊이가 1丈 1尺 너비가 9丈 5尺이었다.[42] 城門은 모두 6개가 있
었는데, 이 가운데 閶門·盤門·封門·婁門·齊門에는 水門과 陸門이 각
각 하나씩 설치되어 있었고, 胥門에는 水門은 없고 陸門만이 있었다.
城門에는 官軍을 두어 晝夜로 守衛하였고 성문열쇠는 蘇州衛가 장악

---

39) 中國 城의 일반적 상황에 대해서는 陳正祥, 《中國文化地理》(生活·讀書·新知 三
聯書店, 1983) 第三篇, 〈中國的城〉 참조.

40) 正德 《姑蘇志》(天一閣藏明代方志選刊續編) 권16, 〈城池〉, pp. 3~4. 한편 明末의
다른 많은 기록에서는 성 둘레를 45里(25km)로 기록하고 있다. 鄭若曾, 《江南經
略》 권2上, p. 75 등 참조. 그러나 崇禎 《吳縣志》 권1, 〈城池〉, p. 177에서는 45里
라는 기록은 잘못이고 34里 53步 9分이 정확한 기록이라고 설명하고 있다.

41) 거대한 규모를 자랑하는 明代 南京城의 둘레에 대해서는 96里, 61里, 57里 등
여러 가지 엇갈리는 기록이 있는데[F. W. Mote, "The Transformation of Nanking,
1350~1400," G. William Skinner ed., The City in Late Imperial China(Stanford
U.P., 1977), pp. 134~136], 1954년의 實測에 따르면 37,140m(약 66里)라고 한다[季
士家, 〈明都南京城垣略論〉, 同氏, 《明清史事論集》(南京出版社, 1993), p. 9]. 北京城
의 둘레는 永樂年間 건설된 것이 둘레 40里였고, 이후 嘉靖年間에 남측에 28里의
外城이 추가로 건설되어 '凸' 형태가 되었다[賀樹德, 《北京通史第六卷(明代卷)》(中
國書店, 1994), pp. 70~71]. 한편, 蘇州府의 여타 州縣城의 경우는, 崑山縣城이 12
里, 常熟縣城이 9里, 吳江縣城이 5里, 太倉州城이 14里였다(正德 《姑蘇志》 권16,
〈城池〉, pp. 22~25). 또 松江府城의 경우도 城周는 9里에 불과했다. 崇禎 《松江府
志》(日本藏中國早見地方志叢書) 권19, 〈城池〉, p. 490.

42) 鄭若曾, 《江南經略》 권2上, p. 76.

하고 있었다.[43] 그런데 이후 성문열쇠의 관리는 蘇州府의 佐貳官으로 이전되었다.[44]

이러한 규모는 그 밖의 다른 府州縣城에 비해 규모가 매우 큰 것이었지만, 명 중기 이후 蘇州의 도시사회가 발전함에 따라 이러한 城郭 밖으로 도시화 구역이 발전하게 되었다. 특히 水路를 통한 교통운수의 편리함과 관련되어 閶門 서측에서 楓橋에 이르는 運河路측의 지역이 그 도시화의 주요 방향이었다. 즉,《江南經略》에,

閶門에서 楓橋에 이르는 10리는 南北 2岸에 居民이 즐비한데, 특히 南岸이 더욱 繁盛하다. 무릇 四方에서 구하기 어려운 물품도 없는 것이 없어, 지나가는 사람은 그 화려함에 눈을 빼앗긴다. 楓橋는 특히 商船이 모여드는 중심지로, 上江[安徽]의 여러 府 및 各省의 菽·粟·棉花의 大貿易은 모두 다 여기로 모인다. 남북으로 왕래하는 (선박의) 停泊과 出帆이 모두 이곳에서 이루어진다. 盜賊과 奸細는 검문검색하기가 至難하다.[45]

라고 기록하고 있는 것은 바로 이 지역의 모습을 묘사한 것이다. 이 지역에 대해 嘉靖年間의 吳縣 知縣이었던 曹自守는 다음과 같이 기록하고 있다.

또 城內의 지역은 비록 면적이 넓으나 간간이 빈터가 있다. 그러나 胥門 및 閶門에서부터 줄줄이 이어져 西側으로는 가옥이 즐비하게 늘어서 있어 거의 城內와 동등하다. 이것은 역시 客戶(外地人)가 많이 居住하고 있기 때문이다.[46]

즉, 閶門에서 楓橋에 이르는 지역은 外地人의 유입으로 인구가 조

---

43) 正德《姑蘇志》권16,〈城池〉, pp. 4~5. 城 위에는 敵臺가 57座, 窩舖가 192座 설치되어 있었다. 鄭若曾,〈蘇州府城池考〉,《江南經略》권2上, p. 76.

44) 崇禎《吳縣志》권1,〈城池〉, p. 178에서는 總捕府佐가 담당한다고 기록하고 있다. 이러한 사정은 청대에도 마찬가지로 이어졌다. 同治《蘇州府志》(中國地方志集成) 권4,〈城池〉, p. 151.

45) 鄭若曾,《江南經略》권2上,〈楓橋險要說〉, p. 104.

46) 曹自守,〈吳邑城郭圖說〉, 嘉靖《吳邑志》(天一閣藏明代方志選刊續編), p. 706.

밀한 완연한 도시구역이 형성되어 있다는 것이다. 따라서 이 지역에 대해 鄭若曾이 "閶門至楓橋數里間, 商民居積所萃, 視他省一雄郡矣"[47] 라고 하듯이, 이곳 자체가 他省의 하나의 거대한 府와 맞먹는다는 것이다. 이상의 기록에서 蘇州府城 외의 서측지역의 도시화가 얼마나 많이 진행되었는가를 여실히 알 수 있을 것이다.

그런데 이러한 상황은 治安의 측면에서는 심각한 위험을 발생시키는 것이기도 하였다. 특히 외부로부터의 침략에 대해 보호의 역할을 하는 城郭이 없는 것이 문제의 하나였다. 사실 이러한 문제는 앞장에서 살펴본 嘉靖年間 왜구의 寇掠에서 여실히 드러나고 있다. 즉 이 지역이 집중적인 약탈의 대상이 되었고 이곳의 사람들이 城으로 들어오려고 일시에 閶門으로 다투어 몰려들어 백여 명이 사망하는 참상이 발생하기까지 했던 것이다. 따라서 이러한 상황에서 이 지역에 대한 築城論이 제기된 것은 당연한 일이라고 할 수 있을 것이다.

城郭은 전통시대 도시방위를 위한 가장 기본적인 시설이라고 하겠는데, 明代 縣級 이상의 도시에 모두 城郭이 있었던 것은 아니었는데,[48] 元代에 縣이 설치된 上海는 明 嘉靖年間에 이르러서 倭寇의 寇掠을 계기로 비로소 城을 건설한 경우이다.[49] 이 밖에도 嘉靖 倭寇의 寇掠을 계기로 하여 東南 沿海地域에는 많은 府縣에서 築城과 城郭의 補修가 이루어졌고,[50] 또 瓜洲鎮과 같은 鎭級 都市에서도 築城이 이루어졌다.[51] 그리고 揚州는 嘉靖 倭寇를 계기로 하여 기존의 城 외

---

47) 鄭若曾, 〈閶西築城論〉, 崇禎 《吳縣志》, p. 116.

48) 中村治兵衛, 〈總論〉, 唐代史研究會 編, 《中國都市의 歷史的研究》(刀水書房, 1988), p. 16 참조.

49) 上海는 倭寇의 寇掠을 맞이하여 嘉靖 32년(1553) 上海縣人 顧從禮의 요청에 따라 知府 方廉이 비로소 城을 건설하였다. 崇禎 《松江府志》 권19, 〈城池〉, pp. 491~492 및 後藤肅堂, 〈倭寇史上에 於ける支那의 都市〉, 《歷史地理》 28-1(1916) 참조.

50) 물론 浙江의 慈谿縣, 嘉善縣, 餘姚縣, 新昌縣, 蕭山縣 등에서는 그 비용-부담 등의 이유로 築城反對論도 제기되었으나, 결국 축성이 이루어졌다. 龐新平, 〈嘉靖倭寇活躍期における築城 ─ 中國浙江沿海地方を中心にして ─〉, 《東洋學報》 75-1·2 (1993), p. 57.

51) 여기에서도 築城의 비용-부담 때문에 반대론이 있었으나[龐新平(1993), p. 58], 결국 축성이 이루어졌다. 嘉慶 《瓜洲志》(中國地方志集成) 권1, 〈疆域〉, p. 168.

의 도시지역을 포괄하는 新城을 건설하였다.[52] 이렇게 嘉靖 倭寇의
寇掠을 계기로 하여 그 위협 아래 있었던 지역에서는 城郭의 新築이
나 또는 增築·補修 작업이 전개되었다. 이때에 蘇州에서 제기된 築城
論은 揚州의 경우와 같이 蘇州도 城外의 도시화 지역 즉 閶門에서
楓橋에 이르는 지역에 새로 築城을 하자는 것이었다.

그러나 이 논의는 결국 실현을 보지 못하였다. 그 이유에 대해서는
여러 가지 요인을 들 수 있을 것이다. 鄭若曾은 그 工事費가 전적으로
이 지역에 거주하는 주민의 부담으로 되어 결국 경제적 부담 때문에
이루어지지 못했다고 기록하고 있다.[53] 또 曹自守는 이곳에 新城이 築
城되면 이곳에 존재하는 거대한 人口와 財産이 위급한 시기에도 舊城
내로 들어오지 않을 것이므로 결국 기존의 舊城이 人力과 食糧의 부
족으로 방위에 지장을 받게 되기 때문에 築城論이 시행되지 못했다고
기록하고 있다.[54] 또 이 지역의 수로교통망의 사정과 관련하여 구체적
으로 어떻게 築城을 해야 할 것인가 하는 논란도 보인다.[55] 이렇게 防
衛의 필요에도 불구하고 築城이 이루어지지 못한 이유는 여러 가지를
들 수 있겠으나, 주목되는 것은 曹自守가 築城論이 있었으나 결국 이
루어지지 못한 것을 소개하고는 "城은 유한한데 民은 無窮하니 (築城
論은) 역시 잘못된 計策이다"[56]라고 기록하고 있는 점이다.

결국 이 시점에서 蘇州에서는 城郭에 의한 都市防衛가 도시화의
확대라는 상황에서 유용성을 상실했다는 인식이 보이는 것이 주목된

---

52) 揚州에서는 왜구의 침략을 계기로 1556년 新城이 건설되어 舊城의 동측벽과
　　연결되었고 이 新城의 면적은 舊城보다 2배에 달하였다[Antonia Finnane,
　　"Yangzhou : A Central Place in the Qing Empire," Lynda Cooke Johnson ed.,
　　Cities of Jiangnan in Late Imperial China(State University of New York
　　Press, 1993), p. 131]. 그런데 이러한 新城 건설의 배경에는 舊城 동측의 상공업
　　지역의 발전이 있었으며, 新城의 축성도 이 지역의 원활한 경제유통을 위해 다
　　수의 城門을 건설하였다. 傅崇蘭, 《中國運河城市發展史》(四川人民出版社, 1985),
　　p. 214 참조.
53) 鄭若曾, 〈閶西築城論〉, 崇禎 《吳縣志》, p. 116.
54) 曹自守, 〈閶西防禦論〉, 崇禎 《吳縣志》, pp. 119~120.
55) 劉鳳, 〈閶西築城論〉 1·2, 崇禎 《吳縣志》, pp. 117~119.
56) 曹自守, 〈吳邑城郭圖說〉, 嘉靖 《吳邑志》, p. 707.

다. 물론 蘇州에는 기존의 城郭이 존재하고 있었고, 이 성곽이 倭寇
의 寇掠에 대한 防衛에서 유용한 機能을 담당하고 있었다. 그러므로
蘇州防衛에서 城郭이 무용하다는 것은 결코 아니었다. 그러나 城郭
범위 밖으로 더욱 발전한 도시지역에 대하여 성곽을 확대하여 방위
기능을 부여한다는 것은 부정되었다. 즉 都市化의 擴大는 성곽에 의
한 도시방어라는 개념을 뛰어 넘고 있었던 것이다.

2. 軍·兵의 治安役割의 强化

明代의 軍事制度는 衛所制度를 근간으로 하고 있었다. 그러나 잘
알려져 있는 바와 같이 명대 중기 이후로는 衛所制度는 점차 廢夷되
고 民壯이나 기타의 방법으로 군사가 충원되고 있었다. 그러나 明末
까지 衛所制度도 폐지되지 않고 존속하고 있었다. 그리하여 명대 중
기 이후에는 군사제도가 매우 복잡한 양상을 보이고 있었다고 하겠
다.[57] 蘇州지역의 경우도 예외가 아니었다.

〔표 3〕　　　　　　　蘇州府 全體의 兵力數

構　成	兵力數	派遣數	實兵力數
官軍 (蘇州·太倉·鎭海 3衛)	16,800명		16,800명
巡檢司 弓兵 (31個所)	1,180명	36명(操江衙門)	1,144명
州縣 民壯	1,930명	123명(操江衙門) 174명(巡鹽民壯)	1,633명
計	19,910명	333명	19,577명

根據 : 鄭若曾,《江南經略》권1上,〈養兵〉, p. 8.

57) 毛佩奇·王莉,《中國明代軍事史》(中國全史 73)(人民出版社, 1993) ; 王莉,〈明代營
兵制初探〉,《北京師範大學學報》(社科版), 1991-2(《復印報刊 明淸史》 1991-5) ; 吳
晗,〈明代的軍兵〉,《吳晗史學論著選集》2(人民出版社, 1986)(原載《中國社會經濟史
集刊》 5-2, 1939) ; 佐伯富,〈明淸時代の民壯について〉,《東洋史硏究》 15-4(1957)
등 참조.

우선 隆慶年間을 기준으로 보면, 蘇州府 전체의 兵力은 2만 명 정
도로, 구체적인 구성은 [표 3]과 같다. 그러나 위의 숫자는 물론 蘇州
府 전체를 대상으로 한 것이므로 蘇州府城 내외의 병력만을 기록하
고 있는 것은 아니다. 따라서 도시 蘇州의 병력 상황을 보기 위해서
는 蘇州府의 다른 지역의 병력은 제외하고 보아야 할 것이다. 蘇州의
衛所만을 보면, 3衛 가운데 太倉州 지역에 있던 太倉衛와 鎭海衛를
제외하고 蘇州府城에 주재하고 있던 蘇州衛만의 병력은 5,600명이었
다.[58] 그러나 명대 衛所軍士는 많은 도망이 발생하여 實額을 갖추지
못하는 상황이 전개되어 갔는데,[59] 강남의 경우도 마찬가지였으니, 鄭
若曾은 軍戶가 運糧에 동원하고 또 도망자들이 많아서 마땅히 보충
해야 할 것이라고 지적하고 있다.[60]

이러한 衛所軍에 대한 보완으로 등장한 것이 民壯과 募兵이었다.
이 가운데에서 民壯의 경우를 우선 살펴보면, 正德年間부터 民壯을
징발한 것이 기록되어 있으나 그 인원수를 확인할 수 없는데, 嘉靖
年間에 이르면 표의 기록과 같이 吳縣에서는 3백 명을, 그리고 長洲
縣에서는 330명을 모집하였고 또 嘉靖 33년에는 倭寇의 침략을 계기
로 별도로 民壯을 추가 모집하였다.[61] 즉 嘉靖연간에 吳縣과 長洲縣
의 民壯의 인원수는 6백 명 이상이었다고 할 수 있다. 이들 民壯은
평소에는 府縣의 庫獄을 경비하고 奸盜를 巡緝하는 역할을 맡고 있

---

58) 蘇州衛는 明 太祖의 吳 元年에 포로로 잡은 張士誠의 병사를 기초로 하여 衛를
   만든 것으로 中軍都督府에 예속되어 있었다. 官署의 위치는 府城內의 飮馬橋 西
   側에 있었으며, 軍器局은 衛治內의 西側에 있었고 敎場은 北城 아래의 報恩寺 後
   側에 있었다. 인원 구성을 보면, 掌印 1명을 포함하여 指揮使가 3명, 同知가 6명,
   僉事가 12명 있었으며, 鎭撫司 鎭撫가 2명, 經歷司 經歷이 1명 있었다. 이 蘇州衛
   는 5개의 千戶所를 거느리고 있었고, 洪武 26年의 定制에 의하면 千戶所는 軍
   1,120名을 거느리고 있었다. 각 千戶所의 營의 위치를 보면, 左千戶所營은 封門內
   에, 右千戶所營은 閭門內에, 中千戶所營은 盤·胥 2門內에, 前千戶所營은 婁·齊 2
   門內에 있었으며, 後千戶所는 嘉興守禦千戶所로 分立되어 나갔다. 鄭若曾,《江南
   經略》권2上,〈蘇州府城官兵考〉, pp. 76~77.
59) 吳晗(1986), pp. 230~243.
60) 鄭若曾,《江南經略》권1上,〈養兵〉, pp. 8~9.
61) 隆慶《長洲縣志》(天一閣藏明代方志選刊續編) 권9,〈兵防〉, pp. 243~244.

〔표 4〕　　　　　　　　　蘇州 兵制의 推移

연　도	설　치	내　용	설 치 자
吳 元年 (1367)	蘇州衛 건립		
洪武~ 正德年間		兵制에 대한 기록은 남아 있지 않고, 有軍無兵 이라고 전해짐.《吳縣志》	
正德7年 (1512)	民壯 설치	名額은 不明《吳縣志》	兵備副使 謝琛
嘉靖14年 (1535)	民壯 300名 설치	《吳縣志》	兵備副使 李上允
嘉靖34年 (1555)	胥門營, 東跨 塘營, 胥口營	《吳縣志》	巡撫都御史 曹邦輔
萬曆16年 (1588)	陸　營	本縣 民壯에서 100 名을 선발하여《吳縣志》 各縣의 民壯에서 취하여－東營：守備 1명, 兵 400명 / 西營：守備 1명, 兵 400명《長洲縣志》	巡撫都御史 周　繼
	太 湖 營	官兵 220 名, 沙唬船 9척《吳縣志》	
天啓2年 (1622)	團　營	軍門에 설립－本縣의 陸營에 소속되어 있던 民壯 에서 11명을 선발. 陸營은 실제 89명이 됨.《吳縣志》 陸營에서 兵을 선발하여 설치－守備 1명, 兵 400명《長洲縣志》	巡撫都御史 王象恒
崇禎元年 (1628)	水　營	水兵을 모집하여 설립－東塘：把總 1명, 兵 200 명 / 西塘：把總 1명, 兵 200명《長洲縣志》	
崇禎14年 (1641)	標 理 營	府治 앞에 설치－驍勇한 자를 모집하고, 東西에 각각 營房 8間을 건설하여 거주케 함. 標營이 통 제《吳縣志》	推官 倪長圩

出典：崇禎《吳縣志》 권18,〈兵防〉, pp. 455~467.
　　　乾隆《長洲縣志》(中國地方志集成) 권9,〈兵防〉, p. 90.

었으며, 府縣의 佐貳官이 통솔하였는데 때로는 군사활동에서 그 관
할이 軍官에 위임되는 경우도 많았다고 한다.[62] 이러한 蘇州의 軍事
體制의 변화과정을 정리해 보면 [표 4]와 같다. 이 표에 잘 드러나듯
이 蘇州의 경우에도 명 중기에 民壯이 설치되기 시작하고 또 募兵이

---

62) 隆慶《長洲縣志》 권9,〈兵防〉, p. 244 ; 佐伯富(1957), pp. 48~50 참조.

이루어졌다.[63]

그런데 또 하나 이 표에서 확인할 수 있는 것은 軍士의 구성이 衛所軍戶에서 民壯과 각종 募兵이 혼합된 체제로 변화해 감과 동시에 군사지휘 체계도 변화해 갔다는 점이다. 明代의 군사지휘 체제는 五軍都督府와 指揮使司를 연결하는 지휘체계에서 점차 總兵官을 중심으로 하고 그 위에 巡撫가 전체적인 지휘를 하는 체제가 만들어져 갔다.[64] 그리고 실제의 부대는 衛所의 軍戶와 民壯 그리고 각종 募兵의 혼성으로 구성된 營을 중심으로 이루어지게 되었다는 연구가 있는데,[65] 위의 표에서 이러한 전개과정을 잘 볼 수 있다. 그런데 蘇州에 있었으면서도 위의 기록에 잘 나타나지 않는 또다른 營도 있었다. 즉 巡撫 휘하에는 標兵이 있었는데,[66] 應天巡撫가 蘇州에 주재할 때 그 휘하의 標營도 蘇州로 와서 駐屯하는 경우가 있었다. 바로 萬曆年間에 民變이 빈발하는 상황에서 치안유지를 蘇州로 와서 전체적인 치안책임을 담당했던 游擊將軍 姜良棟이 이끈 標下坐營의 경우가 여

---

63) 당시 無賴가 募兵으로 군대에 들어가 군대의 질에 문제를 일으키고 있다는 기록이 많이 있는데, 한편 姜良棟은 치안담당자의 위치에서 역으로 打行의 好漢을 招募하여 이들을 兵力으로 이용할 것을 제안하고 있어 흥미롭다. 姜良棟, 〈條議巡守機宜弭盜便民諸稿〉,《鎭吳錄》, 7뒤~8앞. 여기에서 無賴는 당시 蘇州의 치안에 커다란 위협이 되고 있기는 하였으나, 동시에 이들을 치안요원으로 이용하려는 발상도 여전히 존재하고 있었음을 알 수 있다.

64) 吳晗은 이렇게 만들어져 간 군 지휘체계를 다음과 같이 정리하고 있다 (吳晗, 1986, p. 221).

巡撫
‖
總兵官 ― 副將·副總兵 ― 參將 ― 游擊將軍 ― 守備 ― 把總
‖
都指揮使 ― 指揮使 ― 千戶 ― 百戶 ― 總旗 ― 小旗

65) 王莉는 이러한 과정을 '營兵制'라는 개념으로 정리하고 있다. 그의 주장의 특색은 또한 기존에 軍과 兵의 차이를 전자는 世襲的 軍戶이고 후자는 民壯이나 募兵 등 非世襲的 병사라고 해석해 온 것에 대해[예컨대 吳晗(1986) 등 참조], 그는 兵은 營에 조직된 군사로서 그 내원이 軍戶이든 募兵이든 모두 兵으로 지칭되었다는 견해를 제시하였다. 王莉(1991) ; 毛佩琦·王莉(1993) 참조.

66) 王莉(1991), p. 31.

기에 해당된다.

그런데 軍隊는 직접적인 군사활동만이 아니라 都市의 治安維持를 위한 경찰적 역할도 담당했던 존재였다.[67] 물론 후술하듯이 萬曆年間 蘇州에는 總小甲을 중심으로 하는 요역적인 巡邏가 이루어지고 있었으며, 또 保甲에 의한 巡邏도 이루어지고 있었던 것과 같이 民間 住民을 조직하여 이루어지는 巡邏도 있었다.[68] 그러나 이러한 여러 치안기구나 조직과 병행하여 軍隊 역시 치안책임을 담당하는 주요기구였고, 경우에 따라서는 군사활동보다도 경찰활동을 일상적인 업무로 담당하고 있기도 하였다. 그러면 蘇州의 상황은 어떠하였던 것일까?

우선, 嘉靖年間의 상황을 鄭若曾의 제안을 통해서 살펴보기로 하겠다. 鄭若曾은 嘉靖 33년(1555) 倭寇의 寇掠 상황에서 당시 蘇州地域의 방위를 담당하고 있던 兵備副使 任環의 요청에 대해 총 10개조의 治安對策을 제안하고 있다.[69] 그 첫 조항이 바로 軍隊의 巡邏를 실시하자는 것이었다. 즉 그는 "蘇州·松江·常州·鎭江 4府州縣 各城의 內外는 軍·民이 조밀하게 섞여 있고, 商賈가 輻輳하며 奸盜가 발생하기 쉬워 급작스럽게 治安이 무너질 수 있다"고 파악하고, 城池 내외의 지역을 적절히 나누어 官兵의 관할지역을 정하고, 밤마다 순서에 따

---

67) 이러한 상황은 都市別, 그리고 時期別로 다양한 차이가 있었다. 예컨대 南京의 경우는 萬曆年間의 기록에 "南都舊無巡邏軍馬步車. 相傳正德以前, 閭里間竊盜頗少, 至强盜尤稀. 聞嘉靖末午而剽劫縱橫, 見任工人夫有被其害者, 乃始奏置巡邏官軍. 自此各街巷要處皆有隊伍, 一有警跡, 傳碼四路, 飛馬赴之, 盜多畏避. 自後法久漸弛, 官軍嬾惰, 浸不如前 ……."[顧起元,《客座贅語》(《庚巳編·客座贅語》, 中華書局, 1987) 권2, 〈巡邏〉, p. 49]이라고 하여, 이전에는 없던 軍隊의 巡邏가 明 中期 이후 도시의 치안상황 악화에 따라 새로 출현하였다는 것을 기록하고 있다. 또 北京의 경우를 보면, 永樂 7년(1409)에 五城兵馬司가 설치되어 治安을 담당했으며, 弘治 15년(1502)에는 巡捕營이 설치되었는데 설치 당시에는 병사가 820명이었던 것이 점차 증가하여 嘉靖연간에는 1만여 명이 되었다. 이후 五城兵馬司는 주간치안을 그리고 巡捕營은 야간치안을 담당하였다. 邱仲麟(1992), pp. 90~103.

68) 이 내용에 대해서는 이 글 Ⅳ장 참조.

69) 〈弭盜事宜〉라는 제목의 이 10개의 조항은 ① 嚴城禁 ② 守要害 ③ 立保甲 ④ 設耆捕 ⑤ 置水柵 ⑥ 謹盤詰 ⑦ 飭將領 ⑧ 弭窩盜 ⑨ 處娼優 ⑩ 明賞罰로 이루어져 있는데, 이 제목에서도 알 수 있듯이 이것은 왜구에 대한 직접적인 군사방어 방략이 아니라 이와 병행해야 할 內地治安에 대한 것이다. 이 가운데 住民의 組織과 徵發에 관한 내용은 Ⅳ장에서 고찰하도록 하겠다.

라 打更을 하며 巡邏하고 나누어 교대토록 지시할 것[70]을 제안하고
있다. 이것으로 보아 당시에는 軍隊의 巡邏가 실시되지 않고 있었다
고 추정할 수 있는데, 그렇다면 鄭若曾은 倭寇의 寇掠을 맞아 都市地
域의 治安을 강화시키기 위해 軍隊가 적극적으로 경찰적 역할을 담
당할 것을 요청하고 있는 것이다.

　이것이 당시에 실제로 실행되었는지는 불확실하지만, 萬曆年間에
이르면 姜良棟의 경우에서 軍隊의 巡邏를 적극적으로 실시한 구체적
인 예를 확인할 수 있다. 姜良棟은 蘇州의 전체적인 治安을 위해 다
음과 같은 조처를 취했다. 蘇州의 標·陸 2營의 병사 총 1,200명 가운
데 城內의 경우에는 東南·東北·西南·西北·中央의 5개 지역으로 나누
고 또 각 지역의 10개 안팎의 요충지에 立石하고 이 한 곳을 10명
내외의 병사가 전담하여 巡邏하도록 하였다.[71] 또 城 위에서의 경계
도 강화하였다. 원래 城 위에는 守舖兵 400명이 있었으나 그 후 평화
가 계속되는 과정에서 폐지되었는데, 姜良棟은 이것을 다시 배치하고
자 하였다.[72] 그리하여 城上 45里에 兵 90명을 파견하고 1里마다 2명
을 배치하여 往來游巡토록 하였다.[73] 그리고 이미 앞에서도 본 바와
같이 蘇州의 도시치안에서 또한 중요한 지역 城 밖의 도시화된 지역
이었다. 姜良棟은 우선 부임초부터 "閶門 一帶는 民이 부유하고 商人
이 모여 있어 왕왕 (치안유지에) 실패하는 경우가 일어나는데, 盜賊을
그치게 하는 방책은 城市 내보다 더욱 어렵다"라고 파악하고 있었
다.[74] 그래서 이 지역의 치안유지를 중시하였다. 그는 자신이 실시한
방법을 다음과 같이 기록하고 있다.

　城外는 6門 중에서 盤·葑·婁·齊 4門 밖의 지역은 簡易하여 兵 30명을

---

70)　鄭若曾,《江南經略》권7下,〈見行兵政〉2, p. 405.
71)　姜良棟,〈申明保守地方各款事宜呈稿十四款〉,《鎭吳錄》, 3앞~4뒤.
72)　姜良棟,〈條議巡守機宜弭盜便民諸稿〉,《鎭吳錄》, 8앞.
73)　姜良棟,〈申明保守地方各款事宜呈稿十四款〉,《鎭吳錄》, 5앞.
74)　姜良棟,〈條議巡守機宜弭盜便民諸稿〉,《鎭吳錄》, 9앞.

파견하는 외에 巡官 2명이 각각 2門의 관할구역을 담당하여 遊巡토록 하였습니다. 다만 閶·胥 2門은 商賈가 輻輳하고 財貨가 會集하여 있으며 民居가 稠密하여 지역이 매우 요충지로서 盜賊이 노리는 것이 더욱 심하므로, 兵 110명을 파견하여 11隊로 나누고 哨官 1명이 전담하여 巡緝하고 두루 돌아다니며 防禦토록 하였습니다.[75]

이상에서 살펴본 姜良棟의 巡邏 兵力의 배치상황을 정리해 보면 [표 5]와 같다. 여기에서 총병력 1,200명 중에서 절대다수의 인원이 治安巡察의 역할을 담당하고 있었음을 알 수 있는데, 따라서 당시 姜良棟 휘하의 병력은 전적으로 경찰의 기능을 담당하고 있었다고 하여 과언이 아닐 것이다.

한편 위와 같은 군사 배치상황에서 姜良棟은 閶門 서측의 치안을 매우 중시하고 있었음을 알 수 있다. 사실 이 閶門에서 楓橋에 이르

〔표 5〕 姜良棟의 巡邏 兵力 배치

地 域	小 地 域	兵 力 數
城 內	東南 (隅 9개)	90명
	東北 (隅 13개)	118명
	西南 (隅 18개)	184명
	西北 (隅 11개)	108명
	中央 (隅 8개)	226명
	小 計	726명
城 上	1里 거리마다 2명	90명
城 外	盤·葑·婁·齊 4門外	30명
	閶·胥 2門外	110명
	小 計	140명
總	計	956명

出典 : 姜良棟, 〈申明保守地方各款事宜呈稿十四款〉, 《鎭吳錄》, 3앞~6앞.

---

75) 姜良棟, 〈申明保守地方各款事宜呈稿十四款〉, 《鎭吳錄》, 5뒤~6앞.

는 지역에 대해서는 이미 鄭若曾이 다른 城門外 지역과는 달리 重兵을 주둔시켜야 하며, 이것은 "天下의 財貨는 蘇州에 모여 있고, 蘇州의 財貨는 閶門에 모여 있기 때문"이라고 지적한 바 있고,[76] 또 姜良棟도 蘇州의 지역에 따른 治安의 중요도에 대해, "西側에서는 城外의 閶門 일대가 要衝이고 城內의 西南·西北의 兩隅가 그 다음이며, 東側에서는 城內의 東南·東北이 要衝이고 城外의 葑門·婁門·齊門 지역이 그 다음"[77]이라고 하여, 閶門 지역이 蘇州에서 治安이 가장 중요한 지역으로 꼽고 있다.

이와 더불어 蘇州는 '水鄕'으로 유명하듯이 주요 교통은 水路에 의존하여 이루어지고 있었다. 따라서 이러한 수로에서의 순시선을 통한 치안순찰 역시 중요하였다. 따라서 姜良棟은 순시선을 증가하여 楓橋나 五龍橋 등의 지역의 순찰을 강화하도록 조처하였다.[78] 사실 天啓 6년(1626) 刊行한 《天下路程圖引》에서는 蘇州를 경유하는 水路를 설명하는 가운데, 五龍橋와 虎丘山 기슭 등의 지역에는 凶年에 盜賊이 많다고 기록하고 있는데,[79] 바로 이러한 지역에 대한 순찰강화가 필요했던 것이다.

이러한 城外 經濟區域에 대한 治安의 중시는 淸代에 이르면 구체적인 제도적 장치로 확인할 수 있다. 청대 蘇州府城의 방위와 치안은 蘇州城守營이 담당하고 있었는데, 3명의 守備 중에서 中軍守備는 府城 6門과 府縣의 倉庫와 獄囚의 경비를 담당하였으며, 左軍守備는 西城의 長洲·元和·吳 3縣의 착종지역 즉 閶門 서측 지역의 布坊·踹匠·盜賊·鹽梟 等의 치안을 담당하였고, 右軍守備는 崑山縣을 담당하였

---

76) 鄭若曾, 《江南經略》 권2上, 〈楓橋險要說〉, p. 104.

77) 姜良棟, 〈條議巡守機宜弭盜便民諸稿〉, 《鎭吳錄》, 15앞.

78) 이전에는 紅船 16척이 城門 水柵과 여타 주요 지역을 순시하고 있었는데, 姜良棟은 새로 순시선 20척이 楓橋나 五龍橋 등의 지방을 10월부터 이듬해 정월까지 순시토록 하였다. 姜良棟, 〈申明保守地方各款事宜呈稿十四款〉, 《鎭吳錄》, 5앞~6앞.

79) 憺漪子, 《天下路程圖引》(楊正泰 校注, 《天下水陸路程·天下路程圖引·客商一覽醒迷》, 山西人民出版社, 1992), p. 375.

다. 또 2명의 千總 가운데 1명은 長洲·吳 2縣을 담당하면서 吳縣의 楓橋에 주둔하여 방비하였고, 또 1명은 元和·崑山·新陽 3縣을 담당하였다.[80] 이 蘇州 城守營의 배치에서도 閶門 서측 지역이 매우 높은 비중을 차지하고 있음을 알 수 있다.

이상에서 살펴본 바와 같이 明代 후기에 이르면, 駐在 軍隊의 구성이 衛所의 軍戶에서 民壯과 募兵이 주요한 역할을 담당하는 것으로 변화되어 갔으며, 군사 지휘체계도 衛所체제에서 營 중심의 지휘체제로 바뀌어 갔다. 이와 동시에 駐在 軍隊는 점차 警察機能을 적극적으로 담당해 가는 방향으로 변화되어 갔다. 이러한 변화는 근본적으로는 蘇州 도시사회의 성장에 따라 치안수요가 증가해 간 상황에의 대응이라고 할 것이다. 그리고 공간적으로는 城外의 경제구역이 治安의 관점에서도 그 비중을 증대해 갔던 것이다.

Ⅳ. 住民의 役割과 負擔의 問題

明淸時代 治安은 軍·兵의 순찰 외에도 都市의 주민을 징발하거나 조직화하여 치안유지의 역할을 담당하게 하였다. 明淸時代의 治安 연대책임 조직으로서 保甲의 존재는 잘 알려져 있는데, 특히 鄕村의 치안통제 문제를 고찰하는 데에 保甲이 주목받아 왔다.[81] 그러나 明 中期 江西에서 王陽明의 保甲法(十家牌法)의 경우[82]나 또는 淸 後期 漢

---

80) 乾隆《長洲縣志》권9,〈兵防〉, p. 88.

81) 宋正洙,《中國近世鄕村社會史硏究 — 明淸時代 鄕約·保甲制의 形成과 展開 —》(혜안, 1997) ; 聞鈞天,《中國保甲制度》(商務印書館, 1933 ; 臺灣商務印書館, 1971) ; 陳寶良,〈明代的保甲與火甲〉,《明史硏究》3(1993) ; 三木聰,〈明末福建における保甲制〉,《東洋學報》61-1·2(1979) ; 目黑克彦,〈淸朝初期의 保甲法에 關하는 一考察 — 浙江省臨安縣의 場合 —〉,《愛知敎育大學硏究報告》(人文·社會科學編) 25(1976) ; 酒井忠夫,〈明代前中期의 保甲制에 대하여〉,《淸水博士追悼明代史論叢》(大安, 1962) ; 和田淸,《中國地方自治發達史》(汲古書院, 1975 ; 原刊, 1939) 등 참조.

82) 明 中期 江西에서 시행되어 明末 이후 各地에서 保甲制 시행의 모범 가운데 하나가 된 王陽明의 保甲法도 그 시초는 農村이나 山間 지역의 주민을 대상으로 한

口의 사례[83)]에서도 볼 수 있듯이 保甲은 都市의 治安에서도 중요한
역할을 하고 있었다. 또 民間 住民을 요역으로 징발하여 치안의 책임
을 맡도록 한 제도로는 總小甲 제도가 있었다. 구체적으로는 다양하
였으나 주로 總小甲의 책임 아래 更舖 등의 시설을 두고 更夫나 火
夫가 순경활동을 담당하였던 것이다.[84)] 蘇州에서도 이러한 住民의 徵
發이나 組織化 그리고 상호감시 등의 조처의 필요성이 제기되고 또
실시되어 갔다.

앞에서도 언급한 바 있는 嘉靖 33년(1555)의 鄭若曾의 제언도 이러
한 내용을 담고 있다. 즉 그는 軍隊가 관할구역을 나누어 巡邏를 할
것을 요청함과 동시에, 保甲을 조직할 것을 제안하였다. 그 내용은
다음과 같다. 保甲은 都市와 鄕村에서 官·民·僧·道의 구별 없이 10家
를 1甲, 100家를 1保로 조직하고 각각 甲長과 保長을 두며, 임시거주
자는 保甲으로 조직하지 말고 房主戶 아래 기록만 해두는 방식으로
조직한다. 그리고 이들에게, 의심스러운 사람이 있으면 보고하고, 火
災나 盜賊에 대응하는 역할을 맡게 한다는 내용이다. 특히 鄭若曾은
保甲組織에 紳士도 포함할 것을 강하게 주장하고 있다. 즉 紳士는 원
래 優免을 받아야 하지만, 保甲法은 원래 도적방범을 위한 것으로 雜
泛差役과는 다르다고 강조하고 있다.[85)]

鄭若曾은 이와 더불어 蘇州 등 江南地域의 특수계층에 대한 파악

것이 아니라 城市民에 대한 통제방법으로 시작된 것이었다. 吳金成, 〈明 中期의
江西社會와 陽明〉,《明淸史硏究》6(1997), pp. 13~15 참조.

83) 淸 後期 漢口에서 保甲은 도시의 치안질서 유지에 중요한 역할을 하고 있었다
는 평가가 있다. 단, 이 경우 연대책임 조직으로서의 保甲이 유효했다기보다는 그
책임자인 保正이나 地保의 역할이 중요하였다고 파악하고 있다. William T. Rowe
(1989), p. 297 참조.

84) 엄밀히 말하면 兩者는 구별될 수 있는데 보통 保甲의 연구에서 總小甲도 같이
언급하는 경우가 많다. 總小甲에 대해서는 酒井忠夫(1962), pp. 585~599 ; 陳寶良
(1993), p. 62 ; 中村治兵衛(1986), pp. 21~22 ; 夫馬進,〈明末の都市改革と杭州民變〉,
《東方學報》49(1977), pp. 218~220 등 참조. 예컨대, 위의 中村治兵衛의 글에 따
르면, 隆慶年間 揚州府의 高郵州에는 城内와 近城의 城外에는 巡警舖가 총 30개
소 설치되었으며, 각 舖에는 總甲·小甲·火夫가 배치되어 있었다.

85) 鄭若曾,《江南經略》권7下,〈見行兵政〉2, p. 406.

을 중시하고 있다. 즉 城·鎭·鄕·村의 菴·院·寺·觀에는 遊食僧道가 많
이 기거하고 있는데, 이 가운데에는 各省의 醫·卜·星·相과 같은 사람
들이 돈벌이를 위해 와서 民間에 浮處하면서 不軌한 행동을 몰래 하
는 사람들이 있을 가능성이 있다고 파악하고 있다. 따라서 각 府州縣
의 掌印巡捕官이 이들을 조사토록 할 것을 요청하고 있다.[86] 또 各處
의 娼優之家는 盜賊의 巢窟인데, 근자에 太倉州城 內外의 娼婦는 모
두 다 驅逐했으나, 蘇·松·常·鎭 4府는 지역이 廣遠하여 철거하는 것
은 현실적으로 어렵다고 파악하고 있다. 따라서 各 州縣의 掌印巡捕
官은 城市·鄕村의 樂戶·水戶에서 10家 또는 5~6家 가운데 1人을 頭
領으로 삼아 이들이 치안책임을 맡도록 할 것을 제안하고 있다.[87]

　이후 鄭若曾은 蘇州府城의 治安方策만을 따로 정리하여 〈守城輿論〉
이라 하여 제시하고 있는데, 기본적으로 蘇州府城은 "城池가 廣闊하
여 포위공격도 어렵지만 방어도 또한 어려우며, 또 居民이 매우 많고
(물자와 재산의) 축적이 (城)外에 있으므로, 狀況이 他府와 같지 않
다"[88]고 파악하고 있다.

　이곳에서 제시한 여러 가지 防禦策 가운데 주로 社會統制의 내용
을 담고 있는 '嚴禁約'의 조항은 총 5개 항목인데, 그 내용은 ① 城中
에 출입하는 異言異服·面貌可疑之人은 司巡視員役이 把守各門者와
함께 엄히 검문·조사할 것, ② 寺觀菴院에서는 遊方僧道를 招留치 말
것이며, 飯店에 투숙한 來歷不明者가 있는가를 살펴 保甲長에게 알릴
것이며, ③ 蘇州府城 內外의 樂戶·水戶에서 頭領을 선정하고, 의심스
러운 자가 있으면 이들이 保甲人과 함께 체포하여 官으로 보낼 것이
며, ④ 遊手之徒는 民心을 현혹하여 그 해가 매우 크므로, 이후 成群
結黨하고 謠言鼓衆하는 者가 있으면 官司에서 즉시 체포할 것, ⑤ 小
民은 平時에는 安居貿易하지만, 有事時에는 罷市·失業하여 상계가 어

86) 鄭若曾, 《江南經略》 권7下, 〈見行兵政〉 2, p. 407.
87) 鄭若曾, 《江南經略》 권7下, 〈見行兵政〉 2, p. 408.
88) 鄭若曾, 《江南經略》 권2上, 〈守城輿論〉, p. 77.

려우므로, 방어에 필요한 물자는 長洲·吳縣의 公帑으로 지불하고 民間에서 징발하지 말 것 등이다.[89]

요컨대 鄭若曾은 都市 蘇州의 치안과 관련하여 住民을 保甲으로 조직하고[90] 外地人, 妓樓 관계자, 無賴 등과 같은 특수계층인에 대한 통제를 강화할 것을 요청한 것이다.[91] 한편 萬曆年間 姜良棟의 경우를 보면, 그 역시 치안의 측면에서 無賴의 위협에 대해 중시하고 있는 것은 鄭若曾과 마찬가지였다. 즉 그는

打行·光棍은 전부터 難治한데, 이들 무리는 완강하고 독하여 官刑을 두려워하지 않으며, ……, 살펴보건대, 蘇州府城은 드넓은데 무리를 불러모아 地方에 群集하여 기회를 틈타 선동을 하면 平地風波를 일으키니 만약 그 무리를 解散시키지 않으면 害가 적지 않을 것입니다. ……거리에서는 謠言이 쉽게 일어나고, 民間에서는 巧僞가 날로 번성하고, 打行의 무리가 날로 기세가 더한데, ……[92]

라고 하여 蘇州에서의 打行의 존재가 치안유지에 커다란 위협이 됨을 직시하고 있었다.

그러나 住民을 징발하거나 전체 주민을 조직화하여 치안책임을 담당하게 하는 방식에 대해서는 姜良棟은 鄭若曾과 견해를 달리하고 있다. 鄭若曾은 貢生이라는 紳士 신분이었고, 姜良棟은 游擊將軍이라는 武官으로서 치안의 직접 책임자였다는 사실에서 일반적으로 예상할 수 있는 것과는 달리, 鄭若曾은 住民의 組織化를 주장한 것에 반

89) 鄭若曾,《江南經略》 권2上,〈守城輿論〉, p. 80.

90) 鄭若曾,《江南經略》 권1上,〈兵務擧要〉, p. 19에서도 "守城必宜行保甲之法, 而施固結人心之恩, 方是守之之本, 不然, 計雖詳, 無益也"라고 하고 있다.

91) 鄭若曾은 주목하고 있지 않지만, 淸代에 이르면 蘇州의 勞動者들에 대한 구체적인 조직적 통제를 확인할 수 있다. 이것은 淸代에 雇工의 民變이 대두되는 것과 관련이 있는 것으로, 康熙 39년(1700) 踹匠工人의 包頭 구타사건 발생 후, 包頭로 甲을 편성하고 그 가운데 한 명을 坊長으로 임명하여 치안책임을 맡도록 하였으며, 나아가 康熙 59년(1720)에는 坊總制를 설립하여 통제하도록 하였다. 巫仁恕, pp. 107~108 및 寺田隆信, 1972 참조.

92) 姜良棟,〈條議巡守機宜弭盜便民諸稿〉,《鎭吳錄》, 7앞뒤.

해 姜良棟은 統制를 풀고 주민생활의 편의를 중시하는 방향으로 치안대책을 전개하였다. 아래에서는 姜良棟이 실시한 방식과 그 논리를 살펴보기로 하겠다.

우선 總小甲의 상황을 살펴보자면, 蘇州에서는 總小甲의 徭役이 실시되고 있었다. 隆慶 3년(1569)에 城內와 附郭의 總甲 요역 할당을 폐지했다는 기록이 있기는 하나,[93] 이때의 상황은 總甲 요역이 완전히 폐지된 것은 아닐 것이라고 추정하는 地方志 기록이 있으며,[94] 사실 이후의 여타 기록을 보면 여전히 總小甲의 존재를 확인할 수 있다. 또 蘇州府 城內에는 곳곳에 更舖가 설치되어 있었다. 즉《鎭吳錄》의 姜良棟의 부임초의 건의문에는 다음과 같이 기록되어 있다.

> 조사해 보건대, 城中地方에는 곳곳에 원래 更舖가 있고, 舖마다에는 總甲·小甲이 各 一名과 更夫 五名이 설치되어 있어서, 巡守를 전담하고 있었습니다. 近來에 地方에 사건이 많이 일어나, 標營·陸營 兩營의 官兵을 관할 구역에 分派하였습니다. 각 지역의 更舖의 경우에는 무너져 있는 상태로 수리되지 않고 있으며, 또 總小甲과 更夫가 있는 곳도 있고 없는 곳도 있습니다.[95]

여기에서도 볼 수 있듯이 기존의 更舖와 이곳을 지키는 總小甲과 更夫가 萬曆年間에도 여전히 존재하고 있었다. 그러나 그 시설과 인원이 제대로 유지되고 있지는 못한 상황을 기록하고 있다. 그리하여 그는 이러한 상황의 復舊를 요청하였다. 그 후의 구체적인 상황에 대해서는 다음과 같이 기록하고 있다. 蘇州城內와 城外에는 모두 합하여 更舖가 61座가 있고, 舖마다 火夫 3名이 설치되어 있는데, 이전에는 小民에게 科派하여 윤번으로 守宿하고 방울과 목탁을 쳐서 盜賊

---

93) 崇禎《吳縣志》 권9,〈役法〉, p. 839에 "隆慶三年, 巡撫都御史海瑞, 革報在城附郭 總甲于十排年挨日輪充"라고 기록되어 있다.

94) 乾隆《長洲縣志》 권14,〈徭役〉, p. 161에는 위의 海瑞의 總甲 폐지 기록은 轉載하고 이어 "蓋瑞[海瑞]雖爲此法, 時尙未盡行也"라고 평가하고 있다.

95) 姜良棟,〈條議巡守機宜弭盜便民諸稿〉,《鎭吳錄》, 8뒤~9앞

을 방범하고 잘못하면 總甲과 함께 책임을 지도록 하였다. 그런데 이
것은 폐해가 많아서 長洲縣에서 火夫 93명을 모집하여 1인당 하룻밤
에 工銀 1分을 지급하며 總甲이 자율적으로 雇募토록 하였으며, 盜賊
防禦의 책임을 낮추어 단지 도적 발생을 巡兵에 알리는 책임으로 제
한하였다. 그리고 吳縣의 경우에도 역시 召募를 시행하였다.[96]

이것은 이미 지적되고 있는 바와 같이 당시에 진행되고 있던 火夫
의 役의 雇役化[97]를 진행한 것이며, 또한 지적한 바와 같이 근본적인
치안책임은 巡兵이 담당하도록 한 조처이다. 그리고 姜良棟의 이러한
방향으로의 개혁은 특히 保甲의 폐지에서 더욱 명확하게 나타났다.
萬曆年間 蘇州에서는 盜賊의 발생이 빈번해지자, 保甲을 조직하고 樹
柵을 설치하여 통제를 강화하고 夜禁을 엄격히 시행하게 되었다.[98]
그런데 姜良棟은 游擊將軍으로 蘇州에 부임하게 되자, 이러한 조처의
부당함을 들어 이것을 철폐하였다.

우선, 保甲에 대해서는 다음과 같이 그 부당함을 지적하였다. "保
甲을 조직하는 것은 본래 良法이지만, 蘇州府城에는 士夫縉紳의 家가
심히 많고 이들이 優免을 받아 면제되고 있으며, 이에 더하여 勢力者
에게 依托하는 者도 모두 差役이 면제된다. 따라서 단지 貧弱下戶만
이 排門夫役으로 편성되어 윤번으로 巡警을 담당하게 되는데, 사실
盜賊이 行劫하는 대상은 巨室인 경우가 많다. 지금의 상황은 도리어
貧民만이 巡警을 담당하는 부담을 지고 있는 것이니 어찌 이 일을
열심히 하려고 하겠는가"라고 지적한다. 또한 排門의 點燈은 하룻밤
에 그 油燭의 비용이 貧民 1명의 하루 생계비에 맞먹으므로 결국 이
들 貧民이 노력과 비용을 제공하여 富民을 편안하게 하는 상황이 되
어 결국 官이 아무리 엄격히 요구해도 일이 제대로 되지 않는다는

---

96) 姜良棟, 〈申明保守地方各款事宜呈稿十四款〉, 《鎭吳錄》, 8앞~9앞.
97) 당시 嘉興縣, 武進縣 등 강남의 각지에서는 總甲·火夫의 雇役化가 진행되고 있
   었다. 夫馬進(1977), pp. 221~227 참조.
98) 錢岱, 〈頌遊擊大將軍渭濱姜老先生德政序〉, 《鎭吳錄》 詩文上, 11앞 ; 姜良棟, 〈條
   議巡守機宜弭盜便民諸稿〉, 《鎭吳錄》, 1앞.

것이다.[99]

특히 蘇州의 상황에서는 保甲이 부당하다고 하고 있음이 주목된다. 즉 그는 3년간의 保甲를 폐지한 후의 상황에서 다음과 같이 기록하고 있다.

保甲法은 반드시 빈 곳 없이 잇달아 연결되어 있어 실용성이 있어야 비로소 유익하다. 예부터 지금까지 일을 논의하는 사람은 (保甲法이) 좋다고 칭찬하지 않는 사람이 없어 어느 곳에서도 시행할 수 있으나, 오직 蘇州만은 시행하기가 어렵다. 지금 蘇州府城의 鄕宦·擧人·監生·生員·知承·吏書 (와 같은) 優免을 받는 사람은 10명 중에 7~8명이 있으니, 無力한 貧民만이 十家로 편성되는 것이다.[100]

문화중심 도시로서의 특성상 蘇州에 많은 紳士와 胥吏가 존재하여 이들의 優免으로 인해 치안책임의 부담이 편중되는 상황을 지적한 것이다. 이러한 狀況은 紳士層의 수가 매우 적은 都市의 경우에는 적용될 수 없는 것으로, 蘇州의 도시사회의 특성을 여기에서도 확인해 볼 수 있다.

姜良棟은 또 市內 柵門 설치의 不便에 대해서는 다음과 같이 지적하고 있다. 우선, 응급환자가 생기면 급히 의사를 불러야 하고 또 임산부가 분만을 할 때 産婆를 급히 불러야 하는데, 柵門에 의해 방해를 받고 柵門을 여는 것이 늦어질 경우 사망자가 발생할 수 있다는 것이다. 또 盜賊은 手足이 가볍고 지름길을 잘 알고 있어 책문을 피해 小路로 도망을 가는 데 비해, 도리어 巡兵이 柵門에 막히어 盜賊 체포에 장애를 받는다는 점도 들고 있다. 그리고 夜間通行禁止의 不便에 대해서는 다음의 두 가지 내용을 들고 있다. 蘇州府의 東半城의 貧民은 전적으로 機織에 의지하여 생활하고 있는데, 매일 富家에 가서 傭工으로 일을 하고 날이 저물어서야 비로소 歸家한다. 그런데 잘

---

99) 姜良棟, 〈條議巡守機宜弭盜便民諸稿〉, 《鎭吳錄》, 2앞뒤.
100) 姜良棟, 〈申明保守地方各款事宜呈稿十四款〉, 《鎭吳錄》, 2앞

못하여 夜禁을 犯하면 가혹한 처분을 당하게 되는 것이다. 이러한 노
동자의 존재와 그들의 생활이 夜禁의 문제를 야기시키고 있는 것이
다. 이렇게 일용 노동자뿐만 아니라 零細商人도 夜禁에 의해 피해를
당하게 된다. 야채와 과일을 판매하는 小民은 반드시 五更(새벽 4시
경)에 城을 나가 牙行을 통해 매매하려고 하는데, 이들은 하루벌어
생활하는 상황이므로 만약 체포되어 매매를 못하게 되면 一家가 하
루를 굶주릴 수밖에 없는 상황이라는 것이다.[101] 이렇게 蘇州에서 노
동과 장사로 생활하고 있는 사람들의 경제활동에 夜禁은 커다란 지
장을 초래하고 있다는 지적이다.

이상의 姜良棟의 개혁에 대해서는 명말 강남도시의 鄕紳의 특권이
나 都市徭役의 雇役化 등과 관련하여 주목받고 있는데,[102] 이러한 개
혁은 당시 江南 각지에서 均田均役法으로의 개혁이 전개되고 있던
시기[103]라는 점에서 주민부담의 평형을 추구하는 시대조류와도 궤를
같이하는 것이라고 볼 수 있을 것이다. 뿐만 아니라 治安維持의 책임
을 누구에게 담당시킬 것인가 하는 측면에서도 주목되는 점이라고
생각된다. 즉 주민의 조직과 동원에 의한 방법을 지양하고 兵士나 고
용자를 동원하는 전문적 치안담당자에게 치안책임을 맡기고자 한 것
이다. 그리고 이러한 개혁의 이유에는 바로 都市民의 日常生活과 生
業保護라는 고려가 작용하고 있었던 것이다.[104]

그러나 曹時聘에 이어 새로 부임한 應天巡撫 周孔敎[105]에 의해 蘇

---

101) 姜良棟, 〈條議巡守機宜弭盜便民諸稿〉, 《鎭吳錄》, 1뒤~2앞.
102) 夫馬進(1977), pp. 224~227.
103) 濱島敦俊, 《明代江南農村社會の硏究》(東京大學出版會, 1982) 제2부, 〈明淸江南の
    均田均役法〉; 川勝守, 《中國封建國家の支配構造 — 明淸賦役制度史の硏究 —》(東京
    大學出版會, 1980) 제8장, 〈明末, 江南五府における均田均役法〉 참조.
104) 《鎭吳錄》에는 德政序나 그밖의 그에 대한 칭송의 글이나 詩가 다수 수록되어
    있는데, 이 책의 성격을 고려한다고 하더라도 역시 그의 이러한 방향으로의 개혁
    이 蘇州民에게 환영받았음을 알 수 있다. 德政序에 대해서는 車惠媛, 〈明末, 地方
    官の人事移動と地方輿論〉, 《史林》 79-1(1996) 참조.
105) 周孔敎는 萬曆 32년(1604) 11월 曹時聘의 후임으로 應天巡撫가 되어 萬曆 36년
    (1608) 8월까지 재임했다. 吳廷燮, 《明督撫年表》 下(中華書局, 1982), p. 368.

州에서는 다시 保甲의 시행이 시도되었다. 그 내용에 대해서는 《保甲書》에 다음과 같이 기록되어 있다.

周孔敎가 蘇州에서 巡撫로 있을 때 다음과 같이 말했다. "盜賊을 그치게 하고 백성을 안전하게 (하는 방법은) 保甲法보다 좋은 것이 없다. 이 方法은 盜賊을 그치게 하기 위해서 設立하면 이것은 統治하는 방식이므로, 그 것을 편성하고자 하면 人情에 눈앞의 편안함을 탐하지 않는 사람이 없으므로 그것을 이루기가[保甲을 編成하기가] 어렵다. 賑饑를 위해 設立하면, 이 것은 賑恤하는 방식이므로, 그것을 편성하고자 하면 民情은 이익을 좋아하지 않는 사람이 없으므로 그것을 이루기가 쉽다. 지금 각 府州縣에 命令하니, 賢能한 佐貳官을 1명 선발하여 그 일을 전담하게 하라. 대체로 먼저 城內의 治所를 中央으로 삼아 保마다 十甲을 통솔하는데 각각 保正·副 등의 사람을 설치하고, 甲마다 十戶를 통솔하는데 甲長 1명을 설치하도록 하라. 東·西·南·北으로 나누어, 東 ·保·東二保·東三保 등으로 명칭을 정하며, 南과 西·北도 역시 이와 같게 하라. 在鄕 四方의 保正·副는 또 在城의 保正·副가 分方하여 統率하게 하라. 예컨대, 在城 東 ·保는 東鄕 ·保를 통솔하고 在城 東二保는 東鄕二保를 통솔하는 것처럼 하여, 나머지 다른 경우도 모두 이러한 방법으로 통솔하게 하라. 이러한 保甲이라는 방법은 舊法인데, 城中의 保가 鄕間의 保를 分統하는 것은 新設의 法이다. ……".[106]

이상의 내용을 보면, 다음의 두 가지를 周孔敎가 시행하려고 한 保甲의 특징으로 볼 수 있다. 즉 그 하나는 보갑을 조직하는 방법은 처음부터 盜賊防犯을 위한 것으로 시작하는 것이 아니라 饑饉의 때에 賑恤하는 조직으로서 시작한다는 것이다. 이것은 당시 상황과도 관련이 있겠으나, 무엇보다도 保甲을 조직하는 것이 어려운 상황을 반영하는 것이기도 하다. 즉 이익을 제공하는 방식을 겸함으로써 비로소 조직이 가능하다는 인식이다. 또 하나는 都市의 保甲組織이 鄕村의 保甲組織을 통솔하는 조직구조이다. 이것은 周孔敎 자신이 '新設之法'이라고 말하고 있듯이, 기존의 保甲法에서 보이지 않던 내용이다.

그리고 保甲의 조직화의 시도는 그 이후에 다시 나타났다. 즉 天啓

---

106) 徐棟, 《保甲書》(徐棟, 《牧令書》附, 道光 28年刊本) 권4, 〈原始〉, 5뒤~6앞.

年間에 蘇州지역에서는 다시 保甲이 시행되었다. 즉,

> 天啓 5년(1625) 10월, 各縣에서는 保甲法을 시행하였다. 巡江御史의 檄文
> 에 따라서, 民間에서 12家를 1甲으로 하고, 甲에는 長을 두었는데, 12家가
> 각각 長을 1개월씩 하여 1년에 ─週토록 하였다. 또 鄕約法을 보완적으로
> 시행하여, 매월 초하루에 鄕約所에 가서 講約하는데, (다음의 상황을) 조사
> 하였다. 12家에 游手好閒者가 있는가? 往來不測者가 있는가? 不當用之物과
> 不宜用之器가 있는가? 不孝不悌者가 있는가? ……, 兵備副使 張孝는 府縣
> 에 檄文을 보내 (다음의 사항을 지시하였다.) 小民은 高門[富裕上層]을 위
> 해 守夜하니, 大家는 모름지기 窮民(의 상황)을 이해해야 하며, 防夫를 선
> 발하는 것은 (人丁의) 多寡를 구분하지 말고 오직 門[도로에 면한 間數]만
> 을 기준으로 해야 하며, 필요한 油火는 小民보다 倍를 내야 한다. 일부의
> 사람만이 勞苦를 부담하도록 해서는 안된다. 捕官과 吏胥는 需索하여 안정
> 케 하려고 하다가 도리어 혼란을 일으키는 일이 없도록 하라. 鄕鎭 중에서
> 인구가 많은 경우는 城市에 준하여 擧行토록 하라[107]

라고 기록하고 있는 것이 그것이다. 마지막 구절에서 이 保甲法은 도
시지역을 대상으로 한 것임을 알 수 있는데, 鄕約이라는 형태가 보완
적으로 동시에 시행되고 있으며, 부담과 계층간의 문제에도 주의를
기울이고 있음을 알 수가 있다.

이상의 과정에서 알 수 있듯이 治安을 위한 住民統制의 실시는 시
행과 폐지 그리고 다시 시행을 반복하였다. 사실 治安統制의 강화는
주민의 經濟生活과 日常生活을 저해하고 주민의 負擔을 가중시키는
성격의 것임과 동시에 또 경제생활과 일상생활을 안전하게 영위하기
위해 필요한 양면적인 성격의 것이라고 할 것이다. 이러한 면은 周邊
의 市鎭이나 水路網의 통제에서도 비슷하게 적용될 수 있을 것이다.
鄭若曾은 水路의 요충지역에 水柵을 건설할 것을 제안하면서, 水柵을
건설하여 통과선박을 검문하고 夜間에는 水柵을 닫아 통행을 금지시
키면 商人들이 불만을 가질 것이나, 사실은 이것이 盜賊 船舶의 운행

---

107) 同治 《蘇州府志》(中國地方志集成) 권147, 〈雜記〉 4, p. 737 所引 康熙 《蘇州府志》.

을 막아서 결국 그들의 이익을 증진시키는 것이라고 주장하고 있다.[108]

江南地域 市鎭의 치안구조를 보면, 城郭은 없었고 水路에 水柵이 설치되어 이것이 방위시설로 기능하고 있었으며, 또 巡檢司가 설치되어 이 巡檢司의 弓兵이 치안을 담당하고 있었다. 그런데 明末에는 地方官이나 또는 紳士의 주도 및 商人의 비용부담 등의 방식으로 市鎭의 치안을 강화하려는 노력이 보이며 또한 保甲의 조직을 이용한 치안유지 등의 모습이 보이고 있다.[109] 또한 기존에 巡檢司가 설치되어 있지 않던 市鎭도 그 경제적 발전을 바탕으로 하여 治安維持를 위해 巡檢司를 설치할 것을 요청한 경우도 있었다. 즉 長洲縣의 東端에 위치한 甪直鎭에는 원래 巡檢司가 존재하지 않았고 주변의 唐浦와 陳墓에 설치된 巡檢司에 의해 治安의 보조를 받고 있었다. 그런데 嘉靖年間의 倭寇로 인해 이 두 지역의 담당자가 府城 안으로 들어가고 巡檢司가 없어졌는데, 이후 萬曆年間에 甪直鎭이 다시 경제적으로 번성하자 盜賊에게 피해를 당하는 商人이 속출하게 되었고, 이에 商民들이 巡檢司의 설치를 요청하게 된 것이다.[110] 이렇듯 市鎭에서도 그 경제적 발전에 조응하여 住民의 측에서의 治安需要 역시 확대되고 있었던 것을 볼 수 있다.

이렇듯 當局者의 측에서나 또는 住民의 측에서나 모두 治安의 필요는 증대되고 있었던 것이다. 그런데 문제는 어떤 방법으로 이 치안을 담당하게 하느냐는 것이있다. 軍隊의 경찰기능 강화에는 異論이 없었지만, 주민의 동원에는 상반되는 두 개의 방향 사이에서 동요한 것을 확인할 수가 있다. 치안의 중시와 주민 생활의 중시 사이에서 동요하는 모습 역시 당시 蘇州 치안문제의 복잡성을 보여주는 것으로 이해할 수 있을 것이다.

---

108) 鄭若曾, 《江南經略》 권7下, 〈弭盜事宜〉, p. 407.
109) 川勝守(1987) 참조.
110) 諸壽賢, 〈甫里巡司公署記〉(萬曆 35년 윤6월), 康熙 《(吳郡)甫里志》(中國地方志集成) 권2, 〈官署〉, p. 435.

V. 맺음말

지금까지 明 中期 이후 치안상황의 변화와 이에 따른 새로운 치안 대책의 전개 및 여기에서의 주민의 역할과 부담을 고찰해 왔다. 살펴본 바와 같이, 明代 後期 蘇州의 治安統制 기구나 수단은 하나의 단일한 요소를 중심으로 이루어져 있다기보다는 城郭·軍隊·住民組織 등과 같은 여러 가지 요소가 동시에 복합적으로 기능하고 있었으며,[111] 치안통치책이 제도적으로 안정되어 있었던 것은 아니었다. 이하에서는 우선 이상의 고찰내용을 정리하도록 하겠다.

明 中期 이후 蘇州의 都市社會는 발전과 번영을 이루어갔는데, 이 결과 도시공간의 측면에서는 기존의 城內 지역에 더하여 城外의 지역이 커다란 발전을 이루었다. 그리고 住民은 주로 勞動者·技術者, 商人·牙行, 紳士·衙役 등이 중심을 이루고 있었는데, 이와 더불어 蘇州의 번영하는 경제를 기반으로 하여 無賴가 횡행하고 많은 '遊手遊食의 輩'와 '異言異服의 徒'가 寄食하는 상태였다. 이러한 상황은 경제상황의 불안정한 변동과도 상관하여 蘇州의 치안상황을 불안하게 하는 근본적인 요인이 되었다.

이러한 상황에서 嘉靖年間의 倭寇의 寇掠이나 특히 萬曆年間을 전후하여 자주 발생한 民變은 소주의 치안상황에 급박한 문제를 제기하는 사건이었다. 倭寇의 寇掠에서는 특히 城外의 도시화된 지역이 큰 피해를 입었으며, 이때에 城으로 들어오려는 사람이 몰려 백여 명이 사망하는 참상이 벌어지기도 하였다. 또 명 중기 이후 특히 萬曆

---

111) Alison Dray-Novey(1993), pp. 909~911에서는 淸代의 北京治安을 대상으로 하여 여러 차원의 치안기구가 병존하는 상황을 '多重治安體制(multiple-police system)'라는 용어로 설명하면서, 이러한 구조가 오히려 주민구성의 다양성에 적절한 형태라고 설명하고 있다. 물론, 입지 환경, 주둔 군대의 총병력, 주민구성의 형태, 성곽의 비중 등 여러 면에서 明代 後期의 蘇州와는 많은 차이를 갖고 있으나, '多重治安體制'라는 측면에서는 유사하다.

年間 이후에는 蘇州에서 反宦官, 反地方官, 反鄕紳, 雇工의 民變, 搶糧暴動 등의 다양한 요인에 의한 다수의 民變이 발생하여 蘇州의 치안상황을 동요시켰던 것이다.

蘇州의 治安防衛를 위한 가장 기본적인 장치는 城郭이었는데, 蘇州城의 규모는 주변의 다른 府州縣城보다는 월등히 컸다. 그러나 이러한 城郭으로도 蘇州의 도시화 발전이 완전히 포괄할 수 없었다. 그런데 이러한 상황은 治安의 측면에서는 위험한 상황이었으니, 倭寇의 寇掠 때에는 커다란 참상이 일어났던 것이다. 이러한 시기를 맞이하여 東南沿海의 각 府·州·縣에서는 築城이나 城郭의 補修 또는 郊外地域의 新城建設 등이 나타났고, 鎭에서의 築城도 있었다. 蘇州에서도 閶門外의 都市化 지역에 城을 쌓자는 築城論이 제기되기에 이르렀다. 그러나 이것은 반대론에 의해 이루어지지는 못했으니, 결국 城郭의 확대로 새롭게 성장한 도시구역을 방위한다는 것은 부정된 것이다.

蘇州의 治安을 담당한 가장 기본적인 존재는 軍隊였다. 蘇州에서도 軍隊의 構成은 衛所의 軍戶에서 民壯과 募兵의 혼합구성으로 바뀌었으며, 지휘체계도 衛所체제에서 營을 중심으로 한 체제로 변화해 갔다. 뿐만 아니라 이들 軍隊의 機能도 점차 변화해 갔다. 鄭若曾은 軍隊가 적극적으로 경찰적 역할을 담당할 것을 요청하였고, 특히 萬曆年間 蘇州 駐在의 游擊將軍 姜良棟의 경우에느 그 휘하 병력의 절대다수의 인원이 전적으로 警察的 機能을 담당하게 되었다. 그리고 공간적으로는 城外의 경제구역이 그 치안에서 比重을 증대해 갔다. 이러한 변화는 근본적으로는 蘇州의 사회적·공간적 변화에의 대응이라고 할 것이다.

住民의 動員이나 統制의 방식을 통한 治安維持의 방법도 변동되어 갔다. 鄭若曾은 주민을 保甲으로 조직하고, 外地人·妓樓 관계자·無賴 등과 같은 특수계층인에 대한 통제를 강화할 것을 요청하였는데, 이렇게 명 후기에 치안강화를 위한 방책이 제기되고 또 실시되어 갔

다. 그런데 만력연간에 姜良棟은 이와는 반대의 방향으로 개혁을 전
개하였으니, 總小甲을 雇役으로 바꾸고, 부담이 不公平하고 住民의
經濟生活과 日常生活에 지장을 주는 保甲의 조직이나 夜禁과 같은
치안통제 방식을 폐지하였던 것이다. 그러나 그 이후 蘇州에서 保甲
의 조직화는 다시 시도되었다. 결국 명 후기에 주민의 동원과 통제
적 방식으로의 치안 확보는 강화와 폐지 사이를 동요한 것을 확인케
해 준다.

　이렇게 명 후기의 蘇州에서는 都市社會의 成長과 동반하여 공간적
변화·확대와 치안 위협계층의 대두 등 각종 내적·외적 요인에 의해
治安需要는 확대되어 갔고 이에 따라 駐在 軍隊의 경우도 '軍隊的 機
能'보다는 '警察的 機能'이 더욱 요청되어 갔고 또 이러한 역할을 담
당해 갔다. 그러나 이러한 治安需要의 확대라는 측면과는 또다른 측
면에서 경제적·문화적 중심지역으로서 蘇州 住民의 복잡하고 활발한
경제적·사회적 활동의 현실도 존재하고 있었다. 築城論은 실현되지
못했고, 주민통제의 강화라는 방식은 요청됨과 동시에 부정되기도 하
였다. 이만큼 軍事·行政 중심이 아닌 經濟·文化 중심으로서의 蘇州
는, 치안문제가 중요하면서도 일방적인 치안강화책만을 실시할 수는
없는, 치안문제가 매우 복잡하고 어려운 지역이었던 것이다.

　이상에서 초보적인 범위에서나마 蘇州의 치안문제를 고찰해 보았
다. 都市社會가 維持·管理되기 위해서는 여러 가지 요소가 복합적으
로 필요하다는 것은 당연할 것이다. 그런데 그 가운데에도 治安의 維
持와 管理 역시 빼놓을 수 없는 요소임에 틀림없다. 그러나 근대 이
후의 도시와 비교해 볼 때, 명대의 경우는 체계적인 도시치안 체제가
형성되어 있었다고 보기는 어렵다. 물론 北京과 같은 首都에서는 다
른 도시에 비해 치안을 더 중시하였고, 치안유지 체제를 발전시켜 왔
다.[112] 그러나 수도가 아닌 도시에서도 수도에 못지 않은 도시발전을

―――――――――
112) 北京에서는 永樂 7년(1409) 五城兵馬司를 설치하여 治安을 담당하게 하였고, 이
　　후 正統 13년(1448)에는 五城巡視御史를 설치하였으며, 弘治 15년(1502)에는 巡捕

보인 경우가 있고, 이 경우 역시 치안의 문제가 존재하고 있었고 對策이 요구되었던 것이다.

이러한 治安對策의 提起와 施行에 대한 고찰은 蘇州 都市社會의 변화상과 당시 蘇州가 직면하고 있었던 문제를 보다 명확히 보여주고 있다. 새로운 대책이 필요하도록 蘇州의 치안상황이 변화되어 간 것은 결국 도시사회의 변화와 밀접한 관련을 갖고 있다고 할 것이다. 도시에서의 經濟活動이 활성화되고, 都市空間이 기존의 관점에서부터 변화하고, 都市民의 構成이 활성과 불안정을 동시에 갖고 있는 상황이 전개되어 갔던 것이다. 그리고 이것은 蘇州의 治安 不安定의 원인이 되기도 했지만 동시에 蘇州의 活力의 원천의 하나이기도 했다.

營을 설치하였다. 이 巡捕營의 병사의 수는 점차 증가하여 正德 16년(1521)에는 3,600여 명에 이르렀고, 嘉靖 元年(1521)에는 5천여 명, 嘉靖 21년(1542)에는 1만 명을 넘어섰다. 萬曆年間의 규정에 따르면 주간의 치안은 兵馬司가 담당하고, 야간의 치안은 巡捕營이 담당하였다. 물론 이러한 치안통치책에도 불구하고 치안문제는 해소되지 않았다고 한다[邱仲麟(1992), pp. 90~103]. 한편 淸代의 경우 19세기 前半 北京의 경찰력은 3만 3천 명으로 당시의 인구를 1백만으로 추정하면 인구 30명당 1명의 비중으로 비슷한 시기의 파리가 200 : 1, 런던이 350 : 1, 뉴욕이 800 : 1이었던 것과 비교하여 北京의 경찰력의 비중이 훨씬 높았다고 평가된다[Alison Dray-Novey(1993), pp. 905~907]. 만약 明 後期 蘇州의 인구를 50만~100만으로 추정하고 姜良棟이 이끌며 치안을 담당했던 병사 1,200명을 기준으로 보면 이 당시 소주의 경우 치안경찰력은 500 : 1~1,000 : 1로 산정된다. 蘇州衛의 병사는 이들이 모두 경찰적 기능을 한 것은 아니었고, 또 그 原額이 유지된 것도 아니었지만, 이 숫자 5,600명 전체를 계산해도 100 : 1~200 : 1을 넘는 것은 아니다.

王朝交替期의 地域社會 支配層의 存在形態[*]

— 明末清初의 福建社會를 中心으로 —

吳 金 成^{**}

Ⅰ. 머리말

중국사에서 地域社會의 支配層은, 平和時期에는 지신들의 영향력과 國家權力의 비호를 받으며 향촌을 지배할 수 있었다. 그러나 王朝交替期와 같은 動亂期에는 자신들의 地位를 인정해 주던 국가권력이 有名無實하거나 아예 사라진 시기였고, 또 새로운 국가권력은 아직 완전한 지배력을 확립하지 못한 때문에 대단히 유동적이고 불안한 시기였다. 그러한 시기에는, 지역사회의 지배층은 社會支配는 고사하고 자신들의 생명과 재산을 유지하는 것조차 극히 어려운 상황이었

---

　* 이 논문은 1996년도 修嚴奬學文化財團의 지원으로 이루어졌음.
　** 서울대학교 동양사학과 교수.

다. 더구나 明淸交替期는 다른 어느 때보다도 동란이 격심하였고, 복건지방은 더욱 그러하였다. 그러한 복건지방에서 그러한 동란기에, 사회의 지배층인 紳士는 도대체 어떻게 생명을 유지하였고, 또 새로운 王朝權力과는 어떠한 관계를 유지하여 새왕조의 지배층으로 계속 남을 수 있었던가?

지금까지 명말청초의 복건사회를 연구한 논저는 적지 않다.[1] 그러나 당시의 복건사회에서는 대단히 복잡한 사건들이 동시다발적으로 발생하여 진행되었을 뿐 아니라, 江西·浙江·廣東과의 四成交界 지역이 하나의 單位 地域이 되어 실로 광범한 지역에서 동란이 진행되었다. 그러므로 그러한 여러 가지 측면을 하나의 視角으로 동시에 고려해야만 비로소 全體像을 이해할 수 있는 것이다.

이 글은 위와 같은 문제의식 하에, 명청 왕조교체기의 복건사회를 분석하려 한다. 그러기 위해서, 먼저 明 中期 이후로 福建의 鄕村社會가 동요하고 그로 인해 야기된 人口의 流動과 그 영향을 분석하고, 나아가서는 명청이 교체되던 動亂期에 폭발적으로 봉기한 각종 武裝 勢力의 활동을 분석해 보겠다. 그리고 순치 3년 淸軍이 福建에 入省하여 무수한 武裝 봉기세력을 토벌하는 과정과 그로 인해 파생된 문제점을 분석해 보겠다. 마지막으로는 이러한 動亂期의 극한적인 위기상황과 慘狀 속에서 살아남은 紳士의 存在形態와 그 역사적 의미 등을 분석하겠다. 필자는 전에, 청조권력의 중국 내지 정복과정의 일면을 이해하기 위해서, 江西 南部와 廣東 東·北部 지방을 대상으로 하여, 각기 그 지방의 사회적 특성을 고려하며 같은 시기를 분석한 바 있으며,[2] 本稿는 그 마지막 시도인 셈이다.

---

1) 傅衣凌,〈明末淸初閩贛毗隣地區的社會經濟與佃農抗租風潮〉,《明淸社會經濟史論文集》(人民出版社 : 北京, 1982) ; 森正夫,〈17世紀の福建寧化縣における黃通の抗租反亂〉(1·2·3),《名古屋大學文學部硏究論集》 59, 62, 74(1973·1974·1978) ; 森正夫,〈《寇變紀》の世界 ― 李世熊と明末淸初福建寧化縣の地域社會 ―〉,《名古屋大學文學部硏究論集》(史學) 37(1991) 등이 대표적이다. 이하에서는, 앞에서 일단 인용한 論著는 '傅衣凌(1982)' 式으로 略稱함.

2) 吳金成,〈淸朝權力의 地方浸透過程 ― 明末·淸初의 江西南部地方을 中心으로 ―〉,

II. 明 後半期 福建社會의 動搖

1. 鄉村社會의 動搖와 人口의 流動

복건사회는 여러 가지 사회모순으로 인하여, 15세기 중엽(명 중기)부터 里甲制秩序가 점차 해체되고 각지에서 農村社會가 분해되어 농민이 流散하기 시작하였다. 그 원인은, 첫째 '농토의 90퍼센트가 大姓의 所有'라고 표현될 만큼 勢豪家나 城居 不在地主, 또는 새로이 支配層으로 성장하여 간 紳士에게 토지가 집중되어 갔고, 심지어 屯田도 豪強에게 蠶食되었다.[3] 둘째는,

> 奸狡한 자의 飛詭와 雄豪者의 欺隱 (때문)이다. ……富者는 광대한 전토를 가지고서도 세량을 거의 납부하지 않고, 貧者는 전토가 거의 없는데도 오히려 數外의 賠償을 한다. (날로) 富益富貧益貧하게 되니 그 不均함이 이와 같다[4]

고 하듯이, 胥吏의 弄奸 등 여러 원인으로 인하여 賦役이 점차로 繁重해지고 불공평해진 것이었다. 셋째는 송대 이후로 지적된 "地窄人稠" 즉 '人口過密' 問題가 점차 심각해졌기 때문이다. 넷째 명 중기 이후 계속된 戰亂으로 인한 인구의 유산노 많았다(後述). 일찍부터 一田兩主

《東洋史學硏究》 35(1991) ; 吳金成, 〈入關初 淸朝權力의 浸透와 地域社會 — 廣東 東・北部地方을 中心으로 —〉,《東洋史學硏究》54(1996).

3) 謝肇淛,《五雜俎》 권4, 地部 2, 36뒤~37앞에 "(閩中) 仕宦富室, 相競畜田, …… 黃雲遍野, 玉粒盈艘, 十九皆大姓之物. 故富者日富, 而貧者日貧矣"라 하고 있다. 기타 顧炎武,《天下郡國利病書》第26冊, 福建, 南靖志(p. 122) ; 康熙《安溪縣志》 권4, 貢俗 ; 何喬遠,《閩書》(福建人民出版社, 1994) 권39, 版籍志, 屯田, pp. 965~966 ; 馮夢龍,《壽寧待誌》 권上, 戶口 ; 傅衣凌,《明淸農村社會經濟》(三聯書店, 1961/1980) 참조.

4) 顧炎武,《天下郡國利病書》第26冊, 福建, 沙縣, 45뒤. 馮夢龍,《壽寧待誌》(=崇禎《壽寧縣志》,崇禎 10年刊, 福建人民出版社, 1983) 권上, 戶口, p. 16에는 "其一丁而兼二三丁者不可勝述, 而有力之家, 或數十丁而完一丁, 此最不平之事也"라 하고 있다. 기타 嘉靖《延平府志》 권5, 食貨志, 戶口, 5뒤 참조.

制 내지 一田三主制가 발달한 복건에서는,[5] 위와 같은 현상 때문에 명 중기부터 抗租와 搶米事件이 만연하였다.[6] 그 때문에 地主層인 里長戶마저 沒落者가 속출하였고, 甲首戶層인 中小農民은 더 이상 생존을 지속할 수 없게 되었다. 이러한 사정은 嘉靖 倭寇의 亂을 전후한 100여 년 동안이 가장 심하였고, 그 후 명말청초에도 대동소이하였다.[7] 이러한 사정을 각 지역별로 좀더 구체적으로 살펴보기로 하자.

복건의 인구유동 현상은, 다른 성에서도 그러하였듯이, 省內 流動과 省外 流出 등 크게 두 가지로 나누어 볼 수 있지만, 인구이동은 대개 ① 先進經濟地域 → 落後地域, ② 農村地域 → 禁山區域, ③ 農村地域 → 都市·手工業地域 등으로 類型化해 볼 수 있다.[8] 이 글에서는 第 ①·②類型을 중심으로, 먼저 성내 유동현상을 沿海地域으로부터 살펴보겠다.

福州府의 경우, 명말까지 인구가 증가하지 못하고 답보상태가 지속되었는데 그 원인은 "有司의 懶怠, 胥吏의 弄奸, 豪宗巨家의 賦役 脫漏와 貧者의 破産 때문이다"라고 하여, 인구의 流散을 암시하고 있

5) 傅衣凌(1961/1980) ; 楊國楨, 《明淸土地契約問題硏究》(北京 : 人民出版社, 1988) ; 林祥瑞, 〈福建永田權成因的初步硏究〉, 《中國史硏究》 1982-4 ; 張彬村, 〈十六, 十七世紀中國的一個地權問題 : 福建省漳州府的一田三主制〉, 《食貨復刊》 14-2(1983) ; 仁井田陞, 〈明淸時代의 一田兩主慣習과 그 成立〉, 同氏, 《中國法制史硏究》(土地法·取引法)(東京大學出版會, 1960) ; 片岡芝子, 〈福建의 一田兩主制에 대하여〉, 《歷史學硏究》 294(1964) 등 참조.

6) 傅衣凌, 〈明淸時代福建的搶米風潮〉, 《福建文化》 1-2(1941) ; 傅衣凌(1961/1980) ; 傅衣凌, 〈明萬曆二十二年福州的搶米風潮〉, 《南開學報》 1982-5 ; 三木聰, 〈淸代前期福建의 抗租와 國家權力〉, 《史學雜誌》 91-8(1982) ; 三木聰, 〈淸代福建에 있어서 抗租의 展開〉, 《北海道大學文學部紀要》 34-1(1985) ; 三木聰, 〈抗租와 阻米 — 明末淸初福建을 中心으로 하여〉, 《東洋史硏究》 45-4(1987) ; 中谷剛, 〈萬曆二十二年福州府의 食糧暴動에 대하여 — 都市下層民의 心性 —〉, 《山根幸夫敎授退休記念明代史論叢》 上(東京 : 汲古書院, 1990).

7) 朱維幹, 《福建史稿》 下(福建敎育出版社, 1986), 第18~19章 ; 陳支平, 《近500年來福建的家族社會與文化》(上海三聯書店, 1991), 第2章 〈明中葉의 社會變遷與福建家族制度的發展〉 참조.

8) 吳金成, 《中國近世社會經濟史硏究 — 明代紳士層의 形成과 社會經濟的 役割 —》 (서울, 一潮閣, 1986)[→ 日本語譯本 : 《明代社會經濟史硏究 — 紳士層의 形成과 그 社會經濟的 役割 —》(東京 : 汲古書院, 1990), 第2編 第1章 參照].

다.[9] 興化府의 경우, 15세기 後半의 仙游縣의 사정에 대하여, 縣 출신 紳士 鄭紀(天順 進士)는,

> 국초의 編籍을 살펴보니, 仙游縣은 64圖 6,400餘 戶였습니다.……永樂·宣德 이래 賦役이 重併되고 虎·瘴災가 교대로 일어나 人戶는 10에 8·9가 감소되었고, 正統·景泰 연간에는 단지 12里에 불과하였습니다. 天順연간에는 外縣의 유민을 附籍시켜 14里로 증가하였고, 지금은 軍·民籍을 합하여 겨우 1,100여 戶에 불과합니다[10]

라 하고 있다. 명초에서 중기까지 호구의 6분의 5가 감소하였다는 것이다. 泉州府의 경우, 晉江縣에서는 嘉靖 倭寇의 亂 기간 동안 전란과 전염병으로 호구의 60~70퍼센트가 상실되었고, 명말청초 동란기에 다시 大半이 감소하였다가 三藩亂 이후에야 겨우 사회가 안정되었다.[11]

한편, 漳州府의 경우에도 명 중기부터 전란과 서리의 농간으로 부역이 불공평하게 되어 流散者가 증가하였다.[12] 龍岩縣民은 멀리 江西袁州府로 진출하여 種麻하였다.[13] 또 가정연간의 기록에는, "漳州府의 농부는 七閩에 널리 퍼져 深山窮谷에 없는 곳이 없다. 심지어 農具를 메고 멀리 절강의 溫州와 處州에 들어가는 사람도 있다"[14]고 하였다. 이에 명조에서는 사회안정을 위해, 장주부 지역에만 漳平縣(成化 6, 1470), 平和縣(正德 14, 1519), 詔安縣(嘉靖 15, 1536), 海澄縣·寧洋縣(嘉靖 45, 1566) 등 무려 5개 현을 신설하였다.[15]

嘉靖연간 倭寇의 亂은 동남 연해지방뿐 아니라 내륙지역에도 큰

---

9) 萬曆(24年)《福州府志》 권7, 食貨 ; 顧炎武,《天下郡國利病書》 第26冊, 35앞뒤, 福建,〈福州府志〉 戶口.
10) 鄭紀,〈與龐大參書〉, 乾隆《仙游縣志》 권48, 藝文.
11) 乾隆《晉江縣志》 권3, 版籍志, 戶口.
12) 萬曆(元年)《漳州府志》 권5, 賦役志, 戶口, 3앞뒤.
13) 劉敏,〈論淸代棚民的戶籍問題〉,《中國社會經濟史硏究》 1983-1, p. 18.
14) 鄭杰,《虔臺倭纂》 권下(陳支平, 1991), p. 23 再引用.
15) 陳景盛,《福建歷代人口論考》(福建人民, 1991), pp. 72~74.

영향을 미쳤다.[16] 왜구는 특히 가정 30년대로부터 40년대 초까지 10
여 년 동안 절강·복건·광동 일대의 연해지방에 창궐하였다. 그러나
실제로는 眞倭 2·3에 從倭(＝假倭) 7·8, 또는 "倭居十三, 而中國叛逆
居十七"의 형세였다. 그 중 從倭의 무리는 東南 沿海의 大商人이나
豪紳의 후원을 받는 海寇세력이었는데, 복건의 漳州·泉州·福州人이
가장 많았고, 그 다음이 절강의 寧波·紹興人이었다.[17] 이들이 때로는
倭寇와 결합하여 해상 무장집단을 조직하여 동남 연해지구를 마음
대로 횡행하며 屠殺居民, 虜掠人口하였고, 이 가운데 일부는 복건의
內地 깊은 곳까지 진출하였다. 가정 34년에서 42년까지, 복건연해에
서는 府城 1座, 縣城 11座, 衛城 4座 등이 왜구에게 함락되었고, 기
타 22座의 省·府·州·縣城과 일반 城堡가 공격을 받았는데, 특히 福
州省城과 同安縣城은 4회, 泉州府城은 3회, 福寧州·將樂縣·漳浦縣城
은 2회, 寧德縣城은 3년 동안 4차례나 함락되었다. 그 사이 연해의
주민은 紳士를 중심으로 鄕兵·鄕勇을 조직하거나, 宗族單位로 土堡
를 축조하여 방어하기도 하였지만 불가항력인 경우가 많았다.[18] 明

---

16) 陳懋恒,《明代倭寇考略》,《燕京學報 專號》 6(1934) ; 片山誠二郎,〈明代海上密貿
    易と沿海鄕紳層〉,《歷史學硏究》 164(1953) ; 片山誠二郎,〈月港'二十四將'の反亂〉,
    《淸水博士追悼記念明代史論叢》(東京, 1962) ; 陳文石,〈明嘉靖年間浙福沿海寇亂與
    私販貿易的關係〉,《中央硏究院歷史語言硏究所集刊》36-上(1965) ; Ng, Chin-keong,
    "The Fukienese Maritime Trade in the Second Half of the Ming Period ;
    Government Policy and Elite Groups' Attitudes," *Nanyang University Journal*
    V(1971) ; Ng, Chin-keong, "Gentry Merchants and Peasant-Peddlers ; The
    Response of the South Fukienese to the Offshore Trading Oppotunities 1522~
    1566," *Nanyang University Journal* Ⅶ(1973) ; So, Kwan-wai, *Japanese Piracy
    in Ming China During the 16th Century*(Michigan State University Press,
    1975) ; 朱維幹(1986) 下, 第19~20章 ; 林仁川,《明末淸初私人海上貿易》(華東師範大
    學, 1987) ; 佐久間重男,《日明關係史の硏究》(東京, 1992), 第2編〈明代後期 — 中國
    海商の密貿易と倭寇〉 등 참조.
17) 屠仲律,〈禦倭五事疏〉,《明經世文編》권282, pp. 768~769에서, "一絶亂源, 夫海賊
    稱亂, 起於負海奸民通番互市, 夷人十一, 流人十二, 寧(波)·紹(興)十五, 漳(州)·泉
    (州)·福(州)人十九, 雖緊稱倭夷, 其實多編戶之齊民也"라 하고 있다.
18) 鄭振滿,《明淸福建宗族組織與社會變遷》(湖南敎育出版社, 1992), pp. 151~198. 가
    정 41년 11월 28일, 興化府城이 陷落되었을 때는, 進士 19명, 擧人 53명, 生員 356
    명이 殺害되었다.

朝에서는 浙江巡撫 朱紈(가정 27~28년, 1548~1549)과 浙直總督 胡宗憲(가정 35~36년, 1556~1557)을 보내 토벌케 하였고, 결국 俞大猷와 戚繼光(가정 41~44, 1562~1565)의 토벌로 40여 년 만에 倭寇를 일단 근절시킬 수 있었다. 왜구의 근거지였던 月港지방에는 海澄縣을 新設(嘉靖 45, 1566)함으로써 더 이상의 변란을 방지하였다. 이상의 가정왜환은 ① 명조의 軍備弛緩, 즉 衛所 兵額의 半減, 戰船 부족과 兵器의 老朽化, ② 軍屯田의 豪强倂呑, ③ 將弁의 軍紀弛緩과 貪汚腐化 등이 어우러진 결과였다.

다음으로 內陸地域의 유동현상을 보자. 建寧府의 경우, 嘉靖年間에 인구는 증가하였지만 土着人보다 객호가 많은데 이들은 대개 賦役黃冊에 등록하지 않았다.[19] 실제 호구통계를 보아도, 建寧府 전체로는 洪武 14년~弘治 5년에 140,089戶에서 120,382戶로 감소(14.3퍼센트 감소)하였고, 특히 建安縣의 경우에는 같은 기간에 35,144호에서 21,522호로 감소(38.8퍼센트 감소)하였다.[20] 또 政和縣도 9,244호에서 5,851호로 감소(36.7퍼센트 감소)하였고 만력 20년에는 다시 5,673호로 감소하였다. 이러한 현상에 대해서, 萬曆《政和縣志》편찬자인 知縣 車鳴時는, "居民의 流散은 胥吏와 奸人들의 弄奸으로 부역이 편중된 때문"이라고 지적하고 있다.[21] 또한 延平府의 경우에도, 鄧茂七의 亂(1449) 후에는, "이웃 현의 强寇가 사람을 죽이거나 잡아가고 가옥을 불태우니, 千里가 오통 텅 비었으며 良民은 도피하고 田地는 방치되어 조세를 징수할 수 없다"[22]는 지적도 있고, 또 "富家는 數十丁을 數丁으로 (黃冊에) 올리고 貧家는 富家와 같은 賦役 기피가 불가능하였으므로, 富益富 貧益貧 상태가 되어 결국 도망하거나 도적이 된다"고 하고 있다.[23] 명조에서는 이러한 현상을 진정시키기 위하여 永安縣(景泰2,

---

19) 嘉靖《建寧府志》권12, 戶口 ; 嘉靖《建陽縣志》권4, 戶口.
20) 嘉靖《建寧府志》권12, 戶口.
21) 民國《政和縣志》권8, 戶口, 2앞뒤.
22) 明《英宗實錄》권175, 正統 14年 2月 己未,〈福建延平府將樂縣民奏〉, p. 3365.
23) 嘉靖《延平府志》권5, 食貨志 戶口.

1451)과 大田縣(嘉靖 15, 1536)을 신설하였다.[24]

汀州府의 경우, 永定縣에서는 成化年間(1465~1487)에 호구가 2,256
戶, 11,129口였으나 가정 말년에 이르면 "戶則減半, 丁亦漸損되었다"
하고,[25] 連城縣에서도 "만력연간에 民多數가 他郡에 들어갔다"[26]고 하
고 있다. 上杭縣 등 汀州府民 중에는 浙東의 山區에 들어가 藍을 재
배하며 사는 사람이 많았는데, 병란 등으로 생활이 어렵게 되자 崇禎
13년에는 이들이 봉기하였다.[27] 환언하면, 上杭人들은 명 중기 이래
成群結隊하여 절동 산구로 이동하거나 왕래하며 살았는데, 그 이유는
복건 내의 경작지가 부족한 것 외에도 菁·蔗의 이익이 식량 생산보
다 나았기 때문이다.[28] 浙南山區로 이동하여 菁·蔗의 이익을 취한 것
은 閩東의 壽寧縣人도 비슷하였다.[29]

복건인은 북쪽의 江西지방으로 이주한 경우도 많았다. 江西 中部의
吉安지방에는 이미 15세기 중엽부터 汀州民들이 질 좋은 藍 종자를
가지고 들어가 萬洋山을 중심으로 널리 재배하였다.[30] 사회에서는 이
들을 藍戶·藍徒·藍賊·藍種流民 등으로 불렀는데, 旱魃이나 흉년 등
재해가 들면 이들이 蜂起하는 일이 많았고, 隆慶 2년(1568)에는 대대

---

24) 陳景盛(1991), pp. 72~74.

25) 賴希道, 〈戶口記〉, 乾隆 《汀州府志》 권41, 藝文.

26) 乾隆 《福建通志》 권9, 風俗, pp. 17뒤~18뒤.

27) 熊人霖, 《南榮集》 권12, 〈防菁議(上)〉에는 "汀之菁民, 刀耕火耨, 藝藍爲生, 徧至
　　各邑, 結蓁而居. 近江北兵荒, 靑布不行, 靛賤穀貴, 此輩無以自存, 遂出掠山旁村落,
　　解散不早, 嫠括閭蔓延五年"이라 하고, 이어서 同書 同卷, 〈防菁議(下)〉에는 "山主
　　者土著有山之人, 以其山俾蓁(=寮)主藝之, 而徵其租者也. 蓁主者汀之久居各邑山中,
　　頗有資本, 披蓁蓬以待菁民之至, 給所藝之種, 俾爲鋤植, 而徵其租者也. 菁民者一曰
　　畬民, 汀上杭之貧民也, 每年數百爲羣, 赤手至各邑, 依蓁主爲活, 而受其傭値. 或春來
　　冬去, 或留過冬爲長顧者也"라 전하고 있다.

28) 乾隆 《福州府志》 권24, 風俗, 永福志.

29) 馮夢龍, 《壽寧待誌》 권上, 風俗, p. 47. 그런데 이렇게 菁客(=菁民, 菁賊)으로 불
　　리던 복건 山民의 대부분은 畬族이었다. 汀州·漳州 일대에 집중적으로 거주하던
　　이들 畬族의 일부가 명 중기 이래 閩東일대로 이동하여 墾荒種菁하였으므로 '菁
　　客'이라 불리었다. 그리고 명말청초에는 浙東과 浙南 일대로 移住하여 山地를 開發
　　해서 種菁하며 살았다. 畬族簡史編寫組, 《畬族簡史》(福州 : 福建人民出版社, 1980),
　　제2·3장 참조.

30) 光緖 《泰和縣志》 권2, 土産, 靑靛. 기타 康熙 9年 《廬陵縣志》 권6, 建置 참조.

적인 봉기가 있었다.[31] 역시 중부의 袁州지방이 명대에 급속히 개발
된 배경에는 강서성 내 他府人의 유입 외에도, 복건 객민의 유입이
있었다.[32] 전술하였듯이, 연해지방의 龍岩縣人들도 袁州府로 진출하여
種痲하였다. 명대에 복건 객민이 가장 많이 유입된 곳은 강서 남부,
즉 南贛지방이었다. 복건인들은 대개 傭工이나 佃戶로서 山區로 들어
가서 煙草·甘蔗·藍·苧·茶 등 상품작물을 재배하였다.[33] 그런데 이들
객민은 강서의 호적에는 附籍하지 않음으로써 일체의 세역을 탈면하
였고, 그 때문에 개중에는,

> 寧都縣에는 鄕이 6인데, 上三鄕(의 佃耕者)는 모두 土着人으로 변동이
> 없으나, 下三鄕(의 佃耕者)는 모두 福建人입니다. 대개 建寧·寧化人이 10의
> 7·8이요, 上杭·連城人이 2·3이니, 모두 백여 리 내의 山間僻地에서 온 사
> 람들입니다. ……福建의 佃戶는 일찍이 赤貧으로 賃耕을 시작하여 往往 富
> 饒에 이르기도 합니다. ……先代부터 자손들이 10餘世 또는 5·6世가 계속
> 거주하며 경작합니다[34]

라고 하듯이, 南贛地方에서 자영농 이상으로 자립하는 경우도 있었
다. 한편, 明 嘉靖~天啓 年間에, 邵武府와 閩西 일대의 客家는 武夷
山脈을 넘어 강서 남부 각지로 이동하였다.[35] 강서지방은 이미 명초
부터 地狹民稠로 인한 인구유출 지역이었으나, 山區에는 이렇게 복건
인이 많이 유입되었던 것이다.[36]

---

31) 張袗, 《鶴樓集》 권1, 〈虔臺疏集〉, 〈題爲流寇出劫慘酷力破群議勒平見今地方寧靖疏〉·
〈奏爲議論太多行事未便懇乞放歸以延殘軀疏〉·〈題爲虔平積年劇賊一旦畏威聽撫見今
地方安堵以完欽依疏〉 등 참조.

32) 명초로부터 명말에 이르기까지, 원주부 지방은 경지의 순증가율이 41.6퍼센트였
다. 吳金成(1986), p. 92, <表2-1-2> 참조. 한편, 同治 《袁州府志》 권5, 武事, 〈驅
逐棚寇功德碑〉에는 "百年以前, 居民因土廣人稀, 招入閩省諸不逞之徒, 賃山種痲, 蔓
延至十餘萬, 卽在太平無事, 陰行劫掠, 一遇變生輒亂"라 하고 있다. 기타 康熙 《宜
春縣志》 권12, 風俗 ; 康熙 《萬載縣志》 권3, 物産 참조.

33) 별도의 주가 없는 경우에는 吳金成(1986), pp. 125~128 참조.

34) 魏禮, 〈與李邑侯書〉, 《魏季子文集》 권8.

35) 羅勇, 〈略論明末淸初閩粤客家的倒遷入贛〉, 《客家學硏究》 3(上海人民出版社, 1993),
p. 63.

복건인이 두번째로 많이 이동한 곳은 서쪽의 廣東지방이었다.[37] 광동지방은 "田廣而腴"하여 매년 2·3모작이 가능하였고, 礦山開發과 冶鐵·製鹽 기타 상품생산이 발달하여 외래 인구의 유입을 자극한 때문이었다. 그 때문에 광동에는 복건인뿐 아니라 江西人 등도 많이 유입하였으므로, 곳에 따라서는 "客籍半之"라 할 정도였다.[38] 복건과 이웃한 潮州府 지방에는 특히 복건인이 많았고, 揭陽縣에는 236개 촌락 중 명대 遷入한 촌락이 107개(45.3퍼센트)인데 그 중 복건 遷來者가 3분의 2였다. 이들은 처음에는 광동의 山區에 유입하였으나, 後에 점차로 平陽肥沃地帶로 이동하였다. 이들 외래인이 유입함으로써, 광동에 새로운 種子가 전파되기도 하고, 山地나 沙田 등 토지가 개간되고 수리가 개발되는 등 긍정적인 면도 있었다. 그러나 본래 糧食輸出 지역이던 광동이 점차 糧食 부족 지역으로 전락하였고, 유입인구는 성장해 가는 데 반하여 토착인은 몰락하여 流散하는, 人口의 對流現象도 나타났다. 이들의 일부가 곧 명말청초에 贛·閩·粤 交界地域을 횡행한 '廣賊'이었다. 한편, 광동지방에 들어간 복건인의 일부는 수시로 각지를 劫掠하였는데, 이들을 閩賊(閩寇, 閩盜)이라 하였다.

한편, 복건 연해 지방의 인구는 명대 중기부터 대만 및 동남아지방으로 이동하는 경우도 많았다.[39] 명대에 필리핀에 移住한 중국인의 대부분은 漳州府人이었다. 만력 31년(1603) 르손에서 스페인인과 필리핀인이 연합하여 2만 2천~2만 5천 名의 華僑를 살해한 사건이 있었는데, 그 화교 가운데 80퍼센트는 장주부 海澄縣人이었다.[40]

---

36) 吳金成(1986), 제2편 제1장 참조.

37) 別註가 없는 한 吳金成(1996) 參照.

38) 黃啓臣·孫公麟, 〈明淸時期廣東人口與田地的變動〉,《學術硏究》 1987-3 ; 吳建新, 〈明淸廣東人口流動槪觀〉,《廣東社會科學》 1991-2 등 참조.

39) 林仁川,〈明代大陸人口向臺灣原因及對臺灣的開發〉,《中國社會經濟史硏究》1991-3 ; 庄爲璣·王連茂,《閩臺關係族譜資料選編》(福建人民, 1985), pp.5~6.

40) 曾少聰,〈明淸海洋移民菲律賓的變遷〉,《中國社會經濟史硏究》1997-2, p.71.

2. 人口의 流入과 그 영향

이상과 같이, 福建地方에서는 명 중기부터 이갑제가 해체되고 인구
가 유산하여 갔다. 그럼에도 각지의 山區에는 외부 인구가 적지 않게
유입하였다.[41] 먼저 沿海의 福寧州의 경우, 산구에 藍을 재배하기 위
해서 들어온 漳州·汀州 流移民이 토착인의 倍나 되었고, 그로 인해
米價가 등귀하고 도적이 증가하고 소송도 많아졌다.[42] 福州府의 경우
에도, 永福縣에 대하여,

(1) 邑은 萬山 中에 있고, 땅은 平曠한 곳이 10퍼센트도 안된다. ……물
을 댈 수 없는 곳에는 漳(州)·泉(州)·延(平)·汀(州)의 民이 (들어와) 種菁
種蔗하고 伐山採木하여 그 이익이 농토의 倍나 된다. 오래되어 窮岡邃谷
에 客民이 없는 곳이 없게 되었는데, 客民은 교활하여 무리를 지어 土民
을 농락한다. 흉년이라도 들면 揭竿하여 變을 일으키는 者는 모두 客民이
다.[43]
(2) 漳(州)·泉(州)·延(平)·汀(州)의 幸民이 山谷에 널리 流布되어 있는데,
그 구성이 대단히 복잡하다. 實은 모두 (우리) 현의 戶口인데도 賦役黃册
에는 등재되지 않았다. (고향의) 현에서는 (그들을) 망명자로 (생각하고),
(우리) 현에서는 賓萌으로 (생각한다). 어려서부터 늙기까지 또는 홀몸으로
들어와 累世가 지나도록, (그들은) 縣官이 賦役을 부과한다는 것을 듣지
못하니, 이 어찌 鹿豕와 다르겠는가[44]

라고 하고 있다. 무수한 외래인은 漳州·泉州·延平·汀州府 등 주변 각
지에서 유입한 種菁種蔗 객민이었다. 이들 菁民(＝菁賊, 菁客)은 이주
지역에서 이익은 두 배나 얻으면서도 부역황책에 등재되어 세역을
부담하지 않을 뿐 아니라 흉년이 들면 봉기하기 일쑤였으니, 가정 40
년(1561)에도 봉기하였고,[45] 특히 만력 17·18년의 봉기 때에는 지현

---

41) 陳支平,〈明淸時期福建人口의三向流動〉第7屆國際學術討論會 發表論文,(長春, 1997.
　　8. 12~14 未刊).
42) 萬曆《福寧州志》권2, 風俗.
43) 萬曆《永福縣志》권1, 風俗 ; 乾隆《永福縣志》권1, 風俗.
44) 萬曆《永福縣志》권1, 戶口.
45) 萬曆《永福縣志》권1, 時事 ; 乾隆《永福縣志》권1, 風俗.

陳思謨가 지방 鄕紳의 도움으로 봉기를 진압시키고 이갑에 편입시켰
다.[46] 興化府 山區인 莆田縣 일대에서도, 嘉靖~萬曆 연간에 菁客으로
불리는 畬族의 반란이 있었는데, 이들은 명초에 汀州·漳州 등 지역에
서 이동한 사람들이었다.[47]

외래인이 특히 많이 유입된 곳은 贛·閩·粤 三省交界의 山區였다.
이들은 모두 三省의 농촌에서 流散한 里甲人이었다. 명 중기 이래로,
이 지역에 대한 모든 기록에 나타나는 礦徒·炭徒·靛客·棚民·鹽販 등
이 바로 그들이었다.[48] 이들 山區의 개발은 糧食生産이 主가 아니고,
石炭·鐵 등 광물의 開採, 목재·漆·麻·煙草·甘蔗·藍靛 등 경제작물의
재배, 紙·夏布 등 수공업제품을 생산하는 것이 주였다.[49] 延平府 山區
에도 汀州·泉州·漳州府人이 많이 유입하여 山禾·山芋·桐·茶·杉·漆·
靛·芋·蕃薯 등을 재배하였는데 대개는 黃冊에 登載하지 않고 쉽게
盜賊化하였다.[50]

한편, 浙南·閩北 지역에는 특히 銀礦이 많았다. 복건의 경우 閩北
延平府의 尤溪·南平·將樂·沙縣, 建寧府의 浦城·政和·松溪縣, 汀州府
의 寧化縣, 연해지역 福寧州의 寧德縣, 福州府의 古田縣 등 지역에
많았고, 특히 古田縣의 寶興場, 松溪縣의 逐應場, 寧德縣의 寶豊場 등
은 유명하였다. 이들 광산지역에는 일찍부터 외래인이 많이 모여들
어, 葉宗留의 亂 등 갖가지 문제가 야기되었다. 만력연간에는 이 지
역에 做工·鑿礦·燒炭·扇爐 등을 위해 외래인이 다수 모여들었는데,
대개는 절강의 處州·溫州人이었다.[51] 또한 鐵礦도 많아 그곳에도 많

46) 劉敏(1983), p. 19 ; 陳支平(1991), p. 28.
47) 畬族簡史編寫組(1980), p. 20 ; 陳支平(1991), p. 28.
48) 成化연간에 三省交界지역을 巡行한 洪鍾이, "福建武平·上杭·淸流·永定, 江西安
   遠·龍南, 廣東程鄕, 皆流移錯雜, 習鬪爭易亂"(《明史》 권187, 洪鍾傳)이라 한 것도
   그 내용이다. 기타 光緖《臨汀彙攷》 권3, 風俗 참조.
49) 馮夢龍,《壽寧待誌》 권上, 風俗 ; 乾隆《光澤縣志》 권32, 外志, 叢談 ; 陳正謨,〈禁
   冶文筆山記〉, 嘉慶《南平縣志》 권23, 藝文 ; 陳支平(1991), pp. 23 ; 吳金成(1986),
   pp. 124~135.
50) 萬曆《大田縣志》 권4, 輿地志 ; 民國《南平縣志》 권11, 禮俗, 引舊志.
51) 朱維幹(1986) 下, pp. 122~127 ; 陳衍德,〈明中葉浙閩礦工農民起義與資本主義萌芽〉,

이 유입하였다. 建寧府 政和縣 鐵冶의 경우,

> 每爐 一座에 傭工이 반드시 數十百人이 되고, 여기에 鑿礦者·燒炭者·煽
> 爐者도 있으며, 그 밖에도 巡爐·運炭·運礦·販米·販酒 等의 役도 역시 각각
> 數十人이 (필요하였으므로), 一爐에는 항상 數百人이 모이게 되는 것이다[52]

라 하고 있다. 延平府 永安縣과[53] 古田(福州府)·福寧 일대의 山區에도
逋寇가 嘯聚하였는데, 이들은 대개 절강 處州의 礦徒들이었다.[54] 그런
데 "閩界江浙多坑場, 流徒入寇爲患"[55]이라 하고, 또한

> 山海에 寓居하는 人戶는 (대개) 種菁·栽蔗·砍柴·墾荒하는 菁客이다. (이
> 들은) 藍·雷·盤 三姓 畲人 및 礦徒·鹽販 등과 함께 十百成羣하여 구릉과
> 계곡 어디에나 結寮하여 살고 있다. …… (이들은 모두) 吾民인데도 奸惡
> 하게 亂을 일으킴이 가장 심하다[56]

고 하는 바와 같이, 이들 소위 '礦徒'로 불리는 무리들은 광산지역의
생활이 여의치 못할 경우에는 쉽게 봉기하여 사회를 혼란으로 몰아
넣었다.

이상을 종합해 보면, 일찍부터 缺糧과 人口過剩 지역이었던 복건에
서도 명 중기 이래 이갑제가 해체되면서 많은 인구가 이동하였는데,
이와는 반대로 山區에는 경지개간과 광산개발 등 특수한 목적을 위
해 오히려 외지인이 유입한 사례도 적지 않았다. 이러한 人口移動의
影響은 크게 두 가지 측면에서 나타났다. 첫째는 順機能的 측면에서,

《中國社會經濟史研究》1993-3.

52) 車鳴時,〈申革爐議〉, 民國《政和縣志》권9, 賦稅, 7뒤. 또한 龍溪縣의 경우에도
鐵爐 每座의 雇工人數가 "多至五七百人"(張萱,《西園聞見錄》권40, 鑪帳)이라 함.

53) 萬曆《永安縣志》권4, 田賦志, 坑冶에 "近日, 貳拾玖都·參十都, 紛紛起爐, 歲有常
課. 但, 每爐招募徽·浙鑛夫, 不下百餘人"이라 함.

54) 桂萼,〈福建圖序〉,《明經世文編》권182, 11뒤~12앞,〈桂文襄公奏疏〉,〈序〉.

55) 嘉靖《建陽縣志》권4, 儲恤志, 兵防.

56) 許孚遠,《敬和堂集》권7, 10앞, 撫閩稿,〈頒正俗編行各屬〉.

新品種 作物·新技術의 移轉, 經濟開發, 商業·都市發達 등에 공헌하는
면이 있었다. 둘째는 逆機能的 측면에서, 土着社會의 階層間 葛藤, 盜
賊의 증가, 訴訟의 증가 등과 함께 새로이 土·客間의 분쟁이 接合되
어 社會不安과 社會分解를 야기하는 경우도 허다하였다. 유입한 객민
이 정착하지 못할 경우에는 쉽게 流寇化하였다. 正德연간에 贛·閩·粵
交界地域에서 廣東賊·汀漳賊 및 畬族 등 少數民族의 봉기가 폭발하
자, 명조는 王陽明을 보내 토벌케 하였으나 그 후에도 수시로 봉기하
였던 사실,[57] 그리고 "福(州)·興(化)·泉(州)三府則苦海賊, 汀(州)·漳州二
府則苦山賊與流賊"이라 하듯이,[58] 특히 嘉靖 후기에는 東南 沿海地域
에서 倭寇와 海寇가 횡행하여 관의 통제력이 이완된 틈을 타서 내륙
지역에서도 寇賊이 창궐하였던 사실 등에서 잘 나타난다.[59] 그러나
또 때로는 외래인은 정착하는 데 반해 토착인이 오히려 유산하는, 人
口의 對流現象도 나타났다.

한편, 다음의 명말청초의 動亂期에는, 복건의 전지역에는 流寇와
土賊 등 각종 무장세력의 활동, 명의 殘存勢力과 勤王起兵運動, 남명
의 監國 魯王과 鄭成功勢力의 활동, 그리고 淸軍의 福建 進入과 秩序
恢復策 등 대단히 복잡한 사건들이 전개되었다. 이러한 現象은 명 중
기 이래의 사회혼란의 연속이었지만, 그러한 복잡한 현상이 한 번에
나타났을 뿐 아니라, 청군의 진입까지 겹쳐서 훨씬 頻繁·尖銳·悽絶하
게 表出되었다.

---

57) 今湊良信, 〈明代中期の'土賊'について — 南贛地帶の葉氏を中心に〉, 野口鐵郎 編,
   《中國史における亂の構圖》(東京, 1986) ; 吳金成, 〈明 中期의 江西社會와 陽明〉,
   《明淸史硏究》6(1997).

58) 明 《世宗實錄》 권503, 嘉靖 40年 11月 丁亥朔, p. 8311.

59) 同治 《福建通志》 권267, 〈明外紀〉(이하 〈明外紀〉로 略稱) ; 康熙 《平和縣志》 권
   12, 寇變 ; 康熙 《寧化縣志》 권7, 寇變志.

Ⅲ. 動亂期의 各種 武裝勢力의 活動

1. 南明·勤王勢力의 蜂起

1) 唐王 隆武帝의 自立[60]

순치 2년 남경의 弘光政權이 망하자, 鄭鴻逵(鄭成功의 숙부, 定國公)는 閏6월 唐王 朱聿建을 받들고 福州로 들어왔다. 당왕은 8월에 황제에 즉위하고 연호를 隆武라 하였으나, 병력은 오로지 鄭芝龍에게 의지할 수밖에 없었고, 내부적인 갈등도 심하였다. 3년 8월에 청군이 복건에 진입하자, 唐王은 延平을 거쳐 汀州로 도망하였다가 총병관 李成棟의 추격군에게 잡혀 죽었고, 정지룡은 洪承疇의 회유를 받고 청군에 투항하였다.

당왕이 처음 복건에 들어올 때는 환영하는 인파가 "數十萬"이었을 만큼 대단하였다. 그러나 일단 기병한 후에는 군향이 심각하게 부족하였다. 순치 3년 4월에 당왕은 福建의 汀州·邵武, 廣東의 惠州·潮州 등 4府에서 督催糧餉하였다.[61] 그러한 정황은,

⑴ 調兵이나 措餉 자체는 어려운 것이 아니다. 土司와 官兵이 비록 忠義롭고 勇敢하다 하나, 餉銀을 어디에서 염출할 것이지를 먼저 論議한 然後에 召兵해야만 어려움이 없을 것이다.[62]
⑵ 唐(王)·魯(王) 二藩이 僭號하고 疊派橫徵하였으므로 地方의 苦累가 尤甚하여 一切 停止토록 하였다.[63]

---

60) 海外散人, 《榕城紀聞》(이하 《榕城紀聞》으로 약칭), 中國社會科學院 歷史研究所 淸史研究室, 《淸史資料》 1(中華書局, 1980) ; 謝國楨, 《南明史略》(上海人民出版社, 1957/1988), pp. 131~142 ; 南炳文, 《南明史》(天津 : 南開大學出版社, 1992), pp. 140 ~159 ; 顧誠, 《南明史》(北京 : 中國靑年出版社, 1997), pp. 252~256, pp. 278~288, pp. 305~310 ; Struve, Lynn A. *The Southern Ming, 1644~1662*(Yale Univ., Press, 1984), Ch. 3 등 참조.

61) 謝國楨(1957/1988), p. 137 ; Struve Lynn A.(1984), p. 71.

62) 佚名氏, 《思文大紀》 권6, 上(唐王)曰, 《虎口餘生記》(中國歷史研究資料叢書, 上海書店, 1982) p. 238. 기타 Struve, Lynn A.(1984), pp. 85~86 참조.

63) 康熙 《平和縣志》 권6, 賦役志, 戶口 ; 乾隆 《連城縣志》 권4, 戶役志, 戶口 ; 民國

(3) 紳士에게 輸助를 권하고 府縣에 銀穀을 부과하여, 납부하지 않으면 官吏가 督迫하니 閭里가 騷然하였다. 또한 捐納을 널리 행하고도 (兵餉은) 오히려 不足하였다[64]

고 한 곳에 잘 나타나 있다. 병향이 부족하자 唐王정권은 兵餉 徵收라는 명목으로 紳士와 人民에게 橫徵과 노략질을 자행하였고, 또 널리 捐納制도 행하였으므로, 민심이 크게 이반되고 말았던 것이다.[65]

2) 彭妃擁立勢力의 蜂起

순치 2·3년에 강서에서 항청 기병하였던 永寧王(명조의 종실)의 세력이 청군에 격파되어 흩어졌는데,[66] 순치 4·5년, 寧化·歸化·淸流·連城縣 일대의 무장세력이 永寧王의 長子妃 彭氏세력 및 新建王·德化王·宜春王 등의 세력과 연합하여 봉기하였다. 4년 4월에 黃通(後述)을 주살하였던 영화현 土豪 寧文龍은 한때 팽비세력에 가담하였다가 10월에 청에 초무되었다. 이 기간 동안 팽비세력과 이에 호응한 세력들의 劫掠은 참담한 것이었고, 이를 진압하러 들어온 청군의 暴虐과 약탈 또한 寇賊 못지않았다. 5년 2월에 팽비가 청군에 잡혀 교살되었으나, 寧文龍 등은 그 후에도 부근 지역에서 횡행하였고, 8년에는 吳賽娘 세력과 결합하여 다시 봉기하였다.[67]

3) 郢西王擁立勢力의 蜂起[68]

순치 3년 융무제가 죽자, 郢西王은 壽寧縣 鬼足洞에서 삭발하였다. 4년 봄에 王祁는 동굴로 운서왕을 찾아가서 그를 받들고 國師가 되

《沙縣志》 권5, 賦稅志, 田賦.

64) 光緒 《長汀縣志》 권15, 武功.

65) 蕭一山, 《淸代通史》, 권1, p. 327 ; Struve Lynn A.(1984), p. 86 ; 吳金成(1991), pp. 69~72 등 참조.

66) 吳金成(1991), pp. 53~55.

67) 李世熊, 《寇變紀》(이하 《寇變紀》로 약칭), 中國社會科學院歷史研究所 淸史研究室, 《淸史資料》 1(中華書局, 1980) pp. 38~39 ; 連立昌, 《福建秘密社會》(福建人民出版社, 1989), p. 53.

68) 《寇變紀》 p. 38 ; 同治 《福建通志》 권268, 〈國朝外紀〉(이하 〈國朝外紀〉로 약칭) ; 朱維幹(1986) 下, pp. 303~304.

어 융무연호를 쓰며 기병하여,[69] 7월에 建寧府를 함락시켰다. 이를 계기로 建寧府 일대에는 모두 운서왕군에게 항복하였고, 이웃한 邵武府에서는 義兵이 각향에서 봉기하였다. 5년에는 감국 노왕의 명을 받아 鄭彩와 연합하여 3개월여에 걸쳐 복주를 공격하였다. 이에 桂王 永曆帝는 王祁를 郾國公으로 봉하였고, 왕기는 浦城을 공격하여 仙霞嶺을 단절시키려 하였다. 청군은 5년 4월 초에, 양식과 병력의 부족으로 고전하던 建寧府城을 탈환하였다.[70] 이 전투에서 운서왕은 亂兵에게 살해되고 왕기는 잡혀 참살되었으나, 그 여당은 8년까지 閩北지방을 횡행하였다.

4) 監國 魯王擁立勢力의 活動[71]

순치 3년 8월에 隆武帝가 청군에게 잡혀 죽자, 鄭彩(鄭芝龍의 조카)는 절강에서 청군에게 패퇴(3년 12월)한 監國 魯王을 받들어 복건으로 들어왔다. 정채는 4년 봄에서 여름에 걸쳐 漳州·泉州·福州 등 지역의 청군 거점들을 공격하였다. 福州府城은 이들에게 포위되어, 5년 여름 청군의 증원부대가 올 때까지 기아상태가 계속되었다. 이러한 노왕세력의 연해지역 활동에 자극 받아, 내륙 山區의 寇賊세력도 대대적으로 향응하였다. 4년 8월 말부터 9월 초 사이에는, 建寧에서 노왕에 호응한 반청 봉기가 閩北 각지에 확산되었다. 11월에는 福寧州 일대에서 청에 승리하였다. 순치 5년 전반기에는 복건의 3府·1州·27個縣에 영향력을 행사하면서 虛銜을 남발하였다. 4년 말에 절강복건총독 張存仁이 "遍海滿山, 在在皆賊"이라 한 것은 바로 이 시기의 정황이었다(後述). 그러나 노왕 세력은 영향권 내의 연해지방의 치안을 공고히 할 역량도 의지도 없었고, 더구나 민북지역 항청운동 세력과의 연계는 불가능한 일이었다. 그 원인은 첫째 병력의 부족이었고, 둘째는

---

69) 王祁는 太倉 瑯玡의 家僮으로 순치 2년 강남의 노변에 가담하였고, 建寧에 들어와 淨慈寺의 僧이 되었다.

70) 《明淸史料》丁-1-23,〈浙江福建總督陳錦揭帖〉(順治 5年 4月 19日).

71) 〈國朝外紀〉4앞~7앞 ; 傅衣凌(1961/1980) ; 顧誠(1997), 제12장 ; Struve, Lynn A. (1984), pp. 110~113.

閩西·閩中의 봉기세력은 대개가 佃農·運輸工人·礦工·鐵匠 내지 土寇
세력이었기에, 복건의 인민들로 보면 明軍·勤王起兵軍·鄕村自衛軍·淸
軍 할 것 없이, 무기를 소지한 모두가 도적으로 보였으며, 셋째는 각
료간의 불화와 갈등 때문이었다.

5) 鄭成功(1624~1662)勢力의 蜂起

순치 3년 8월에 청군이 복건에 진입할 무렵, 복건의 근왕기병군 중
가장 강력하고 장기간 지속한 세력은 鄭成功(忠孝伯, 唐王이 封) 세력
이었다.[72] 명말에 복건 연해지역 최대의 해상세력은 鄭成功의 부친
鄭芝龍 세력이었다. 정지룡이 天啓 6년(1626)에 漳浦縣을 침범하고 厦
門을 근거지로 병사를 모으자 연해지방의 游手無賴와 饑民들이 다수
투항하였다. 정지룡은 富民들로부터 軍餉을 징수하였다. 정지룡은 崇
禎 원년(1628)에 일단 명조의 초무에 응하여 防海遊擊에 임명되었는
데, 이때부터 정씨집단은 복건 연해지방의 '獨立王國'과 같은 위세를
떨치게 되었다. 당시에는 정씨의 허락 없이는 항해를 할 수도 없었고
왕래하는 선박은 반드시 稅를 납부하여야 했다. 그 후 鄭芝龍은 한때
弘光정권에 가담하였고, 순치 2년 윤6월 福州에서 隆武政權이 성립하
자 이에 가담하여 정권을 농단하였다. 3년 8월 융무제가 청군에게 잡
히자, 정지룡은 閩粵總督으로 임명하겠다는 청조 洪承疇의 회유에 속
아 10월에 청군에 항복하였고 그의 군사들은 유산되고 말았다.

鄭成功은 부친 정지룡의 항복 권유를 거부하고, 복건·광동 연해지
방을 중심으로 점차 세력을 성장시켜 갔다. 청군은 監國 魯王세력과
閩北 각지의 寇賊세력을 평정하는 데도 병력과 兵餉이 부족하였으므
로, 鄭成功의 이러한 성장을 制馭할 여유가 없었다. 정성공은 순치 3
년 12월에는 厦門을 근거지로 하여 明朝의 회복을 맹세하고 4년부터
永曆 연호를 사용하고, 薙髮한 거민들을 보이는 대로 도살하였다. 4

---

72) 別註가 없는 한, 〈明外紀〉·〈國朝外紀〉; 徐鼒, 《小典紀年附考》 권17~18 ; 朱維
  幹(1986) 下 ; 林仁川(1987) ; 駐閩海軍軍事編纂室, 《福建海防史》(厦門大學出版社, 1990)
  등 참조.

년에 광동 潮州府 南澳에 진출하여 數千人을 모병하였고, 그 후에도
鄭鴻逵와 함께 수시로 광동의 남해안지역을 劫掠하였는데, 구적세력
도 그때마다 이에 호응하였다. 순치 7년 초에는 광동 연해지역을 완
전 장악하였고,[73] 8월에는 하문의 鄭聯을 없애고 그의 병력을 병합하
여 군대를 4만여 명으로 증가시켰으며, 이윽고 鄭彩의 군대까지 병합
하게 되어 동남 연해지방에서 가장 강력한 반청세력으로 성장하였다.
정성공군과 청군 사이에, 순치 9년 4월부터 8월까지 계속된 漳州府城
攻防戰(壬辰之變)이 있었는데, 그로 인해 성내의 가옥이 거의 폐허로
변하였고, 사망자가 70여만에 이르렀으며 生存者는 겨우 1백 명 정도
에 불과하였다고 할만큼 대단하였다.[74] 장주부 平和縣의 경우, 순치 9
년 8월부터 정성공군과 청조가 번갈아 지배하여 다섯 번이나 지배자
가 바뀌었는데, 12월에 청군이 성을 완전히 점령하고 보니 성내·외가
거의 폐허로 변해 있었다.[75]

정성공은 그의 영향력이 미치는 육지의 농토와 바다의 선박들에게
軍餉을 부과하였고, 呂宋·交趾·暹羅·日本 등 각국과 무역을 하였다.[76]
청조는 정성공의 이러한 위세 때문에 和·戰 양면정책을 썼다. 9년 10
월에, 청조는 '前罪를 묻지 않고 현재 장악하고 있는 지역의 지배를
인정해 준다'는 조건을 내걸고 정성공의 투항을 권유하였고, 10년 5월
에는 海澄公에 봉하였다. 그러나 정성공은 여전히 薙髮도 하지 않고
명조의 관복을 그대로 착용한 채, 연해와 내륙지역에 지배영역을 확대
하면서 더욱 적극적으로 徵餉과 약탈을 병행하였다.[77] 때로는 주민이

---

73) 吳金成(1996).
74) 光緒 《漳州府志》 권14, 賦役(上), 田賦考 ; 同書 권47, 災祥, 寇亂.
75) 康熙 《平和縣志》 권12, 雜覽, 寇變.
76) 林仁川(1987), pp. 124~125 ; 韓振華, 〈再論鄭成功與海外貿易關係〉, 《中國社會經
    濟史研究》 1982-3 ; 鄭克晟, 〈鄭成功海上貿易及其内部組織的特點〉, 《中國社會經濟
    史研究》 1991-1.
77) 淸 《世祖實錄》 권69, 順治 9年 10月 丁未條(6뒤~7뒤) ; 同書 권75, 順治 10年 5
    月 乙亥條(8뒤~10뒤) ; 同書 권83, 順治 11年 4月 丙子條(9뒤) ; 同書 권83, 順治
    11年 5月 壬寅條(17뒤~18앞) ; 〈國朝外紀〉 16앞.

정성공에게 군향납부를 이유로 청조의 세량 납부를 거부한 때문에, 지현은 鄭軍의 협조를 얻어서야 겨우 세량을 징수할 수 있었다.[78]

鄭成功은 그 후로도 순치 18년까지 복건과 광동 연해를 근거로 활동하였고, 심지어 강남의 長江入口까지 진출하였으며(通海案, 순치 16년),[79] 순치 18년 4월에는 네덜란드가 점령하고 있던 대만을 점령하였다. 청조는 하는 수 없이 5월에 遷界令을 내려 해변으로부터 30(약 15km)리에서 50리 이내의 거민을 모두 이주시켰다.[80]

2. 其他 蜂起勢力의 活動

1) 紳士의 蜂起

명청교체기의 무정부상태에서는, 勤王 또는 反正을 명분으로 한 신사의 봉기도 적지 않았다. 숭정 17년(順治 元年)에는, 寧洋 生員 廖淡修와 范元會 등이 山寇를 규합하여 勤王 명목으로 향촌을 겁략하였다.[81] 江西省 蘆溪縣의 貢生 魏一柱는 1645년에 항청봉기에 실패하자 복건으로 들어와, 將樂縣의 謝七寶·吳長文의 봉기군과 합세하였다. 福安縣 출신 前明 行人 劉中藻는 순치 4년 10월에 봉기하여 隆武 年號를 칭하고 福寧州城을 7개월 동안이나 포위하였으므로, 성중의 米價가 石當 10兩이나 하고 餓死者가 무수하였다. 劉中藻는 火藥과 砲를 만들어 익년 4월에 성을 함락시켰고, 知州는 被殺당하였다. 中藻는 州庫의 錢糧을 장악하고 富戶를 협박하여 助餉케 하였다. 또한 福

---

78) 陳鴻·陳邦賢,《淸初莆變小乘》(이하《淸初莆變小乘》으로 약칭), 中國社會科學院 歷史硏究所 淸史硏究室,《淸史資料》1(中華書局, 1980), p. 75.

79) 謝國楨(1956/1988), pp. 197~206 ; Struve Lynn A.(1984), pp. 181~189 ; Wakeman, Frederic, Jr., *The Great Enterprise*(Ⅰ·Ⅱ, 陳蘇鎭等譯,《洪業 — 淸朝開國史》, 江蘇人民出版社, 1992), University of California Press.(1985), pp. 1042~1049.

80) 謝國楨,〈淸初東南沿海遷界考〉·〈淸初東南沿海遷界補考〉, 同氏,《明淸之際黨社運動考》(臺北, 1967 / 北京 : 中華書局, 1982) ; 蘇梅芳,〈淸初遷界事件之硏究〉,《國立成功大學歷史學報》5(1978) ; 浦廉一,〈淸初の遷界令の硏究〉,《廣島大學文學部紀要》5(1954).

81) 康熙《漳州府志》권26, 民風 ; 光緒《寧洋縣志》권12, 雜事志, 兵亂 ; 道光《漳平縣志》권10, 雜志, 寇變.

安현성을 함락시켰으나 청군이 포위해 오자 計窮自縊하였다.[82] 泰寧縣(邵武府) 武生 江政은 5년 4月에 현성을 공격하였으나 실패하였다.[83] 前 池州 推官 沈起津은 5년 4月에 漳浦縣(漳州府)을 공격했으나 실패하였다.[84] 永春縣 생원 楊爲獻은 여러 寇賊勢力과 합세하여 5년 4月에 수만 인으로 漳平縣(漳州府)을 공격하였으므로, 청의 防將 등이 사망하였다.[85] 前절강순무 盧若騰은 5년 11월, 평화현 적을 규합하여 漳浦縣을 공격하였으므로, 청군 參將 陸大勳은 전사하였다.[86] 그 밖에도 신사가 반청봉기한 사례는 "城外鄉紳·擧人, 各招兵起義"(p. 69) 등 《淸初莆變小乘》에 여러 사례가 보인다.

2) 主·佃關係의 惡化와 黃通의 蜂起

명대 복건에서는 一田兩主 내지 一田三主制가 발달하고, 度量衡이 통일되지 않아서 지주와 전호 사이에 갈등이 계속되었다. 寧化縣에서도 원칙은 1桶 2斗(이것을 租桶이라 함)였으나, 지주가 佃租를 받을 때는 24~25升을 받고, 미곡을 팔 때는 16升을 一桶(이것을 衙桶이라 함)으로 하였다. 이에 黃通은 田主에게 소작료를 낼 때도 衙桶으로 하고(＝較桶之說), 移耕(地主·佃戶간의 賃借契約金)·冬牲·送倉(소작료의 운송) 등 소작료 납부 때의 일체의 부가적 부담도 철폐하도록 여론을 모았다. 佃戶(佃客)가 대부분인 향민들은 黃通의 주장에 대환영이었다. 황통은 이들을 모아 長關이라는 조직을 결성하고 '鄉之豪有力者'를 千總으로 임명하였다. 황통은 유사시에는 千總에게 알리고 천총은 각 부를 통솔하여 며칠 사이에 千人을 모을 수 있었다. 황통의 영향력이 미치는 곳의 인민은 詞訟을 지방관에게 고하지 않고 황통의 판결에 따랐다. 황통은 대개의 문제는 모든 千總에게 맡기고 자신은 贖金을 받을 뿐이었다. 그 후로 城中의 大戶와 諸鄉의 佃丁 사이에는 마치

---

82) 光緒 《福寧府志》 권43, 祥異.
83) 咸豊 《邵武縣志》 권10, 兵防, 寇警.
84) 〈國朝外紀〉.
85) 道光 《漳平縣志》 권10, 雜志, 寇變, 國朝.
86) 〈國朝外紀〉.

원수와 같이, 城鄕間에 갈등을 빚게 되었고, 이 때문에 향촌에서 생
활필수품을 보급받던 성중의 주민은 심각한 困難을 겪게 되었다. 그
런데도 城內의 無賴들은 성중의 정세를 황통에게 알리고 利를 얻고
있었다.[87]

黃通은 순치 3년 6월 26일에 千數百名(이들을 田兵이라 부름)을 이끌
고 寧化 성중으로 들어가, 族姓의 생원 黃欽鏞과 조카 黃招를 죽이고
富室 百數十家를 약탈하고 城中資財를 닥치는 대로 파괴하였다.[88] 7
월 6일에는 田兵을 진압하러 온, 唐王 隆武政權의 上杭兵巡道(이전 寧
化知縣) 丁華玉을 포로로 잡았다. 署知縣 朱墀는 李世熊(後述) 등 紳士
의 협조를 얻어 贖金 1,500兩을 賄賂로 보내고 우화옥을 석방시켰다.
8월 18일에 閩關을 통해 진입한 청군이 이윽고 영화현에 들어왔으나,
전병의 세력이 너무 커서 어찌할 수 없었다. 이 기간에 향신 田仰의
敗兵도 이세웅이 사는 泉上·泉下里에 들어왔는데, 향병이 저지하자
武進士 邱雋, 武擧人 吳維城, 生員 邱浙, 武生 邱沐, 생원 邱澍의 烈
婦 謝氏 등과 長關의 병 수십 인을 살해하였다.[89] 11월에 청조의 汀
州知府 李友蘭이 귀순을 권고하자, 황통은 李知府에게 多額의 賂物을
바치고 맹약을 맺고 淸의 守備札을 받았다. 그 후 황통은 이를 이용
하여, 寧化·淸流·歸化·永安·泰寧·沙縣 등 諸縣의 殷實戶 또는 點猾者
에게 千總의 辭令을 나누어주면서 수십 내지 수백 兩을 받았다. 황통
은 결국 4년 4월에 영화현 土豪 寧文龍에게 살해되었고,[90] 長關賊은

---

87) 《寇變紀》; 李世熊, 《寇變後紀》(中國社會科學院歷史硏究所 淸史硏究室, 《淸史資
料》 1, 中華書局, 1980) ; 康熙 《寧化縣志》 권7, 寇變紀 ; 傅衣凌(1961/1980) ; 片岡
芝子(1953) ; 森正夫(1973·1974·1978) ; 森正夫(1991). 이하 황통의 봉기에 대해서는
별주가 없는 한 모두 本註에 의한 것임.

88) 黃通은 영화현의 地主였으나, 동족과 갈등을 빚자, 전호의 이익을 대변하면서
長關을 조직하였다.

89) 田仰은 江西 출신으로 명말에 병부상서를 역임하였다. 남명의 福王정권, 監國
魯王정권, 唐王정권에, 광동의 紹武정권에 차례로 가담하였고, 최후에는 청조에
귀순하여 북경에서 사망하였다.

90) 영화 토호 寧文龍은 처음에는 寇賊이었으나, 숭정 말에 광적 방어를 명목으로
監紀軍事 于華玉에게 초무되었다. 그 후 4월에 황통을 살해하고, 곧 彭妃세력에
가담하였다가 10월에 청에 초무되었다. 그 후로 영화현 일대에서 횡포를 일삼다

초무되거나 流散되었다. 그러나 황통의 동생 黃允會 형제는 12년 10
월에 주살될 때까지 주변지역을 횡행하였다. 9년 5월에는 四營頭賊이
들어오자 黃允會가 長關의 병사를 이끌고 방어하는, 향병의 역할도
하였으나 패하였고, 때로는 長關조직끼리 전투를 벌이기도 하였다.
그 후로도 長關賊은 가끔 모습을 나타냈다.

3) 宗敎性(=妖賊) 蜂起[91]

명말 이래 贛·閩·粵 三省交界 지방에는 無爲敎(羅敎) 또는 白蓮敎
로 무장한 세력의 宗敎性 蜂起도 많았다. 특히 명이 망하고 청군이
아직 복건에 들어오기 전에, 복건 서북지방의 白蓮敎徒들은 적극적으
로 敎勢를 확장하였다. 그들은 청군이 진입하자 여러 형태로 반청 봉
기하였다. 첫째는 南明 등 다른 세력과 연합한 항청활동이었다. 즉
順治 4년 6월, 延平府 南平縣과 福州府 古田縣 사이의 백련교 敎頭
社某·范密然·魏正所·陳簡 등이 '淸帝의 入關은 명조에 대한 篡逆이고
명조의 疆土는 능히 회복할 수 있다'고 하면서, 반청궐기를 호소하였
다. 이들은 부근 各寺의 主持 및 縣城 내의 紳士 陳太鍾·謝紹芳 등과
긴밀한 연합전선을 펴는 한편, 강서에서 도피해 온 明 宗室 郞西王을
擁立하고 항청 군사활동을 전개하였다. 또한 이 시기에는 汀州府 上
杭縣의 백련교도 수백 인도 隆武帝의 旗號를 내걸고 봉기하였고, 순
치 5년 2월에는 寧化縣 妖賊(백련교) 수령 賴子明이 교두와 군중 수
백 인을 모아 봉기하였나가 정군에게 잡혀 주살되었으나, 그 잔여세
력은 9년 봄까지 횡행하였다.[92]

가 행방불명이 되었다.

91) 〈明外紀〉·〈國朝外紀〉; 嘉慶 《南平縣志》 권6, 兵; 朱國楨, 《湧幢小品》 권32, 吳
建; 光緖 《光澤縣志》 권1, 時事表; 連立昌(1989) 등 참조. 羅敎(無爲敎)의 분파로
는 密密敎·聞香敎·七七敎 등이 있었다. 이들의 성격과 활동에 대해서는 野口鐵郞,
《明代白蓮敎史の硏究》(東京, 1986), 第2編 第5章; 大澤顯浩, 〈明末淸初の密敎につ
いて―山間地移住と宗敎傳播の一形態―〉, 《山根幸夫敎授退休記念明代史論叢》
上(東京, 1990) 등 참조.

92) 康熙 《寧化縣志》 권7, 寇變志; 《寇變紀》·《寇變後紀》; 《國朝外紀》; 連立昌(1989),
pp.52~53. 그 후로도 賴子明의 처 張氏와 王氏는 老母·聖母 등을 사칭하고, '腰
條敎'를 내걸고 신도 수백 인을 모아 영화현 董家嶺의 堡에 웅거하였다가 13년

둘째는 단독으로 起兵한 사례였다. 그 중 큰 세력으로는 將樂縣을 중심으로 교도 수천을 거느린 吳賽娘 세력이 있었다.[93] 吳賽娘은 순치 7년부터 반청기병하였는데 단기간 안에 1만여 명으로 증가하였다. 9년에는 그녀의 부하가 會石村을 劫掠하고 生員 楊成洪을 잡았다가 석방한 사건을 계기로, 楊成洪은 鄕勇을 조직하여 청군이 吳賽娘군을 격파하는 데 적극적으로 협조하였다.[94] 10년에는 將樂縣丞 張欲壽가 數名의 鄕紳과 함께 吳賽娘 진영에 가서 초무하였으나 무위로 끝났고, 11년 9월에 이르러 延平鎭 부총병 高守貴의 토벌이 있기까지 3년 반을 항거하였다. 9년에는 또 妖僧 德容(本姓 陳)이 1천여 명을 이끌고 建陽에서 甌寧으로 들어와 각지를 焚掠하였으므로, "所過村落爲墟"하였다. 이들은 그 후 崇安縣의 分水關 山中에 은거하였는데, 14년에 이르러서야 총독 李率泰가 초무하였다.[95] 숭정 9년에 "大饑, 斗米千錢, 無爲敎倡亂"[96]이라 한 기록도 그러한 정황을 전하는 것이다. 이 밖에도 이른바 妖僧으로 불리는 집단의 봉기는 수없이 많았다. 이들이 이렇게 활발한 반청활동을 할 수 있었던 배경에는, 이들이 평시에 향촌민과 상당한 유대관계를 유지하고 있었기 때문이었다.[97]

4) 廣(東)賊·江西賊 등 寇賊의 橫行

명말청초에 광동성 東·北部지방에서 일어나, 省內는 물론 이웃한 강서·복건의 交界地方을 횡행하며 劫掠을 자행한 寇賊들을 보통 '廣賊(廣寇, 廣東賊)'이라 하였는데, 이들은 대개 山區의 礦徒이거나 菁客들로서 그 유래가 분명치 않은 무리였다. 이들 중 崇禎年間(1628~1644)부터 나타난 五總賊의 세력이 가장 컸다. 崇禎 元年 정월부터 2년까지는 五總賊 중 龔一·龔二(一作 龔義)·謝志良(一作 謝之良) 등이 汀

　　　　10월에 청군에게 주살되었다.

93) 連立昌(1989), pp. 53~54.

94) 楊成洪은 그 후 鄕勇을 기반으로 횡포를 일삼다가 처형되었다.

95) 康熙《建寧縣志》권46上, 雜志1, 兵氛.

96) 咸豊《邵武縣志》권18, 祥異.

97) 福田節生, 〈淸代秘密結社の性格とその役割〉, 《史學硏究》 61(1956).

州府에 들어와 武平縣 賊首 蘇阿婆 등과 연합하여 上杭·武平縣 일대를 流劫하였다. 숭정 3년 3월에도 이들이 장주부 平和縣을 노략질하였다. 숭정 4·5년에는 이들 일당 중 鍾凌秀(一名 鍾三舍)·復秀 형제의 무리가 江西 남부와 福建 서부 일대를 流劫하였으므로 三省이 진동하였다. 이에 명조에서는 總督 王業浩와 虔撫 陸問禮 등이 강서·복건·광동 3성의 관병과 연합하여 이들을 평정하였다. 그러나 廣賊은 순치연간에도 여전히 각지에서 출몰하였다.[98] 또 한편, 숭정연간부터 贛·閩·粤 교계지역에 閻羅總·蕭陞 등이 이끄는 峒賊(峒蠻) 數萬이 "時出剽掠"하였는데, 4個營으로 편성되어 있어 '四營頭賊'이라 하였다.[99] 순치 원년과 2년에는 이들 중 蕭聲·陳舟 등이 汀州府 일대를 겁략하였다. 이때 上杭兵監巡道(전년 寧化 知縣) 于華玉은 鍾凌秀의 여당인 張恩選과 土豪 寧文龍을 초무하여 이들을 방어하였는데, 戰果를 誇張 보고하여 兵部侍郎으로 승진하였다. '四營頭賊'의 잔여세력은 그 후에도 여러 현을 겁략하였다.[100]

이러한 봉기세력 외에도, 明末淸初 動亂期에 복건지방에는 실로 무수한 寇賊·盜賊 세력이 횡행하였는데, 봉기의 명분은 여러 가지였다. 혹은 抗淸을 명분으로, 혹은 단순한 겁략으로 극심한 사회혼란을 야기하였다. 황통의 長關賊과 같이 "較桶之說"도 있었고, 鄕勇이 오히려 겁략한 사례도 있었다.[101] 또 衙役의 횡포에 대한 抗議도 있었다. 즉, 延平府 沙縣에서는 순치 4년 7월 말에 草寇가 현성을 포위하여 3개월 만에 함락시켰는데, 이때 성내 거민이 開門迎賊한 때문이었다. 이들의 명분은 "以剿除衙役"이었다. 이들 초적은 이듬해 3월 청군이 오자 달아나 將軍寨에 웅거하고 있다가 11월 9일에 청군의 공격으로 절멸되었다.[102] 4년 7월에서 12월까지, 延平府 전지역은 "盡爲賊據" 상

---

98) 〈明外紀〉·〈國朝外紀〉;乾隆《上杭縣志》권5, 武備, 寇變;康熙《寧化縣志》권7, 寇變;《寇變紀》;吳金成(1991);吳金成(1996).

99) 錢秉鐙,《所知錄》권上.

100) 〈國朝外紀〉;乾隆《上杭縣志》권5, 武備, 寇變;康熙《寧化縣志》권7, 寇變.

101) 乾隆《將樂縣志》권16, 災祥, 9앞.

태였는데, 특히 謝志良 등이 新建王을 擁衛하고 數萬衆으로 여기저기에서 수시로 출몰하였으며, 連城縣城을 3일 동안이나 포위하자 士民이 문을 열었다. 총독 張存仁은 이러한 정황을 '賊衆兵寡' 때문이라며 하소연하고 있다.[103] 이들 寇賊勢力들은 평소에 險山의 산채를 근거로 하여, 필요에 따라 紳士를 謀主·羽翼으로 하거나, 혹은 몰래 지방관들과 내통하는 사례도 있었다. 신사는 그들과 내통함으로써 개인적인 피해를 줄일 수 있었고, 지방관도 관할구역에 대한 침범을 미연에 방지할 수 있었다.[104] 이러한 정황이었기에, ① 4년 2월 정주부 각 지역을 횡행하던 구적에게 관병과 향병이 연패하고 指揮 嚴明이 포로가 되자 600兩의 속금을 주고 방면된 것,[105] 또는, ② 영화현에서 上杭兵巡道 于華玉이 황통의 장관적에게 포로가 되었을 때 이세웅 등 신사의 모금으로 1,500兩의 贖金을 주고서야 겨우 방면된 것(前述)과 같은 일도 가능하였던 것이다.

이상과 같은 복건지역의 각종 봉기는, 실로 8閩 천지에 "無處不賊,"[106] "遍海滿山, 在在皆賊"[107] 또는 "處處有賊, 在在宜防"[108]이었다. 당시의 이러한 사정은,

⑴ 義旗는 정의를 명분으로 파도와 같이 일어났으나 실제로 하는 활동은 대개는 盜賊이었다(義旗波沸, 多以義名而行盜實). ……우리 복건의 福寧州·興(化府)·泉(州府)·漳(州府)에서는 縉紳이 정의를 위해 일어났고, 建

---

102) 民國《沙縣志》권3, 大事志.

103)《明淸史料》丁-1-17,〈浙江福建總督張存仁題本〉(順治 5년 正月 15日).

104) 姜寶(嘉靖 42~43, 福建提學副使),〈議剿除山寇〉,《明經世文編》권383,《姜鳳阿集》, 9뒤~12앞 ;《寇變紀》.

105) 崇禎《汀州府志》권24, 祾祥誌.

106) 康熙《寧化縣志》 권7, 寇變 ;《寇變紀》;〈明外紀〉·〈國朝外紀〉; 朱維幹(1986), 第22章.

107)《明淸史料》丁-1-11,〈浙江福建總督張存仁揭帖〉(順治 4년 9월 28일)에 "查建寧所失府縣, 土賊原屬無多. 民情狡詐, 反覆思亂, 十居其七. 職之前疏曾云, 遍海滿山, 在在皆賊"이라 하고 있다.

108)《明淸史料》丁-1-5,〈浙江福建總督張存仁等揭帖〉(順治 4년 5월 24일)에 "漳州十縣皆臨邊海, 處處有賊, 在在宜防"이라 하고 있다.

寧府·永安·沙縣·將樂·順昌 등 지역에서는 宗室이 稱王하였으며, 大田·尤
溪·武平·永定에서는 鄕豪를 세웠고, 連城에서는 이전의 知縣을 擁戴하였
다. ……千室百戶之鄕에 이르기까지 處處에 揭竿하였는데 모두가 明朔을
따랐다.[109]

　(2) 國變이 있은 後, 丁亥(順治 4년, 1647)·戊子年의 亂 (때에는), 山海의
(무리가 서로) 糾合하여 (봉기하였다.) 鄕마다 旗幟 하나씩을 세우고 家가
一旅를 일으켰으며, 鄕과 도시가 仇가 되고 南과 北이 敵이 되었다. 山과
海가 서로 싸우고 殺戮하기를 草芥와 같이 하였으니 白骨이 郊外에 가득
하였다[110]

고 할 정도였다. 그러나 이들 봉기세력의 활동을 종합해 보면, 대체
로 순치 3~5년(1651)까지는 무수한 봉기세력의 각축시기였고, 그 후
에는 鄭成功 세력의 활동시기라 할 수 있는데, 순치 8~9년에 이르면
내륙지역의 구변은 어느 정도 소강상태가 되어, 순치 10년경을 경계
로 봉기세력은 현저히 약화되었다고 할 수 있다.

Ⅳ. 淸軍의 福建入省과 活動

　이상과 같이 명청교체기에는, 다른 지방에서와 같이, 복건 각지에
도 실로 무수한 蜂起勢力이 횡행하였다. 그들은 적으면 數百, 많으면
數千에서 數萬衆을 거느리고 있었으며, 필요에 따라 수시로 이합집산
을 감행하였다. 바로 이러한 때에 청군이 福建에 入省하였다.[111] 淸軍
의 征南大將軍 博洛 등이 순치 3년 8월 18일에 仙霞嶺의 閩關을 통
해 진입하자 建寧·延平·邵武·福寧 등의 府縣이 청군에 항복함으로써
대체로 無血入城하였다. 唐王 隆武帝는 延平에서 汀州로 도망하였다

---

109)《寇變紀》p. 46.

110) 余颺,《莆變紀事》, 中國社會科學院 歷史硏究所 淸史硏究室,《淸史資料》1(中華書
　　局, 1980), p. 136.

111) 이하 淸軍의 복건 내 활동에 대해서는 별주가 없는 한〈國朝外紀〉참조.

가 청군에게 잡혀 죽었고, 鄭芝龍은 洪承疇의 회유를 받고 청에 투항하였다. 청군은 9月에 福州·興化·泉州·漳州 등 연해지방까지 적어도 외형적으로는 모두 평정하였다.

그러나 복건의 사회질서 회복은 아직도 요원하였다. 특히 순치 3년에서 5년 사이에는 그러하였다. 당시 복건에는 反淸 水·陸軍이 數十萬이나 되었고, 그 밖에도 유구와 토적세력이 많아서, 淸軍은 前後受敵하는 어려움을 겪었다. 청조는 5년 봄부터 兩廣·江浙軍을 三路로 병진시켜 재차 이 지역들을 토벌하였다. 5년 봄, 청군과 항청군 사이의 興化府城(莆田縣城) 공방전이 끝나고 보니, 기아와 살육으로 인하여 성중 거민 27만 중 겨우 3분의 1만이 남았다.[112] 5년 8월에 정성공군이 지키던 同安縣城을 함락시키고 성내에 있던 5萬人을 학살한 것과 같이, 청군은 재차 점령하는 곳마다 무차별 大屠殺을 자행하였다. 6년 7월에는 노왕세력의 영향권에 있던 3府 1州 27個縣도 수복함으로써, 6년 말까지는 복건 전지역을 거의 회복하였다.[113]

이렇게 청군이 복건을 평정하는 과정에서 복건사회가 겪은 참상은 이루 형언할 수 없을 정도였다. 청군은 각 지역에 군대를 진입시키기 전에 告示를 보내어 청조의 威德을 선포하면서 薙髮하고 歸順할 것을 권고하였다. 이 때문에 남명정권과 근왕기병군은 "有髮爲順民, 無髮爲難民"으로 생각하였고, 청군은 그 반대로 생각하여 서로 주살하였으므로 無辜한 인민들만 큰 피해를 보았다.[114] 福州府의 경우도 비슷하였으니,[115] 순치 4년 후반기에 '義師가 八郡에서 일시에 봉기하니

---

112) 顧誠(1997), p. 383.

113) 邵廷寀,《東南紀事》권2에, 4月에 靖南將軍 陳泰가 "全閩底定"이라 하고 있다. 기타 〈國朝外紀〉 6뒤~11뒤 ; 夏琳,《閩海紀要》 권上 ; 中國第一歷史檔案館編輯部,《鄭成功滿文檔案史料選編》,〈陳泰等題爲收復福建福寧等府縣事本〉; Struve, Lynn A.(1984), pp. 110~113 ; 朱維幹(1986) 下, pp. 307~318 ; 元廷植,《淸代福建社會硏究 — 淸前·中期閩南社會의 變化와 宗族活動 —》(서울大 博士學位論文, 1996), 附錄,〈표 2〉淸初閩南地域의 動亂狀況 등 참조.

114) 光緒《光澤縣志》 권1, 時事表 ; 民國《明溪(歸化)縣志》 권12, 大事志 ; 邵廷寀,《東南紀事》 권1 ; 佚名氏,《思文大紀》 권3.

115)《榕城紀聞》, pp. 6~7.

城外가 모두 義師였고 營頭가 千種이나 되었다. 이들이 모두 監國 魯
王의 令을 따랐다. 農夫와 漁翁이 같이 都督에 임명되었고, 村婦와
승려도 職銜을 받고 병력을 이끌었다. 복주부성 내의 청조 관원들은
그저 城中에 앉아서 궁색하게 바라만 볼 뿐이었다. 성중의 백성들은
不在者는 通賊하기 위함이었고 대개는 奸細였는데, 薙髮 여하로 서로
살해하였다. 福州城이 14개월 동안이나 포위되어 攻防이 장기화되자
餓死者가 증가하여, 40·50家의 街巷이 행인 한 사람 없게 되었다. 死
亡者가 열에 여덟·아홉이나 되고 米는 小斗라도 六錢이나 할 정도였
다. 설상가상으로 순치 5년 봄부터는 역질이 돌아서, 乏食하지 않은
城 밖에도 사망자가 대부분이었으므로, 참상은 城中이나 다름없었다.
興化府의 사정도 비슷하였으니,

　　淸兵을 만나면 謀反한다고 刑을 받았고, 賊을 만나면 奸細라고 모두 살
해되었다. 山海의 賊이 모두 城에서 三四里에 屯치고 있다. 官兵이 近城의
房屋을 모두 부수어 성내로 들여와 땔감으로 써버렸으므로, 數千間의 民房
이 하루아침에 丘墟로 변하고 말았다. ……(張存仁 휘하 청군의 무차별 살
육과 만행 기록 있음)……城中의 老幼男女 중 饑死·累死·苦死·疾病死·痘疹
者가 대단히 많았다. ……城에서 10里 정도 되는 곳에도 兵과 民은 감히
갈 수 없고, 近城 十里에 民과 賊은 감히 갈 수 없었다. ……賊이 城民을
만나면 鄕勇이라 하여 모두 잡아 죽였고, 淸兵이 鄕民을 만나면 賊이라 하
여 무참히 살해하였다. (그 때문에) 城과 鄕이 吳·越 사이가 되고 生靈은
塗炭에 빠졌다. ……山鄕之人은 城民의 佃戶로서 평소에 학대를 받아왔는
데, 이때 得勢하여 일일이 찾아서 보복하였으므로 한번 잡히면 살아날 도
리가 없었다. ……城中의 田主·債主·官兵·鄕勇과 衙蠹 등이 계속하여 해를
당한 예는 이루 枚擧할 수 없이 많다. ……富貴者는 破家·浪産하고 貧賤者
는 妻子를 파는 등 鄕民이 모두 茶毒을 당하였다.[116]

고 하는 상황이었다. 漳州府의 경우에도, 평화현에서는 3년에 청군이
들어와, 동란기에 단련을 조직하여 현성을 방어하고 있던 曾慶(신사

---

116) 《淸初莆變小乘》, pp. 68~75.

曾居曹의 弟)을 遊擊에 임명하였고, 4년에는 부총병으로 승진시켰으나, 5년 6월 광동 潮州賊이 雲霄지역을 공격해오자, 증경은 이들과 합세하였다가 6년에 청군의 공격으로 달아나 행방을 알 수 없게 되었다.[117] 9년에는 정성공의 포위작전이 10개월 동안이나 계속되었고, 그 과정에서 漳州府 城中人民의 餓死者가 70여 만이나 되었다.[118]

순치 5년 4월에 浙江福建總督 陳錦은 당시 복건사회의 慘狀에 대하여 다음과 같은 長文의 상주를 올렸다. 조금 길지만 그 일부를 소개하면 다음과 같다.

(浙江福建總督) 陳錦은……삼가 (福建省의) 民情과 賊勢를 密奏하나이다. …… (a) 이제 建寧府城의 賊은 비록 除去하였지만, 그 밖의 屬縣과 延平府屬은 漫山遍野, 無處非賊입니다. ……大兵이 아직 도착하지 않은 지역은 (賊이) 據城掠村하고, 大兵이 도착하면 곧 山谷으로 달아나버립니다. …… 그러므로 閩賊은 쉽게 없앨 수 없습니다. (b) 良善士民은 그 마음으로는 從賊을 원치 않습니다만, (현실적으로는) 順賊하면 尙生하고 忤賊하면 죽게되므로 勢不得不 적에게 附和할 수밖에 없습니다. 官兵이 到着하면 賊은 달아나고 民은 남아 청조에 귀순할 수밖에 없는데, 官兵이 떠나고 나면 賊이 다시 들어와 歸順之民은 害를 당하게 됩니다. …… (c) 遊手와 赤貧之徒는 모두가 賊黨이 되었습니다. 그러므로 賊到之處에는 적이 더욱 증가하고 적이 많을수록 갖가지 해도 많아집니다. ……(賊은) 東에서 공격하면 西로 달아나니 西(의 民)가 害를 입고, 北에서 수색하면 南으로 달아나니 南(의 민이) 살해됩니다. 너무 급하게 추급하면 賊黨은 살아날 도리가 없다고 생각하여 마음대로 焚劫하므로, 장차는 복건성 전체가 丘墟로 변하고 億萬生民이 모두 賊이 되고 말지도 모릅니다. …… (d) 또한 地方의 凋殘이 이미 極에 달하였고, 米價도 터무니없이 騰湧하였는데도, 倉廩은 바닥이 났고 市廛에는 사람이 없습니다. 兵이 도착해보면 어느 곳이나 賊이 먼저 노략질한 곳이어서 남은 것은 오직 瓦礫과 불탄 자리뿐입니다. …… (e) 그러므로 복건성이 비록 청의 版圖로 들어왔다고는 하나 아직 版圖에 들어오지 않은 지역보다도 오히려 料理하기가 어렵습니다. ……이제 우리 강한 兵力으로 疆土를 挾復하는 것은 어렵지 않사오나, 오직 근심되는 바는 疆土가

117) 康熙《平和縣志》권12, 雜覽, 寇變 ;〈國朝外紀〉9앞~10앞.
118) 光緖《漳州府志》권14, 賦役(上), 田賦考 ; 同書 권47, 災祥, 寇亂 ;《榕城紀聞》, p. 8.

비록 수복된다 하여도, 流毒이 아직 제거되지 않았고, 大兵이 일단 철수하면 또다시 그러한 봉기가 있지 않을까 하는 점입니다. (f) 그러므로 底定永安之策은 오직 民이 숨는 것을 불쌍히 여겨 파격적으로 撫綏함으로써, 民으로 하여금 吾民이 되면 이롭고 從賊하면 不利함을 보여주면 賊勢는 점차 고립되어 섬멸하는 것도 어렵지는 않을 것입니다. (g) 더구나 各賊은 전에는 역시 朝廷의 赤子였으나, 어쩔 수 없어 적이 되었으므로, 이제 어쩔 수 없어 적이 되는 것을 제거해주면 곧 賊도 역시 점차 良民으로 변할 것입니다(順治 5년 4월 21일).[119]

이 내용의 요점은 대개 (a) "漫山遍野, 無處非賊"이지만 지리여건 때문에 "閩賊不易盡殺"이며, (b) 청군과 寇賊勢力 사이의 戰況이 수시로 反轉되고, 그때마다 인명과 물질의 피해가 막심하였으며, (c) 청조의 병력이 부족하여 토벌이 쉽지 않은데, 그 사이에 복건성 전체가 丘墟로 변하고 "億萬生民이 盡化爲賊할까" 두렵고, (d) 社會經濟構造가 이미 破綻지경에 이르렀고, (e) "閩省雖云已入版圖, 較之未入版圖之地, 尤難料理"하며, (f) 底定永安之策은 "惟有軫恤民隱, 破格撫綏"이며, (g)"各賊向亦朝廷赤子, 賊亦漸化爲良民" 등이라 할 수 있다.

청조가 4년 2월에, 이미 다른 省에 발한 〈恩詔〉事例에 따라, 〈浙東·福建恩詔〉 28款을 반포한 것은, 바로 이러한 상황 아래에서 복건의 사회질서 회복을 도모하려는 善後策의 한 방편이었다.[120] 그 중요한 내용은 ⑴ 官史·民·兵의 非를 불문에 붙이고 광범하게 관직에 임명하고, ⑵ 未納 錢糧을 면제하고 세역을 감면하고 일체의 加派를 중지하며, ⑶ 유망민을 招撫·救恤하고 자수하는 寇賊은 사면하고, ⑷ 山林隱逸之士를 추천토록 하고, ⑸ 명대 紳士의 旣得權을 인정하고 재산을 보호한다는 것 등이었다. 특히 동란기의 慘狀에 허덕이고 있던 인민들에게는, 이 恩詔 중에서 부역은 만력 48년 則例에 따라 징수하고, 天啓·崇禎 연간의 加派는 모두 蠲免케 한 내용은 중요한 의

---

119)《明淸史料》丁-1-20,〈浙江福建總督陳錦奏本〉[(a)~(g)는 筆者].
120)《明淸史料》丙-6-583,〈布告浙東福建新定地方詔〉;淸《世祖實錄》권30, 順治 4년 2월 癸未條(pp. 356~359).

미를 가지는 것이었다. 대개의 지방지에서, "唐(王)·魯(王) 二藩이 僭
號하고 疊派橫徵하였으므로 地方의 苦累가 尤甚하였다"[121]라고 한 내
용은 그것을 전하는 것이다. 순치 5년 10월에 복건에서 처음으로 鄕
試를 실시한 것도 복건인을 회유하기 위한 시책이었다.[122]

그런데 복건에 진입하여 남명군과 각 무장봉기세력을 진압하는 과
정에서, 청군은 실은 寇賊의 劫掠 못지않는 暴虐을 恣行하였다.[123] 그
첫째는 '占民房'이었으니,

　　⑴ 鎭長이 興化府에 주둔하면서 民房을 覇占하지 않음이 없었는데, 順治
　　9년에 이르러서야 겨우 금지 詔勅을 내렸으나 여전히 覇占하고 있었다(興
　　化府).[124]
　　⑵ 州內의 民房은 일단 占據되면 곧 영구히 兵營이 되고 말았다(福寧
　　府).[125]
　　⑶ 安民巷·宮巷·吉庇巷 등은 官府가 많이 주둔하였고, 지금은 모두 營房
　　이 되었는데, 民居를 점거한 것이 十에 八이나 되었다(福州府)[126]

고 한 것이 그 내용이었다. 심할 경우에는 80퍼센트의 民居를 營房으
로 점거해 버렸던 것이다. 둘째는 '索供應'이었으니,

　　軍需 외에도 官府에서 필요로 하는 것이나 혹은 公·私로 필요한 물품
　　은 모두 民間에게서 취하였다. 그러므로 正供 외에도 馬草가 있었고 徑
　　跕 외에도 民夫가 있었으며, 징수에는 定額과 定數가 없이 날로 증가할
　　뿐이었다[127]

고 한 것이 그것이다. 셋째는, 이 때문에 民已窮, 財已盡하였으나, 통

---

121) 康熙《平和縣志》권6, 賦役志, 戶口.
122)《榕城紀聞》p. 8.
123) 朱維幹(1986) 下, pp. 298~300.
124) 乾隆《莆田縣志》권3, 建置, 武署.
125) 光緒《福寧府志》권43, 祥異.
126)《榕城紀聞》, pp. 5~6.
127)《榕城紀聞》, pp. 5~6.

치의 편의를 위해서 가차없이 嚴刑峻法을 행하였다.[128] 청군은 복건에
진입한 후, 連年用兵하면서 군대가 지나가는 곳마다 과다한 賦役과
雜派를 부과하였으므로, 富貴貧賤이 모두 破家蕩産하고 유리하는 경
우가 많았다. 더구나 7년부터는, 동란기의 토지와 수리시설의 심각한
황폐화로부터의 復舊도 미처 이루어지지 않은 상태에서 十分考成(完
徵)을 원칙으로, 거의 약탈에 가까운 錢糧 徵收를 독려하였으며, 특히
鄭氏勢力의 근거지였던 漳州와 泉州지방에는 더욱 심하였다. 그리고
이를 기화로 胥吏나 衙役의 橫暴 또한 莫甚하였다.[129]

복건에 진입한 청군이, "遍海滿山, 在在皆賊" 또는 "處處有賊, 在在
宜防" 상황에서도, 위와 같이 暴虐을 恣行한 것은 다음과 같은 원인
때문이었다. 첫째는 심각한 兵餉의 부족 때문이었다. 청군은 중앙의
통제에 따라 각 戰場으로 군향을 보급하였으나 전란으로 원활하지
못하였으므로, 대부분은 현지 조달에 의존하였다. 또 이미 〈順治帝卽
位詔〉(順治 元年 10월)·〈陝西恩詔〉(2년 4월)·〈河南·江北·江南恩詔〉(2
년 6월)와 〈浙東·福建恩詔〉에서, 그리고 기회 있을 때마다 만력연간의
정액 이외의 三餉 科派를 금지한다는 선언을 발하였으나 그것은 中
央政府의 卓上空論일 뿐이었다. 실제로 청군은 각지에서 兵餉名目의
掠奪과 贖錢을 요구하였고, 불응하면 屠殺하는 등의 포학이 오히려
寇賊보다 심하였다.[130]

둘째는 청군의 兵力 부족 때문이었다.[131] 당시 복건의 정황은 "遍海
滿山, 在在皆賊"한 상태였고, "四方俱擧義旗, 面生寸步難行"이라 하듯
이, 지방의 政令은 겨우 縣城에만 미치는 정도였다. 그 때문에, 당시
에는 游手之民이 많아서 한번 부르면 三四百人이 모였는데, 매인에게
米 2升씩을 주고 훈련도 시키지 않은 채, 바로 出城禦賊케 하여 막대

128) 朱維幹(1986), pp. 299~300.
129) 元廷植(1996), pp. 54~59.
130)《榕城紀聞》, p. 13 ;《寇變紀》, p. 51.
131) 청군이 전반적으로 병력과 병향이 부족하였던 점은 Struve Lynn A.(1984), p.
    109 ; 吳金成(1991·1996) 등 참조.

한 피해를 입고 말았다.[132] 張存仁을 이어 부임한 총독 陳錦도 "(福建) 通省兵丁實非四萬不可"라 하면서,[133] 4만 명의 지원을 호소하고 있다.

이렇게 병향과 병력이 모두 부족하였으므로, 청군은 각지를 橫行하며 反覆思亂하던 寇賊을 될수록 招撫하려 하였으나, 청조의 의도대로 되지는 않았다. 시기가 조금 지난 후에도 복주부의 경우에 대하여,

> 丙申(順治 13년, 1656)·丁酉年부터 招撫를 행하라는 명령이 있었는데, (그 후로) 山賊은 오히려 더욱 증가하였다. 官이 되려는 자는 먼저 賊이 되어 1년 남짓한 후에 盜劫한 물품으로 當事者에게 뇌물을 주고 招安받아 (소위) 投誠官이 되어 街市를 활보하여도 사람들이 감히 말하지 못하고 원수도 감히 어쩌하지 못하였다. 적이 봉기하면 各 地方의 官軍은 모두 그들의 이름을 알면서도 援兵을 請하였는데, 도착한 淸兵은 賊과 拱揖할 뿐 (토벌하지는 않고) 劫略함은 賊보다도 더욱 심하였다. ……永北里의 한 賊이 投誠하자 사람들이 마음을 놓았는데, 여전히 行劫하면서 "내가 投誠하는 데 經費가 얼마나 들었으므로, 이제 너희들에게서 (그것을) 받아내는 것이다"라고 하였다[134]

라고 한 指摘은, 실은 당시 福建 全地域에 해당되는 상황이었다. 招撫令 이후에 山賊이 더욱 많아졌고 벼슬하기 위해서 오히려 구적이 되는 일도 있었던 것이다. 초무령에 따라 투항한 봉기세력의 지휘자들은 관직을 받았다. 降伏하면 前科不問하고 병사로 迎入하였으므로, 당시 청군에는 舊明軍·南明軍·流寇·失業流民이 대부분이었다. 환언하면, 당시의 청군은 소수의 정규군 외의 대부분은 이렇게 현지에서 모집된 오합지졸이었으므로, 軍紀 弛緩은 구적과 다를 바 없었던 것이다. 勢不利하여 한때 청군에 항복하였던 무리 중에는 쉽게 반청봉기세력에 합세하였고 兵變도 많았던 것은 그 때문이었다. 한편, 청군의 지휘관이나 지방관들은 '招撫의 功'을 위해 투항을 받는 데만

---

132) 陳鴻·陳邦賢, 《淸初莆變小乘》, pp. 67~68.
133) 《明淸史料》 丁-1-24, 〈浙江福建總督陳錦揭帖〉(順治 5년 10월 17일).
134) 《榕城紀聞》, p. 12.

급급하였고, 심지어 이들이 다시 劫掠해도 뇌물을 받고 묵인할 정도였다. 청조의 초무책이 오히려 지역사회의 불안요소로도 작용하였던 것이다.

이상과 같이, 청군이 순치 3년에 복건에 진입한 후 政令과 사회 질서를 회복시키는 것은 극난한 일이었고, 그 과정에서 복건사회는 형언할 수 없는 참상을 겪었다. 浙江福建總督 張存仁이 4년에, 紳士의 鄕兵을 이용하기 위하여 擧人 邱夢斗·戴加祉, 知府 陳臣忠의 아들 陳舜華, 兵部侍郞 彭汝楠의 아들 彭士煥 등을 모두 監紀推官으로 임명하여 鄕兵을 관장케 한 것과 같이, 청조가 현지의 紳士나 有力者의 협조를 구할 수밖에 없었던 원인은 바로 여기에 있었다.

V. 動亂期의 福建社會와 紳士의 存在形態

1. 福建社會의 慘狀

이상과 같이, 明末淸初의 복건사회는 실로 "漫山遍野, 無處非賊," 또는 "遍海滿山, 在在皆賊"이라 할 만큼, 무수한 流寇·土賊이 횡행하는 세상이었다. 그들은 수시로 출몰하면서 劫掠과 殺戮을 자행하고, '官僚·紳士·地主 또는 正規軍將領 등을 俘虜로 잡고 贖錢을 요구하는 사례도 많았고, 향촌지역은 물론 縣城마저도 수개월 乃至 수년간 占領하는 事例도 적지 않았다. 知縣의 政敎는 겨우 縣城, 或은 그 周邊의 극히 제한된 지역에만 미치는 경우도 많았다. 寇賊들 중에는 경우에 따라서는 관군에 招撫되었다가, 이윽고 다른 세력에 招撫되고, 또 금방 제3의 세력에 합세하고, 때로는 향병으로 행세하면서 "假義兵名色以行盜"[135]하고, 혹은 "義旗波沸, 多以義名而行盜實"(前述)하는 등, 但只 그때그때의 利害關係에 따라 행동하기에 급급하였다. 이들과 관

---

135) 李天根, 《爝火錄》 권18(浙江古籍出版社, 1986), p. 783.

군 사이에는 戰況이 隨時로 反轉되었고, 그때마다 掠奪과 殺戮이 反
復되었으므로 人命과 物資의 被害와 농토의 황폐는 이루 形言할 수
없었다.

이러한 장기간의 동란으로 인하여, 향촌에서 석출된 游手無賴도 폭
증하였다. 南平縣에서는 흉년에 里中의 無賴들이 도적화하는 경우가
많았다.[136] 사방에 流離하는 礦徒들은 대부분 무뢰였다. 鐵生産을 위
하여 沙縣 鐵嶺이나 政和縣에 모인 무리, 또는 생활이 곤궁해지면 사
방을 약탈하던 무리도 대개 無賴였다.[137] 강서 남부지방의 《興國縣志》
에서, "國初에 鄕曲의 無賴가 義兵의 명목을 내걸고 멋대로 劫奪하고
私怨으로 양민들을 살해하며 橫行하였는데, (이러한 현상은) 大江 이남
어느 곳에나 있는 일이었다"[138]고 한 내용은 복건성에도 해당되는 상
황이었다. 또한 峒賊 또는 少數民族도 독자적으로 또는 客民과 연합
하여 활동하였다.

그런데 이들 寇賊세력은, 전술한 절강복건총독 陳錦이 "況各賊向亦
朝廷赤子, 咸有不得不爲賊之情, 今去其不得不爲賊之事, 卽賊亦漸化爲
良民矣"(前述)라 하였듯이, 본래는 향촌의 양민이었다. 그들이 구적이
된 원인은 대개 다음 세 가지 때문이었다. 즉, 陳錦은,

> 亂의 萌芽는 不過 한둘의 戎首가 亡命을 糾集하고 愚民을 협박하여, 순
> 종하면 手足과 같이 가까이 하고 거역하면 그 廬舍를 불태우거나 부숴버
> 려 民이 갈 곳이 없게 하는 것입니다. 이것이 곧 戎首逼民爲賊하는 것입니
> 다. 더욱이 地方의 民牧들은 撫綏에는 힘쓰지 않으면서 부역을 멋대로 과
> 중하게 부과하고 독촉하기 일수이니 民이 安生할 수 없어, 드디어 험한 곳
> 으로 달아나고 마는 것입니다. 이것이 곧 官吏逼民爲賊하는 것입니다. 또
> 한 防剿하는 官兵은 守土를 명목으로 暴虐하기 이를 데 없어 집을 점거하
> 고 토지를 노략질하면서, 조금이라도 욕심에 차지 않으면 鞭撻을 일삼으
> 며, 지나는 곳에서는 임의로 수탈하는데 民이 만일 두려워 피하면 房舍와

---

136) 嘉慶 《南平縣志》 권2, 疆域.
137) 車鳴時, 〈申革爐議〉, 民國 《政和縣志》 권6, 賦役 ; 嘉慶 《南平縣志》 권8, 風俗.
138) 同治 《興國縣志》 권14, 武事.

器具를 파손하는 등 無所不爲로 손해를 끼치므로, 民은 편안히 살 곳이 없어 不得不 從賊하고 맙니다. 이것이 곧 官兵逼民爲賊하는 것입니다. 害民하는 방법은 세 가지나 되는데, 利民하는 政治는 全無하니 賊은 이 때문에 더욱 만연하는 것입니다(順治 5년 5월 8일)[139]

라고 하여, 戎首逼民·官吏逼民·官兵逼民 등을 들고 있다.

한편, 그들 구적세력과 대항한 明軍·南明軍·勤王起兵軍·淸軍 등도 사실은 寇賊과 다를 바 없었다. 군대는 대체로 急募한 烏合之衆이어서, 국가의식도 전투능력도 없고, 兵餉도 불족하였으므로 약탈 일변도였다. 明末·淸初의 동란기에 兵叛事例가 많았던 것도 그 때문이었다. 향촌의 義兵·武裝自衛軍·敗殘鄕勇·武弁도 포학하기는 일반이었다. 명 중기 이후 신사나 유력지주의 城居化로 인하여, 城·鄕對立 양상도 존재하였다. 土着 大族·土豪의 행태도 비슷하였다. 이들은 旁郡에 진출하여 流寇化하는 사례도 있었으며, 結黨聯族하여 小姓에게 橫暴하는 사례가 많았고, 이에 대하여 小姓은 연합하여 대항하였다. 청대에 만연하는 '械鬪'는 그 연장선상에서 이해할 수 있다.[140]

이상과 같이 명청교체기의 복건사회는 無政府 狀態의 空洞社會였다. 明 → 南明 → 淸軍進入 → 항복한 明朝 武將의 反淸起兵 → 淸의 完全掌握에 이르는 動亂期에는, 明軍·南明軍·紳士의 勤王起兵軍·淸軍·寇賊勢力을 불문하고, 그들의 構成, 劫掠과 殺戮의 形態는 流寇·土賊과 전혀 차이가 없었다. 그 때문에 鄕村民의 눈으로 보면 武器소지자 모두가 도적이었다.

2. 紳士의 存在形態

이러한 동란기에 대부분의 향촌민은 流散할 수밖에 없었다. 그러나 개중에는 紳士 주도로 종족이 결합하여 土堡를 축조해서 結寨自保의

---

139) 《明淸史料》 丁-1-22, 〈浙江福建總督陳錦揭帖〉.
140) 元廷植(1996).

형태로 自衛하는 경우도 적지 않았다.[141] 이러한 세력들은 상황에 따라서는 寇賊勢力에게 곡식 등을 제공하거나, 또는 勤王起兵軍이나 청군에게 軍餉을 제공하면서 근근이 연명하였다.[142] 그러나 당시는 지배자가 수시로 바뀌고, 때로는 彼我의 구별이 모호한 동란기였으므로 結寨自保는 극히 제한적일 수밖에 없고, 그들의 安寧을 확실하게 보장해줄 수 있는 보다 강력한 세력이 절실하였다.

이러한 동란기에 結寨自保를 주관했던 복건 신사의 생존형태는 어떠하였을까? 내륙지방 汀州府의 경우, 長汀縣 생원 李元春은, 일찍이 南山橋를 축조하고 驢子嶺 茶亭의 지붕을 덮어 行人의 쉼터가 되게 하였고, 山寇가 竊發하자 土堡를 수축하여 향인을 보호하였으며, 순치 5년에는 賑飢하였다.[143] 長汀縣 貢生 黃偉英은, 청초에 "家貧하였으나, 현이 運米의 역으로 어려움을 겪자 獨力으로 請免하였다. 사람마다 그 義로움에 감동하였다"고 한다.[144] 寧化縣 貢生 雷動化는 山寇 침략시에 助餉해서 丁壯을 모아 방어하였고, 散財救恤하였다. 순치 6년 2월, 江西 王得仁의 패잔병 천여 명이 영화현성을 공격해오자, 결사대 수십 인을 모아 청군을 적극 도와 방어하였다.[145] 歸化縣 廩生 揭三龍은, 순치 2년에 구적이 침입하자 지현의 요청으로 방어에 참여하였다가 사망하였다.[146] 전술한 바와 같이, 청군은 각 지역에 군대를 진입시키기 전에 먼저 병사 數騎에게 告示 一道를 보내어 "諭速薙髮歸順"하라고 권고하는 것이 상례였는데, 3년 9월 말에 歸化縣에 이러한 고시가 전달되었을 때 생원 某가 軍中에 가서 먼저 확인하고 돌아와서 그 고시를 전함으로써 현 전체가 안도할 수 있었다.[147] 歸化縣

---

141) 堡寨는 堡·寨·土堡·土樓·土寨·土圍·土壘 등 지역에 따라 다양하게 지칭되었다. 楊國楨·陳支平, 《明淸時代福建의 土堡》(臺北, 1993).
142) 乾隆 《龍溪縣志》 권17, 人物, 黃土磊 ; 乾隆 《長泰縣志》 권12, 雜志, 兵燹 ; 《寇變紀》, pp. 38~39.
143) 光緖 《長汀縣志》 권24, 人物, 義行, 國朝.
144) 光緖 《長汀縣志》 권24, 人物, 義行, 國朝.
145) 《寇變紀》, p. 42 ; 乾隆 《汀州府志》 권31, 孝義.
146) 民國 《明溪縣志》 권12, 大事志 ; 同書 권14, 列傳(下), 義勇.

생원 賴世澄은, 순치 2·3년에 寇賊의 劫掠으로 縣 전체가 "屢被圍困"
하자, "捐重貨, 設法守禦"하였고, 康熙 23·24년에 큰 기근이 들자 "出
粟平糶, 復儲藥以療人疾"하고 造橋修路하였으며, 친구가 빚에 못이겨
부인을 팔려고 하자 出資代償하였다.[148] 延平府의 경우, 永安縣 生員
張進修는, 숭정연간에 奸人과 猾吏가 갖가지 명목으로 양민을 감옥에
넣고 괴롭히자 지현에게 그 폐혜를 極陳하여 모두 석방시켰고, 鼎革
之際에 도적이 들끓자 當事에게 방어책을 건의하였다.[149] 順昌縣 생원
劉元鼎은, 順治 4년에 土寇가 攻城하자 知縣 錢嘉倫이 그에게 守禦之
策을 상의하였다. 元鼎은 5개월 간이나 "嚴保甲·謹斥堠·練兵·措餉"을
勵行하였으나 援絶城陷하여 살해되었다.[150] 建寧府의 경우, 建安縣 출
신 歲貢 騰峻은, 청초에 旱魃이 들자 出財倡衆하여 壩堰을 수축하여
泉源을 소통시켜 농사에 안전을 기하였고, "里有稱貸者, 悉出券焚之"
하였으며, 학교의 校舍가 오랫동안 폐허된 것을 同志를 규합하여 함
께 낙성시켰다.[151]

　한편, 연해지방 漳州府의 경우, 平和縣 생원 曾慶은 결채자보하고
있었는데, 숭정 말에 廣東賊 葉老婆 등이 현을 습격해오자, 거인 曾
居慶(曾慶의 兄)·監生 曾居魯·생원 曾光緖 등과 함께 團練을 조직하여
방어하였다. 청군이 진입한 후에 지현은 그를 遊擊으로 임명하였고 4
년에는 부총병에 승진되었다. 순치 5년 6월, 광동 潮州賊이 雲霄지역
을 공격해오자 이들과 합세하여, 永寧王을 사칭하고 閩西의 諸縣을
횡행하다가 6년에 청군의 공격을 받고 행방불명되었다.[152] 龍溪縣 생
원 沈榮爵은 향약을 조직하고, 3家 단위로 장정 1인을 징발하여 鄕을
방어하고 향촌질서도 유지하였다.[153] 泉州府의 경우, 晉江縣 생원 莊

147) 民國《明溪(歸化)縣志》권12, 大事志.
148) 民國《明溪(歸化)縣志》권14, 列傳(中), 孝義.
149) 道光《永安縣志》권9, 人物, 鄕行.
150) 道光《順昌縣志》권6, 人物, 國朝；同書 권2, 武備, 征撫.
151) 康熙《建寧府志》권37, 人物, 孝義.
152) 康熙《平和縣志》권12, 雜覽, 寇變；〈國朝外紀〉9앞~10앞；朱維幹(1986), p. 307.

烈은, 순치연간 海寇들이 겁략하자 향병을 모집하여 향촌을 방어하였다.[154] 永春縣 武生員 黃宏讓은, 順治初 閩疆未定하던 때에, 不逞之民이 명조부흥 명목으로 봉기하여 겁략을 일삼고, 土寇들도 이에 호응하여 작란하며 신사를 살해하자, 民兵을 모집해서 토구의 두목을 잡아 참하고 餘衆은 초무함으로써 지방을 안정시켰다. 순치 11년에 武擧人이 되었다.[155]

그 밖에도 생원 등 신사가, 地方官이 主導하는 義兵·鄕兵募集에 참여하거나, 스스로 향병을 조직하여 관병을 도와 향촌을 자위하고 救恤한 사례는 매우 많다. 다만, 이상의 사례는 내용이 너무 단편적이어서 만족할 수 없다. 이제 가장 종합적이고 구체적인 활동을 汀州府寧化縣 生員(天啓 元年 鄕試 副榜) 李世熊(1602~1686)의 사례를 통하여 보기로 하겠다.[156]

李世熊의 家門은 泉上里 龍鄕(今 泉上鎭 泉上村)의 유력한 가문으로, 이미 명대부터 선조가 '聚族而居'하며 丁壯을 모아 自衛하고, 太平寨를 축조하고 유지하는 데 진력하였다. 이세웅 자신은 항상 "吾宗·吾族·吾鄕"의 보존과 통합에 대한 투철한 사명감으로 적극적인 역할을 다했다. 향리의 水利를 興修하였고, 생산과 양식 저축을 장려하였고, 향촌민의 갈등에 대해 조정역을 맡았고 교화를 권장하기도 하였다. 이러한 일을 위해서 필요할 때는 동족조직을 적극 이용하였다. 명말청초의 동란기에는 宗族組織을 기반으로 武裝 自衛하는 한편, 자기가 거주하는 泉上里의 宗族은 물론 泉下里(武進士 邱雋의 지배지역)까지를 보호하였다. 이를 위하여, 泉上·泉下 양리를 합쳐 수천 명 규모의 향병을 조직하고, 兵餉은 "凡食租一石者, 徵米一升而已"하고 나머지는

---

153) 乾隆《龍溪縣志》권21, 雜記.
154) 乾隆《晉江縣志》권7, 武備志. 그의 부친 莊際昌(萬曆 進士)은 현의 유력자와 함께 수리시설을 수축하였다(乾隆《晉江縣志》권9, 人物志, 列傳).
155) 民國《永春縣志》권21, 忠義傳, 黃宏讓.
156) 康熙《寧化縣志》권7, 寇變志 ;《寇變紀》,《寨堡紀》,《淸史資料》1(中華書局, 1980) ;《淸史稿》권501, 列傳 288, 遺逸 2, 李世熊傳 ; 吳世光, 〈李世熊傳略〉,《客家學硏究》2(1990) ; 森正夫(1973·1974·1978) ; 森正夫(1991).

모두 이세웅의 宗族이 부담하였다.

李世熊은, 순치 2년에 廣賊이 영화현에 들어오자, 지현 于華玉의 자문에 답하여 廣賊討伐 대책을 진언하였다. 순치 3년 6월 黃通이 田兵을 이끌고 寧化縣城을 급습한 사건(長關의 亂)이 일어나고 주변 5·6 개현까지 長關의 세력 아래 들어가자(前述), 이들 지역의 紳士까지도 대부분 '長關編牌冊'에 등록되어 長關의 재판권을 인정하였으나, 오직 이세웅만은 종족 기반의 향병으로 대항하여 그 지배를 받지 않았다. 7월에 上杭巡道로 승진한 丁華玉이 황통에게 포로가 되자 신사들을 선도하여 1,500兩의 속금을 보내고 석방시켰다. 순치 4년 9월에, 반청 활동을 하던 토호 寧文龍과 羅庭의 세력이 들어오자, 이세웅은 牛酒 와 선물로 그들을 위로하고 묵을 곳을 제공함으로써 겁략을 피할 수 있었다. 5년, "變亂益劇, 吾宗咸以砦爲家"하였는데, 이를 위해 "三四年 間, 工以萬計, 資以千計"하였다. 또 식구가 늘어나자, 스스로 20금을 捐貲하면서 종족에게 土堡 축조를 제창하여, 8년 겨울부터 9년 봄에 걸쳐 痲富山에 토보를 완성하였다. 그 결과 7월에 있은 流寇의 공격 으로부터 종족과 村民을 보호할 수 있었다. 8년 10월, 청군이 吳細良 (·星)의 군대를 토벌하러 왔을 때는 이세웅의 종족이 군향을 부담하 였다. 순치 11년, 이세웅은 또 다시 土堡 수축을 발의하고 시공과정 을 친히 감독하여 완성한 후 族人들이 거주하며 자위케 하였다. 康熙 元年(1662) 夏秋間에, 이세웅이 거주하는 泉上里의 10여 명의 '喇棍'이 市場을 소란케 하고, 이를 계기로 30~40명의 '諸棍'으로 이루어진 '天罡'의 봉기가 있었다.[157] 이때 이세웅은 족형 李伯啓와 함께, 부근 20여 鄕을 연합시켜 保甲을 결성할 것을 倡議하여 6월 하순에 이들 을 구축하였다. 그 후에 청군이 泉上里로 들어와 주둔하자, 동족의 捐貲를 모아 주고 철수케 하였다.

그러는 과정에서 이세웅에게는, ① 黃通의 長關勢力 및 그를 없앤

---

157) 이들은 모두 無賴層으로서 市場을 中心으로 活動하였음을 알 수 있다.

토호 寧文龍의 覇權과 약탈, ② 反淸復明을 명분으로 봉기한 수많은
세력들의 약탈, ③ 이들을 진압하러 들어온 청군의 주둔과 약탈 및
그들에 대한 군향보급 등이 가장 큰 문제였지만 그때마다 슬기롭게
대처하였다. 그러나 그는 南明의 출사를 사양하였고(1645), 청조의 歲
貢生 추천이나 출사 권유를 모두 사양한 때문에 청조로부터 상당한
의심을 받았지만, 또 한편으로는 淸朝에 적극 협조하였다. 康熙 13년
(1674)에 閩藩 耿精忠이 청조에 반기를 들고 그에게 협조를 청해왔을
때에도 역시 거절하였다. 그는 청의 입관 이후 40여 년 동안 山居하
였다. 이세웅은 南明·淸朝·寇賊勢力 사이에서 항상 적당한 거리를 유
지하면서 자신과 宗族·鄕黨을 보존하였다.

이상에서, 단편적으로 보이는 무수한 자료와 구체적인 李世熊의 활
동을 통해서, 동란기의 신사의 존재형태를 보았다. 이세웅이나 많은
생원들은, 비록 一個 生員身分임에도 불구하고 사회적 영향력은 지방
의 정치·사회에 두루 미쳤다. 그들의 행동은 鄕里와 縣民의 절대적인
輿望을 대변하거나 知縣의 委託을 받아 수행한 것이었다. 그런데 그
들의 활동에서는 항상 公·私 양면성을 볼 수 있다.[158] 士大夫로서 公
意識의 發露와 保身家的 私利追求가 그것이다. 紳士의 이러한 양면적
인 활동은 明 中期에 紳·士가 하나의 계층으로 형성된 이래 中國社
會의 보편적인 현상이었다. 그리고 그러한 活動形態는, 정도의 차이
는 있으나, 明末·淸初 動亂期의 복건사회에서도 國家權力 여하에 상
관없이 비슷한 형태로 나타났다. 다만, 당시 그들의 鄕村秩序 유지(國
家統治의 補佐) 활동이 특히 인상적이었던 것은, 國家權力이 거의 유
명무실한 절대절명의 空洞社會였기 때문이다.

---

158) 紳士는, 私的으로는 個人의 私利를 追求하는 行動도 많았다. 그러나, 公的으로
    보면, ① 地域社會에 對해서는 國家權力의 鄕村支配의 補佐役으로서, ② 國家權力
    에 대해서는 鄕村輿論의 代辯者로서의 役割을 擔當하였고, ③ 또 때로는 國家權力
    과 鄕村利害의 調停者로서 役割을 擔當하였다. 吳金成(1986) 참조.

Ⅵ. 맺음말

명 중기 이래 복건사회는, 동시대의 다른 성에서와 비슷하게, 里甲制가 弛緩되면서 鄕村社會가 동요하고 人口가 이동하였다. 省內 流動뿐 아니라 他省으로의 流出도 많았다. 人口移動의 形態는, 省內移動이건 省外流出이건, 대개 ① 農村地域에서 禁山區域이나 개간 가능지역으로, ② 農村지역에서 都市로, ③ 東南沿海地域에서 臺灣·海外로이동하는 등 3개 방향이었는데, 이러한 경향은 동시대 다른 성의 현상과 유사하였다. 그리고 이러한 현상과는 반대로, 산구에서의 경지개간과 광산개발 또는 상업 등 특수한 목적을 위해 外省人이 복건으로 유입한 사례도 적지 않았다. 특히 江西·浙江·福建·廣東의 四省交界地域은 삼림이 울창한 山岳地域이었으므로, 명초 이래 인민의 출입이 금지된 禁山區였으나, 주변지역으로부터 석출된 무수한 객민이 유입하여 사회가 재편되면서 반란이 계속되었다. 그 때문에 명 중기부터는 贛州巡撫로 하여금 통일적으로 관할하도록 하였으나 큰 효과를보지 못하였고, 명청이 교체되던 1640년대의 동란기에도 여전히 이지역에서 무수한 무장 봉기가 있었고, 그 영향은 복건 전역에 미쳤다.[159]

한편, 위와 같은 인구이동의 영향은 順機能과 逆機能의 누 측면에서 이해할 수 있다. 먼저 순기능적 側面에서 보면, 新品種 作物이나新技術의 移轉, 經濟開發, 商業·手工業·都市의 발달 등에 공헌하였다. 둘째 逆機能的 측면에서 보면, 土着社會의 階層間의 葛藤·盜賊의 증가·訴訟의 증가 등과 함께, 새로이 土·客間의 紛爭이 接合되어 社會不安과 社會分解를 야기시키는 경우도 허다하였다. 그 때문에 외래인

---

159) 四省交界地域의 社會秩序는 三藩의 亂(1673~1681)을 契機로 또 한번 크게 動搖하였다. 따라서 이들 地域에 대한 淸朝權力의 完全한 浸透는 三藩의 亂이 平定되는 1680年代를 기다려야 했다.

중에는 경제적으로 성장하여 정착하는 데 반해 토착인이 오히려 몰락하여 유산하는, 人口의 對流現象도 나타났다.

명말청초 동란기의 복건사회는 그야말로 무정부 상태의 空洞社會였다. 혼란과 慘狀이 지속적이었고 처절했음은 복건 전지역이 유사하였다. 寇賊의 무리는 적으면 수백으로부터, 많으면 수천에서 수만에 달했고, 여러 지역에서 각계각층의 다양한 民衆이 단독으로, 또는 여러 세력이 연대하거나 掎角之勢로 併發하였다. 그들이 횡행하는 지역은 좁으면 1개 鄕, 넓으면 수개 縣, 때로는 4省 내의 數個 府 地域에 달하였다. 그들이 활동한 기간은 짧으면 數日, 길 때는 數個月, 때로는 數年에 걸쳐서 縣城을 점거하기도 하였고, 同一 지역에서 甚할 때는 1년에 數回나 공격을 받았고, 때로는 매년 再侵하는 일도 있었다. 그리고 이러한 모든 요소가 重疊해서 發生하였다. 더구나 明軍·南明軍·紳士의 勤王起兵軍을 불문하고, 그들의 構成·劫掠과 殺戮의 形態는 流寇·土賊과 하등의 차이가 없었다. 그 때문에 鄕村民의 눈으로 보면 무기 소지자 모두가 도적이었다.

한편, 이렇게 극도로 불안한 복건사회에 진입한 淸軍의 입장도 그리 유리하지는 못하였다. 淸軍은 병력이 턱없이 부족하자 누구나 병사로 모집한 때문에, 다른 무장 봉기세력과 다를 바 없이 烏合之卒이었고 軍紀도 戰意도 없었다. 청군은 또한 兵餉이 불족하였으므로, 寇賊이나 다름없이 劫掠과 殺戮을 일삼았다. 더구나 "遍海滿山, 在在皆賊"이었으므로, 청군이 이미 확보한 지역의 政令은 겨우 성내와 그 주변 정도였고, 그것도 수시로 주인이 바뀌었으며, 나머지 향촌지역은 무장한 구적세력에게 방임한 상태였다. 따라서 기왕에 확보한 地域의 秩序確立을 위해서는 확실한 羽翼 勢力의 經濟力·武裝 및 사회적인 영향력 등을 기반으로 한 協助가 不可缺하였는데, 그들은 곧 각 지역에서 結寨自保하고 있던 紳士일 수밖에 없었다.

한편 僅僅이 結寨自保하며 연명하고 있던 신사 중심의 자위세력으로서도 확실한 보호자가 필요하였다. 福建地方에서 淸朝權力과 紳士

의 結合은 이러한 背景에서 이루어진 것이었다. 그러므로 順治年間의 복건지방의 社會秩序의 回復과 安定化에는 中央政府 次元의 전국적인 農民安定策과 州縣單位 地方官의 努力, 그리고 紳士의 적극적인 協助 등의 調和 위에서 이루어진 것이었다고 할 수 있다. 그런데 동란기에 신사를 중심으로 한 宗族單位, 또는 村落單位로 結寨自保하던 전통이, 실은 평화시기에도 있었고 또 청조사회가 안정된 후에도 그대로 유지되면서, 청조의 地方控制力에 제동을 거는 양상으로 발전하기도 하였다. 따라서 앞으로는 ① 지역사회에서의 紳士의 사회지배의 裏面에 존재하는 宗族組織에 대한 구체적인 事例, ② 公式·非公式적으로 紳士와 밀접한 관계를 가지는 胥吏와 無賴, 이 3者間의 상호관계에 대한 사례 등이 더욱 천착되어야 하겠다.

明末淸初 四川의 動亂과 그 影響
—'屠蜀'像의 再檢討와 관련하여—

李 俊 甲*

Ⅰ. 머리말

명말청초 중국 각지에서 동란이 발생하였지만 특히 四川에서는 그 피해가 다른 지역보다 훨씬 심각하였다. '屠蜀'이라는 말은 당시의 극심했던 인적·물적 피해를 명확히 드러내고 있다. 이처럼 당시 四川이 극심한 피해를 당하였다는 점에 대해서는 의문의 여지가 없다. 하지만 그 피해의 심각함이 구체적으로 과연 어떠하였는가는 반드시 검토해야 할 부분이다. '屠蜀'으로 인한 피해를 일방적으로 강조하면, 淸代 四川의 사회경제적 회복과 발전을 주도한 사람들은 객민이며, 동란을 전후하여 사천에 심각한 사회적 단절이 발생하였다는 논리로 귀착될 수 있다. 반면 '屠蜀'으로 인한 피해의 정도와 지역적인 차이

---

* 서울대 강사.

에 주목하면, 동란을 극복한 토착인의 재기와 그 활동을 포착할 수 있어, 심각한 동란에도 불구하고 淸代 사천에는 명대 이래의 사회적 연속성이 어느 정도 존재하였음을 확인할 수 있다. 이처럼 명말청초 四川의 동란을 어떻게 인식하는가는 淸代 사천사회를 이해하는 데 중요한 관건이 되는 문제이다.

명말청초 동란기의 四川社會에 대한 연구는 첫째, 계급투쟁사관에 입각하여 '屠蜀'의 책임소재와 인적·물적 피해의 심각함을 밝힌 것,[1] 둘째, 향촌자위집단의 활동을 분석한 것으로[2] 정리할 수 있다. 기존의 연구에서는 다음의 몇 가지 문제점이 제기된다. 첫째, 명말청초 사천사회의 혼란을 장헌충군의 침입에서부터 찾고 있다는 점이다. 하지만 사천에서는 이미 만력연간 이래 대규모의 반란이 잇따르고 민변도 발생하여 사회질서가 심각하게 동요하고 있었다. 따라서 만력연간 이래 사천에 대한 분석은 명말청초 동란기의 사천사회를 이해하는 데 빠뜨릴 수 없는 부분이다. 둘째, '屠蜀'으로 인적·물적 피해가 심각하였다는 점은 모두 지적하였지만, 그 피해가 구체적으로 어느 정도인가는 검토할 여지가 있다. 장헌충군의 지배가 사천의 일부에 국한되었다는 점과, 청군과 항청세력의 대치과정을 살펴본다면 '屠蜀'에도 상당한 지역차가 존재하였을 가능성이 짙고, 또, 사천의 인적·물적 피해의 심각함을 단적으로 반영하는 順治 18년(1661)의 《淸朝文獻通考》에서 人丁·田土의 통계수치도 의심스런 부분이 많기 때문이

---

1) 胡昭曦, 《張獻忠屠蜀攷辨 ─ 兼析湖廣塡四川》(四川人民出版社, 1980) ; 袁庭棟, 《張獻忠傳論》(四川人民出版社, 1981) ; 王綱, 《張獻忠大西軍史》(湖南人民出版社, 1987) ; 王綱, 《大西軍抗淸史略》(北京燕山出版社, 1991) ; 顧誠, 〈張獻忠與知識分子〉, 《張獻忠在四川》(成都, 1981) ; 孫達人, 〈張獻忠"屠蜀"的眞相 ─ 試論大西政權失敗的原因 ─〉, 《張獻忠在四川》 ; 孫次舟, 〈張獻忠在蜀事迹考察〉, 《張獻忠在四川》 ; 王綱, 〈論明末淸初四川人口大量減少的原因〉, 《張獻忠在四川》 ; 田培棟, 〈對張獻忠"屠蜀" 應重新予以評價〉, 《張獻忠在四川》. 이하 동일한 論著에 대한 두번째 인용부터는 '田培棟(1981)'과 같이 필자명과 간행연도만 표시함.
2) 王綱, 〈論大西軍鎭歷四川官僚地主武裝叛亂〉, 《四川歷史硏究文集》(成都, 1987) ; 山根幸夫, 〈大西政權と紳士層の對應〉, 小野和子 編, 《明淸時代の政治と社會》(京都, 1983).

다. 셋째, 장헌충군과 오삼계군의 활동으로 인한 피해정도를 동일하게 취급하고 있다는 점이다. 물론 양자가 각각 명과 청에 대한 반란군이라는 점은 공통점이 있으나 지방통치의 역량이나 전황을 구체적으로 분석하면 이들의 활동이 사천에 끼친 영향에는 상당한 차이가 있을 것이다.

이상과 같은 문제의식을 바탕으로 이 글에서는 명말청초 동란기 사천의 사회상을 밝히기 위해 다음 사항들을 집중적으로 분석하고자 한다. 제2장에서는 만력연간 이래 사천의 사회경제적 상황을 검토하는 한편, 四川에 침입한 장헌충군의 활동을 대서정권과 관련하여 살펴보겠다. 제3장에서는 장헌충군에 대항한 향촌자위집단의 구성과 활동을 검토하는 한편, 청군이 진입하면서 이들과 항청세력간에 형성된 지역적 대치구도와 그 사회경제적 파장을 검토하겠다. 제4장에서는 三藩亂의 과정에서 四川으로 진입한 오삼계군의 四川支配 과정을 검토하면서 그것이 장헌충군의 활동과는 어떤 면에서 차이가 있는지를 살피도록 하겠다. 이러한 작업은 결국 명말청초 동란기의 중국사회를 보다 객관적으로 이해하는 데 도움이 될 수 있을 것인데, 특히 선입견 때문에 구체상에 대한 검토가 드물었던 '屠蜀'의 여러 면모들을 살펴봄으로써 이후에 나타나는 청대 사천의 사회경제적 제반양상을 이해하는 데 작은 도움을 줄 수 있을 것이다.

Ⅱ. 社會秩序의 崩壞와 張獻忠軍의 侵入

1. 民變과 反亂의 발생

명말 四川人은 採木이라든가 대소 반란을 진압하기 위한 부가세 부담 등으로 인해 궁핍함에 시달렸다. 이와 더불어 사회질서를 유지하는 것도 점차 어려워져 토적이나 유구가 각지에서 발생하였다. 명말 四川에서 활동한 집단으로 우선 土暴者를 들 수 있다. 이들은 搖

黃賊(姚黃賊)[3]이라고도 불렀는데, 원래 섬서 漢中의 土賊이었으나 숭
정연간의 혼란을 틈타 川北의 保寧府와 順慶府 일대는 물론, 川東과
천남일대까지 진출하여 약탈과 파괴를 자행하였다.[4] 명대에는 도처에
里甲制 아래에서 석출된 빈궁민이 禁山區로 유입하였는데,[5] 사천섬서
교계지역 역시 그러하였다. 土暴者는 섬서의 빈궁민과 무뢰는 물론,
川北일대에서 漢中으로 석출된 빈궁민으로도 구성되었다. 사천에서는
명 중기 이래의 饑饉,[6] 천북일대의 賦役過重,[7] 서리의 농간으로 인한
세량부담의 不均等[8]으로 천북인을 비롯한 빈궁민의 漢中 이주가 두
드러졌다.[9] 土暴者가 衙蠹를 타도한다면서 천북지역의 악명높은 胥吏
를 水葬시키거나, 그 人肉을 먹었다고 할 정도로 날뛴 것은,[10] 이런
배경과 상당한 관련이 있었다.

土暴者 외에도 장헌충군 역시 숭정 중엽에 들어와 川北일대를 침
범하였다. 이들은 崇禎 6년(1633) 섬서에서 천북으로 침입한 이래 숭
정 7년과 숭정 10년에도 四川을 침범하였는데, 특히 숭정 10년에는
20여 일 동안 成都를 포위하고 공격하였다.[11] 반란군이 四川에서뿐만

---

3) 姚黃賊은 그 우두머리의 姓인 姚와 黃을 따서 부른 것인데 수가 늘어나고 13집
단으로 분화하면서 訛傳되어 搖黃賊으로 불리기도 하였다. 計六奇, 〈張獻忠亂蜀本
末〉,《明季南略》(中華書局, 1984) 권10, p. 354.

4) 土暴者는 四川의 土賊에 대한 일반적인 명칭은 아니고, 특히 명말청초 섬서 한
중에서 四川으로 유입하여 활동한 자들을 지칭하는 것이다. 山根幸夫(1983), pp.
169~170 ; 夏道碩, 〈紀變略言〉, 康熙《涪州志》권4, 藝文, 47뒤.

5) 禁山區인 荊襄으로의 人口流入에 대해서는 谷口規矩雄, 〈明代中期荊襄地帶農民
反亂の一面〉,《研究》35(1965), pp. 203~210 ; 大澤顯浩, 《明末宗敎的反亂の一考察
― 礦徒と宗敎結社の結合形態 ―〉,《東洋史研究》44-1(1985), pp. 47~48 ; 吳金成,
〈明中期의 人口移動과 그 影響 ― 湖廣地方의 人口流入을 中心으로 ―〉,《歷史學
報》137(1993), pp. 183~193 참조. 江西省 禁山區로의 人口流入에 대해서는 吳金
成(1986), pp. 115~116.

6) 陳世松 主編,《四川通史》5冊(四川大學出版社, 1993), p. 40.

7) 2州 8縣으로 구성된 順慶府의 稅糧은 72,000이었으나 같은 수의 州縣을 거느린
保寧府의 稅糧은 2만에 불과하였다. 즉 順慶府는 명대 대표적인 重賦地域의 하나
였다. 王士性,《廣志繹》(中華書局, 1981) 권1, 方興崖略, p. 3.

8) 萬曆《營山縣志》(天一閣藏明代地方志選刊續編) 권3, 食貨志, 5뒤.

9) 馬文升, 〈爲思忠豫防事疏〉,《明經世文編》(中華書局 影印本) 권62, 20앞~21뒤,
pp. 512~513.

10) 張邦伸,《錦里新編》(成都, 1984), 권10, 賊祲, 18뒤.

아니라 전국적으로 활동하자, 崇禎 12년 병부상서 楊嗣昌은 '四正六隅'[12] 작전으로 이에 대응하였다. 이는 전국 10개 지역에 거대한 포위망을 펼쳐 그 속에 반란군을 몰아넣고 일망타진한다는 작전이었다. 따라서 '四正六隅' 작전을 효과적으로 추진하려면 각 지역 巡撫의 긴밀한 협조가 필요하였다. 그러나 楊嗣昌의 이러한 작전은 지역적 이해관계에 민감했던 순무들, 특히 사천순무 邵捷春에게서 상당한 반발을 받았다. 당시 楊嗣昌은 '四正六隅' 작전의 일환으로 호광의 반란군을 사천으로 유인하여 섬멸하기 위해 사천의 정예 1만을 다른 곳으로 징발해 갔다. 이에 분개한 邵捷春은 "이는 蜀을 賊에게 내주는 것이며 督師가 나를 죽이려는 것이다"고 하며 항의했으나 묵살당했다.[13] 이후 邵捷春은 楊嗣昌을 불신하여, 川楚交界 32隘의 주둔군을 철수시키고 夔門만 방어하라는 楊嗣昌의 명령을 거부하고 오히려 이 지역의 수비군을 강화하였지만, 이들은 내분으로 逃散해 버렸다. 이를 틈타 호광의 張獻忠軍은 숭정 13년 7월 경에 사천으로 진입하였다. 이들은 이후 6개월에 걸쳐 川東·川北은 물론 川西의 綿州를 도륙한 후, 成都를 포위하였다가 명군의 공격을 받고 漢中으로 도주하였다. 이 때문에 楊嗣昌은 명령 불복종과 사천방어 실패에 대한 책임을 물어 邵捷春을 탄핵하고 체포하려 하였다.

그러자 숭정 13년 11월경 成都에서는 이에 저항하는 '開讀의 變'이 발생하였는데,[14] 그 전말을 간략히 정리하면 다음과 같다. 東廠의 緹騎들이 邵捷春을 체포하기 위해 성도에 도착하자, 이 소식을 들은 성도일대의 住民 萬餘人이 모여들어 이들을 공격하였다. 이에 川西道

---

11) 王綱, 〈論明末淸初四川人口大量減少的原因〉, 《張獻忠在四川》(成都, 1981), p. 65.
12) '四正六隅'란 陝西·河南·湖廣·江北의 네 지역을 '四正'으로 삼고 이곳의 巡撫들은 '分剿而專防'을 추진하고, '六隅'에 속한 延綏·山西·山東·江西·江南·四川의 巡撫는 '分防而協剿'를 추진한다는 것이다. 이는 10개의 지역을 중심으로 그물 같은 포위망을 형성하는 것이었으므로 '十面之網'으로도 불렸다. 《明史》(中華書局本) 권252, 列傳 140, 楊嗣昌, p. 6510.
13) 《明史》 권260, 列傳148, 邵捷春, pp. 6746~6747.
14) 成都의 '開讀의 變'에 대한 줄거리는 《荒書》, p. 153에 따랐다.

와 成都知府 등이 민을 달래었으나 듣지 않아 華陽縣 知縣이 무릎까
지 꿇고 해산하도록 요청하였으나, 民은 오히려 욕하며 조소하였다.
이때 격분한 蜀王府의 宗室이 胥吏를 채찍질하자, 胥吏 7백~8백家는
歃血하고 집에서 거느리던 僮僕 수천여 인과 함께 蜀王의 靑羊宮을
습격했다. 民의 저항에도 불구하고 邵捷春은 체포되어 북경에서 옥사
하였는데, 成都 '開讀의 變'은 명말 사천의 사회상을 이해하는 데 몇
가지 중요한 단서를 제공하고 있다.

첫째는 '開讀의 變'이 발생한 동기이다. 《明史》〈邵捷春傳〉이나
《荒書》에서는 邵捷春이 惠政을 베풀었으므로 '開讀의 變'이 일어났
다고 기록하고 있다. 하지만 군사적 전권을 장악했던 병부상서 양사
창의 명령을 따르지 않은 것은 당연히 처벌되어야 했다. 그럼에도 성
도주민이 저항한 것은 사천의 안위를 우선시하는 순무 소첩춘에 대
한 지지로 이해할 수 있다. 이 밖에도 당시 이른바 '閹黨'으로 지목되
던 양사창에 대한 반감 역시 어느 정도 작용하였을 것이다.[15]

둘째는 蜀王府의 역할이다. 홍무연간 이래 諸王들이 각지에 분봉되
었는데 山東에 3명, 山西에 3명, 河南에 7명, 陝西에 5명, 江西에 2명
의 王이 봉해졌고, 사천에는 蜀王만이 봉해졌다.[16] 봉해진 王의 수만
으로는 蜀王府의 사회적 비중이 상당히 미약한 것처럼 보인다. 그러
나 蜀王府의 莊田은 灌縣에서 彭山縣에까지 걸쳐 成都平原의 대부분
을 차지하였는데,[17] 그 규모는 명대의 諸王府의 莊田 중 가장 넓었
다.[18] 이처럼 거대한 경제력을 지닌 蜀王府는 평소 극심한 횡포를 부

15) 宦官派에 대한 저항은 天啓 6년 蘇州에서 발생한 '開讀의 變'에서 잘 드러난다.
    田中正俊,〈民變·抗租奴變〉,《世界の歷史》11(筑摩書房, 1961) 참조.
16) 王毓銓,〈明代的王府莊田〉, 中國科學院歷史硏究所《歷史論叢》1(1964) 原載, 本
    稿에서는 存粹學社編,《明代社會經濟史論集》2(1979), p. 24 참조. 이하 이와 같은
    경우에 '王毓銓(1964/1979)'와 같이 표시함.
17)《神宗實錄》(中央硏究院歷史語言硏究所校印本) 권421, 7뒤, 萬曆 34년 5月 丁酉
    條, p. 12206. 四川巡按 孔貞一은 "근래 (成都府의 田 중에) 王府에서 소유하는
    것이 열에 일곱이고 軍屯이 열에 둘이며 民間은 겨우 열에 하나입니다"고 하고
    있다.
18) 王毓銓(1964/1979), p. 26.

렸다. 예컨대, 成化 6년(1470)에는 蜀府의 護衛卒 15명이 대낮에 市中에서 약탈하자, 四川按察使 郭紀가 杖刑으로 다스려 그 가운데 3명이 죽었다. 그러자 蜀王은 곽기가 난폭하다고 上奏하여 투옥시켰다.[19] 물론 崇禎연간의 蜀王은 다른 인물이었지만, 촉왕으로 대표되는 촉왕부의 횡포는 명말까지도 지속되었다.[20] 成都 '開讀의 變' 당시 蜀王府가 胥吏들의 공격까지 받은 데는 평소의 이런 횡포 역시 큰 원인으로 작용했을 것이다. 뿐만 아니라 蜀王은 명말의 동란이 심각해지는 상황에서도 이에 대한 대비를 소홀히 하였다. 成都知縣 吳繼善은 蜀王에게 사천방어를 위해서는 莊田의 체납세금 감면과 궁민구휼, 군자금제공, 養兵이 필요하다고 극력 강조하였다.[21] 하지만 蜀王은 자신의 監國이 신사층의 반대로 무산된 것에 분노하여 군자금을 내놓지 않았고, 결국 成都는 장헌충군에게 함락당했다.[22] 이처럼 명말 사천에서는 명조의 중앙권력은 물론 蜀王조차도 주민의 힘을 결집시키는 데 실패하였다.

셋째는 胥吏들의 역할이다. 胥吏가 成都 '開讀의 變'에 참여한 직접적인 이유는 촉왕실의 채찍질 때문이었다. 촉왕실은, 民이 해산하지 않는 것이 胥吏와 어떤 관련이 있다고 판단했기 때문에 이들을 채찍질한 것으로 보인다. 土暴者가 川北에서 서리를 집중공격한 것에서도 드러나듯이 대체로 서리들은 원성의 대상이었지만, 명말 사천에서 胥吏는 民과 공생한 경우도 있었다. 당시 사천에서는 民이 신사뿐 아니라 다수의 胥吏에게도 投獻하였다.[23] 즉 民과 胥吏는 投獻으로 稅糧을 脫免하면서 서로의 이익을 도모하였고, 成都 '開讀의 變'에서 民과 胥吏가 결속하였다면, 아마 평소의 이런 관계도 하나의 배경으로 작

---

19) 《憲宗實錄》 권85, 3앞, 成化6年 11月 丁亥條, p. 4595. 郭紀는 곧 詔勅으로 석방되었는데, 이를 보면 조정에서도 蜀王의 횡포를 인식하고 있었음을 알 수 있다.

20) 柯建中 等著, 《四川古代史稿》(四川人民出版社, 1989), pp. 349~350.

21) 嘉慶 《成都縣志》 권5, 藝文志, 書, 89앞뒤.

22) 楊鴻基, 〈蜀難紀實〉, 乾隆 《富順縣志》 권5, 鄕賢下, 19뒤.

23) 李文治, 《晚明民變》(中華書局, 1948), p. 5.

용하였을 것이다.

'開讀의 變'과 더불어 숭정 14년(1641) 정월에는 '成都民變'이 발생하였는데 직접적인 발단은 胥役의 횡포 때문이었다.[24] '成都民變'은 먼저 彭縣에서 시작되어 新繁縣으로 파급되었다가, 成都府의 各州縣으로 번졌다. 彭縣에서 민변이 먼저 일어난 이유는 彭縣知縣이 미납된 鞭銀을 胥役의 工食으로 주면서 스스로 수취토록한 때문이었다. 섣달 그믐 무렵에 胥役의 독촉이 거세어지자 豪民 王綱과 王紀가 胥蠹를 없앤다면서 무리를 모아 胥役의 집을 모두 부숴버렸다. 彭縣의 소요사태는 이웃한 新繁縣으로 파급되어 民이 城을 포위하고 胥蠹의 처벌을 요구하였다. 이에 城中의 紳士들이 民을 달래어 해산시키려 했으나 민은 불응하고 돌을 던졌다. 다급해진 新繁縣知縣이 胥蠹 몇 명을 체포하자 民이 흩어졌다. 또 成都縣에서는 죽창으로 무장한 주민들이 城을 포위하였으므로, 군대가 가까스로 해산시켰다. 이후 성도부 일대에서는 각지에서 민변이 발생하였는데, 맞아 죽거나 솥에 삶기거나 또는 생매장당한 자가 무수하였다.

'成都民變'의 직접적인 계기는 彭縣 胥役의 搜索에 대한 반발이었다. 그러나 民變이 파급되면서 民變 참여자들의 주장은 五蠹를 없애라는 것으로 확대되었다. 五蠹란 ① 胥蠹 : 州縣의 吏胥와 胥役, ② 府蠹 : 王府에 投獻하여 鄕曲을 武斷하는 자, ③ 豪蠹 : 民間의 强悍한 자, ④ 宦蠹 : 紳士家門의 義男(奴僕)으로 위세를 부리는 자, ⑤ 學蠹 : 生員으로 말썽을 일으키고 사람을 해치는 자였다. 이들 가운데 豪蠹를 제외하면, 나머지 대부분은 사천의 질서유지에 앞장서야 할 官衙·王府·紳士層에 소속된 존재였다. 그런데도 오히려 이들이 民에게서 원망의 대상이 되고 살해당한 것은 당시 성도부일대의 사회질서가 와해되고 있다는 것을 의미한다.[25] 또 숭정 14년에는 川北 順慶府 廣

---

24) 성도민변에 대한 서술은 《荒書》, pp. 153~154에 따랐다.

25) 民變發生과 都市住民의 風氣·觀念의 변화에 대해서는 巫仁恕, 《明代城市民變研究 — 傳統中國城市群衆集體行動之分析 —》(國立臺灣大學歷史學研究所 博士學位論文, 1996), pp. 31~34.

安州의 白蓮敎人 何加起가 老佛을 칭하고 무리 수만 명을 모아 姚黃賊에게 투항하여 廣安州 및 인접한 重慶府 定遠縣, 合州일대를 노략질하며 무수한 사람들을 살륙하였다.[26]

한편, 重慶府의 상황 역시 성도부와 비슷하였다. 嘉靖 44년(1565)에 重慶府 大足縣의 백련교도 蔡伯貫이 무리를 모아 중경부일대를 노략질하였고,[27] 萬曆 19~28년(1591~1600)에는 播州土司 楊應龍軍이 중경부일대를 휩쓸었다. 明朝는 14~15만의 반란군을 토벌하려고 官軍 20여만을 동원하였고 兵餉을 보급하기 위해 四川과 湖廣에 加派하였다.[28] 반란군이 重慶府일대를 휩쓸자 採木이나 採礦, 榷稅에 시달려 극도로 곤궁해진 四川民 중에는 楊應龍의 嚮導가 되거나 內應하는 者가 속출하였다.[29] 반란진압 책임자인 總督 李化龍도 兵糧不足이나 반역 자체보다도 四川民의 민심동요가 더 걱정스럽다고 할 정도였다.[30] 또 天啓 元年(1621)에는 永寧土司 奢寅과 奢崇明 父子의 반란이 일어났다. 楊應龍反亂 진압에 참여했던 遼東總兵 劉綎曾이 永寧土司의 군대를 遼東으로 징발하려 하자, 이에 불만을 품은 奢崇明은 2만 군대를 동원하여 天啓 元年 9월에 重慶을 함락하고 四川巡撫와 重慶知府 등 20여 명을 살해하였다.[31] 이들이 성도로 진군하자 연도의 州縣民과 無籍之徒 數萬이 합세할 정도였다.[32] 이처럼 重慶府에서도 明中期 이래 사회질서가 동요하였고, 명말에는 土司들이 대규모반란이 중첩하였다. 빈궁에 시달린 수민 중 일부는 반란에 직접 참여함으로써 이 지역 역시 혼란의 소용돌이에 빠져들었다. 이처럼 명말 사천은

26) 宣統《廣安州新志》권36, 兵戎志, 7앞뒤.
27) 萬曆《四川總志》권27, 事紀, 57뒤.
28) 岡野昌子,〈明末播州における楊應龍の亂について〉,《東方學》 41(1971), pp. 68~69.
29) 余繼登,〈止礦稅疏〉,《明經世文編》(6冊), 권437, 3뒤~4앞, p. 4780.
30) 李化龍,〈請罷開礦疏〉,《平播全書》권1(《叢書集成》初編本), p. 21.
31) 朱燮元,〈逆賊奢寅父子造叛殺占重慶略節〉,《蜀事紀略》(北京圖書館古籍珍本叢刊 9. 史部 雜史類, 書目文獻出版事, 1988) 4앞뒤.
32) 朱燮元,〈恭報逆賊情形機宜疏〉,《明經世文編》(6冊) 권486, 4앞, p. 5346.

성도부와 중경부일대를 중심으로 搖黃賊의 蠢動, '開讀의 變', '成都
民變', 楊應龍反亂, 奢崇明反亂이 지속적으로 일어났으며, 이를 계기
로 내부적인 갈등이 폭발하면서 사회질서는 붕괴하였다.

2. '屠蜀'과 大西政權

이른바 '屠蜀'이란 사천의 사회질서가 붕괴하는 정점에서 발생한
사건으로 볼 수 있다. '屠蜀'의 핵심적인 내용은 장헌충과 그 수하들
에게 사천주민이 대량으로 살해되어 사천 전역이 거의 폐허나 다름
없이 황폐하였다는 것이다. 장헌충군의 도륙은 각 주현의 도륙, 신사
층의 살해, 醫員·僧侶·匠人의 살륙, 장헌충군 내부의 군졸 살해, 內官
과 宮人의 살해에 걸치는 광범위한 것이었다.[33] 물론 이에 대해 근래
에는 계급투쟁의 관점에서 장헌충군의 행동을 정당화하면서. '屠蜀'의
주체가 장헌충군이 아니라 남명군과 청군이었다는 주장도 많이 제기
되었다.[34] 그러나 동란기 사천에 대해 구체적이고 정확하게 씌어졌다
고 평가받는《荒書》《蜀亂》등의 기록에서[35] 장헌충군의 도륙이 구체
적으로 언급되거나, 사천인의 피난시기가 장헌충의 점령기에 집중된
것을 볼 때,[36] 이러한 주장들은 객관적인 사실에 입각한 것이라고 보
기는 어렵다. 따라서 '屠蜀'이라 불릴 정도의 인적·물적 피해가 발생
하게 된 계기는 먼저 장헌충군의 활동에서 찾아야 할 것이다.

그러나 淸軍과 南明軍의 殺戮이 있었던 것은 사실이고, 그 밖에도
饑餓, 虎患, 傳染病, 人口逃散 등이 겹친 것도 분명하며,[37] 이들이 동
란기 사천의 참상을 부채질한 것은 사실이다. 이러한 요소들 외에 사

33) 任乃强, 〈張獻忠屠蜀辨〉, 《張獻忠在四川》, pp. 122~128.
34) 孫次舟(1981) ; 王綱(1981) ; 楊濟堃, 〈張獻忠屠蜀還是明淸統治階級屠蜀〉, 《張獻忠
在四川》(1981).
35) 孫次舟(1981), pp. 17~18.
36) 李俊甲, 《淸 前·中期 四川社會의 硏究 ―川西·川東地域의 社會變化와 淸朝權力―》
(서울大 博士學位論文, 1998), p. 44.
37) 胡昭曦(1980) ; 顧誠, 《明末農民戰爭史》(中國社會科學出版社, 1984), p. 316.

천의 참상을 심화시킨 것으로 다음의 몇 가지 요소를 더 지적할 수
있다. 첫째, 사천주민이 생존을 위해 살륙과 약탈을 서슴지 않았기
때문이다. 이는 順治 3~4년 무렵 사천의 상황을

> 戰亂이나 재난을 피하고 살아남은 孑遺가 饑饉을 만나 서로 싸우며 빼
> 앗았다. 수가 많은 무리는 적은 자들을 침범하였고 힘이 강한 자들은 약한
> 자에게 난폭하게 굴었고, 戚族이라도 돌보지 않았다. 더 이상 뺏을 양식이
> 없어지자 父子라도 죽으면 서로(의 시체)를 먹었고, 그 후에는 사람을 만
> 나면 죽여서 먹었다[38]

고 한데서 명백히 드러난다. 동란의 와중에서 주민들은 생존하기 위
해 서로를 약탈하고, 상대방을 죽여서 먹는 일까지 생겨났던 것이다.
강희 초에도 이런 혼란이 없어지지 않아 成都住民들은 서로 뭉쳐 寇
盜가 되어 횡행하며 서로의 잘못을 들추어내고, 大獄을 일으켜 상대
방을 죽음으로 몰아넣는 상태였다.[39] 또 향촌 자위집단 내부에서도
주도권 다툼으로 공격하여 죽이기도 하였다.[40] 뿐만 아니라 이들은
土賊이 되어 동란의 위기를 극복하려 하였다.[41] 이들은 자신의 거주
지를 중심으로 縣城을 공략하고 지방관을 살해하거나 재물과 양식을
약탈하거나,[42] 영산현의 사례처럼, 장헌충군과 연합하여 자위집단의
寨를 공격하는 경우도 있고(後述), 川北의 土賊처럼 陝西 漢中까지 가

---

38) 民國《眉山縣志》권11, 人物志 二, 列士, 3앞뒤.

39) 民國《涪陵縣續修涪州志》권9, 秩官志, 名宦, p. 250.

40) 順治 2年 嘉定州의 自衛集團의 우두머리 向成功은 眉州의 自衛集團 首 陳登暐
를 부하로 삼으려 했으나 불응하자 공격하여 죽였다. 彭遵泗, 〈鐵脚板傳〉·〈附向
成功〉,《蜀碧》권4, pp. 80~81.

41) 명말청초 각 지역의 주민들이 토적화하여 동란기를 극복하려한 것은 일반적인
정황이었다. 李成珪, 〈淸初地方統治의 確立過程과 鄕紳 — 順治年間의 山東地方을
中心으로 —〉,《서울大東洋史學科論集》1(1977) ; 吳金成, 〈淸朝權力의 地方浸透過
程 — 明末·淸初의 江西南部地方을 中心으로 —〉,《東洋史學硏究》35(1991) ; 鄭炳
喆, 〈明末·淸初 華北에서의 自衛活動과 紳士 — 山東·北直隷를 中心으로 —〉,《東
洋史學硏究》43(1993) ; 元廷植,《淸代福建社會硏究》(서울大 博士學位論文, 1996).

42)《直隷瀘州志》권5, 武事, 85뒤 ; 光緖《長壽縣志》권7, 忠義, 5앞 ; 紀大奎, 〈奉政
大夫雲南同知陳公傳〉,《雙桂堂稿續編》(《紀愼齋先生全集》嘉慶13年刊本) 권4, 7앞.

서 寨洞을 공략하고 糧食을 약탈하기도 하였다.[43] 둘째, 사천에 진출
한 섬서인이 동란을 기회로 사천인에 복수한 때문이었다. 陝西出身의
장헌충도 어릴 때 아버지와 함께 대추를 팔러 成都府 內江縣으로 간
적이 있을 정도로,[44] 섬서인의 사천진출은 명대에 이미 성행하였다.
順治 2년 川北 順慶府 南充縣에서는 陝西 三元縣 출신 殷承祚[45]가 張
獻忠軍의 都督 劉進忠과 馬元利에게 항복하여 副總兵의 직함을 받았
다. 南充縣人이 아닌 殷承祚가 副總兵 직함을 받은 것은 섬서인이라
는 同鄕關係 때문이겠지만, 殷承祚는 평소 자신을 박대하던 紳士의
비리를 馬元利에게 密告하여 城中의 紳士 절반 이상을 죽였다.[46] 셋
째, 소수민족의 약탈과 노략질 때문이다. 川東 彭水縣에서는 崇禎 17
년 忠路土司가 住民 千餘人을 포로로 잡아간 이후, 청초에도 계속 土
司에게 노략질당했다. 順治 4년에 諸土司의 병사가 노략질하여 酉陽
土司의 兵은 邑民 千餘口를 잡아갔다. 順治 5년에도 酉陽·忠路·唐崖
의 土司兵들이 연합하여 약탈하였고, 順治 7년에는 酉陽土司가 노략
질하였다.[47] 彭水縣은 土家族 土司가 분포한 곳으로,[48] 명말청초 동란
기에 중국측의 통제력이 미약해지자 土司들이 발호하였던 것이다. 이
처럼 다양한 계기로 인해 명말청초의 동란기에 사천은 극도로 피폐
해졌다. 따라서 '屠蜀'이란 개념은 張獻忠의 屠戮이란 의미를 넘어서,
명말청초 동란기 사천의 피폐한 사회상을 나타내는 것으로 이해하여
야 할 것이다.

　그런데 張獻忠은 이미 호광에서 두 차례 정권수립을 시도하였다.

43) 〈四川起義民衆楊三聚衆攻入陝西西鄕及淸軍鎭壓情形〉, 順治5年 3月 27日 黃爾性
　　塘報, 《淸代農民戰爭史資料選編》 第1冊 下(中國人民大學出版社, 1984), pp. 412~413.
44) 李文治(1948), p. 72.
45) 殷承祚가 陝西商人인지는 명확하지 않으나, 陝西 三元縣은 陝西商人을 많이 배
　　출한 지역이다. 張海鵬·張海瀛 主編, 《中國十大商幫》(黃山書社, 1993), 第2章 〈陝
　　西商幫〉, pp. 64~69.
46) 韓國相, 〈流離外傳〉, 民國 《南充縣志》 권16, 46앞.
47) 光緒 《彭水縣志》 권4, 雜事, 寇亂, 70뒤~71앞 ; 同治 《酉陽直隷州總志》 卷末, 雜
　　事志, 寇亂, 33뒤~34뒤.
48) 龔蔭, 《中國土司制度》(雲南民族出版社, 1992), pp. 448~449.

첫번째 시도는 崇禎 16년(1643) 5월에 武昌을 함락시킨 이후에 나타
났다. 그는 大西王을 칭하며 武昌에 도읍하고 六部를 비롯한 각종 관
제를 갖추었다. 이때 張獻忠은 과거를 시행하여 進士 30인을 선발하
여 州縣官으로 임명하였고, 廩膳生 48인을 선발하여 府州縣佐로 삼아
지방통치를 추진하였다. 그러나 이러한 시도는 명군과 향촌자위세력
의 공격으로 무산되었다.[49]

두번째 시도는 崇禎 16년 8월 岳州와 長沙를 점령한 이후에 나타
났다. 9월에 衡州를 점령한 張獻忠은 군대를 셋으로 나눠 永州와 廣
西 全州 그리고 江西 袁州地域을 공략하였다. 이와 더불어 長沙에 宮
殿을 건축하고 과거를 시행하는 한편 각지로 지방관을 파견하였다.
張獻忠이 지방관을 파견하고, 3년간의 免餉을 약속하자 湖南의 대부
분과 江西 中部지역이 투항하였고, 廣東 北部와 廣西 北部의 여러 州
縣도 투항하려 하였다.[50]

그러나, 장헌충은 숭정 17년 1월 돌연 사천으로 진입하여,[51] 夔州를
함락시키고 6월에는 重慶을 점령하였다. 이때 장헌충군은 前任 巡撫
陳士奇를 비롯한 많은 관원을 살해하였을 뿐 아니라 壯丁 1만여 명
의 귀와 코, 손을 베어 인근 州縣에 투항을 요구하였다. 이후에도 지
속된 장헌충군의 살륙은 청군이 강남의 揚州나 嘉定에서[52] 행한 屠殺
과 유사하였다. 그러나 청군이 남경외 신사층을 항복시켜 무혈입성한
데 비혜, 장헌충군은 지열한 공방전 끝에 성도를 함락시키고 많은 신
사를 죽였다. 이는 장헌충에 대한 四川주민의 저항이 만만치 않을
것임을 예고하는 것이었다.

그 후 張獻忠은 順治 元年(1644) 11월 成都에서 大西政權을 수립하

---

49) 李文治(1948), pp. 85~88.

50) 李文治(1948), pp. 88~89.

51) 顧誠,《明末農民戰爭史》(中國社會科學出版社, 1984), p. 299 에서는 李自成軍과의
    알력 때문에 사천으로 갔다고 설명하고 있다.

52) 이에 대해서는 Dennerline, Jerry, *The Chia─ting Loyalist : Cofucian Leadership
    and Social Change in Seventeenth─Century China*(Yale Univ. Press, 1981).

고, 丞相과 六部 및 하급관청을 설치하였다. 左丞相에는 桐城縣의 諸生 汪兆齡, 右丞相에는 四川 綿州의 進士 嚴錫命이 임명되었다. 吏部尙書에 生員 胡默, 戶部尙書에 副榜 王國寧, 禮部尙書에 南充縣 進士 江鼎鎭(또는 成都知縣 吳繼善), 兵部尙書에 彭縣의 進士 龔完敬, 刑部尙書에 湖北 黃州 諸生 李時榮, 工部尙書에 陝西의 弓匠인 王應龍이 임명되었다.[53] 이로 보아 大西政權의 핵심부에 紳士層이 참여한 것은 분명하다. 이처럼 신사층이 참여한 행정조직이 갖추어졌다고 해서 대서정권이 사천에서 뿌리내릴 수 있는 조건이 완비된 것은 아니었다.

더욱 근본적인 문제는 장헌충군이 명말 사천사회에서 폭발하던 문제를 어떻게 해소하면서 주민의 힘을 결집시키는가 하는 것이었다. 이를 위해서는 최소한 ① 무력일변도가 아닌 통치를 위한 행정능력을 확충하고, ② 사천의 신사와 주민이 장헌충군의 지배를 수용해야 했다. 먼저 첫번째 측면을 살펴보기 위해서는 6部의 기능을 검토해야 할 것이다. 하지만 이를 구체적으로 살펴보는 것은 불가능하다. 다만 徵稅라든가 大順錢을 주조하고 유통시킨 것은 확인할 수 있어,[54] 통치를 위한 행정적인 조치가 시행된 것은 확인할 수 있다. 그러나 같은 조치라도 시행 시기에 따라서 의미도 달라지기 때문에 단편적인 사실을 확인하는 이상의 의미를 부여하기는 곤란하다. 따라서 대서정권의 행정기능은 장헌충이 六部尙書를 어떻게 대우했는가 하는 우회적인 측면에서 검토할 수밖에 없다. 그런데 張獻忠은 尙書들을 마음대로 처형하였다. 예컨대, 兵部尙書 龔完敬은 도로정비가 불량했다고 가죽을 벗겨 죽였고, 禮部尙書는 하늘에 제사지내는 祝文이 不敬하다고 杖 100대를 때려 죽였다.[55] 초보적인 교육도 못 받은 張獻忠이 祝文을 제대로 파악할 수 있었는지 극히 의심스럽다. 이처럼 장헌충은

---

53) 山根幸夫(1983), pp. 163~164. 吳繼善에 대해서는 장헌충군에게 투항했다는 설과, 성도함락시에 殉難했다는 설이 있다. 그러나 吳繼善의 투항이 사실임은 山根幸夫의 논문, p. 183의 주 28 참조.

54) 南炳文, 《南明史》(南開大學出版社, 1992), pp. 90~100.

55) 張邦伸, 《錦里新編》 권10, 賊祲, 11앞.

尙書들을 자의적으로 처형함으로써 이들의 활동영역을 좁혔던 것이
다. 이로 보아 대서정권에서 행정을 담당하는 핵심기구인 6部가 순조
롭게 기능하였다고 보기는 극히 어렵다. 반면, 張獻忠은 네 명의 副
將인 孫可望, 劉文秀, 李定國, 艾能奇에게는 張姓을 주어 義子관계를
맺고, 패전해도 전혀 책임을 묻지 않았다.[56]

이처럼 행정기능이 원활하지 못한 大西政權이 무력을 통해 민을
장악하려 한 것은 당연한 귀결이었다. 대서정권은 대체로 成都府일대
만을 직접 장악하였는데,[57] 成都城內에서는 保甲을 실시하여 出城者
의 姓名과 出城理由, 入城期日을 신고하게 하고 기일 안에 돌아오지
않으면 10家를 연좌하여 斬하였다.[58] 또 士卒과 民間人의 交遊를 금
지시키고 위반자는 連坐處刑하였으며, 4일 간격으로 군대를 동원하여
성내의 民居를 순찰하였다. 이런 조치가 얼마나 시행되었는지는 알
수 없으나 武力과 嚴刑을 수단으로 주민을 철저히 통제하려는 입장
만은 확인할 수 있다. 大西政權은 행정미숙 때문에 명말 이래의 사천
에서 폭발하던 문제들을 해결할 수 없었다.

다음으로 두번째 문제를 살펴보자. 신사층을 비롯한 사천주민이 대
서정권의 통치를 수용하기 위해서는 양자 사이의 이해관계가 일치하
여야 했다. 그런데 장헌충은 투항해오는 신사층에 의구심을 품다가
順治 3년에는 開科取士를 구실로 紳士層 萬餘人을 성도에 모아 살해
하는 극단적인 강경책을 취하였다.[59] 이 때문에 신사층은 더 이상 대
서정권에게서 保身家를 기대할 수 없었다.[60] 따라서 사천 주민이 대
서정권의 지배를 자발적으로 수용하기란 극히 곤란하였다. 사천에서
신사층 위주의 향촌자위집단이 등장하게 되는 주요한 하나의 계기는

56) 南京의 弘光政權에서도 文官과 武官 사이의 불화가 극심했고 이들을 조정하는
    힘이 부재하였던 것은, Struve, Lynn A., *The Southern Ming, 1644~1662*(Yale
    Univ. Press, 1984), 제1장 참조.
57) 計六奇, 〈張獻忠亂蜀本末〉, 《明季南略》 권10, p. 354.
58) 戴笠·吳喬, 《流寇長編》下(書目文獻出版社 影印本, 1991), 권18, 28뒤.
59) 李文治, 《晚明民變》(中華書局, 1948), p. 168.
60) 山根幸夫(1983).

여기서 찾을 수 있는데, 이 점에 대해서는 다음에서 살펴보자.

Ⅲ. 諸勢力의 각축과 지역적 대치기반의 형성

1. 향촌자위집단의 활동

명말청초 동란기에 사망하거나 피난한 사천인도 많았지만, 한편으로 자위집단을 결성하여 이를 극복하려는 사람도 많았다. 신사층은 향촌자위집단을 결성한 핵심집단이었다. 신사의 자위집단은 생명과 재산을 지키기 위한 私的 自衛組織도 있고, 地方官을 중심으로 紳士와 地主가 자금을 모으고 병사를 모집하여 州·縣 방어에 나선 公的 自衛組織도 있었다. 방어활동도 개별적인 結寨自保에서부터 村落이나 도시의 공동방위, 관군을 보조하여 토적을 공격하거나, 심지어 省 경계를 넘는 원정활동도 전개하였으나, 주된 활동은 外敵의 공격으로부터 자신이나 향촌사회를 방어하는 것이었다.[61]

前述했듯이 四川에서는 숭정제 사망 이후 蜀王의 監國이 좌절되면서 신사층의 힘을 결집할 수 있는 계기가 없었다. 이 때문에 四川의 紳士들은 江西의 '忠誠社'처럼 수만 명으로 구성된 근왕군을 결성하지는 못했는데, 四川의 신사층이 결성한 자위집단은 두 가지로 유형화할 수 있다. 첫째는, 州·縣을 넘어서 연합한 자위집단이다. 예컨대, 崇禎 17년(1644) 什邡縣의 紳士 李國祥·雷應奇·徐登 및 漢州의 儒士 陳大常(順治年間에 擧人), 新繁縣의 紳士 費密 등 3個 州縣의 신사가 연합하여 자위집단을 결성하였다. 이듬해 7월 張獻忠軍이 漢州를 공략하자 李國祥 등은 數千家를 거느리고 高境關에 식량을 비축하였다. 8월에 張獻忠軍이 關을 공격하자 陳大常, 費密, 李國祥 등은 힘을 합쳐 방어에 성공하였는데, 후에 식량부족으로 해산하였다.[62] 이처럼 3

---

61) 鄭炳喆(1993), p. 99.
62) 乾隆《什邡縣志》권11, 人物, 9앞~10앞.

개 州·縣의 신사자위군이 연합할 수 있었던 이유는 당시는 장헌충군이 四川을 점령한 직후여서 신사층이 타격을 입지 않았다는 점, 이 지역이 평원이어서 연합하여 활동하는 것이 전략상으로 더 유리하였다는 점 등 때문으로 짐작된다. 둘째는, 州·縣내부에서 자위군을 조직하고 활동하는 경우로서, 이것이 더 보편적인 자위군의 형태였다. 이런 형태는 숭정 말년 川西 邛州 擧人 劉道貞이 上川南道의 標兵으로 장헌충군을 무찌른 사례,[63] 川東 重慶府 長壽縣의 武擧人 車十乘이 숭정 말에 자위군을 조직하여 현성을 공격하는 土賊을 공격한 사례,[64] 墊江縣의 貢生 程徵吉이 鄕人을 모아 中嘴砦에서 17년간 자위한 사례 등[65] 열거할 수 없을 정도로 많다.

이러한 신사자위군에는 家丁이나 佃戶 등 신사와 지주의 개별적 영향 아래 있는 존재가 참여하였고, 宗族도 중요한 구성원이었다. 예컨대, 成都府 新繁縣의 紳士家門 何氏는 종족이 수천에 달했는데, 장헌충군이 침입하자 子姓과 鄕勇 및 流民 數千을 모아 배수진을 치고 장헌충군과 격전을 벌이다가 괴멸당하였다.[66] 또 宗族의 성원이 적을 때는 여러 종족이 연합하여 자위세력을 형성하기도 하였다. 川北 保寧府 廣元縣에서는 東溝의 大姓 趙應昇이, 溝中의 巨族인 石盤河의 張氏·魚洞河의 惠氏·磁磘谷의 石氏 등을 연합하여 장헌충군에 대항하였다. 이들은 장헌충군을 여러 번 몰살시켜 東溝로 진격하는 것을 저지하였다. 주력부대인 溝口의 石氏늘은 族員 300인을 모으고 험한 지세에 의존하여 장헌충군의 보급로를 차단하여 곤경에 빠뜨렸다.[67] 이들은 東溝라는 동일지역에서 거주하였고, 주력인 石氏의 族員數가 300인 정도였으므로, 효과적인 자위를 위해서는 종족연합이 불가피하

---

63) 民國《邛崍縣志》권4, 兵事志, 2뒤.
64) 光緒《長壽縣志》권7, 忠義, 5앞.
65) 董承熙,〈程厚堂先生傳〉, 道光《墊江縣志》권8, 藝文志, 45앞뒤.
66) 民國《新繁縣志》권16, 人物10, 2앞뒤. 신사층이 宗族·鄕郡을 모아 自衛한 사례로는 井硏縣의 皇族 胡氏의 사례. 胡顯,〈戊子遺囑〉, 光緒《井硏縣志》권32 鄕賢3, 6앞뒤 ; 崇禎末年 漢州 武庠生 周鳴鷟의 사례. 乾隆《漢州志》권9, 忠義, 4앞.
67) 民國《重修廣元縣志稿》第5編, 第20卷, p. 10.

였을 것이다. 이처럼 소규모의 종족집단이 연합하여 적에 대항한 경우는 천북 順慶府 渠縣에서도 나타난다. 崇禎 末年 姚黃賊의 노략질이 극심해지자 渠縣의 郭榮貴는 자신의 宗族과 鄕里의 黃·鄭·劉·周氏 등 모두 15族 3천여 인을 이끌고 砦를 쌓고 방어하였다.[68] 廣元縣의 趙應昇이나 渠縣의 郭榮貴가 紳士인지는 명확하지 않지만, 종족집단 사이의 이해관계를 조정하면서 효과적으로 방어한 것으로 보아, 향리에서 영향력을 갖춘 존재임은 분명하다.

다음으로는 紳士 중심의 自衛軍은 명말청초의 동란기에 어떤 상황에 처해 있었는지를 구체적인 추적이 가능한 川北 順慶府 營山縣의 사례를 통해 살펴보자. 營山縣의 경우는 紳士가 '義勇'을 모집하고 民을 조직하여 縣城을 방어한 것으로, 公的인 紳士自衛組織이 守城을 주도한 사례이다. 營山縣에서 順治 2년 정월 이래 順治 7년까지 守城을 주도한 人物은 58인으로, 明의 관직역임자 4人, 擧人 1人, 生員 26人, 武生 1人, 貢生 1人 등 紳士 33人과 民 25人이었다.

營山縣의 紳民은 順治 元年 7월부터 順治 2년 정월까지 大西政權의 知縣 向用賓과 그 黨 王文耀의 지배를 받았다. 그러나 順治 2년 정월에 들어와 이들은 向用賓과 王文耀 등을 살해함으로써 대서정권에 반기를 들었다. 營山縣의 紳民이 반기를 든 이유는, 順治 2년 정월 장헌충군이 營山縣을 도륙할 것이란 소문이 나돌았고 또, 縣의 蠹役인 王文耀·耿登·芳梅俟·李時泰 등이 向用賓을 믿고 날뛰며 紳士를 拘禁하고 索餉하였기 때문이었다.[69]

同治《營山縣志》에 따르면 대서정권에서 파견한 地方官 向用賓은 成都의 無賴였다. 실제 그가 無賴였는지는 차치하더라도, 이를 통해

---

68) 民國《渠縣志》권7, 兵備志, 25앞뒤.

69) 紳士와 富室·大賈에 대한 索餉은 대서정권의 점령지에서 널리 행해졌다. 沈荀蔚,《蜀難敍略》(知不足齋叢書本) 10앞. 李自成이 북경을 점령하고 행한 신사층에 대한 索餉과 그로 인한 민심수습의 실패에 대해서는, Frederic Wakeman, Jr., *The Great Enterprise ; The Manchu Reconstruction of Imperial Order in Seventeenth-Century China* I (University of California Press, 1985), pp. 287~289.

〔표 1〕 張獻忠軍·流寇·土賊의 침입과 營山顯 士民의 守成

연 도	張獻忠軍·流寇·土賊의 침입과 紳士주도의 守城
順治 원년 7월	張獻忠의 부하 馬科가 항복하라고 요구하자 투항. 일부 土民은 거절하고 寨硐으로 흩어짐.
順治 2년 정월	土民이 起義하여 장헌충이 파견한 知縣 向用賓과 그 黨 王文耀 등을 살해. 生員 王開禧 등이 義勇 1천여 명을 모집하고 守城. 千佛寨·靈鷲寺·太蓬山·黑馬山·團標寨 등에서 응원.
順治 2년 7월	土民이 張獻忠軍과 싸움.
順治 2년 12월	姚黃賊이 境內를 노략질.
順治 3년 10월	流寇 劉文明이 賊首 白代靑을 보내 城을 포위하고, 延壽·靈鷲 2寨를 공격.
順治 3년 11월	義師 參將 母義軒이 蓬州에서 와 賊 수십명을 죽임. 土民 수백명이 굶어 죽음.
順治 3년 12월	母義軒이 賊包위망을 품. 流寇 劉文明이 수만을 거느리고 城을 포위. 邑 生員 李沁·李晟이 전사. 紳士들이 賊의 笆 하나를 빼앗으면 米 5升·賊 한 명을 죽이면 米 1斗를 상으로 줌. 閣部 王應熊의 초무를 받은 袁韜가 구원군을 이끌고 오니 流寇가 도주.
順治 4년 12월	賊首 馬朝興이 오자 土民이 성을 버리고 寨로 들어감.
順治 5년 4월	土民이 城에서 보리를 거두려 하자 土寇가 공격. 土民은 寨로 돌아감.
順治 6년	土寇가 크게 일어남.
順治 7년	梁山縣의 姚玉麟 및 廣安州·大竹縣·隣水縣의 土寇가 縣의 豊賣舖·徐家場·王家場·深堂寺등시를 약탈하사 土民이 이를 滅함

出典 : 同治《營山縣志》권18, 武備志, 6앞~12앞.

營山縣 신사층이 대서정권이 파견한 地方官의 자질에 상당한 의구심을 품었고, 나아가 대서정권을 바라보는 시각도 부정적이었음을 알 수 있다. 또, 拘禁과 索餉에 앞장선 蠹役들의 횡포가 신사층의 불안감을 증폭시킨 것은 물론이다. 대서정권은 지방통치를 위해 기존의 胥吏와 衙役들을 동원할 수밖에 없었고, 胥吏와 衙役들은 동란기를 틈타 신사층을 위협하였던 것이다. 따라서 營山縣 紳士層이 볼 때 대서정권의 지방통치란 無賴와 蠹役들이 날뛰며 자신들의 생명과 재산

을 위협하는 것에 불과하였다. 사천의 紳士層은 保身家를 위해 大西
政權의 지배를 받아들였는데,[70] 오히려 생명을 위협하고 재산을 약탈
하자 더 이상 이들과 연합하기가 곤란했던 것이다.

이처럼 紳士層이 大西政權의 지방관을 살해한 것은 사천 각지에서
확인된다. 順治 元年 川東 重慶府 江津縣에서는 進士 刁化神이 起兵
하여 장헌충이 파견한 지방관 袁某를 죽였고,[71] 川南 敍州府 宜賓縣
에서는 生員 魚嘉鵬과 李師武가 무리를 모아 장헌충이 파견한 官을
죽였다.[72] 順治 2년에는 대서정권의 근거지인 成都府 彭縣에서도 장
헌충의 地方官이 살해되었다.[73] 이처럼 대서정권의 지방관이 살해되
었던 구체적인 배경은 명확하지는 않으나 營山縣의 그것과 크게 다
르지는 않았을 것이다.

營山縣의 紳民은 대서정권의 지방관을 살해한 후 自衛를 택하였지
만, 순치 2년 정월에서 순치 8년 청조의 판도에 편입되기까지의 守城
은 극히 위태로왔다. [표 1]에서 드러나는 바와 같이 大西政權이 파
견한 지방관이 살해되자 이를 보복하기 위해 수만의 流寇로 조직된
張獻忠軍이 城을 공격해오는가 하면, 요황적도 공격해 오고, 縣城 주
변에 산재하던 土寇도 빈번하게 노략질하였다. 順治 3년 겨울에는 流
寇들의 포위로 城內에서 餓死者가 속출하는 등 극도로 식량이 부족
해졌다. 순치 5~7년 사이에는 梁山縣·廣安州·大竹縣·隣水縣의 土寇
들이 겁략함으로써 다시금 극심한 불안에 휩싸였다. 주변의 몇몇 寨
들이 守城에 도움을 주었지만 이는 극히 제한적이었다.

이들 외에 守城에 도움을 주었던 존재는 南明軍이었다. 南京의 弘
光政權은 1645년에 巴縣 출신의 王應熊(萬曆 41년 進士)을 '總督川湖雲
貴軍務'로 파견하여 사천에서 명의 패잔군을 수습하는 한편, 신사자

---

70) 山根幸夫(1983), p. 166.
71) 乾隆 《江津縣志》 권5, 逆寇, 8뒤.
72) 康熙 《敍州府志》 권2, 24앞.
73) 光緒 《重修彭縣志》 권11, 大事志, 4뒤.

위군과도 제휴하면서 명실회복을 위한 교두보를 마련하려 하였다.[74] 이들 南明軍이 순치 3년 12월에 流寇를 쫓아 城의 포위를 풀게 하였으나 이들의 도움을 지속적으로 받을 수는 없었다. 南明軍 자신도 세력다툼으로 인한 내분이나,[75] 兵糧을 확보하기 위한 내분에 시달렸고,[76] 이들 역시 사천 각처에서 약탈을 통해 兵糧을 확보하였기 때문이었다.[77] 따라서 신사층의 입장에서는 남명군과 항상 연합할 수는 없었으며 오히려 적대하기도 하였는데, 川東의 彭水縣에서는 順治 2년 紳士와 南明軍이 불화하여 土寇까지 동원하여 서로 싸울 정도였다.[78] 또 장헌충의 사후에는 그 잔여세력도 영력정권에 투항하여 南明軍으로 사천에서 활동하였다. 따라서 신사자위군의 입장에서는 남명군이 土賊이나 流寇와 다를 것이 없었다. 특히 王應熊이 사망한 후에는 그나마 미미하게 전개되던 남명군의 지원활동은 단절되었다. 신사자위군은 고립무원의 처지에 빠졌고, 동란이 장기화하면서 그들의 세력도 약화되었다.[79]

2. 淸軍과 抗淸勢力의 대치와 '屠蜀'의 지역차

大西政權과 신사층의 갈등이 격화되던 順治 3년 정월 청조는 사천원정군을 파견하였다. 도르곤은 和碩肅親王 호거(豪格)를 靖遠大將軍에 임명하고 사천 평성의 임무를 맡기면서

만일 賊이 사천에서 다른 省으로 도망갔으면, 추격할 수 있으면 추격하

---

74) 陳世松 主編,《四川通史》第5冊, p. 47.
75) 乾隆《江津縣志》권5, 寇逆, 9앞.
76) 江津縣에서는 군량확보를 둘러싸고 南明軍이 客兵과 土兵으로 나누어져 싸우느라 조용한 날이 없었다고 할 정도였다. 乾隆《江津縣志》권5, 寇逆, 8뒤.
77) 光緒〈彭水縣志〉권4, 雜事, 寇亂, 70뒤~71앞 ; 乾隆《江津縣志》권5, 寇逆, 8뒤. 淸初 江西 南部地域에서도 淸軍·南明軍·土賊·流寇·鄕勇 등을 가릴 것 없이 食糧不足으로 약탈하였다. 吳金成(1991), p. 71 및 pp. 87~88 참조.
78) 光緒〈彭水縣志〉권4, 雜事, 寇亂, 70뒤~71앞.
79) 王綱(1987).

라. 만약 적이 멀리 도망갔으면 끝까지 뒤쫓지 마라. 다만 巴蜀을 위무하
고 안정시키되, 적당한 곳을 골라 군대를 주둔시켜라[80]

고 하여 사천정복을 명하였다. 도르곤의 지시로 보아 청군의 전략은
근거지를 설정하고 이를 토대로 사천을 평정하는 것이었다. 청군이
順治 3년 11월 사천 順慶府 南充縣에서 장헌충을 죽이고 大西政權을
붕괴시키자, 도르곤은 일단 사천평정의 계기를 마련하였다고 판단하
여 호거를 回京시켰고, 이후에는 사천순무 李國英이 사천평정을 추진
하였다.
    당시 川北 保寧府에 주둔하던 청군은 李國英 휘하의 녹기병이 주
력이었다. 병력부족을 호소하는 이국영의 말이나, 섬서에서 지원 온
병력이 천여 명에 불과했던 것으로 보아 그 규모는 소수였을 것이
다.[81] 청군이 이곳에 근거지를 둔 이유는 섬서와 가장 근접해 있고
가릉강을 통한 兵餉수송도 가능했기 때문이었다. 四川의 兵餉과 兵力
을 섬서에 의존한 것은 順治 5년 사천순무 이국영이

    우리의 병력은 수가 적으며, 병량은 모자라 보급하기가 어렵습니다. 四川
    의 군대는 모두 保寧에 모여있는데 다행이 秦糧의 남은 것으로 버티고 있
    어 굶어 죽는 것만은 면하고 있습니다[82]

라고 하거나,

    사천의 賊은 요원의 불길처럼 타오르고 있는데도 우리 병사의 숫자는

---

80)《大淸世祖章皇帝實錄》(華文書局影印本, 이하《世祖實錄》으로 略稱) 권23, 9뒤,
    順治 3年 正月 己巳條, p. 277.
81) 康熙 4년 청조가 사천에 설치한 녹기병의 총수는 4만 5천이다. 물론 이는 定額
    이었고 이 숫자가 모두 충원되었는지는 알 수 없다.《聖祖實錄》권15, 8앞~9뒤,
    康熙 4年 4月 己卯條, pp. 236~237. 綠旗兵의 설치배경과 임무, 팔기병과의 비교
    등에 관해서는 羅爾綱,《綠營兵志》(中華書局, 1984) 참조.
82)〈李國英揭帖〉, 順治 5年 5月 5日,《淸代農民戰爭史資料選編》第1冊下(人民大學
    出版社, 1984), p. 421.

적고 兵餉은 없으니 어찌 賊을 토벌하고 영토를 회복할 수 있겠습니까?
(이 때문에 사천에서) 기대하는 것은 秦兵인데 秦兵으로 사천에 들어온 자
는 천여 명에 불과하니 (배치시켜 적을 토벌하기가) 참으로 곤란합니다.
의지하는 바는 秦餉인데 保寧에 이른 秦餉은 다만 秦兵에게만 보급됩니다.
그러므로 臣 (휘하) 四川官兵의 糧은 없습니다[83]

라고 한 데서 명백히 드러난다.

　이처럼 陝西地域의 병향을 보급받는다는 것이 쉬운 일은 아니었다.
이는 첫째, 섬서지역에서 병향을 확보하는 것이 곤란했기 때문이었
다. 당시 섬서의 병향은 자체조달 외에 강남·산서·산동·하남 등지에
서 수송된 물량에 많이 의존하였고, 그 가운데 일부가 사천으로 보급
되었다. 順治 13년에는 섬서와 사천으로 보급될 병향 중 170만 냥이
協濟가 안될 정도로 병향확보가 원활하지 못했다.[84] 둘째는 嘉陵江의
水運을 이용하여 군량을 수송하는 것 자체도 쉬운 일은 아니었다. 물
론 청조는 順治 7년경 嘉陵江의 水運을 원활히 하기 위해 상류지역
에서 水利工事를 추진하였다. 그러나 공사가 진행된 곳은 섬서와 감
숙의 교계지역에 집중되어 있었고 섬서와 사천의 교계지역은 아니었
다.[85] 또 병향수송에 나선 섬서민들의 고통도 심각하였다.[86] 이 때문에
順治 10년 사천에 주둔한 平西王 吳三桂가 兵餉不足을 호소하자 청
조는 이들을 한중으로 회군시키는 극단적인 조치까지 취하였다.[87] 보
녕부와 순경부 등지에서 둔전도 시도되었지만 효과는 미미하였다.[88]
이처럼 사천의 청군은 병력과 병향부족에 시달렸으므로 사천의 향촌
자위군과 제휴를 모색할 수밖에 없었다.[89] 그 밖에도 당시 청군의 주

---

83)《明淸史料》丙-7本-666앞,〈四川巡撫李國英揭帖〉順治 5年 4月 4日.

84)《明淸史料》丙-10本-932앞,〈戶部殘題本〉順治 14年 2月 15日.

85) 李進,〈淸代嘉陵江上流航運述略〉,《中國歷史地理論叢》1(1990), pp. 179~180.

86)《中央硏究院歷史語言硏究所現存淸代內閣大庫原藏明淸檔案》(이하《明淸檔案》으
　　로 略稱), A 27-82, B 15299,〈川陝三邊總督金礪題請召募殷實民夫挽運川糧〉順治
　　13年 閏5月 20日.

87)《明淸史料》,丙-9本-897뒤,〈平西王吳三桂殘題本〉順治 12年 7月 12日.

88) 彭雨新,《淸代土地開墾史》(北京, 1990), pp. 14~15.

요전선이 호광 서부지역에 형성되었던 점[90] 역시 사천에 주둔한 청군
의 활동이 미미했던 주요한 원인으로 지적할 수 있다. 병향과 병력의
부족과 전국적인 작전상황을 고려할 때, 사천의 청군은 항청세력의
섬서진출을 저지하는 것만으로도 임무의 일부를 달성하였던 것이다.

그러나 中國 전역을 정복하려는 청조로서는 사천 역시 궁극적으로
는 판도에 편입시켜야 할 대상이었다. 그러기 위해서는 신사층의 협
조가 절대 필요하였다. 청조는 이미 순치 원년 10월의 順治卽位詔에
서 明代 紳士의 신분을 인정하고, 학교제와 과거제를 실시하며, 신사
의 조세감면과 재산보호를 천명하여 이들을 적극적으로 포섭하려 했
다. 뿐만 아니라 순치 2년 4월에는 陝西恩詔를, 순치 2년 6월에는 河
北·江北·江南恩詔를, 순치 4년 2월에는 浙東·福建恩詔를, 순치 4년 7
월에는 廣東恩詔를 발표하였다. 이는 청조가 각 지역을 점령하면서
즉위조에 입각하여 다시금 각 지역의 신사들에게 기득권보장을 재확
인한 조치였다.[91] 四川恩詔가 별도로 반포된 것은 없으나, 청조의 조
치들을 살펴볼 때 사천신사에 대한 기득권보장과 이를 통한 포섭 역
시 다른 지역에서와 마찬가지로 추진되었다고 판단된다. 실제 청조는
순치 8년부터 四川鄕試를 시행하여 定員보다 훨씬 많은 수를 거인으
로 선발하기도 하고([표 3] 참조), 신사들을 개별적으로 포섭하기도 하
였다.[92]

반면 嘉定州일대를 근거지로 한 항청세력의 저항도 거세었다. 명의
참장출신 楊展은 嘉定州의 여섯 개 縣에서 둔전을 크게 일으켰다. 둔

<hr>

89) 그 대표적인 사례는 前述한 渠縣의 郭榮貴가 주도한 향촌자위집단과 淸軍이 결
합한 것이다. 順治 5년 姚黃賊 楊秉印이 무리 數萬으로 渠縣을 공격하자 郭榮貴
는 四川巡撫 李國英에게 투항하고, 淸軍과 연합하여 이들을 격파하였다. 民國《渠
縣志》권7, 兵備志, 26앞 ; 雍正《四川通志》권9下, 人物下, 3뒤.
90) 李俊甲, 〈順治年間 淸朝의 湖廣剿撫와 兵餉補給〉,《東洋史學硏究》48(1994).
91) 吳金成, 〈睿親王攝政期의 淸朝의 紳士政策〉,《韓㳓劤博士停年紀念史學論叢》(1981),
pp. 727~731.
92) 예컨대, 四川巡撫 李國英은 順慶府 渠縣의 生員 傅性淸이 博文强識하다는 소문
을 듣고 자신의 휘하에 초청하였다. 雍正《四川通志》권38-1, 隱逸.

전으로 식량이 풍부해지자 楊展은 南明의 李占春에게 銀 1만 냥과
米 1만 석을 원조할 정도였다.[93] 이렇게 가정에서 민간인을 초무하고
둔전을 행하자 항청세력인 李建德, 武大定, 袁韜 등이 이곳으로 모여
들었다. 이렇게 하여 嘉定은 청군의 근거지인 保寧에 대치하는 항청
세력의 근거지로 부각되었으니, 이러한 상황은

　　남북의 用兵以來 北의 大鎭은 保寧이었고 邊境은 中江과 順慶이었으며
　　南의 大鎭은 嘉定이었고 邊境은 成都였다[94]

고 한 데에서 잘 드러난다. 淸軍이 진입한 順治 3년 이래 점차 保寧
과 嘉定을 중심으로 청군과 항청세력이 각축을 벌였다. 順治 6년 楊
展이 내분으로 살해된 후, 嘉定州 일대는 남명에 투항한 張獻忠의 副
將들이 점령하였다.[95] 이들은 嘉定州를 청군에 대항하는 교두보로 삼
고 이곳을 방어하기 위해 지대한 관심을 쏟았다. 예컨대, 順治 12년
에만도 지휘자를 狄三品, 祁三昇, 李本高, 王朝欽으로 바꾸면서도 嘉
定州는 집요하게 방어하였다.[96] 전통적으로 사천의 사회경제적 중심
은 성도와 중경이었지만, 섬서를 배후로 한 청군과, 운귀를 배후로
한 항청세력 간의 충돌로 인해 保寧과 嘉定이 전략적 요충지로 새롭
게 부상하였던 것이다.

　　이처럼 항청세력의 저항으로 사천전선의 교착상태가 호전될 기미
가 보이지 않자 청조는 順治 8년 9월 평서왕 오삼계를 사천으로 파
견하여 張獻忠殘餘勢力을 소탕하도록 명하였다. 이때 청조는 도망자,
명령불복종자 등에 대해서는 임의로 처분할 수 있는 재량권을 부여
하였으나 병향에 관해서는 해당 지방 문무관리들의 처분에 따르도록

　93) 彭遵泗, 《蜀碧》(中國歷史硏究資料叢書)(上海書店, 1982), 권4, p. 69.
　94) 《荒書》, p. 173.
　95) 兩者가 결합하게 된 계기는 江西의 金王反亂 진압 이후 청조의 공격목표가 永
　　　曆政權과 反亂軍에 집중되었기 때문이었다. 顧誠, 〈論淸初社會矛盾 — 兼論農民軍
　　　的聯明抗淸 — 〉, 《淸史論叢》 2(1980), p. 153.
　96) 《荒書》, p. 173.

지시하였다.[97] 그런데 사천으로 파견된 오삼계는 상당히 소극적인 자세를 취하였다. 그는 병향부족을 구실로 漢中으로 후퇴하여 주둔하기도 했고, 漢中에서는 "米價가 극히 비싼데도 米 1石의 가격을 銀 1兩으로 환산하여 병사들에게 지급하니 도무지 살 수가 없다"며 강한 불만을 터뜨렸다.[98] 이런 태도 때문에 오삼계는 巡撫로부터 "封疆之臣이면서도 어려움을 두려워하고 고생스러움을 피하려 한다"[99]는 비난을 받았다. 물론 군사활동의 부진이 오삼계의 개인적인 입지나 발언권 등과도 관련이 있겠지만 궁극적으로는, 전술한 바처럼 사천의 병향보급이 원활치 못한 데에 비롯된 것이라고 생각된다. 順治 15년 5월에도 川陝總督 李國英은 "우리의 版圖에 있는 것은 石田瘠土이고 동서남의 기름진 沃壤은 오히려 化外에 있습니다"[100]고 하였다. 청군이 川南과 川西 등지를 점령하기 시작한 것은 귀주진격의 명을 받은 오삼계군이 南征을 추진한 順治 15년 5월경부터였다.

군사작전을 통하여 사천 각 지역을 점진적으로 장악하면서 청조는 행정력을 동원하여 지방질서를 회복하려 했다. 징세와 재판은 지방행정의 핵심사항으로 지방관이 없다면 정상적으로 수행될 수가 없었다. 따라서 청조가 지배질서를 확보하는 정도를 가늠할 수 있는 하나의 지표는 지방관 파견이다. 사천 각지에 청조의 지방관이 최초로 파견되는 시기는 [표 2]와 같은데, 이를 통해 다음의 몇 가지 사실을 지적할 수 있다.

첫째, 청조의 지방관이 가장 먼저 파견된 곳은 천북일대의 보녕부와 순경부일대이다. 이는 가릉강을 통해 섬서에서 병향을 비교적 용이하게 보급받을 수 있는 지역과 일치한다. 즉 청조의 지방관은 청군의 무력을 바탕으로 해서 川北一帶에서 지방통치에 임할 수 있었다.

---

97)《世祖實錄》권60, 7뒤~8앞, 順治 8年 9月 壬午條.
98)《明淸史料》丙-9本-888앞,〈平西王吳三桂等題本〉, 順治 12年 3月 7日.
99)《明淸史料》丙-9本-897뒤,〈平西王吳三桂題本〉, 順治 12年 7月 22日.
100)《明淸史料》丙-10本-951앞,〈川陝總督李國英揭帖〉, 順治 15年 5月 2日.

[표 2] 　　　　　　　　淸朝의 地方官 派遣時期

派遣地域 \ 年度	成都府	重慶府	保寧府	順慶府	夔州府	敍州府	龍安府	馬湖府	潼川州	眉州	邛州	嘉定州	瀘州	雅州	合計
順治 元年				4											4
順治 2年									1						1
順治 3年			3												3
順治 4年			1												1
順治 5年			1												1
順治 6年				1											1
順治 7年			2	1								1			4
順治 8年	1		1		1	1	1		3						8
順治 9年	1									1					2
順治 10年				1		2				1			1		5
順治 11年									1						1
順治 12年			1												1
順治 13年															0
順治 14年															0
順治 15年		1												1	2
順治 16年	1				1										2
順治 17年		2				2									4
順治 18年	11	4	1		2	1	1								20
康熙 元年이후	9	6			2	4	1	1			1	3	3		30
合　計	23	13	10	7	6	10	3	1	5	2	1	4	4	1	90

資料・雍正《四川通志》 권31, 皇淸職官, 18앞~92뒤. 최초 부임한 지방관의 부임연도가 기록되지 않은 경우는 제외하였다.

둘째, 대부분의 지역에서는 성도나 중경과 같이 順治 17~18년 또는 강희 초년에 지방관이 파견되었다. 그런데 順治 18년(1661)에 파악된 사천의 田土面積은 1만 1880頃으로, 만력연간 40만 9350頃의 3퍼센트에 불과했고, 人丁도 1만 6096으로 만력 6년(1578)의 戶數 26만 2천, 口數 310만 2천에[101] 비해 격감하였다. 그러므로 《淸朝文獻通考》에 실린 이 통계는 청조가 사천을 완전히 점령하지 못한 상황에서 작성되

---

101) 萬曆 《明會典》(中華書局, 1989) 권19, 戶部6, 戶口1, p.128.

었다. 뿐만 아니라 점령지에서도 불안한 치안상황 때문에 지방관의 활동영역은 縣城과 주변 일부로 제한되었다고 보아야 할 것이다. 또, 당시의 丁은 세량징수 단위로 몇 명이 1丁으로 파악되는 것은 보편적이었다. 따라서 '屠蜀'이 비록 사실이었다 해도 그 참상의 정도를 順治 18년의 田土와 人丁통계에 입각해서 이해하는 것은 사실을 과장할 위험이 있다. 順治 16년 당시 田土를 파악하고 징세한 곳은 保寧府, 順慶府, 龍安府, 潼川州의 일부지역에 불과한데, 錢糧徵收額도 年間 5천 兩 정도였던 사실도[102] 이를 뒷받침하고 있다. 셋째, 많은 지역에서 청조의 지방관 파견이 이처럼 늦었다면 前述한 성도부의 경우처럼 사천의 여러 지역에서는 淸軍이나 南明軍의 영향력이 미치지 못한 시기, 즉 지배권력의 공백기가 있었다는 것을 짐작할 수 있다. 넷째, 敍州府 南溪縣이나 嘉定州 犍爲縣처럼 인근 지역보다 훨씬 빨리 순치 중반기에 지방관이 파견되는 곳도 있다. 이런 지역은 청군이 일시 항청세력을 몰아내고 지방관을 파견했으나, 다시 항청세력의 수중에 점령된 곳이다.

지방관 파견 외에도 청조의 지배질서를 확립하는 데는 과거를 통해 신사층을 배출하는 것 역시 중요하였다. 이 때문에 청조는 천북 일대만을 장악한 順治 8년에, 서둘러서 최초의 鄕試를 시행하였다. 그런데, 과거합격자 수는 사회경제적 상황과 관련이 있으므로,[103] 명말청초 동란기에 川北 保寧府일대와 川南 嘉定州일대가 성도부나 중경부보다 덜 피폐하였다는 필자의 주장도, 이를 통해 검토해 볼 수 있다. 보녕부와 순경부에서 배출한 擧人의 수와 비율은 [표 3]과 같다. 명말에는 거인의 배출비율이 四川 전체의 4퍼센트 정도와 8퍼센트 정도에 불과하였던 보녕부와 순경부가 順治연간에는 각각 40퍼센트와 20퍼센트 정도를 차지하였다. 물론 順治연간에는 청조의 판도가

---

102) 《淸代鈔檔》, 〈地丁題本50〉, 四川2,(←魯子健, 《淸代四川財政史料》上, pp. 43~44).

103) Rawski, Evelyn Sakakida, *Agricultural Change and the Peasant Economy of South China*(Harvard University Press, 1972).

〔표 3〕　　　　　明末清初 保寧府와 順慶府 擧人 배출상황

年度＼地域	萬曆年間	天啓年間	崇禎年間	順治8年	順治11年	順治14年	順治17年	康熙2年	康熙5年	康熙8년
保寧府	51 (4.5%)	2 (1.7%)	12 (3.8%)	29 (40.3%)	31 (48.4%)	33 (44%)	16 (38.1%)	11 (21.2%)	8 (19.0%)	1 (2.3%)
順慶府	101 (8.9%)	7 (6.1%)	25 (7.9%)	11 (15.3%)	11 (17.2%)	14 (18.7%)	10 (23.8%)	12 (23.8%)	5 (11.9%)	6 (14.2%)
嘉定州	22 (1.9%)	7 (6.1%)	28 (8.9%)					3	3 (7.1%)	10 (23.8%)
擧人總數	1130	114	313	72 (原額40)	64 (原額42)	75 (原額42)	42 (原額)	52 (原額42)	42	42

資料 ; 雍正《四川通志》권36, 26뒤～65앞.

保寧府와 順慶府에 한정되었으므로 이 지역에서 집중적으로 擧人을
배출한 것은 당연하다. 명말에는 순경부가 보녕부에 비해 2배 정도의
거인이 배출되었으나 순치연간에는 오히려 그 반대현상이 나타났다.
하지만 康熙연간에는 다시금 명말처럼 순경부가 보녕부보다 많은 수
의 거인을 배출하였다.[104] 이처럼 順治연간에 보녕부가 일시적으로 순
경부에 비해 擧人을 많이 배출하였던 것은, 당시 보녕부가 청군의 집
중 주둔지로서 청조권력이 상대적으로 더 강하게 침투하였기 때문으
로 판단된다.

또 嘉定州 일대는 전술했듯이 순치연간에 둔전이 성히였고 항청세
력의 근거지로 부상하였다.[105] 이곳은 康熙 元年(1662)에 청조의 판도
에 편입된 후, 康熙 2년 鄕試에 3인, 康熙 5년 鄕試에 5인[전체 2위, 1
위－보녕부(8인)], 康熙 8년 鄕試에 10인[(전체 1위, 2위－성도부(7인), 3위
－순경부(6인)]의 擧人을 배출하였다. 당시는 이미 사천 전역이 청조의

---

104) 康熙 8년, 11년, 20년, 23년, 26년의 향시에서 보녕부는 1인, 4인, 2인, 1인, 3인
　　을, 순경부는 6인, 5인, 5인, 5인, 5인의 거인을 각각 배출하였다. 雍正《四川通志》
　　권36, 67뒤～72앞.
105) 張獻忠의 副將출신으로 영력제에게 蜀王으로 봉해진 劉文秀는 順治 13年 嘉定州
　　洪雅縣의 天生城에 궁궐을 수축하기도 했다. 嘉慶《洪雅縣志》권2, 方輿志, 關隘, 7앞.

판도에 편입되었으므로 擧人合格者가 사천 각 지역의 사회경제적 상황을 반영하고 있다고 보아도 무방할 것이다. 이처럼 嘉定州가 康熙 8년에 擧人合格者를 가장 많이 배출한 것은, 前述한 바와 같이 이 지역이 成都府나 重慶府 등지와는 달리 이미 順治연간부터 사회경제적으로 어느 정도 안정되었다는 것을 반영하고 있다.

Ⅳ. 吳三桂軍의 점령과 지역차의 지속

康熙 3년(1664) 四川 全域이 청조의 판도에 편입되었지만 지방통치가 즉각 정상적으로 이뤄지지는 않았다. 우선 盜賊들의 평정이 완료되지 못했기 때문이다. 예컨대, 敍州府와 馬湖府에서는 康熙 4년에도 盜賊이 준동하였으며,[106] 康熙 5년 江安縣에서는 土賊이 縣城을 함락시키고 知縣 劉澤厚一家를 살해하였다.[107] 뿐만 아니라 保寧府 昭化縣에서는 康熙 초에 盜賊이 鄕里를 횡행하며 知縣에게 압력을 가하였다.[108] 또 동란을 겪고 난 사람들의 행패 역시 심각하였다. 康熙 7~8년경 川東 重慶府 銅梁縣(당시에는 合州에 倂合)에서는 "動亂 이전에는 人文禮義의 지방이라고 칭하였으나……(지금은) 禮敎가 일어나지 못하고 있다. 또 歸籍한 民 중에는 간혹 어려서 납치되어 군대를 따라다닌 자가 있어 孝弟忠信이 무엇인지 모르고, 술주정하며 방자히 굴고 멋대로 횡행한다"[109]고 하는 상태였다.

청조로서는 도적평정을 완료하고 민심을 수습하며 정상적인 사회질서를 회복하여야 할 시점이었던 것이다. 淸朝는 康熙 4년 綠營 4만 5千을 편성하여,[110] 각지에 주둔시키면서 치안을 회복하려 하였다. 당

---

106) 《大淸聖祖仁皇帝實錄》(이하 《聖祖實錄》으로 약칭) 권14, 15앞뒤, 康熙 4年 2月 戊寅條, p. 224.
107) 《聖祖實錄》 권18, 13뒤~14앞, 康熙 5年 3月, 丁亥條, p. 275.
108) 道光 《保寧府志》 권32, 職官, 政績, 23뒤.
109) 于成龍, 〈規畫銅梁條議〉, 《于淸端政書》(四庫全書本) 권1, 32앞.

시 사천의 지방관 역시 군사력이 지방통치의 안정에 긴요한 것으로 판단하였다. 康熙 7년 合州知州로 부임한 于成龍은 合州의 營兵을 삭감하려는 논의가 있다고 풍문에 듣고서 "놀라 어쩔 줄 모르겠습니다. 營兵이 吏治와 有關한 것을 조목조목 명백히 아뢸까 합니다"[111]고 하였다. 물론 군대들이 주둔지에서 술취하여 돌아다니며 방자하게 행동하며 민간인을 괴롭히기도 하였지만,[112] 군대 자체는 지방통치에 상당히 긴요하다는 인식이 퍼져 있었음을 알 수 있다.

군대주둔을 위해서는 병향보급이 필수적이었다. 康熙 10년경 병향의 지출액은 雲南에 170여만 兩, 貴州에 50여만 兩, 四川에 80여만 兩, 福建에 160여만 兩, 廣東에 120여만 兩, 廣西에 17~18만 兩으로 600만 냥 정도였다.[113] 이는 순치 10년 전후의 절대액수 1300만 냥에 비하면 많이 줄어들었으나 여전히 청조의 재정을 압박하였다. 이를 타개하기 위해 屯田 주장도 활발하게 제시되었는데, 특히 사천은 토질의 비옥함이나 '地廣人稀'의 상태가 강조되어 屯田의 최적임지로 지목되었다. 이런 분위기 하에서 康熙 6년 湖廣道 監察御史 蕭震은 "사천의 經制兵 4만과 馬 1만으로 현재 주둔지에서 둔전하면 年間 銀 120만 兩을 아낄 수 있을 것"이라며 사천의 屯田을 주장하였다.[114] 사천총독 苗澄 역시 "重慶과 夔州 等鎭, 成都城守 等營의 督·撫·提·標兵 중 7친 명을 뽑아 成都에서 屯田을 개간하면 내년 米 4만 2천 석을 얻어, 戶部에서 지급하는 銀 5만 6천 兩을 줄일 수 있습니다"[115]고 주청하였다. 이에 康熙 7년부터 屯兵에게 荒地를 개간시켰지만, 농사에 익숙하지 않아 도처에서 둔전을 폐지해 달라고 호소하였다.[116]

---

110) 《聖祖實錄》 권15, 8앞~9뒤, 康熙 4年 4月 己卯條, pp. 236~237.

111) 于成龍, 〈上提督請留合州營防兵揭〉, 《于淸端政書》(四庫全書本) 권1, 34앞.

112) 于成龍, 〈規畫銅梁條議〉, 《于淸端政書》(四庫全書本) 권1, 32뒤~33앞.

113) 艾元徵, 〈軍屯省餉疏〉(康熙 11年), 《淸經世文編》(光緖12年思補樓重校印本, 中華書局, 1992年 影印本) 권72, 兵政3, 屯餉, 10앞.

114) 蕭震, 〈請開黔蜀屯政疏〉(康熙 6年), 《皇淸奏議》 권17, 15앞.

115) 《聖祖實錄》 권24, 30뒤, 康熙 6年 12月 己丑條, p. 359.

116) 四川提督 某, 〈論營兵屯田不便疏〉(康熙 7年), 《淸經世文編》 권72, 兵政3, 屯餉,

결국 屯田은 활발하게 시행되지 못한 채 강희 8년에 취소되었다.

四川의 동란 극복이 시작된 것은 이런 배경에서였다. 청조는 順治 연간 이래 保寧에 주재하던 布政司를 康熙 4년 成都로 移駐시키고,[117] 康熙 7년에는 布政司 衙門건물을 신축하여,[118] 사천회복을 본격적으로 추진하기 위한 준비를 갖추었다. 청조는 入關 직후부터 국지적으로 流民을 招集하였고,[119] 순치 6년에는 流民入籍, 無主荒田의 소유권 인정, 徵稅와 徭役의 부과시기 보류, 官僚考成에의 반영 등을 골자로 하는 대대적인 유민초집책을 시행하였다.[120] 사천에서도 이에 따라 청군의 점령지를 중심으로 유민초집이 시행되었다. 그러나 全省 차원에서 시행된 것은 사천이 청조의 판도에 완전히 장악된 강희연간이었다. 康熙 7년 청조는 四川의 流民으로 인접 省에 거주하는 자는 回籍하라고 지시하였고, 現任 文武官으로 流民을 招撫하는 자는 그 多寡에 따라서 차등을 두어 '加級紀錄'하였다.[121] 이에 호응하여 지방관도 流民招集과 전후 복구에 박차를 가하였다. 특히 청군이 일찍 장악하여 지방관도 먼저 파견된 천북지역에서는 順治 중기부터 유민초무가 행해졌다. 예컨대, 順治 7년 保寧府 昭化縣 知縣으로 부임한 劉見龍은 전란 후 토지가 황폐해지자 牛種를 주고 민을 불러모아 개간하였다.[122] 또 順治 10년 保寧府 蒼溪縣 知縣으로 부임한 李受馨 역시 租賦를 가볍게 하고 養蠶을 가르치면서 流亡者를 불러 모았다.[123] 이처

19앞뒤. 같은 내용이 〈康熙7年四川巡撫張德地題請罷屯田疏〉, 康熙 《四川總志》 권27, 屯田에도 실려 있다. 魯子健, 《淸代四川財政史料》 上(成都, 1984), p. 112에서 再引用[이하 再引用은 ← 魯子健, 《淸代四川財政史料》 上(成都, 1984), p. 112와 같은 형식으로 표시함].

117) 《聖祖實錄》 권14, 10앞, 康熙 4年 2月 癸亥條, p. 221.

118) 郎廷相, 〈鼎建蜀藩公署記〉, 康熙 《四川總志》 권36, 藝文, 碑記[← 《淸代四川財政史料》 上(成都, 1984), p. 46].

119) 《世祖實錄》 권7, 順治 元年 8月 乙亥條, p. 88 ; 《世祖實錄》 권13, 3앞, 順治 2年 正月 己丑條, p. 146.

120) 《世祖實錄》 권43, 17뒤~18앞, 順治 6年 4月 壬子條, p. 509.

121) 《聖祖實錄》 권27, 19앞, 康熙 7年 11月 戊午條, p. 400.

122) 道光 《保寧府志》 권33, 職官, 政績, 23앞.

123) 民國 《蒼溪縣志》 권14, 9앞.

럼 유민을 초집하여 황지를 개간하는 것과 더불어 민간신앙을 이용
하여 자율적인 질서를 회복시키려는 시도도 나타났다. 예컨대, 川北
順慶府 大竹縣의 知縣 兪宣은 康熙 4년 衙署와 學宮 건설 및 流民招
集과 더불어 祠廟를 건설하였고,[124] 천남 雅州府 名山縣 知縣 朱景辰
역시 강희 7년에 부임하여 城隍廟[125]를 수리하였다.[126]

또 동란으로 혼란스러워진 賦役制度도 정비하였다. 예컨대, 川南
犍爲縣에서는 康熙 2년에 지현 汪淑問이 丈量하였고,[127] 康熙 9년에는
知縣 劉靖實이 번잡한 差役을 정리하고 流民을 안정시켰다.[128] 또 康
熙 元年 川南 合江縣 知縣 陳洪謀는 流民을 招撫하고 田畝를 장량하
여 부역부담을 고르게 하는 동시에 토지의 경계도 명확히 하였다.[129]

뿐만 아니라 행정구역의 併合도 추진하였다.[130] 전란으로 인구와 전
토의 피해가 심한 州縣은 폐지하여 [표 4]와 같이 인근 州縣에 병합
시켰다. 여기에 나타난 21縣 중 茂州 保縣이 雍正 5년에 폐지된 것을
제외하면 나머지는 모두 順治末年에서 康熙 10년에 걸쳐 폐지되었다.
'土滿人稀'가 縣의 폐지 이유였으므로,[131] 人的·物的 피해가 심한 곳일
수록 縣을 많이 폐지시켰다. 前述한 바와 같이 成都府와 重慶府가 동
란기에 피해를 극심하게 당하였으므로 縣도 가장 많이 폐지되었다.
폐지된 縣의 대부분이 雍正 6~7년경에야 復設된 것에서도 명백하듯

124) 民國《大竹縣志》권7, 職官志, 政績, 23뒤.
125) 明淸時代의 城隍信仰에 대해서는 鄭土有·王賢森,《中國城隍信仰》(上海：三聯書
　　店, 1994), pp. 107~124 ; 濱島敦俊,〈明淸江南城隍考〉,《中國都市의 歷史的研究》(唐
　　代史研究會編)(刀水書房, 1988) 및 同氏,〈明初城隍考〉,《榎博士頌壽記念東洋史論
　　叢》(汲古書院, 1988) 참조
126) 乾隆《雅州府志》권8, 循史, 4뒤.
127) 民國《犍爲縣志》권12, 財政, 1앞.
128) 民國《犍爲縣志》권5, 職官志, 44앞.
129) 嘉慶《四川通志》(巴蜀書社, 1984年 影印本) 권116, 職官志18, 政績8, 60뒤.
130) 明淸時代 縣의 設置와 置廢는, 화북지역의 경우 置廢간에 큰 차이가 없는 반면
　　華中·華南 및 邊境地域은 설치된 수가 훨씬 많았다. 그 이유는 田土개발 혹은 상
　　업·수공업이 발달되는 지역이 많았고, 邊疆에서는 특히 청대에 改土歸流가 시행
　　되었기 때문이다. 金弘吉,〈淸代 縣의 廢止에 관한 一考察 — 乾隆年間의 河陰縣을
　　중심으로 —〉,《人文學報》(江陵大學校 人文科學研究所)15(1993), pp. 142~143.
131)《聖祖實錄》권6, 17뒤, 康熙 元年 4月 乙巳條, p. 119.

〔표 4〕　　　　　　　　淸初 四川 行政區域 變化 狀況

地　名	歸倂時期	歸倂地域	復設時期	地　名	歸倂時期	歸倂地域	復設時期
1.成都府 華陽縣	康熙 9년	成都縣	雍正 5년	11.夔州府 大寧縣	康熙 6년	奉節縣	雍正 7년
2.雙流縣	康熙원년	新津縣	雍正 6년	12.巫山縣	康熙 9년	大昌縣	
3.崇寧縣	康熙 7년	郫　縣	雍正 6년	13.新寧縣	康熙 7년	梁山縣	雍正 7년
4.彭　縣	康熙 7년	新繁縣	雍正 6년	14.龍安府 平武縣	順治16년	靑川守禦 千戶所	
5.重慶府 璧山縣	康熙　初	永川縣	雍正 6년	15.彰明縣	順治16년	綿　州	雍正 6년
6.大足縣	康熙　初	榮昌縣	雍正 6년	16.嘉定州 威遠縣	康熙 6년	榮　縣	雍正 6년
7.銅梁縣	康熙원년	合　州	康熙60년	17.眉　州 靑神縣	康熙 6년	眉　州	雍正 6년
8.武隆縣	康熙 7년	涪　州		18.彭山縣	康熙 원년	眉　州	雍正 6년
9.定遠縣	康熙 8년	合　州	雍正 6년	19.潼川州 安岳縣	順治15년→ 康熙 5년→ 康熙10년→	蓬溪縣 遂寧縣 樂至縣	雍正 6년
10.順慶府 岳池縣	康熙 7년	廣安州	康熙60년	20.綿　州 羅江縣	順治16년	德陽縣	雍正 5년
				21.茂　州 保　縣	雍正 5년	威　州	

資料 : 雍正《四川通志》권2, 建置沿革, 7뒤~66뒤.

이, 사천에서 동란기의 피해를 극심하게 당한 지역이 회복된 것은 雍正年間이었다.

　　康熙 13년(1673) 吳三桂反亂의 여파가 밀려왔을 당시의 사천은 流民招集과 賦役制度의 整備 등으로 戰後 回復을 시도하였지만 아직 뚜렷한 성과를 달성하지 못한 채 20여 개의 縣을 歸倂시킨 상황이었다. 당시 중국 전역을 장악했던 청조는, 군사와 인사 및 재정 등에서 독자적 권한을 행사하여 중앙집권에 장애가 되던 三藩을 없애기 위해 撤藩令을 내렸다. 이에 대항하여 康熙 13년 오삼계가 반란을 일으키자 福建의 耿精忠, 廣東의 尙之信이 호응하여 三藩의 亂이 발생하

였고,[132] 그 여파가 사천으로까지 파급되었던 것이다. 淸朝는 오삼계
반란이 일어나자 서둘러 사천으로 병력을 파견하였다. 康熙 12년 12
월 22일에는 西安에 주둔하던 將軍 瓦爾喀에게 騎兵을 거느리고 사
천으로 급히 가 雲南에서 四川으로 통하는 요충지를 굳게 지키라고
명하였다.[133] 또 닷새 뒤에는 都統 赫業을 安西將軍으로 임명하여 瓦
爾喀과 함께 漢中에서 사천으로 진군토록 명하였으며, 康熙 13년 정
월에는 다시금 副將軍 胡禮布, 署前鋒統領 穆占 등에게 팔기를 거느
리고 西安으로 급히 가서 瓦爾喀과 합류하도록 지시하였다.[134] 이처럼
한달 남짓한 기간 동안 사천으로 세 번이나 군대를 파견한 것은 청
조의 다급함을 나타내는 것으로 보인다.

그러나 청조의 다급함과는 달리 官僚 가운데에는 사태를 관망하는
자들도 많았다. 康熙帝도 "吳三桂가 처음 반란을 일으켰을 때 諸臣
가운데에는 변란소식을 한 번 듣자 즉각 原籍으로 처자를 돌려 보내
는 자가 있었다"[135]고 할 정도였다. 사천지방관들 역시 華夷思想 때문
에 청조에 충성해야 한다는 의식은 희박하였고, 오히려 吳三桂軍에게
동조하는 분위기였다. 康熙 13년 吳三桂가 부하 將帥 王屏藩을 사천
으로 파견하자 四川巡撫 羅森이나 提督 鄭蛟麟, 總兵 譚弘과 吳之茂
등이 오삼계군에 투항하면서 四川의 대부분 지역이 吳三桂軍의 수중
으로 넘어갔다.[136] 따라서 청조이 원정군은 陝西에서 四川으로 들어오
는 關門인 七盤關과 朝天關 등지에서부터 오삼계군과 힘겨운 전투를
치러야만 했다. 淸軍은 강희 13년 4월 하순 七盤關을 깨뜨리고 5월
초에는 朝天關을 공략하여 吳三桂軍 7천을 斬하였고, 6월에는 保寧府

132) 三藩亂의 발생배경과 경과에 대해서는 劉鳳雲, 《淸代三藩硏究》(人民大學出版社,
    1994), 참조.
133) 《聖祖實錄》 권44, 17뒤, 康熙 12年 22日, 庚申條, p. 617.
134) 《聖祖實錄》 권44, 20앞, 康熙 12年 12月 壬戌條, p. 618 ; 《聖祖實錄》 권45, 13앞,
    康熙 13年 正月 戊子條, p. 627.
135) 《康熙起居注》(中華書局, 1984) 第1冊, 康熙 18年 8月 29日, p. 431.
136) 勒德洪 等, 《平定三逆方略》(四庫全書本) 권2, 15앞뒤 ; 《聖祖實錄》 권45, 14뒤,
    康熙 13年 正月 己丑條, p. 627.

廣元縣까지 점령하였다. 그러나 당시 청군은 섬서에서 광원현으로 이어지는 線만을 확보한 것이고 嘉陵江 좌우는 모두 오삼계군이 장악한 상태였다.[137]

이런 대치상태에서 오삼계군은 섬서에서 사천으로 오는 청군의 糧道를 집중적으로 공격하였다. 강희 13년 11월에 王屛藩이 거느리는 오삼계군이 陝西 略陽縣을 공격하여 糧船을 빼앗자, 四川 廣元縣에 주둔한 청군은 두 달간이나 缺餉에 시달렸다. 청군이 이를 돌파하기 위해 섬서에서 육로로 兵糧을 수송하자, 오삼계군의 總兵 陳國良이 藁本山에서 주둔하면서 人夫들을 사로잡아 청군의 糧道를 단절시켰다.[138] 糧道가 단절된 廣元縣일대의 淸軍은 陝西의 漢中과 西安으로까지 퇴각하였다.[139] 이 무렵 陝西 提督 王輔臣도 反淸으로 돌아서 平涼에 주둔하여 吳三桂軍에 호응하여, 秦州와 한중부일대조차 吳三桂軍의 영향권 안에 들어갔다. 즉 康熙 13년 정월 이후 청군은 일시 川北의 廣元縣일대로 진격하였지만, 곧 섬서로 퇴각하였다. 반면, 吳三桂軍은 康熙 18년까지는 사천전역을 장악하였고, 청군과의 전투도 川北 保寧府의 七盤關, 朝天關, 廣元縣일대에서 벌어졌다. "康熙 13년에 吳三桂가 4번이나 廣元縣을 범하여 사람과 竹木이 모두 없어졌다"[140]는 것 역시 이런 상황을 지적하는 것이다.

吳三桂軍은 사천을 점령하면서 두 가지 중요한 조치를 취했다. 그 첫째는 신사층을 포섭하려 한 것이다. 물론 신사층의 포섭은 사천에만 국한된 것은 아니었고 雲南, 貴州, 湖廣 등 吳三桂軍이 장악한 전역에서 추진되었다.[141] 이들은 사천의 명망 있는 紳士를 포섭하였는

---

137) 《聖祖實錄》 권48, 1뒤~3뒤, 康熙 13年 6月 1日 및 권48, 11뒤~12뒤, 康熙 13年 6月 19日.

138) 乾隆 《廣元縣志》 권8, 兵事, 43앞.

139) 《聖祖實錄》 권50, 11뒤, 康熙 13年 11月 己未條, p. 690 ; 《聖祖實錄》 권53, 13뒤, 康熙 14年 3月 庚申條, p. 725.

140) 民國 《重修廣元縣志稿》 第6編, 第27卷, p. 68.

141) 吳三桂는 1678年(康熙 17年) 昭武로 開元한 후 雲南·貴州·四川·湖廣에서 일제히 鄕試를 실시하여 신사층을 포섭하려 하였다. 魏源, 《聖武記》 上(中華書局, 1984)

데,[142] 얼마나 성공했는지 정확히 알 수는 없다. 아마도 이는 오삼계 반란이 실패하였기 때문에 이에 호응했던 신사들이 자신의 행적을 기록하기를 꺼렸기 때문일 것이다. 오히려 오삼계의 부름에 응하지 않았던 紳士들의 행적은 구체적으로 확인되는 것 역시 이런 분위기와 밀접한 관련이 있을 것이다. 이런 사례들은 많이 나타나는데 예컨대, 成都府 什邡縣의 擧人 楊兆熊은 吳三桂軍이 入蜀하자 병을 핑계로 두문불출하였고,[143] 廣元縣의 貢生 王如善은 오삼계측의 官職을 마다하고 深山으로 들어갔으며, 擧人 冉德 역시 吳三桂의 徵聘을 거절하고 深山으로 도망갔다.[144] 이런 사례에도 불구하고 吳三桂가 設制科士하니 많은 사람들이 협박을 받고 이에 응했다는 것을[145] 보면 오삼계의 신사층 포섭이 수포로 돌아간 것은 아닌 듯하다. 오삼계군은 투항하지 않은 淸朝官員에 대해서도 관대한 조치를 취하였다. 淸의 關南道 胡升猷는 吳三桂軍에 사로잡혀 몇 년 동안 官職을 받지 않고 저항하였는데, 康熙 19년 淸軍이 사천을 점령하면서 풀려났다. 이에 대해 康熙帝는 "절개를 지켜 굴복하지 않은 것이 칭찬할 만하다"며 다시금 사천의 지방관으로 임용토록 지시하였다.[146] 吳三桂는 사천의 민심수습을 위해 張獻忠軍이 사용한 屠戮 등의 강경책보다는 오히려 유화책을 사용하였다. 吳三桂軍이 사천을 점령한 동안에는 신사층이 주도하는 향촌자위군의 활동이 나디나지 않는 것을 보면 최소한 신사층은 吳三桂軍에 대해 명시적으로 적대하지 않았음을 알 수 있다.

두번째는 지방관을 파견하면서 세금을 거두어 軍費를 조달한 것이다. 吳三桂軍은 樂輸나 義助·預徵 등의 방법으로 民財를 거두어 軍餉으로 충당하였을 뿐만 아니라 捐納도 실시하여 輸餉한 자를 納恩生

  권2, 藩鎭, 康熙戡定三藩記 上, pp. 67~68.
142) 光緒《西充縣志》권9, 人物中, 行誼, 2뒤~3앞.
143) 嘉慶《什邡縣志》권38, 人物, 10앞.
144) 民國《重修廣元縣志稿》第5編, 第22卷, pp. 77~78.
145) 同治《重修涪州志》권9, 人物志, 孝友, 3앞.
146)《聖祖實錄》권88, 12뒤~13앞, 康熙 19年 正月 己未條, pp. 1176~1177.

이라 하였다.[147] 稅役은 농민뿐 아니라 商人에게서도 징수하였는데,
淸軍과의 대결이 장기화되면서 오삼계측의 징세도 강화되었다. 川南
雅州일대에서 "康熙 16년이 되자 농민들은 役 부담에, 상인은 稅 부
담에, 兵은 戰에 곤고하여 민심이 離散하였다"[148]고 하였다. 뿐만 아니
라 손실된 병력을 보충하기 위해 民을 군인으로 많이 징발하였다.[149]
이처럼 稅役 부담의 괴로움을 강조한 지역과는 달리 성도부에 서쪽
으로 접한 邛州에서는 "吳藩之變災不及境"[150]이라 할 정도로 평온하였
다. 하지만 吳三桂軍의 궁핍했던 財政狀況으로 보아,[151] 邛州의 상황
은 稅役조차 부담하지 않은 것이 아니라, 주민이 도륙되는 등의 직접
적인 피해를 당하지 않은 것을 강조한 표현이라 생각된다.

즉 오삼계군의 지방통치의 핵심은 民에게서 청군과 대치하는 데
필요한 人力이나 稅役을 징발하는 것이었다. 단편적이지만 위의 사례
들로 보아 吳三桂軍은 사천의 지방통치를 조직적으로 행하였음을 알
수 있다. 그렇게 된 가장 큰 이유는 淸軍과의 戰線이 川北 일부지역
과 陝西 남부지역에 고정되어 있어서 사천의 후방지역은 전란으로부
터 벗어나 있었기 때문이었다. 그리고 운남에서의 지방통치 경험 역
시 사천지배를 효과적으로 이끌어가는 데 상당한 밑거름이 되었을
것이다.

守勢에 처했던 淸軍이 공세로 전환한 것은 康熙 19년 초부터였다.
陝西에서 청군을 견제하던 王輔臣이 順治 15년 6월에 撫遠大將軍 圖
海 휘하의 청군에게 패하자 항복하였다. 또 福建의 경정충이나 廣東
의 상지신도 패하여 항복하자, 康熙 17년경부터 오삼계는 고립무원의

147) 民國《名山縣新志》권16, 事紀, 20앞.
148) 民國《雅安縣志》권4, 19앞뒤.
149) 失名,〈平吳逆紀略〉, 道光《重慶府志》권4, 職官志, 統紀, 29뒤.
150) 民國《邛崍縣志》권4, 兵事志, 3뒤.
151) 오삼계군은 반란 이후 운남과 사천에서 田畝에 加稅하여 畝당 5~6錢을 징수하
    였고 그것이 모자라자 雲南에서는 苗族을 동원하여 鑛山에서 金銀을 채굴하기도
    하였다.《明季稗史滙編》권10, 四王合傳[← 戴逸 主編,《簡明淸史》第1冊(人民出
    版社, 1980), p. 263].

처지에서 청군과 대치하였다. 사천에서도 청군의 반격은 거세어져 奮
威將軍 王進寶, 勇略將軍 趙良棟 휘하의 녹기군이 사천으로 진격하였
다. 이들은 康熙 19년 정월 保寧府에서 王屛藩과 吳之茂의 휘하 2만
과 격전 끝에 패퇴시켰다. 승기를 잡은 청군이 성도로 진격하자 오삼
계군의 巡撫 張文德을 비롯한 文武官 2백여 명이 투항하였다. 청군은
또, 潼川州와 順慶府일대를 무혈점령하고, 2월 중순에는 重慶에 무혈
입성하였다. 한달 보름 남짓한 기간 동안 청군은 거의 저항없이 川西
成都府일대와 川東의 重慶府일대를 장악하였다. 이처럼 쉽게 청군이
이 지역을 점령할 수 있었던 원인은, 康熙 17년 吳三桂가 사망한 이
후 反亂軍側의 내분과 군량부족으로 군사들의 사기가 급격히 저하되
었기 때문이었다.[152] 또 투항자를 우대하는 청조의 정책도 상당히 중
요한 역할을 하였다. 청조는 투항자는 용서해 준다는 방침을 정하여
널리 선전하였고, 실제로 투항한 장수에게 면죄하는 것은 물론 관직
도 부여하여,[153] 오삼계군의 투항을 유도하였다.

한편, 川東일대에서는 吳三桂軍의 반격도 있었지만 大勢를 거스르
지는 못했다. 康熙 19년 가을에는 淸에 투항했던 譚弘이 武陵王을 칭
하고 大竹縣 등 18州縣을, 姚玉麟은 梁山縣을 함락시켰고,[154] 彭時亨
역시 川北의 營山縣과 渠縣일대에서 譚弘이나 姚玉麟과 협력하였
다.[155] 하지만 康熙 19년 겨울 譚弘과 그 휘하가 청군에 소탕되었으
며, 康熙 20년에는 川東地域의 吳三桂軍이 모두 평정되었다.

그런데 康熙 19년의 반격 이래 청군을 줄곧 괴롭힌 것은 吳三桂軍
이라기보다 오히려 兵餉調達의 어려움이었다. 당시에는 康熙 13년과
같이 吳三桂軍이 糧道를 공격하지는 않았지만 雲南과 貴州를 공격하
려고 20만의 淸軍이 사천으로 진주하였으므로 이들에게 병향을 보급

152) 劉鳳雲, 《淸代三藩硏究》(人民大學出版社, 1994), pp. 300~302.
153) 《康熙起居注》(第1冊) 康熙 17年 正月 14日, p. 346 ; 《聖祖實錄》 권88, 21앞뒤, 康
    熙 19年 2月 庚申條, p. 1181.
154) 光緖 《梁山縣志》 권10, 藝文志, 雜識, 6뒤~7앞.
155) 民國 《大竹縣志》 권6, 武備志, 14뒤~15앞.

하여야 했다. 四川은 여전히 피폐한 상태였으므로 병향을 四川에서
자급하기란 극히 곤란하였다. 이 때문에 사천주둔 청군의 병향은 섬
서에서 가릉강의 水運을 이용하여 수송하거나, 호광에서 양자강을 역
류하여 수송하여 보급하였다. 섬서에서 米 1石을 수송하는 비용이 銀
14～15兩에 달하고 사망한 運丁도 많아 섬서인은 사천으로 병향을
수송하느라 곤고함이 극에 달하였다.[156] 이런 부담을 줄여주기 위해
청조는 호광에서 병향수송을 분담토록 하였다. 그러나 湖廣의 부담
역시 무거웠으므로, 康熙 19년 3월 湖廣巡撫 張朝珍은 湖南에서 米糧
을 수송하는 대신 사천에서 직접 採買토록 주청하였다가 거절당하였
다.[157] 또 康熙 20년 6월에는 湖廣巡撫 王新命이 湖廣에서 重慶까지
兵餉을 수송하면, 그 다음은 사천에서 수송하게 해달라고 주청하였
다. 이에 대해 강희제는 "大兵의 糧餉은 아주 중요한 것인데 어찌 사
천과 호광이 서로 미루는가. 중경까지 운반한 糧餉은 사천과 호광의
관원이 협력하여 속히 수송토록 하고 만일 늦어지거나 잘못이 생기
면 엄히 죄를 다스릴 것이다"고 회답하였다.[158] 하지만 지방관의 불만
이 팽배하자 병향보급을 위한 새로운 조치도 마련되었다. 康熙 19년
3월 강희제는 미량채매를 전담하는 흠차대신을 호광에 파견하였고,[159]
康熙 19년 11월에는 섬서에서 사천으로 병향을 원활히 수송하기 위
해 양 지역을 통괄하는 천섬총독을 신설하였다.[160]

  그런데 兵餉조달의 어려움은 사천의 지방관에게도 마찬가지였다.
康熙 20년 당시 四川巡撫 杭愛는 "수십 만 군대가 蜀에서 군량을 보
급받으므로 이를 조달하느라 편안한 날이 없다"[161]고 하였고, 청군의
진격로상에 위치하였던 犍爲縣의 知縣 倪懋祚 역시 "군량을 보급해

---

156) 《康熙起居注》(第1冊) 康熙 19年 11月 6日, p. 636.
157) 《康熙起居注》(第1冊) 康熙 19年 3月 10日, p. 508.
158) 《康熙起居注》(第1冊) 康熙 20年 6月 13日, pp. 713～714.
159) 《康熙起居注》(第1冊) 康熙 19年 3月 19日, p. 512.
160) 《康熙起居注》(第1冊) 康熙 19年 11月 6日, p. 636.
161) 杭愛, 〈復濬離堆碑〉, 《灌志文徵》 권3, 碑誌上, 14뒤.

달라는 독촉이 매우 급하다"[162]고 하였다. 이 때문에 사천의 지방관들
은 군량을 확보하기 위해 온힘을 기울였지만,[163] 청군은 雲貴로 진격하
면서 살륙과 약탈을 서슴지 않았다. 예컨대 內江縣에서는 청군의 살
륙에 시달린 주민들이 피난하였으며, 瀘州 江安縣과 南溪縣의 접경지
역에서는 소·닭·돼지 등을 약탈해 가 농사지을 소조차 남아 있지 않
았다.[164]

　이처럼 吳三桂反亂 당시에도 사천에서는 여전히 약탈과 살인이 자
행되었으며, 토착인이 도주하였다. 뿐만 아니라 소수민족이 저항하기
도 하였다.[165] 이는 장헌충군이 사천을 점령하였을 때와 별로 다를 바
가 없는 것이지만 그 영향의 정도는 상당히 달랐다. 張獻忠軍의 침입
으로 야기된 사천의 피폐함이 '屠蜀'으로 칭해지는 데 비해, 吳三桂軍
의 침입으로 인해 발생한 피해는 보다 가벼웠고, 대체로 康熙 12년
吳三桂軍이 침입하기 이전의 상태를 그대로 유지하였다고 볼 수 있
기 때문이다. 吳三桂가 반란을 일으키자 사천의 巡撫 이하 지방관들
이 투항함으로써 전란이 일어나지 않았을 뿐만 아니라 淸軍과 吳三
桂軍이 대치하던 상황에서도 川北 保寧府 廣元縣 일대와 섬서쪽에서
주로 전투가 벌어졌다. 또 戰線의 후방지역은 稅役 부담에 시달렸지
만 대량의 人口逃散이나 무력저항은 발생하지 않았으며, 康熙 18년
이후 청군이 재차 점령하면서 川東 夔州府일대에서 전투가 벌어졌으
나, 成都府와 重慶府 등 대부분 지역은 無血占領되었다. 뿐만 아니라
사천을 점령한 淸軍은 곧 雲貴地域으로 진격하였으므로, 국지적인 약
탈과 살인이 있었지만 사천 전체에 영향을 미칠 정도는 아니었다. 吳

162) 民國《犍爲縣志》권5, 職官志, 44앞.
163) 예컨대, 富順縣 知縣 錢紹隆은 縣衙에서 80~90里나 떨어진 곳에서까지도 수천여
　　석의 米穀을 채매하여 보급했다. 錢紹隆, 〈詳總督揚撫院杭請禁兵害文〉, 康熙《敍州
　　府志》권6, 32뒤~33앞.
164) 錢紹隆, 〈詳總督揚撫院杭請禁兵害文〉, 康熙《敍州府志》권6, 30앞~32앞.
165) 光緖《慶符縣志》권21, 邊方, 122뒤.

三桂反亂이 끝난 康熙 20년대 초반의 사천은, '屠蜀' 상태에서 발생한 동란의 지역차가 그대로 유지된 상태였다. 즉 吳三桂軍의 점령은 四川이 '屠蜀'에서 회복되는 시기를 그만큼 늦추는 결과를 가져왔던 것이다.

V. 맺음말

이상에서 검토한 바에 따라 명말청초 동란기 사천사회의 실태를 정리하면 다음과 같다. 첫째, 四川의 사회질서는 이미 만력연간부터 혼돈되었고, 장헌충군의 침입은 이러한 사회혼란을 폭발시켰다. 四川에서는 명 만력연간 이래 이미 중경부일대에서 양응룡 반란, 사숭명 반란 등 대규모의 반란이 잇따랐고, 숭정연간에는 성도부에서 '成都民變'과 '成都開讀의 變'이 발생하였다. 또한 요황적과 같은 대규모의 토적집단도 준동하였으며, 부역의 과중함과 불공평에 시달린 주민들은 반란군이나 토적집단에 합류하였을 뿐만 아니라 민변에도 참여함으로써 사회혼란은 가중되고 있었다. 즉 명말의 四川의 혼란은 장헌충군에 의해 촉발된 것이 아니라, 이미 존재했던 내부적인 갈등에서 비롯된 것이었고, 장헌충군의 침입은 그 혼란을 더욱 심화시킨 것이었다.

둘째, '屠蜀'의 발생원인은 장헌충군의 도륙은 물론이고 남명군이나 청군의 살육, 기근과 전염병, 호환 등과 함께, 사회질서가 혼란해진 가운데 발생한 사천주민 스스로의 반목과 알력으로 인한 살해, 섬서인과 사천인과의 갈등 폭발, 소수민족의 약탈과 살육 등 극히 다양하고 복잡한 요소에서 찾을 수 있다. 이들은 장헌충군, 남명군, 청군 등과 같은 외부적 요인과 사천주민간의 알력과 같은 내부적 요인으로 분류할 수 있는데, '屠蜀'은 이러한 四川의 내부적인 요인과 외부적 요인이 상호교차하면서 발생한 것이다.

셋째, '屠蜀'으로 인한 인적·물적 피해의 심각함은 의문의 여지가 없으나 그 구체적인 정도는 재고해 볼 여지가 있다. 그 피해정도를 공식적으로 확인해 주는 것은 《淸朝文獻通考》의 人丁과 田土 통계인데, 이는 順治 18년에 작성된 것이다. 그러나 청조 지방관이 최초로 파견된 시점을 살펴본 결과 順治 18년이 20개 州縣, 康熙 원년 이후가 30개 州縣이었는데, 이런 상황은 청조가 四川의 상당부분을 행정적으로 장악하지 못한 상태에서 통계수치가 작성되었음을 의미하는 것이다. 또 지방관이 파견된 지역이라도 치안상황으로 보아 행정력의 침투는 성곽과 그 주변부에 국한되었고 향촌 깊숙이까지 이뤄졌다고 보기에는 무리가 있다. 뿐 만아니라 당시의 丁은 실제인구수가 아니라 세량의 납세단위였고, 이 때문에 몇 명이 1丁으로 파악되는 일이 흔하였다. 이런 점들을 감안할 때 順治 18년의 人丁·田土 통계가 당시 四川의 상황을 정확하게 반영하였다고 판단하기는 어렵다.

넷째, '屠蜀'으로 인한 인적·물적 피해의 정도에도 상당한 지역적인 차이가 존재한다는 점이다. 청군이 일찍부터 장악했던 川北의 보녕부와 순경부일대는 물론, 항청세력이 장악했던 川南의 가정주일대는 상대적으로 川西·川東 지역보다 먼저 사회질서가 안정되었다. 따라서 이들 지역은 '屠蜀'으로 인한 피해의 정도도 川西·川東 지역보다 덜 심각하였다. 이로 보아 川南·川北은 '屠蜀'을 경험한 이후 淸代에 들어가서도 川西·川北지역보다는 명대 이래의 사회적 연속성이 더 뚜렷하게 지속되었다고 생각된다. 이러한 지역적인 차이는 훗날 雍正年間에 시행된 丈量에서도 반영되어, 변두리인 川南, 川北 지역이 오히려 사회경제적 중심지인 川西, 川東 지역보다 더 높은 稅糧을 부담하게 되었다.

다섯째, 오삼계반란 때 四川은 직접 전장으로 화한 경우가 드물었

고, 이들의 四川支配도 유화적인 입장에서 추진되었으므로 전란으로
인한 물적 피해는 당하였지만 인적 피해는 드물었다. 이미 운남에서
지방통치의 경험을 축적한 오삼계군의 四川支配는 流寇의 행태를 벗
어나지 못한 장헌충군의 그것과는 확연히 달랐던 것이다.

이처럼 '屠蜀'은 四川에 심각한 피해를 준 것은 사실이지만, 그 구
체상을 검토해보면 기존의 주장과는 달리 피해정도가 과장된 측면도
있고, 또 피해의 정도도 지역에 따라 상당한 차이가 있었다. 이 때문
에 동란기 이후에도 四川의 각지에는 명대 이래의 토착인을 중심으
로 사회질서가 유지된 곳이 드물지 않았던 것이다. 즉 淸代 사천으로
湖廣人을 비롯한 많은 객민들이 유입하면서 사회경제적 회복과 개발
을 이룩한 것은 사실이지만, 한편으로 토착인의 존재와 그들의 활동
역시 淸代 사천사회를 유지하는 데 상당히 중요하였다. 따라서 淸代
사천사회를 보다 구체적으로 이해하기 위해서는 객민과 그들이 가져
온 단절성은 물론 토착인과 그들이 지닌 연속성, 그리고 양자가 같은
공간에서 생활하면서 만들어내는 사회경제적인 공존의 양상도 검토
하여야 할 것이다.

베트남 黎朝時代(1428~1788) 村落(社)의 構造와 性格*

劉 仁 善**

Ⅰ. 머리말

베트남 촌락은 흔히 '社(xã, 싸)'라고 불린다. 그러나 속칭으로는 '랑(làng, 字喃은 廊)'이란 말도 널리 사용되고 있다. 社라고 하면 行政單位로서의 의미가 강하고, 랑이라 하면 행정단위와는 별개의 단순한 自然村落을 뜻하는데 랑은 한자어의 村과 동일시되기도 한다.[1] 社란 글자 그대로는 수호신과 그 수호신을 모시는 사당을 의미하지만 본래는 특정집단의 사람들이 모여 사는 사회·경제적 생활공동체였을 것이다. 이 생활공동체를 베트남인들은 혹 예로부터 랑이라 불렀지 않을까 생각된다. 그 후 외부의 침입이나 자연재해로부터 공동체와 사람들의

---

* 본 논문은 1996년도 雲耕財團의 연구비 지원에 의해 이루어진 제1차 연구결과임.
** 서울대학교 동양사학과 교수.

1) 베트남어로 촌락을 지칭하는 용어에는 이 밖에도 여러 가지가 있다. 이들 용어 및 社·랑·촌의 관계에 대하여는 후술하고자 한다(Ⅲ. 社의 구조 참조).

생명을 보호할 필요성에 의해 수호신에 대한 숭배가 증대되면서 한 자의 社란 개념이 도입된 것으로 보인다. 여하튼 社는 베트남 사회체계 안에서 최소의 지역공동체로서 오랫동안 그 나름의 고유한 特性을 지녀왔다. 때문에 베트남 사회의 성격을 이해하려면 이에 대한 연구가 불가결하다는 것이 많은 학자들의 공통된 견해다. 더욱이 전근대사회에서는 도시다운 도시가 거의 없었기 때문에 더더욱 그러하다는 데 이론의 여지가 없다. 따라서 베트남 촌락에 대해서는 베트남 학자들뿐만 아니라 외국학자들도 일찍부터 깊은 관심을 가졌으며 실제로 연구도 활발히 행해졌다.

근대적 학문방법에 의해 베트남 촌락을 처음 연구한 것은 프랑스인들이었고, 그러한 연구는 프랑스 식민통치의 필요성, 즉 지방행정단위의 말단조직으로서 촌락의 이해라는 당면한 과제와 밀접한 관련이 있었다. 초기의 대표적 저작으로는 뤼로(Eliacin Luro)의 《安南─안남인의 정치 및 사회 조직에 관한 연구》(Le pays d'Annam : Etudes sur l'organisation politique et sociale des annamites, Paris, 1878)와 오리(Pierre Ory)의 《통킹의 安南人 村落》(La commune annamite au Tonkin, Paris, 1894)이 있다. 전자는 베트남의 남부촌락을, 후자는 베트남의 북부촌락을 연구대상으로 하고 있는데, 지금도 베트남 전통촌락에 대한 연구로는 고전적이라고 일컬어지는 저작들이다. 프랑스 식민지배하에서 베트남 촌락연구는 저명한 지리학자인 구루(Pierre Gourou)의 《통킹델타의 農民》(Les paysans du delta tonkinois, Paris, 1936)에 이르러 거의 완성되었다. 연구자들에 따라 견해의 차이가 있기는 하지만, 이들 연구는 촌락의 전통성를 부각시켜 시대에 따른 변화를 인정하려 하지 않는다는 점에서는 별다른 차이를 보이고 있지 않다.

제2차 세계대전이 끝난 후에는 戰前 프랑스 연구자들의 업적을 계승·발전시키려는 노력들이 프랑스는 물론 미국과 일본에서도 행해졌다. 이 가운데 특기할 만한 업적을 남긴 이들로는 프랑스의 폴 뮈스(Paul Mus), 미국의 힉키(Gerald Hickey)와 웃사이드(Alexander Woodside)

및 일본의 櫻井由躬雄(사쿠라이 유미오) 등을 들 수가 있다. 전전의 연구가 촌락의 정체성을 강조하는 경향이었다고 하면, 전후의 연구는 촌락을 변화라는 측면에서 파악하려고 한다는 점에서 전전의 연구와는 뚜렷이 구별된다.

베트남의 독립 이후 하노이 역사학계는, 촌락을 하나의 생활공동체로 이해하려는 노력보다 내부 농민들 사이에서의 토지소유의 다과에 따른 계급투쟁에 초점을 맞추어 연구하려는 경향이 강했다. 그러나 1970년대 말부터 베트남의 식량난이 극심해지면서 정부에서 合作社를 적극 추친하자 촌락공유지의 분배와 관개수리 같은 경제문제로 연구방향을 바꾸었고, 1980년대 후반에 '도이 머이(dôi moi, 刷新이란 뜻)'정책이 채택되어 역사유산을 강조함에 따라 지금은 외국학자들의 연구와 거의 유사하게 촌락의 형태·성격·풍습 등으로 관심의 폭을 넓히고 있다.[2]

이제까지의 촌락 연구 가운데, 전근대에 관한 것들을 보면 두 가지 현상이 특히 눈에 띈다. 하나는 연구의 대부분이 阮朝(triêu Nguyên, 응우옌朝, 1802~1945) 치하의 19세기에 집중되어 있다는 점이다. 이는 베트남 촌락에 대한 연구가 식민통치의 목적을 위해 시작되었고, 여기에 더하여 자료 또한 이전 어느 시대보다도 이 시기에 관한 것이 훨씬 풍부하다는 데 그 원인이 있다. 또다른 하나는 19세기 베트남 촌락의 구조나 싱격에 대한 연구결과를 그 이전 시대의 촌락에도 그대로 적용하려는 태도이다. 이러한 태도는 전술한 바와 같이, 베트남 촌락의 전통성을 강조하는 나머지 시대와 조정의 정책이 변하면 촌락의 모습도 변화한다는 사실을 간과한 데서 비롯되었다.

---

2) 유인선, 〈베트남의 도이 머이(刷新)정책과 베트남사의 재해석〉《동남아시아연구》 3호(1994), pp. 14~16. 프랑스 식민지배기로부터 1970년대까지 베트남 촌락에 관한 베트남 국내외의 연구에 대하여는 櫻井由躬雄가 그의 저서에서 간략하게 잘 정리해 놓았다. 櫻井由躬雄, 《ベトナム村落の形成》(東京 : 創文社, 1987), pp. 4~33 참조. 이하 동일한 논저의 두번째 인용부터는 '櫻井由躬雄(1987)'과 같이 필자명과 간행연도만을 표시함.

베트남 학자들은 전통시대(cô truyên, 글자 그대로는 '古傳')라는 이름
아래 시간을 초월해서 전근대 촌락의 성격을 일괄적으로 기술하는
경우가 적지 않다. 물론 그들도 북부와 남부의 촌락 사이에는 상당한
차이가 있음을 인식하고 있기 때문에 양자는 구분하는 경향이지만,
阮朝와 그에 앞선 黎朝(triêu Lê, 레조, 1428~1788)의 촌락제도는 전혀
구분하지 않고 혼동해서 서술하고 있다.[3] 이러한 문제점은 극히 최근
서구학자의 글에서도 보인다. 제미슨(Neil Jamieson)은 베트남의 전통
촌락을 다루며 지역만 하띤(Ha Tinh) 이북이라고 밝혔을 뿐 전통시대
의 어떤 특정시기에 중점을 두었는가에 대해서는 아무런 언급도 하
지 않았다. 사실 그의 논문은 阮朝 치세의 촌락을 대상으로 하고 있
음에도 불구하고, 이런 시대적 개념의 희박성 때문에 때로는 黎朝時
代 촌락의 長인 社長(xa truong)의 역할을 阮朝시대 里長(ly truong)의
역할과 동일시하여 양자를 혼용하고 있다.[4]

본 논문은 이상에서 언급한 전근대 베트남 촌락에 대한 두 가지
연구경향과는 출발점부터 다르다. 우선 연구의 초점을 黎朝시대에 두
고자 한다. 그리고는 촌락의 성격이 시대에 따라 변화하리라는 전제
하에 그것이 4백 년 가까이 어떻게 변모하였기에 阮朝期의 촌락모습
을 띠게 되었는가를 살펴볼 생각이다. 사료가 없을 때에는 阮朝 시대
의 촌락을 연구하여 그로부터 黎朝시대의 촌락모습을 유추·해석하는
것도 가능한 방법의 하나겠지만, 사료가 있는 한 이는 분명 적절치
않음에 틀림없다. 黎朝 前期의 촌락은 阮朝 시기의 촌락과는 달랐을
것이다. 어떻게 15세기 촌락의 모습이 400년 후인 19세기에도 거의

---

3) 일례로, Trân Tu의 *Co Câu Tô Chuc cua Lang Việt Cô Truyên o Bac Bô*[전
   근대 베트남 북부촌락의 조직](Hanoi, 1984)는 1945년까지 베트남 촌락을 다루고
   있는데, 시간적 개념이 결여되어 그가 서술하고 있는 촌락의 특성들이 구체적으
   로 과연 어느 시대에 속하는지 알 수가 없다.

4) Neil Jamieson, "The Traditional Village in Vietnam," *The Vietnam Forum*,
   vol. 7(1986), p. 109. 힉키도 전통촌락이라고 하면서 시대적 차이를 염두에 두고
   있지 않기는 매한가지다. Gerald Hickey, "The Vietnamese Village through
   Time and War," *The Vietnam Forum*, vol. 10(1987), pp. 2~8.

변하지 않고 유사했으리라고 생각할 수 있겠는가? 전근대 베트남사회는 과연 그처럼 靜態的이었는가? 필자는 오히려 이 기간 동안 베트남 사회는 정치적·경제적·사회적으로 많은 변화를 겪었다고 믿고 싶다.

이제까지 黎朝時代의 촌락에 관한 연구는 지극히 적다. 그런 가운데 앞에서 언급한 櫻井由躬雄는 《ベトナム村落の形成》에서 국가토지인 公田(công điên)의 지급을 중심으로 촌락의 자율화과정을 심도 있게 연구하였다. 그에 따르면, 黎朝 전기에는 국가권력의 침투로 촌락의 자율성이 약하다가 후기로 갈수록 국가권력이 쇠퇴해짐에 따라 상대적으로 강화되었다는 것이다.

촌락의 자율성이 시대에 따라 정도의 차이는 있었을지언정, 여하튼 촌락은 베트남인들의 생활공동체로서 그들 삶에 절대적 영향을 끼쳤다. 본 논문은 삶의 場으로서 이처럼 중대한 촌락의 모습이 어떠했는가를 그 형태나 인적구성 및 국가와의 관계 등을 통해 밝혀 보고자 한다. 한 가지 부언해 두어야 할 것은, 黎朝 초기만 하더라도 베트남의 영역이 지금의 베트남 북부와 중부의 북부지역에 불과했던 데다가 산간지방에는 평지의 주민들과 생활관습이 다른 소수민족들이 살고 있었기 때문에 연구의 대상은 주로 통킹델타에 위치했던 촌락들에 한한다는 점이다.

Ⅱ. 社 — 행정단위로서의 역사적 변천

행정단위로서의 촌락을 뜻하는 社라는 말이 베트남에서 처음 사용된 것은 언제부터인가? 1920년대에 쩐 쫑 낌(Trân Trong Kim)은, 베트남인 曲顥(Khuc Hao, 쿡 하오)가 唐이 멸망하는 해(907년) 아버지인 曲承裕(Khuc Thua Du, 쿡 트아 주)의 뒤를 이어 절도사를 자칭한 후 각지를 路·府·州·社로 나눈 것이 처음이라고 하였다. 이후 상당 기간 동안 베트남 학계는 이 설을 그대로 받아들였었다. 낌의 주장은 《欽定越史通鑑綱目》의 기사에 근거하고 있는 것으로 보인다.[5]

그러나 1960년대부터는 社가 이미 당대에 설치되었다는 견해가 우세하다. 새로운 견해는 저자미상인 15세기 중국전적 《安南志原》의 기사를 인용하여, 당나라 초기 交州(Chao Châu, 짜오 쩌우)太守였던 丘和가 縣 아래에 小鄕(70~150호)과 大鄕(160~540호)을 두고 이를 다시 小社(10~30호)와 大社(40~60호)로 구분하였다는 것이다.[6]

가스파르돈느(Emile Gaspardone)는 《安南志原》이 훨씬 이전의 베트남 사료들을 인용하고는 있지만, 13세기 후반에 레 딱(Lê Tac, 黎崱)이 쓴 《安南志略》(An Nam Chi Luoc)과 대조하고 있기 때문에 그 사료적 가치가 높다고 하였다.[7] 사실 수나라 말에 베트남 문제를 책임지고 있던 중국 관리 슈狐熙가 임의로 州와 縣의 조직과 명칭을 변경한 사례로 보건댄,[8] 隋末의 혼란을 수습한 다음 交州에서 당 초기까지 거의 독자적 권위를 행사하고 있었던 丘和가 자기 영향이 미치는 지역의 향촌제도를 바꾸었을 가능성이 충분히 있다.[9] 그러나 당

---

5) 〈顥憑舊業 據羅城 稱使 分定各處路府州社〉《欽定越史通鑑綱目》(이하에서는 《綱目》이라 약함) 前編, 권5(臺北 影印本, 1969), 14v.~15r. Trân Trong Kim, *Viêt-Nam Su-Luoc*[베트남史略], quyên 1(Hanoi, 1928 ; reprinted ed., Saigon, 1971), p. 67.

6) Léonard Aurousseau, éd., Ngan-Nan Tche Yuan[安南志原], avec une étude par Emile Gaspardone(Hanoi, Ecole Française d'Etrême-Orient, 1932), pp. 59~60 ; Trân Quoc Vuong and Ha Van Tân, Lich su chê dô phong kiên Viêt Nam[베트남 봉건제도사], tâp I(Hanoi, 1960), p. 163 ; Uy ban khoa hoc xa hôi Viêt Nam, Lich su Viêt Nam[베트남역사], tâp 1, Hanoi, Nha xuât ban khoa hoc xa hôi(1971), p. 119 ; Phan Huy Lê et al., Lich su Viêt Nam[베트남역사], tâp 1(Hanoi : Nha xuât ban dai hoc va giao duc chuyên nghiêp, 1991), p. 282.

7) Emile Gaspardone, "Etude sur le Ngan-Nan Tche Yuan," pp. 39~43.

8) Taylor, *The Birth of Vietnam*(Berkeley : University of California Press, 1983), p. 160.

9) 791년 당의 지배에 저항했던 풍흥(Phung Hung, 馮興)의 고향인 唐林(Duong Lâm, 드엉럼)을 《大越史記全書》(이하에서는 《全書》로 略함)는 단순히 현 내의 지명이라고 한 데 대해, 《綱目》은 이를 옛 社名이라고 분명히 지적하고 있지만 확실치는 않다. 陳荊和 編校 《大越史記全書》 3卷 上(東京, 1984~1986), pp. 160~161 ; 《綱目》 前編, 권4, 26r.

조정은 622년 그를 交州太守로 임명한 직후 곧 베트남에 交州總管府를 설치하고 지방제도의 개편을 단행한 만큼 丘和가 설치한 제도가 바뀌지 않고 그대로 유지되었는지는 분명치 않다. 그렇다고 전폐되었을 것 같지도 않다. 다른 한편, 쿡 하오가 당시 중국에서도 보편적이지 않았던 社 제도를 새로이 창안했다고 보기는 어렵다. 따라서 그는 이미 통킹델타의 일부 지방에 존재했던 社를 좀더 확대한 것이 아닐까 한다.

당은 처음 설치했던 交州總管府를 곧 交州都督府로 바꾸고 679년에는 다시 安南都護府로 고쳤다. 都護府는 州, 주는 다시 縣으로 각각 나뉘어졌으며, 현 밑에는 鄕, 그리고 그 아래 최저행정단위로는 里가 두어졌다.[10] 鄕의 존재는 《安南志原》이나 《綱目》 등의 기록에 의해 분명하지만, 里에 대한 명확한 언급은 없다. 그러나 당대 중국 향촌의 행정단위로는 鄕里制가 채택되었었기 때문에 베트남 역시 그러했으리라고 상상해도 무리는 없지 않을까 한다. 사실, 《全書》에는 8세기 후반 金某 여인이 節婦로 이름나 '州里'의 사람들이 모두 그녀를 모범으로 삼았다는 기록이 보인다.[11] 里가 당시 촌보다 일반적인 명칭이었기에 州里라는 합성어가 만들어졌다고 생각된다.

그렇다면 당대에 앞선 시기에 행정단위로서의 촌락은 어떻게 불리었을까? 중국지배 이전의 선사시대부터 베트남인들은 도지를 기반으로 농사를 지으며 자연촌락을 형성했다는 것은 중국의 여러 기록들이 말해주고 있다. 이들 기록에 따르면, 당시 사회는 피지배계층으로 농사를 짓는 駱民과 그 위에 지배계층인 雄王, 駱侯 및 駱將으로 구성되어 있었으며, 지배계층은 郡縣制度를 통해 피지배계층을 지배했다고 한다.[12] 당시 피지배층을 통치하기 위해 막연히 어떤 행정제도

---

10) 당은 8세기에 안남도호부를 일시 鎭南都護府로 고치고, 州도 郡으로 바꾸었다. 당 말에는 안남도호부를 다시 靜海軍節度로 개편하였다.

11) 〈時有金節婦者……自由而食 自織而衣 州里法焉〉,《全書》상, p. 160 ;《綱目》前編, 권4, 25r ; 레딱(Lê Tac, 黎崱), *An-Nam chi luoc*(安南志略)(Hue, 1961), p. 147.

12) 〈交趾昔未有郡縣之時 土地有雒田 其田從潮水上下 民墾食其田 因名爲雒民 設雒

비슷한 것이 존재했을지는 몰라도 그것이 군현제도였다고는 믿어지
지 않는다. 군현제도라는 용어는 후대 중국인들이 자신들의 개념을
적용시킨 데 지나지 않을 것이다.

베트남에 지방행정체계의 개념이 도입되는 것은 기원전 207년 현
재의 廣東을 중심으로 하여 세워진 南越(Nam Viêt, 남 비엣)의 건립에
이르러서였다. 南越의 건설자인 趙佗(Triêu Da, 찌어우 다)는 기원전 2
세기 말 통킹델타 지방을 손에 넣은 후, 이를 交趾(Chao Chi, 짜오 찌)
와 九眞(Cuu Chân, 끄우 쩐)의 두 郡으로 나누고 군수를 보내 간접적
으로 통치하였다고 한다. 그 결과 군 단위 이하에서 이전의 駱民社會
는 아무런 변화도 겪지 않았다.

기원전 111년 漢 武帝는 南越을 멸하고, 군현제를 실시하여 오늘날
의 북부 베트남 지방에 交趾, 九眞 및 日南(Nhât Nam, 녓남)의 3개 郡
을 두고 다시 각 군을 縣으로 분할하였다. 그리고 낙후와 낙장을 각
각 군과 현의 관리로 임명하여 그들로 하여금 지배케 하는 간접통치
의 방식을 취하여, 이전의 제도를 크게 변경하지 않았다.[13] 때문에 현
단위 아래에 漢의 鄕里制가 도입되었다고는 보여지지 않는다. 전한과
달리 후한은 처음부터 직접통치로 전환하였고, 그 결과 베트남사회는
변화를 겪기 시작하였다. 이러한 변화에 대한 지배계층의 불만이 徵
氏姉妹(Hai Ba Trung, 徵側과 徵貳)의 저항으로 나타났다(A.D. 40). 반란
을 진압한 후한의 장군 馬援은 낙장·낙후와 같은 이전 지배계층의
권한을 철저히 배제하고 조직적인 행정권을 확립한 것으로 보아 향
리제는 이때 도입되었을 것 같다.[14] 그러나 당시 베트남의 면적이나

王雒侯 主諸郡縣 縣多爲雒將 雒將銅印靑綬〉, 《水經注》(臺北 : 世界書局, 1988), 권
  37, p. 458.

13) 《水經注》 권37, p. 458 ; 《安南志略》, p. 57 ; 《全書》 상, p. 120 ; 《綱目》 前編, 권2,
  2r ; Keith Taylor, *The Birth of Vietnam*, p. 28, p. 33.

14) 마스페로는 마원의 정복 후 鄕(canton)이나 촌락(village)의 長들은 그대로 존속
  했으나 점차 중국의 권위에 복종하며 중국식민과 혼합하여 일종의 지방특권층을
  형성하였다고 하여, 마원의 정복 이전에 이미 鄕里制度가 있었던 것으로 보고 있
  다. Henri Maspéro, "L'expédition de Ma Yuan," *Bulletin de l'Ecole d'Extrême-*

인구로 보아 향과 리의 크기가 중국에서보다는 훨씬 작았을 것이다.

삼국시대로부터 진과 남조 및 수의 지배를 거치는 동안에도 베트남 땅에 두어진 지방행정제도에는 커다란 변동이 없었다. 변화라면 吳나라 이후 군 위에 주를 설치하여 交州(Chao Châu, 짜오 쩌우)라 칭하고 刺史를 둔 것이다. 梁에 이르러 교주는 수 개의 州로 나뉘어져 그 아래 군현이 전보다 세분되었는가 하면, 수는 交州總管府를 두고 주 대신 이를 군으로 개편하였다. 그러나 군현제와 향리제의 골격은 그대로 유지되었다.

13세기 李濟川(Ly Thê Xuyên, 리 떼 쑤엔)이란 이가 편찬한 것으로 알려진 《越甸幽靈集》은 《交州記》와 《報極傳》을 인용하여 晉 지배하의 베트남 지명으로 龍度鄕(Long Dô Huong)과 그 아래의 蘇歷村(Tô Lich Thôn)에 대해 언급하고 있다.[15] 이것이 기록상에 보이는 최초의 향과 촌 명칭으로, 龍度鄕은 행정단위이지만 蘇歷村은 자연촌락의 성격이 짙다. 그렇다면 蘇歷村의 '촌'은 혹 '랑'이란 베트남어를 한자로 표기한 것이 아닐까 한다. 반면 里名은 뒷날 陳朝時代(triêu Trân, 쩐朝, 1225~1400)로 추정되는 시기의 萬春里에 관한 기록 외에는 거의 발견되지 않는다.[16] 그러나 鄕村이란 말은 10세기 이후에야 나타나는 데 비해, 鄕里라는 합성어는 이미 6세기에 쓰이기 시작하여 앞서 말한 바와 같이 당대에 부편하디었던 것은[17] 里의 존재를 시사하는 증거로 보아도 무리는 아니라고 생각된다.

Orient(이하 BEFEO로 약함), vol. 13-3(1918), pp. 18~19.

15) 《越甸幽靈集》(Saigon, 1960), p. 73 및 p. 210. 《越甸幽靈集錄全編》, 陳慶浩 等編, 《越南漢文小說叢刊》第二輯《神話傳說類》(臺北 : 學生書局, 1992) 所收, p. 189. 《越甸幽靈集》의 다른 판본인 《越甸幽靈集錄》에서는 龍度鄕과 蘇歷村을 각각 貢度鄕과 蘇百村이라고 하였다. 陳慶浩 等編, 《越南漢文小說叢刊》第二輯《神話傳說類》 p. 27. 《交州記》는 여러 종류가 있는데 당 말기 曾袞이 쓴 것일 가능성이 높다. Taylor(1983), p. 233, n.29 참조. 《報極傳》은 11세기 후반에 쓰여진 것으로 추측된다. Keith Taylor, "Authority and Legitimacy in 11th Century Vietnam," *Southeast Asia in the 9th to 14th Centuries*, eds. David Marr and A.C. Milner(Singapore : Institute of Southeast Asian Studies, 1986), p. 145.

16) 《安南志略》(Hue, 1961), p. 147.

17) 〈韶叱之 還鄕里 從帝謀起兵〉《全書》상 pp. 147~148 및 주 11 참조.

그러나 중국 통치하에서 향리제의 도입은 베트남의 자연촌락질서에 아무런 영향도 끼치지 않았을 것이다. 최저행정단위인 里는 자연촌락들을 통합한 것이 아니고 하나 또는 둘 이상의 촌락을 그저 하나의 단위로 하여 행정의 편의를 도모한 데 지나지 않고, 더욱이 그것도 중국의 통치가 확고하지 못했던 때문에 형식에 불과했을 가능성이 높다.

한편 전술한 바와 같이, 베트남의 지방행정제도는 쿡 하오에 이르러 형식상 대대적으로 개혁되었다. 그는 이제까지의 주를 路, 현을 府나 州, 그리고 향을 甲으로 개편하는 한편 社제도를 정착시킨 듯하다.[18] 《綱目》에 의하면, 갑에는 管甲과[19] 副知甲을 임명하여 조세징수의 임무를 맡기고, 최소 행정단위인 社에도 正·佐 두 사람의 令長을 두어 호적을 작성하고 조세의 균등을 기하게 하였다고 하였다. 그렇다면 향리제는 폐지된 셈이다. 그러나 다오 주이 아인(Dao Duy Anh)이 지적했듯이,[20] 曲顥는 절도사를 자칭했던 기간(907~917)이 짧고, 또 그 위에 廣州節度使 劉隱이 베트남 땅에 설치된 靜海軍節度使를 겸임하면서 이 지역에 대해 강력한 압력을 행사했던 때문에 개혁을 제대로 이룩할 겨를이 없었다. 향의 이름들은 베트남이 중국으로부터 독립한 10세기 이후에도 계속하여 여러 사서에 나타나고 있는 것으로 보아 향리제의 골격은 유지되었음에 틀림없다. 한편 社와 관련하여 宋代의 예를 보면, 향 아래의 취락형태 중 村에는 반드시 수호신을 모신 社가 있기 때문에 촌이 곧 사로 되는 사례도 종종 있었다.[21]

---

18) 《安南志原》 p. 六十 ; 《綱目》 前編, 권5, 15r~v. ; Dao Duy Anh, *Dât Nuoc Viêt Nam Qua Cac Doi*[베트남 歷代疆域], revised and supplemented ed.(Huê : Nha Xuât Ban Thuân Hoa, 1994), p. 108.

19) 管甲은 10세기 후반 또는 그 이전부터 향의 장이 아니라 단순히 징세를 담당하는 관리로 바뀐 듯하다. 〈時帝遣管甲進祿徵驩愛二州稅〉《全書》 상 p. 192 및 p. 190 ; 《綱目》 正編, 권1, 24r~v. 管甲은 李朝에 이르면 다시 그 성격이 바뀌어 軍의 직책을 일컫는 것으로 된다. 〈定兵爲甲 每甲十五人 用一人爲管甲〉《全書》 상 p. 215.

20) Dao Duy Anh(1994), p. 108.

21) 曾我部靜雄, 《中國及び古代日本における鄕村形態の變遷》(東京 : 吉川弘文館, 1963),

따라서 베트남에도 이 무렵 이후 혹 村이 자기네 수호신을 중심으로 단결한다는 뜻에서 社로 전환하는 경우가 없지 않았을 것으로 추측된다. 따라서 뒷날 一社一村(nhât xã nhât thôn)으로 불리는, 다시 말해 하나의 村이 하나의 社를 구성하는 예는 늦어도 이때에는 이미 존재했을 것으로 보아 틀림없다. 여하튼 쿡 하오의 개혁이 당시 어느 정도 시행되었는가를 떠나 후대에 영향을 준 것만은 사실이다.

吳權(Ngô Quyên, 응오 꾸엔, 939~944)은 南漢의 군대를 물리치고 939년 왕을 칭하면서 관리들을 임명했다고 하지만 지방제도를 바꾸었다는 기록은 없다. 吳朝(triêu Ngô, 939~966)에 뒤이은 잠시 동안의 혼란에 종지부를 찍고 황제의 자리에 오른 丁部領(Dinh Bô Linh, 딘 보 린, 966~979)은 전국을 10道로 나누었으나 도 아래의 지방행정단위를 개혁하지는 않았다.[22] 黎桓(Lê Hoan, 레 호안, 980~1005)이 새로운 왕조인 前黎(triêu Tiên Lê, 980~1009)를 세운 후 그는 도를 路로 고치고 이를 府와 州로 나누었다.[23] 黎桓 역시 현 이하에 대하여 어떤 개혁을 했다는 기록은 보이지 않지만, 그의 지방행정제도가 근본적으로 송의 것을 모방하고 있기 때문에 鄕里制에 변동이 있었을 것 같지는 않다. 그러나 吳權 이후 黎朝의 성립까지 왕조의 잦은 교체 때문에 향리제가 존재했다고 하더라도 중앙의 권력이 미치지 못해 그것은 유명무실했을 가능성이 많다. 다시 말하면, 정치적 혼란이라는 상황 아래 가 촌락은 자신들의 안전을 위해 자체의 독립성을 강화하는 경향으로 나아갔고, 그 결과 특히 里는 별다른 역할을 하지 못하면서 점차 소멸되었을 것이다.

《越甸幽靈集》에는, 李朝 초 古碑(Cô Bi)와 潭舍(Dam Xa) 두 촌락이

---

p. 124.

22) 道路의 개편은 중앙집권화와 관련된 군사적 목적이었던 듯하다. 〈定十道軍 一道 十軍 一軍十旅……〉《全書》 상 p. 181 ;《綱目》 正編, 권1, 5v ; Uy Ban Khoa Hoc Xa Hôi Viêt Nam, *Lich su Viêt Nam*, tâp 1, pp. 144~145.

23)《全書》 상 p. 196 ;《綱目》 正編, 권1, 35v. 1010년 李 太祖(Ly Thai Tô, 리 타이 또, 1009~1028)는 10道를 24路로 나누었다는 기록이 있고 보면, 黎桓의 개혁은 제대로 이행된 것 같지 않다.《全書》 상 p. 209 ;《綱目》 正編, 권1, 12r.

서로 경계다툼을 했다는 기록이 있다. 흥미롭게도 분쟁을 해결해 준 것은 里도 鄕도 아닌 근처 邦山社(Bang Son Xa, 일명 氷山社, Bang Son Xa, 또는 那山社, Na Son Xa)의 黎奉曉(Lê Phung Hiêu, 레 풍 히어우)라 는 사람이었다. 그는 무력으로 潭舍를 굴복시키고 토지를 古碑에 돌 려주도록 했다고 한다.[24] 이 예는 바로 향리제가 유명무실하여 각 촌 락은 자신들의 문제를 스스로 해결할 수밖에 없었음을 말해 준다. 社 의 이름이 구체적으로 이 즈음 처음 등장하는 것도 주목할 만하다. 《全書》와《綱目》에는 氷山社가 氷山鄕으로 되어 있는 것을 보면[25] 일부 향은 이미 사로 전환되고 있지 않았는가 한다. 사실 鄕은 陳朝 말까지는 거의 다 社로 바뀌었다.[26] 이후 향의 이름이 보이긴 해도 이미 행정단위로서의 의미는 없고 단순히 지명일 뿐이었다. 이 경우 촌이 사로 된 것과는 달리 하나의 사는 적어도 둘 이상의 촌(一社二 村 또는 一社三村)으로 이루어졌을 것이다.

베트남 사학계는 李朝가 중앙권력의 강화를 위해 전국을 路·府·州 ·縣으로 나누고 현은 다시 鄕과 甲으로 재분할하였다고 주장하는가 하면,[27] 일본인 학자들은 李朝가 이러한 통일된 지방행정체계를 이룩 했었다는 주장에 대해서 의문을 제기하고 있다.[28] 후자에 의하면, 路 는 존재하지 않았던가 혹 존재했어도 유명무실했으며 道도 지역에

---

24) 《越甸幽靈集》 p. 77 및 pp. 207~208 ;《越甸幽靈集錄全編》 p. 191. 黎奉曉는 그 후 李 太宗(Ly Thai Tông, 리 타이 똥, 1028~1054)의 왕위계승전쟁과 참파(占 婆)원정에서 큰 공을 세워 多麑鄕(Da Mê Huong, 또는 那山社, Na Son Xa)이 私 田으로 주어졌다고 한다.

25) 《全書》 상 p. 217 ;《綱目》 正編, 권1, 28v. 古碑와 潭舍는 혹 氷山社(鄕?)에 속하 는 촌락들이 아니었을까?

26) 櫻井由躬雄,〈ヴェトナム中世社數の硏究〉,《東南アジア ― 歷史と文化 ―》 No. 5 (1975), p. 28.

27) Uy ban khoa hoc xa hôi Viêt Nam, Lich Su Viêt Nam, tâp1, p. 152.

28) 櫻井由躬雄는 지방행정의 최고단위를 府·州·道, 중간단위를 縣, 그리고 최하단 위를 洞·甲·鄕·場·村·邑 등으로 보고 있다. 桃木至朗은 路의 존재를 인정하되 전 국적 단위는 아니었고 많은 경우 府 또는 州와 동일한 단위였다고 한다. 櫻井由 躬雄,〈李朝期(1010~1225) 紅河デルタ開拓試論〉,《東南アジア硏究》 18-2(1980), pp. 274~276 ; 桃木至朗,〈ヴェトナム李朝の地方行政單位と地方統治者〉,《東南ア ジア硏究》 26-3(1982), pp. 251~252, pp. 254~255.

따라 여전히 있었는가 하면, 현에 해당하는 단위로 郡의 이름도 많이 보이기 때문이라는 것이다. 여하튼 里를 폐지했다는 기록은 어디에서도 발견되지 않는다. 그러나 李朝 시대 말에는 전술한 鄕里라는 단어 대신 鄕村이라는 합성어가 쓰이고 있음도 주목할 가치가 있다.[29] 이로 보면 李朝를 거치는 동안 里는 거의 없어졌다고 보아도 무리는 아니다. 향과 갑 아래의 최소 거주단위로는 社·村·江·場 등등이 있었는데, 이들이 행정단위였는지 아니면 단순히 촌락공동체의 명칭이었는지는 학자들 사이에 의견이 분분하다. 李朝는 베트남 학자들의 주장과는 달리 강력한 중앙집권적 왕조가 아니라 홍하델타의 핵심지역에서만 영향을 행사한 지방정권적 성격이 짙었다고 여겨지는 만큼 전국적으로 통일된 지방행정체제를 유지했다고 보기는 어렵다. 그러나 직접적 영향 하에 있었던 일부 지방에서는 어느 정도 권력을 행사했을 것이기 때문에 델타 중심부에 위치했던 社·村·江·場의 일부는 행정단위로서의 역할도 하지 않았을까 생각된다. 사실《綱目》에는 李朝가 사에 임명된 관리, 즉 社官(xã quan)으로 하여금 매년 인구를 보고토록 하였다는 기록이 보인다.[30]

陳朝에서도 縣 단위 이상의 지방행정의 기본골격은 李朝와 유사하여 路·府·州·縣으로 구성되어 있었다. 路와 부는 상하관계가 아니라 동일한 행정단위였으며 벽방의 지방에는 路 대신 鎭이 두어졌다. 陳朝의 제도기 李朝의 제도와 크게 다른 점은 鄕과 社에 관한 것이다. 즉 1242년 지방행정을 개편할 때 社柵의 대소에 따라 大司社(五品 이상)와 小司社(六品 이하)의 관리를 두고 2社 내지 4社를 관리케 하는

29) 〈費郞等恃其數勝 遂率志土蠻獠官峰等攻拔一帶鄕村……〉 陳荊和 編校, 《校合本 大越史略》(東京 : 創價大學アジア硏究所, 1987), 권3, p. 85.

30) 〈李制歲令社官開報人口〉《綱目》正編, 권6, 6v. 《全書》에는 〈故事每年春首 社官 開報口〉라 하여 시대를 밝히지 않았다. 《全書》상 p. 324. 櫻井由躬雄는 李朝時代 에는 社가 없었다고 하면서 이 기록에 의문을 제기하고 있다. 그러나 《全書》와 《越史略》에는 4개 社의 이름이 보인다. 한편 桃木至朗은 陳朝期 홍하델타의 기본적 행정단위는 府·州·郡 등과 鄕·甲 등의 두 단계구조였다고 하였다. 櫻井由躬雄, 1975, p. 28 ; 桃木至朗, 1982, p. 246, p. 255.

동시에, 각 사에는 社正, 社史 및 社監과 같은 관리, 즉 社官을 임명
하였다고 한다.[31] 이들 大小司社는 각각 몇 개의 사를 통제하는 관리
였던 점으로 보아 그들의 영향력은 이전 鄕 단위와 동일했다고 생각
된다. 앞에서 말한 바와 같이, 향이 陳朝 말까지는 거의 사로 전환되
는 것도 이러한 개혁과 관련이 있었음에 틀림없다.《全書》에는 1297
년에 "甲을 고쳐 鄕으로 했다"는 기록이 있지만,[32] 향 숫자의 감소경
향에는 변함이 없었고 행정단위로서의 의미도 점차 상실한 것으로
보인다. 15세기 후반의 기록들에 그 수가 기껏해야 30 전후로 베트남
사회에서 별다른 의미가 없는 것이 이를 말해 준다.[33] 한편 社는
1242년의 개편에 의해 지방행정의 최저단위로서 전보다 좀더 자리잡
히지 않았는가 한다. 이때 사는 그 대소에 따라 하나 또는 그 이상의
촌으로 구성되어 있었다. 이러한 사실은 다음과 같은 예에 의해 입증
된다. 이 개혁이 있기 전에 陳 왕조의 건설자인 陳守度(Trân Thu Dô,
쩐 투 도)는 李朝의 惠宗(Ly Huê Tông, 리 후에 똥, 1211~1224)을 시해
한 후 李씨 종실의 불만이 점차 커지자 그들을 달래기 위해 후에 똥
과 그 선대들을 花林(Hoa Lâm)의 太堂(Thai Duong)에 모셨다고 하는
데,《綱目》은 花林을 社, 太堂은 村이라고 하였다.[34] 1242년의 개편
이후 사가 베트남 지방행정의 최저단위로서 "좀더 자리잡히지 않았
는가"라고 하면서 즉각적인 변화를 유보한 것은 陳朝 역시 전국을
통제할 수 있을 만큼 강력한 권력을 행사하지 못했기 때문이다. 위에
서 본 바와 같이, 陳朝가 통일된 지방행정체계를 확립하지 못했던 것
도 이러한 연유에서였다. 陳 왕조 말에 외척으로서 권력을 장악했다
가 마침내 陳朝의 왕권을 빼앗은 胡季犛(Hô Quy Ly, 호 꾸이 리, 140
0~1401)는 즉위 몇 해 전인 1397년에 관료적 중앙집권화를 목적으로

31)《全書》상, p. 331 ;《綱目》正編, 권6, 13r.
32)《全書》상, p. 375 ;《綱目》正編, 권8, 25r.
33) 櫻井由躬雄(1975), p. 15, 表 1.
34)《綱目》正編, 권6, 12v~13r.《全書》에는 花林이 華林으로 되어 있다.《全書》상,
   p. 326.

路는 府를, 부는 州를, 주는 縣을 통제케 하는 체계적 지방행정제도를 수립하는 한편, 이전의 大小司社를 없애고 이를 管甲으로 대체시켰다.[35] 管甲은 징세관이었던 만큼 향 단위의 社는 없어지고 최소행정단위로서의 社만 존속했다고 생각된다. 이러한 개혁은 후일 현과 촌락으로서의 社를 직결시키는 길을 열어놓았다.

胡季犛政權(1400~1407)을 멸망시킨 명은 베트남을 交趾로 칭하면서 지방행정단위로는 府·州·縣을 설치하였다. 현 밑에는 한 동안 이전 촌락조직을 그대로 유지시켰다. 이들 조직의 명칭으로는 향·사 외에 坊·街·市·村·場·冊·庄·峒·寨 등의 이름이 보이는데《安南志原》의 통계로는 전부 3,385에 달했다고 한다.[36] 이 숫자를 세분하면 鄕 19, 社 2,534, 村 135, 坊 44, 市 115, 街 38, 冊 302, 庄 81, 峒 30 등등으로 된다. 이들 숫자는 늦어도 陳朝 말까지는 베트남 촌락의 대부분이 사로 불리었음을 말해 준다. 그리고 사의 지역별 분포를 보면 交州府·北江府·諒江府·新安府·建昌府·奉化府·建平府·三江府 등 홍하델타지방에 집중되어 있다.[37] 鄕의 수는 겨우 19로 현과 사를 연결하는 행정단위는 더 이상 아니었고 더욱이 그 위치도 산지지역에서 발견되는 것은 아직 변화의 영향이 미치지 못해 이전 제도의 흔적이 그대로 남아 있는 데 불과함을 말해 준다. 冊과 峒은 주로 산지 소수민족들의 부락을 가리키는 명칭으로 후내에노 넬타지방에는 거의 없다.《安南志原》의 촌락 수는 후술하는《抑齋集》 및 洪德연간(1470~1497)의 촌락 수에 비해 상당히 적은데, 이는 명이 지배하는 영역이 그만큼

---

35)《全書》상, p. 473 ;《綱目》正編, 권11, 27r.~28v. ; 潘輝注,《歷朝憲章類誌》(이하《憲章》으로 약함)(東京 : 東洋文庫, X-76), 권14,〈官職誌〉23r.~v. ; 桃木至朗,〈陳朝期ヴェトナムの路制に關する基礎的硏究〉,《史林》66-5(1983), p. 66.

36)《安南志原》, pp. 六十~六十三 ; 山本達郎,《安南史硏究》 I(東京 : 山川出版社, 1950), p. 580.

37) 각 府의 지리적 위치에 대하여는 山本達郎(1950), pp. 493~571 참조. 이들 府 외에 델타 남부에 위치했던 淸華府의 社와 冊의 수는 각각 325, 127로 사의 숫자가 상당히 많은데, 전자는 주로 府 북부의 평야지대에, 그리고 冊은 府 서쪽 산간지대에 두어졌을 것이다.

적었음을 보여주는 것이다. 명은 永樂 17년(1419)에 이르러 중국 본토
와 동일하게 베트남에도 里甲制를 도입·실시하였다.[38] 그러나 이미
베트남 내부에서 명에 대한 투쟁이 격렬하게 전개되기 시작하였기
때문에 明은 새로운 제도를 정착시키는 데 주력할 겨를이 없었을 것
이다. 따라서 이갑제가 실시되었다고 하여도 그것은 홍하델타의 극히
일부 지방에서 잠시 시행되는 데 지나지 않았을 것으로 생각된다.

  명의 지배를 물리치고 세운 黎朝는 明 지배기의 지방행정체제를
폐지하고 새로운 제도를 마련하였다. 즉 전국을 道로 나누고 그 아래
에 路·鎭·府·州·縣을 두었다가 제4대 聖宗(Thanh Tông, 타인 똥, 146
0~1497)의 光順 7년(1466)에 路와 鎭을 폐하고 府·縣·州 체제를 확립
하였다.[39] 한편, 현과 주 아래의 촌락 또는 市街로는 명 지배 이전의
鄕·社·坊·街·市·村·場·冊·庄·峒·寨 등을 그대로 재건하였다. 阮薦
(Nguyên Trai, 응우엔 짜이)가 1435년 편찬한 《抑齋集》의 〈地輿志〉에는
당시 鄕이 1, 社 9,728, 村 294, 洲 119, 洞(=峒) 534, 冊 465, 寨 74라
는 총계가 기록되어 있다.[40] 이와 유사한 통계는 《全書》의 聖宗 洪德
21년(1490) 條에서도 보인다. 여기에 나타난 숫자를 보면, 鄕 20, 社
6,851, 村 322, 庄 637, 冊 40, 峒 40 등등이다.[41] 이들 기록에서 주목
할 것은 사의 수에는 적지 않은 차이가 있지만 여하튼 그것이 촌락
의 주류를 이루고 있다는 사실이다. 《抑齋集》이나 洪德연간의 기록에
는 지역에 따른 촌락의 통계가 포함되어 있지 않아 社·村·峒·冊·庄
의 지리적 분포를 알 수 없다. 그러나 阮薦와 동시대 인물인 阮天錫
(Nguyên Thiên Tich, 응우엔 티언 띡)이 《抑齋集》에 註를 붙인 《抑齋集

---

38) 《全書》 중, p. 517 ; 《綱目》 正編, 권13, 5v.~6r.
39) 《全書》 중, pp. 656~657 ; 潘輝注, 《憲章》, 권13, 〈官職誌〉 13r. ; 《綱目》 正編, 권
    20, 7v.~8v. 道는 현재의 省에 해당하는 행정단위로, 1428년 黎朝의 성립과 동시
    에 전국이 5道로 나뉘어졌다가 1466년 13道(《綱目》에는 12道)로 증가하였다. 州
    는 중국에서와는 달리 縣과 동급의 행정단위로 대개 산간지역에 두어졌다.
40) Nguyên Trai, *Uc-Trai Tâp*[抑齋集], tâp Ha(Saigon, 1972), pp. 734~735 ; 櫻井
    由躬雄(1975), p. 15.
41) 《全書》 중, p. 736 ; 櫻井由躬雄(1975), p. 15.

謹按》이나 17세기 후반에 만들어졌다고 추정되는 《洪德版圖》를 보면,[42] 이전 시대와 마찬가지로 사는 대부분 델타인 평야지대에, 그리고 峒·册·庄은 거의 산간지대에 분포되어 있다. 사와 관련하여 한가지 중요한 사실은 光順 3년(1462) 개혁에서 사를 관할하는 社官이 社長으로 바뀐 것이다. 이 점에 대하여는 다음(II. 社의 구조)에서 상세히 논하겠기에 여기서는 더 이상 언급하지 않으려 한다.

黎朝 全시기를 통해 상층행정제도인 道(16세기 초 鎭으로 개칭)[43]·府·縣(또는 州)이라는 골격에는 거의 변함이 없었으나, 언제부터인지는 확실치 않지만 현(또는 주)과 지방행정 최소단위로서의 社 중간에 이전 향과 유사한 總(tông)을 두어 몇 개의 社를 통괄케 하였음은 주목할 만하다. 總이란 명칭이 사료상 처음 나타나는 것은 레 타인 똥의 洪德 元年(1470)이다. 그 후 16세기 말과 17세기 초에도 각각 한 번씩 보이는데 호적과 漂散流民이라든가 또는 토지에 대한 소송과 관련하여서이다.[44] 18세기의 소송절차에 관한 법에서는 특히 인명과 연관된 조문들 가운데에서 여러 번 언급되고 있다.[45] 17세기 말부터 18세기 초에 걸친 개혁관계 법령을 모아놓은 《國朝條例田制給田土事》에는 總의 수가 모두 1,055인 것을 보면,[46] 총의 확립은 17세기 전반 또는

---

42) 《洪德版圖》는 종래 洪德 21년에 만들어졌다고 여겨졌으나, 현재는 17세기 후반 내지 18세기 초의 지도라고들 한다. 櫻井由躬雄, 1975, p. 15 및 pp. 18~19 ; Lê Thuoc, "Nhàn xet vê tâp ban dô Hông Duc sô A.2499 cua Thu viên Khoa hoc"[과학시원 소장 《洪德版圖》 A.2499에 관한 견해]Nghiên Cuu Lich Su, sô 55, pp. 27~28.

43) 道는 黎聖宗 때 잠시 處(xu)로 불리었다가 16세기 초인 洪順年間(1509~1516)에 鎭(trân)으로 바뀌었다. 鎭은 1822년에 이르러 省(tinh)으로 고쳐졌다. Nguyên Ngoc Huy et al., The Lê Code : Law in Traditional Vietnam, vol. II(Athens, Ohio : Ohio University Press, 1987), p. 82.

44) 《憲章》 권29, 〈國用誌〉 6v. ; Hông-Duc Thiên Chinh Thu[洪德善政書, 이하 《善政書》라 약함](Saigon, 1959), pp. 144~145 ;《全書》 중, p. 907, p. 934. 洪德(1470~1497)은 黎聖宗의 年號이지만, 이 《善政書》에는 15세기 전반 및 16세기 초에 반포된 법령들도 포함되어 있다.

45) 《黎朝會典》(EFEO A. 52) 刑屬4, 103v.~104r. ;《憲章》 권38, 〈勘訟事例之律〉 참조. 〈勘訟事例之律〉은 소송절차에 관한 규정들로 18세기 후반에 반포되었다.

46) 《國朝條例田制給田土事》(Ecole Française d'Extrême-Orient, A. 258), 100r.~109r. ; 櫻井由躬雄(1975), pp. 22, pp. 38~47.

그 이전으로 생각된다.[47] 총의 장을 《黎朝會典》에서는 總正이라 하고, 《憲章》에서는 總長이라고 하였는데, 전자가 옳지 않은가 한다. 한편 黎貴惇(Lê Quy Dôn, 레 뀌돈)에 의하면, 18세기 阮氏(ho Nguyên) 지배 하의 중부 베트남에서는 總正을 該總이라고 하였다.[48]

阮朝에 들어오면 지방행정제도의 상층에는 상당한 변혁이 있었으나, 하부단위에서는 커다란 변화가 없었다. 嘉隆帝(Gia Long, 자롱, 1802~1819)는 전국을 23鎭 4營으로 나누고 이를 다시 북부의 11鎭으로는 北城, 남부의 5鎭으로는 嘉定城을 형성하였다. 중부에는 7鎭을 설치하였으며 특히 畿內에는 4營을 두었다. 진과 영은 부·현(또는 주)으로 나누고, 그 아래의 최소 행정단위로는 總·社·村 등을 두었다. 明命帝(Minh Mang, 민망, 1820~1840)에 이르러 北城과 嘉定城은 폐지되고 진과 영은 모두 省으로 바뀌었다. 그러나 그 하위 행정단위에는 아무런 변혁도 가해지지 않았다. 앞 시대에서와 마찬가지로, 최소단위는 사이고 그보다 상급단위인 총 역시 그대로 존속되었다. 다만 총의 장은 전대와 달리 正總이라고 하였다.

阮朝의 촌락제도가 黎朝의 제도와 비교할 때 특별히 다른 점이 있다면, 社長이란 칭호가 里長으로 바뀐 것이다. 이 시기에 社라는 기존의 촌락제도를 고치지는 않았지만 새로이 개척하여 세운 촌락은 社라 하지 않고 里·邑·寨·甲 등의 이름이 붙여진 것도[49] 이와 같은 맥락에서 해석될 수 있다.

阮氏 왕조의 중앙과 지방 행정제도는 청나라의 것을 거의 그대로

---

47) 레반란(Lê Van Lan)이 總의 성립을 黎朝 말 내지 阮朝 초로 본 것은 잘못이다. Lê Van Lan, "Anh huong cua nông thôn dôi voi cac thanh thi phong kiên o Viêt Nam"[베트남의 封建城市에 대한 농촌의 영향], in *Nông Thôn Viêt Nam Trong Lich Su*[베트남 역사에서의 농촌], tâp 1, ed. Viên Su Hoc(Hanoi, 1977), p. 201.

48) 黎貴惇, 《撫邊雜錄》, Saigon, 1972, 120r.~v. ; Dang Phuong-Nghi, *Les institutions publiques du Viêt-Nam au XVIII siècle*(Paris : Eolce Française d'Extrême-Orient, 1969), pp. 83~84.

49) 櫻井由躬雄(1975), p. 37.

모방하고 있기 때문에 里長으로의 개명이나 새로운 촌락명칭의 도입은 외형상 淸의 里甲制 같은 향촌제도를 본받은 것으로 보인다.

Ⅲ. 社의 구조

베트남의 촌락을 社 또는 랑이라 한다는 것은 이미 위에서 언급한 바와 같다. 社 외에도 峒·冊·庄·寨 등으로 불리는 촌락들이 있었음도 이미 보았다.

홍하델타의 주류를 이루는 社라는 촌락들의 가장 중요한 외형적 특징은 외부로부터의 침입이 불가능하게끔 대나무나 관목 울타리로 빽빽하게 둘러싸여 있다는 것이다. 17세기 말 북부 베트남에 몇 달 체류했던 영국인 담피어(William Dampier)는 다음과 같이 말하고 있다.

> 마을들은 입구에 다가갈 때까지 거의 보이지 않는다. 이는 마을을 둘러싸고 있는 나무나 숲들 때문이다. 따라서 바다에 가까운 저지대에서 마을이 없는 숲을 본다는 것은 거의 있을 수 없고, 또 숲 없는 마을을 본다는 것 역시 어려운 일이다.[50]

일부 마을들 기운데에는 숲 외부가 다시 제방이나 깊은 도랑으로 둘러싸인 경우도 있었다. 강가에 위치하여 일면이 강물과 접한 마을들은 물론 그 쪽에 대나무 울타리가 없었다. 이처럼 마을 전체가 대나무나 관목 울타리로 둘러싸인 모습은 오늘날도 통킹델타의 어디에서나 볼 수 있는 풍경이다. 마을 주위를 울타리로 둘러싼 것은, 고대로부터 국가권력이 미약하여 치안이 불안한 상황에서 마을들은 각자

---

50) William Dampier, *Voyages and Discoveries*, with an Introduction and Notes by Clenell Wilkinson(London : The Argonaut Press, 1931), pp. 35~36. 대나무는 건물이나 다리의 수리에도 사용되었다.

스스로를 보호해야만 했던 데서 비롯되었다. 국가도 이러한 상황을 이해하여, 黎朝 聖宗이 촌락주민들로 하여금 사 주위에 나무를 심어 울타리를 만듦으로써 도적에 대비하도록 장려하였다.[51] 각 마을이 스스로를 보호해야만 했다는 사실은 점차 마을의 공동체의식을 강화시켜 주고 그 결과 울타리는 마을과 외부세계를 분리하는 신성한 경계선의 역할도 하게 되었다.

때문에 대나무나 관목으로 된 숲 울타리와 그 주위의 도랑은 각 촌락의 보호막이자 신성한 경계선으로서 그 중요성은 무엇에 비유할 수 없을 정도로 절대적이었다. 촌락이 그것들을 얼마나 중시하였는가는 1665년에 제정된 慕澤社[Mô Trach, 모 짜익, 오늘날 하이 즈엉(Hai Duong)省 드엉 안(Duong An)縣 소재]의 鄕約 내 규정들을 보면 쉽게 알 수 있다.[52] 이들 규정에 의하면, 社 내의 각 村은 자기 구역에 속하는 도랑과 울타리의 일부를 책임지고 유지해야 했으며 매년 음력 11월에는 대나무를 더 심거나 가시 돋친 나무가지로 울타리를 묶어 이를 보강토록 되었다. 또 도적을 막기 위해 깊이 판 도랑을 건너는 것은 엄격히 금지되었고 만일 건너다 조금이라도 무너뜨리는 자는 중한 처벌을 받았다.

대나무나 관목으로 된 울타리는 이처럼 촌락에게 절대적으로 중요하였기 때문에 국가는 혹 촌락이 어떤 중대한 범죄, 예컨대 반란에 가담한다든지 또는 반란에 가담한 자를 피신시켜 준다거나 하면 우선적으로 이 울타리를 베어버리게 하였다.[53] 촌락으로서는 이보다 더

51) 《善政書》, pp. 50~53.

52) "The Statute of Mo Trach Commune," in *The Traditional Village in Vietnam*, eds. Phan Huy Lê et al.(Hanoi : The Gioi Publishers, 1993), pp. 396~397 ; Nguyen Khac Tung, "The Village : Settlement of Peasants in Northern Vietnam," in *Traditional Village in Vietnam*, p. 13. 鄕約은 款約이라고도 한다. Vu Duy Men, "Gop phan xac dinh thuat ngu 'Khoan uoc'"[관약과 향약이란 용어의 정의], *Nghien Cuu Lich Su*, sô 246~247(1989), pp. 77~83.

53) Pierre Gourou, *The Peasants of the Tonkin Delta*, 2 vols., trans. Richard. R. Miller(New Haven : Human Relations Area Files, 1955), vol. I, p. 292.

커다란 수모는 없었다. 울타리가 없어 촌락 내부가 외부에 훤히 드러
난다는 것은 마치 사람이 발가벗고 남들 앞에 서 있는 것과 같이 생
각되었기 때문이다.

촌락을 둘러싸고 있는 울타리 때문에 마을 안으로 들어가려면 반
드시 入口를 통해야만 했다. 입구는 일반적으로 동·서·남·북에 각각
하나씩 넷이 있었으나 때로는 입구가 둘 또는 셋뿐인 예도 적지 않
았다. 문을 들어서면 큰 길이 있고 이 길을 따라 주거지역으로 가게
되었다. 촌락은 하나의 자연적인 集落으로만 구성된 경우도 있었으나
대부분은 둘 또는 그 이상으로 이루어져 있었다. 바꾸어 말하면, 하
나의 랑이 하나의 社를 이룰 수 있는가 하면 몇 개의 랑이 하나의
社를 형성할 수도 있다. 따라서 社는 일반적으로 랑보다 큰 개념이
다. 촌락의 集落이 하나일 때는 社와 랑은 같은 크기가 되어, 위에서
언급한 바와 같이 흔히 一社一村이라고 불리지만 랑이 둘일 때는 一
社二村이라고 한다. 결국 국가는 하나 이상의 랑을 한데 묶어 社라는
행정단위를 만들었던 것이다.[54] 社에 사관 또는 사장이 있었듯이 각
촌에는 村長을 두었다.

랑 또는 村은 다시 하나 이상의 거주집단으로 나누어지는데, 이 하
나 하나의 거주집단은 쏨(xom, 字喃은 坫)이라 불린다. 한편 쏨은 다
시 응오(ngo, 字喃은 吽)라고 하는 몇 개의 구역으로 나누어진다. 응오
와 응오는 서로 길에 의해 구분되며 한 응오는 보통 몇 채의 집으로
구성된다.[55]

그러나 이러한 구분은 어디까지나 社 구조의 이해를 돕기 위해서
한 것일 뿐이다. 많은 촌락들이 이러한 구조로 이루어졌던 것은 사실
이지만, 그렇지 않은 촌락들도 적지 않았다. 다시 말해, 하나의 社가

---

54) 17세기 이후 베트남인들이 남부지방으로 진출하며 개간한 땅에 세운 촌락은 邑
(âp, 업)이라고 하였는데, 이는 북부의 랑 또는 촌과 같다. 당시 남부의 각 촌은
북부의 社처럼 최저 행정단위로 간주되었다.

55) 社 하부의 촌락구조에 대하여는 하노이대학 판 다이 조안(Phan Dai Doan) 교
수의 도움이 컸음을 밝혀둔다.

하나의 랑으로만 이루어진 예가 있듯이 쏨이 둘 또는 그 이상의 응오로 구성되는 것만은 아니었다. 그런가 하면 쏨 자체가 랑인 경우도 있었다. 예컨대, 북부의 해변을 따라 새로이 개척된 곳에서는 랑이 비교적 커서 社와 동일시되는 때문에 이곳에서는 쏨이 村으로 칭해진다. 이러한 현상은 오늘날 타이 빈(Thai Binh)省, 남딘(Nam Dinh)省, 하이 퐁(Hai Phong) 등지에서 특히 눈에 띈다.

여하튼 베트남어로 촌락을 단순히 社 또는 랑으로만 부르지 않고 랑싸(lang xa), 랑톤(lang thôn), 랑쏨(lang xom), 싸톤(xa thôn) 등처럼 복합어를 사용하여 지칭하는 것은 이상과 같은 촌의 구성을 반영하는 것이다. 이 밖에 촌락을 뜻하는 순수 베트남어로 랑 느억(lang nuoc)이란 말도 있다. '느억'은 베트남어로 '물'을 뜻하지만 동시에 '국가'라는 의미도 있기 때문에, 랑 느억을 '촌락국가'라고 해석하여 국가에 대한 촌락의 독립성을 상징한다는 해석도 있으나[56] 이는 명확치 않다.

社는 인구수에 따라 大社·中社·小社로 구분되었다. 黎朝 성립 직후 (1428년)에는 100人 이상이면 大社, 50人 이상이면 中社, 10人 이상이면 小社라고 하였다.[57] 여기에 나타나는 인구수대로 하면 社가 너무 작아 보일지 모르지만, 당시 인구 숫자는 오늘날의 개념과는 달리 丁男만을 뜻하는 것으로 생각되기 때문에 실제 인구는 훨씬 많았을 것이다.[58] 社의 규모는 洪德연간에 이르러 훨씬 커졌다. 즉 大社는 500호 이상, 中社는 300호 이상, 小社는 100호 이상으로 되었다.[59] 한 戶

56) Nguyen Tien Huu, "The Village State in Traditonal Vietnam," in *National and Mythology*, ed. Wolfram Eberhard(Vienna, 1983), pp. 161~162. 하노이대학의 Phan Huy Lê교수는 1994년 7월 필자와의 대화에서'랑 느억'의 어원은 확실치 않지만, 흐우(Huu)의 해석은 지나친 비약이라고 하였다.

57) 《全書》 중, p. 556 ; 《綱目》 正編, 권15, 13v.

58) 櫻井由躬雄(1975), p. 32.

59) 《天南餘暇集》〈律條〉(EFEO A. 334), 32v. 및 39r. ;《全書》 중, p. 737 ;《綱目》 正編, 권24, 11r. ; 櫻井由躬雄(1975), pp. 32~33 ; 竹田龍兒, 〈ヴェトナムに於ける國家權力の構造〉山本達郎 編,《東南アジアにおける權力構造の史的考察》(東京 : 竹内書店, 1969), p. 121.

의 丁男 수가 얼마였는지는 분명치 않지만 여하튼 黎朝 성립 직후보
다 사의 규모가 커졌다는 것은 부정할 수 없는 사실이다. 이와 관련
하여 주목할 것은, 전기한 社 규모의 규정 중 500호 미만일 때에는
사를 나누어 새로운 사를 만드는 別社가 허용되지 않았고 또 500호
이상인 경우에도 잉여 호수가 100호 미만이면 새로운 社의 성립은
용인되지 않았다는 점이다. 櫻井由躬雄는 社 규모의 확대를 사와 사
의 통합에 의한 국가통제의 용이성이라는 측면에서 해석하고 있다.[60]
黎朝 聖宗이 洪德연간에 이르러 황제중앙집권제의 강화를 위해 행정
기구 및 관료제도의 개편에 상당히 노력한 것을 고려하면 櫻井由躬
雄의 견해는 타당하다고 생각된다.

우리의 관점에서 전근대 베트남 촌락의 한 가지 특성은, 둘 이상의
촌락이 통합되어서가 아니라 통합이 이루지지 않은 자연촌락으로서
의 社에서도 同族部落은 거의 존재하지 않았다는 점이다. 때문에 베
트남인들은 흔히 '어느 집안사람'이라는 말보다 '어느 촌락사람'이라
는 말을 많이 사용한다.[61] 이러한 촌락에 대한 소속감이 후술하는 바
와 같은 正戸(또는 內籍民)와 客戸(또는 外籍民)의 구별을 낳게 하였던
것이다. 동족부락의 부재는 베트남 사회에서 대가족제가 발달하지 않
은 것과 밀접한 관련이 있다. 자녀는 부모의 생존 중에도 분가가 가
능했다던기 아니면 부모의 사후 형제늘은 곧 재산을 분배하여 각각
녹립했다던가 또 유아사망률이 높았다던가 하는 등의 이유로 베트남
에서는 소가족제가 보편적이었다. 이와 같은 소가족제도는 복잡한 친
족제도의 발달을 어렵게 하였다.[62] 여기에 더하여 필요에 따라서는
姓까지도 바꿀 수 있었던 베트남인들의 관습은[63] 그들에게 혈족개념

---

60) 櫻井由躬雄(1975), pp. 31~33.

61) Tran Tu, 1984, pp. 32.

62) Yu Insun, *Law and Society in Seventeenth and Eighteenth Century Vietnam*(Seoul : Asiatic Research Center, 1990), pp. 84~88.

63) 예컨대 18세기 후반 베트남 최대의 농민운동을 일으켰던 西山 阮氏 3형제의 姓은 본래 胡(Hô)씨였는데 父 때 남으로 이주한 후 阮으로 고쳤다. 鄭·阮 대립기 阮씨의 고위관리였던 阮居貞(Nguyen Cu Trinh, 응우엔 끄 찐) 조상의 성은 鄭씨

이 얼마나 희박하였는가를 말해주는 것으로, 결국 혈족개념의 부재도 동족부락을 형성하기 어렵게 만들었다. 李朝나 陳朝 시대의 사료에는 杜家村(Dô Gia Thôn, 도 자 톤), 杜家鄕(Dô Gia Huong), 劉家村(Luu Gia Thôn, 르우 자 톤) 등등의 향촌명이 나타나기 때문에[64] 集姓村이 존재한 것처럼 보일 수도 있으나 이들은 처음 촌락을 개척한 이의 이름에서 유래하지 않았는가 생각된다. 사실 劉家村의 유력한 집안은 劉씨가 아니라 陳씨였던 것으로[65] 보아도 이러한 추측은 가능하다.

동족부락이 없고 또 혈족개념이 희박했다고 하여 베트남 촌락 내에서 혈연에 의한 유력가문이 전혀 없었다는 의미는 아니다. 劉家村의 陳씨의 예에서 보듯이 일부 지배계층에서는 대가족을 형성하고 社에서 주도적인 역할을 하였다. 이러한 현상은 유가사상이 국가이념으로 되고 과거제가 발달한 黎朝에서는 더욱 두드러졌다. 대표적인 예로는 慕澤社의 武(Vu)氏를 들 수 있다. 慕澤社는 黎朝 때 과거합격자를 가장 많이 배출한 촌락 중의 하나였는데 그 과거합격자의 상당수는 武씨 가문에서 나왔다. 따라서 社 내에서 武씨의 영향력은 거의 절대적이었다. 慕澤社의 역대 향약에 날인한 사람들의 이름을 보면 관원으로부터 사장과 촌장에 이르기까지 武씨가 압도적으로 많다는 사실이 이를 말해 준다.[66]

식민지배기에 베트남촌락을 연구한 프랑스학자들 중에 일부는 촌락구성원의 균질성 내지는 평등성을 주장했는가 하면, 다른 일부는 耆目 또는 豪目으로 불리는 촌락 내 지배층의 寡頭支配를 강조하였다.[67] 이러한 논의는 阮朝 시기의 촌락제도에 근거하여 이루어지고

였으나 후대에 오늘날 후에(Hue) 부근으로 옮긴 다음 阮씨로 바꾸었다. Nguyên Q. Thang va Nguyên Ba Thê, *Tu Diên Nhân Vât Lich Su Viêt Nam*[베트남역사인물사전](Saigon, 1992), p. 506, p. 541.

64) 《大越史略》 권3, p. 80 ; 《全書》 상, p. 272, p. 310.

65) 〈治平龍應五年(1209)……皇太子行至海邑劉家村 聞陳李女有姿色 遂娶之〉《全書》 상, p. 310.

66) 《名鄕券例》(EFEO A. 742). 《名鄕券例》는 慕澤社의 역대 향약들을 모아 놓은 책이다.

있는데, 지금도 베트남 학자들 사이에서는 黎朝 시대에 이미 촌락주
민이 사장을 자발적으로 선출했다고 하면서 촌락민주주의는 존재했
다고 주장하는 경향이 있다.[68]

그러나 慕澤社의 예에서 보듯이 촌락 내에서 주민들 사이에 영향
력의 차이가 존재했고, 또 후술하는 바와 같이 黎朝 자체가 관직이나
유가적 소양의 유무에 따라 촌락주민들의 신분을 구분했던 만큼 촌
락주민이 평등했다거나 촌락정치가 민주적이었다는 주장에는 의문의
여지가 많다.

필자는 베트남 촌락 내에는, 阮朝 때는 말할 것도 없고 黎朝 또는
그에 앞선 陳朝의 중반 이후, 즉 몽고의 침입이 있은 다음인 13세기
말 무렵부터는 신분의 차이가 두드러지면서 소수의 유력층에 의해
촌락정치가 지배되었다는 생각이다. 다만 촌락 내에서 상대적 신분
결정요인은 시대에 따라 차이가 있었으며 黎朝 전 시기를 통해서도
동일한 것은 아니었다고 본다. 대체로 시대가 올라가면 갈수록 나이
가 우선적이었던 데 비해 시대가 내려오면 올수록 유가적 소양을 쌓
은 관원이 중요하게 여겨졌다. 좀더 구체적으로 말하자면, 陳왕조 말
내지 明 지배 초까지는 나이가 많으면 社 내에서 거의 자동적으로
높은 지위를 점했다.[69] 1284년 몽고의 제2차 침입에 직면하여 천하의
'父老'를 모아 대책을 論外하였다는 이른바 '延洪塔'의 일화가 있다.[70]
이는 베트남 촌락사회에서 노인들의 높은 지위를 말해 주는 것이다.

---

67) 櫻井由躬雄(1987), pp. 8~10.
68) Nguyen Tu Chi, "The Traditional Viet Village in Bac Bo," pp. 91. n.2, 92 참
조.
69) Nhuyen Thua Hy(응우엔 트아 히)도 유사한 견해를 밝히고 있다. Nguyen
Thua Hy, "Ve su phat trien va cau truc dang cap trong cac lang xa co
truyen Viet Nam"[전근대 베트남 촌락에서의 계급의 형성과 발전], *Nông Thôn
Việt Nam Trong Lich Su*[베트남역사에서의 농촌], ed. Vien Su Hoc(Hanoi,
1978), tâp II, pp. 107~109.
70) 《全書》 상, p. 357. 이 보다 앞서 10세기에도 丁部領이 어렸을 때 인근 촌락의
'父老'들이 그의 비범함을 인식하고 그를 추종키로 했다는 이야기가 있다. 《全書》
상, p. 179.

1407년 명나라가 胡씨를 멸하고 陳씨의 후손을 구하여 왕으로 삼으라고 했을 때, '官吏·耆老人等'이 陳씨 자손들은 胡씨에 의해 모두 죽음을 당해 구하기 어려우니 명이 통치해주기를 바란다고 했다는 기록이 있는 것을 보면[71] 당시까지도 노인들의 정치적·사회적 역할은 상당히 중요했음을 알 수 있다. 그러나 이들은 존경받는 집단이기는 했어도 그 나름대로 어떤 계층을 형성했던 것은 아니다.

몽고의 침입이 완전히 끝난 13세기 말부터는 대토지소유자를 중심으로 서서히 촌락 내에 세력층이 등장하기 시작했다. 陳氏 왕조는 처음부터 왕실귀족들에게 대토지를 분급하였는데 몽고군을 물리친 후 유공자들에게 다시 대토지를 나누어줌으로써 대토지소유제는 급격히 발달하였다. 이들 대토지소유자와 그들의 대리인은 양민들의 토지를 빼앗는다든지 또는 양민들을 노예로 삼는다든지 하면서 촌락 내의 특권층으로 등장하였다. 이러한 상황은 明宗(Minh Tông, 민 똥, 1314~1329) 치세 때, "놀고 먹는 자들이 많은데 이들은 노년에 이르기까지 호적에 등재되지도 않아 조세와 요역을 면제받고 있다"고 한 어느 관리의 말에서 엿볼 수 있다.[72] 특권층 중에는 유교교육을 받은 자들도 있었지만 아직은 소수였다. 陳朝 말까지 베트남 사회에서는 불교가 지배적이고 유가사상은 보편적이지 않았던 때문이다.

黎朝의 성립 직후 太祖(Thai Tô, 타이 또, 1428~1433)는 명나라와 싸운 군사들은 조금의 토지도 없는데 이들 특권층은 土地强占으로 대토지를 소유한 것에 분노하여 均田制를 시행케 하였다고 한다. 당시 균전제의 내용은 명확하지 않으나 한 가지 주목할 점은 노인이 고아나 과부 등과 같은 등급으로 분류되었다는 것이다.[73] 이후 노인들은 黎朝 全시기를 통해 관직이 없는 한 토지분배에서 별달리 우대되지 않고 있다.[74] 이는 노인이 나이만으로는 이미 社 내에서 아무런 영향

71)《全書》상, p. 494.
72)《全書》상, p. 429.
73)《全書》중, p. 558 ;《綱目》正編, 권15, 17v.~18r. ; 櫻井由躬雄(1987), p. 205 참조.

력도 행사할 수 없었음은 말할 것도 없고 경우에 따라서는 별달리 존경의 대상도 아니었음을 말해 준다. 향촌에서 노인을 공경하지 않고 사적인 잔치에서도 같은 좌석에 앉아 음식을 드는 자는 처벌토록 한 黎 聖宗의 칙령은[75] 이러한 배경에서 나왔을 것이다. 물론 유력가문의 노인은 鄕老로서 여전히 촌락 내에서 존경의 대상이 되었고 영향력을 행사하였다. 1486년 聖宗이 공유지와 사유지의 경계를 정하기 위해 비석을 세울 때 노인과 사장 등을 함께 불렀다고 한다.[76] 이는 노인들이 그 경계를 어렸을 때부터 알고 있었고 또 그들의 의견이 여러 사람들에 의해 존중될 수 있었기 때문일 것이다.

黎朝 초기 촌락에서의 세력층은 黎朝 건국에 공을 세운 고급관리와 그들 자제 및 과거 출신의 신진관료였거나 또는 陳朝 때로부터의 지방세력가문 출신이었다. 고급관리가 주로 홍하델타의 남부에 위치한 淸化(Thanh Hoa) 출신이었던 데 비해, 신진관료는 지방의 유력가문 출신으로 델타의 중심에 그 세력기반을 두고 있었다. 이들이 黎朝 초에 재지의 유력가로 촌락에서 세력을 행사하고 있었다는 것은, 阮 廌에 의해 처음 편찬되었던 법전이 그 후 몇 차례 수정을 거쳐 聖宗 때 완성된 것으로 알려진 《國朝刑律》(Quôc Triêu Hinh Luât, 일명 《黎朝刑律》)에 소위 '權貴'와 '勢家'를 규제하는 규정들이 적지 않은 것으로 확인된다.[77] 刑律의 규정으로 보아, 이들은 당시 상낭한 세력을 누리며 양민을 노예로 삼는다든지 그들의 딸이나 토지를 빼앗는다든지 하는 등 촌락 내에서 횡포가 심했던 것 같다. 《善政書》에도 촌락 내의 관원과 세력가들이 붕당을 만들어 약자를 능멸하면서 특히 토지를 강점하는 데 대한 금지규정들이 자주 되풀이되고 있다. 심지어

---

74) 《餘暇集》〈條律〉 28r. ; 《國朝條例田制給田土事》 12r.~14v. ; 櫻井由躬雄(1987), p. 118, p. 137, p. 205.

75) 《善政書》, pp. 36~37.

76) 《全書》 중, p. 727.

77) 《國朝刑律》은 《黎朝刑律》(영어로는 Lê Code)로 더 잘 알려져 있다. 《黎朝刑律》 (EFEO A. 1995), 32v., 54v., 60v.~62v., 66r.~v., 82r.~v., 114v.

는 이들이 멋대로 衙門을 세우고 재판을 못 하도록 하는 규정까지
보인다.[78]

聖宗이 유학을 강조하면서 촌락지배층의 성격에도 어느 정도 변화
를 가져왔다. 그는 호적작성 때에 촌락주민을 다수의 正戶와 소수의
客戶로 구분하고, 正戶는 다시 관직의 유무, 과거 합격여부 및 社 내
에서의 직책여부 등에 따라 지배층과 일반 民丁으로 나누었다.[79] 正
戶는 촌락에서 태어난 사람들로 社 내에서 완전한 권리를 행사한 반
면에 客戶는 외부에서 이주해 들어온 이들로 그런 권리가 주어지지
않았다. 배타적 성격이 강한 베트남 촌락은 모두 객호에 대해 차별이
심했다. 寓居民(dân ngu cu)이라고도 불리는 이들은 3년이 지나야 비
로소 촌락의 정식 일원이 될 수 있었지만, 그렇다고 해도 촌락 내 최
하층민의 지위를 벗어나기는 어려웠다. 우거민에 대한 차별은 본래
촌락 자체의 관습이었지만 국가도 이를 인정하여 정호와는 다른 별
개의 호적에 등재하였고 그러면서 이들을 객호라 칭했던 것이다.

正戶는 다시 식자층인 官員·監生·生徒·社長 등과 일반 民丁인 壯
項(현역병)·軍項(현역병으로의 징집예정자)·民項·老項·雇項·窮項으로 분
류되어 전자가 지배계층을 형성했는가 하면 후자는 피지배계층을 이
루었다. 이러한 분류는 국가에 의한 것으로 무엇보다도 토지의 분급,
조세의 징수 및 군역과 요역의 담당과 밀접한 관련이 있었다.[80] 지배
계층은 군역과 요역이 면제되었음은 물론 국가로부터 주어지는 토지
도 일반 민정보다 훨씬 많았다. 조세는 관리, 특히 하급관리에게도
부과되었으나 그 액수는 명확하지 않은데, 감생·생도·사장에 대한 부
과액은 민정의 절반이었다. 뿐만 아니라 이들은 형법상에서도 특권을

---

78) 《善政書》 pp. 44~45, pp. 52~55, pp. 86~87, pp. 120~121.
79) 《憲章》 권29, 〈國用誌〉 6v.~7r.
80) 신분의 차이에 의한 토지의 분급, 징세 및 군역의 차이 등에 대하여는 藤原利一
郎dhk 櫻井由躬雄가 자세히 논하고 있다. 藤原利一郎, 〈ヴェトナムにおける丁賦
制の成立について〉, 《田村博士頌壽東洋史論叢》(京都, 1968), pp. 493~514 ; 櫻井由
躬雄(1987), pp. 95~140.

누렸다. 지배계층과 피지배계층에 속하는 두 사람이 서로 형사사건에 연루되었을 때 가해자와 피해자의 신분에 따라 형벌에 차이가 있었다. 예컨대, 관리가 일반 양민을 때렸을 때는 형벌이 같은 신분의 경우보다 가벼웠는 데 비해 그 반대의 경우에는 오히려 보통의 경우보다 무거웠다.[81]

물론 黎朝 사회에서 신분이 고정화된 것은 아니었다. 이는 베트남 속담에도 분명히 나타나 있다. "士가 첫째고 농민이 둘째다. 그러나 쌀이 부족할 때는 농사꾼이 첫째고 士가 둘째다."[82] 사실 黎 聖宗은 倡優 출신이나 유가도덕에 어긋나는 행위를 하는 자가 아닌 한 신분에 관계없이 누구나 과거에 응시할 수 있도록 하였다.[83] 따라서 시험에 합격하면 생도나 감생은 물론 관원으로 출세할 수 있었고, 또 시험에 합격하지 않더라도 유학에 대한 소양이 있고 품행이 바르면 사장에 임명될 수도 있었다. 한 예로, 聖宗은 1462년의 칙령에서 社長은 연로한 하급관리, 나이 많고 우둔하여 학업에 진전이 없는 監生이나 生徒 및 '나이가 30 이상인 良家子弟'라야 한다고 하였다. 이 칙령은 잘 지켜지지 않았는지 1487년 다시 칙령을 내려 "문자를 모르는 자는 사장에서 제외시켜 이전에 속했던 民項으로 돌려보내라"고 했는가 하면, 1494년의 칙령에서는 사장의 조건으로 높은 年齒와 德行을 들고 있다.[84]

黎 聖宗의 칙령에서 일 수 있듯이 그의 치세 초까지는 식자증이 아니라도 사장이 될 수 있었던 것 같다. 이로 미루어 보건댄, 聖宗의 치세 이전에는 문자를 아느냐 모르느냐가 촌락 내에서의 지위결정에 중요한 요인은 아니었다. 중요한 것은 유력가문의 출신인가 아닌가

---

81) Yu Insun(1990), p. 43.

82) "Nhât si nhi nông ; Hêt gao chay rông nhât nông nhi si." Tê, Huynh Dinh, "Vietnamese Cultural Patterns and Values as Expressed in Proverbs," (Ph. D. dissertation. Columbia University, 1962), p. 125, n.2에서 재인용.

83) 《全書》 중, pp. 645~646 ; 《綱目》 正編, 권19, 19r.~v.

84) 〈今後保置社長 宜會同量取……及閱良家子弟 年三拾歲以上 不拘軍色等項 其人識字行檢者 應爲本社社長〉《餘暇集》〈條律〉6r., 34v.~35r. ; 《善政書》, pp. 54~55.

하는 것이었다.

聖宗의 유교강조에 따라 이론적으로는 신분이 덜 고정화되어 누구
나 과거에 응시할 수 있도록 문호가 개방되어 있었고 또 그에 따른
신분의 상향이동도 가능하였다. 그렇지만 현실적으로 그것이 결코 쉬
운 일은 아니었다. 과거에 응시하려면 어려서부터 유학공부에 전념하
여야 한다는 것은 주지의 사실이다. 홍하델타와 같은 농업지대에서
노동력은 무한정으로 필요한데 빈곤한 집안에서 자제에게 일을 시키
지 않고 과거준비에만 전념케 할 여력은 없었다. 결국 특별히 성취욕
이 강한 이가 아닌 한 유족한 집안 출신만이 유학을 공부하여 관리
라든가 아니면 사장이라도 되어 지배계층에 속할 수 있었고, 때문에
신분은 반고정되어 있는 것이나 마찬가지였다.

聖宗은 이전 어느 군주보다도 유학을 강조하였고, 그 때문에 社長
의 자격조건으로 德行, 즉 儒家的 德目을 들고 있고 또 여전히 나이
도 중시한 것은 노인을 존경하는 유가적 가치관과 함께 베트남의 오
랜 전통을 계승한 결과였다. 그러나 그 이후 17세기에도 촌락 내에서
노인을 공경하라는 칙령이 되풀이되었으나[85] 이미 이는 空文에 지나
지 않고 현실적으로는 관직자가 나이에 우선하여 절대적 지위를 차
지하였다. 물론 父老로부터 관직으로의 지위 이전에 갈등이 없었을
리는 없다. 1663년의 詔令 중에 관원자손이나 유생들이 사장을 도와
주라는 것이라든가 또는 나이 많고 유덕한 사장이 촌락 내의 부강한
자들에 의해 모멸 당하는 일이 없도록 하라든가 하는 조항은 이러한
갈등을 간접적으로 암시하고 있는 것이다.[86]

그러나 黎朝의 조정이 정기적인 과거시험을 통해 계속하여 관리를
선발하고 이들 관리가 사회의 지배계층을 형성하는 한 이는 어쩔 수
없는 현상이었다. 黎朝 전 시기를 통해 3년마다 정기적으로 치러진

---

85) *Lê-Triêu Chiêu-Linh Thiên-Chinh*[黎朝詔令善政](이하에서는 《詔令》이라 약
  함), eds. Nguyen Si Giac va Vu Van Mâ(Saigon, 1961), pp. 284~285.
86) 《詔令》, pp. 284~285, 288~289 ; Alexander Woodside, *Community and Revolution
  in Modern Vietnam*(Boston : Houghton Mifflin Company, 1976), pp. 114~115.

과거시험을 위해 향시 응시자의 수가 大社 20인, 中社 15인, 小社 10인으로 각각 정해진 것을 고려하면,[87] 특히 유학의 영향이 강했던 델타 중심부의 촌락에서 관리와 유생의 층이 얼마나 두터웠을지 쉽게 짐작이 간다.

현 하 떠이(Ha Tây, 河西)省 단 프엉(Dan Phuong, 丹鳳)縣 내의 楊柳(Duong Liêu, 즈엉 리어우), 桂陽(Quê Duong, 꿰 즈엉), 茂和(Mâu Hoa, 머우 호아) 등 3社 상호간의 관계를 규정한 1689년의 俗例는 '官員·鄕老·社村長'이 서로 의논하여 제정한 것으로 되어 있다.[88] 이로 보면 촌락 내 지배층의 서열은 관리, 노인 및 사장과 촌장의 순서임이 명백하다. 상기한 레 타인 똥의 칙령으로 보아 이러한 서열의 변동은 아마도 그의 치세부터 시작되었으리라고 믿어지지만, 과거출신자를 언제부터 배출했느냐에 따라 촌락마다 시간적 차이는 있었을 것이다.

위의 속례보다 20여 년 앞서 제정된 慕澤社의 鄕約은 완전히 官員과 文屬만의 주도로 이루어졌다.[89] 慕澤社는 당시 과거합격자를 가장 많이 배출한 촌락 중의 하나로 다른 어떤 社들보다도 관리출신 내지는 지식층의 영향력이 강했기 때문에 이들 주도로 향약이 제정된 것은 당연한 일이다. 사실 이 향약의 내용에도 과거합격자와 관원에 대한 예우문제가 적지 않다. 한편 전기한 楊柳 등 3社의 俗例 중 비슷한 시기에 증보된 규정 등에서는 '官員·社村長'으로만 표기된 것들도 있어 鄕老는 이미 이전의 지위를 상당히 상실한 듯하다. 노인 중시풍토의 쇠퇴는 시대가 내려올수록 더욱 심해져 黎朝 말기인 18세기의 후반 내지 阮朝 초기에 이르면 완전히 없어지고 形骸만 남게 된다. 19세기 베트남 촌락 내의 官員·鄕職·生徒 등 지배계층으로 구성된

---

87) 이 숫자는 1501년, 1678년 및 1741의 條例에서 모두 동일하다. 《全書》 중, p. 771 ; 《全書》 하, p. 1105 ; 《詔令》, p. 316 ; 《綱目》 正編, 권25, 8r.~v., 권34, 7r.~v. 및 권39, 2r.~v.

88) 〈楊柳桂楊茂和等社交俗例禮〉(EFEO A. 2855).

89) "The Statute of Mo Trach Commune," in *The Traditional Village in Vietnam,* pp. 392~401.

이른바 '會同耆目(Hôi Dông Ky Muc, 호이 동 끼 묵)'이란[90] 명칭에서 그 것을 찾아볼 수 있을 뿐이다.

黎朝 시대 관원우위의 풍조는 후대로 가면서 官爵을 매수하여 지 배계층으로 부상하는 부류들이 적지 않았음도 주목할 필요가 있다. 곡식을 바치면 관작을 수여하는 것은 이미 黎聖宗 때도 행해졌으 나[91] 당시는 유가적 도덕을 강조하기 위한 수단으로 이용되었다. 그 러나 17·18세기에는 계속되는 내전으로 인해 군비는 증가하는 데도 불구하고 오히려 인구와 경작토지를 제대로 파악치 못해 조세수입이 감소한 것이 관직매매의 원인이었다. 따라서 누구나 일정한 액수를 바치면 관직을 살 수 있었다. 1738년의 예를 들면, 5품 이하의 관리 가 600緡을 내면 품계 하나를 승진시켜 주었고, 일반 良民은 2,800緡 을 바치면 知府, 1,800緡으로는 知縣이 되었다.[92] 관리의 부패가 심하 여 부의 축적이 어려웠던 이 시기에 관직을 살 수 있었던 사람들이 누구였는지는 명확치 않다. 櫻井由躬雄에 의하면, 黎朝 후기에 府와 縣의 관리를 대신하여 징세를 담당한 鄭씨 王府 소속의 관리들이 권 력을 남용하여 庄田의 소유자로 되는가 하면, 또 이들 세력에 기생 하는 소위 '鄕豪', '豪彊', '權豪' 등 새로운 재지의 지배층이 폭력으로 양민의 토지를 빼앗아 庄田을 설립하였다고 한다.[93] 그렇다면 이들 양자가 관작의 매입자였을 것으로 보아 틀림없다. 鄭씨 왕부의 하급 관리는 관직을 사서 고위직으로 승진하고, 재지의 豪富는 주로 군역 과 요역을 피하기 위해서 관직을 샀을 것이다.[94] 여하튼 관직의 고하 에 따라 이들은 촌락 내에서 기존의 특권층과 동일한 권익을 향유하

---

90) 會同耆目은 우리말로 하면 耆目會同이다. 순수 베트남어에서는 수식어가 항상 뒤에 오기 때문에 會同耆目이라고 하는 것이다. 예컨대, 共産黨도 순수 베트남어 로는 '黨共産'이라고 한다. 베트남어에 共産黨이란 표현도 있는데 이는 중국어의 영향이다.

91) 《全書》 중, p. 641.

92) 《全書》 하, p. 1086 ; 《綱目》 正編, 권38, 5r.

93) 櫻井由躬雄(1987), p. 197, pp. 239~240.

94) 〈禁民間不得妄冒職爵以避兵役〉 《全書》 하, p. 952 참조.

였다.

촌락주민들 상호간의 상대적 지위를 가장 잘 나타내는 것은 무엇보다도 마을의 수호신을 모시는 사당인 동시에 촌락 구성원들의 공식모임 장소인 '딘(Dinh, 亭)'에서의 좌석배정과 음식물의 배분이었다. 이른바 '鄕飮坐次'라 하여 딘에서의 좌석배정과 음식물의 배분은 세세한 부분까지 규정되어 있었다. 이는 촌락 내에서 구성원 각자의 상대적 지위와 밀접히 관련되어 있었기 때문이다. 따라서 어떤 이가 어느 자리에 앉으며 또 음식물, 특히 제사에 쓰인 돼지의 어느 부분을 차지하느냐는 마을의 지배계층에게는 초미의 관심사였다. 만약 누군가가 기대했던 자리에 앉지 못했다든가 또는 돼지고기의 특정부분을 차지하지 못했다고 하면 마을 전체에서 자신의 체면이 깎인 것으로 생각하여 그 실망은 무엇보다 컸다.

陳朝 말기만 하여도 딘에서의 중심 좌석은 촌락 내의 유력자나 노인들이 차지하였겠지만 시대가 내려올수록 그 자리는 유교의 소양을 쌓은 관리 등 식자층에게 넘겨졌을 것이다. 《國朝條例田制給田土事》에서 촌락 공유토지의 배분은 鄕飮坐次에 의한다고 하였지만 구체적인 것은 알려져 있지 않다. 다만 이 사료 내의 토지배분으로 보아 官員·職色 및 일반 社民의 순서이고 관원 중 품계가 같거나 또는 사민 내에서는 나이에 따라 순서가 정해졌을 것임에 틀림없다. 이러한 사실은 阮朝 중기의 규정을 보면 더욱 확실해진다. 당시 촌락 딘에서의 좌석배열은 관원·감생·향직·생도와 일반 社民이 확연히 구분되어 전자가 지배계층으로서 상석을 점하고 노인들은 일반 촌민 중에서 윗자리에 앉는 데 불과했다.[95]

딘에서의 좌석 배열과 음식물의 배분은 촌락민 개개인에게는 社 내에서 자신의 지위를 확고히 하는 데 중요했지만, 딘에서의 제사와 축제는 개인의 이해관계를 훨씬 뛰어넘어 사의 단결과 안녕을 위한

---

95) 櫻井由躬雄(1987), pp. 203~205 ; Neil Jamieson(1986), pp. 97~99, pp. 105~109 ; Nguyen Tu Chi, "The Traditional Village in Bac Bo," pp. 100~102.

다는 의미에서 무엇에 비할 수 없을 만큼 중차대한 행사였다. 베트남의 각 社는 그 나름의 딘을 갖고 있었으며 이를 통해 社 전체의 통합과 단결을 위해 노력하였다. 명절 때라든가 四時로 딘에서 지내는 수호신에 대한 제사는 단순한 제사가 아니라 마을의 축제이기도 했다. 이때에는 촌락인 모두가 모여 마을의 안녕을 기원하면서 동시에 마을에 대한 애착심을 공고히 하였다.

17세기 말 통킹에 머물렀던 가톨릭 선교사 데디에르(François Deydier)에 의하면, 축제기간 중에 사람들은 마을에 대한 충성을 서약하였다고 한다.[96] 자기 마을에 대한 충성심과 애정, 그리고 뒤에 언급할 公田의 경작권 등등으로 인해 베트남인들에게는 마을을 떠난다는 것이 거의 상상조차 할 수 없는 일이었다. 14세기 이래 도자기로 유명한 밧짱(Bat Trang, 鉢場)社의 딘 정문에 세워진 비문은 베트남인들의 이러한 생각을 잘 보여준다. "땅은 자리를 바꾸지 않고, 사람은 마을을 바꾸지 않는다."[97] 앞에서 客戶가 적었다고 한 것은 이 때문이다. 그렇지만 17·18세기의 내전과 빈발하는 자연재해로 당시에는 고향을 등지고 유랑하는 농민들이 적지 않았다.《綱目》의 통계에 의하면, 1741년까진 3,691개 촌락, 즉 전체 촌락의 3분의 1에서 漂散流民이 발생했다고 한다.[98]

베트남인들이 자기 社에 대해 충성심을 발휘한 것은 사실이지만, 특히 社가 하나로 통합되어 여러 랑으로 이루어졌을 때는 사보다 랑에 대한 애착이 우선적일 수가 있었다. 그럴 경우엔 社 내부에서 랑의 독자적 행동으로 나타났다. 무엇보다도 이는 각각의 랑이 자기네 딘을 가지고 있다는 데서 분명하다. 각 랑의 구성원은 이곳에 모여 자기네 수호신에 대해 제사를 지냄은 물론 랑 내부의 문제 및 社와

---

96) Adrien Launay, *Histoire de la mission du Tonkin*, vol. Ⅰ : *Documents historiques, 1658~1717*(Paris, 1927), p. 77 ; Yu Insun(1990), p. 109.

97) 〈地不改席 民不改聚〉. 밧짱社는 현재의 행정상으론 하노이 교외의 한 구역인 자럼(Gia Lâm)縣에 속해 있다.

98) 《綱目》 正編, 권39, 18r. ; Yu Insun(1990), p. 113.

의 관계 등을 논의하였다. 각 랑의 독자적인 경향은, 黎 聖宗이 촌락의 주민들로 하여금 도적에 대비하여 社 주위에 나무를 심도록 했음에도 불구하고 社 내의 각 랑이나 쏨이 자기들 주변에 허가 없이 나무를 심거나 없던 도랑을 파는 것은 엄격히 금지한[99] 사실로도 알 수 있다. 이러한 금령이 社 내부의 분열을 방지하려는 의도라는 것은 말할 것도 없다. 社는 국가의 최소행정단위인 만큼 그 자체의 분열이 국가의 통제력에 저해요소가 됨은 명확한 일이다. 각 랑의 독자적인 경향은 黎 聖宗의 인위적 社 통합 이후 더욱 그러하지 않았을까 한다. 그러나 聖宗의 치세 하에는 중앙권력이 비교적 강력하였기 때문에 별다른 문제가 야기되지 않았다. 聖宗의 치세가 끝나고 16세기부터 내전이 연속되면서 중앙권력의 社에 대한 간여는 어려워졌고, 그 결과 극단적인 경우에는 한 랑이 동일한 社내 다른 랑과의 종교적 관계를 단절하는, 즉 別祀(biêt tu)의 예까지 있었다.[100] 이러한 예에도 불구하고, 社 내부의 랑과 랑 사이의 심각한 대립관계는 예외에 속하는 편이었다. 社의 구성원들은 가능한 한 서로 타협하여 조화를 이루면서 社의 결속력을 다졌다.

끝으로 부언한다면, 社長의 지위는 社 구성원들 간의 상대적 지위가 시대에 따라 변함으로써 함께 변하였다. 黎 聖宗 이후부터 사장은 社正(대표)·社史(총무)·社監(부대표) 또는 社正·社史·社脊(사감의 명칭이 바뀐 직책)를 총칭하는 것이었으나[101] 永壽연간(1658~1662)에 이르러 社正만을 칭하는 것으로 바뀌었다.[102] 사장의 수는 大社에는 5명, 中社에는 4명, 小社에는 2명, 그리고 60호 미만에는 1명 만을 둘 수 있

---

99) 《善政書》, pp. 70~73.
100) Alexander Woodside, "Conceptions of Change and of Human Responsibility for Change in Late Traditional Vietnam," in *Moral Order and the Question of Change : Essays on Southeast Asian Thought*, eds. David Wyatt and Alexander Woodside(New Haven : Yale University Southeast Asian Studies, 1982), p. 136.
101) 《全書》 상 p. 331 ; 《善政書》 pp. 54~55 ; Nguyen Tu Chi, "The Traditonal Viet Village in Bac Bo," p. 91. n.1 ; 櫻井由躬雄(1987), p. 100.
102) 《憲章》 권14, 〈官職誌〉 23v.

었다.[103] 사장은 모두 촌락의 유력자들이었거나 그들의 자제였을 것은
분명하다. 힘없는 일반 촌락민이 같은 촌민들에 의해 천거되어 관이
임명했을 가능성은 거의 없었다고 해도 과언은 아닐 것이다. 따라서
聖宗은 가까운 친척, 예컨대 사촌이나 고종과 이종의 경우 한 사람만
사장이 될 수 있다고 하였다. 그는 또 두 집안이 결혼하였을 때 만약
각 집안에 사장이 있으면 한 사람은 그만두도록 지방관에 명하였
다.[104] 聖宗이 이처럼 社 내에서 권력의 집중을 막으려 했던 것을 보
면, 사관과 사장이 이미 촌락의 유력층에 의해 독점되고 있었음을 알
수 있다. 그가 사장이 붕당을 만들어 풍속을 해치면 처벌한다고 한
것은[105] 이와 같은 맥락에서 해석될 수 있을 것이다.

후대로 갈수록 과거합격가 많아지면서 사장은 이전의 세력을 점차
잃고 국가와 촌락을 연결해 주는 중간역할자로 전락된다. 전술한
1663년의 詔令에서 富强한 자들이 사장을 경멸하지 못하도록 한 것
은 당시 사장의 위치가 어떠했는가를 잘 말해 준다. 관직에 있던 고
급 官吏를 비롯하여 監生·學人·秀才 등은 이전의 父老層을 대체하여
社 내에서 사장보다 높은 지위를 누리며 촌락의 중요한 일들을 처리
하였다. 전술한 慕澤社의 향약을 보면 맨 끝에 10명의 朝官, 18명의
관원, 11명의 文屬, 6명의 사장·촌장 순으로 서명이 되어 있다.[106] 이
는 社 내에서의 계층질서를 단적으로 보여주는 예인 것이다. 이들의
會同을 阮朝에서와 같이 '會同耆目'이라고 불리었다는 사료는 아직
발견되고 있지 않기 때문에 단정적으로 말할 수 없지만, 늦어도 黎朝
후기에는 그러했을 가능성이 많다.

사장의 주요 임무는 호적과 토지대장의 작성과 이에 근거한 토지
의 분배, 조세의 징수, 군역의 차출 등이었다. 이 밖에도 유교도덕의

103) 1483년과 1488년의 칙령.《餘暇集》〈條律〉 32r.~v., 39r.
104)《餘暇集》〈條律〉35r. 및 40v. ; 櫻井由躬雄(1987), pp. 100~101.
105)《善政書》, pp. 54~55.
106) "The Statute of Mo Trach Commune," p. 401.

진작, 치안의 유지, 사소한 소송사건의 처리 및 향시응시자의 선발 등 그 업무는 실로 촌락 내 거의 모든 문제와 관련되어 있었다.[107] 또 국가는 지방세력가들의 비리가 중앙집권화정책에 저해요인이기 때문에 사장으로 하여금 후자의 비행을 직접 시정하거나 그렇게 할 수 없으면 고발토록 하였다. 이러한 사장의 모든 책임은 국가권력이 강력하여 그를 뒷받침해 줄 수 있을 때만 가능하였다.

黎朝 초기에는 중앙의 권력이 상당히 안정되어 있었고, 또《黎朝刑律》이나《善政書》및《餘暇集》내 많은 규정들이 보여주듯이 이러한 유력가들의 비리를 막기 위해 많은 노력을 기울였기 때문에 문제는 그리 심각하지 않았다고 보여진다.

문제는 黎朝 중기, 즉 16세기부터 연속되는 내전으로 인한 중앙권력의 약화였다. 사태는 鄭(Trinh)·阮 양씨에 의해 남북이 대립했던 17·18세기에 더욱 심각하여 당시의 기록에는 세력가들에 의한 권력남용이 어느 때보다도 빈번히 등장한다. 이들은 국가가 분배하는 토지 중 비옥한 지역을 강압적으로 차지한다든가, 아니면 법이 정한 국가토지의 점유, 약자토지의 강탈 및 公有堆積地의 사유화 등을 통해 부를 쌓았다. 여기에 더하여 여러 가지 방법으로 군역과 요역도 회피하였다. 호적작성 때에 누락시키거나 다른 사람으로 대체시키는 것 등이 대표적인 예이다. 하지만 국가권력의 약화와 사장지위의 상내적 서하 능으로 인하여 법률상에서는 어떻든 현실적으로 사장은, 阮朝 시대의 里長과 마찬가지로 점차 촌락과 국가를 연결하는 단순한 역할자로 변모하는 경향을 보였다.

---

107) 佐世俊久,〈ヴェトナム黎朝刑律にみえる社官について〉《廣島大學東洋史研究室報告》第7號(1985), pp. 1~10 ; Nguyen Quang Ngoc, "Chuc danh xa truong duoi thoi Lê Thanh Tông"[레 타인 똥 치세 시 사장의 직명], in *Lê Thanh Tông(1442 ~1497) : con nguoi va su nghiêp*[레 타인 똥 — 인물과 업적](Hanoi : Nha xuat ban Dai Hoc Quôc Gia Ha Nôi, 1997), pp. 153~170.

IV. 社와 국가권력

전근대 베트남 촌락의 성격을 논의할 때 흔히 이야기되는 것은 村落의 獨立性 내지는 獨自性이다. 즉 촌락은 국가 안의 국가로 중앙권력으로부터 독립되어 촌락내의 모든 일을 독자적으로 처리하였다고 하는 것이다. 촌락이 대나무 울타리로 둘러싸여 있는 모습이라든가 또는 "촌락의 관습은 王의 법에 우선한다(Phep vua thu lê lang)"라는 베트남 속담 등이 바로 촌락의 독립성 또는 독자성을 말해 준다고 한다. 촌락은 정말 중앙조정의 간섭 없이 독립되어 있었는가? 만약 독립적이었다고 하면 어느 정도였는가? 또 그처럼 독립적일 수 있었던 이유는 무엇인가? 이러한 문제들을 우리는 좀더 면밀히 검토해볼 필요가 있다.

촌락 내 주민간의 상대적 신분관계와 마찬가지로 촌락의 독립성 역시 시대에 따라 차이가 있었다. 즉 중앙조정의 정책과 이 정책의 수행능력에 따라 독립성의 정도는 다를 수밖에 없었다. 일반적으로 말한다면, 黎朝의 성립 이전에는 성립 이후에 비해 촌락의 독립성이 강했다고 할 수 있다.

중국지배하에서는 현 베트남의 북부지방이 비록 중국의 군현으로 편입되고 그 아래로는 중국식 향촌제가 도입되긴 하였지만 중국의 지배력은 지극히 미미하였다. 그것은 무엇보다도 중국관리의 절대적 부족이 주원인이었다. 그 위에 베트남 지배의 목적은 베트남에서 산출되는 특산물 및 동남아에서 오는 무역품의 획득에 있었기 때문에 그들의 관심은 일부 지역에만 국한되어 있었다. 唐 지배 초기에는 일시 촌락지배를 강화하여 베트남 농민의 租稅額을 그때까지 중국 본토의 折半이던 것을 동일한 액수로 증가시키려는 시도가 있었다. 그러나 이러한 시도는 농민들의 강력한 반발로 곧 철폐하지 않으면 안되었다.[108] 이는 중국의 촌락지배가 얼마나 취약하였는가를 보여주는 좋은 예이다.

중국의 지배를 벗어나 베트남에 독립왕조들이 성립하면서 촌락지
배는 외형상 강화되는 경향을 보인다. 지방행정제도의 재편, 호적의
작성 및 형법의 제정 등은 모두 중앙조정이 촌락지배를 강화하려는
노력이었음에 틀림없다. 그러나 이상과 현실 사이에는 상당한 괴리가
있었다고 생각된다. 우선 최근의 연구들은 독립 초기의 왕조들은 말
할 것도 없고 李朝나 陳朝조차도 중앙권력이 강력하지 못했다는 데
의견의 일치를 보고 있다. 때문에 호적이 얼마나 정확하며 형법이 촌
락 내부까지 제대로 영향을 미쳤는지는 의문의 여지가 많다. 전술한
古碑와 潭舍 두 촌락간의 문제를 지방관이 해결하지 않고 한 개인의
힘에 의존했다는 것이 그 좋은 예가 아닐까 한다. 한편 陳朝에서는
왕족들에 의한 대토지소유가 발달하여 많은 莊園이 세워짐으로써 촌
락지배는 더더욱 한계가 있었다.

李朝와 陳朝는 촌락 내부문제에 개입하기보다는 오히려 촌락을 도
와주고 그 힘을 빌려 자신들의 권력을 유지하려 했던 듯하다. 李·陳
두 왕조 모두 향촌에 수호신의 사당 및 불사와 도관을 세워준 것 등
은 촌락민들의 환심을 사려는 의도였고, 그 결과 외적의 침입시에는
이들을 동원할 수 있었다. 몽고가 쳐들어왔을 때 延洪壇에 전국의 父
老들을 모아 의논하였다는 것은 그 대표적인 예라고 할 수 있다.

明은 베트남을 지배하는 동안 경제적 착취와 문화적 동화정책을
취했던 만큼 최소 행정단위인 촌락 수의 파악에까지 노력하였다.《安
南志原》에 베트남에서는 최초로 촌락 종류와 숫자가 자세히 기록되
어 있는 것도 그 결과였지 않은가 한다. 그러나 명의 지배는 곧 베트
남인들의 저항에 부딪혀 이의 진압에 주력해야만 하는 상황이었기
때문에 어느 정도로 촌락을 통제할 수 있었는지는 확실치 않다.

黎朝는 건국 초기부터 촌락문제에 많은 주의를 기울여 이를 지배

---

108)《全書》상, p. 159 ; Keith Taylor(1983), pp. 188~190.

하려 하였다. 그것은 인력을 통제하고 농토를 확보하여 정권을 공고
히 하려 하였던 때문이다. 黎利(Lê Loi, 레 러이), 즉 黎 太祖가 즉위
첫해 호적과 토지대장을 새로이 만들게 하는 한편 社를 인구수에 따
라 대·중·소로 나누고 社官을 둔 것이 이를 의미한다. 사관은 3년에
한 번 호적을 수정하고 6년마다 다시 만들어야 했으며, 자기 관할 촌
락의 官田과 私田 등도 일일이 구분하여 조사해야만 되었다. 黎朝 건
국에서 黎利의 '오른팔' 역할을 한 阮廌가 《抑齋集》에서 《安南志原》
과 매한가지로 촌락의 종류와 수를 세세히 열거한 것은 결코 우연이
아니다. 촌락수의 파악은 촌락지배의 전제조건인 것이다.

　太祖의 정책은 그의 뒤를 이는 太宗(Thai Tông, 타이 똥, 1434~1442)
과 仁宗(Nhân Tông, 년 똥, 1443~1459)에 의해 계승되었지만, 聖宗에
이르러서는 이전 어느 누구보다도 철저히 촌락을 지배하려 노력하였
다. 그의 촌락지배 목적은 두 가지로, 하나는 인구와 토지의 확보를
통한 중앙권력의 공고화이고 다른 하나는 유교적 도덕의 보급이었다.
聖宗의 강력한 촌락지배 의지는, 전술한 바와 같이 즉위한 지 2년 후
인 1462년 사관을 사장으로 바꾸고, 다시 1465년에는 현과 주의 관리
들로 하여금 사관(사장)들을 불러모아 호적을 가지고 서울에 와서 대
조케 한 칙령에 의해 명백하다.[109]

　지금까지 적지 않은 연구들은, 사관이 조정에 의해 임명된 관리인
데 비해 사장은 관리가 아니라 촌락주민들의 대표라는 점에서 社의
自律性을 강조하는 경향이 강했다. 그러나 사장으로의 전환은 결코
社의 권한을 강화시켜 준 것은 아니었다. 이 점은 聖宗의 행정개혁이
황제중앙집권화를 위해 이루어졌다는 측면에서 보면 쉽게 알 수 있
다. 그는 중앙조정 대신들의 직을 유명무실화하고 六部를 직접 통솔
하는 동시에 최고 지방행정단위인 道의 업무는 都司·承司·憲司로 삼
분하여 관리들에게 권력이 집중하는 것을 방지하였다. 따라서 사관의

---

109) 《全書》 중, p. 652 ; 《憲章》 권29, 〈國用誌〉 6r.

폐지는 관직의 비대화에 따른 관리들의 힘을 약화시킬 의도였던 것
으로 보인다.

聖宗은 촌민들이 천거한 사람을 현과 주에서 사장으로 임명케 하
면서 촌락의 독자성을 용인하지 않고 어떤 면에서는 오히려 이전보
다 통제를 강화하였다. 베트남 학계에서 사장은 촌민들 스스로에 의
해 선출되었다고 하면서 촌락의 자치성이 확대되었다고 하는 주장
은[110] 분명히 오류다.《餘暇集》에 수록된 洪德 27년(1496)의 칙령은,
동일 촌락내에서 친인척간에 사장이 둘 이상인 경우는 府縣官이 조
사하여 한 사람만 허용해야 한다고 하였다.[111] 또《善政書》에도 사장
이 붕당을 만든다든가 풍속을 해치면 맨 처음 '천거한' 자를 처벌토
록 한다는 규정이 있다.[112] 이들 규정으로 보아 사장은 府縣官이 임명
한 것이지 촌민이 선출한 것은 아니다.

촌락에 대한 통제는 우선 사장의 자격제한으로 나타났다. 전술한
바와 같이, 사장은 하급관리, 監生이나 生徒 및 年齒가 높고 덕행이
있는 良家子弟여야 했다. 이처럼 사장이 될 수 있는 조건으로 유가적
소양을 강조한 것은, 聖宗이 사장을 통해 촌락민들에게 유가적 도덕
을 보급시키고자 했던 때문이다. 그는 인간이 금수와 다른 것은 禮,
즉 유가적 도덕 때문이라고 하면서[113] 이에 근거하여 많은 칙령을 반
포하고 법을 제정하였다. 이들 칙령은 거의가《善政書》에 수록되어
있는데, 그 주요 내용은 부모에 대한 자녀의 효, 부녀자의 덕목, 유교
적 친족개념에 의한 혼인관계 등이다. 이러한 칙령과 법률을 촌민들
에게 전해 준 것은 사장으로, 그는 이른바 '風化之首'로서 누구보다도

---

110)《善政書》pp. 54~55 ; Viên nghiên cuu nha nuoc va phap luât, *Mô Sô Van
    Ban Phap Luât Viêt Nam Thê ky XV~Thê ky XVIII*[15~18세기 베트남 법률문
    서](Hanoi, 1994), p. 212 ; Uy Ban Khoa Hoc Xa Hoi Viêt Nam ; *Lich Su Viêt
    Nam*, tâp I, p. 275 ; Nguyen Tu Chi, "The Traditional Viet Village in Bac Bo,"
    pp. 91~92.
111)《餘暇集》〈條律〉40r.~41v. ; 櫻井由躬雄(1987), pp. 100~101.
112)《善政書》pp. 54~55.
113)〈朕惟人之所以異於禽獸者 以其有禮之爲防範也.〉《全書》중, p. 677.

촌락민들을 권하여 선으로 이끌고 죄를 멀리하도록 할 의무가 있었
다.[114] 사장뿐만 아니라 관리도 村 내의 핵심인물들로 禮와 義로서 촌
민들을 교화할 책임이 있었고 그런 면에서 監生도 예외는 아니었다.
생도에게는 이러한 책임이 지워지지 않았지만 학업에 열중하면서 유
가적 덕목을 쌓도록 요구되었다. 聖宗이 촌락 전래의 '俗例'를 폐지하
도록 명한 것도[115] 그것이 유가적 규범에 어긋난다고 보았기 때문이
다. 儒者나 나이가 많고 德이 있는 이가 俗例를 고쳐 써 관아의 허가
를 맡도록 한 것이 이를 말해 준다.

국가의 촌락에 대한 규제는 동일 촌락에 거주하는 친인척 가운데
사장은 한 사람밖에 될 수 없다는 수의 제한으로도 나타났다. 1488년
의 칙령에 의하면 친형제, 사촌형제, 숙질 및 외숙과 생질 등 두 사
람 중에서는 한 사람만 사장이 될 수 있었다. 전술한 1496년의 칙령
에서는 1488년의 명령을 재차 강조하면서 고종사촌과 이종사촌까지
도 적용시켜 府縣官이 조사토록 하고, 또 혹 두 사장 집안 사이에 혼
인이 이루어지는 경우 이 역시 조사하여 한 사람은 그만두도록 하였
다.[116] 이러한 조치는 촌락 내에 유력층이 촌락행정을 장악하여 자신
들에게 유리하도록 이용하지 못하게 함은 물론 국가의 대항세력으로
등장하는 것을 방지하자는 것이었다. 때문에 聖宗은 관원이나 사장들
이 촌락 내에서 자기의 직위를 악용하여 사적인 이익을 추구한다든
지 혹은 朋黨을 만들어 약자를 억압한다든지 하는 행위를 하면 이를
철저히 처벌토록 하였다.[117] 앞에서 말한 사장의 수 제한도 이와 같은
맥락으로 그들의 세력확대를 저지하려는 의도였던 것이다.

사장은 이전 사관과 마찬가지로 스스로 호적을 작성할 권한이 주
어졌지만 이 경우에도 국가는 감독을 소홀히 하지 않았다. 호적에는

---

114) 《善政書》, pp. 52~53.
115) 《善政書》, pp. 102~103.
116) 《全書》 중, p. 733 및 p. 744 ; 《餘暇集》〈條律〉 35r. 및 40r.~v. ; 櫻井由躬雄(1987),
    pp. 100~101.
117) 《善政書》, pp. 52~55.

官員의 직위와 품계, 識者의 시험 합격여부, 人丁의 등급분류 등이
상세히 기록되었지만 호적작성 때에는 관리가 직접 현장에서 감독하
였다. 이렇게 작성된 호적은 모두 4부로 한 부는 촌락이 보관하고 다
른 3부는 縣과 道(17·18세기에는 鎭)의 承司 및 중앙의 戶部에 각각 한
부씩 보내도록 되었다.[118) 이는 3단계에 의한 호적의 검증을 의미하는
것으로 토지의 배분·과세·징병 등이 이 호적에 근거하여 이루어졌기
때문이다. 따라서 호적작성에는 조금의 착오도 인정되지 않았다.《黎
朝刑律》에서는 1인 이상 5인 이하가 누락되었을 때는 貶罰, 6인 이상
14인 이하까지는 徒刑, 15인 이상인 경우에는 流刑에 처해지도록 규
정하고 있다.[119)

　사장은 호적과 함께 田簿, 즉 토지대장도 만들었으나 국가가 그 작
성을 어떻게 통제했는가 하는 기록은 없다. 그러나 聖宗은 촌락 내
국가토지인 公田의 분배를 府縣官이 직접 하도록 했기 때문에 이 분
배 때 토지대장의 정확성 여부가 확인되었을 것이다.《餘暇集》내의
토지분급규정에 의하면, 공전은 6년에 한 번씩 분배되었다. 이때 府·
縣·州의 관리는 촌락에 가서 토지의 비옥함과 척박함에 따라 3등급
으로 나누고 촌민의 신분에 맞게 적절히 분배하여 준 후 토지분배대
장을 만들어 承司와 憲司 및 戶部에 각각 한 부씩 보내도록 되었
다.[120) 종래 공전은 阮朝 치히의 공전과 동일시하여 모두 촌락의 공유
토지라고 하였으나 국가가 이를 직접 분배한 것을 보면 黎朝 전기에
는 官田이었음이 확실하다.[121) 黎朝 초기의 공전이 국가소유의 토지라

---

118)《全書》중, p. 716 ;《憲章》권29, 〈國用誌〉7r. ; 및 권39, 〈兵制誌〉25r. ;《綱目》
　　正編, 권44, 7r.~8r. ; 櫻井由躬雄(1987), p. 102 ; 藤原利一郎(1968), pp. 500~501.
119)《黎朝刑律》52r.~v.
120)《餘暇集》〈條律〉23v.~24r. ; 櫻井由躬雄(1987), pp. 97~110.
121) 註 73 참조. 응우옌 응옥 후이(Nguyên Ngoc Huy) 등도 공전을 官田土와 동일
　　시하여 국가소유토지(state land)로 번역하고 있다. Nguyên Ngoc Huy et al.,
　　The Lê Code : Law in Traditional Vietnam, vol. Ⅱ, Athens(Ohio : Ohio
　　University Press, 1987), pp. 190~191. 黎朝 시대 公田을 촌락소유라고 한 일례로
　　는 다음을 들 수 있다. To Lan, "On Communal Land in the Traditional Viet
　　Village," in *The Traditional Village in Vietnam*, pp. 156~194.

는 것은, 太祖가 토지는 많고 인구가 적은 社에서는 다른 社의 토지 없는 이로 하여금 경작케 하도록 府·路·州·縣의 관리와 社官에게 명한 것으로 알 수 있다.[122] 《黎朝刑律》의 조문을 보면 공전이 국가소유라는 것이 훨씬 뚜렷하게 드러난다. 이 조문은, 정기적인 토지분배 시기 외에 승진한 관리가 있던가 또는 새로이 成人이 된 이가 있어 토지를 나누어 주어야 할 경우 자기 촌락의 공전이 부족하면 근처 촌락의 공전을 지급하도록 규정하고 있다.[123] 만약 공전이 촌락의 공유지라면 이러한 법규가 있을 수 없다.

府縣官은 토지를 배분할 뿐만 아니라 세금도 직접 거두어 들였다. 黎 聖宗 시대의 세금에는 人丁稅(인두세)·田租(토지세)·源頭諸稅 세 종류가 있었다. 源頭諸稅가 어떤 종류의 세금인지는 불분명하며, 토지세는 관원과 識者 가운데 시험합격자와 사장은 면제의 대상이었고, 나머지 人丁은 분배받은 토지의 양에 따라 토지세를 바치도록 되었다. 인두세만은 관원을 제외하고 모두 과세의 대상이었는데, 人丁은 세액이 錢八陌이고 시험합격자와 사장에 대한 세액은 人丁의 절반이었다.[124] 만일 府縣官이 태만하여 세금을 제대로 거두지 못하면 징수해야 할 세액의 3할을 대납해야만 했다. 阮朝에서는 세금은 人丁 수에 따라 촌락단위로 부과되고 그러면 耆目會議가 개개인의 세액을 결정하고 里長은 이에 의거하여 징수하였다.[125] 이렇게 볼 때 黎朝 전기 촌락의 권한과 阮朝 시대 촌락의 권한 사이에는 상당한 차이가 있음이 발견된다. 이러한 차이는 黎朝 중기 이후 국가권력이 서서히 약화되면서 그에 반비례하여 촌락의 자율성이 점차 강화된 결과였다.

군역의 대상자도 촌락에 맡기지 않고 국가가 직접 차출하였다. 호적작성 때 人丁의 분류에 관리가 직접 감독한 것이라든가 같은 社

---

122) 《全書》 중, p. 562.
123) 《黎朝刑律》 62r.
124) 《全書》 중, p. 724 ; 《綱目》 正編, 권25, 7v.~8r. 및 권32, 2v.~3r. ; 櫻井由躬雄 (1987), p. 106 ; 藤原利一郎(1968), pp. 499~505.
125) Pierre Gourou(1955), p. 310.

내에서 남녀가 同姓同名은 아니 된다고 한 것은[126] 모두 호적의 기록
에 의해 국가가 징병대상자 개개인을 징집했다고 보아 틀림없다.《黎
朝刑律》에는 징집된 자나 그 친속이 사장을 원망하여 그의 곡식을
베어 버린다든가 구타하는 행위 등에 대한 처벌규정이 있다.[127] 이 조
문은 마치 사장이 직접 장정을 징집한 것처럼 보이지만 실제는 府縣
官의 지시에 따라서 그렇게 했다고 보는 것이 옳지 않을까 한다. 이
러한 징집방법 역시 징병인원수만 촌락에 정해주고 누가 징집되는가
는 촌락에 맡겼던 阮朝 시대의 정책과는 커다란 차이가 있다.

　黎 聖宗이 촌락을 통제하려 했다고 하더라도 그 의도대로 되었다
고 보기는 어렵고 또 그 자신이 철저한 통제를 가하지도 않았다. 그
가 촌락의 오랜 관행인 俗例를 금하면서도 다른 한편 그것이 촌 내
의 유덕한 자에 의해 고쳐 쓰여지면 허가한다고 한 것은 일종의 절
충안이었다고 생각된다. 사실 그는 베트남 고유의 많은 관습을 인정
했을 뿐만 아니라 이를 법으로 보장해 주기까지 하였다. 중요한 예를
몇 가지 들면, 부부간의 거의 동등한 재산권, 처의 이혼청구권, 딸의
재산 및 제사 상속권, 부모생존 중 자녀의 분가 가능 등등이 그것이
다.[128] 그는 또 촌락 내 佛寺의 소유토지인 三寶田을 보호하여 이의
사유화를 금지하는 한편 불사에의 토지기증에도 개입하지 않았다.[129]
《黎朝刑律》역시 불ㆍ시니 도교시원에서 물긴을 훔치거나 佛像 또는
大尊像을 훼손하는 행위를 엄격히 금하고 있다.[130] 이러한 관습들의
인정이나 불사 및 도관의 보호는 聖宗이 추구했던 베트남 사회의 유

---

126)《全書》중, p. 699.

127)《黎朝刑律》81r.

128) 이들 문제에 관한 구체적인 연구로는 다음과 같은 것이 있다. John Whitmore,
　　"Social Organization and Confucian Thought in Vietnam," *Journal of Southeast
　　Asian Studies* 15-2(September 1984), pp. 296~306 ; Yu Insun(1990), pp. 53~104.

129)《善政書》pp. 40~41. 聖宗의 정책은 莫씨 치하에서도 이어졌다. Vu Duy Men,
　　"Môt sô vân dê vê lang xa thoi Mac"[莫씨 시대의 촌락에 관한 몇 가지 문제],
　　Nghien Cuu Lich Su, sô 59(1991), pp. 25~26 참조.

130)《黎朝刑律》79v.

교화와는 거리가 먼 것임을 고려할 때 그가 촌락사회의 완전한 통제
까지는 의도하지 않았다고 생각된다.

아마도 그는 촌락이 국가의 이익에 크게 어긋나지 않는 한 어느
정도의 자율성은 인정해 준 듯하다. 정기적인 토지의 분배를 府와 縣
의 관리가 직접 촌락에까지 와서 행하였다는 것은 위에서 이미 보았
다. 그러나 관리의 승진이나 파면 또는 人丁의 사망 내지는 성년에의
도달 등으로 인해 임시 토지분배의 필요성이 생기면 사장도 이를 할
수 있었다. 다만 4년마다 토지대장을 만들어 보고할 의무는 있었다.[131]
통킹델타 중심부에 위치했던 대부분의 현은 50 내지 90 정도의 마을
을 관할하고 있어서, 현실적으로 府縣官이 매년 토지를 재분배하는
것이 어렵기 때문에 공전의 관리를 6년 동안은 촌락에 맡겼던 것이
다.[132] 黎 聖宗이 촌락들에게 울타리를 만들어 도적을 방지하도록 한
것 역시 지방관의 힘이 일일이 미치지 못하는 데서 나온 명령이다.

국가가 향시 응시자의 선발을 사장에게 일임한 것도 이와 같은 맥
락에서 이해될 수 있다. 향시 응시자는 무엇보다도 유가적 규범에서
어긋나는 인물이어서는 아니되었는데, 그와 같은 사실을 국가가 알
수는 없는 일이다. 따라서 국가는 일정한 자격만 제시하고 실제 선발
은 사장이 하였던 것이다. 그는 응시자가 덕행이 있음을 보증하고 추
천할 책임이 있었다.[133]

소송사건의 경우에는 촌락에게 더 많은 자율성이 주어졌다. 1466년
의 칙령에 의하면, 토지에 관한 분쟁은 우선 사장이 판결하고 이에
불복하면 縣官·府官 등의 순으로 상급관청에 재심을 요청할 수 있었
다. 1494년의 조칙을 보면, 사장은 이 외에도 촌락의 미풍양속을 해
치거나 유가도덕에 어긋나는 등의 행위에도 재판권을 행사하였다.[134]

---

131) 《黎朝刑律》62r.~v. ; 櫻井由躬雄(1987), p. 107.
132) 櫻井由躬雄(1987), p. 107. 부에는 知府와 14명의 屬吏, 그리고 현에는 知縣과 縣
　　 丞 및 14명의 屬吏가 있었다. 櫻井由躬雄(1987), p. 104.
133) 《全書》중, pp. 645~646, p. 730 ;《綱目》正編, 권19, 19v.~r.
134) 《善政書》, pp. 48~49 및 pp. 54~55.

이러한 재판권은 제2대 太宗 초년(1434)에 이미 내려졌던 규정의[135] 재확인으로 촌락이 종래부터 상당한 자율성을 누려왔기에 가능했을 것이다.

聖宗은 이상과 같이 일면에서는 사관이나 사장을 통해 촌락을 통제하려 하고 다른 일면에서는 사장과 촌락에게 어느 정도의 자율성을 인정하여 주었다. 그렇다면 통제는 과연 얼마나 성과가 있었을까 하는 의문이 생긴다. 聖宗이 사망한 이듬해 행해진 會試에는 擧人이 5천을 넘었는데, 법이 엄격하지 않고 선발이 정확하지 못해 실제 재능 있는 자가 없었다고 하였다. 곧 이어 내린 조칙에서는 吏屬에 무능한 자가 너무 많아 이들을 도태시키고 사장이 천거한 양가자제들을 시험 보아 그 자리를 채우도록 하였는데 이때 부적절한 자를 천거한 사장은 사형에 처하도록 했다고 한다.[136] 이 두 가지 사례로 보건댄, 聖宗의 노력에도 불구하고 이미 그의 시대에 아래로는 사장에서부터 위로는 道나 중앙의 관리들까지 상당수가 무능하고 부패되어 있었다고 생각된다. 이런 점에서 법적으로는 사장이 호적을 작성하면 부현관은 이를 철저히 검토해야 한다고 했지만 실제로는 형식적이었을 것이라는 櫻井由躬雄의 지적은 옳다고 하겠다.[137] 따라서 사장이 작성한 호적은 정확했다고 보기 어렵고 그 결과 이 호적에 근거한 과세와 징병에도 문제가 있었을 것이다. 다시 말하면, 촌락은 조세와 군역을 피하기 위해 인구수와 토지면적을 축소했을 가능성이 많다.

국가의 통제를 벗어나려는 이러한 촌락의 움직임은 시대와 더불어 국가권력이 약화되면서 그에 반비례하여 더욱더 강화되었다. 16세기 전반부터 18세기 후반까지는 내전의 연속으로, 16세기에는 黎朝의 왕권을 빼앗은 莫(Mac, 막)씨와 黎朝 부흥세력이 서로 싸웠고 17·18세기에는 黎朝 부흥운동에서 공을 세운 鄭씨와 阮씨가 국토를 남북으

---

135) 《全書》 중, p. 577. 유사한 규정은 《黎朝刑律》에도 있다. 《黎朝刑律》 121v.
136) 《全書》 중, p. 761.
137) 櫻井由躬雄(1987), p. 102.

로 나누고 투쟁을 벌였다. 내전 중에 권력자에게 우선적으로 중요한
것은 군사력의 강화였으며 촌락을 어떻게 통치할 것인가는 부차적인
문제일 수밖에 없었다.

16세기에 촌락 내의 사정이 어떠했는가에 대해 사료는 거의 언급
하고 있지 않기 때문에 당시의 정황을 알기는 어렵다. 그러나 17·18
세기의 사료에 언급된 내용으로 보아 16세기 이후 촌락은 중앙의 통
제로부터 상당히 벗어나 있었다는 추측이 가능하다. 사실 慕澤社의
향약은 주민이 소송을 원하면 우선 社長에게 제소하도록 규정하고
있다. 이를 위반하고 縣이나 상급관청에 직접 사건을 가지고 가는 경
우에는 처벌을 받았다.[138] 그런가 하면 관원이나 '權貴'가 사사로이 衙
門을 세우고 재판을 하여 양민을 착취했다든가 또는 육로나 수로에
巡司를 설치하고 자의로 통행세를 받았다는 기록들이 적지 않다.[139]
이들 예는 촌락의 자율성과 촌락 내 세력가들의 영향력이 어느 정도
였는가를 잘 보여준다.

17세기 중반까지 鄭·阮 양씨 사이에 몇 차례 무력충돌이 있은 후
전자는 후자를 정복할 수 없다고 느끼기 시작했다. 이에 鄭씨는 그
동안 거의 방치되었던 촌락에 대한 통제를 강화하여 유가적 사회질
서를 재건하는 한편 국가가 필요로 하는 조세수입과 인력을 확보하
고자 하였다. 이러한 노력은 우선 神宗(Thân-tông, 턴 똥, 1649~1662)
의 永壽연간(1658~1661)에 사장의 임명 및 호적의 작성과 관련되어
내려진 칙령으로 나타났다. 이에 따르면, 주와 현의 관리는 社長·社
史·社脊를 유생 중에서 선발하여 社의 업무와 소송을 맡기도록 되었
다. 동시에 사장은 처음으로 매년 말 모든 소송사건을 縣官에게 보고
토록 요구되었다. 혹자는 이를 사장 재량권의 확대로 해석하기도 하

---

138) "The Statute of Mo Trach Commune," p. 395 ; Martin Grossheim, "Villages
　　Laws(huong uoc) as a Source for Vietnamese Studies," in *Viêt Nam : sources
　　et approaches*, eds. Philippe Le Failler et Jean Marie Mancini(Aix-en-Provence,
　　1996), p. 105.
139) 《詔令》, pp. 80~81, pp. 130~133, pp. 286~287, pp. 408~409.

지만, 전례 없던 보고의 요구는 사장에 대한 감시의 강화로 보는 편이 옳지 않을까 한다.[140] 한편 1660년 칙령에선 사장은 社 내의 10세 이상 모든 남녀를 호적에 올려 6부를 만든 다음, 1부는 사에 두고 나머지 5부는 縣, 承司, 중앙의 戶部와 戶科 및 鄭씨 王府에 각각 1부씩 바치도록 되었다. 이때 호적의 개편은 10년에 한 번 하는 것으로 정해졌으나,[141] 1664년 范公著(Pham Công Tru, 팜 꽁 쯔)의 건의에 의해 새로이 사장으로 하여금 호적을 작성케 한 다음 이후에는 재수정을 않고 당시의 인구수에 따라 조세와 군역을 부과키로 하였다. 그 이유는 두 가지였다. 하나는 호적을 수정할 때마다 지방관의 작폐가 심하다는 것이고, 다른 하나는 조세와 군역의 부과절차를 간소화함으로써 사장의 권한을 축소하자는 것이었다.[142]

유생 중에서의 사장임명은 그 동안 느슨해졌던 洪德 시대 규정의 재강조였으나 호적작성의 규정은 전보다 중앙, 특히 鄭씨의 권력을 강화하는 방향으로 되어 있다. 아마도 이는 전란으로 흩어진 인구를 확보하는 동시에 당시 권력을 장악하고 있던 鄭씨가 자신의 위상을 확고히 하기 위한 조치였을 것이다. 반세기 뒤인 1711년에 반포된 이른 바 〈均給公田例〉에서는 호적의 관장뿐만 아니라 더 나아가 토지의 배분과 세금의 징수도 鄭씨 王府 소속의 관리들이 직접 담당토록 하였다.[143]

호적의 작성과는 다른 측면에서 鄭씨는 유가노녁을 강조함으로써

---

140) 《詔令》, pp. 454~455 ; Yu Insun(1990), p. 129.

141) 《憲章》 권29, 〈國用誌〉 10r. ; Nguyên Ngoc Huy et al., *The Lê Code*, vol. II, pp. 167~168.

142) 《憲章》 권29, 〈國用誌〉 10r.~v. ; 《綱目》 正編, 권33, 29r.~30r. ; Nguyên Ngoc Huy et al., *The Lê Code*, vol. II, p. 168. 테일러는 이러한 조치들에 의해 점차 촌락의 권위가 약화되었다고 하였으나, 일시적으로 그러했을런지는 몰라도 장기적으로 반드시 그랬다고는 생각되지 않는다. Keith Taylor, "The Literati Revival in Seventeenth-century Vietnam," *Journal of Southeast Asian Studies*, vol.18, no.1(March 1987), pp. 15~16.

143) 《國朝條例田制給田土事》 62r.~66v. ; 《憲章》 권30, 〈國用誌〉 12r.~18v. ; 櫻井由躬雄(1987), pp. 181~199.

전반적 사회질서의 확립에 의해 국가권력의 안정을 도모하였다. 1663
년에 반포된 敎化條例 47조는 바로 이러한 의도에서였던 것이다.[144]
이 조례의 주요 골자는 군주에 대한 충, 부모의 의무, 자녀의 도리,
부녀자의 덕행 및 이웃간의 친목과 상호부조 등이다. 아울러 강자는
불필요하게 분쟁을 일으켜 약자를 억압해서는 안되고, 상인은 부정한
방법으로 利를 꾀하지 말 것도 강조하고 있다. 그리고 社長과 村長은
良家의 자제로 마을의 제사나 축제 때 남녀노소를 모아놓고 이러한
내용들을 자세히 설명하여 깨우쳐 주어야 되었다. 이어 1669년에도
양가자제 중에서 사장을 택해 社民을 훈화하여 예의를 알도록 하라
는 조칙이 내려졌다.[145]

한편 이 무렵(1663~1671)에는 사장에 대한 考課制를 실시하였다.[146]
3년에 한번 考課를 행하여 縣官의 직을 수여한다고 한 이 제도는 사
장에 대한 일종의 통제임에는 틀림없다. 그러나 실상은 일방적인 통
제가 불가능한 때문에 관직수여란 이름 아래 그들을 국가체제 내로
끌어들이려는 의도가 더 컸다고 생각된다.

景治年間의 이러한 노력들이 얼마나 성과를 거두었는지는 의문의
여지가 많다. 敎化條例 내에는 권력층이 사장을 능멸하고 소송을 자
의적으로 처리하는 것을 엄금한다는 규정이 보인다. 이는 당시 촌락
내에서 유력층의 횡포가 심했다는 것을 말해 주는 것으로 조례내용
과 현실 사이에는 상당한 거리가 있었을 것임에 틀림없다. 뿐만 아니
라 지방관의 부패로 조정의 명령이 촌락에 제대로 전해지지도 않았
다. 호적의 개편을 전과 달리 10년 만에 하도록 한 것이라든가 이것
마저 지방관의 횡포 때문에 제대로 실행될지 의문시하여 1664년 范
公著에 의해 호적개편 자체의 포기가 건의되고 이 건의가 그대로 받
아들여졌다는 사실이 이를 여실히 입증해 준다.

---

144) 《詔令》, pp. 278~299.
145) 《全書》 하, p. 989 ; 《詔令》, pp. 140~141.
146) 《憲章》 권14, 〈官職誌〉 23v.

17·18세기 관리, 특히 지방관의 부패원인에는 두 가지가 있다. 우선은 오랜 내전으로 인해 군사우위의 정책이 취해지면서 무신들이 권력을 장악했고 또 관리들에 대한 통제가 느슨해졌다. 이들 무신은 지방관의 자질에 대해 黎朝 전기처럼 관심을 기울일 겨를도 없고 또 그렇게 할 생각도 없었다. 이런 상황 하에서 관리의 질 저하는 당연한 결과였다. 앞선 시대와 마찬가지로 과거시험은 정기적으로 행해졌지만 엄격하지는 않았다. 시험이 엄격치 않다는 여론이 하도 비등한 때문에 1664년에는 이전에 합격한 生徒들에 대해 재시험을 쳐야 할 정도였고 그 결과 절반 이상이 불합격되었다고 한다.[147] 그럼에도 후대로 갈수록 시험제도는 더욱 부패하여 자격도 없는 세력가의 자제들이 향시에 천거되는가 하면 1750년에는 국가가 중흥 이래 곡식을 바치는 자에게 향시를 면제해 주던 제도를 훨씬 보편화시켜 과거제의 부패는 걷잡을 수 없이 심각해졌다.[148] 여기에 더하여 전술한 官爵의 賣買 또한 관리들의 질을 저하시켰다. 관직을 매입한 이들은 농민들을 착취하는 데 열중하였고 작위를 매입한 다른 일부는 조세의 감면과 군역의 면제 혜택을 누리며 세력을 키웠다.

이들 지방관과 촌락 내 세력층의 존재는 결과적으로 鄭씨 정권의 약화를 초래하는 한편 다른 일면에선 촌락의 자율성이 확대되는 길을 열어 놓았다. 이러한 상황 하에서 鄭씨는 촌락에 대한 직접통제를 시도하지만 이는 형식에 지나지 않고 내체적으로는 촌락의 자율성을 인정하는 방향으로 나아갔다. 그렇다고 정책의 일관성이 있었던 것은 아니고 집권자에 따라 어떤 때는 중앙권력의 강화에 노력하는가 하면 어떤 때는 촌락의 자율성에 맡기기도 하였다. 앞서 언급한 호적의

---

147) 《全書》 하, p. 977.
148) 《綱目》의 편찬자는 당시 시험장의 광경을 다음과 같이 말하고 있다. "(향시자격의 판매로 인해) 농사꾼·장사치·백정 등 너나 할 것 없이 누구나 응시하여, 시험 당일에는 서로 짓밟고 짓밟히고 하여 죽는자가 생겼다. 또 공공연히 책을 끼고 다니며 대리시험을 보아 주겠다고 하는 자가 있는가 하면 시험관은 간악한 자들을 불러 합격여부를 흥정하기까지 하였다. 이때에 이르러 시험제도는 완전히 무너져 버렸다." 正編, 권41, 2r.~v. ; 《全書》 하, pp. 1131~1132.

1부를 鄭씨 王府에 바치게 한 것이라든가 토지의 분배와 징세를 鄭 씨 王府 소속의 관리가 관장케 한 것 등은 직접통제의 노력이었다.

그러나 직접통제는 인력부족과 관리의 부패로 인해 결코 용이하지 않았기 때문에 촌락의 자율성은 점차 강화되는 경향이었다. 1645년에 이전처럼 사장의 재판권을 인정하는 조칙을 내리고 1653년과 1661년 에 다시금 이를 재확인한 것은 촌락의 자율성을 존중해 준 것으로 보인다.[149] 1663년의 敎化條例도 유가도덕이란 국가이상의 강조라는 점에는 국가권력의 촌락 내 침투를 의미하지만, 유가도덕의 실천을 사장에게 맡겨 촌락사회의 질서를 회복시키려 했다는 측면에서 보면 촌락의 자치성과 결코 무관한 것은 아니다. 이듬해 范公著가 국가권 력의 한계성을 인식하고 정기적인 호적개편의 폐지를 건의한 것과 연관지어 생각하면 이는 확실하다.

18세기에 들어와 조정은 다시금 국가권력의 강화에 노력하였다. 1711년의 均給公田例는 이러한 배경 속에서 반포되었던 것이다. 그러 나 이 조례를 洪德 시기의 토지분급규정과 비교하면 훨씬 촌락의 관 례가 중시되고 있음을 알 수 있다.[150] 예컨대 일반 민정의 토지분급에 서 우선 순위는 관이 결정하지 않고 촌락민 상호간의 순위인 鄕飮坐 次에 따른다고 하였다. 또 정기적인 토지분배 중간에 생기는 토지의 새로운 지급 및 지급한 토지의 환수 등은 전적으로 사장에게 맡겨졌 고, 처음 토지를 지급 받을 수 있는 연령을 18세로 할 것인가 20세로 할 것인가도 촌락이 결정토록 하였다. 공전분배에서 이와 같은 사장 권한의 확대 및 촌락관습의 존중은 국가토지인 공전이 후일 촌락공 유의 공전으로 전환되는 길을 열어 놓았다. 촌락이 스스로 토지를 분 배한다고 하면 그 토지가 국가소유라고 하는 개념이 점차 희박해지 는 것은 당연한 귀결이다.

---

149) 《詔令》, pp. 388~392, pp. 400~401, pp. 426~427, pp. 450~451 ; 《黎朝會典》 102v. ; Yu Insun(1990), p. 128.

150) 《國朝條例田制給田土事》 62r.~66r. ; 櫻井由躬雄(1987), pp. 202~218.

여기에서 한가지 부언한다면, 17세기 이후 베트남 촌락에서 공전이 차지하는 비율은 촌락에 따라 커다란 차이가 있었다는 것이다. 19세 기에 이르면 심지어 공전이 거의 없는 촌락조차 나타났다. 공전의 감 소는 漏田, 즉 토지대장에 누락된 토지의 존재 때문이었다. 黎朝 전 기에는 공전을 은닉하면 처벌의 대상이 되었지만, 후기에는 일단 누 락된 토지에 대하여는 이를 인정하고 세금을 부과하지 않았다.[151] 1722년 黎朝에서 처음으로 私田에 대하여 세금을 부과한 것은[152] 이 러한 漏田의 보편화로 인한 稅收의 대폭적인 감소를 보충하기 위해 서였다고 보아 틀림없다.

1723년에 鄭씨는 唐의 제도를 모방한 租庸調 제도를 도입하여 토 지를 농민들에게 나누어주고 조세수입을 더 확고히 하려 하였다. 《綱 目》의 撰者에 의하면, 이 제도가 농민들에게 너무 가혹하여 불평이 많기 때문에 1730년에는 완화되었다고 한다.[153] 하지만 인구와 토지의 통계가 부정확한 상황에서 국가가 일방적으로 세금을 부과하는 데 대한 촌락의 반발이 더 큰 이유였을 가능성이 많다. 1724년에 3년마 다 호적 재작성의 법규를 다시금 시도한 것은 전년의 租庸調制 실시 와 관련이 있는 것으로 보인다. 1664년 이래 폐지되었던 이 제도의 부활은 중앙권력의 강화를 의미하지만 촌락측의 협력을 얻지 못해 실패로 끝나고 말았다. 1730년에는 1724년의 호적법을 고쳐 12년마다 인구조사를 실시케 하였다.[154] 새로운 호적법은 전면적인 인구의 재조 사가 아니라 단순히 인구의 증감만을 표시토록 한 것으로 이렇게 되 면 조세와 군역을 개개인에게 부과하는 것이 어렵게 된다. 전기한 租 庸調制의 폐기는 어쩔 수 없었을 것이다. 이러한 상황은 1730년대 통 킹지방에 체류했던 가톨릭 선교사의 보고에도 잘 나타나 있다. 그에

---

151) 《國朝刑律》 62r. ; 《詔令》, pp. 158~159 ; 櫻井由躬雄(1987), pp. 209~210.
152) 《全書》 하, p. 1025 ; 《憲章》 권29, 〈國用誌〉 22v. ; 《綱目》 正編, 권36, 6v.~7r.
153) 《綱目》 正編, 권37, 12r.~v.
154) 《全書》 하 p. 1069 ; 《憲章》 권29, 〈國用誌〉 12r. ; 《綱目》 正編, 권37, 13v.~14r. ;
    Nguyên Ngoc Huy, vol. II, 168.

의하면, 당시 세금은 촌락단위로 부과되고 그러면 촌락은 주민 각자
에게 납부할 세액을 정했다고 한다.[155] 그렇다면 19세기에 조세와 군
역을 개개인이 아니라 촌락단위로 부과하게 된 것은 이미 이때부터
였다고 보아 틀림없다.

한편 이보다 반세기 앞서 도입되었다가 유명무실해졌던 사장에 대
한 考課制를 1726년에 재실시하였다.[156] 18세기 초에 이미 국가는 촌
락에 대한 통제력을 거의 상실하였던 만큼 이 역시 성공을 거둘 수
없었다. 이리하여 1730년대에는 마침내 사장의 임명권을 완전히 포기
하고 촌락에 일임하기에 이르렀다.[157] 이는 전술한 선교사가 사장은
주민들의 투표에 의해 선출되었다고 한 것과 일치한다.[158] 그러나 그
는 덧붙여 말하기를, 사장으로 선출된 이는 주민 모두에게 막대한 비
용을 들여 잔치를 베풀지 않으면 안되었기 때문에 어떤 면에선 그
직을 돈으로 산 것이나 마찬가지라 하였다. 그런 경우라면 투표는 형
식에 지나지 않았을 가능성이 많다. 여하튼 이로써 촌락은 국가권력
에 대해 직접적으로 도전하지 않는 한 자율성을 유지하였다. 물론 이
후에도 촌락을 규제하려는 조칙이 때로 내려지기는 했지만 그것은
국가권력이 위기에 처했음을 인식하고 있다는 표시에 지나지 않았고
실질적인 효과는 없었다. 사실 촌락의 관습법인 鄕約이 가장 많이 만
들어진 시기는 17~19세기였으며 이들 향약은 중앙의 법과 충돌되는
것이 적지 않았다.[159] 그리고 보면 19세기 베트남 촌락의 독립적 성격

---

155) John Pinkerton ed., *A General Collection of the Beat and Most Interesting Voyages and Travels in All Parts of the Worlds*, 17 vols.(London, 1808~1814) ; vol. 9, Abbé Richard, *History of Tonquin*, p. 754. Richard의 기록은 1732년부터 1740년(또는 1741년)까지 북부 베트남에서 8년을 보낸 파리海外宣敎會 소속의 Sainte-Phalle수사의 보고서에 의존했다고 한다. Nguyên Thê-Anh, *Bibliographie critique sur les relations entre le Viet-Nam et l'Occident*(Paris, 1967), p. 132.

156)《憲章》권14,〈官職誌〉23v. ;《全書》하, p. 1062.

157)《憲章》권14,〈官職誌〉24r.

158) Abbé Richard, *History of Tonquin*, p. 756.

159) Vu Duy Men, "Nguon goc va dieu kien xuat hien huong uoc trong lang xa o vung dong bang-trung du Bac Bo"[홍하 델타지역과 중류지방의 촌락에서 향약의 기원과 출현조건], *Nghien Cuu Lich Su*, sô 266(1993), pp. 49~57 ; Martin

은 이미 阮朝의 성립 이전에 거의 확립되었다고 보아도 좋지 않을까
한다.

　이상에서는 주로 국가의 통제와 이에 대한 촌락의 대응이라는 측
면을 주로 살펴보았지만, 국가와 촌락의 관계가 반드시 대립적이기만
한 것은 아니었다. 국가는 촌민들의 지배를 위해 촌락 내 지배층의
지지가 필요했는가 하면, 다른 한편으로는 지배층의 지나친 권력을
억제하기 위해서 일반 촌민들의 지원이 요구되기도 했다. 그런가 하
면 국가 전체가 위태로울 때에는 촌락주민 모두의 절대적 도움이 절
실하였다. 역으로, 촌락 지배층은 자기네 신분유지를 위해 국가와 밀
접한 관계를 맺어야 했고, 반면에 일반 촌민들은 권력층의 착취를 피
하기 위해서는 국가의 도움을 얻을 수밖에 없었다. 또 베트남 촌락들
은 서로 경쟁의식이 강했기 때문에, 그럴 때는 국가로부터 자신의 수
호신에 대해 높은 칭호가 주어지기를 원하기도 하였다.

　앞에서 보았듯이, 黎朝 조정은 유교를 강조하여 과거시험에 합격한
모든 이들과 과거에 응시는 하지 않았어도 유교적 소양이 있는 이에
게는 사장의 직을 주어 특권을 부여하였다. 이러한 특권의 부여는 이
들을 통해 社民을 지배함은 물론 유가적 도덕을 전파하려는 목적 때
문이었다. 따라서 국가는 유교교육과 과거시험을 상당히 중시하였다.
莫씨는 黎朝의 징권을 빼앗은 후에 과서시험을 한 번도 거르지 않고
3년마다 정기적으로 시행하였으며, 1530년대 초에 시작된 黎朝 復興
勢力 역시 역경 속에서도 1554년에 벌써 임시시험을 실시하였다.[160]
1650년대 혼란한 사회를 수습하기 위해 鄭씨가 먼저 한 일들 중의
하나도 정기적인 과거시험 외에 여러 차례 임시시험을 시행한 것이
었다.

　국가는 통치상의 필요에 의해 촌락 지배계층의 형성을 도와주었지

　　Grossheim, "Village Laws as a Source for Vietnamese Studies," p. 104 ;
　　Richard, *History of Tonquin*, p. 755.
　160)《全書》하, p. 852 ;《綱目》正編, 권28, 4v.

만, 다른 한편 이들 세력의 지나친 비대화에도 각별히 주의를 기울였다. 그것은 이들 권력층이 중앙 조정에 저항할 뿐만 아니라 피지배계층을 착취하여 국가가 필요로 하는 인적·물적 자원을 고갈시키는 때문이었다. 국가가 촌락 주민들에게 세력층의 부당한 행위를 고발토록 권장한 이유는 바로 여기에 있다. 그러나 16세기 이후로는 중앙과 지방 관리 모두가 부패하여 피지배층에 의한 고소는 거의 불가능하였다. 17세기 중반 네덜란드 商社의 주재원으로 昇龍(Thang Long, 탕 롱, 현재의 하노이)에 머물렀던 바론(Samuel Baron)은 당시의 부패상을 이렇게 말하고 있다.[161] "돈이면 모든 범죄가 해결된다. 왜냐하면 뇌물을 받지 않는 관리는 거의 없기 때문이다."

촌락의 지배층은 지배신분을 유지하기 위해서 국가정책에 적극 동조하였다. 이들에게는 유교교육을 받고 과거시험에 합격하는 것이 무엇보다 중요했던 관계로 이의 준비에 모든 노력을 경주하였다. 이러한 상황을 고려하면 과거시험에서의 부패는 어쩌면 불가피했는지도 모른다. 만약 능력이 부족하면 재산을 바치고라도 관작을 사는 수밖에 없었다. 어떻든 이들은 일단 지배지위를 획득하면 중앙 조정이 대외전쟁에 주력하면서 내치에 소홀한 틈을 타 부패관료와 결탁하여 일반 촌락주민들을 착취하였다. 그 결과는 사회불안의 팽배였고 많은 반란을 유발시켰다.

이러한 위기상황에서 1722년 조정은 각지의 수호신에 등급을 매겨 제사 때 각각 의식을 달리하도록 하였다. 이 분류에 의하면, 上等神 832, 上中等神 1, 中等神 817, 中下等神 1, 下等神 860으로 신의 수는 총 2,511이었다.[162] 상·중·하의 분류는 촌락의 정치적·경제적 중요성과도 밀접한 관련이 있었을 것이다. 여하튼 수호신들에의 위계질서

---

161) Samuel Baron, "A Discription of the Kingdom of Tonqueen," in *A Collection of Voyages and Travels*, compiled by Awnsham Churchill(London, 1704~1732), vol.6, p. 23.

162) 黎貴惇, 《見聞小錄》(EFEO A. 32) 권2, 30v.~31v. 이들 신은 山川의 신, 국가적 영웅, 저명한 유학자, 촌락 전래의 수호신 등등이었다.

부여는 국가가 촌락, 특히 주요 촌락들을 체제 내로 흡수하여 혼란을 수습하려는 노력이었다고 본다. 그러나 권력의 약화로 국가가 제구실을 다하지 못하는 상황에서 이와 같은 노력이 촌락, 특히 일반 촌민들에게 과연 무슨 의미가 있었을까 하는 의문이 생긴다.

결국 국가와 촌락지배층, 국가와 일반 촌민은 서로를 필요로 하면서도 중앙권력이 제 기능을 하지 못하면 상호의존은 불가능하였다. 국가권력이 약화되면서 그에 반비례하여 촌락 지배층의 권력은 그만큼 강화되고 마침내 이들은 촌민을 지배하면서 국가지배체제로부터 벗어나 촌락을 독립된 개체로 이끌어 갔다. 하층 촌락민들은 국가권력의 보호를 기대할 수 없는 상황에서 지배계층에 의존하는 존재로 전락하고 더욱 심한 경우에는 생존을 위해 촌락을 떠나 다른 곳으로 이주하거나 반란에 가담하기도 하였다. 黎朝 전기의 촌락과 후기 촌락의 상황변화는 주로 국가권력의 차이에서 온 것이다.

V. 맺음말

베트남 촌락은 일반적으로 社라고 불리고 순수 베트남어로는 '랑'이라고도 한다. 社라는 용어의 사용 이전에는 랑이라고만 불리었을 것이다. 그러던 것이 중국의 정치적 지배를 받으며 그 영향에 의해 唐代부터는 社로도 불리기 시작했고 陳朝 후기에는 이 말이 보편화되었다. 베트남 촌락들은 거의가 자기네만의 수호신을 가지고 있었기 때문에 社라는 중국용어의 사용에 거부감을 보이지 않았던 것 같다.

社 또는 랑이라고 불리는 이들 베트남 촌락은 전근대 베트남인들에게 삶의 전 터전이었다. 그들은 그곳에서 태어나 그곳에서 살다가 그곳에 묻혔다. 극도의 위기상황이 아닌 한 촌락을 떠난다는 것은 생각조차 할 수 없었다. 때문에 그들은 혹 불가항력적 사유로 인해 마을을 떠났을 경우에도 언제나 마음은 되돌아갈 준비가 되어 있었다.

"떨어지는 나뭇잎은 나무뿌리로 돌아간다"라는[163] 베트남 속담은 그러한 베트남인들의 심정을 그대로 나타내는 것이다.

이 논문은 이러한 촌락의 모든 면을 다루고자 한 것은 아니었다. 맨 첫머리에서 밝혔듯이, 지금까지의 많은 촌락관련 연구가 阮朝 시기를 중심으로 해서 이루어지면서 그 결과를 앞선 시대 촌락의 모습에까지 적용하려는 데 대해 이를 재검토해 보고자 했던 것이다. 다시 말하면, 연역적 방법에 의해 黎朝 시대 촌락의 구조나 성격을 논하는 것이 아니라 이용 가능한 사료를 가지고 그대로의 모습을 살펴보려 노력하였다. 그러다 보니 연구의 중점도 자연 阮朝 시대 촌락에 관하여 주로 논의되어 온 촌락내 권력구조 및 촌락과 국가의 관계에 두어졌다.

阮朝 때의 촌락과 비교하면 黎朝 초기의 촌락은 여러 가지 면에서 상당한 차이가 발견된다. 신분체계는 외형상 비슷해 보이지만 자세히 살피면 반드시 그렇지도 않다. 촌 내에서 상위계층은 관원·감생·사장(阮朝에서는 里長) 등의 순이고 일반 民丁은 이들보다 하위신분이었다는 점에서는 유사하다고 하겠다. 그러나 黎朝 초기에 촌락행정의 실질적 책임자가 사장이었던 것과는 달리 阮朝에서는 촌락행정의 실질적 결정권은 관원 등을 중심으로 하는 耆目會同에 있었고 이장은 촌락과 국가 간의 단순한 연락자였을 뿐이었다. 黎朝 초기에는 국가이념으로서의 유학과 과거제도가 확립된 지 얼마 안되어 촌락 내에서 관원·감생과 같은 儒者가 수적으로 그리 많지 않았다. 그 위에 국가권력이 안정되어 있었고 또 특권층의 권력남용을 억제하기 위해 많은 노력을 기울인 결과 사장은 주어진 책무를 다할 수 있었던 것이

---

163) "La rung vê côi." Huynh Dinh Te, "Vietnamese Cultural Patterns and Values as Expressed in Proverbs," p. 123에서 재인용. 사이공政府가 1962년 메콩델타에서 실시한 소위 '전략촌계획(strategic hamlet program)'의 실패도 베트남인들의 자기 마을에 대한 애착심을 무시한 것이 주요 원인이었다. 일반적으로 남부 사람들은 북부 사람들보다 마을에 대한 애착심이 약하다고 하는데도 실패했다는 점에 주목할 필요가 있다.

다. 사장은 호적을 작성하고 촌 내의 사소한 소송사건을 처리하였는
가 하면 府縣官과 함께 조세·부역·군역의 부과에 참여하였다.

다른 한편 노인들의 지위에도 차이가 있었다. 黎朝 전기에 노인들
의 지위가 높았다고 할 수는 없어도 최소한 국가는 이들을 보호해
주려고 노력하였다. 이와 같은 노력은 전통적으로 노인의 지위가 높
았던 이전 시대의 관습이 아직 남아 있었음은 물론이거니와 유가에
서 노인을 존중하는 도덕관념도 크게 작용했던 것이다.

그러나 16세기 초반에 시작하여 이후 2세기 반 동안 계속된 내란
에도 불구하고 과거시험이 중단되지 않고 시행됨으로써 촌락 내 유
자층은 시대와 더불어 두터워졌다. 이들은 마침 내란으로 중앙권력이
약화된 틈을 타 세력을 강화하고 일반 촌민들을 착취하였다. 국가의
절대적 지원이 결여한 상황에서 사장은 관원과 같은 지배층의 세력
을 견제하기는커녕 점차 이들의 추종자로 바뀌었다. 세력가문의 출신
이 아닌 노인들 역시 더 이상 존경의 대상이 되지 못하고 하위의 자
리로 밀려났다.

17세기 중반 鄭·阮 양씨의 남북대결이 소강상태로 접어들자 鄭씨
는 유가이념을 강조하면서 촌락내 질서를 회복하고 동시에 국가권력
도 강화하려고 노력하였지만 그것은 일시적인 현상에 그치고 말았다.
촌락은 이미 국가의 통제로부터 벗어나고 있었기 때문이다. 왕조 초
기에는 社長을 통해 촌락 內部問題에 介入이 가능하였다. 그러나 이
때에 이르면 사장은 국가권력보다 촌 내의 세력층에 더욱 의존하고
있었던 관계로 국가가 그에게 어떤 임무를 맡긴들 이를 국가의 의도
대로 수행할 능력도 의사도 없었다고 생각된다. 호적의 재작성을 여
러 차례 시도하면서도 실패로 끝날 수밖에 없었던 것은 이 때문이다.

하기는 당시 鄭씨 정권 자체도 세력이 많이 쇠약하여 촌락 내부에
적극 개입하기가 힘들었다. 黎朝 초기에는 인정하지 않았던 漏田의
허용, 공전의 분배에서 촌락관습의 존중 및 공전의 비정기적 배분에
서 사장권한의 확대 등은 그런 연유에서였던 것이다. 18세기 전반에

이르러 聖宗 이래 국가에서 임명해 왔던 사장도 촌락의 선출에 맡긴 것은 그 동안 형식상이나마 촌락을 통제하려던 노력을 포기한 것이 아닌가 한다.

전술한 바와 같이 국가는 촌락을 통제하려고 한 것만은 아니다. 때로는 지배층과 손을 잡고, 때로는 피지배층과 손을 잡으면서 촌락을 국가체제 내로 흡수하려 하였지만 강력한 권력의 뒷받침이 없는 상황에서 별다른 효과가 없었다. 결국 국가권력의 미약함이 촌락을 국가의 통제로부터 벗어나 자율성을 갖게 하였다고 하겠다.

결론적으로 말한다면, 黎朝 초기의 촌락내 권력구조 및 국가와의 관계는 후기의 그것과는 상당한 차이가 있었다. 초기에는 국가의 촌락에 대한 통제가 비교적 확고해 촌락주민들이 국가권력에 크게 반발하지 않았다. 그러나 후기로 갈수록 점차 그 통제를 벗어나 자율적으로 되면서 촌락의 모습은 오히려 19세기 그것과 유사해졌다. 어떻게 보면, 黎朝 초기의 촌락 모습은 베트남 역사에서 예외적이지 않았가 하는 생각도 든다. 중국지배하에서건 중국의 지배로부터 독립해서건 간에 국가가 촌락을 철저히 통제하려 노력한 시대는 거의 없었다. 黎朝 초기에 촌락을 통제하려 한 노력은 중국적 정치제도를 수용한 결과였다. 黎朝 후기에도 중국적 제도가 존속된 것은 사실이나 오랜 내란으로 이를 시행치 못해 촌락에게 자율성을 허용하게 된 것이다. 한가지 黎朝時代의 촌락 모습이 黎朝 이전의 모습과는 달리, 유가사상의 보급과 과거시험의 정기적 시행으로 유가적 소양을 쌓은 지식층이 촌락 내의 지배층으로 자리를 굳혔다는 것은 주목할 필요가 있다. 阮朝 역시 유교를 국가이념으로 하였던 때문에 그 치하에서도 이 점에는 변함이 없었다.